D1697490

STADT OHNE FRAUEN?

Frauen in
der Geschichte
Mannheims

Herausgegeben von der
Frauenbeauftragten
der Stadt Mannheim
und den Autorinnen

EDITION QUADRAT

ZUM TITELBILD:

Eine Ansicht der Amphitrite, welche auf der Spitze des
Wasserturmes der Stadt Mannheim thront.
Die Amphitrite (grch. Mythos) ist eine Tochter des Meer-
gottes Nereus, die Gemahlin Poseidons.

Die Deutsche Bibliothek - CIP - Einheitsaufnahme

Stadt ohne Frauen?: Frauen in der Geschichte Mannheims /
hrsg. von der Frauenbeauftragten der Stadt Mannheim und den
Autorinnen. - Mannheim : Ed. Quadrat, 1993
ISBN: 3-923003-61-7
NE: Mannheim / Frauenbeauftragte

© Edition Quadrat, Mannheim 1993

Reproduktion: Scantech, Speyer
Layout und Titelgestaltung: Alexandra Hackmayer (Designgruppe Fanz & Neumayer)
Titelphoto: Horst Hamann
Typografische Gestaltung und Satz: Designgruppe Fanz & Neumayer
Filmbelichtung: TypoPlus, Mannheim
Druck und buchbinderische Verarbeitung: Progress-Druck, Speyer

INHALTSVERZEICHNIS

*A*ls 1989 das Grundgesetz 40 Jahre alt wurde, hatte ich den Wunsch, auch in Mannheim auf Elisabeth Selbert aufmerksam zu machen. Meine Idee, eine Straße oder einen Platz nach ihr zu benennen, wird in diesem Jahr sehr viel umfangreicher erreicht sein, indem ein gesamter sogenannter Taufbezirk nach Frauen benannt wird.

Elisabeth Selbert, die Kämpferin um den Art. 3 GG in seiner heute noch gültigen Form, wurde erst in den siebziger Jahren ihrer Verdienste gewürdigt. Sie erhielt die ihr zustehende Würdigung durch Frauen, die Erfahrungen im Kampf um Frauenrechte hatten und wußten, mit welchen persönlichen Anstrengungen die Durchsetzung des Gleichberechtigungsgrundsatzes verbunden war. Wie wichtig wäre diese perspektivisch und analytisch denkende Frau in einem Regierungsamt gewesen. Hatte sie sich vielleicht zu durchsetzungsfähig gezeigt? Heute hat sie, durch die Frauenbewegung, ihren Platz neben den vielzitierten „Vätern des Grundgesetzes" gefunden, mit ihr die „Mütter des Grundgesetzes", die jahrzehntelang in Vergessenheit geraten waren.

Vergessen wie all die Frauen – ohne die Geschichte nicht möglich war, die aber ungenannt und in großen Teilen unerforscht geblieben sind.

VORWORT

Selbstverständlich hat jedes Land, jede Stadt Frauen, die zu erwähnen ein „Muß" sind. Sei es durch radikales Auftreten, was ein Übersehen unmöglich machte oder durch Wohltätigkeiten, wie Stiftungen und Schenkungen, die schon vom Ansatz her ein namentliches Überleben über den Tod hinaus garantieren.

Aber all jene Frauen, die durch ihre tägliche Arbeit zum Bestand und Reichtum unserer Städte beigetragen haben, die während der Kriege das

Leben einer Stadt oder Region aufrecht erhielten, sie blieben ungenannt. Errichtet wurden dagegen Denkmäler für Heerführer, Kriegs„helden" und gefallene Soldaten. Straßen und Plätze benannt nach Politikern, Malern, Musikern, Literaten und Wissenschaftlern.

Frauen werden hier schmerzlich vermißt. Wäre in der jüngsten Vergangenheit nicht wenigstens ein Denkmal für die Frauen zwingend notwendig gewesen, die deutsche Städte nach Bombenangriffen am Leben erhalten und sie später wieder mitaufgebaut haben? Es wäre wenigstens eine Anerkennung.

Vor diesem Hintergrund habe ich 1989 Historikerinnen, Wissenschaftlerinnen verschiedener Disziplinen, Studentinnen und interessierte Frauen zu einem Arbeitskreis zusammengeführt, der sich der Mannheimerinnen und ihrer Geschichte annehmen wollte.

Das Ziel war nicht, die bekannten und berühmten Frauen zu erforschen, sondern vielmehr Frauen und Frauenbewegung die nur wenigen bekannt waren, einer breiten Leserschaft zugänglich zu machen. Dabei ließen wir uns auch von dem jeweiligen Interesse der Autorinnen leiten, achtetet aber darauf, daß möglichst viele gesellschaftliche Bereiche abgedeckt wurden. Wichtig war uns der frauenpolitische „Blick", unter dessen Betrachtung Historie oftmals eine ungeahnte, aber vielschichtig interessante Wendung erfährt. Hierbei wird deutlich, daß Frauenforschung ein relativ junger Zweig der Wissenschaft ist und die Etablierung an Hochschulen sehr langsam vorankommt.

Unsere Autorinnen haben unter diesem Blickwinkel Frauen und ihr gesellschaftliches Umfeld erforscht und so beschrieben, daß den Leserinnen und Lesern Mannheim auch aus einer anderen Perspektive begegnen kann.

Das von uns gewählte Konzept ermöglicht es den Leserinnen und Lesern eine Verbindung zwischen Historie und Gegenwart herzustellen. Zwischen den historischen Beiträgen erscheinen sogenannte „Blitzlichter". Hier werden Frauen beschrieben, die in der Öffentlichkeit mehr oder weniger bekannt sind. Einige „Blitzlichter" wurden von Frauen selbst verfaßt, von Frauen, die berühmt geworden sind und ihr Verhältnis zu Mannheim beschrieben haben.

Mit der vorliegenden Publikation ist die Erforschung von Frauen, im historischen Zusammenhang der Stadt Mannheim, längst nicht abgeschlossen. Während der Arbeit eröffneten sich Wege, zeigten sich Querverbindungen, gab es Hinweise auf Frauen, deren Leben und Wirken ein lohnenswertes Feld ist. Ich gehe davon aus, daß dieses Buch Anregungen geben wird.

Ich bedanke mich bei allen Autorinnen für die Arbeit, die sie gleistet haben und für die Geduld, die sie in dem doch recht langen Zeitraum bewahrt haben. Würdigen möchte ich die Arbeit des Redaktionsteams, welches aus Frau Günther, Frau Stabenow, Frau Lindemann, Frau Schraut, Frau Schmitt, Herrn Teutsch und Frau Bauer bestand. In circa vierwöchigem Abstand stellten die Autorinnen dem Redaktionsteam ihre Beiträge vor, erhielten Anregungen, konstruktive Vorschläge und Hinweise auf weitere Quellen. Die angenehme Art der Diskussion war gewinnbringend und machte es den Autorinnen sicher leicht, die angebotenen Anregungen zu akzeptieren, eine Erfahrung, die als sehr positiv gewertet werden muß.

Besonders hervorzuheben ist das große Engagement von Frau Sylvia Schraut am Zustandekommen dieses Buches. Die wissenschaftliche Betreuung der Beiträge wurde von ihr übernommen. Sie stand uns jederzeit mit Rat und Hilfe zur Seite. Gerade in den letzten Wochen vor der Fertigstellung war ihr zeitlicher Aufwand unbeschreibbar.

Frau Reichelstein und Frau Geto-Schlund, die die Beiträge bis zur Endfassung bearbeitet haben, will ich ebenso danken, wie meiner Kollegin Lydia Bauer, die das Projekt in den letzten beiden Jahren betreut hat. Was sich hinter den Begriffen „Endbearbeitung" und „Betreuung" verbirgt, wissen all diejenigen, die eine Publikation herausgebracht haben.

Frau Benz, Frau Emig und Herrn Caroli meinen Dank für ihre kurzfristige wertvolle Hilfestellung.

Ilse Thomas
Frauenbeauftragte der Stadt Mannheim

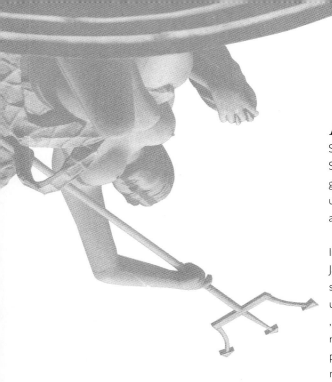

Der eigene Blick oder *Weiber – Geschichten*.[1]
Stadtführer und Stadtgeschichten aus weiblicher
Sicht haben Konjunktur. Darstellungen zur Frauengeschichte besitzen Berlin und Leipzig, Speyer
und Hannover, Stuttgart und Karlsruhe und viele
andere Städte mehr – jetzt also auch Mannheim.

In dem Maße, in dem sich seit den siebziger
Jahren unseres Jahrhunderts das Interesse an den
sozialen Bewegungen, an den Lebensumständen
und Erfahrungen der schweigenden Masse, den
„kleinen" Leuten in der Geschichtsschreibung zu
regen begann, rückten auch Frauen in den Blick-
punkt des Interesses. Es waren die Frauen der
neuen Frauenbewegung, die sich in den „allgemeinen" Darstellungen zum Ablauf der Vergangenheit nicht wiedererkennen mochten und die als
erste daran gingen, nach den eigenen Wurzeln zu
graben. Mittlerweile genießt die Frauengeschichte
längst schon „wissenschaftliche Weihen", doch sie
hat immer noch keinen Eingang in die scheinbar
geschlechtsneutralen Beschreibungen der deutschen, badischen oder Mannheimer Geschichte
gefunden.

Sylvia Schraut

FRAUEN IN DER GESCHICHTE MANNHEIMS – MANNHEIM IN DEN BIOGRAPHIEN VON FRAUEN – EINE KLEINE EINFÜHRUNG

Glaubt man den Veröffentlichungen zu Mannheims
oder Badens Geschichte, in denen herausragende
Persönlichkeiten zum Leben erweckt werden,
dann scheint es, als ob es über Frauen weitaus
weniger als über Männer zu berichten gäbe.[2]

Kann es wirklich sein, daß für die Geschichte Mannheims die Bürgerinnen der Stadt keine Rolle spielen? *Stadtgeschichte ist mehr als eine Geschichte der Ämter und Betriebe, der Finanzfragen und Verwaltungsangelegenheiten, der Häuser und Straßen, der Menschen, die in ihnen Freud und Leid erleben, ihrer geschäftlichen Erfolge und Niederlagen, ihrer lebensbereichernden Kulturschöpfungen. Man muß ihre Denk- und Sinnesart kennenlernen, ihr Verhältnis zu den äußeren Vorgängen, die ihr Schicksal mitbestimmen. Man muß nachspüren, wie sie auf den Schritt der Zeit lauschen, was politisch und wirtschaftlich, geistig und künstlerisch auf sie einwirkt, wie sie Gedanken und Ziele aufnehmen und verarbeiten,* so der Mannheimer Stadthistoriker Friedrich Walter 1949.[3] Die Aufsätze und Blitzlichter in diesem Band wollen einen Beitrag zu einer so verstandenen Stadtgeschichte aus der Sicht der Frauen leisten.

Mannheim wurde 766 erstmals urkundlich erwähnt. Über viele Jahrhunderte hinweg deutete nichts darauf hin, daß das Bauern- und Fischerdorf sich im 18. Jahrhundert zur Residenzstadt der Kurpfalz mausern sollte. 1577 zählte man 700-800 Einwohner, und noch 1605, als sich der pfälzische Kurfürst Friedrich IV. entschloß, die Festung Friedrichsburg in Mannheim zu bauen, scheint das Dorf ein recht „verschlafenes Nest" gewesen zu sein. *Es sind in der ganzen Gemeinde, das Gericht mit eingeschlossen, nicht über zwei oder drei Personen, welche schreiben und lesen können oder zu etwas zu gebrauchen sind,* berichtete ein beim Festungsbau beschäftigter Baukommissar.[4] Doch schon zwei Jahre später erhielt Mannheim die Stadtrechte. Die Weichen für den Aufschwung schienen gestellt, der 30jährige Krieg indes brachte über die Kurpfalz und die neu entstehende Stadt unsägliches Leid. 1622 fiel Mannheim den kaiserlichen Truppen Tillys in die Hände. Zehn Jahre später eroberten die Protestanten die Stadt. Drei Jahre danach zogen die Kaiserlichen erneut in Mannheim ein, und 1644 besetzten die Franzosen das, was noch übrig war. Im gleichen Jahr nahmen die Bayern Mannheim im Sturm. *Furchtbares Elend der Bevölkerung* notierte Walter in seiner Darstellung von *Mannheim in Vergangenheit*

und Gegenwart.[5] Entsprechend trostlos fällt der Bericht aus, den wir nach Ende des Krieges anläßlich der Erneuerung der Stadtprivilegien erhalten: *Eingenommen, abgebrannt, ausgeplündert und so übel zugerichtet, daß sie viele Jahre ohne Einwohner wüst gestanden und ist anders nicht ganz stehen [...] blieben als die Wälle, das Rathaus und etliche Mauern und Keller der verheerten Häuser, auf welchen man seit dem Münsterischen Friedensschluß zu bauen anfängt.*[6] Den Mannheimern und Mannheimerinnen blieb nicht viel Zeit, um sich zu erholen. 1666 raffte die Pest zahlreiche Bürger und Bürgerinnen dahin, rund 20 Jahre später wurde die Stadt im französisch/pfälzischen Erbfolgekrieg erneut dem Erdboden gleichgemacht. Wieder hausten die Übriggebliebenen in den Kellern. Angesichts von so viel Not und Zerstörung, muß es nicht weiter verwundern, wie wenig über die Lebensbedingungen der Bevölkerung, über die alltäglichen Mühen und Ängste der „namenlosen" Frauen zwischen den Zerstörungsjahren bekannt ist. Daß die Stadtbevölkerung trotz der Krisenjahre beständig wuchs – 1663 zählte man rund 3.000 Einwohner, 1688 schon 12.000, wirft ein kleines Schlaglicht auf die Chancen, die das Stadtleben den Zuwanderern versprach. Immerhin zwei Beiträge in unserer Sammlung, der Bericht Tilde Bayers über das Leben der Jüdinnen im 17. Jahrhundert und der posthum veröffentlichte Beitrag Rosenthals über eine Mannheimerin, die ihr Kind aussetzte, versuchen Licht in das Dunkel zu bringen.

Mehr Informationen über die Lebensverhältnisse der Mannheimer Bevölkerung erhalten wir seit der Wende zum 18. Jahrhundert. 1698 begann man erneut und diesmal endgültig mit dem Wiederaufbau der Stadt, die sich großzügig allen Zuwanderern öffnete. Die eigentliche Wende in Mannheims Geschichte läutete der Beschluß Kurfürst Karl Philipps ein, seine Hofhaltung von Heidelberg nach Mannheim zu verlegen. Wie es sich im Absolutismus gehörte, beschloß er in der Stadt ein Schloß bauen zu lassen, das jedem Vergleich im Deutschen Reich standhielt. 40 Jahre waren zahlreiche Maurer und Zimmerleute, Stukkateure und Künstler mit dem Schloßbau beschäftigt,

Zeiten in denen die Mannheimer Familien an den Bauarbeiten, mit Handel, Kost- und Logisangeboten sicher gut verdienten. Und 1743 verlegte der neue Kurfürst Carl Theodor tatsächlich seinen Wohnsitz in die Stadt. Mit ihm kamen der gesamte Hofstaat, Lakaien, Beamte, Hofadel und Künstler. Die Jahre bis 1778, bis zum Wegzug des Hofes nach München, erscheinen in den Darstellungen der Stadtgeschichte immer in rosigem Licht. Der Einzug von Wissenschaft und Kultur, die Lebensverhältnisse eines gebildeten weltoffenen Bürgertums, das sich vom Glanz des Hofes mitbeleuchtet fühlte, das Leben in einer Weltstadt eben, machten, glaubt man den Erzählern des 19. Jahrhunderts, die höfisch geprägten Zeiten zu Mannheims glücklichsten Jahren. Die Mannheimer und Mannheimerinnen hatten zweifellos Anteil am kulturellen und wirtschaftlichen Nutzen des Hofes, die Zeche für so viel Höfisches zahlten eher die Kurpfälzer vor den Toren der Stadt.

Vieles weiß man über Karl Theodor und seine Mätressen, wenig über die „normalen" Bürgerinnen der Stadt. Nur schwaches Licht vom Glanz des kurpfälzischen Hofes fiel auf die Frauen einfacher Kreise. Der bürgerlichen Einwohnerin Mannheims dürfte der Zugang zum Hof nur erlaubt worden sein, wenn sie dort arbeitete, in der Regel als Dienstmagd, Wäscherin oder ähnliches. Daß die Arbeit selbst am berühmten Mannheimer Theater hinter den Kulissen gerade für Frauen manche Zwänge mit sich brachte, schildert der Beitrag Stephanie Hummels. Doch die meisten Mannheimerinnen hatten mit der höfischen Kultur in ihrem privaten und Arbeitsleben ohnehin wenig zu tun. *Ein Mädchen, wäre es auch vom Schicksal bestimmt, die Gattin des vornehmsten, reichsten, mächtigsten Mannes zu werden, bleibt immer dem Gesetze der Natur unterworfen, das [...] ein Frauenzimmer anweiset, ihren Mann für ihren Herrn zu erkennen [...]. Die erste Regel, welche ich daher bey Erziehung der Mädgen geben würde, ist: Gewöhnt sie an Nachgiebigkeit, Sanftmuth, Unterwürfigkeit, ja! bis auf die Gebehrden und den Ton der Stimme, müsse alles an ihnen den weiblichen Charakter verrathen,* dozierte 1788 Knigge, der Lehrmeister des guten Benimm.[7] Es ist nicht anzunehmen, daß solche Ausbildung für den Werdegang gutbürgerlicher Mädchen ausreichte. Die Mädchen und Frauen unterer Schichten befähigte

ein so verstandenes „weibliches" Wesen sicher nicht, ihr hartes und arbeitsreiches Leben zu bewältigen. Daß die Mannheimerinnen im 18. Jahrhundert kräftigen Anteil am wirtschaftlichen Geschehen der Stadt hatten, belegt anschaulich ein Brief Anna Hölzels 1799 an Schiller. Eben die Anna Hölzel, die Schiller in seiner Mannheimer Zeit unter die Arme griff und deren Denkmal im Schloßpark zwischen Schloß und neuer Mensa steht, berichtete 1799 von einer Gartenwirtschaft, die sie in Mannheim angefangen habe. *Die vornehmste der Statt besugten mich so daß ich öfters huntert Mänschen hatte. Sie und eine weitere Frau besorgten die vülle Mänschen mitt Kaffe und Esswar, ich quelte mich daß mir von mütigkeit daß blud des abens zu hals rausschiest die mänschen hir können mich alle so wie Sie und bethaurten mich, lobten mich meiner arbeit und erfindung, alle junge leiden schwuren sich schon den winter nirgens als bei der gute Hölzel ihr geld zu verzehren, und mir auf zu helfen.*[8] In welchen Gewerben sonst noch Frauen im 18. Jahrhundert zu finden waren und deren Lebensverhältnisse, thematisiert der Beitrag von Christel Hess.

Es scheint, als ob die Umsiedlung des Hofes nach München 1778 und die Abwanderung von rund 2.000 Personen des höfischen Kreises das Mannheimer Bürgertum wie ein Schock getroffen haben. Man trauerte nicht nur dem Abglanz der Macht hinterher, auch die wirtschaftliche Grundlage schien nun der Stadt entzogen. Wenigstens kulturell wollte man Mannheims Ruhm bewahren. In den Chroniken ist viel von der führenden Rolle des Mannheimer Theaters die Rede, einiges ist über die galante französisch geprägte Rokokowelt des gehobenen Bürgertums und verbliebenen Adels zu erfahren. *Das Frauenzimmer in Mannheim ist reizend gebildet; ich sah Grazien unter ihm, die griechische Züge hatten und eine natürliche Farbe, wie wenn sie die Morgenröthe gefärbt hätte,* schwärmte Ph. L. Roeder anläßlich seines Aufenthaltes 1789 in der Stadt.[9] *Sie kleiden sich nach der Natur, schön und edel und zeigen, daß sie Geschmack haben, der nicht alles schön finden kann, was neu oder Mode ist.*[10] Die angeblich so verdorbenen Sitten der gehobenen Kreise fanden manchen bürgerlichen Kritiker. *Es wimmelt da von Mätressen, und eine Bürgersfrau hält es für unartig, ihrem Mann getreu zu seyn. Mit der durchaus herr-*

schenden tiefen Armuth sticht die Wollust und der Hang zur Kleiderpracht seltsam genug ab. Das Frauenzimmer dieser Stadt ist übrigens sehr schön, artig und reizend, so Johann Kaspar Riesbeck 1790.[11] Wie so häufig blieben die Männer und insbesondere die Frauen der niederen Schichten unerwähnt. Daß auch nach Mannheim die Ideen der französischen Revolution ausstrahlten und bei Teilen der Stadtbevölkerung, auch der Frauen, Zustimmung fanden, können wir einem Brief des Mannheimer Künstlers Ferdinand Kobell von 1792 entnehmen. Am vorigen Sonntag hat eine Arbeiterbande vor einem Wirtshaus den Freiheitsbaum aufgestellt, berichtete er.[12] Es waren ihrer ungefähr 60 beiderlei Geschlechts, alle mit dreifarbigen Bändern geschmückt; sie tanzten bei Fackelschein um eine Stange, deren Spitze einen Hut trug. [...] Die Orgie dauerte die ganze Nacht, und die Dreifarbenmänner schrien unbehelligt: „Es leben die Sansculotten!" während die Weiber schrien „Es leben die Fischweiber!".[13]

Doch den Kriegswirren infolge der französischen Revolution, die Mannheim kräftig in Mitleidenschaft zogen, dürfte die Revolutionseuphorie nicht gewachsen gewesen sein. Zahlreiche Kämpfe, wechselnde militärische Besetzungen und entsprechende finanzielle Belastungen bedrückten die Mannheimer Bevölkerung. Es ging weiter bergab mit der Stadt. Über 24.000 Einwohner hatte Mannheim 1766 beherbergt, rund 5.000 weniger zählte man 1804.

Die Neuordnung der Territorien 1803 schließlich bescherte Mannheim einen neuen, nunmehr badischen Landesherrn. Das Mannheimer Bürgertum reagierte eher verschnupft, auch wenn die Stadt mit der Hofhaltung Stephanie Napoleons zumindest zur zweiten badischen Residenz avancierte. Lange habe Mannheim dem verklärten Glanz seines ehemaligen Hofhaltes nachgetrauert und sein kurpfälzisches Empfinden mit oppositionellen Akzenten betont, wußte Walter zu berichten.[14] Außerordentlich viel habe dann aber die ausgleichende Regierung des Großherzogs Friedrich dazu beigetragen, mit der Verschmelzung zugleich auch die gutbadische Gesinnung zu fördern, ohne daß noch ein Hervorheben früherer weiß-blauer Sympathien erwartet zu werden brauchte.[15] Die Männer und Frauen der niederen Stände mögen solche patrio-

tischen Empfindlichkeiten wenig betroffen haben. Es war schwer genug, in den politischen und wirtschaftlichen Krisenzeiten sich und die Seinen in Mannheim zu ernähren.

Erst in den dreißiger Jahren des 19. Jahrhunderts ging es erneut wirtschaftlich aufwärts mit der Stadt. Binnen weniger Jahrzehnte sollte sich Mannheim von der „heruntergekommenen" Residenz zu einem Mittelpunkt des süddeutschen Handels mausern. Die Einweihung des Handelshafens 1840, der Anschluß an die Eisenbahn 1846 markierten die neue Zeit. Das freisinnige liberale Handelsbürgertum begann Wirtschaft und Kultur der Stadt und das politische Bild ganz Badens zu prägen. Mannheim entwickelte sich in diesen Jahrzehnten zum politischen Zentrum des Vormärz und der badischen Revolution. In Mannheim formulierten die Liberalen 1848 die Petition, der sich die badische Freiheitsbewegung anschloß. Aller Orten haben die Völker mit kräftiger Hand die Rechte sich selbst genommen, welche ihre Machthaber ihnen vorenthielten.[16] Volksbewaffnung, unbedingte Preßfreiheit, Schwurgerichte nach dem Vorbilde Englands und sofortige Herstellung eines deutschen Parlaments forderten die Führer der liberalen badischen Opposition in Mannheim. Wir verlangen von euch, daß ihr diese Forderungen zu ungesäumter Erfüllung bringt![17] Daß auch die Mannheimerinnen an Wirtschaft und Politik in dieser Zeit regen Anteil nahmen, belegen die Beiträge von Regine Komoß, Ulrike Brummert und Sylvia Schraut.

Die badische Revolution sollte scheitern, der wirtschaftliche Aufschwung Mannheims indes schritt weiter voran. Bis zur Wende zum 20. Jahrhundert bestimmte die verkehrsgeographisch günstige Lage der Stadt das Wachstum von Gewerbe, Industrie und Einwohnerschaft. Daß Mannheim der Mittelpunkt eines internationalen Großhandels und einer Groß-Schiffahrt war, kam auch darin zum Ausdruck, daß es 1880 schon elf, etwa 1900 schon zwanzig Konsulate hier gab, darunter die aller Großstaaten. Dieses diplomatische Korps gab ihm die vornehme internationale Note, so der Mannheimer Anwalt Joseph Gentil.[18] Von nun an bestimmte endgültig das Wirtschaftsbürgertum das Gepräge der Stadt.

Am Hauptumschlagsplatz der Waren zwischen Schiff und Eisenbahn im Südwesten des Deutschen Reiches begannen sich im letzten Drittel des Jahrhunderts verstärkt auch Verkehrsgewerbe und Industrie anzusiedeln. Zur traditionell vorhandenen Tabakverarbeitung sollten sich Gummi- und Celluloidwerke, Textil- und Metallindustrie gesellen; letztere entpuppte sich als die Wachstumsbranche der neuen Zeit. Das Industriezeitalter zog mit Macht in Mannheim ein. In stetem Strom wuchs der Stadt neue Bevölkerung zu. Zählte man 1875 bereits 46.453 Einwohner, so waren es 1895 schon 89.182. Innerhalb der nächsten zwölf Jahre verdoppelte sich in ungeheurer Dynamik die Stadtbevölkerung annähernd auf 171.594 Personen. *Zweimal sank sie in Asche, und manch verheerender Sturm tobte durch ihre Mauern,* so Oberbürgermeister Beck anläßlich des 300jährigen Jubiläums der Grundsteinlegung zur Festung Mannheims durch Kurfürst Friedrich IV.[19] *Zum ersten Male kann sich Mannheim dieses Tages mit berechtigtem Stolze erfreuen, zum ersten Male fällt Mannheims Jubiläum in eine Zeit kraftvollen Aufschwungs. Wohl überschattet manche Wolke unsern Horizont, aber doch dürfen sich unsere Blicke voll Vertrauen in die Zukunft richten, Klar liegt das hohe Ziel vor uns, dem Mannheim zustrebt, getragen durch seiner Bürger rüstige Tatkraft, gefördert durch seines ehrwürdigen Herrschers Gunst, geschirmt durch des Reiches mächtigen Arm.[20]*

Mit der Industrie kamen die Arbeiter. Rund 14.000 Industriebeschäftigte wohnten 1875 in Mannheim, 1895 waren es schon über 33.000, 1907 schließlich verdienten rund 72.000 Menschen ihr Brot in den Industriebetrieben der Stadt. Auch Frauen aus der Unterschicht auf der Suche nach Arbeit und Auskommen wanderten zunehmend in die badische Metropole. 4.154 weibliche Beschäftigte in niederen Diensten, im Gewerbe und in den Fabriken zählte die Volkszählung 1895, 1907 waren es schon 9.666. Von den vielen ungenannten unbekannten Dienstmädchen, Arbeiterehefrauen, Arbeiterinnen und arbeitslosen Frauen, von ihren Lebens- und Arbeitsbedingungen, vom Zwang zur Prostitution berichten die Beiträge von Sylvia Schraut, Anna-Maria Lindemann, Barbara Stabenow und Wolfgang Kromer, von der Teilhabe der Frauen des Bürgertums an der kulturellen Ausgestaltung des Mannheimer Lebens im wilhelminischen Kaiserreich und ihrer Teilhabe an den Erfindungen der Industrialisierung handeln Karin von Welcks Schilderungen der Lebenswege von Anna Reiß und Berta Benz.

Mit der Industrialisierung zogen auch die sozialen Probleme in ihrem Gefolge in die Stadt ein. Elendsquartiere und Wohnungsnot, Armut und Arbeitslosigkeit, sich selbst überlassene Kinder und Kranke, die Kehrseite des wirtschaftlichen Aufschwungs hinterließen auch in Mannheim ihre Spuren und bereiteten den Boden gleichermaßen für Arbeiterbewegung und soziale Reformbestrebungen. Mannheims Geschichte, das ist auch die Geschichte des roten Mannheims, des Zentrums der badischen Sozialdemokratie. Rund ein Viertel bis ein Drittel der Sozialdemokraten Badens lebten und arbeiteten hier und bestimmten seit der Wende zum 20. Jahrhundert zunehmend die politischen Geschicke der Stadt. Natürlich mischte die Mannheimer Sozialdemokratie auch in den revolutionären Jahren 1918/19 kräftig mit und trug ihren Teil zur Abschaffung der Monarchie bei. *Die Arbeiterschaft Mannheims war [...] radikaler als irgend eine Gruppe im badischen Land. So war es nicht überraschend, daß beim ersten Aufflackern der revolutionären Bewegung in Kiel die Mannheimer Volksstimme [...] das Verschwinden des Großherzogtums zugunsten eines badischen Volksstaates forderte und daß am 9. November [...] der Rücktritt der großherzoglichen Regierung erzwungen wurde.[21]* Wie häufig in den Schilderungen „heroischer Zeiten" ist in Mannheims einschlägigen Darstellungen viel vom Mut und Engagement der Männer und wenig von dem der Frauen zu lesen. Daß bei den großen Arbeiterstreiks auch deren Frauen und Töchter und die Arbeiterinnen nicht unbeteiligt blieben, erfahren wir nur am Rande. Friedrich Walter erwähnt einen Mannheimer Streik im Januar 1918, an dem 15.000 Angehörige der Metallindustrie teilnahmen. *Arbeiter und Arbeiterinnen der Firma Brown Boveri & Cie ziehen zu einer Kundgebung auf den Marktplatz, wo ein Redner den annexionslosen Frieden fordert –* in Kriegszeiten zweifellos ein couragiertes Verhalten.[22] Wie sehr auch in der Weimarer Republik die Sozialdemokraten in Mannheim das politische Klima bestimmten, bestätigen die Wahlergebnisse dieser Zeit. In Darstellungen zu Mannheims

Geschichte wird immer wieder stolz betont, wie schwer sich der Faschismus mit dem Einzug in der Stadt tat. Hier blieben die Stimmen für die NSDAP unter dem Landesdurchschnitt. Daß neben der Geschichte des roten Mannheims und der Sozialdemokratie die Geschichte der sozial-demokratischen Frauenbewegung noch zu schrei-ben ist, bestätigen die Beiträge von Beatrix Geisel und Susanne Zeller über die SPD-Frauen seit dem Kaiserreich und über Hedwig Wachenheim. Ob und auf welche Weise sich die Mannheimer-innen in das politische Geschehen der Weimarer Republik grundsätzlich einbinden ließen, thema-tisiert der Aufsatz von Christiane Pfanz-Sponagel, der sich auch mit der Frauenbewegung der Wei-marer Zeit befaßt. Denn Mannheims Geschich-te ist auch die Geschichte der bürgerlichen Frauen-bewegung. *Als aufgeklärte Stadt bewährt(e) sich Mannheim* geradezu als das Zentrum der süd-deutschen bürgerlichen Frauenbewegung im Kai-serreich.[23] Es waren Mannheimerinnen, die während der Kriegsjahre die Politik des Bundes der deutschen Frauenvereine bestimmten. Alice Bensheimer war die Schriftführerin des Bundes deutscher Frauenvereine, Elisabeth Altmann-Gottheiner die Schatzmeisterin und Herausgebe-rin des Jahrbuches. Im ebenfalls reichsweit tätigen Verein „Frauenbildung, Frauenstudium" führte Julie Bassermann den Vorsitz. Marie Bernays leite-te die soziale Frauenschule. Nicht nur in Mann-heim, aber hier gut sichtbar, nutzten die Frauen der Frauenbewegung die Kriegskrise, um sich als Staatsbürgerinnen zu „bewähren", um sich die Teilhabe an den öffentlichen Ämtern und der öffentlichen Macht zu „verdienen". *Entschiedenen Schrittes setzt(en) sie ihren Weg aus der Stille des Hauses in die Öffentlichkeit fort. Die allgemeine und berufliche Bildung der Frauen zu heben, ihr wissen-schaftliche Berufe zu erschließen, ihre wirtschaftliche Lage zu verbessern, sie zur Ausübung sozialer und politischer Rechte heranzubilden, diese schon in Frie-denszeiten verfolgten langjährigen Ziele* schienen nun vor *vollständiger endgültiger Verwirklichung* zu stehen.[24] *Die Zeit,* so Friedrich Walter. war *über-reif für gleichberechtigte, mitverantwortliche Beteili-gung der Frau am staatlichen und städtischen Leben in seinen mannigfachen Verzweigungen.*[25] *Vom Schmelztiegel gemeinsamer Fürsorgetätigkeit er-hofft(e) man Verflüssigung mancher zäher Vorurteile, Klassengegensätze und Auswüchse kleinbürgerlichen*

Kastengeistes.[26] Barbara Guttmann thematisiert die Tätigkeit der bürgerlichen Frauenbewegung Mannheims im Rahmen des so verstandenen „nationalen Frauendienstes", Sabine Heißler die Auseinandersetzungen um den Paragraphen 218 im Kontext der Mannheimer Frauenbewegung.

Die Geschichte der Frauen Mannheims ist wie überall im Kaiserreich und der Weimarer Repu-blik auch ihr Kampf um Bildung, Berufsausbildung und freie Entfaltung in Wissenschaft und Kultur. Daß 1766 eine landesweite Hebammenschule in Mannheim eingerichtet wurde, in der zwischen 1767 und 1785 immerhin 423 Hebammen ausge-bildet wurden, weiß der Stadtchronist Friedrich Walter zu berichten. Auch von einem 1810 gegründeten großherzoglichen Fräuleininstitut ist die Rede. Die Großherzogin gefiel sich darin, dort selbst dann und wann Unterricht in Geschich-te und französischer Literatur zu geben. Den Mädchen einfacherer Herkunft ist eine entspre-chende Förderung sicher nicht zuteil geworden. Obwohl in Baden das liberale Klima sich günstig auf die Bildungschancen der Mädchen auswirkte und Ende des 19. Jahrhunderts die Mädchen- und Frauenbildung große Förderung durch den staat-lichen badischen Frauenverein erfuhr, ist wenig über die Bildungschancen des weiblichen Ge-schlechts in Mannheim bekannt. Rosmarie Günther wurde auf dem Mannheimer Friedhof fündig. Gabi Gumbel, Monika Kleinschnitger und Rita Müller forschten nach den ersten Studentinnen an der Mannheimer Handelshochschule, die, so Walter, während des Ersten Weltkrieges immerhin ein Drittel der anwesenden Studierenden stellten.[27] Den Arbeits- und Lebensbedingungen der ersten Professorinnen in Mannheim war schließlich Alexa Gwinner auf der Spur.

Weibliche Ausbildung umfaßte, nach Ansicht der Mannheimer Repräsentantinnen der Frauenbewe-gung, deutlich mehr als die Ausbildung weiblicher Fähigkeiten und beruflicher Qualifikationen, sie erforderte auch die Heranbildung zur Teilhabe an den politischen und öffentlichen Belangen. Es war die Mannheimerin Alice Bensheimer, die 1909 erklärte: *Wir Frauen haben daher das größte Inter-esse an der Einführung von Bürgerkunde in den Schulen, und wir sollten keine Gelegenheit vorüber-gehen lassen, unsere Kenntnisse in Rechtsfragen zu vertiefen.*[28] Daß sich jedoch auch in Mannheim weibliche Professionalität in Wissenschaft, Beruf und Kultur gegen manche Widerstände durchzusetzen gezwungen sah, belegen nicht nur die Lebensgeschichten von Elisabeth Altmann-Gottheiner und Käthe Bauer-Mengelberg, sondern auch die Beiträge von Brigitte Höft, Bettina Scheeder und Sigrid Schuster-Schmah über Frauen im kulturellen Leben der Stadt.

Aus Mannheim nicht wegzudenken ist die Geschichte des jüdischen Bevölkerungsteils.[29] Im Vergleich zu ihren üblichen Lebensbedingungen in Deutschland im 17. Jahrhundert genossen die Juden in Mannheim außerordentliche Privilegien. Es ist wohl auf des Kurfürsten Karl Ludwigs ehrgeizige Pläne mit Mannheim zurückzuführen, daß er 1652 *alle ehrlichen Leute von allen Nationen* dazu aufrief, nach Mannheim zu ziehen und sich am Aufbau der Stadt zu beteiligen.[30] Er weitete diese Einladung ausdrücklich auf Männer und Frauen jüdischen Glaubens aus. Viele jüdische Familien folgten diesem Angebot. Tilde Bayers Beitrag ist den Lebensbedingungen der Jüdinnen in eben diesen Anfangszeiten des neuen Stadtaufbaus gewidmet. 1717 erging die Erlaubnis, die jüdische Gemeinde auf 200 Familien zu erweitern. 1809 schließlich wurde in Baden die jüdische Religion hoch-offiziell den beiden christlichen Konfessionen gleichgestellt. 1.383 jüdische Einwohner lebten 1830 in der Stadt, 1910 waren es schon knapp 6.500. Ihren Höchststand erreichte die jüdische Gemeinde 1925 mit 6.972 Mitgliedern. In Mannheim wohnten die jüdischen Familien nicht von der übrigen Einwohnerschaft getrennt; es gab kein Ghetto, und zumindest die Familien der christlichen und jüdischen Oberschicht pflegten regen gesellschaftlichen Umgang miteinander. Zwar kam es auch in Mannheim 1848 zu antisemitischen Ausschreitungen in der Stadt, doch im allgemeinen scheint man sich ganz gut vertragen zu haben. Mannheimer wie Mannheimerinnen jüdischen Glaubens nahmen regen Anteil am städtischen, sozialen und politischen Geschehen ihrer Zeit. Kaum ein Beitrag, der sich in unserem Band mit den emanzipatorischen und sozialfürsorgerischen Bewegungen Ende des 19. und frühen 20. Jahrhunderts beschäftigt, kommt ohne die Nennung von Frauen wie Alice Bensheimer oder Hedwig Wachen-

heim aus. Ihre Bereitschaft zur Assimilation hat die Mannheimer Juden und Jüdinnen indes nicht vor den Verfolgungen während der Zeit des Nationalsozialismus geschützt. Um die 2.000 Juden und Jüdinnen Mannheims kamen durch die Verfolgungen bis 1945 ums Leben. Am Beispiel u.a. des Blitzlichtes über Ilana Shenhav oder der Berichte über Käthe Bauer-Mengelberg (Beitrag Alexa Gwinner), Hedwig Wachenheim (Susanne Zeller) oder Ida Dehmel (Sigrid Schuster-Schmah) können wir nachvollziehen, welch tiefe Einschnitte in die jeweiligen Lebenswege die Hitlerdiktatur bewirkte.

Zu Mannheim gehört schließlich auch die Geschichte des Widerstandes gegen das Hitlerregime. *Als die Nacht des Faschismus über Deutschland hereinbrach, da begann für die Mannheimer Arbeiterbewegung eine heroische und opferreiche Zeit,* so Fritz Salm in seiner Darstellung der Mannheimer Widerstandsbewegungen. *Arbeiter waren es – Kommunisten, Sozialdemokraten und parteilose Gewerkschaftler –, die sich dem faschistischen Gewaltregime entgegenstellten und die alles wagten für Freiheit und Frieden. Und die Besten der Arbeiterklasse haben sich auch nicht gebeugt, weder dem physischen Terror noch der nationalsozialistischen Stimmung, als der Krieg zur bitteren Wirklichkeit wurde. Der Widerstand der Arbeiterbewegung gegen die Hitler-Diktatur ist eine der markantesten Episoden der neueren Geschichte Mannheims.*[31] Wenig ist hier oder in anderen Darstellungen der Mannheimer Opposition gegen Hitler von Frauen die Rede.[32] Doch hinter jedem Widerständler standen Freundinnen und Ehefrauen, Töchter und Mütter, die die Aktionen der Männer deckten und unterstützten und eigene Risiken für sich und die Familien eingingen; manche dieser Frauen trugen darüber hinaus aktiv zu den Aktionen des Widerstands bei. Daß der so männlich besetzte Widerstand auch eine weibliche Seite hat, belegt der Beitrag Andrea Schmidts.

Mit dem Untergang des Dritten Reiches beendeten wir auch unseren Gang durch die Geschichte der Mannheimer Frauen, durch Mannheims Geschichte aus weiblicher Sicht. Vieles wurde aus dem Dunkel ans Licht befördert, was auch in anderen Städten Ergebnis solchen Bemühens war. Es ist die Geschichte von Frauen, die gemäß ihren

Einflußmöglichkeiten und Wirkungsbereichen an der Entwicklung ihrer Heimatstädte teilhatten. Häufig mußten sie um die gesellschaftliche Anerkennung kämpfen, die „man" den Männern leichter zu gewähren bereit war; häufig wurden sie schneller als die männlichen Repräsentanten ihres Wirkungskreises von den Nachkommenden vergessen. Die Geschichte der Frauen in ihren Heimatstädten ist immer auch die Geschichte ihres Kampfes um die gleichberechtigte Teilhabe an den beruflichen, gesellschaftlichen und politischen Chancen, die ihre Stadt zu bieten hatte. Stadtgeschichte aus weiblicher Sicht indes hat noch mehr als die Bestätigung zu bieten, das vieles schon erreicht, manches noch zu tun ist. Stadtgeschichte aus der Perspektive der Einwohnerinnen verändert den Blick auf den Ablauf, die Höhepunkte und Krisen städtischer Entwicklung. Daß die Residenz Karl Theodors in Mannheim der Stadt Blütejahre bescherte, ist Konsens der Chronisten. Daß nach Abzug des Hofes Karl Theodors die Hofhaltung der Kurfürstin Elisabeth Augusta sehr wohl in Mannheim verblieb und darin die Ursache für den Fortbestand Mannheims als kulturelles Zentrum liegen mag, bleibt in der Regel unberücksichtigt. Bekannt ist Mannheims Charakter als liberales Zentrum des Vormärz. Welchen Einfluß auf die Entwicklung des politischen städtischen Klimas, auf die politische Oppositionsbereitschaft gegenüber dem badischen Staat nicht nur die kurpfälzer Vergangenheit sondern auch der Mannheimer Hof der französisch geprägten, vom badischen Herrscherhaus wenig geliebten, Großherzogin Stephanie Beauharnais-Napoleon genommen haben mag, ist bisher gänzlich unerforscht. Um die Wende zum 20. Jahrhundert schließlich prägten Mannheimerinnen das Gesicht der bürgerlichen Frauenbewegung des deutschen Reiches. Welche Bedeutung die Repräsentantinnen dieser Bewegung für die Ausgestaltung des Mannheimer kommunalen Lebens hatten, und wie ihre Mannheimer Erfahrungen ihre Einstellungen und politischen Aktionen mitbestimmten, gilt es noch zu untersuchen.

Vieles der Frauengeschichte Mannheims liegt noch im Dunkeln. Einige Schlaglichter jedoch auf die Frauen in der Geschichte Mannheims, auf Mannheim in den Biographien von Frauen werfen die Beiträge unseres Bandes.

Anmerkungen zum Kapitel

[1] So die Titel der Frauenstadtgeschichten von Düsseldorf und Oldenburg.

[2] Stellvertretend für die geringe Bedeutung von Frauen in nahezu allen Veröffentlichungen zu Mannheim: I. GÖRLER sammelte 41 Berichte über Mannheim aus vergangenen Tagen. Lediglich sechs waren von Autorinnen verfaßt. K. O. WATZINGER veröffentlichte 52 Biographien Mannheimer Juden, nur fünf von ihnen waren Frauen. J. SCHADT machte die Erfahrungsberichte von Sozialisten neu zugänglich, unter ihnen keine einzige Frau.

[3] F. WALTER (1949) S. 87.

[4] Zitiert nach O. H. GAWLICZEK u. a. S. 14.

[5] F. WALTER (1907) Bd. 2 S. 584

[6] Beibericht zu den Stadtprivilegien von 1652, zitiert nach E. HENZE S. 9

[7] Adolph von Knigge (1788) zitiert nach A. v. DÜLMEN S. 139f.

[8] Zitiert nach A. v. DÜLMEN S. 332.

[9] Höchst prächtige Erleuchtung und andere Merkwürdigkeiten Mannheims. Aus einem alten Reisebericht von Ph. L. Roeder, 1789, Neudruck Mannheim 1984

[10] Ebd.

[11] Johann Kaspar Riesbeck: Briefe über Deutschland, 3 Bde., letzte verbesserte Aufl. Wien 1790, hier Bd. 1, S. 321 zitiert nach G. LOSTER-SCHNEIDER S. 25.

[12] Aus einem Brief Ferdinand Kobells vom 14.10.1792, zitiert nach E. SCHNEIDER S. 89.

[13] Ebd.

[14] F. WALTER (1949) S. 43f.

[15] Ebd.

[16] F. WALTER (1907) Bd. 2 S. 326.

[17] Ebd.

[18] J. Gentil zitiert nach I. GÖRLER S. 136.

[19] Zitiert nach F. WALTER (1949) S. 21.

[20] Ebd.

[21] Hugo Marx zitiert nach I. GÖRLER S. 171f.

[22] F. WALTER (1949) S. 285.

[23] F. WALTER (1949) S. 240.

[24] Ebd.

[25] Ebd.

[26] Ebd. S. 212.

[27] Vgl. F. WALTER (1949) S. 240.

[28] Alice Bensheimer, Die Frau im Dienste der Gemeinde, in: Die Frau, 1909, H. 4 S. 195 f zitiert nach K. O. WATZINGER S. 81.

[29] Vgl. K. O. WATZINGER S. 13 - 76

[30] Zitiert nach K. O. WATZINGER S. 13.

[31] F. SALM S. 11.

[32] So gibt es auch einen „frauenlosen" Widerstand in G. BRAUN, hier sind ganze vier Frauen als Widerstandskämpferinnen S. 75 erwähnt.

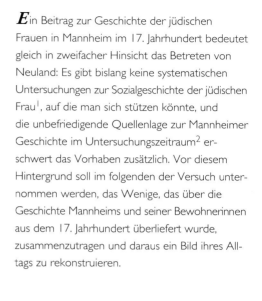

*E*in Beitrag zur Geschichte der jüdischen Frauen in Mannheim im 17. Jahrhundert bedeutet gleich in zweifacher Hinsicht das Betreten von Neuland: Es gibt bislang keine systematischen Untersuchungen zur Sozialgeschichte der jüdischen Frau[1], auf die man sich stützen könnte, und die unbefriedigende Quellenlage zur Mannheimer Geschichte im Untersuchungszeitraum[2] erschwert das Vorhaben zusätzlich. Vor diesem Hintergrund soll im folgenden der Versuch unternommen werden, das Wenige, das über die Geschichte Mannheims und seiner Bewohnerinnen aus dem 17. Jahrhundert überliefert wurde, zusammenzutragen und daraus ein Bild ihres Alltags zu rekonstruieren.

Tilde Bayer

... DEREN WEIBER UNDT TÖCHTER ABER DASS KOSTBARE GOLDT UNDT SIELBER TRAGEN VERBOTTEN SEYN

Jüdinnen im 17. Jahrhundert

Juden lebten in Mannheim seit der zweiten Hälfte des 17. Jahrhunderts. Kurfürst Karl Ludwig hatte sie zusammen mit vielen anderen Ansiedlungswilligen, z.B. aus den Niederlanden und Frankreich, zum Wiederaufbau der im Dreißigjährigen Krieg zerstörten Stadt in die Pfalz gerufen. Die Bedingungen für ihre Ansiedlung und ihren Aufenthalt wurden in sogenannten Konzes-

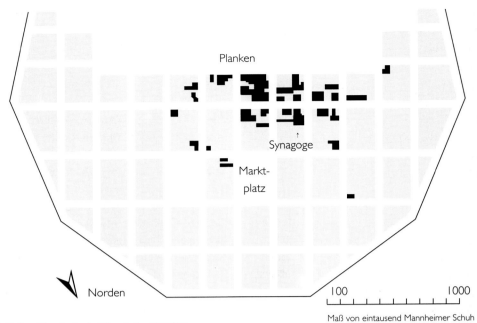

Planken

Synagoge

Markt-
platz

Norden

100 · · · · · · · · 1000

Maß von eintausend Mannheimer Schuh

Jüdischer Hausbesitz in Mannheim 1684/85
Quelle: Stadt Mannheim, Amtsbuch Nr.3

sionen geregelt, die ihre Rechte und Pflichten als Bewohner der Stadt festlegten. In Mannheim wurden den Juden im Vergleich zu ihren Glaubensgenossen in anderen deutschen Territorien und Städten große Freiheiten eingeräumt. Der Ruf nach Mannheim verfehlte deshalb auch seine Wirkung nicht, und bereits 1680 waren 78 jüdische Familien hier seßhaft geworden.[3]

Zum überwiegenden Teil kamen sie aus den großen jüdischen Gemeinden der näheren Umgebung, so z.B. aus Frankfurt a.M. und Worms, aber auch aus dem Ausland, z.B. aus Frankreich, Österreich und Polen. Man unterschied im 17. Jahrhundert noch zwei Gruppen von Juden: die wohlhabenderen sephardischen Juden, die ursprünglich aus Spanien und Portugal vertrieben worden waren, und die aschkenasischen Juden aus deutschen und osteuropäischen Territorien.[4] Die Familienoberhäupter lebten fast alle vom Handel mit Textilien, Getreide, Kramwaren, Wein u.a. und – häufig damit verbunden – von der Geld- und Pfandleihe. Die strengen Zunftbestimmungen[5] und die religiösen Vorbehalte gegen die Juden einerseits und die Auswirkungen des kanonischen Zinsverbotes andererseits hatten die Juden seit Jahrhunderten auf diese „klassischen" Erwerbszweige beschränkt. So gab es auch in Mannheim nur wenige Juden, die nicht im Han-

del tätig waren, wie z.B. vereinzelt jüdische Handwerker (Buchbinder, Goldschmiedearbeiter), Ärzte und Gelehrte. Ihre Wohnungen hatten sie vor allem in den heutigen Quadraten E1, E2, E3, F1, F2 und F3, rund um die Synagoge, die sich auf dem Gebiet des heutigen Quadrates F2 befand.

Die Frauen führten ein unauffälliges Leben im Schatten ihrer Männer. Sie waren nicht nur als Juden in der christlichen, sondern darüber hinaus auch als Frau in der jüdischen Gesellschaft in manchen Bereichen nicht gleichgestellt. So sollten sie zwar eine gewisse religiöse Unterweisung erfahren, durften aber nicht zum religiösen Studium der Tora zugelassen werden.[6] Auch das jüdische Eherecht kannte deutliche Unterschiede zwischen den Geschlechtern. So hatte nur der Mann das Recht, sich durch Übergabe des Scheidebriefes zu trennen, während es für eine Frau ungleich schwerer war, die Scheidung zu erlangen, da sie erst vor Gericht ein Urteil gegen den Mann auf Ausstellung des Scheidebriefes erwirken mußte.[7] Ungeachtet dieser Ungleichbehandlung durch das jüdische Gesetz hatte die Frau als Mittelpunkt der Familie, die im Judentum damals wie heute besonderes Ansehen genießt, sicherlich einen größeren Einfluß, als die traditionelle Geschichtsschreibung uns glauben machen will.

In den spärlich überlieferten Quellen ist von den Frauen selten die Rede, und über ihr Leben erfährt man nur aus einigen wenigen Hinweisen in den Ratsprotokollen der Stadt. Die Einträge konzentrieren sich auf die Lebensbereiche Ehe und Familie einerseits, sowie Wirtschaft, insbesondere Handel, andererseits. Aufgeführt werden vor allem Grundstücksgeschäfte, Eheschließungen[8], Regelungen des Nachlasses, persönliche Streitigkeiten sowie Handelsgeschäfte.

Die Obrigkeit mischte sich in der Regel nicht über den Regelungsbereich der Konzession hinaus in innerjüdische Angelegenheiten ein und kümmerte sich schon gar nicht um die Frauen. Nur soweit es um ihr Auftreten in der Öffentlichkeit ging, meinte man gelegentlich, allzu großer „Putzsucht" Einhalt gebieten zu müssen. Kleiderordnungen, die einerseits Luxusverbote waren

und andererseits bestimmten, wie eine jede Klasse der Gesellschaft sich zu kleiden hatte, gab es während des Mittelalters und der Renaissancezeit bis zum Ende des 17. Jahrhunderts, und auch Juden waren hiervon nicht ausgenommen. Bekannte Beispiele sind die Vorschriften zum Tragen eines gelben Ringes für die Männer und zwei blauer Streifen für die Frauen (Speyer 1468) oder aber das Verbot zum Tragen roter und grüner Stoffe (Freiburg 1394).

Auch in Mannheim sind solche Kleidervorschriften für Juden überliefert.[9] So sollte auf Befehl der kurfürstlichen Regierung *das Tragen von spanischen Röcken wie auch kostbarer Kleyder undt Mänteln von damast oder seyde abgestellet werdten und statt dessen sollten sie, wie auch in Frankfurt, Worms und anderen Städten nur mit gemeinen schwarz oder anderen mänteln […] jedoch ohne*

Tracht der
Judenweiber zu Worms

schabesdeckhel auff die straßen auffziehen,
deren weiber undt Töchter aber daß kostbare goldt
undt sielber tragen verbotten seyn.[10]

Wie aber lebten diese Frauen im Kreis ihrer
Familie, wie sah ihr Alltag aus, und mit welchen
Problemen mußten sie sich auseinandersetzen?
Lebensbeschreibungen von Frauen, die darüber
Auskunft geben könnten, sind selten und stammen
in der Regel aus der Feder von Frauen der
(christlichen) Oberschicht. So ist es als ein beson-
derer Glücksfall anzusehen, daß aus dem 17.
Jahrhundert die Autobiographie einer Hamburger
Jüdin überliefert wurde. Es sind die *Denkwürdig-*
keiten der Glückel von Hameln, die diese für ihre
Kinder niedergeschrieben hatte, und die einen
Eindruck vom Leben einer jüdischen Frau im 17.
Jahrhundert vermitteln. Sie war nach eigenen
Angaben die Tochter des zweitreichsten Hamburger Juden, verfügte über eine überdurchschnitt-
liche Bildung und war sicherlich eine Ausnahme-
erscheinung unter den jüdischen Frauen. Ihre
Erinnerungen, die sehr eindringlich das Leben einer
jüdischen Frau zwischen Heirat, Geburten und
Handelsgeschäften schildern, sollen hier stellvertretend für ihre (schweigenden) Mannheimer Geschlechtsgenossinnen sprechen.

Dreh- und Angelpunkt im Leben einer jüdischen
Frau sind die Familie und deren Wohlergehen. In
den Erzählungen der Glückel fällt sofort ins Auge,
welch großes Gewicht eine Jüdin des 17. Jahrhunderts – wie auch in anderen bürgerlichen Familien
der Zeit – auf sogenannte „gute" Heiratspartien
und den Besitz von Geld und Gut legte. Dies ist
zum einen mit dem ausgeprägten Familiensinn der
Juden und zum anderen mit der Sorge um die
Zukunft der Kinder zu erklären. *In einer Welt, in*
der das Recht zu leben und zu atmen und der
Schutz für ihre Habe und ihren Erwerb ihnen nicht
als etwas Selbstverständliches vom Staate gewährt
wurde, sondern stets durch große Opfer erkauft wer-
den mußte[11], *konnte das Leben nur durch einen*
vollen Geldbeutel einigermaßen erträglich gemacht
werden[12]. Die Wahl eines geeigneten Ehepartners
entschied dann auch oft über Zukunft und wirt-
schaftliches Wohlergehen. Auch wenn die Mannheimer Juden unter günstigeren gesellschaftlichen
Bedingungen lebten, so war doch auch ihnen dieses
Verhalten in den vergangenen Jahrhunderten in

Fleisch und Blut übergegangen. Die Eltern suchten
in der Regel unter der Mitwirkung eines Heirats-
vermittlers den Ehepartner für ihre Kinder aus.
Geheiratet wurde häufig recht früh und der Ehepartner stammte in der Regel aus Familien, mit
denen man verwandt war oder in geschäftlicher
Beziehung stand. So war es sicherlich keine
Ausnahme, daß beispielsweise Lea Astroucque
von ihrer Mutter bereits mit 13 Jahren mit ihrem
Onkel (väterlicherseits) verlobt wurde.[13]

Innerhalb der Familie waren die Aufgaben zwischen
Mann und Frau genau aufgeteilt: Den Frauen
oblag der häusliche Bereich, während sich der Mann
in der Regel dem Broterwerb oder in wenigen
Fällen dem religiösen Studium widmete. Die Han-
delstätigkeit brachte es zwangsläufig mit sich,
daß die Männer wie auch die Söhne ab dem 13.
Lebensjahr häufig auf Reisen und oft Tage,
Wochen oder gar Monate nicht in Mannheim
waren. Mütter und Töchter (in ärmeren Familien
dienten diese auch als Mägde außer Haus)
blieben zu Hause. Auch wenn die jüdische Familie
nach außen hin patriarchalisch organisiert war, so
gab doch die Frau durch die häufige Abwesenheit
des Mannes den Ton an. Ihr oblagen während
seiner Abwesenheit nicht nur die „klassischen"
Hausfrauenpflichten, d. h. die Führung des Haus-
haltes, die Erziehung der Kinder und die Aufsicht
über die Hausangestellten, sondern auch die
„unternehmerischen" Aufgaben im Geschäft des
Mannes, das während seiner Abwesenheit weitergeführt werden mußte. In den Ratsprotokollen
finden sich Einträge, die zeigen, daß die Frauen
über ihre „klassische" Rolle hinaus trotz fehlender
systematischer Ausbildung unternehmerische Fertigkeiten besaßen: Sie führten die Bücher, trieben
Forderungen ein, machten vor dem Rat offene
Schulden aus Warenverkäufen und Pfandgeschäf-
ten geltend, verklagten säumige Mieter auf Miet-
zinszahlung und verstanden es, ungeduldige Gläubiger immer wieder auf die baldige Rückkehr des
Mannes zu vertrösten.[14] Auch beim Kauf und
Verkauf von Grundstücken und Häusern sowie
der Bestellung von Hypotheken und Grundschulden
traten die Frauen allein oder, soweit es sich um
gemeinsames Vermögen handelte, zusammen mit
dem Mann vor dem Rat auf. Bei diesem Anlaß
erfährt man aus den Quellen auch vereinzelt die
Namen der Ehefrauen, die ansonsten nur als

Hausfrau oder *Witwe* des namentlich bekannten Ehemanns bezeichnet wurden. Die Frauen der sephardischen Juden führten romantische Namen wie etwa Douce, Belle, Rose oder Gentille, die der aschkenasischen Juden hießen z.B. Hinel, Gütle oder Schönche.

Trotz des vorhandenen unternehmerischen Geschicks gerieten die Frauen beim Tod ihres Mannes häufig in finanzielle Schwierigkeiten, da die Gläubiger in der Regel auf sofortiger Zahlung der Schulden bestanden. Die Fortführung des Geschäfts, insbesondere die Reisen zu Messen und Märkten, waren für eine junge Frau mit kleinen Kindern nahezu unmöglich und für eine ältere Frau oftmals zu beschwerlich. Auch Glückel führte eine Zeitlang, bevor sie sich erneut verheiratete, ein eigenständiges Handelsgeschäft: *Ich habe noch ein großes Geschäft geführt – denn ich hatte noch großen Kredit bei Juden und Nichtjuden – und habe mich sehr gequält, bin im Sommer bei der Hitze und im Winter bei Regen und Schnee auf die Messen gefahren und habe dort ganze Tage in meinem Gewölbe gestanden.*[15] In der Regel konnte eine Frau im 17. Jahrhundert kein Gewerbe selbständig betreiben. Deshalb ging die Witwe fast immer eine neue Ehe ein, zum einen, um die eigene Versorgung und die der Kinder zu sichern, zum andern aber auch, um erworbenes Vermögen zu erhalten oder gar zu vermehren. In einer solchen Verbindung herrschte nicht immer eitel Sonnenschein, und es kam auch zu Streitigkeiten, die bis vor den Rat der Stadt gelangten: So wies z.B. Moyse Carcassonne die Vorwürfe seiner Schwägerin zurück, *seine Frau blutrünstig geschlagen zu haben und sie gar übel zu halten*, mußte aber zugeben, einem der *Vorkinder seiner Frau* eine Ohrfeige gegeben zu haben.[16]

Eine der bekanntesten jüdischen Frauen in Mannheim war Gentille Carcassonne. Da sie in den Ratsprotokollen mehrfach erwähnt wird, kann man ihren Lebensweg genauer verfolgen: Gemeinsam mit ihrem Mann Abraham Astroucque und ihren Kindern war sie nach 1660 nach Mannheim gezogen. Sie war die Tochter des Emanuel Carcassonne, eines aus Frankreich eingewanderten sephardischen Juden, der sich ebenfalls mit seiner Frau Rose de Monteain in Mannheim niedergelassen hatte und als Haupt[17] der Juden galt.

Sowohl ihre eigene als auch die Familie ihres Mannes zählten zu den reichsten und angesehensten in der jüdischen Gemeinde. Zahlreiche Einträge in den Ratsprotokollen zeugen von den erfolgreichen wirtschaftlichen Aktivitäten der Familie Astroucque, die sich vor allem auf dem Gebiet der Geld- und Pfandleihe sowie des Getreide- und Textilgroßhandels betätigte. Aus ihrer Ehe mit Abraham Astrouque stammten mindestens drei Kinder, die Tochter Lea[18] sowie die Söhne Johann[19] und Samuel Astroucque[20]. In den Ratsprotokollen wird sie erstmals 1663 anläßlich einer Hausersteigerung namentlich erwähnt.[21] Ihr Mann starb jedoch schon wenige Jahre nach der Ankunft in Mannheim, denn aus einer Eintragung im Jahr 1670 anläßlich der Verlobung ihrer 13jährigen Tochter Lea geht hervor, daß sie inzwischen Witwe geworden war.[22] Es ist anzunehmen, daß sie von ihrem ersten Mann ein ansehnliches Vermögen geerbt hatte und deshalb auch eine begehrte Heiratspartie war. Spätestens 1674 ging sie eine wirtschaftlich sehr vorteilhafte zweite Ehe mit Samuel Oppenheimer aus Heidelberg ein[23], einem sehr wohlhabenden Mann, dem es in den nächsten Jahren gelingen sollte, vom Einzieher der pfälzischen Schutzgelder für Karl Ludwig zum Oberkriegsfaktor, d.h. dem Hauptlieferanten für Militärbedarf und Geldgeber des kaiserlichen Hofs in Wien aufzusteigen.[24] Ob diese wirtschaftlich vorteilhafte Verbindung, aus der neun Kinder hervorgingen[25], auch privat so harmonierte, scheint nach den Quellen eher fraglich zu sein. 1677 muß es zwischen den Eheleuten zu einem handfesten Streit gekommen sein, so daß der Mannheimer Rabbiner Isaac Brilin[26] und ihr Verwandter Mardochai Astroucque den Kaufmann Löw Roßkam um Vermittlung baten. Diese Bemühungen waren offenbar erfolgreich, allerdings versuchte Löw Roßkam seinerseits zwei Jahre später, Gentille Carcassonne auf Zahlung des damals vereinbarten Schlichtungshonorars von 25 Reichstaler vor dem Mannheimer Rat zu verklagen.[27]

Unabhängig vom Vermögen ihres zweiten Mannes verfügte Gentille Carcassonne aber auch über eigenes Vermögen: Am 23. Oktober 1685 wurde im Kaufprotokoll der Stadt Mannheim vermerkt, daß sie Samuel Oppenheimer eines der beiden nebeneinander liegenden Häuser am Markt nach freier Wahl zur treuen Verfügung übergab.[28] Ebenso wie ihre Mutter Rose de Monteain verlieh sie Geld gegen Pfänder, vor allem Gegenstände des täglichen Bedarfs wie z.B. Kleidungsstücke und einfaches Zinngeschirr, aber auch kostbare Stücke wie z.B. Schmuck und Silber.[29]

Möglicherweise war Gentille Carcassone die „Mannheimer portugiesische Jüdin aus Avignon", deren auffallende Schönheit Liselotte von der Pfalz noch Jahre später in guter Erinnerung war.[30]

Anmerkungen zum Kapitel

[1] Zur Geschichte der jüdischen Frau gibt es neben den breiten Darstellungen jüdischen Lebens im Mittelalter lediglich Lebensdarstellungen frommer und berühmter Jüdinnen von der biblischen bis zur modernen Zeit sowie Abhandlungen über die Position der jüdischen Frau im Verhältnis zum jüdischen Recht. Vgl. dazu ausführlich und mit Literaturangaben bei J. CARLEBACH, S. 157-187. Darstellungen zur Geschichte jüdischer Frauen, die auch die Fragestellungen der neueren Sozialgeschichte berücksichtigen, wie z.B. die Arbeit von M. KAPLAN, gibt es bislang nur wenige.

[2] Vgl. zur Geschichte der Mannheimer Juden allgemein K. O. WATZINGER und zur Geschichte der Juden in der Kurpfalz L. LÖWENSTEIN sowie B. Rosenthal (1927). Die folgende Untersuchung stützt sich hauptsächlich auf die Ratsprotokolle der Stadt Mannheim, die als einzige städtische Quelle aus dem 17. Jahrhundert im Zweiten Weltkrieg gerettet werden konnten, und für den Zeitraum von 1660-1680 auf. T. BAYER.

[3] L. LÖWENSTEIN S. 99.

[4] Vgl. zum Begriff der aschkenasischen Juden bei M. ZOBEL, Sp. 493-498, und zum Begriff der sephardischen Juden bei C. ROTH, Sp. 1164-1177.

[5] Juden wurden erst zu Beginn des 19. Jahrhunderts in Mannheim als Mitglieder der Zünfte zugelassen.

[6] Vgl. dazu M. M. BRAYER, Bd. 2, S. 85.

[7] Vgl. dazu ebd., Bd. 1 S. 188 - 195.

[8] Dies gilt allerdings nur für die portugiesischen Juden, die nach einer Bestimmung in ihrer Konzession dem Rat die Eheschließung anzeigen mußten.

[9] Ob es sich bei dem Verbot zum Tragen von Gold und Silber lediglich um die kurfürstliche Kontrolle eines für alle Frauen geltenden Luxusverbotes handelte, oder aber um besondere Maßnahmen gegenüber Jüdinnen, läßt sich nicht mehr eindeutig klären.

[10] STADTA MA Ratsprotokoll 1717, fol. 495.

[11] DENKWÜRDIGKEITEN, Einleitung S. 6.

[12] Ebd.

[13] STADTA MA Ratsprotokoll 1670, fol. 149. Die eheliche Verbindung von Onkel und Nichte war bei den Juden - im Gegensatz zum Christentum – nicht verboten.

[14] Vgl. z.B. STADTA MA Ratsprotokoll 1674, fol. 123f. und fol. 159.

[15] DENKWÜRDIGKEITEN S. 253.

[16] STADTA MA Ratsprotokoll 1677. fol. 429f. Über die demographischen Verhältnisse, wie z.B. die Geburtenhäufigkeit, Anzahl der Kinder und allgemeine Lebenserwartung gibt es für diesen Zeitraum leider noch keine Statistiken, so daß man hier nur einzelne, nicht repräsentative Beispiele nennen kann: Der Jude Jacköff hatte z.B. *6 unerzogene Kind* (STADTA MA Ratsprotokoll 1680, S. 507) und aus einer Liste der 1689 vor den Franzosen nach Heidelberg geflohenen Familien ersieht man eine durchschnittliche Zahl von zwei Kindern pro Familie (L. LÖWENSTEIN S. 104-106).

[17] STADTA MA Ratsprotokoll 1662, fol. 353.

[18] Geboren ca. 1657, vgl. STADTA MA Ratsprotokoll 1670, fol. 149f.

[19] STADTA MA Kaufprotokoll 1685, S. 448.

[20] Geboren ca. 1660, vgl. STADTA MA Ratsprotokoll 1679, S. 122.

[21] STADTA MA Ratsprotokoll 1663 fol. 199.

[22] STADTA MA Ratsprotokoll 1670, fol. 149.

[23] STADTA MA Ratsprotokoll 1674, fol. 64f.

[24] Vgl. H. SCHNEE, Bd. 4, S. 180; M. GRUNWALD S. 39 et passim.

[25] Vgl. M. GRUNWALD S. 38.

[26] Ein Schwager Samuel Oppenheimers, vgl. ebd.

[27] STADTA MA Ratsprotokoll 1679, S. 250, 251.

[28] STADTA MA Kaufprotokoll 1685, fol. 448, 449.

[29] Vgl. STADTA MA Ratsprotokoll 1667, S. 206; 1672, fol. 157; 1673, fol. 88; 1673, fol. 429; 1678, S. 368, 369.

[30] Vgl. B. ROSENTHAL (1932), S. 8.

Der Autor dieses Beitrages, Berthold Rosenthal
(1875-1957), wuchs in der jüdischen Landgemein-
de Liedolsheim in Baden auf und kam 1901 als
allgemeiner Hauptlehrer nach Mannheim. Hier
entstand auch sein Hauptwerk, die *Heimatgeschichte
der badischen Juden*, Bühl 1927, Nachdruck
Magstadt 1981. Im Zeitraum von 1921 bis 1938
erschienen zahlreiche Artikel zur Geschichte der
jüdischen Gemeinden Badens und insbesondere
Mannheims. Die *Machtergreifung* der Nationalsozialisten beendete abrupt seine berufliche und
wissenschaftliche Laufbahn. Nach der Vertreibung
aus seinem Beruf im Jahr 1933 bestritt er seinen
Lebensunterhalt zum Teil durch das Abfassen von
Familiengeschichten. Seine wissenschaftliche

Berthold Rosenthal

IHR LASST DEN ARMEN
SCHULDIG WERDEN ...

Ein Kulturbild aus Alt-Mannheim

Arbeit setzte er fort mit Ortsartikeln des Nach-
schlagewerkes *Germania Judaica*, das aber erst in
den 60er Jahren des 20. Jahrhunderts im Mohr-
Siebeck-Verlag in Tübingen erscheinen konnte.
Im Jahr 1940 gelang es ihm, über Portugal in die
Vereinigten Staaten zu emigrieren. Sein Nachlaß,
eine unschätzbare Fundgrube für die Geschichte
der Juden in Mannheim und Baden, befindet
sich heute im Archiv des Leo Baeck Instituts New
York.[1]

Tilde Bayer

Daniel Chodowiecki (1726-1801),
„Auspeitschung lediger Mütter", Radierung 1782

Während das Zeitalter nach dem 30jähr[igen] Kriege die Ausübung religiöser Formeln und den Besuch des Gottesdienstes überaus peinlich überwachte, zeigte es nur geringes Verständnis für werktätige Nächstenliebe. Das beweisen folgende, den Mannheimer Rats-Protokollen von 1683 entnommene Angaben, die ein grelles Licht auf das geringe soziale Empfinden der guten alten Zeit werfen. Die Niederschriften, die vor bald 250 Jahren gemacht wurden, sprechen für sich und bedürfen keines erklärenden Zusatzes. Zum besseren Verständnis wurde nur ihre Sprache und Rechtschreibung der heutigen angeglichen: 20. Juli 1683:

Am 19. ging ein fremdes Weibsmensch, das sich ungefähr acht Tage lang hier aufgehalten, vormittags

8 Uhr barfuß zum Heidelberger Tor hinaus u[nd] begab sich über den unweit hiervon befindlichen Damm an einen etwa hundert Schritte weiter entfernten, abgelegenen Ort, wo sonst gewöhnlich die Schweine gefüttert zu werden pflegen. Dort brachte die Person ein Kind zur Welt, das sie samt der Nachgeburt liegen ließ, und hierauf kehrte sie alsobald durchs Neckartor wieder in die Stadt zurück. Das Kind wurde durch Gottes sonderbare Schickung von einem Manne u[nd] einer Weibsperson, die von Ladenburg zu Wasser hierher fahren wollten, aber wegen der Krümmen (des Neckars) beim Baumgarten ausstiegen u[nd] zu Fuß quer über das Feld dem Heidelberger Tor zugingen, in erwähntem Moraste angetroffen, mit einer Wingertshebe herausgehoben, von der Nachgeburt gelöst und gegen 1/2 10 Uhr noch lebendig, wiewohl Nase, Augen, Ohren, Mund u[nd] Leib mit Unrat u[nd] Kot besudelt waren, in die Stadt gebracht, von einer Hebamme notdürftig gesäubert u[nd] aufs Rathaus getragen. Hierauf hat man nicht allein in der Nachbarschaft zur Erkundung dieser Hure ausgeschickt, sondern auch in der Stadt deswegen fleißig nachsuchen lassen. Schon um 12 Uhr selbigen Tages hatte man das gottlose Weibsmensch in Erfahrung gebracht und zur Haft gezogen. Auf beschehene Examination und scharfes Zusprechen bekannte sie frei und öffentlich: Sie heißt Elisabeth Zeitlerin, ist 25 Jahre alt, von Worms, mit dem Zimmermann Marten Zeitler verheiratet gewesen, der aber schon vor vier Jahren von ihr weglief. Sie bekennt, das fragliche Kind geboren zu haben. Vor der Niederkunft sei sie acht Tage in der Stadt herumgelaufen, aber „da habe sie kein Mensch wollen aufnehmen oder beherbergen". Es wird nun die Frage an sie gerichtet, warum sie sich an einen solch abgelegenen Ort begeben, barfuß in den Morast hineingegangen sei, daselbst das Kind bekommen und in den Kot habe schiessen lassen. Das sei gewiß darum geschehen, weil sie das Kind habe umbringen wollen, oder wenn sie auch keine Hand an es anlegen wollte, daß es entweder an diesem Orte ersaufen, im Moraste ersticken oder von den Schweinen, die hier gefüttert werden, gefressen werden sollte. Sie soll nur bekennen und mit der Wahrheit herausgehen, oder man werde ihr einen Mann an die Seite stellen (den Scharfrichter, der auch die Folterwerkzeuge anzulegen hatte), der die Wahrheit schon herausbringt. Sie schwieg auf diese Fragen, wiewohl man ihr hart und scharf zusprach. Woraus man, wie es auch in facto anders

nicht ist, mit Bestimmtheit schließen kann, daß ihre teuflische Intention war, das arme, unschuldige Kind solchergestalt.hinzurichten. Als Vater des Kindes gibt Delinquentin den Bauernburschen Hans Hartmann Schulz von Feudenheim an. Ihr eigentlicher Mann sei tot. Man fragte sie schließlich, weshalb sie, als das Kind über den Markt getragen wurde u[nd] die Leute zusammenströmten, auch herbeigelaufen sei und gefragt hätte, was da los sei. Sie erwiderte: Als sie hörte, daß man ein kleines Kind gefunde hätte, sei sie darüber sehr ergeistert (erschrocken) und mitgelaufen. Zu ihrer Tat habe sie niemand verleitet. Man hätte sie in der Stadt nicht wollen aufnehmen.

27. Juli 1683:
Es wird beschlossen, daß dem Mann von Ladenburg, der das von der allhier inhaftierten Hure exponi[e]rte Kind gefunden und veranlaßte, daß es lebendig hierher gebracht wurde, ein halber Reichstaler pro discretione (als Belohnung) gereicht werden soll.

16. August 1683:
Elisabeth Zeitlerin ist heute wegen des von ihr exponierten Kindes mit Ruten ausgestrichen und ihr ein halber Gülden auf den Weg gegeben worden.

Dem Manuskript von Berthold Rosenthal ist folgende Notiz beigefügt:

Stadtrechnung 1683:
22. Aug[ust] Scharfrichter Ostertag erhält, weil er ein leichtfertig Weibsmensch, so ein Kind außerhalb d[er] Stadt von sich gelegt, den 16. Aug[ust] mit Ruten aus d[er] St[adt] gehauen u[nd] derselben verwiesen worden 3 fl.[2]

Anmerkungen zum Kapitel

[1] Sammlung Berthold Rosenthal, Leo Baeck Institute, New York.
Vgl. auch U. KAUFMANN IN: BADISCHE BIOGRAPHIEN S. 225-227.
Dem Leo Baeck Institut in New York ist für die Erlaubnis zum Abdruck des Beitrages zu danken.
[2] Gulden.

Mythos und Realität

*[…] das Frauenzimmer ist schön von Gesicht, meh-
rentheils blond, gut gefärbt und wohl gewachsen,
und verschönert sich noch mehr durch gut gewählte
Kleidung […].*[1] Dieses der Feder eines unbekannten Reiseschriftstellers entstammende Lob für das
optische Erscheinungsbild der Mannheimerin
wurde ihr auch von vielen anderen zeitgenössischen Publizisten zuteil.

Die vermeintliche „Putzsucht" der bekannter-
maßen tanz- und geselligkeitsfreudigen
Kurpfälzerin provozierte mitunter auch weniger
wohlwollende Kommentare. Der Mannheimer
Arzt und engagierte Vertreter der medizinischen
Aufklärung, Franz Anton Mai, etwa glaubte, im
Zusammenhang mit einer in der Stadt wütenden
Grippeepidemie konstatieren zu müssen, daß

Christel Hess

FRAUEN JENSEITS HÖFISCHER KREISE IN DER RESIDENZSTADT MANNHEIM

Arbeits- und Lebenssituation im 18. Jahrhundert

diese doch nur hätte *jene wohlduftenden Pantoffel-
püppchen peinigen sollen, welche mit weisen und
rothen Farben den Mangel an natürlicher Anmuth
ersezen, die Ausdünstungsröhrchen ihrer Haut in
dem Gesichte und an dem Halse überkleistern, und
in allen dem Putztische geheiligten Flitterwaren*

getreue Äffchen des galanten Frankreich sind [...].[2] In der Tat war der Einfluß Frankreichs auf Mode, Literatur und Konventionen nicht nur direkt bei Hofe spürbar, galante Umgangsformen und höfische Verhaltensweisen hatten auch Eingang gefunden in die Häuser des landesherrlichen und städtischen Beamtentums. Zahlreiche schriftlich fixierte Äußerungen über das höfische Treiben und höfische Etikette sowie bildliche Darstellungen von Frauen in ökonomisch privilegierter oder gesellschaftlich exponierter Stellung haben mit dazu beigetragen, daß eine völlig falsche Vorstellung vom Leben der Mannheimerin im 18. Jahrhundert entstand.

In der harten Lebenswelt, in der die Mehrzahl der Frauen sich zurechtfinden und behaupten mußte, blieb in der Epoche, in der zwei Drittel der westeuropäischen Bevölkerung unterhalb des Existenzminimums lebte, weder Zeit noch Geld für modische Accessoires, Schönheitspflege oder das Betreiben eines literarischen Salons. Einher mit der kargen Entlohnung der einer Arbeit nachgehenden Stadt– wie LandbewohnerInnen ging das völlige Fehlen sozialer Absicherungsmechanismen. Es gab kein Arbeitslosengeld, keine Krankenkassen, keine Alters– und keine Hinterbliebenenrenten. Dies traf Witwen, die noch mit der Versorgung der Kinder beschäftigt waren und/oder keine Arbeit fanden, besonders schwer. Die von kirchlichen Institutionen und patriotischen Gesellschaften ins Leben gerufenen Witwen- und Waisenkassen waren nur punktuelle und regional begrenzte Hilfen, in kleineren Städten oder auf dem Lande existierten sie meist gar nicht.

Die Mehrzahl der Frauen, d.h., die Masse der erwachsenen weiblichen Landbevölkerung, betrieb neben der Hausarbeit im heutigen eng definierten Sinne, Feldarbeit als Lohnabhängige oder organisierte unter hohem körperlichem Einsatz einen Teilbereich der „hausväterlichen" Wirtschaft. Dazu gehörte die Feldbestellung, die Viehzucht, die Verarbeitung landwirtschaftlicher Produkte und ihre Vermarktung. Dies bedeutete nicht selten einen Sechzehnstundentag. Daß das sogenannte „schwache Geschlecht" auch in

Landwirtschaft

seinen physischen Fähigkeiten den Männern in nichts nachstand, bestätigte recht ausführlich der in Berlin lebende konservative Gelehrte Johann Georg Krünitz in seiner *Oekonomisch-Technologischen Encyclopedie* aus dem Jahre 1780, wo es heißt: *Das weibliche Geschlecht hat [...] bloß durch die Civilisierung einen großen Theil der Leibesstärke verloren, welche die unpartheyische Natur ihnen so wohl mitgetheilt als den Männern. In der menschlichen Gesellschaft sind die Weiber des gemeinen Mannes, welche gar oft die schwersten Arbeiten verrichten müssen, mehr wie Mannspersonen, als Frauenzimmer anzusehen. Man sieht sie auf den Marktplätzen und auf dem Felde aller Orten mit Männern vermischt; sie müssen sich unter eben die Lasten biegen; und kommen sie nach Hause, so warten neue Arbeiten auf sie. Die Frau muß ganz allein für die Nahrung einer Heerde von Kindern und alter Leute sorgen, die zu nichts mehr fähig sind, und von denen sie eine allgemeine Mutter abgeben muß. Sie scheint beiden Geschlechtern anzugehören, und muß nicht allein ihre eigenen Arbeiten, sondern auch noch sehr oft die Arbeiten des Mannes übernehmen [...].*[3]

Neben der ganzen Bandbreite von Haus- und Feldarbeiten gab es außerdem noch andere Berufe und Gewerbe, die von Frauen ausgeübt wurden. In einem 1715 in Leipzig verlegten *Frauenzimmer-Lexicon* wurden als weibliche Professionen aufgeführt: Bademagd, Bier- und Kellermagd,

Briefträgerin, Brot - und Butterfrau (Brot - und Butterlieferantin – d. Verf.), *Flohr-Wäscherin*, Gärtnerin, Gänse- und Grasmagd, Haarflechterin (Gehilfin der Perückenmacher – d. Verf.), Haushälterin, Hebamme, Hühnermästerin, Kindermagd, Klöppelmagd (Spitzenwirkerin – d. Verf.), Knopfmacherin, Köchin, Kohlgärtnerin (Gemüsehändlerin – d. Verf.), Korbwäscherin (reinigt nach Gebrauch leere Salzkörbe – d. Verf.), Milchverkäuferin, Opernsängerin, *Umbinde-Frau* (Friseuse – d. Verf.), Krankenpflegerin, Wäscherin, Wirtin, Zuchthausaufseherin und Zustörerin (Wirkgehilfin – d. Verf.).[4]

In einer Ausgabe von Christian Wilhelm Gatterers *Technologischem Magazin* aus dem Jahre 1790 wurde ein Überblick von in Nürnberg existierenden Gewerben und Berufen gegeben, wovon folgende Arbeiten eindeutig Frauen zufielen: Gänsemast und Gänsehandel, Obst-, Vogel- und Wildbrethandel, Lumpensammeln (für Papiermühlen), Leichenpräparierung (sog. *Seelfrauen*), Durchführen von Klystieren (sog. *geschworne Frauen*), Geburtshilfe (Hebammen), Goldstickerei, Edelsteinschleiferei, Leinenhandel und Secondhandverkauf.[5] Nachweislich Arbeit als Spinnerinnen, Näherinnen, Säugammen, Köchinnen, Büglerinnen, Strickerinnen sowie Kinder- und Dienstmädchen fanden die Frauen in Frankfurt am Main[6], in der Residenzstadt Karlsruhe lebten Seifensiederinnen, Wirtinnen, Bäckerinnen und

Milchwirtschaft

Näherinnen[7]. In Leitungsfunktionen begegnen wir Frauen meist adliger Herkunft nur im sozialen Bereich, wie z.B. als Vorsteherinnen von Waisen- und Armenhäusern[8]. Auch im Mannheim der Carl-Theodor-Zeit war ein großer Teil der Frauen auf Erwerbsarbeit angewiesen.

Garnison, Tavernen und Unzucht

Um sich eine Vorstellung von städtischem Treiben und Leben zu machen, muß man sich ver- gegenwärtigen, daß die Stadt Mannheim mit der ihr zugedachten Funktion als Bollwerk des Protestantismus in Südwestdeutschland eine Gar- nisonsstadt war. Die mächtige Zitadelle Friedrichsburg befand sich an der Stelle des heuti- gen Schlosses und der südlichen Oberstadt. Schon unmittelbar nach der Stadtgründung 1606 lebten hier fast 3000 Soldaten, in den siebziger Jahren des 18. Jahrhunderts knapp 10.000 bei einer Gesamteinwohnerschaft von 24.000 Perso- nen. Soldatisches Domizil waren nach Abbruch der Friedrichsburg die westlich des Zeughauses gelegenen Doppelkasernen. Das Stadtbild Mann- heims wurde deshalb durch die hohe Präsenz von Militär mitten in der Stadt mindestens ebenso geprägt wie durch den seit 1720 hier residierenden Hof. Dies manifestierte sich nicht zuletzt in der extrem hohen Zahl von Gastwirtschaften, die von den meist alleinstehenden Soldaten oft besucht wurden[9].

Gerade die blühende Gastronomie war es, die nicht wenigen Frauen ein gesichertes Einkommen verschaffte. Die Tavernen und Gasthäuser wurden im Todesfall des Wirtes in der Regel von der Ehefrau oder Tochter weitergeführt. Gemäß einer Brennholzliste aus dem Jahre 1789 wurden allein von jenen 73 Wirtschaften, die nicht nur vom Ausschank lebten, sondern in denen auch Bier gebraut und Schnaps gebrannt wurde, neun Unternehmen von Witwen geführt, dies sind knapp 13 Prozent[10].

Daß die Witwen nicht nur passive Nachlaßver- walterinnen ihrer verstorbenen Ehemänner waren, sondern auch selbst geschäftlich initiativ wurden, belegt u.a. ein Schreiben der Wirtin Elisabeth Jübertin an den Kurfürsten Carl Philipp vom 21. März 1732. In diesem Brief bat die Jübertin ihren Landesherrn, angesichts ihrer *nicht versorgten Vielen Kindern in ihrem Gasthaus Zum Einhorn [...] all das zum Verkauf ohn Unter- schied eintreibende Viehe einlogiren und veralimentiren* zu dürfen. Der zur Zeit alleinige Inhaber der Viehgerechtigkeit, der Gastwirt Winklhofer, so begründete sie ihre Petition, zahle dem kurfürstlichen Aerario keine Steuern, sie aber gedenke dem geplanten Hospital 50 Gulden zu schenken. Einer Aktennotiz vom 1. April 1732 zufolge wurde der Jübertin die Viehgerechtigkeit konzediert. Doch schon am 19. April schrieb die rührige Geschäftsfrau erneut an den Kurfürsten.

Knopfherstellung

Sie habe den Eindruck, so klagte sie, daß der Stadtrat ihr die Gnade der Viehgerechtigkeit zugunsten eines Reformierten zu entziehen gedenke und erbitte deshalb ein kurfürstliches Patent mit Siegel. Auf dieser Ebene zu argumentieren, war ein äußerst kluger geschäftlicher Schachzug, stand doch mit Carl Philipp erstmals wieder ein streng gläubiger katholischer Landesherr einer mehrheitlich protestantischen Bevölkerung gegenüber, der seine wenigen katholischen Untertanen hemmungslos bevorzugte. Doch zurück zur Viehgerechtigkeit, die sowohl dem Winklhofer wie der Jübertin in einem Schreiben vom 25. April bestätigt wurden. Nun reichte Winklhofer beim Kurfürsten Beschwerde ein und bat um das alleinige Privileg, da er durch [...] diese begierliche Frau, die doch, weil sie von Gott sich dergestalt gesegnet sieht, daß sie nicht nöthig hat, einem anderen [...] nach seinem Stücklein Brod zu streben [...] in den völligen Ruin gestürzet werde[11]. Das Ergebnis dieses spannenden Konkurrenzkampfes ist aus den Akten leider nicht ersichtlich.

Wurden Tavernen und Wirtshäuser parallel zum Aufkommen des bürgerlichen Frauenideals im 19. Jahrhundert als Aufenthaltsort „anständiger Frauen" immer stärker tabuisiert, so waren diese im 18. Jahrhundert noch selbstverständlicher Bestandteil urbanen Lebens- und Arbeitsraumes der Frau[12]. Dies ist auch für Mannheim belegbar. So erwartete beispielsweise die Postbotin aus dem leiningischen Dürkheim, die zwei- bis dreimal in der Woche zu Fuß nach Mannheim kam, ihre Kundschaft im Schwarzen Ochsen. Ihre Ankunft wurde jeweils in den Mannheimer Anzeigeblättern angekündigt[13]. Auch die Betreiberin einer privaten Nähschule erteilte ihren Unterricht im Hinterzimmer eines Gasthauses[14]. Ebenso logierten reisende Händlerinnen in Wirtshäusern und boten dort ihre Waren feil. Sie inserierten ihre Anwesenheit mit der gleichen Selbstverständlichkeit in den Mannheimer Zeitungen. Aus den Polizeiakten ist aber auch zu entnehmen, daß Frauen und Mädchen gerne und viel die Gasthäuser in ihrer eng bemessenen Freizeit aufsuchten, wobei die Lokalitäten in der Stadtmitte eher von Dienstgesinde und geringen Leuten frequentiert wurden. Immer wieder gab es Erlasse gegen das nächtliche Zechen, Musichalten und sonstige

Schwärmereien. Von Seiten der städtischen Obrigkeit befürchtete man, daß die Söhne, Töchter und Dienstboten der Bürger zu aller Gattung von Muthwillen und sündhafften Ausschweifungen gereizt würden[15]. Im Zuge der Auseinandersetzung, die der Pächter Grohe mit seiner Gaststätte auf der Mühlau wegen der Nichteinhaltung der auf 22 Uhr festgesetzten Sperrstunde im Jahre 1782 hatte, erfährt man, daß abends gerne [...] von dem Mühlauer Schlössel die Frau Gräfin von Hatzfeld und Frau von Lehrbach [...] – also Frauen von Stand – noch gekommen sind[16].

In den neunziger Jahren des 18. Jahrhunderts mehrten sich die Erlasse gegen das ausschweifende Leben der Mannheimer Bürgerinnen und Bürger. Der kurfürstliche Statthalter von Oberndorff beklagte, daß [...] hiesige Bürgerschaft sich von dem Höchst und Hoher Obrigkeit schuldigen Gehorsam entfernend, stolz, wohllüstig und ausschweifend zu werden beginne [...][17]. Neben der allgemeinen Sittenverderbnis, die Oberndorff Ende des Jahrhunderts festzustellen glaubte, plagte die Stadt schon seit den fünfziger Jahren des 18. Jahrhunderts ein großes Problem: das Überhandnehmen der Prostitution. In einem Brief an den Kurfürsten vom 20. Februar 1759 berichtete der Stadtdirektor Gobin, daß sich nachts liederliche Menschen mit denen Soldaten sich an den Häusern und freyen Strassen hin und wieder in gröster Laster und liderlichen Leben herumtrieben. Gobin bat daher den Kurfürsten zu verfügen, daß nach Einbruch der Dunkelheit Weibs-Personen auf der Straßen mit einem Licht oder Laterne versehen sein sollen und allen, die ohne Licht ertappt würden, die Abführung auf die Wache bevorstehe[18]. Einer der Haupttreffpunkte erotischer Annäherung war der Paradeplatz, der auch noch von den französischen Offizieren in den neunziger Jahren des 18. Jahrhunderts aufgesucht wurde. Wie aus einem Regierungsprotokoll vom 31. Mai 1791 hervorgeht, hatten die Franzosen dort nachts verschiedene unfugen getrieben und den sitten ärgerliche Beispiele gegeben[19].

Doch nicht alle Mädchen, die nachts heimlich auf den Paradeplatz schlichen, waren Prostituierte. Manch eine Dienstmagd erlag dem uniformierten Charme ganz ohne finanzielle Interessen. Dies konnte im Falle einer ungewollten Schwangerschaft schnell dramatische Dimensionen annehmen, denn in der Regel wurden *junge Mägde in Umständen* nicht weiterbeschäftigt und nicht selten von der eigenen Familie verstoßen. Jeder erotische Ausflug einer der Unterschicht entstammenden alleinstehenden Frau wurde von den bürgerlichen Kreisen als „Unzucht" gebrandmarkt, eine ungewollte Schwangerschaft bedeutete meistens das ökonomische und gesellschaftliche „Aus" für die Betroffene. Oft tödlich verlaufende Abtreibungsversuche, Kindesmord und Kindesaussetzung sowie Selbstmordversuche waren die Folgen. Dies war – neben der Totgeburt des Thronfolgers – einer der Gründe, warum Carl Theodor die Gründung einer Hebammenschule verbunden mit einem Entbindungsheim für ledige Mütter anregte. 1766 wurde diese Einrichtung nach Straßburger Vorbild und mit großem Engagement des eingangs schon erwähnten Mannheimer Arztes Franz Anton Mai etabliert[20].

Doch blieben alle edlen Ideen des Kurfürsten unverwirklicht: durch Unterschlagung der für diesen Zweck vorgesehenen Gelder durch den korrupten städtischen Medizinalrat wurde die Entbindungsanstalt nie dem projektierten Standard gemäß eingerichtet. Die hygienischen Zustände verschlimmerten sich trotz des unermüdlichen Einsatzes von Franz Anton Mai immer mehr. Einem Visitationsprotokoll der kurpfälzischen Regierung vom 20. März war zu entnehmen, *[…] daß, wo die Wöchnerinnen, die Schwangeren, die sowohl glücklich als wider natürlich niederkommende, die Krancke wie die Gesunde, die reine wie die venerisch unsaubere* (geschlechtskranke – d. Verf.), *und noch dabei die neugebohrn alle in einem einzigen Zimmer mehrentheils an der zahl 24. und zwar in einem solchen Zimmer beisammen sind, wo um den Ofen herum die Lumpen des wenig vorhandenen Weiszeuchs aus Mangel einer Waschküch, eines Hofs, eines Speichers getrocknet werden und dadurch die in diesem Wohnort notwendig eingeschlossenen üble Ausdünstungen zum Nachtheil der Gesundheit für die, die sich darin aufhalten, vermehrt werden müssen; […] daß die innen Einrichtung nur in den nothwendigsten Geräthschaften an Bettung, Weisszeuch, Küchengeschirr und unentbehrlichsten*

Erfordernissen so schlecht so arm ist, daß diese elende Weibspersonen nicht einmal dem Vieh gleichgehalten werden können, welchem gleichwohl täglich frisches Stroh untergelegt zu werden pflegt [...][21]. Die Umsetzung der Verbesserungsvorschläge der kurfürstlichen Regierung scheiterte an Geldmangel. Die Stadt weigerte sich beharrlich, die Kosten zu übernehmen, wobei Stadtdirektor Gobin in einem Schreiben an die kurpfälzische Regierung vom 23. Oktober 1783 folgendermaßen argumentierte: *Die Anzahl deren von hier gebürtigen, oder dahier sich aufhaltende ledige schwangere Weibspersonen, welche gemeiniglich bey ihren Eltern, oder sonstigen Anverwandten niederkommen […] ist so groß, daß es nimmermehr an erforderlichen Subiecti* (Wöchnerinnen – d. Verf.) *zum practischen Unterricht ermangeln wird, folglich ist der Zugang frembder Dirnen und ein gemeinsames oder ordentliches Niederkunftshaus ganz ohnnötig*[22]. Daß schon lange ein neues Gebäude für die Anstalt gesucht wurde, behagte Gobin ebensowenig. Ein neues „Accouchement", so befürchtete er, würde weitere gefallene Mädchen geradezu anziehen und so mutmaßte er: *Wie vielen verdächtigen Hauswirthen würde es nicht in Beherbung solcher frembder Dirnen und sonstig liederlichen Gesindels zum Protext dienen? Welcher Gefahr würde nicht hiesige Garnison wegen verführung der Soldaten ausgesezet [...]*[23]. Erst Ende des Jahrhunderts erfolgte eine Verlegung des „Accouchments" von dem Pichlerschen Häuschen in N 6 beim Kapuzinergarten in das ehemalige kurfürstliche Geflügelhaus. Das Geflügelhaus wurde schon unrenoviert als große Verbesserung empfunden. Doch nicht kurfürstliche Fürsorgepflicht oder gar städtische Einsicht hatten den Umzug erwirkt: durch eine Bombe der Franzosen war das Pichlersche Häuschen vollends zu Grund gerichtet worden[24].

Hebammen, Waschfrauen und andere Professionen

Eine traditionelle Domäne weiblicher Betätigung war die Geburtshilfe. In Mannheim waren acht Hebammen katholischer und reformierter Konfession von der Stadt mit einem Jahresgehalt zwischen 75 und 100 Gulden fest angestellt. Der Hebammentätigkeit voraus ging eine Lehr- oder Assistenzzeit bei einer erfahrenen Hebamme und eine Prüfung der theoretischen Kenntnisse vor dem Medizinalrat der Stadt. Neben den von der Stadt bezahlten Hebammen gab es freiberuflich arbeitende Geburtshelferinnen, die von ihren Wöchnerinnen direkt entlohnt wurden. Nach Ende ihrer beruflichen Tätigkeit oder im Falle von Berufsunfähigkeit hatten diese jedoch keinen Anspruch auf irgendeine Versorgung. Dies geht u.a. aus der Petition der Hebamme Margareta Müller hervor, die in einem an den Kurfürsten gerichteten Schreiben vom 26. Mai 1765 um eine Altersversorgung bittet, da sie nach 29 Jahren Dienst wegen ihres fortgeschrittenen Alters ihren Beruf aufzugeben gedenke[25]. Über das Ergebnis der Petition war den Akten bedauerlicherweise nichts zu entnehmen.

Auch nach dem Umzug Carl Theodors nach München im Jahre 1778 fanden noch viele Menschen Arbeit im Schloß. Dem Schloßvogt Zeller standen weiterhin jährlich 900 Gulden zur Verfügung, um das Bohnerpersonal zu finanzieren. Allein für die *Kehrweiber*, die einmal in der Woche eine Grobreinigung des Schlosses vornehmen sollten, wurden ihm 400 Gulden konzediert[26]. Was letztlich den Raumpflegerinnen selbst gezahlt wurde, ist den Akten nicht zu entnehmen.

Ein weiterer höfischer Dienstleistungszweig, in dem Frauen Arbeit fanden, war das kurfürstliche Waschhaus. Dieses war 1751 in der Nähe der Jesuitenkirche gebaut worden. Anscheinend hatte man Baustoffe minderer Qualität benutzt, denn die Klagen über Baumängel häuften sich bald. So beschrieb zum Beispiel die Leibwäscherin Sophie Canin in einem Brief an den Kurfürsten aus dem Jahre 1757 die unmöglichen Zustände an ihrem Arbeitsplatz. Ein Teil der Holzdecke sei zusammengefallen und das *gebälck sei auch schon ziemlich verfaulet*[27]. Anton Delaide, Hausmeister des Waschhauses und selbst mit einer Wäscherin verheiratet, bat den Kurfürsten ein Jahr später inständig um die Finanzierung dringender Reparaturen, denn *der gaubenstock [ist] völlig verfaulet und ohnbrauchbar und der Schornstein zersprungen*[28]. Neben der allen Sicherheitsvorkehrungen spottenden Arbeitsplatzsituation im Mannheimer Waschhaus war diese Tätigkeit ganz allgemein mit hohem körperlichen Belastungen verbunden. Bei wesentlich längeren Arbeitszeiten als heute muß-

ten die Waschfrauen das Wasser pumpen und schleppen, sie mußten die Wäsche schlagen, stampfen, wringen, und mit gekochtem Wasser übergießen. Dabei waren sie einem ständigen Wechsel von kalten und warmen Temperaturen, verbunden mit einem hohen Grad an Feuchtigkeit ausgesetzt.

Körperlich weniger anstrengend war in der Regel die Arbeit der Dienstmädchen, die sich zudem meist einer besseren Ernährung innerhalb ihrer Arbeitgeberfamilie erfreuten. Neben der gesuchten Dienstleistung wie Kochen, Plätten etc. und dem persönlichen Leumund der Dienstmagd konnte im Kontext mit erzieherischen Aufgaben auch die Konfession eine Rolle spielen, wie eine Anzeige aus dem *Mannheimer Frag- und Anzeigblatt vom Jahre 1791* belegt: *Es wird in ein honettes Bürgerhaus eine Kindsfrau protestantischer Religion gesucht, welche auch die Aufsicht über die Küche bekommt*[29]. Nach Wegzug des Hofes 1778 übertrafen die Stellengesuche die Offerten bei weitem. Wie die stellensuchenden Frauen ihre berufliche Qualifikation zu präsentieren versuchten, soll hier nur an drei Beispielen veranschaulicht werden: *Ein Frauenzimmer, welche alle erforderliche Geschicklichkeit besizt, sucht Condition bei einer Herrschaft als Kammerjungfer oder Beschließerin.*[30] *Ein honettes Frauenzimmer, die in allen Galanteriearbeiten geübt ist, auch Frisiren kann, und sich zu Haushaltsgeschäften brauchen lassen will, sucht als Kammerjungfer bei irgendeiner Herrschaft in Dienste zu kommen*[31]. *Eine perfekte Köchin, welche schon mehrmahlen bei Herrschaften gedient hat, sucht wieder bei einer Herrschaft als Köchin unter zu kommen*[32].

Mannheim hatte im 18. Jahrhundert im Gegensatz zu Heidelberg oder Frankenthal wenige bedeutende Fabriken oder Dienstleistungsunternehmen. Der einzige größere Betrieb mit überregionaler Reputation war Deurers Bleiche auf der Mühlau. Die Beschäftigung von Frauen in der Bleiche ist anzunehmen, aber auf Grund der Quellenlage bisher nicht zu belegen[33].

Eher auf landesväterlicher Besorgnis über die gemeine Jugend denn auf gezielte Förderung des Mannheimer Fabrikwesens basierte die Gründung einer Spitzenmanufaktur durch den Unternehmer

Meuerer. Carl Theodors Anliegen war hierbei vor allem die Beschäftigung alleinstehender junger Mädchen, da *an statt zu einer ihrem mit der zeit zum ehrlichen Unterkommen und Nahrung beförderlichen Arbeit angeführet und befähiget zu werden, diese sich vielmehr dem schädlichen Müssiggang, liederlich und sündhafften Leben auf eine höchst straffbare Weis hingäben*[34]. Nach zweiwöchiger Probezeit wurde den dort beschäftigten Mädchen 20 Kreuzer wöchentlich ausgezahlt. Ihre Arbeitszeit dauerte im Sommer von sechs Uhr morgens bis sieben Uhr abends, im Winter von sieben Uhr morgens bis sechs Uhr abends. Zwar reichte die Entlohnung kaum für die Grundnahrungsmittel, dafür konnten die jungen Frauen aber Kenntnisse im Nähen und Klöppeln erwerben, die den meist Vollwaisen später bei der Stellensuche zugute kommen konnten.

Die Arbeit von Frauen in den wenigen Fabriken Mannheims ist bisher quellenmäßig nicht nachweisbar. Zu belegen sind immer wieder Einzelfälle von Frauen, die sich im produzierenden Gewerbe selbständig machten. Die ledige Catherina Samsreuther beispielsweise bat im Jahre 1783 um die kurfürstliche Erlaubnis der Senfherstellung und des Senfvertriebes. Dabei kam es zum erbitterten Konkurrenzkampf mit ihrer ebenfalls Senf produzierenden Stiefmutter, die ein Senfmonopol für sich forderte. Ein Schreiben der jüngeren Samsreutherin an den Kurfürsten Carl Theodor vom 30. Januar 1793 erlaubt einen seltenen Einblick in die Vita einer um ihre Existenz kämpfenden alleinstehenden Frau: *Mein Großvater war der Verlebte Oberamts Advocat Samsreuther in Alzei. Und mein vater verehligte sich mit der Senfmacherin Magdalena Schreckin dahier und wurde gleichergestalten als Senfmacher aufgenommen, nachdem aber meine Mutter verstürbe, mein vater zur zweiten Ehe schritt, und auch das Zeitliche segnete, hat meine Stief Mutter ihre Tochter an einen Menschen Verheurath, der ohne Profession ist. Nun will meine Stife Mutter sich dahier verwenden, daß ihren Tochtermann Martin Bauer die Senfmacherei angediehen werden mögte, wozu dann ich ein Vorrecht zu haben um so mehr demüthigst anhoffe, als meine rechte Mutter und Vater seelig die erste dahier waren, die sich mit der Senfmacherei abgegeben haben, und auch die Lieferung an den Hof hatten. So wohl annoch bei Lebzeiten meines Vaters als auch nach dessen Tod habe ich Senfmacherei, und zwar Vier Jahre für meine Stife Mutter versehen, mithin darf auch ich allerdings hoffen, daß mir als einer Person, so die 33. Jahr bereits zurück gelegt hat, mildest verstatten werden mögte, den Senf um so mehr Vertigen und abgeben zu dörfen, als ich mich demüthigst verpflichte, solang meine Stiefmutter im Leben seyn wird, mich um die Lieferung an den Hof nicht bewerben zu wollen*[35]. Dem Gesuch der Frau wurde in einem kurfürstlichen Schreiben vom 6. März 1793 stattgegeben.

Als äußerst geschäftstüchtig erwies sich eine gewisse Franziska Zardt, Gattin eines Hofmusikanten, die ein aromatisches Lebensbalsam nach den Rezepten eines verstorbenen Arztes herstellte und erfolgreich vertrieb. In einem Brief an den Kurfürsten vom 30. April 1765 forderte sie zudem *das Privilegium exclusivum für mich, meine Kinder und deren Nachkommenschaft*[36]. Undurchsichtig ist der Fall einer gewissen Maria Anna Gros, die das Gewerbe einer Wäschen- und Spitzenausbesserin nebst Unterrichtung der Jugend in diesen Fertigkeiten ausübte. Zusätzlich zu ihrer zehnjährigen Steuerfreiheit war ihr sogar ein einmaliges Unterstützungsgeld von 300 Gulden gewährt worden. Dies war für damalige Verhältnisse eine enorme Summe und entsprach ungefähr dem Jahresgehalt eines fest bei der Akademie der Wissenschaften bestallten Akademikers. Eine Anfrage der Hofkammer vom 6. Dezember 1764 zwecks Aufklärung dieser ungewöhnlichen Zuwendung blieb von kurfürstlicher Seite her unbeantwortet. Zu vermuten bleibt nur eine sehr privat motivierte Begünstigung durch den dem weiblichen Geschlecht keineswegs abgeneigten Carl Theodor[37].

Als selbständige Dekorationskünstlerin wirkte in Mannheim eine Frau Gretser, die – wie es im *Mannheimer Frag- und Anzeigblatt* vom 26. Januar 1792 hieß – *macht und verkauft alle Sorten Blumen, färbt auch seidene Bänder, sie wohnt bei Schreinermeister Casper ohnweit den drei Glokken.* Verkauf und Handel war ein bedeutendes und traditionelles Feld weiblicher Betätigung. Dies traf auch für Mannheim zu. Die an den Planken wohnende Handelsfrau Besle Hildesheim etwa pries ihre Waren mit professionellem verkäuferischem „Know-How" folgendermaßen an: *[…] alle möglichen Galanteriewaaren, nebst Seidenwaaren, und allen Sorten Leinwand, Mousselin, alle Sorten Brabänter Spizen […] sind auch wie gewöhnlich diese Karneval über ganz neue venezianische Mäntel mit Bajouten, Schnüre, Souris, Frauenzimmerkleider, samt allem Zubehör in den billigsten Preisen zu verkaufen oder zu verleihen*[38]. Eine französische Modehändlerin aus Nancy lockte ihre potentiellen Kundinnen gar mit *mode les plus nouvelles und ceintures brodées dans le dernier gout*, d.h. der neusten Mode und bestickten Gürteln nach dem letzten Schrei[39]. Quantitativ wesentlich bedeutender als der Vertrieb von Luxusartikeln war für die Frauen jedoch der Handel mit Lebensmitteln, ein Sektor, auf dem es zu harten Verteilungskämpfen kam. So beschwerte sich z.B. die Geflügelhändlerin Katharina Mosinßin bitterlich beim Kurfürsten über das Verhalten der sog. Hockweiber auf dem Markt. Während sie selbst nur auf Bestellung ihrer Kunden das Geflügel auf dem Markt aufkaufe und gegebenenfalls noch mäste, dafür aber nur für ihren Zeitaufwand von ihren Auftraggebern entschädigt würde, würden die Hockweiber alles verteuern, *weil die gewinnsüchtige listige Hokner und Unterhändler durch hundertfache Schleichwege die Preiße der waaren willkürlich zu erhöhen wissen*[40]. Die Hockweiber oder Hocknerinnen verfolgten in der Tat eine Geschäftsstrategie, die der preisgünstigen Nahrungsmittelversorgung der städtischen Bevölkerung zuwider lief. Sie kauften alle erwerbbaren Marktprodukte auf und „verhökerten" diese zu wesentlich höheren Preisen. Schon seit den siebziger Jahren des 18. Jahrhunderts versuchte die Mannheimer Polizei diese Preistreiberinnen in den Griff zu bekommen und genehmigte ihnen nur wenige Stunden zum Ankauf der Waren[41]. Erfolg hatten diese Verordnungen aber nicht, die Klagen über die „wilden Händlerinnen" brachen nicht ab.

Witwen, Elend und weibliches Selbstverständnis

Das Elend der Witwen in den verschiedensten Facetten ist anhand zahlreicher Bittgesuche an den Kurfürsten gut dokumentiert. So schrieb z.B. die verwitwete Magd Franziska Reichertin einen verzweifelten Brief an Carl Theodor, in dem sie die ihr von ihrem verstorbenen Mann zurückgelassene Schuldenlast schilderte. Sie bat daher den Kurfürsten inständig um die Überlassung des zu erwartenden Neujahrsgeldes für den verstorbenen ehemaligen kurfürstlichen Malzwieger und fügte hinzu: *[…] mit Thränen benezt genieße ich öfters mit meinem bei mir habenden gebrechlichen Sohn das wenige Brod so ich von Gutthats wollen Händen hin und wieder erhalte*[42]. Sogar der Vermieter der Witwe wandte sich an den Kurfürsten, da diese ihm die Miete schuldig geblieben war. Der kurfürstliche Statthalter von Oberndorff ließ dem Hausbesitzer die fällige Miete zukommen, über das weitere Schicksal der Reichertin ist den Akten nichts zu entnehmen.

Noch ergreifender war die Eingabe der Matrosenwitwe Drouwe vom 22. Oktober 1747, in der sie den Kurfürsten anflehte, die Stellung ihres verstorbenen Gatten als kurfürstlicher Matrose für ihren ältesten Sohn freizuhalten, denn sie habe drei Kinder und kein Einkommen. Einer weiteren Aktennotiz war zu entnehmen, daß der kurfürstliche Schiffer Lohnrückstände von 1704 bis 1715 hatte, die man der Witwe auszuzahlen versprach. Der älteste Sohn erhielt sogar die Stelle, ertrank aber 1761 im Dienst. Da er ledig war, wurden seine Lohnrückstände nicht ausbezahlt, seine Mutter stand zusätzlich zu ihrem Seelenkummer wieder mittellos da[43].

Eine andere Matrosenwitwe namens Seidl klagte dem Kurfürsten in einem Schreiben vom 16. April 1755 folgendermaßen ihr Leid: *[…] mich aber durch sein Hinscheiden mit armen Kindern in gröster miserie und äußerster Nothdurft nachgelassen habe […]*. Sie bat daher um die Erlaubnis zum Betreiben einer Tuchbleiche, um sich und ihre Familie zu ernähren. Weitere Angaben zur Witwe Seidl sind den Akten nicht zu entnehmen, man muß aber davon ausgehen, daß die Genehmigung nicht erteilt wurde. Der Erwerb der Bleichgerechtigkeit war verhältnismäßig teuer und der einflußreiche Bleichbesitzer Deurer hatte bisher die Einrichtung weiterer Bleichen erfolgreich verhindert. Selbst die Tuchbleiche der kurfürstlichen Soldaten war ihm ein Dorn im Auge[44].

Die Witwen, die mit ihren Männern gemeinsam Geschäfte betrieben hatten, waren am besten versorgt. In der Regel führten sie die Unternehmen weiter, wie schon oben am Beispiel der

Wirtinnen aufgezeigt. In einer Abhandlung über die „Industrie", d.h. Handwerks- und andere Gewerbebetriebe in Mannheim aus dem Jahre 1775 waren weitere Gewerbezweige aufgeführt, in denen Witwen aktiv waren. Demnach gab es drei Eisen- und Spezereiwarenhändlerinnen, zwei Seifen- und Kerzenmacherinnen, eine Messerschmiedin, eine Kupferschmiedin, zwei Knopfmacherinnen, eine Lederfabrikantin, die das Geschäft mit ihrem Sohn und ihrer Tochter weiterführte, fünf Leinenweberinnen, eine Schnapsbrennerin und eine Mühlenbesitzerin[45]. Inwiefern die im Zusammenhang mit der Schmiedekunst erwähnten Witwen selbst dieses Handwerk ausübten oder nur als Geschäftsführerinnen mit angestellten Meistern fungierten, ist aus der vorliegenden Quelle nicht ersichtlich. Daß die hier aufgezählten selbständigen Witwen zu Lebzeiten ihrer Gatten stärker im Hintergrund blieben, hatte weniger mit fehlender ökonomischer Gleichberechtigung als mit rationeller familieninterner Arbeitsteilung zu tun. Diese Arbeitsteilung war zwar an traditionellen Vorgaben orientiert, bestimmte aber nicht die Wertigkeit der Arbeit oder gar den gesellschaftlichen Stellenwert der Frau. „Hausarbeit" im Sinne des 18. Jahrhunderts definiert, war ein zu wichtiger wirtschaftlicher Faktor im Familienbetrieb, um weniger geschätzt zu sein als eine hausexterne Erwerbstätigkeit. Außerhäusliche Frauenarbeit im Zeitalter der Aufklärung war daher auch keineswegs ein Zeichen emanzipatorischen Strebens im feministischen Sinne, es war für die Masse der Frauen eine selbstverständliche existentielle Notwendigkeit.

Anmerkungen zum Kapitel

[1] N.N. 1775, S. 109.

[2] F.A. MAI 1780, S. 385.

[3] J.G. KRÜNITZ 1786, S. 807.

[4] Vgl. AMARANTHES 1715.

[5] Vgl. C.W. GATTERER 1790, S. 233ff.

[6] Vgl. H. Merk 1989, S. 275-291.

[7] Vgl. O. HOCHSTRASSER 1992, S. 19-101.

[8] Vgl. H. WUNDER 1992, vor allem S. 173ff.

[9] MANNHEIMER GESCHICHTSBLÄTTER 1901, Sp. 113-115.

[10] GENERALLANDESARCHIV KARLSRUHE (GLA) 213/2336.

[11] GLA 213/ 2498.

[12] Vgl. H. WUNDER 1992, S. 225ff.

[13] MANNHEIMER FRAG- UND ANZEIGBLATT 8.4.1791.

[14] MANNHEIMER FRAG- UND ANZEIGBLATT 10.4.1791.

[15] GLA 213/2402.

[16] GLA 213/2402.

[17] GLA 213/3310.

[18] GLA 213/2402.

[19] GLA 213/2441.

[20] Vgl. E. SEIDLER 1975.

[21] GLA 213/3679.

[22] Ebd.

[23] Ebd.

[24] Ebd. u. vgl. A. KISTNER 1930, S. 178ff.

[25] GLA 213/3679.

[26] GLA 213/3494.

[27] GLA 213/63.

[28] Ebd.

[29] MANNHEIMER FRAG- UND ANZEIGBLATT 2.9.1791.

[30] MANNHEIMER FRAG- UND ANZEIGBLATT 10.4.1789.

[31] MANNHEIMER FRAG- UND ANZEIGBLATT 17.4.1789.

[32] MANNHEIMER FRAG- UND ANZEIGBLATT 8.4.1791.

[33] GLA 213/613.

[34] PRIVILEGIEN 1790, S. 413.

[35] GLA 213/963.

[36] GLA 213/913.

[37] GLA 213/3563.

[38] MANNHEIMER FRAG- UND ANZEIGBLATT 26.1.1792.

[39] Ebd.

[40] GLA 213/1928.

[41] Ebd.

[42] GLA 213/661.

[43] GLA 213/2550.

[44] Ebd.

[45] FONTANESI 1775, S. 28ff.

*I*lana Shenhav stammte nicht aus Mannheim. Doch sie verbrachte die letzten 16 Jahre ihres Lebens in dieser Stadt. Wie manche anderen gehört sie zu den wenig bekannten Mannheimer kunstschaffenden Frauen. Ihr Lebensweg ist gekennzeichnet von den traurigen Lebensbedingungen deutscher Juden ihrer Generation.

Sie wurde am 27. Juli 1931 in Mährisch Ostrau (CSFR) geboren. Als Einzelkind wuchs sie in gut bürgerlichen Verhältnissen auf. Die Eltern besaßen eine Knopffabrik. Durch die wirtschaftlichen Unterdrückungsmaßnahmen des Nationalsozialismus verarmte die Familie. Elfjährig wurde Ilana 1942 ins Konzentrationslager (KZ) Theresienstadt verschleppt. Dort wurde sie schwer mißhandelt; sie wurde geprügelt und ein Soldat schlug dem Kind alle Zähne aus. Die auf ihrem Unterarm eintätowierte KZ-Nummer blieb als sichtbares Zeugnis ihrer Jugendjahre.

Das KZ Theresienstadt diente den Nazis als „Vorzeigelager". Delegationen aus dem Ausland führte man gerne durch dieses Lager, um die Vorwürfe gegen die nationalsozialistische Judenpolitik zu entkräften. Dies mag erklären, warum

ILANA SHENHAV

Antje Böttger

trotz aller Qualen des Lagerlebens Ilana Shenhavs künstlerische Ausbildung dort ihren Anfang nahm. Sie begegnete in Theresienstadt dem Wiener Maler Max Lederer, der ihr Zeichentalent entdeckte, und inmitten des Grauens dem jungen Mädchen den ersten Zeichenunterricht erteilte.

Sie selbst erzählte nie über diese Zeit, nie über die bösen Erfahrungen und Qualen, die sie durchmachte. Lieber sprach sie vom Zeichenunter-

Ilana Shenhav

richt, von Menschen, die sie in all dem Elend
förderten, wie z.B. Friedel Brandeis-Dicker, einer
Schülerin von Johannes Itten[1], von Häftlingen,
die unter Lebensgefahr und großen Opfern mit-
inhaftierten Kindern Schulunterricht erteilten.

1949, nach Kriegsende, setzte sie ihr Kunststudium
in Tel Aviv fort, wo sie an der Hochschule als
Dozentin tätig war. 1970 übersiedelte sie in die
BRD, zunächst nach München, schließlich im
gleichen Jahr noch nach Mannheim. Hier arbeitete
sie im Bibliographischen Institut.

Als Künstlerin nutzte sie fast jede denkbare
bildnerische Technik. Die Themen Malerei und
Zeichnung hielten sich die Waage. Sie blieb
in der großen Zahl ihrer Arbeiten ganz Individua-
listin, die nie einer künstlerischen Mode folgte.

Den großen künstlerischen Durchbruch hat sie
sicher nicht erreicht. In den letzten Lebensjahren
arbeitete sie an Portraits verschiedener
Persönlichkeiten aus ihrem Kreis. Diesen Arbeiten
näherte sie sich weniger über das äußere
Erscheinungsbild ihres Modells; sie versuchte vielmehr, über ihr Empfinden das innere Wesen
des Modells zu erfassen.

Sie war als Frau nie der Karrieretyp, der sich
durchzusetzen versteht. Alles andere als eine welt-
gewandte, exzentrische Künstlerpersönlichkeit,
war sie in ihrem Wesen ganz zurückhaltend und
voller Herzenswärme. In vielen Gesprächen
erschloß sich die Persönlichkeit Ilanas langsam in
ihrer ganzen großen Güte. Wo immer man ihr
begegnete, war sie am arbeiten. Einen Stift und
ein paar Kärtchen hatte sie ständig im Gebrauch.

Sie zeichnete Impressionen, Menschen und Gefühle – Themen, die sie malerisch in einer großen Zahl von Gemälden umsetzte.

Im November 1965 schrieb Luise Schlemmer in der Rheinpfalz: *Die Bilder von Ilana Shenhav erlauben Rückschlüsse auf den komplexen Bereich der Zwischenmenschlichkeit. Aber sie lassen sich nicht ohne weiteres benennen, festlegen, vielmehr steht jedes Bild als Individuum. So bleibt Raum für offene Fragen, offen für die Antwort, wenn sie im Betrachter liegt.*

Mannheim wurde Ilana Shenhavs Wahlheimat. Hier fühlte sie sich wohl und zu Hause. Hier hatte sie den Hauptanteil ihrer Ausstellungen – ihre wichtigste Schaffensperiode.

1986 starb sie an Krebs, nicht zuletzt auch an den Folgen der Mißhandlungen im KZ Theresienstadt.

Anmerkungen zum Kapitel

[1]   Johannes Itten, Schweizer Maler 1888 - 1567, lehrte 1919 - 1923 am Bauhaus, dann an seiner eigenen Kunstschule in Berlin, später in Krefeld. Seit 1938 Direktor des Industriemuseums und des Museums Rietberg in Zürich.

Vorwort

Die Welt des Theaters übte zu allen Zeiten auf die Menschen eine starke Faszination aus. Gerade Bühnenkünstlerinnen standen dabei sehr oft im Mittelpunkt öffentlichen Interesses.

Wenig war und ist jedoch über die privaten Probleme bekannt, die dieser Beruf für die Darstellerinnen mit sich brachte. Dem Theaterbesucher zeigte sich immer nur eine Scheinwelt, in der für den Blick auf Mühsal und Härte des Theaterspiels kein Platz war.

Es ist daher interessant, einmal einen Blick hinter die Kulissen zu werfen und speziell die Probleme der Schauspielerinnen im allgemeinen und derer in Mannheim im besonderen zu betrachten.

Um die Mannheimer Verhältnisse jedoch bewerten und in einen größeren Zusammenhang stellen zu können, ist es zunächst notwendig, in einem kurzen historischen Abriß aufzuzeigen, wie sich der Beruf der darstellenden Künstlerinnen bis ins 19. Jahrhundert entwickelte.

Stephanie Andres-Hummel

THEATERFRAUEN – FRAUEN AM THEATER

Die Hauptprobleme von Schauspielerinnen im Theateralltag bilden die Grundlage für die Betrachtungen über die spezifischen Mannheimer Verhältnisse.

Der hier behandelte Zeitraum beschränkt sich hauptsächlich auf die Ära des Intendanten Wolfgang Heribert von Dalberg.[1]

Schauspielerinnen in Deutschland – Die ersten Frauen an den deutschen Wanderbühnen

Um die Mitte des 17. Jahrhunderts wurden im damaligen deutschen Theaterbetrieb erstmals Frauenrollen auch mit weiblichen Kräften besetzt, eine Tatsache, die für die Entwicklung der Theaterkultur von großer Bedeutung war. In den Nachbarländern Italien und Frankreich hatten Schauspielerinnen schon lange eine gesicherte Stellung, während sie in England noch um ihre Anerkennung kämpfen mußten.

Die Tatsache, daß die Frauen die Bühne eroberten, bedeutete keinesfalls die Akzeptanz ihres Berufes, geschweige denn eine Gleichstellung mit der Frau aus dem Bürgertum.

Der Beruf der Bühnenkünstlerin war noch viele Jahrzehnte später, selbst in der Zeit höchster künstlerischer Blüte, mit einer gewissen Anrüchigkeit behaftet. Schauspieler waren aus den Reihen der Fahrenden und Gaukler hervorgegangen und galten somit in den Augen des Bürgertums als unehrlich und verkommen. Sie standen außerhalb der Gesellschaft. So stellte man die Komödiantinnen mit Straßendirnen auf eine Stufe, weil ihr Lebenswandel mit den damaligen strengen Auffassungen von Anstand und Moral nicht immer vereinbar zu sein schien.

Alle zu dieser Zeit bekannten Arten des Theaterspiels dienten religiösen, pädagogischen oder propagandistischen Zwecken, Gebiete auf denen Frauen in der Regel nicht öffentlich mitwirkten. Am Anfang waren hauptsächlich die Frauen der Prinzipale[2] als Schauspielerinnen tätig, die häufig durch Heirat zu diesem Beruf kamen.

Die Verachtung der Bühnenkünstlerinnen durch die konservativen Bürger wurde durch die Haltung der Kirche noch unterstützt. Diese lehnte jedoch das gesamte Komödiantentum ab, nicht speziell die Frauen in diesem Metier.

Es war jedoch ausgerechnet eine Frau, die auf die ständigen Sticheleien und Attacken gegen das Theater eine Antwort gab: Catharina-Elisabeth Velten: 1650 als Tochter des Prinzipals Paulsen (etwa 1620 - 1679) geboren, hatte sie um 1671 den Schauspieler Johann Velten (1640 - etwa 1692) geheiratet, der 1678 als alleiniger Prinzipal die Truppe ihres Vaters übernahm. Sie hatte mit Johann Velten drei Kinder. Nachdem er gestorben war (man verweigerte ihm am Sterbebett das Abendmahl!) führte sie die Truppe bis zu ihrem Tod 1712 weiter und verlangte von ihren 18 Mitgliedern äußerste Disziplin. Die Velten[3] erlangte als Verteidigerin ihres Standes großen Ruhm. Im Jahr 1701 antwortete sie auf ein vom Magdeburger Prediger Joseph Winkler gegen sie gerichtetes Pamphlet, mit dem sie auf große Resonanz innerhalb ihrer Kreise stieß. Noch Jahrzehnte später veranlaßte sie dadurch den Klerus zu Schmähungen gegen das Theater allgemein und besonders gegen ihre eigene Person im besonderen.[4] Von diesem Zeitpunkt an, zu dem sich die Bühnenkünstlerinnen gegen die Ablehnung der Gesellschaft zu wehren begannen, riß der Kampf um Achtung und Anerkennung nicht mehr ab. Wenn auch einzelne hervorragende Künstlerinnen und Künstler Eingang in die bürgerliche Gesellschaft fanden, so schied ein Mädchen, das aus diesen Kreisen zum Theater kam, damit zumeist aus ihrem gewohnten sozialen Umfeld aus und erfuhr selten seitens des Elternhauses weitere Unterstützung.

Ziel der Frauen mußte es also sein, die Anerkennung ihrer Leistungen auf künstlerischem Gebiet zu erlangen und sich somit den Respekt der Gesellschaft zu verschaffen.

In diesem Zusammenhang sei nicht nur der Name der Velten genannt, die für ihre Truppe einen Zugang zum Bürgertum erreichte, sondern auch der einer anderen Prinzipalin, die die Velten an Ruhm fast übertraf: Friederike Caroline Neuber (1697-1760). Die Tochter des Gerichtsdirektors Daniel Weißendorn war eine Frau, die sich durch ihre unbändige Energie auszeichnete. Neubers Vater war für seine körperlichen Mißhandlungen an seiner Familie bekannt, so daß Caroline bereits mit fünfzehn Jahren den ersten Fluchtversuch aus dem Elternhaus unternahm. Nach dem Scheitern dieses Unterfangens floh sie 1717 mit dem Jurastudenten Johann Neuber abermals und schloß sich den Komödianten an. Sie galt in ihrer Zeit als beliebte Schauspielerin, besonders in Hosenrollen. 1726 gründeten beide ihre eigene Truppe und spielten in Leipzig, unterstützt und gefördert durch den damaligen Schriftsteller und Gelehrten Johann Christian Gottsched. Nach einer Rußlandreise entzweite sie sich mit Gottsched und hatte von da an mit immer größeren Schwierigkeiten zu kämpfen . So starb sie schließlich 1760, ein Jahr nach ihrem Mann, völlig verarmt in Dresden.

Eines der wichtigsten Anliegen der Neuber war der Abbau der Vorurteile gegenüber dem Schauspielerstand. In ihrer Truppe herrschte strengste Disziplin, nicht nur was das Schauspiel selbst betraf (Rollen lernen, Proben, Pünktlichkeit), sondern auch bezüglich des sittlichen Lebenswandels. Junggesellen verköstigte sie, um deren Gang ins Wirtshaus zu vermeiden, und die jungen Schauspielerinnen nahm sie als Pflegetöchter bei sich auf.

In ihrer Zeit standen die Velten und die Neuber auf verlorenem Posten, da es sich bei ihren Truppen um Einzelfälle in der damaligen deutschen Theaterlandschaft handelte, deren große Disziplin von den anderen Wanderbühnen nicht übernommen wurde. Beide wußten, daß, um dem Theater Ansehen zu verleihen, eine systematische, strenge Erziehung der Bühnenkünstler eine wichtige Voraussetzung war. Erst die nachfolgenden Schauspielergenerationen gingen durch die Schule der Disziplin und prägten das deutsche Theaterleben. Die Anregungen der beiden Truppen wurden in der Folgezeit von Männern aufgenommen und umgesetzt.

Die Schauspielerinnen der stehenden Bühnen Deutschlands

Mit der Gründung der ersten stehenden deutschsprachigen Bühnen mit festen Ensembles verschoben sich sowohl künstlerische Gegebenheiten als auch die soziale Situation des Schauspielerstandes: Zum Teil wurden die Künstler seßhaft.

Die dadurch sich entwickelnde engere Fühlung mit den bürgerlichen Kreisen bewirkte allerdings nicht, daß er sich als eine Berufsgruppe des Bürgertums etablieren konnte. Die Ursachen für diesen Widerspruch lagen nicht ausschließlich in der Seßhaftigkeit. Zwar gehörte es für die Fürsten zunehmend zum guten Ton, sich statt eines französischen jetzt ein deutsches Hoftheater zu

halten und auch die Idee des Nationaltheaters[5] zu fördern, aber bei aller Aufmerksamkeit und Liebe, die man dem Theater nun langsam entgegenbrachte, betrachtete man die Künstler überwiegend als eine Art Untergebene und rechnete sie sogar zu den Lakaien, da sie vor allem von der Gunst des jeweiligen Fürsten abhängig waren. Wie sehr Bühnenkünstlerinnen auch von der Gunst des Publikums abhängig sein konnten, wird unter anderem an folgendem Beispiel deutlich:

1810 kam es in Berlin zu einem großen Theaterskandal. August Wilhelm Iffland, der zu diesem Zeitpunkt die Leitung des Königlichen Nationaltheaters innehatte, setzte bei einem Singspiel eine zur Zeit nicht näher zu identifizierende Schauspielerin namens Herbst ein, die in Berlin recht unbekannt war. Zeitungen und Publikum waren anfänglich mit dieser Besetzung nicht einverstanden und trotz aller Vorsichtsmaßnahmen von seiten Ifflands konnte er nicht verhindern, daß das Engagement der Herbst nicht verlängert wurde. Ein junger adeliger Gymnasiast war vom Publikum, das nach der Vorstellung recht zufrieden mit ihrer Leistung war, aus dem Saal gedrängt und verhaftet worden, weil er die Künstlerin verbal beleidigte. Die Festnahme eines Adeligen machte die Sache nur noch schlimmer, da sich nun die Offiziere einmischten und der Herbst ein weiteres Auftreten unmöglich machten.[6]

Solche Attacken (das Belohnen und Bestrafen nach persönlichem Ermessen) gingen, wie auch hier, oftmals von einem relativ kleinen Offizierskreis aus, der das Parkett beherrschte. Ein Jahr zuvor hatte sich beispielsweise die Tochter der sehr berühmten und beliebten Friederike Bethmann-Unzelmann[7], den Unmut durch ihre angebliche Sprödigkeit im Umgang mit den Offizieren zugezogen.

Trotzdem festigte sich die Stellung der Bühnenkünstlerinnen unter den bedeutenden Intendanten des 18. Jahrhunderts wie Dalberg (Mannheim), Goethe (Weimar) oder Iffland (Berlin); sie standen in verhältnismäßig hohem Ansehen, blieben aber in den bürgerlichen Gesellschaftskreisen oft nur Gast, was allerdings von den lokalen Gegebenheiten abhängig war. Das Interesse, das man für sie hegte, bestand neben ehrlicher

Begeisterung für ihre Kunst auch aus der Neigung, sich in ihre Privatangelegenheiten zu mischen. Damit waren Bühnenkünstlerinnen automatisch Zielscheibe besonders strenger moralischer Kritik

Die Entwicklung im 19. Jahrhundert

Mit dem Tod Ifflands[8] und Schröders[9] hatte das deutsche Theater 1815 seine größten Autoritäten verloren und es kam zu einem Verfall des bisher Erreichten. Mehr und mehr wurde die Leitung der Hoftheater kunstfremden Hofbeamten übertragen, die finanzielle Gesichtspunkte allen anderen voranstellten. Daraus entwickelte sich eine große Kluft zwischen den Künstlern und den Direktoren, was bald zu schweren sozialen Mißständen vor allem für Frauen am Theater führen sollte. Der Kampf um die Anerkennung durch das Bürgertum trat gegenüber dem Konflikt zwischen Arbeitgeber und Arbeitnehmer in den Hintergrund. Das Wichtigste für den Schauspieler war es nun, sich eine gute Position innerhalb der Truppe oder des Ensembles zu sichern. Insbesondere die wirtschaftliche Absicherung der Schauspielerinnen wurde damit gefährdet. Schlimmer noch als an den Hoftheatern sah es an den Bühnen aus, denen die schützende Hand des Hofes fehlte. Durch einen Erlaß vom 27. Oktober 1810 wurden zum Beispiel alle Theater in Preußen in die Obhut der Gewerbepolizei übergeben und somit den Handwerksbetrieben gleichgestellt. Durch die Einführung der Gewerbefreiheit 1810 führte diese Tatsache zu einem starken Konkurrenzkampf unter den sich dramatisch vermehrenden Truppen.[10] Schnelle Schließungen führten unter den Schauspielern und Schauspielerinnen zu steigender Engagementslosigkeit.

Zur gleichen Zeit entstand in der Bevölkerung die sogenannte Theatromanie; das fanatische Interesse am Theater beziehungsweise an einzelnen Schauspielerinnen, an deren Privatleben und vor allem an deren erotischer Ausstrahlung. Die sich entwickelnde übertriebene Verherrlichung einiger weniger Schauspielerinnen ging so weit, daß zum Beispiel bei hohen Berliner Politikern die Stimmung davon abhing, ob die Taglioni[11] tanzen würde oder nicht. Dadurch erlangten Primaballerinen aber auch Primadonnen gewisse gesellschaftliche Machtpositionen und durften sich somit jede Laune erlauben. Die Verbürgerlichung

der Schauspielerinnen schritt insgesamt zwar voran, beschränkte sich aber hauptsächlich auf die Hofbühnen also die eigentlichen Staatstheater. Bei den Schauspielerinnen der unbedeutenderen Provinz- und Privattheater suchte man mehr oder weniger kurzfristige Abenteuer, was zu einer weiteren Verschlechterung ihres Rufes führte.

Das Schauspielerproletariat des ausgehenden 19. Jahrhunderts

Die künstlerisch-kulturelle Aufgabe der Theater wich in dieser Zeit immer mehr den geschäftlichen Spekulationen. Reformideen wie in Preußen 1850, die Theater in den Staatsorganismus einzuordnen, schlugen fehl. Der zunehmende Ausstattungsluxus für die Oper an den Hoftheatern drang auch in starkem Maß in das Schauspiel ein. Den hohen Gagenforderungen der Sänger und Sängerinnen folgte die Erhöhung der Schauspielgagen.

Die Situation der Privattheater, die mitziehen mußten, verschlechterte sich dadurch und brachte ein weiteres soziales Absinken der breiten Masse des Schauspielerstandes mit sich.

Die Staralüren einiger weniger wuchsen und führten zu groben Disziplinlosigkeiten, denen man mit der Gründung des *Deutschen Bühnenvereins*[12] 1846 zu begegnen suchte.

Je mehr sich jedoch das Theater zum Geschäft wandelte, desto größer wurde auch die Abhängigkeit von Direktoren, die oft genug ausschließlich ihre eigenen Interessen beim Kontraktabschluß zu wahren suchten.

Gründung der Bühnengenossenschaft

In der zweiten Hälfte des 19. Jahrhunderts standen sich zwei Typen von Schauspielerinnen gegenüber, deren soziale Trennung immer schärfer wurde.

Auf der einen Seite befanden sich die verhältnismäßig wenigen, die es zu Erfolg im künstlerischen Bereich und damit zu Ansehen in der bürgerlichen Gesellschaft gebracht hatten, auf der anderen kämpfte der schauspielerische Durchschnitt, Statisterie und Chorpersonal ums Überleben. Die erste Gruppe bewirkte, daß sich der Nachwuchs immer größere Hoffnungen machte und an die Theater strömte, an denen sich selten jemand um die jungen Schauspielerinnen kümmerte.

Zudem war das Startkapital, das erst einmal aufgebracht werden mußte, sehr hoch. Eine Schauspielerin benötigte:

- Kostüme aus allen Zeitaltern, von der Römerin, der Griechin, dem ganzen Mittelalter und der Renaissance bis zur Rokokorobe (ca. 1000 Mark)
- Bargeld für die Reise ins Engagement
- Mittel für den Lebensunterhalt der ersten 14 Tage

Dabei schwankte die erste Gage zwischen 50 und 100 Mark (!!).

Hinzu kam, daß man nicht selbstverständlich davon ausgehen konnte, daß die Gage das ganze Jahr über gezahlt wurde. Viele Theater spielten nur sechs Monate in der Wintersaison, und die Schauspieler mußten sich im Sommer nach anderen Verdienstmöglichkeiten umsehen oder von ihrem Wintergehalt leben. Eine Tatsache, die für uns heute kaum mehr vorstellbar erscheint. Nach einer Berechnung der *Genossenschaft deutscher Bühnenangehörigen* [sic!] aus dem Jahre 1910 hatte von 10.000 Schauspielerinnen nur ein Fünftel ein ausreichendes Engagement. Volle Jahresgage zahlten fünfundzwanzig große Theaterbetriebe mit rund 1000 Mitgliedern und zehn kleinere Hofbühnen mit etwa 200 Mitgliedern.[13] Das zu dieser Zeit entstehende *Volontärunwesen* führte zu einer Erhöhung der Erwerbslosigkeit unter den Schauspielerinnen. Die Volontärinnen und Volontäre konnten ohne angemessene Vergütung während ihres Engagements in jeder beliebigen Rolle eingesetzt werden. Auf diese Art und Weise wurden am Theater die Gagen niedrig gehalten, da man sich die kostspielige Einstellung ausgebildeter Künstler sparte.

Hauptprobleme der Schauspielerinnen

Für die weiblichen Bühnenangehörigen stellten sich drei schwerwiegende Probleme:

- Kostümbeschaffung, für die die Schauspielerinnen allein verantwortlich waren
- kontraktliche Regelung ihres Dienstverhältnisses bei eintretender Schwangerschaft, egal ob ehelich oder unehelich
- Nachteile durch eine Eheschließung

Die Kostümbeschaffung

Die Kostümlieferung wurde erst im letzten Viertel des 18. Jahrhunderts bei den stehenden Theatern zum Problem.[14] Bei vielen Theaterbetrieben war wohl ein gewisser Fundus vorhanden, aber dieser scheint zumeist nicht sehr reich ausgestattet gewesen zu sein.

Also wurde kontraktlich festgelegt, daß die Frauen zum größten Teil für ihre Kostüme selbst zu sorgen hatten, dafür aber ein bestimmtes Garderobengeld als Entschädigung erhielten, während die Männer die Garderobe meist gestellt bekamen.

Warum dies so war, ist leicht zu erklären: Man konnte davon ausgehen, daß Frauen in der Lage waren, selbst zu schneidern und somit das Instandhalten der Kostüme eigenhändig zu besorgen. Oft wird auch erwähnt, daß grobe Fahrlässigkeit der KünstlerInnen gegenüber dem fremden Eigentum der Direktion zu dieser Maßnahme beigetragen habe.

Die Frage der Kostüme hat immer Unstimmigkeiten hervorgerufen. Gerade bei Frauen auf der Bühne spielte und spielt neben der künstlerischen auch die rein äußerliche Wirkung eine oft ausschlaggebende Rolle. *Das Streben nach einem vorteilhaften, die äußeren Vorzüge der Schauspielerin unterstreichenden Kostüm, führte daher leicht zu Übertreibungen, die dem Sinn des aufgeführten Stückes gelegentlich zuwiderliefen.*[15]

Solange hierbei keine besonderen Ansprüche an die Kostümierung gestellt wurden, war das auch finanziell tragbar. Als aber die Ausstattung der Kostüme immer prunkvoller wurde, hatten die Schauspielerinnen derart hohe finanzielle Ausgaben zu leisten, daß sie durch die monatliche Gage kaum mehr gedeckt werden konnten.

Die häufig daraus resultierende Notwendigkeit der Prostitution wurde auch offen zugegeben, wie dieser Satz aus einem Engagementsangebot zeigt: *[…] aber kommen Sie nur her, hier gibt es viele Kavaliere, Sie werden sich schon gut amüsieren […].*[16]

Das Schwangerschaftsproblem

Die Regelung dieser Frage wurde im allgemeinen so getroffen, daß bei einer unehelichen Schwangerschaft die Schauspielerin fristlos entlassen wurde. Bei einer ehelichen Schwangerschaft durfte sie generell im Engagement bleiben. Dennoch wurden Frauen in dieser Situation oftmals gekündigt.

Die Unterscheidung der Theaterdirektionen zwischen ehelicher und unehelicher Schwangerschaft und die damit verbundene Entlassung mag aus der Sicht des 18. Jahrhunderts begreiflich gewesen sein. Hier ging es schließlich um die Hebung des Schauspielerstandes auf moralischem Gebiet.

Die Theaterleitungen des 19. Jahrhunderts wurden bei ihrem Umgang mit dem Schwangerschaftsproblem jedoch hauptsächlich vom Finanziellen geleitet. Schwangere waren für sie eine Belastung. Der offizielle Bühnenvertrag aus dem Jahre 1871 setzte sich zum Beispiel mit der unehelichen Schwangerschaft überhaupt nicht auseinander, und die Regelung der ehelichen Schwangerschaft lautete: *Bei Dienstunfähigkeit, die bei verheiratheten Damen während ihrer Ehe oder in der gesetzlichen Zeit darüber hinaus in Folge von Schwangerschaft eintritt, fällt für sie der Anspruch auf Gage und garantiertes Spielgeld von dem Tage ab fort, an welchem die Bühnenleitung ein weiteres Auftreten für unzulässig erklärt. Bei verheiratheten Chorsängerinnen und verheiratheten Figurantinnen kann in diesem Falle Minderung der Gage auf die Hälfte und Verlust des Anspruchs auf Spielgeld eintreten, wenn die Störung durch Schwangerschaft und Wochenbett und deren Folgen nicht über 2 1/2 Monate dauert. Für die weitere Zeit fällt jeder Anspruch auf Gage und Spielgeld fort.*[17] Man kann also davon ausgehen, daß zu dieser Zeit bei einer unehelichen Schwangerschaft die sofortige Entlassung erfolgte. Noch dreißig Jahre vorher war dies keineswegs selbstverständlich, und wir finden im Theaterlexikon von Düringer und Barthels aus dem Jahr 1841 bezüglich unehelicher Schwangerschaften folgende Regelung: *Alle ohne pragmatische*[18] *Rechte angestellten Frauenzimmer und Witwen, welche schwanger werden, verlieren während der Zeit, wo sie dadurch verhindert werden, die Hälfte ihrer Gage, im Wiederholungsfalle aber ihre ganze Gage.*[19]

Eine uns unbekannte Schauspielerin, die wegen einer unehelichen Schwangerschaft gekündigt wurde, schrieb im Jahre 1909:

Seit den ersten Anzeichen meiner Mutterschaft hatte ich keine ruhige Stunde, denn ich wußte nicht, wie ich diesem Gespenst entrinnen soll, ohne mit dem Gesetze in Konflikt zu geraten, oder es mit der Gesundheit büßen zu müssen.— Solange ich meinen Zustand verbergen konnte, ging es noch, ich spielte bis Ende April, — ohne vom Direktor oder vom Publikum in irgendeiner Weise angefochten worden zu sein. — [...] — Aber schon die ersten Tage in meinem neuen Sommer-Engagement, welches mich 40 Mark Reiseauslagen kostete, — wurde ich gekündigt;-der Brief ist in einer Form gehalten, daß er verdiente, veröffentlicht zu werden. — Ich rettete mich sodann nach einem kleinen Engagement, einer Schmiere, im wahrsten Sinne des Wortes, — in der Meinung noch etwa 2 Monate spielen zu können.— Aber auch da blühte mir kein Glück — Ich wurde gekündigt, da der Direktor fürchtete, im nächsten Orte, einer „Stadt" von 900 Einwohnern, mit einem Mädchenpensionat, — würde der Besuch des Theaters darunter leiden, daß eine Schauspielerin von der Truppe in anderen Umständen ist.[20]

Das Eheproblem

Im einem Engagementsformular der Bühnenvereinsmitglieder,das aus dem Jahre 1918 vorliegt, heißt es: *Wenn ein weibliches Mitglied während der Dauer des Vertrages sich verheirathen will, so hat es seinen Vorsatz der Bühnenleitung spätestens 14 Tage vor Abschließung der Ehe schriftlich anzuzeigen. Die Bühnenleitung hat in solchem Falle das Recht, den Vertrag zu kündigen und vom Tage der Hochzeit an zu lösen, und bleibt nur bis zu diesem Tage zur Zahlung von Gage und Spielgeld verpflichtet. Wenn die Bühnenleitung binnen einer Woche, vom Tage der Anzeige an gerechnet, den Vertrag nicht schriftlich kündigt, bleibt derselbe in Kraft. Sollte sich das Mitglied verheirathen ohne vorherige Anzeige bei der Bühnenleitung, so steht letzterer, sobald sie es erfährt, das Recht augenblicklicher Kündigung oder Entlassung des Mitgliedes zu, auch erlöschen damit alle Ansprüche desselben aus dem Vertrag, vorbehaltlich der bereits verdienten Gage, sowie des bereits verdienten Spielgeldes. Auch in diesem Falle muß die Bühnenleitung ihr Recht spätestens binnen einer Woche nach erlangter Kunde von der Verheiratung ausüben und dies dem*

*Mitgliede schriftlich anzeigen, widrigenfalls die Büh-
nenleitung dessen verlustig geht.*[21]

Leitender Gedanke dieser sehr drastischen Maßnahmen war wohl die Erwartung einer der
Eheschließung bald folgenden Schwangerschaft.
Man fürchtete, daß dadurch die Einsatzfähigkeit ge-
schmälert würde und die Schauspielerin an
Anziehungskraft verlieren könnte. Hinzu kam an
Theatern, die nicht dem Bühnenverein zugehörig
waren, daß es den Künstlern und Künstlerinnen
untersagt war, einen Kontrakt von sich aus zu
lösen. Taten sie es trotzdem, verfielen sie in Kon-
ventionalstrafe.

Diese Bestimmungen wirkten sich besonders für
Schauspielerehepaare aus, die auf eine Erhaltung
ihrer Kontrakte angewiesen waren. Über eine
solche Ehe mit drei Kindern wird aus dem Blickwinkel der Frau berichtet: *Jahraus, jahrein
aufstehen, wenn der Tag graut, die Kinder waschen,
anziehen, Wohnung reinigen, Essen aufsetzen,
dann zur Probe jagen, die Rollen hinter den Kulissen
lernen, dann nach Hause kommen, die Kinder nur
immer halbwegs sättigen können, dann nähen, stop-
fen, flicken, Garderobe richten, die Kinder zu Bett
bringen und abends Komödie spielen. Und während
der neun Monate einer Schwangerschaft, da
kriecht so ein armes, abgehetztes, ausgehungertes
Weib in den Souffleurkasten, um zu verdienen! Kaum
ist sie wieder auf den Beinen, beginnt die Hetze
von neuem, nur daß sie dann dem Neugeborenen
nun auch noch die Nachtruhe opfern muß. Die
Kinder aber – blutarm, früh reif, verwahrlost und
hypernervös, hier [...] beginnt das Proletariat!*[22]

Der Wille, unter diesen Umständen zu heiraten,
war verständlicherweise nicht allzu groß.

Nationaltheater, Schillerplatz 1905

Anna Elisabeth Toscani

Ruf gründet sich nicht nur auf die Qualität der Aufführungen und die Leistungen der Schauspieler, sondern sie galt auch als eine Anstalt der Sitte und Moral. Dalberg führte an seiner Bühne einen *Ton der Sittlichkeit, eine Würde des Betragens, daß sämtliche Mitglieder im vollen Besitze der allgemeinen Achtung sind.*[23] Er behandelte die Künstlerinnen mit Korrektheit und war stets zurückhaltend und höflich, was er auch den Schauspielerkollegen abverlangte. Wurde dieser Ton einer Schauspielerin gegenüber einmal in irgendeiner Form verletzt, ahndete Dalberg dies mit unnachsichtiger Strenge.

Folgender Vorfall spielte sich im Jahr 1781 ab: Es herrschte eine Rivalität zwischen den Schauspielerfamilien Brandes und Seyler, die zu einer Parteinahme des Publikums zugunsten der Familie Brandes führte. Als diese die Mannheimer Bühne verließ, schrieb das Publikum den Verlust der Familie Seyler zu und hofierte aus Rache eine von Sophie Friederike Seylers Schülerinnen, Anna Elisabeth Toskani.

Durch die Verehrung und Anerkennung, die ihr das Publikum entgegenbrachte, übermütig geworden, zeigte sich diese aufs Höchste undankbar gegen die Familie Seyler. In einer Probe am 3. Februar 1781 ließ sie sich, ausgelöst durch eine Verwarnung, zu boshaften Tiraden gegen Abel Seyler hinreißen. Die Undankbarkeit gegenüber seiner Frau brachte den Beschimpften so auf, daß er Anna Elisabeth Toskani ohrfeigte. Daraufhin erfolgte nach genauer Untersuchung und Zeugenbefragung die sofortige Auflösung seines Kontraktes.[24]

Unter Dalberg wie auch unter seinen Nachfolgern war für eine weitgehend gerechte, das heißt vom Geschlecht unabhängige Bezahlung gesorgt. Ein Gagenvergleich illustriert dies:

Stellung der Frauen unter Dalberg und Iffland am Mannheimer Nationaltheater

Im Jahr 1778 verließ Kurfürst Carl Theodor infolge der wittelsbachischen Erbfolgeregelung die Stadt Mannheim und siedelte mit seinem Hofstaat inklusive des größten Teils der Mitglieder von Orchester und Hofoper nach München über. Um die Stadt dadurch materiell nicht zu stark zu schädigen, ordnete er die Gründung einer Mannheimer Nationalbühne an, ein Gedanke, mit dem er sich bereits vorher getragen hatte. Als Geburtstag des Theaters wird der 7. Oktober 1779 gerechnet, als zum ersten Mal eine vom Intendanten Wolfgang Heribert von Dalberg fest engagierte Truppe auftrat.

Das Mannheimer Theater war im 18. Jahrhundert eine der berühmtesten Bühnen Deutschlands. Sie war durch die Persönlichkeiten Dalbergs, des Schauspielerdreigestirns Iffland, Beck, Beil und ihrer Kollegen geprägt. Ihr hervorragender

Der projektierte Gagenetat des Jahres 1779:[25]

Königinnen und erste Rollen im Trauerspiel	1000 Gl.
erste Liebhaberin im Trauer-und Lustspiel, auch muntere Rollen	1200 Gl.
zärtliche Rollen und zweite Liebhaberin	1200 Gl.
Soubrette und komische Rollen	600 Gl.
Caricaturrollen, Unterhändlerinnen und naive Rollen	500 Gl.
in Operetten zum Singen erste Rollen, auch angehende kleine Rollen im Lustspiel	300 Gl.
in Operetten zweite Rollen auch kleine Ausfüllrollen im Lustspiel	400 Gl.
Helden und erste Liebhaber in Trauer-und Lustspiel	1400 Gl.
jugendliche muntere Rollen	500 Gl.
komische alte und Caricatur-Rollen, auch Juden	700 Gl.
lustige Bediente, Bauern und muntere Rollen	600 Gl.
Raisonneurs und gelassene Rollen	800 Gl.
Bas-comique[26] Rollen	300 Gl.
Offizier- und gelassene Rollen	600 Gl.
polternde Rollen	900 Gl.
alte Offiziers auch zweite Raisonneurs	300 Gl.
zum Soufflieren und Copie der Rollen	400 Gl.
kleine Ausfüll-Rollen und eigentliche Bouche Troux[27]	402 Gl.
Direktor	1200 Gl.

(Gl.= Gulden)

Der gleiche Sachverhalt setzt sich später fort, wie eine Aufstellung aus dem Jahre 1821 zeigt:[28]

Opernetat

1.	Eine erste Sängerin	1800 Gl.
2.	Eine do. für erste und zweite Partien	1500 Gl.
3.	Eine do. für zweite und dritte Partien	1200 Gl.
4.	Ein erster Tenorist	1800 Gl.
5.	Ein do. für 2. Tenorpartien	1200 Gl.
6.	Ein erster Bassist	1500 Gl.
7.	Ein do. für 2. und komische Baßrollen	1000 Gl.

Schauspieletat

1 Schauspieler		für erste Helden	1800 Gl.
1	do.	für junge Helden und Liebhaber	1800 Gl.
1	do.	für Liebhaber und junge Rollen	1000 Gl.
1	do.	für Väter	1400 Gl.
1	do.	für Väter in verschied. Nüancen	1200 Gl.
1	do.	für Intriguants	1200 Gl.
1	do.	für Bonvivants	1000 Gl.
1 Schauspielerin		für Heldinnen	1500 Gl.
1	do.	für erste und muntere Liebhaberinnen	1500 Gl.
1	do.	für Damen	1000 Gl.
1	do.	für edle Mütter	1200 Gl.
1	do.	für komische Alte	1200 Gl.

Die bei ersten Helden und Heldinnen auftretende Diskrepanz von 300 Gulden war auf die Tatsache zurückzuführen, daß es in den Stücken mehr Männer als Frauenrollen gab (1/3 Frauenrollen gegenüber 2/3 Männerrollen), d.h. Männer mehr beschäftigt waren als Frauen.

Beim Opernetat waren die Gehälter bei Männern und Frauen gleich, und unterscheiden sich in ihrer Höhe nicht vom Schauspieletat.

Dalberg war immer um Gerechtigkeit bemüht, ganz gleich ob gegen Mann oder Frau, da er diese als Grundlage für ein geordnetes Theaterunternehmen erkannte. Dies spiegelt sich beispielsweise auch in einer größeren Auseinandersetzung mit der Schauspielerin Henriette Wallenstein[29] wieder.

Die Streitsache Wallenstein[30]

Der Wallensteinsche Konflikt war eine der wenigen Auseinandersetzungen zwischen einer Schauspielerin und der Intendanz des Mannheimer Theaters im 18. Jahrhundert, der an die Öffentlichkeit gelangte und in ganz Deutschland großes Aufsehen erregte.

Ausgangspunkt des Streites war eine Rivalität zwischen Henriette Wallenstein und Caroline Wilhelmine Rennschüb. Letztere hatte in dem Stück: *Die Art eine Bedienung zu erhalten* (von Gottlieb Stephanie d. Jüngeren) als die Vertreterin des ersten Faches die ihr zustehende Rolle der Baronin erhalten. Die Wallenstein dagegen sollte die ihrem Fach zukommende Rolle spielen, war aber der Meinung, daß sie durch diese Besetzung benachteiligt sei und verlangte eine Umbesetzung zu ihren Gunsten. Zur folgenden Auseinandersetzung zwischen den beiden Damen kam erschwerend der Umstand hinzu, daß der Mann der Caroline Wilhelmine Rennschüb, Johann Ludwig Rennschüb, der seit 1783 Regisseur war, das Urteil fällen mußte. Sein vorläufiges Auftreten als Richter in dieser Angelegenheit erregte das Theaterpublikum, und es kam zu einer Parteinahme für Henriette Wallenstein. Als die Aufführung des besagten Stückes näherrückte, meldete sich die Wallenstein wegen Gehörlosigkeit krank. Rennschüb vermutete wohl nicht ohne Grund Schikane und forderte sie auf, ein Attest des Theaterarztes vorzulegen, ansonsten jedoch zu spielen. Die Wallenstein schickte aber ein Attest ihres Hausarztes Dr. Güthe[31], in dem es hieß: *Da Madame Wallenstein wegen Beschwerden an üblem Gehör den kommenden Sonntag nicht spielen zu können glaubt, also hat sich Herr Regisseur Rennschüb wegen dem sonntägen Stücke hiernach vorzusehen.*[32] Als die Wallenstein erneut aufgefordert wurde, den Theaterarzt zu konsultieren und sie wiederum einen ihr befreundeten Arzt zu Rate zog, entspann sich ein heftiger Streit zwischen ihr und Rennschüb. Daraufhin kam es zu einem Eingreifen Dalbergs, der am 19. September 1784 an Henriette Wallenstein schrieb: *Madame! Auf meinen Befehl ist ihnen die Rolle in dem neuen Stück, die Art eine Bedienung zu erhalten, zugetheilt worden. Mad. Wallenstein wird diese Rolle kommenden Donnerstag ohnfehlbar spielen, darauf bestehet die Kurfürstliche Intendance, welche Mittel in den Händen hat, Ungezogenheiten, Chicanen und elend vorgeschützte Unpäßlichkeiten, durch unangenehme Zwangsmittel zu beseitigen, ich werde keine Entschuldigung irgend einer Art annehmen: seyen sie überzeugt, daß ich von meinem Fürsatz nicht abgehe, und Mad. Wallenstein eine neue Weigerung, oder Vorspiegelung einer Taubheit sehr bereuen möge. [...]*[33] Der Konflikt eskalierte und führte schließlich zur Auflösung des Kontraktes der Wallenstein auf ihren eigenen Wunsch hin.

Die Kostümsituation am Mannheimer Nationaltheater

Am 7. Februar 1795 wird im Zuge einer Anleihe auf die Mannheimer Garderobe deren Wert auf 26.000 Gulden geschätzt.[34]

Der Mannheimer Bühne stand also ein recht großer Kleiderfundus zur Verfügung, was aber nicht besagt, daß den Schauspielerinnen ihre Kleider ausnahmslos gestellt wurden und daß es keine Probleme mit dem Umgang und dem Einsatz der Garderobe gab.

Generell war man auch in Mannheim versucht, sowohl Reparaturen als auch die Kostümbeschaffung teilweise auf die Künstlerinnen abzuwälzen.

Es war allgemein üblich, daß die Darstellerinnen darüber hinaus für den sogenannten Aufputz (Schleifen, Bänder u.ä.) und die Accessoires zu sorgen hatten und zumindest noch für die moderne Garderobe, wozu im Prinzip auch die heutigen Normalverträge noch verpflichten (siehe Anhang).

In einem Brief Gotthold Ephraim Lessings vom 10. November 1776, der unter diesen Bedingungen für das Nationaltheater Schauspielerinnen engagieren sollte, heißt es: *Besonders hat mich darinn ein Punkt sehr befremdet, welcher die Schwierigkeit, bald gute Leute zu haben, sehr vermehret. Sie verlangt nehmlich, daß die Schauspieler ihre ordentlichen Theaterkleider selbst halten sollen. Solches ist nun zwar unter den französischen üblich, aber nicht unter den deutschen. Auch sind die wenigsten deutschen Schauspieler in der Verfassung, daß sie sich auf einmal in Garderobe setzen könnten. Wo sie hinkommen, zu welcher Trupe sie wollen, finden sie Kleidung, und darauf rechnen sie. Wenigstens ist natürlich, daß sie ganz andere Forderungen machen müssen, wenn sie sich selbst Kleider halten sollen, wie aus der beyliegenden Antwort des Einen, zu ersehen. Dieser Eine erlangt nun zwar blos desfalls eine monatliche Zulage von 12 Gulden. Aber wo denn nun der erste Verlag herkommen sollte: das begreife ich nicht.*[35]

Stellt man sich für Mannheim die Frage, warum es dazu kam, daß Kostüme selbst gestellt werden müssen, ist es hilfreich, einen Blick in die Theatergesetze von 1780[36] zu werfen. Hier findet sich folgender Paragraph: *Wer sorgloser oder gar bos-*

*hafter Weise die angehabten Kleider verwahrlost,
in Fett oder allerhand Unrath wirft, oder wohl
gar Schminke oder die Schuhe daran abwischt, zahlt
nicht nur den Schaden, sondern es wird ihm der
zwölfte Theil der Wochengage [vor] enthalten.*[37]

Es ist anzunehmen, daß der allzu sorglose Umgang beziehungsweise die Beschädigung des
Theatereigentums die Intendanz dazu veranlaßt
hat, Strafen zu verhängen oder auf die Selbstbeschaffung der Kostüme zurückzugreifen.

Diese Selbstbeschaffung der Kostüme brachte
jedoch zwei Probleme mit sich:
1. Sie führte streckenweise zu einer regelrechten
Putzsucht unter den Schauspielerinnen. Immer
wieder werden neue Weisungen nötig, um zu verhindern, daß Kleider falsch eingesetzt werden
und somit den Rollen und ihrem Inhalt abträglich
sind. Die Zofe erschien oft geputzter als ihre
Herrin und die Bäuerin besser gekleidet als die
feine Dame aus der Stadt. Solche Vorfälle sind
in den Theaterprotokollen des öfteren zu finden.

So heißt es zum Beispiel im Protokoll vom
16.Dezember 1782 unter der Rubrik *Fehler gegen
die Theaterordnung: Se. Excellenz [Dalberg] über-
trugen dem Ausschuß, der Mad. Wallenstein ihren
unschicklichen Anzug im Fähnrich zu verweisen;
und Mad. Nicola*[38] *ebenfalls zu bedeuten, daß sie
als Kammermädchen sich mehr diesem Charakter
angemessen kleiden soll.*[39]

An anderer Stelle wurde die Wallenstein angehalten, sich mit mehr Karikatur und weniger
jugendlicher Koketterie zu kleiden.[40] Gleichzeitig
wurde sie kritisiert, weil sie in einem Stück, in
dem sie die Rolle einer Frau in der altmütterlichen
Krankenpflege spielen soll in der Szene eines
Arztbesuches *in einem gelb atlassenen Kleide mit
Lilla aufgeschlagen und Flor eingesetzt und mit
Reifrock, hoher Frisur und einem modernen, modern
aufgesetzten Tocq*[41] aufgetreten sei und zudem
in diesem gröblich widersinnigen Aufzug wie es *der
Seele des Stückes entgegen war* spielte. Den Schauspielerinnen wurde von Dalberg in einer Weisung
ein Leitfaden gegeben, in dem genau festgelegt ist,
wie Soubretten und wie junge Bäuerinnen ausgestattet sein müssen. Außerdem versuchte Dalberg weiteren Mißbrauch des Putzes und der

Kostüme zu vermeiden, indem er festlegte,
daß eigene Kostüme bei der Probe dem Regisseur
vorzuzeigen seien. Solche Anweisungen werden
schließlich in dem Kleiderreglement, das Iffland 1792
ausarbeitete, wiederholt und differenziert. Er
gliederte die Schauspielerinnen in Bäuerinnen,
Mädchen, Bürgerliche Frauen, Damen, und Königinnen.[42]

Die Reaktionen darauf waren geprägt von der
Wichtigkeit, die das Aussehen der Schauspielerinnen bezüglich der Publikumsgunst hatte. So
berichtet Iffland zum Beispiel von Manon Müller:
[…] gegen welche [die Anweisungen] Mad. Müller[43],
*im Interesse ihrer gern gezeigten schönen Gestalt,
viel Chikanen machte, und eine Klageschrift an den
Intendanten einreichte.*[44]

2. Die mit der Kostümbeschaffung verbundenen
finanziellen Aufwendungen bewirkten wohl,
wie sich aus einer kurzen Bemerkung in einer Aus-
schußsitzung vom 7. November 1787 schließen
läßt, daß es an Abwechslung mangelte und in verschiedenen Stücken gleiche Kleider getragen
wurden. Hier heißt es unter *Bemerkte Fehler gegen
Theaterverordnung: 2., Derselben unachtsamer
Gebrauch der Garderobe Kleider, wobei sie selten
Abwechslung einführen wollen.*[45] In den Mannheimer
Theaterprotokollen ist ein Fall festgehalten, anhand dessen sehr gut zu sehen ist, welchen
Stellenwert das Kostüm und damit das Aussehen
bei den Schauspielerinnen einnahm und welch
große Auseinandersetzungen daraus erfolgen
konnten. Am 3. Juli 1781 kam es zwischen Anna
Elisabeth Toskani, ihrem Mann und dem Regisseur Wilhelm Christian Meyer[46] über die Veränderung eines Kleides zu einem heftigen Wort-
wechsel.[47] Ein weißes Kleid der Toskani sollte auf
Geheiß von Meyer vom Theaterschneider
geändert werden. Da dieser seinen Auftrag nicht
zur Zufriedenheit ausführte, wandte sich die
Toskani vorwurfsvoll an Meyer und unterstellte
ihm, absichtlich nicht für eine schnelle Durchführung gesorgt zu haben, obwohl er dafür
zuständig sei. Meyer wies daraufhin jede Schuld
von sich und sagte, daß er den Theaterschneider
schon mehrere Male aufgefordert habe, seine
Arbeiten ordnungsgemäß durchzuführen und in
diesem Falle nicht mehr tun könne. Toskani, der
seine Frau in Schutz nehmen wollte, griff Meyer

Geat. v. Ant. Kärcher. Manh.

Marie Müller gebohrne Boudet.

Manon Müller, geb. Boudet,
Sängerin am Nationaltheater 1782-1819

deshalb verbal an und drohte mit Kontraktauflösung, wenn den Forderungen seiner Frau nicht
Folge geleistet werde. Als nun die Angelegenheit
vor dem Theaterausschuß behandelt wurde,
schrieb die Toskani einen Brief an Dalberg, in
dem sie ihn bat, diesen Vorfall auf sich beruhen zu
lassen und nur dem Schneider einen Verweis zu
erteilen, da es seinetwegen schon des öfteren
größere Auseinandersetzungen gegeben habe.
Sie selbst maß in diesem Brief der ganzen Angelegenheit keine sehr große Bedeutung bei, so
daß der Eindruck entsteht, als habe ihr Mann die

ganze Sache hochgespielt. Nach Befragung von
Zeugen kam Dalberg zu dem Ergebnis, daß Herr
Meyer alles in seiner Macht stehende getan
habe, Herr Toskani dagegen nach den Theater-
gesetzen schuldig sei und den sechsten Teil seiner
Wochengage abzugeben habe. Seine Frau hingegen wurde daran erinnert, daß sie die meisten
und besten Kleider besäße und somit nicht mehr
sagen dürfe: *Andern werden Kleider gemacht,*
wenn sie große Rollen spielen, aber für mich nicht,
wie sie es in der Garderobe getan hatte. Es sei an
dieser Stelle noch zu erwähnen, daß es sich bei

den Beanstandungen um Puderflecken am Kragen des Kleides und um schlecht genähte Ärmel handelte.

Aber nicht nur die Kostüme, sondern auch die Art und Weise sich zu schminken, war immer wieder Anlaß zur Kritik seitens der Intendanzen. Das rote Puder führte dann auch zu einem Erlaß Dalbergs, der da lautete: *Gern würde man länger den Schaden tragen, welcher durch übertriebenen Gebrauch des rothen Puders an allen Frauenzimmerkleidern verursacht wird und dadurch der Theaterökonomie zufließt, wenn dieser Gebrauch den Schauspielerinnen selbst als vortheilhaft betrachtet werden könnte. Da sich aber der allgemeine Tadel Auswärtiger sowohl als Einheimischer öfters schon dahin erklärt hat: daß der rothe Puder überhaupt, und besonders, wenn er in der Farbe nicht gut gewählt und äußerst sparsam gebraucht wird, das Frauenzimmer selbst entstellt und vorzüglich bei Licht den Zügen der Physiognomie einen falben, unbedeutenden Schein mittheilt, so wird sich eine jede Schauspielerin selbst billig dahin bescheiden, den rothen Puder in die Zahl der schon längst außer Mode gekommenen Erfindungen (wodurch Eitelkeit oft Natur entstellt) zu setzen; um an dessen Stelle der angeborenen Farbe der Haare ihre ursprünglichen Vorrechte etwas mehr wieder einzuräumen. Mannheim, den 30. November 1786.*[48] Dalberg läßt mit der Erwähnung des Tadels Auswärtiger und Einheimischer deutlich erkennen, welchen großen Einfluß das Publikum hatte.[49] Es entschied nicht nur über zuviel oder zuwenig Puder, über Gefallen oder Mißfallen eines Kleides, sondern über Aufstieg und Fall eines Menschen.

Das Ehe- und Schwangerschaftsproblem der Frauen am Theater in Mannheim

Die Quellenlage zu diesen beiden Themenbereichen ist leider nicht sehr ergiebig. Fragt man sich nach den Gründen, so ist anzunehmen, daß die Mannheimer Theaterintendanz bemüht war, zum Beispiel eine uneheliche Schwangerschaft, die zu dieser Zeit noch als moralisch verwerflich galt, zu vertuschen. So sind in den Ausschußprotokollen wenige beziehungsweise keine Hinweise darauf zu finden. Was Eheschließungen betrifft, so wird meistens nur erwähnt, wenn eine Ehe geschlossen wurde.

Eheschließung

Innerhalb des hier vorgegebenen Zeitraumes ließ sich in den verwendeten Quellen keine Eheschließung an der Mannheimer Bühne finden, die nach den bereits aufgeführten kontraktlichen Regelungen behandelt worden wäre und eine sofortige Kündigung nach sich gezogen hätte. Allerdings bleibt zu erwähnen, daß die meisten verzeichneten Ehen zwischen Schauspielern und ihren Kolleginnen beziehungsweise zwischen ihnen und dem Orchesterpersonal geschlossen wurden und somit in allen mir bekannten Fällen beide weiterbeschäftigt wurden:

Henriette Kirchhöfer heiratete 1782 den Orchestermusiker Peter Nicola; Manon Boudet ehelichte 1787 den Schauspieler Karl Müller; Katharina Baumann nahm 1787 den Violoncellisten Peter Ritter zum Mann; Babette Linier heiratete 1825 den Schauspieler Carl Ritter; Caroline Ziegler 1784 den Schauspieler Heinrich Beck; Josepha Scheffer wurde 1788 zweite Frau Becks; Caroline Marconi heiratete 1795 in erster Ehe den Schauspieler Wilhelm Meyer und in zweiter Ehe 1807 den Schauspieler Franz Hoffmann. Die Mannheimer Theaterintendanz scheint aber andererseits die Möglichkeit gehabt zu haben, im Falle einer Kündigung durch eine Schauspielerin, der Kontraktauflösung nicht zuzustimmen.

Daß sie von diesem Recht auch Gebrauch machte, zeigt der Fall der Schauspielerin und Sängerin Maria Koch, die, geboren im Jahr 1783, seit ihrem neunzehnten Lebensjahr im Engagement der Mannheimer Bühne stand. Als sie wegen ihrer geplanten Hochzeit um die Auflösung ihres Kontraktes bittet, wird dies abschlägig beschieden. *Die Schauspielerin Maria Koch, speziell ihre geplante Verehelichung betr. 1804 - 1805. Betrifft die Angelegenheit des jungen livländischen Edelmanns Friedrich v. Pistohlkors, der der Schauspielerin Maria Koch die Ehe verspricht unter der Bedingung, daß sie von der Bühne zurücktritt. Von allen Seiten, namentlich auch von Seiten des Theaters, geschehen Schritte dagegen, das Theater will sich nicht auf eine Lösung das Kontrakts einlassen usw., der Hof und die Diplomatie intervenieren. Pistohlkors, dem seine Standesgenossen mit Vernunftsgründen zusetzen, zieht sich schließlich von seiner Verlobten zurück, die dann Entschädigungsansprüche stellt.*[50]

Leider ließ sich zur Zeit nicht feststellen, aus welchen Gründen die Intendanz der Auflösung des Vertrages nicht zustimmte und so stark in die Lebensplanung der Schauspielerin eingriff. Dieses Vorgehen scheint besonders verwunderlich, da wir aus den wenigen Informationen über die Künstlerin schließen können, daß wir wohl keine berühmte Schauspielerin vor uns haben.[51]

Der Schauspielberuf bedeutete zu dieser Zeit im Hinblick auf eine Eheschließung insbesondere mit Männern aus dem Bürgertum oder dem Adel für eine Frau ein fast unüberwindbares Hindernis. Obwohl die Schauspielerinnen der Mannheimer Bühne unter Dalberg in der Bevölkerung sehr angesehen waren und man sich viel und gerne mit ihnen umgab, scheint jedoch keiner die Einheirat in die gehobenen Kreise gelungen zu sein. Ganz anders stellte sich die Situation bereits seit Mitte des 19. Jahrhunderts dar. Eheliche Bande zwischen der ersten Gesellschaft der Stadt und ihrem Theater wurden geknüpft:

* Henriette Rohn (1853-55 / 56-79)[52]
  – Frau des Oberamtsrichters Carl Ullrich
* Helene Hausen (1867-1897)
  – Frau des Hauptmannes a.D. Alfred Seubert, Bruder des Mannheimer Ehrenbürgers Max von Seubert
* Emilie Heußer (1846-49 / 50-56)
  – Frau des Obergerichts-advokaten Friedrich von Engelberg
* Mella Fiora (1897-1902)
  – Frau des Generalkonsuls Oskar Smreker
* Poldi Dorina (1910 - 1914)
  – Frau des Bankiers Josef Hohenemser[53]

Für diese Frauen bedeutete ihre Ehe allerdings das Ende ihrer Bühnenkarriere, denn ihre neuen Stellungen ließen in ihrem Leben keinen Platz für die Bühnenkunst. Es ist auch nicht davon auszugehen, daß ihre Männer und somit die ganze Gesellschaft, in der sie sich nun bewegten, eine weitere Ausübung ihres Berufes hingenommen hätten.

Schwangerschaft

Leider beinhaltet innerhalb des untersuchten Zeitraumes keine der verwendeten Quellen eine Begebenheit, die die Einstellung beziehungsweise die Behandlung einer Schwangerschaft unter Dalberg hätte verdeutlichen können. In den für diesen Aufsatz hinzugezogenen Akten des Oberregisseurs Carl Philipp Düringer[54] fand sich jedoch der Fall der Ludovika Ditt, der die Einstellung der damaligen Theaterleitung zu eine Schwangerschaft anschaulich zeigt. Ludovika Pobuda heiratete am 19. Juni 1847 den Mannheimer Bassisten Carl Ditt. Sie war zu diesem Zeitpunkt als Soubrette mit einem Gehalt von 1900 Gulden am Mannheimer Theater engagiert. Als sie kurz nach ihrer Heirat schwanger wurde, diente dies der Intendanz als Vorwand, diese Künstlerin zu entlassen. In einer Akte vom 10. April 1848, in dem es um die Besetzung des Damengesangspersonals geht, schlägt Düringer folgende Vorgehensweise vor: *[…] ist Frau Ditt für unsere Verhältnisse ganz entbehrlich. […] und ich hielte es für das Interesse der Anstalt vortheilhaft, ihr am 15. Juni 1848 zu kündigen. Zwar würde diese Kündigung einen üblen Eindruck bei der Ditt hervorbringen, welche noch bis zum 1. Febr. mit jährlich 1900 Gulden engagiert ist. Allein wir hier sind nicht Schuld daran, daß beide sich miteinander verheirathet haben, und ich möchte keine Verbindlichkeit anerkennen, Frau Ditt, welche wir entbehren können, nur deswegen bis 1852 zu behalten, weil das Engagement ihres Mannes bis dahin läuft umsoweniger als eine verheirathete Soubrette, auch abgesehen von ihren übrigen Eigenschaften, schon weil sie verheirathet ist, für die Anstalt einen geringeren Werth hat, als eine ledige. Das schlimmste, was durch die Entlassung der Frau Ditt herbeigeführt würde, wäre vielleicht das, daß auch Herr Ditt um seine Entlassung nachsucht. Frau Ditt ist nun, obgleich in nichts ausgezeichnet, doch sehr verwendbar, äußerst eifrig und gefällig […] Allein auf der anderen Seite bezieht sie auch die hohe Gage von 1900 Gulden, ein Gehalt, welches ihr schwerlich an einer anderen Bühne gegeben würde. Bei dieser Alternative: Entweder den Herrn Ditt ebenfalls zu verlieren oder Frau Ditt bis 1852 zu behalten und zu bezahlen, würde ich auch unbedingt für das erstere entscheiden. […] Sollte die Kündigung der Frau Ditt nicht beliebt werden, so scheint mir doch wenigstens soviel gewiß zu sein, daß ihr Gehalt um ein bedeutendes wenigstens um die Hälfte gekürzt werden müßte.*

Ludovika Pobuda, verehel. Ditt,
Sängerin am Nationaltheater 1825-1848

Diese ganzen Ausführungen lassen erahnen, welche Folgen eine Schwangerschaft erst für eine unverheiratete Frau hatte, wenn bei einer Verheirateten schon eine solche Vorgehensweise in Betracht gezogen wurde. Hier wird deutlich, daß für die damalige Leitung des Mannheimer Theaters nur finanzielle Überlegungen eine Rolle spielten, die höchstens vom Publikum noch beeinflußt werden konnten. Auf jeden Fall bedeutete Schwangerschaft in diesem Fall die Kürzung des Lohnes um die Hälfte. Besonders bemerkenswert scheint mir zudem zu sein, daß Ludovika Ditt bereits am 22. März 1848 mit einem toten Knaben niedergekommen war![55] Diese Tatsache läßt den Verdacht aufkommen, daß man hier die Schwangerschaft zum Anlaß nahm, um sich mehr oder minder elegant aus vertraglichen Verpflichtungen herauszulavieren. Noch 1918 wurden in einem Bühnenvertrag folgende kontraktliche Regelungen bezüglich einer auftretenden Schwangerschaft getöglich. *§5. Bei Dienstunfähigkeit, die bei verheirateten Damen während ihrer Ehe, oder in der gesetzlichen Zeit darüber hinaus infolge von Schwangerschaft eintritt, fällt für sie der Anspruch auf Gehalt und gewährleistetes Spielgeld von dem Tage ab fort, an welchem die Bühnenleitung ein weiteres Auftreten für unzulässig erklärt. Bei verheirateten Chorsängerinnen und verheirateten Figurantinnen kann in diesem Falle Verlust des Anspruchs auf Spielgeld eintreten, wenn die Störung durch Schwangerschaft und Wochenbett und deren Folgen nicht über 2 1/2 Monate dauert. Für die weitere Zeit fällt jeder Anspruch auf Gehalt und Spielgeld fort.*

In jedem Falle, in dem die Theaterleitung von dem in diesem Paragraphen ihr eingeräumten Rechte der Kürzung der Bezüge Gebrauch macht, steht dem Mitgliede innerhalb der Zeit, während der diese Kürzung oder Einstellung andauert, das Recht zu, den Anstellungs-Vertrag für aufgelöst zu erklären [...].[56]

Ausgehend von den hier aufgezeigten vorherrschenden Meinungen der damaligen Zeit und den kontraktlichen Regelungen läßt sich schließen, daß der Fall Ditt nicht der einzige gewesen ist, bei dem so verfahren wurde. Künstlerinnen wie Ludovika Ditt, die an einem weiteren Engagement interessiert waren, mußten sich eine Schwangerschaft sehr genau überlegen. Nach den Lebensvorstellungen der damaligen Zeit war schon eine Eheschließung somit nicht ratsam, da sie über kurz oder lang mit Kindern verbunden war.

Schlußbemerkung

Wie gezeigt, blieb also auch Mannheim von den allgemeinen Problemen deutscher Theater nicht verschont. Mannheims Schauspielerinnen hatten jedoch, verglichen mit anderen Kolleginnen dank einer hervorragenden Theaterintendanz einen verhältnismäßig guten Stand.

Anmererkungen zum Kapitel

[1] Die Quellenlage im 18. Jahrhundert ist verhältnismäßig günstig, dadurch daß die Protokolle des Theaterausschusses von 1781 bis 1789 und der Großteil der seinerzeit vorhandenen Akten in Publikationen vorliegt. Wie hieraus zu entnehmen ist, stützt sich die Arbeit zur Zeit vornehmlich auf bereits publizierte Quellen. Die von Seiten der Verfasserin geplante ausführliche Bearbeitung des Themas wird auf erweiterter Quellenbasis erfolgen.
Vgl. F. WALTER und M. MARTERSTEIG. Wolfgang Heribert Reichsfreiherr von Dalberg (1750-1806) wurde mit der Schaffung eines Nationaltheaters in Mannheim beauftragt. Leitete die Bühne bis 1803 und machte sie zu einer der bedeutendsten in Deutschland. Dalberg zeichnete sich in jungen Jahren durch seine Risikobereitschaft (Premiere von Schillers *Räubern*) aus, die mit fortschreitenden negativen Erfahrungen und späterer Arbeitsüberlastung in Resignation mündete.

[2] Prinzipal: veraltet für Theaterdirektor, der Vorsteher, Leiter einer Bühne. *Der Direktor muß alles in der Hand haben, muß alles übersehen, den ökonomischen wie den arthistischen Theil in seinen weitesten Ausdehnungen; [...] er muß gerecht sein, klug, geachtet, wenn auch nicht von allen geliebt, was unmöglich ist, entschlossen, beredt, gewandt in der Lenkung fremder Leidenschaften und Neigungen, nicht eigensinnig, fest von Charakter, sicher in seinem Geschmack, aber fern von Kleinigkeitskrämerei und Tadelsucht und vor allem sein Ohr allen Künsten der Kabale und Ohrenbläserei zu verschließen wissen und Geduld haben, welche die äußerste Probe besteht. [...] Es spricht sich die Schwierigkeit der Stellung eines Direktors schon darin hinlänglich aus, daß man nothwendig in ihm den Künstler und den Geschäftsmann vereint finden muß, [...]* J. DÜRINGER und H. BARTHELS, S. 1066 ff.

[3] Die Verwendung des Artikels „die" anstelle von „FRAU; Mad., Mll. etc." ist in der Theaterliteratur üblich und bedeutet keine Abwertung.

[4] Zu der Problematik Kirche – Schauspieler vgl. G. SCHWANBECK, S. 15-21 und insgesamt E. HÖVEL.

[5] *Nationaltheater. Bezeichnung eines für eine Nation repräsentativen und vorbildlichen Theaters. In Deutschland wurde die Idee des Nationaltheaters im 18. Jahrhundert im Zusammenhang mit den antifranzösischen Bemühungen um ein nationales d.h. deutsche Eigenart und deutsches Wesen widerspiegelndes Drama entwickelt. Einige Hoftheater wurden in Nationaltheater umbenannt (Wien 1776, Mannheim 1779, Berlin 1786), ohne daß in ihnen die Nationaltheater-Idee verwirklicht worden wäre.*
MEYER KONVERSATIONSLEXIKON, Bd. 16,

6   G. SCHWANBECK, S. 52f.

7   Ebd. S. 54f.

8   August Wilhelm Iffland (1759-1814); einer der berühmtesten Schauspieler seiner Zeit, kam 1779 nach Mannheim und verkörperte unter vielem anderen in der Uraufführung von Schillers *Räubern* den ersten Franz Moor. 1796 wurde er Direktor am königlichen Nationaltheater Berlin.

9   Friedrich Ludwig Schröder (1744-1816) war als Regisseur, als einer der bedeutendsten Schauspieler seiner Zeit und Bearbeiter von Shakespeare-Stücken für die deutsche Bühne bekannt.

10 Man verlangte zwar bei der Ausstellung der Gewerbescheine den Nachweis der fachlichen Eignung, doch war es unmöglich, von den Polizeibehörden eine kompetente Beurteilung zu verlangen. Zwar wurde die Gewerbefreiheit 1811 bereits wieder eingeschränkt (Gewerbescheine wurden zeitlich und lokal begrenzt), dennoch gestalteten sich die Verhältnisse immer unhaltbarer und der Ruf der Theater verschlechterte sich zusehends. Die teilweise katastrophale wirtschaftliche Lage der Bühnen wurde dadurch hervorgerufen, daß immer mehr Theaterdirektoren nichts von ihrem Metier verstanden und ihre Unternehmen aus materiellen Gründen schnell wieder schließen mußten.

11 Maria Taglioni (1804-1884) entstammte einer alten Tänzerfamilie. Kam 1832 nach Berlin und verließ die Bühne 1847. Sie galt als eine der größten Tänzerinnen ihrer Zeit.

12 Bühnenverein: Kartellverband deutscher Bühnenleiter und Bühnenrechtsträger zur Wahrung künstlerischer und wirtschaftlicher Interessen der deutschen Bühnen.

13 G. SCHWANBECK S. 83.

14 Bei den Wandertruppen des 17. und 18. Jahrhunderts waren die Kostüme sehr einfach und bewegten sich in einem kleinen finanziellen Rahmen. Eigene Garderobe wurde zu diesem Zeitpunkt kaum gefordert.

15 Ebd. S. 75.

16 Ebd. S. 87.

17 Ebd. S. 79.

18 Pragmatisch: jur.: alle, bei denen keine andere vertragliche Regelung vorliegt.

19 J. DÜRINGER und H. BARTHELS S. 1156.

20 G. SCHWANBECK S. 91.

21 Ebd. S. 80.

22 Ebd. S. 90.

23 A. PICHLER S. 119.

24 Ebd. S. 57f.

25 Ebd. S. 46f.

26 Derb-komisch.

27 Lückenbüßer.

28 F. WALTER 1899 S. 124f.

29 Christiane Henriette Wallenstein, geb. Zeitheim (um 1744-1833) wirkte erst in Gotha und dann bis 1784 in Mannheim. Sie galt als hervorragende Darstellerin von Karikaturrollen, Naiven und Unterhändlerinnen.

30 Vgl. M. MARTERSTEIG S. 442ff.

31 Dr. Güthe taucht in einem Brief Ifflands an Dalberg vom 6. Februar 1795 als Theaterarzt auf, scheint dies zu Zeiten der Wallenstein aber noch nicht gewesen zu sein. F. WALTER 1899 S. 376.

32 M. MARTERSTEIG S. 442.

33 Ebd. S. 445.

34 F. WALTER 1899 S. 147.

35 S. MAURER-SCHMOOCK S. 62.

36 A. PICHLER S. 321ff.

37 Ebd.

38 Henriette Nicola, geb. Kirchhöfer (ca. 1767-1795), heiratet 1782 den Orchestermusiker Peter Nicola und stirbt am 7. Februar 1795 an Auszehrung.

39 M. MARTERSTEIG S. 104.

40 Ebd. S. 170.

41 Ebd. S. 172.

42 A. PICHLER, S 331 ff.

43 Bei Mad. Müller handelt es sich um Manon Müller, geb. Boudet (1775-1825). Sie wirkte seit 1785 als „muntere Liebhaberin" am Mannheimer Theater.

44 A. PICHLER S. 125.

45 M. MARTERSTEIG S. 354.

46 Wilhelm Christian Dietrich Meyer, geb. 1749, gest. 1783 in Mannheim. War hier als Schauspieler und zuletzt als Regisseur tätig.

47 Vgl. M. MARTERSTEIG S. 16ff.

48 Ebd. S. 321.

49 *Dalberg, ein Verfechter des historischen Kostüms, ließ Brandes' Schauspiel <Die Mediceer> im <strengsten Costume> geben, <bewirkte aber, wider Erwarten, wenig Sensation beym Publikum>.* S. MAURER-SCHMOOCK S. 59.

50 F. WALTER 1899 S. 328.

51 Bei Pichler ist noch die Information zu finden: *Als Gast erschien F. W. Schmidt, der für das Fach der*

jugendlichen Liebhaber engagirt wurde, welches er zur
Zufriedenheit ausfüllte; er verließ mit seiner nach-
herigen Frau, Marie Koch, 1807 die hiesige Bühne.
A. PICHLER S. 194.

52 Bei den Jahreszahlen handelt es sich um die Engage-
    mentsdaten.

53 E. L. STAHL S. 14.

54 Diese handschriftlichen Akten befinden sich im
    Reißmuseum der Stadt Mannheim, Theatersammlung
    und wurden mir freundlicherweise von deren
    Leiterin, Liselotte Homering, zur Verfügung gestellt,
    der ich an dieser Stelle für ihre Mithilfe bei der
    Entstehung dieses Aufsatzes ganz herzlich danken
    möchte.

55 Stefan Grua: Repertorium des großherzoglichen
    Hoftheaters im Mannheim seit seiner Entstehung im
    Jahre 1779, Bd. 3 1830-1852, handschriftlich,
    REIßMUSEUM der Stadt Mannheim, Theatersamm-
    lung.

56 Vertrag des Bühnenvereins 1918.

Im Jahre 1816, am 11. März wurde dem Kauf-
mann Bernhard Friedrich Baunach eine Tochter
mit Namen „Julie Amalie" geboren. Ihre Mutter war
die zweite Frau und eine geborene Stern.[1] Mit
diesen Worten leitete die selbständige Mannheimer
Kauffrau und Begründerin der hiesigen Fabri-
kantendynastie Kauffmann ihre Lebenserinnerungen ein. Amalie Baunach, verheiratete Kauffmann,
stammte aus dem Odenwald und folgte ihrem
Mann 1839 nach Mannheim. Dort sollte sie nach
dem frühen Tod ihres Mannes 1849 in eigener
Regie das Handelsgeschäft weiterführen und
ausbauen. Als sie in den sechziger Jahren des 19.
Jahrhunderts die Leitung des Familienbetriebs
mehr und mehr an die Söhne abtrat, begann sie
wohl mit der Niederschrift ihrer Lebenserinnerungen.[2] Ausführlich berichtet sie über Elternhaus,
Kindheit, Bildungsgang, Jugendjahre und die
Vorbereitung auf das Dasein als Ehefrau; aber im

Ulrike Brummert / Sylvia Schraut

ZWISCHEN BÜRGERLICHEM FRAUENBILD UND SELBSTBEHAUPTUNG:

Amalie Kauffmann (1816-1869)

Zentrum ihrer Aufzeichnungen steht ihr zähes
Ringen um die Liebe ihres Mannes. Diese persönlichen Schilderungen brechen mit der Berichterstattung des Herbstes 1848 plötzlich ab. Die Ereignisse des Kriegsjahres 1866 dürften sie jäh aus
ihrem besinnlichen Lebensrückblick herausgeris-
sen haben. Ab dem 12. Juni 1866 protokolliert sie
das Kriegsgeschehen, unterbrochen von Börsen-

kursen und Großhandelspreisen, Mannheimer Tagespolitik und Familienereignissen. Die letzte Eintragung datiert vom 16. August 1866. Ihre Lebenserinnerungen hat sie danach, bis zu ihrem Tod 1869, auch nicht wieder aufgegriffen. So bruchstückhaft ihre persönlichen Aufzeichnungen sind, zusammen mit zahlreichen überlieferten Briefen, Gedichten und Bildern geben sie Aufschluß über den facettenreichen Lebensweg und die außergewöhnliche Persönlichkeit Amalie Kauffmanns.

Amalie Baunach stammte aus gutbürgerlichen, kleinstädtischen Verhältnissen. Bildungsbeflissenheit, politisches Interesse und Engagement in der Gemeinde prägten die vom Vater gestaltete Lebenswelt der Familie. *Als Kaufmann, Gemeinderat sowie als Kirchenrat lebte er, so sollte Amalie später schreiben, ganz seinen Geschäften. Die freien Stunden benützte er gerne zur Lection sowohl in deutscher als auch in französischer Sprache. Er beschäftigte sich viel mit Politik und hatte eine aristokratische Gesinnung, wie dieses damals vornehmlich die besitzenden und reichen Leute hatten.*[3] Die Mutter *klug, munter und begabt,*[4] füllte mustergültig den Lebensrahmen aus, der einer gutbürgerlichen Ehefrau im frühen 19. Jahrhundert zugebilligt wurde. Ihr oblag die Haushaltsführung und das Anleiten der Töchter in den hausfraulichen Fertigkeiten. *Sie war sehr wohlthätig; sie war der Armen Schutzgeist und ihre Hülfe.*[5]

Vater und Mutter beeinflußten gleichermaßen Amaliens Erziehung und Ausbildung dem zeitgenössischen Frauenbild gemäß. *Bildung! Ein Zauber strahlte aus von diesem Wort und wirkte gleichermaßen auf Männer und Frauen. – Die Bildung der Persönlichkeit, die volle, harmonische Entfaltung aller von Gott (oder der Natur) dem Menschen gegebenen geistigen und körperlichen Fähigkeiten wurde als eine natürliche oder von Gott auferlegte Verpflichtung des Menschen betrachtet.*[6] Nur durch Bildung war die sittliche Entwicklung des Menschen zu erreichen, die ihn schließlich zu tätiger Mitverantwortung gegenüber dem Mitmenschen und der Gesellschaft befähigte; doch mit „Mensch" war hier in erster Linie „Mann" gemeint. *Die Männer, auch die freisinnigsten, fragten nach tüchtigen und fügsamen Hausfrauen, nach hingebungsvollen Müttern, sittsamen und*

opferbereiten Gattinnen; an „Bildung" verlangten sie vor allem Herzensbildung, Gemütstiefe, frommen Sinn, Begeisterungsfähigkeit und wiederum Hingabe und Opferbereitschaft.[7] Nicht was sie konnte, sondern wie sie war, sollte den Wert einer Frau bestimmen – eine Vorstellung jenseits jeder gesellschaftlicher Realität, die den Frauen des 19. Jahrhunderts genauso viel praktische Lebensbewältigung abforderte wie die vergangenen Jahrhunderte. Doch anders als bei den Männern, denen die steigende Professionalisierung erhöhte Ausbildung abverlangte, war die Frauenbildung steckengeblieben.

Dies zeigt sich auch in Amaliens Ausbildungsweg. Sie konnte bereits mit vier Jahren lesen, doch dieser Grundstock wurde nach heutiger Auffassung nur mit Versatzstücken allgemeiner Bildung angereichert; in Amaliens Sichtweise klingt dies anders: *Bald darauf fing ein gründlicher Unterricht an. Ich mußte viel lernen in Clavier, Französisch und Zeichnen; dabei bekam ich noch Nähstunden. Des Morgens mußte ich dann in Küche und Haushalt arbeiten und öfters auch im Garten.*[8]

Amaliens Ausbildung entsprach den Vorstellungen der Zeit über die fundierte Bildung einer jungen Frau aus gutbürgerlichem Hause. Man hatte ihr die Kenntnisse vermittelt, die Amalie zur Führung einer gepflegten Konversation und zur Gestaltung bürgerlich geprägter Freizeit befähigten. Auf ein Leben als Kauffrau, die, wie sich später herausstellen sollte, die wirtschaftliche Existenz einer ganzen Familie zu sichern hatte, bereitete sie diese Ausbildung nicht vor. *Die Erziehung und Bildung der Frauen steht mit unseren staatlichen und socialen Verhältnissen im Widerspruch,* wetterte die Wegbereiterin der deutschen Frauenbewegung Louise Otto 1847, *sie lernen nur bis zum 14. Lebensjahr, beschäftigen sich, wenn der Geist erwacht, nur mit Tanzen, Piano, französischer und englischer Literatur, Zeichnen und Sticken, Putz und Tand; es dominiert „Halbwisserei", „Nachbeterei ohne Selbstdenken."*[9] Doch abgesehen von der Hamburger Frauenhochschule und den Fröbelschen Kindergärtnerinnen-Instituten, private Gründungen der Jahrhundertmitte, sollte es noch bis ins letzte Jahrhundertdrittel dauern, bis sich die Forderung nach öffentlicher, verbesserter Mädchenbildung und Frauen-Berufsausbildung allmählich Gehör verschaffte.

Zurück zu Amalie: Über ihre zeittypische Ausbildung hinausgehend hatte der Vater in Amalie und ihren Geschwistern die Liebe zu allem Schöngeistigen, zu Literatur und Geschichte geweckt. *[…] er las uns Kindern jeden Abend in der Dämmerung Geschichten vor, […] sobald das Licht angezündet wurde, setzten wir uns um den Tisch; Vater brachte dann Bilder aus dem Thier- und Pflanzenreich und lehrte sie uns kennen. Auch die Abbildung schöner Gegenden und alle Menschenrassen zeigte er uns und knüpfte daran stets eine Belehrung; er besaß römische und griechische Geschichtsbücher mit den Abbildungen der Helden und ihrer Thaten, die er uns alle erklärte. Später, als wir Poesie verstehen konnten, las er uns öfters Gedichte vor; besonders liebte er Gellerts Fabeln und Klopstocks und Reinolds Gedichte.*[10]

Möglicherweise sind hier die Anfänge ihres Interesses an politischem Zeitgeschehen zu suchen, mit dem Amalie das liberale politische Klima der dreißiger Jahre des 19. Jahrhunderts wahrnehmen wird.

Sie kam 1832 mit 16 Jahren zur Abrundung ihrer Ausbildung als Pensionärin in das Haus der Heidelbergerin Ottendorf. Dort wurde sie mit dem geselligen und politischen Leben des badischen Liberalismus der Vormärzzeit konfrontiert. Im Ottendorfschen Hause, so sollte sie sich später erinnern, *war der Zusammenfluß der freisinnigen Welt. Eine Menge Polen, welche von ihr Unterstützung erhielten, frühere Burschenschafter und was in Heidelberg an Liberalen war, ging hier aus und ein; es war ein politisches Leben und reich an Stoff, da alle Glieder des Hauses mit großem Interesse alle politischen Blätter lasen und das Staatsleben Deutschlands verfolgten.*[11] Tatsächlich lebte Amalie im Raum Heidelberg/Mannheim in einem liberalen Zentrum des Landes, in dem *die Gestaltung der politischen Dinge nach einem*

geschriebenen Grundgesetz unter Mitwirkung einer Volksvertretung in der ersten Hälfte des 19. Jahrhunderts am weitesten in Deutschland fortgeschritten war[12]. Viele der Männer, die in die badische 2. Kammer einzogen, in der Absicht, dort die Interessen des Volkes zu vertreten, haben in der Vormärzzeit in Heidelberg und Mannheim gearbeitet oder gelebt. So lehrte der spätere Herausgeber des liberalen Staatslexikons, der badische Abgeordnete und Staatsrechtler Karl Theodor Welcker in Heidelberg, ebenso der als gemäßigt geltende Jurist und mehrmalige Präsident der badischen 2. Kammer Karl Josef Anton Mittermaier. Karl Mathy, Johann Adam von Itzstein, Johann Baptist Bekk und Friedrich Daniel Bassermann, allesamt Mitglieder der 2. Kammer, waren in Mannheim tätig. Die Mannheimer Advokaten Friedrich Hecker und Gustav von Struve schließlich sollten 1848 an der Spitze der badischen Revolution stehen. Manche von

Jugendbildnis
Amalie Kauffmann

ihnen mag Amalie im Hause Ottendorf kennengelernt haben – Genaueres läßt sich darüber
nicht aussagen. Doch die Ideen und politischen
Aktionen dieses Kreises standen mit Sicherheit im
Mittelpunkt der geselligen privaten politischen
Treffen im Haus ihrer Gastgeberin. Es war dies
der Rahmen, in dem sich eine gutbürgerliche Frau
der ersten Jahrhunderthälfte mit Politik beschäftigen konnte, ohne die Grenzen des Anstands
im mindesten zu verletzen. Und Amalie wußte
ihn für sich zu nutzen. *Wie sehr eine solche Umgebung zur Entwicklung eines jungen Gemüthes
beiträgt, kann man sich denken. Mit mir ging eine
vollständige Umwandelung vor, gerade weil ich noch
zu unentwickelt war. Vor Allem lernte ich denken;
ich faßte rasch alles in mich auf, verarbeitete es und
verglich nun, bekam reges Interesse, frug um Alles
und ließ mir darüber Aufschlüsse geben.*[13]

1834 schied Amalie auf Geheiß der Eltern von
Heidelberg *unter Thränen*[14] und kehrte ins Elternhaus zurück. Amalie war ins heiratsfähige Alter
gekommen. Nicht nur ihre schulische und „intellektuelle" Ausbildung sollte damit ihr Ende
finden, sondern auch der Freiraum liberaler Ideen
und Gestaltungsvorstellungen. Wie hart sie dies
getroffen haben mag, erschließt sich den Lesern
ihrer Autobiographie mehr zwischen den Zeilen.
*Als ich ins Elternhaus zurückgekehrt war, brachte
ich viel neue Ideen mit, die ich meinen Verhältnissen
anpassen wollte; berichtet sie, sie prallten aber
an Vaters eigenem Sinn ab. Dieser hing so sehr am
Althergebrachten, daß ich erst Vieles ausgleichen
mußte, bis wir uns verständigen konnten.*[15]

Weiter „zurechtgestutzt" wurde sie von der Mutter. In der Auseinandersetzung mit ihr ging
Amaliens Selbstbild zu Bruch. *Sie [die Mutter] be-
nahm mir jegliches Selbstgefühl, indem sie mir fast
täglich vorsagte, wie wenig ich ihren Ansprüchen
an Schönheit und Anmut entspräche. Meinen Willen
mußte ich völlig dem ihrigen unterordnen, durfte
durchaus nicht selbständig handeln; dieses gab meinem Charakter etwas gedrücktes und war für
meine späteren Verhältnisse von unberechenbaren
Folgen.*[16] Was blieb, war die *Sorge um das
Hauswesen*[17]. *Um mich tüchtig einzuüben, schaffte
Mutter ein Hirtenmädchen an, die 16 Jahre alt,
gar nichts verstand; morgens hatte ich 14 Zimmer
zu reinigen, mußte kochen und den Garten bestellen,*

*da hieß es wohl, die Zeit eintheilen [...]. Ich stand
früh auf, ging im Sommer von 5-6 Uhr spazieren,
frühstückte stets kalte Milch und ging dann an die
Arbeit. Nach dem Essen zog ich mich bis um
zwei Uhr auf mein Zimmer zurück, wo ich ein gutes
Buch las und mich umkleidete. Dann nahm ich
eine Handarbeit, ging in den Garten oder besuchte
meine Bekannten; täglich nahm ich auch eine
Clavierstunde. Abends hatte ich wieder zu kochen,
um 7 Uhr wurde gespeist; dann gehörte die Zeit
mir. Oft musizierte ich bis Mitternacht, sprach meine
Gefühle in Gesang aus oder nahm eine Lectüre
vor.*[18]

Sich Fügen und Haushalten lernen, dazwischen ein
gutes Buch und geselliges Beisammensein in
der passenden Gesellschaft – man mag darin die
adäquate Vorbereitung bürgerlicher Töchter
auf die selbstverständliche nächste Lebensetappe
sehen, die Ehe.

*Ein Mann hat mancherlei Beruf: ins Feld zu ziehen,
das Bürgerrecht zu gewinnen, als Ratsmann zu
schwören, ich zum Beispiel, über die Ehe zu schreiben; ein Frauenzimmer hat einen einzigen: zu
heiraten. Dein Plan ist also gemacht, liebes Mädchen,
die Mittel dazu sind allein deine Sache. So wenig
dir zu tun übrig bleibt, so sehr ist es deine Pflicht,
deiner Bestimmung Ehre zu machen,*[19] so Theodor
Gottlieb von Hippel über die Bestimmung der
Frau. Hatte sie ihrer Bestimmung „Ehre" gemacht
und geheiratet, dann ist ihr Wirkungskreis *das
stille Haus und die beschränkten aber beglückenden
Beziehungen desselben*[20]. Dorthin eilt – glaubt
man der zeitgenössischen Beratungsliteratur des
weiblichen Geschlechtes – der Gatte, *nachdem er
einen Theil seiner Geschäfte vollendet hat, am Mit-
tage, dort lacht ihm die goldene Sonne durch sauber
gewaschene Fenster entgegen, und er braucht seine
Sorgen nicht mehr auf kleinliche Gegenstände
zu richten, sondern kann sie ausschließlich auf die
bedeutenden Angelegenheiten des Lebens, auf den
Erwerb oder seine Amtspflichten wenden.*[21]

Das war nicht immer so. Noch das 18. Jahrhundert
definierte die Frau im wesentlichen über ihren
gesellschaftlichen Stand und der daraus resultierenden keineswegs geringen Aufgaben als eine
selbstverständlich *verehelichte Person*, so ihres Mannes Willen und Befehl unterworfen, die Haushaltung

führet, und in selbiger ihrem Gesinde vorgesetzt ist. *Sie mag auch noch so geringen Standes und Herkommens seyn, so tritt sie doch zugleich mit in die Würde ihres Mannes, genießet gleiche Jura mit ihm, und kann vor keinen andern Ort belanget werden, als wo ihr Mann hingehöret.*[22] Zwar vermengten sich schon damals die biologischen und beruflichen Zuordnungen in der Anschauung des weiblichen Geschlechts, *dem von Gott gewiedmet ist, Kinder zu empfangen, zu tragen, zu gebähren, zu säugen, zu warten, dem Haus-Wesen vorzustehen, da der Mann mit andern Dingen außerhalb beladen und beschäftigt ist.*[23] Die Ausbildung der Polarität weiblich/männlich in hier passiv/gefühlvoll dort aktiv/rational entwickelte jedoch erst das 19. Jahrhundert. *Die Frauen [...] sind die Repräsentanten der Liebe, wie die Männer des Rechts im allgemeinsten Sinne* fabuliert das Brockhaussche Conversationslexikon 1830. *Liebe spiegelt sich in Form und Wesen der Frauen, und Entweihung der Liebe ist ihre, wie Verletzung des Rechts der Männer Schande. Wie Frauen lieben und sich dem Manne hingeben, das bestimmt den Werth und das Wohl der Einzelnen wie des ganzen Standes, in der Familie und im Volke und hat dies bestimmt vom Anbeginn des Menschengeschlecht. [...]. Zuvorderst müssen wir gestehen, daß im Wesen der Frauen eine Haupttugend gegründet ist, nämlich daß Alles schicklich, Alles anständig und schön sei. Nicht ohne Ursache sprechen wir von einem schönen Geschlechte; denn die Kraft des Mannes wird durch die weibliche Anmut gemildert, und alle Schönheit geht erst aus der ruhigen Verbin-dung dieser entgegengesetzten Naturen hervor.*[24] Da konnte auch der fortschrittlich liberale Karl Welcker nur empört gegen alle „Gleichmacherei" antreten. *Kaum bedarf es nun wohl noch besonderer Beweisführung, daß bei solchen Verschiedenheiten der Geschlechter, bei solcher Natur und Bestimmung ihrer Verbindung, eine völlige Gleichstellung der Frau mit dem Manne in den Familien- und in den öffentlichen Rechten und Pflichten, in der unmittel-baren Ausübung derselben, der menschlichen Bestimmung und Glückseligkeit widersprechen und ein würdiges Familienleben zerstören würde, daß dabei die Frauen ihrer hohen Bestimmung im häusli-chen Kreise und für die Bildung der nachfolgenden Geschlechter, daß sie dem Schmucke und der Würde der Frauen, der wahren Weiblichkeit und ihrem schönsten Glücke entsagen und sich den größten*

Gefahren bloßstellen müßten [...].[25] Und Ende des 19. Jahrhunderts lag es schließlich offen zu Tage: *Jene [die Frauen] vertreten vorzugsweise das Familienleben, diese [die Männer] vorzugsweise das öffentliche und Geschäftsleben. Diesem Inhalt entspricht die Form; das Weib strebt nach Anmut, Schicklichkeit und Schönheit, der Mann nach Fülle, Kraft und praktischer Zweckmäßigkeit. Wie die Religion dem Weibe, so ist die Philosophie dem Manne entsprechend. Jenes empfindet, dieser erkennt das Richtige; der Mann ist stark im Handeln, Mitteilen und Befruchten, das Weib im Dulden, Empfangen und Gebären; Stärke verlangt überall der Mann, Anmut das Weib.*[26]

So war auch durch den „letzten Schliff" im Elternhaus Amaliens weiteres Schicksal – gemäß dem Frauenbild der Zeit – als fügsame und liebende Gattin vorgezeichnet. Amalie galt als gute Partie. *Viele Männer warben um meine Hand; darunter war auch ein Herr Held, er hätte sie auch erhalten, wäre er nicht katholischen Glaubens gewesen; deßhalb gaben es die Eltern nicht zu. In Heidelberg war ich im Waltzischen Hause oft mit Karl Mack, dem Bruder der jungen Frau zusammen; wir liebten uns ohne nähere Erklärung; zwar schrieb er es mir einmal, allein ich hatte nicht den Mut zu antworten. Denn dadurch, daß Mutter mir alle Selbstschätzung genommen hatte, unterschätze ich mich und hielt mich geistig nicht für bedeutend genug, körperlich nicht schön genug, sein Weib zu werden.*[27] Auf einer Rheinreise 1839 lernten Amalie und ihre Eltern den Drogisten Eduard Kauffmann aus angesehener Heidelberger Familie kennen. Sein Werben in den folgenden Wochen stieß bei den Eltern auf größere Resonanz als bei Amalie selbst. *Meine Eltern wünschten die Parthie sehr.*[28] In den Augen Amaliens war er *ein sehr biederer vorzüglicher Charakter, der aber zu wenig Weltklugheit besaß;*[29] dennoch gab sie ihm ihr Jawort. Überschwengliche Gefühle zeigt sie in ihrem Antwortschreiben auf seinen Heiratsantrag allerdings nicht.

Mosbach, den 18. July 1840:

Ihre lieben Zeilen, mein lieber Herr Kauffmann, haben mich heute wirklich überrascht, da unser letz-tes Scheiden so kalt, so verschieden von Ihrem jetzigen Brief war, doch will ich nicht grübeln, Sie mögen auf jeden Fall Ihren Grund dazu gehabt haben, Laune glaube ich kaum, daß es gewesen ist; doch glauben Sie mir, daß dieser Mißton bis jetzt immer bei mir nachhallte.

Daß Sie keinen Schritt thun ohne reifliche Überlegung, macht mir Sie sehr achtungswerth, denn kein Schritt ist wichtiger fürs ganze Leben, als dieser, den Sie beginnen; auch glaube ich, daß alles, was Sie mir schreiben, Ihre Überzeugung ist; denn ich habe Ihre Worte, welche Sie bei uns sprachen, genau abgewägt, und Sie immer wahr gefunden; also werden Sie kein Gefühl heucheln, welches nicht ist. Sie sehen hieraus, wie sehr ich Sie achte.

Auch ich habe mich geprüft, genau geprüft, und gefunden, daß auch ich Sie liebe; Sie sind ein Mann, wie ich ihn haben muß, welcher mir eine Stütze ist in allem Ungemach, bei dem mein Geist Nahrung hat, und der mich zu allem Guten leiten kann; auch habe ich sehr viel Übereinstimmung in Grundsätzen und Ansichten gefunden; auch in Religion, glaube ich mit Ihnen, gleiche Ansichten und Glauben zu haben, welches die Grundlage zu allem ist. Ich könnte mich nie mit dem Gedanken vertraut machen, den meinen Gatten zu nennen, der darüber spottet, wenn ich Gott für Wohlthaten danke – und leider habe ich manchen solchen kennengelernt; und sagen Sie, was haben wir ohne Religion? An was sollten wir uns halten?

Meine Eltern haben mir viele Grüße an Sie aufgetragen, und mit Freuden würden sie Sie ihren Sohn nennen.

Auch ich glaube, daß sich unsere Herzen in Einklang finden, und wiederhole es nochmals, wie sehr ich Sie liebe und achte; und ich hoffe, je länger Sie mich kennen, desto mehr auch Ihre Achtung für mich steigen wird; und gewähre Ihnen hiermit Ihre Bitte. Mein Herz besitzen Sie schon, und mit Vertrauen schenke ich Ihnen meine Hand.

Grüßen Sie Ihre liebe Mutter herzlich von mir, und Sie solle an mir, eine liebende Tochter finden. Kommen Sie ja, so bald Sie können, ich freue mich zu sehr darauf, seien Sie dann munterer, zutraulicher und gesprächiger als bisher, und denken Sie, daß Sie sehnlich erwartet

Ihre Amalie.[30]

Die Zweifel sollten sich bestätigen: *Die Kälte, die so oft aus Eduards Briefen hervorging, fiel mir mit einem Male schwer aufs Herz; ein Bangen vor der Zukunft überfiel mich, so daß ich den lieben Gott um Stärke und seinen Beistand anflehte. Weil nun die Sache so weit gediehen war, mußte ich sie zu Ende führen; aber es wäre mir Wollust gewesen, hätte ich noch zurücktreten können. Den Vorabend und den Hochzeitsmorgen verbrachte ich wie eine Trauernde.*[31] Gewißheit erlangte sie auf ihrer Hochzeitsreise. Offenbar war Liebe nicht der Hauptbeweggrund für Eduards Heiratsantrag gewesen. Wie er ihr später gestehen sollte, war zum Zeitpunkt ihrer Eheschließung *bereits eine Überschuldung in seinen Finanzen eingetreten*[32]. Ihr Heiratsgut sollte sein Unternehmen sanieren, alleine diese 17.000 Gulden = 29.000 Mark, für damalige Zeit ein Vermögen, haben die Schulden nicht gedeckt[33]. Doch davon wußte sie vorderhand nichts. Ihre erste Erschütterung erlebte sie durch die Offenbarung seiner Zugehörigkeit zum Geheimbund der Freimaurer. *Denn von Jugend auf hatte ich so große Vorurteile eingesogen, daß ich diese Corporation für Teufelbeschwörer und gottlose Leute gehalten hatte.*[34] Auch zeigte er trotz der romantischen Rheinreise keineswegs das von ihr erwartete Verhalten eines liebenden jungen Ehemannes. *Die Kälte und die Unfreundlichkeit meines Gatten wuchs mit jedem Tage, und es war mir ganz unerträglich zu sehen, wie er mich ignorierte. In Koblenz gewahrte ich, wie ich ihm geradezu zur Last sei und daß er mich nicht liebe; so wurde ich immer unglücklicher und unruhiger, und es kam soweit, daß ich mich ins Schlafzimmer einschloß und es als Wonne empfand, mich in den Hof hinabzustürzen.*[35]

Nach dem Ende der so wenig fröhlichen Hochzeitsreise ging es dann nach Mannheim. Die ehemalige Residenzstadt der Kurpfalz begann in den dreißiger Jahren, allmählich aus dem wirtschaftlichen Dornröschenschlaf der ersten Jahrzehnte des 19. Jahrhunderts aufzuwachen. Die Verlagerung des Hofes Carl Theodors nach München 1778 hatte der Stadt die wirtschaftliche und kulturelle Lebensgrundlage entzogen. Die Kriegswirren im Gefolge der französischen Revolution hatten zahlreiche wechselnde militärische Besetzungen und entsprechende finanzielle Belastungen mit sich gebracht. 1802 war die rechtsrheinische Pfalz und damit Mannheim schließlich in badischen Besitz übergegangen. Von ihrem ehemaligen linksrheinischen Hinterland getrennt mußte die Stadt ihren wirtschaftlichen Standort in Baden neu bestimmen.

Über 24.000 Einwohner hatte die Stadt 1766 gezählt, 1804 waren es rund 5.000 weniger. *Mannheim ist aus der Reihe der ersten Städte Deutschlands gestoßen,* klagte noch 1824 Rieger in seiner historisch-topographischen statistischen Beschreibung von Mannheim. *München ist dagegen eingetreten. Dorthin haben sich die Musen geflüchtet, dort blüht all das Schöne, das Mannheim sonst zu dem blühensten Aufenthalte machte, dort werden noch Mannheims Kunstschätze bewundert [...]. Kalt und frostig gingen uns die zwei ersten Dezenien dieses Jahrhunderts an.*[36] Zwar habe man Mannheim schon 1736 zur Handelsstadt erhoben, berichtet Rieger weiter, doch vom Mannheimer Handel hielt er nicht viel. *Es blieb doch die freie Handelsstadt ohne Handel und ohne wahre Freiheit, weil [...] dazu etwas mehr gehört als Naturlage und Regierungsdecrete.*[37] Ein Großteil der Bevölkerung ernährte sich durch das Handwerk,[38] dessen Produkte *rund herum in guten Ruf standen*[39]. Von den 1824 110 in Mannheim tätigen Kaufleuten führten nur wenige eine herausragende Handlung. Einzig die Tabakverarbeitung und der Tabakhandel scheinen von größerer Bedeutung gewesen zu sein und wohl auch der Getreidehandel, *und wie sollte dies auch nicht seyn, da wir mitten im deutschen Canaan liegen?*[40] Den Beginn von Mannheims Entwicklung zur Handelsmetropole markierte die Rheinschiffahrtskonvention von 1831 und der Beitritt Badens zum deutschen Zollverein 1835. Beides trug dazu bei, Handelshindernisse zu beseitigen. Mannheim am Ende der Rhein-Großschiffahrtsstraße sollte sich in den folgenden Jahrzehnten zu einem Mittelpunkt des süddeutschen Handels entwickeln. 1840, im Jahr des Zuzugs von Amalie Kauffmann, blickte man optimistisch in die Zukunft. In einer Zeit, in der das *Universallexikon vom Großherzogtum Baden* dem ganzen Land eine traditionelle agrarisch/gewerblich geprägte Wirtschaftsstruktur und nahezu den vollständigen Mangel von Fabriken und größeren Gewerben beschied,[41] signalisierte die Eröffnung der ersten badischen Eisenbahnlinie Mannheim-Heidelberg und des Freihandelshafens

Mannheims wirtschaftlichen Anschluß an die „große weite Welt". Vielleicht war dies der Grund, warum Eduard Kauffmann beschlossen hatte, seinen Handel mit Materialien (Drogeriewaren) in Mannheim zu etablieren. Am 2. März 1839 war er der Mannheimer Handlungsinnung beigetreten.[42] 28 Großhandelsgeschäfte, die Colonial-Spezereiwaren, Tabak, Manufakturwaren, Früchte und Holz vertrieben, gab es in Mannheim zu Beginn des Jahres 1839. Ferner versorgten 163 Detailhandlungen die Mannheimer Bevölkerung mit allen denkbaren Gütern des täglichen Bedarfs. Nur zwei von ihnen handelten mit Materialien, so daß sich Eduard Kauffmann nicht vor allzuviel Konkurrenz fürchten mußte.[43] Rund 1700 Gebäude und 22.634 Einwohner zählte die Stadt;[44] ca. 5.000 Haushaltungen registrierte die badische Statistik.[45] Stolz waren die Mannheimer auf ihr großherzogliches Lyceum, dem Bildungsinstitut für die Bürgersöhne schlechthin, und ihre kulturellen Einrichtungen, wie die Sternwarte, das Hof- und Nationaltheater, die Bildergalerie und das naturhistorische Museum. Zahlreiche Vereine gaben der zeitgenössischen nicht nur in Mannheim herrschenden Kulturbeflissenheit,[46] aber auch dem Bedürfnis nach Geselligkeit[47] sichtbaren Ausdruck.[48]

Schenkt man Rieger Glauben, dann war es für Fremde nicht allzu schwer, in Mannheim geselligen Anschluß zu finden. Er stellte der Mannheimer Bevölkerung ein nicht unfreundliches, aber etwas herablassendes Zeugnis aus. Sie schienen ihm *regsam, elastisch und voll Heiterkeit,*[49] aber ohne allzu viel Tiefgang; kunstbewundernd, aber nicht kenntnisreich, gastfreundlich, aber nicht voll wahrer Herzlichkeit, nicht zu echter Freundschaft fähig und vor allem oberflächlich in Herzensangelegenheiten. *Es fände weder Goethe zu dem Leiden eines Werther noch Fouqué zu einem schmelzbuttrigen Roman hinlänglichen Stoff [...] Die Ehemänner werden dahier bei längerer Gleichgültigkeit gegen ihre Weiber wie in Frankreich vielleicht dereinst bloße Gefährten seyn, jedoch ohne gleich dem Engländer herrschen oder wie der Spanier tyrannisieren zu können. Die Weiber sind weit lieber Damen als Hausfrauen, jedoch ohne in ihrem Haus gleich den Engländerinnen als Königinnen zu prangen.*[50]

In Amaliens Aufzeichnungen findet Mannheims gesellschaftliches und politisches Leben nur insofern Eingang, als es ihren Mann betrifft: *Unser Haus war außerordentlich gastlich; mein Mann versammelte oft seine Bekannten um sich, wo nur wissenschaftliche Gespräche geführt wurden, Poeten, Künstler, Musiker und die bedeutendsten Freimaurer baten Eduard um Correction ihrer Arbeiten.*[51]

Im Zentrum ihrer Biographie steht aber die Beziehung zu ihrem Mann. Nach der anfänglichen Lähmung wird ihre ganze Lebenskraft von dem Unterfangen, Eduard Kauffmann für sich zu gewinnen, aufgesogen. Ihr erstes Ziel ist, seine abweisende Haltung – *Was ich that, wie ich mich bewegte, alles schien ihm unangenehm; er fing an, mich ganz zu übersehen, sprach tagelang kein Wort mit mir,*[52] – wenigstens in eine respektvolle Einschätzung ihrer Person umzuwandeln. Hilfestellungen mag sie sich aus den zeitgenössischen Ratgebern für *erwachsene Töchter, Gattinnen und Mütter* geholt haben, deren Autoren sich durchaus bewußt waren, daß der Ehealltag nicht unbedingt den gefühlvollen Erwartungen der jungen Frauen entsprach: *Und wenn er (der Gatte) auf kurze Zeit weggeht, lassen Sie ihn länger ausbleiben als er sagte, wenn er länger ausbleiben will, ohne ihn mit einer Ängstlichkeit zu quälen, wofür uns Männern aller Sinn fehlt. Still überwundene Besorgtheit, von der wir noch unwillkürlichen Ausdruck erblicken, wirkt am stärksten und sichersten auf uns. [...] Lassen Sie ihn seyn, wie er seyn kann und seyn mag. [...] Es gibt gewisse Perioden von Kaltsein bei den Männern, wo ihr Herz aller Zärtlichkeit gegen ihre Gattinnen verschlossen zu seyn scheint. Es sind Ebben im Herzen, auf welche die Fluth folgt, wenn man ihre Zeit nur abwarten kann; und sie bleibt vielleicht ganz aus, wenn man sie beschleunigen will. Wenn Sie Ihren Vortheil verstehen, so tun Sie das nie! Nachsicht, Gefälligkeit, freundliches aber nicht zudringliches Wesen fülle bei Ihnen jenen Zeitraum aus. Jeder Zwang ist dem Menschen, und vorzüglich dem Manne zuwider: und gibt es einen ärgeren Zwang, als den, warm und zärtlich seyn zu sollen, wenn man keine Wärme und Zärtlichkeit im Herzen fühlt?*[53] Amalie beschloß also, *in Geduld auszuharren, und wenn mich mein Gatte nicht lieben könne, so solle er mich wenigstens achten lernen.*[54] Leicht machte er es ihr nicht, *Mein Mann zeigte mir Pfeifenköpfe mit Damenportraits darauf und sagte: ,,Siehe diese sind*

wahre Engel, so müßtest du auch sein".[55] Sie setzte auf duldsame Fügsamkeit: *[Er] ging jeden Abend in seinen Club und blieb dort bis Mitternacht; doch niemals ging ich zu Bett, bevor er nicht wieder zu Hause war, sondern ich nahm ein gutes Buch zur Hand und suchte mich darin zu erbauen. In meinem Zimmer waren aber viele Mäuse, deshalb stellte ich einen Schemel auf den Tisch und setzte mich darauf, denn ich hatte vor diesen Tieren stets eine Furcht. Solches waren die Flitterwochen von meiner Ehe!*[56] Der angestrebte Prozeß lief über völliges Zurücknehmen ihres Ichs ab. *Ich verleugnete mein ganzes Wesen, that nur, wie er es wollte, und fand mich ganz in ihn.*[57] Ihre Strategie zeigte rasch Erfolg. *Bald empfing ich dann auch ein Lächeln, dann ein freundliches Wort, und sein Zutrauen wuchs mit jedem Tage; dieses war Balsam auf mein wundes Herz, und nach und nach erstarkte ich wieder und die schlimme Wunde vernarbte.*[58] Anscheinend hat sie sogar seine Zuneigung gewonnen. *Eines Tages brachte mir Eduard ein Gedicht mit den Worten: ,,Liebe Frau, Du hast mich überwunden". Darauf küßte er mich. Wie glücklich ich da gewesen bin, läßt sich kaum mit Worten beschreiben. Nicht genug konnte ich dem lieben Gott dafür danken.*[59]

Überschattet wurde das neue private Glück durch die wirtschaftlichen Schwierigkeiten Eduards. Zweimal, 1846 und 1849, rettete sie ihn durch Einsatz ihres privaten Vermögens vor dem drohenden Konkurs. Sie half im Geschäft und brachte so ganz nebenbei sechs Kinder zur Welt. Eduard beschäftigte sich derweil sehr viel *mit literarischen Arbeiten, welche teils für die Logen, teils für seine poetischen Werke geschrieben wurden. Darüber versäumte er aber sein Geschäft und seine Familie*[60]. Mehr und mehr übernahm er öffentliche Verpflichtungen für die 1845 in Mannheim wieder tätige Freimaurerloge *Carl zur Eintracht*, die ihn 1846 zum Redner wählte.[61]

Über wirtschaftlichen und familiären Sorgen geriet Amaliens Interesse an der Politik offenbar endgültig in den Hintergrund.

Nichts steht im Lebensbericht Amaliens über den Mannheimer sogenannten Militärexcess, Prügeleien zwischen Soldaten und Arbeitern im Gasthaus *Zum Vogelsang*, der im Mai 1846 in Mannheim die Gemüter bewegte und die Wellen hochschlagen ließ und auf die Spannungen zwischen staatlicher Obrigkeit und Bürgertum verwies.[62] Nichts berichtet sie über die sozialen Auswirkungen der Agrarkrise der vierziger Jahre des 19. Jahrhunderts. Die auch in Mannheim gegründeten Vereine zur Volksspeisung und Kleiderbeschaffung, zur Beförderung des Wohls der Arbeiterklasse oder das Verbot des Handwerksgesellenvereins im März 1847 und später des Turnvereins finden genauso wenig Erwähnung[63] wie der Mannheimer Brotkrawall am 5. Mai 1847, bei dem abends 20 Burschen in die Büros der Handelshäuser eindrangen und die Herausgabe des Geldes forderten.[64]

Dabei schlugen in Mannheim nicht nur in der sozialen sondern auch in der politischen Frage die Wellen hoch. 1848/49 stand die Stadt im Mittelpunkt stürmischer Auseinandersetzungen, die mit der Niederschlagung des Aufstandes mit preußischer Militärunterstützung ihr Ende finden sollten. Daß die radikale Opposition in Mannheim mehr und mehr an Boden gewann, zeigt sich an der Mannheimer Wahl des radikalen Advokaten Lorenz Brentano in den Landtag und die von der badischen Regierung nicht bestätigte Wahl des Gemeinderats Valentin Steuber zum Bürgermeister.

Volksbewaffnung mit freien Wahlen der Offiziere, unbedingte Preßfreiheit, Schwurgerichte nach dem Vorbilde Englands und die *sofortige Herstellung eines deutschen Parlaments* forderte eine Petition an die 2. Kammer im Februar 1848, die von Struve und Heinrich Hoff vorgetragen, anläßlich einer Volksversammlung nach Bekanntwerden der französischen Revolution von den Mannheimern begeistert bejubelt wurde. *Überall im Lande wurden diese vier Mannheimer Forderungen als unabweisbar anerkannt; weit und breit wurden sie mit großer Begeisterung angenommen, und viele Petitionen schlossen sich ihnen an.*[65] Der Aufbau der Mannheimer Bürgerwehr und der konkurrierenden Freikorps im März 1848, die zahlreichen Volksversammlungen im März und April, das Einrücken der nassauischen Truppen im April, der bayerischen im Mai, die Eröffnung des Frankfurter Parlaments, die turbulenten Ereignisse des Sommers, all dies bleibt unerwähnt. Im Mittelpunkt Amaliens Interesses stand die wirtschaftliche Lage

des Gewerbes. *Es war eine Unsicherheit und eine Zügellosigkeit; alle Geschäfte stockten, alles Gewerbe lag darnieder. Die Lebensmittel waren sehr theuer geworden, und jegliches Vertrauen war gewichen. Es war eine Zeit der Angst und Noth, in welcher die Leidenschaften im Volke alle entfesselt waren.*[66] Hier endet Amaliens Rückschau.

Ihr weiteres Schicksal läßt sich jedoch aus anderen Quellen rekonstruieren. Das *Detailgeschäft in Material-, Farb- und Spezereiwaren* stand 1849 erneut vor dem drohenden Bankrott. Eduard entzog sich der Krise und setzte sich per Schiff am 28. Februar 1849[67] nach Amerika ab.[68] Derweil versuchte Amalie in gewohnter Manier die geschäftliche Lage zu bereinigen. *Ich bin so voll Empfindung, es ist das erstemal seit lange, denn nur Geschäfte und Sorgen drängen sich bei mir durcheinander,* schrieb sie ihm voller Wehmut am 9. März 1849 hinterher.[69] Aber sie war ja gewohnt, für die praktischen Dinge des Lebens zuständig zu sein. *Ich eile, meine Sache in Ordnung zu bringen wie wenn ich dazu getrieben würde, ich säume gar nicht, und wenn es des lieben Gottes Wille ist, dem ich alles anheim stelle, so ,wird auch bald alles geordnet sein. [...] Ich bin im Begriff, einen außergerichtlichen Vergleich einzugehen mit 20% um Dir die einzige Rückkehr möglich zu machen [...]. Mein Leben ist eben* wie ein Apriltag. Diese Minute scheint mir die Sonne, im anderen Augenblick sind wieder trübe Wolken im Anzug und immer* befürchte ich einen Sturm. Aber Gott wird die Sonne die Nacht erleuchten* lassen, daß das Leben wieder heiter wird. Er hat mich Gottlob mit so viel Kraft ausgerüstet, als ich bedarf.*[70] Amalie hat diesen Brief nicht mehr abgeschickt. Am 17. März 1849 erhielt sie die Nachricht, daß das Auswandererschiff *Floridian,* auf dem sich ihr Mann befand, vor England am 28. Februar Schiffbruch erlitten hatte.[71] Außer drei Matrosen waren alle Besatzungsmitglieder und Passagiere umgekommen. Trost suchte und fand sie offenbar im Glauben; mehr und mehr verstand sie ihr eigenes Schicksal als göttliche Fügung. Spärlich fließen die Informationen über die Jahrzehnte nach dem Tod ihres Mannes. Noch 1849, gerade 33jährig, verwitwet mit sechs Kindern im Alter zwischen einem und acht Jahren, übernahm sie es, das heruntergewirtschaftete Handelsgeschäft wieder anzukurbeln. Das Geschäft entwickelte sich zum Großhandel für

Amalie Kauffmann mit ihren Kindern

Hülsenfrüchte und Mühlenfabrikate. Aus ihm sollte mit der ersten Mannheimer Dampfmühle von Eduard Kauffmanns Söhnen 1882 der erste Dampfgroßmühlenbetrieb Mannheims hervorgehen. Den Ratsprotokollen ist zu entnehmen, daß Amalie ihren Mann 1854 für tot erklären ließ und sie damit wohl endgültig seinen Tod als real begriff.[72] Den Kindern gegenüber hielt sie die Erinnerung an den Vater am Leben. Man mag dies daran erkennen, daß noch die Enkelkinder eine Kopie des Gemäldes *Schiffbruch des Seglers Floridian* des belgischen Malers Jacobs besaßen.[73] Wie sie sich selbst in der Rolle als Witwe und Geschäftsfrau fühlte, wissen wir nicht. *Was ist eine Witwe mehr als eine halbverwischte Malerei, ein umgewendetes Kleid, ein aufgewärmtes Essen, eine Perücke statt eignen Haars, eine Tulpe, die den Schlüssel verloren hat und sich nicht mehr schließen läßt.*[74] Florian Waldeck beschrieb sie als *tüchtige und tapfere Frau, die mit Tatkraft und bewundernswertem Pflichtgefühl den Kampf mit den Schwierig-*

keiten und Sorgen des Lebens auf sich genommen habe.[75] Daß das nicht immer leicht gewesen sein dürfte, zumal in einer Zeit, die den Handlungsspielraum einer alleinstehenden Frau mit sechs Kindern nicht allzugroß bemaß, läßt sich zwischen den Zeilen ihres Neujahrsgedichtes zum Jahreswechsel 1855/1856 erahnen. [...] *Was wird wohl dies Jahr uns bergen, in des Schicksals dunklem Schooß,*[76] fragte sie und stellte dem eigenen zweifelnden Blick das ihr eigene Gottvertrauen entgegen. *Mag auch um uns alles stürmen, Berg und Felsen stürzen ein, wenn ich fest auf Ihn vertraue, kann ich froh und ruhig sein.*[77] Und unabhängig von ihrem eigenen Leben, das keineswegs so behütet verlief, wie sie sich dies erhoffte, das ihr neben dem anerzogenen Rollenverständnis allerhand zeitgenössisch als männlich verstandenes Handeln und Denken abnötigte, hielt sie am traditionellen Frauenbild fest. So dichtete sie zur Hochzeit ihrer Nichte:

[...]
Deine Samftmuth liebes Bräutchen
wird den Gatten zu Dir ziehn
und in Deinem lieben Wesen
wirst Du täglich lieber ihm.

Er wird Dich in Liebe tragen,
wird entfernen jedes Leid
wird nur Schönes um Dich sammeln
wird bereiten Dir nur Freud.
[...][78]

Kommen wir auf Amalie Kauffmanns Geschäfte
zurück:
Die wirtschaftliche Entwicklung der Stadt seit
der Jahrhundertmitte mag ihrem Handelsunternehmen zu gute gekommen sein. Es waren die
Jahrzehnte, in denen Mannheim sich zur südwest-
deutschen Handelsmetropole mauserte.
Innerhalb weniger Jahrzehnte verdreifachte sich
der Warentransport, der den Hafen der Stadt
durchlief von 153 000 Tonnen auf 421 000 Tonnen. Durchquerten 1855 130 000 Tonnen Waren
die Mannheimer Eisenbahnstation, so waren
es 1865 schon 470 000 Tonnen.[79] Natürlich hatte
die Übernahme und Umverteilung der wachsenden Gütermengen günstige Auswirkungen auf die
Handelsfirmen der Stadt. Allein ihre Zahl vergrößerte sich bis 1866 auf 527 Betriebe. Die Einführung der Gewerbefreiheit 1862 schließlich
förderte die Entwicklung der Industriebetriebe.
Entsprechend wuchs die Stadt über die alten
Stadtkerngrenzen hinaus und mit ihr die Mannheimer Bevölkerung. 34 060 Einwohner und knapp
6000 Haushalte zählte man schließlich 1867.[80]

Parallel zur Entwicklung der Stadt vergrößerte
sich auch das Handelsunternehmen Amalie Kauffmanns. Aus der ursprünglichen Großhandlung
für Materialwaren wurde 1855 ein Handel mit
Material- und Spezereiwaren; 1865 meldete das
Adreßbuch die Ausweitung auf den Handel
mit Hülsenfrüchten, 1868 auf Landesprodukte allgemein.[81] 1867 gründeten ihre Söhne eine
Großhandlung für Hülsenfrüchte und Mehl, aus
der 1882 die oben erwähnte *Erste Mannheimer
Dampfmühle von Eduard Kauffmann Söhne*
hervorging.

Man schrieb den 12. Juni 1866, als Amalie mit der
Aufzeichnung des Tagesgeschehens begann.
Diesmal dokumentierte sie als bestens informierte
Zeitzeugin den Verlauf des deutschen Kriegs
von 1866,[82] den Krieg zwischen Preußen und
Österreich um die deutsche Vorherrschaft. Der
Krieg zwischen Österreich, Preußen und
Dänemark 1864 hatte die vormals dänischen
Herzogtümer Schleswig in preußische, Holstein
zum Leidwesen Preußens in österreichische Hand
gebracht. Spannungen in der schleswig-
holsteinischen Frage benutzte Bismarck geschickt
zur Stärkung der preußischen Vormachtstellung
in Deutschland. Der Antrag Preußens im Juni
1866 zu einer Bundesreform unter Ausschluß von
Österreich mündete im Krieg zwischen Preußen
und den kleineren norddeutschen Staaten gegen
Österreich, Bayern, Württemberg, Sachsen,
Hannover, Kurhessen, Hessen-Darmstadt sowie
einige andere kleine deutsche Staaten, aber
auch Baden. Preußen sollte ihn gewinnen; die
Weichen für die Gründung des Deutschen Reiches
1871 waren gestellt.

Mannheim war vielfältig in das Kriegsgeschehen
involviert. *Wenn auch 1849 die Bourgeoisie die
Preußen als „Befreier" aufgenommen hatte, so war
doch 1866 in Mannheim die antipreußische
Strömung ganz überwältigend stark [...]. Als im Mai
1866 der junge Cohen-Blind, ein Stiefsohn des
bekannten, aus Mannheim gebürtigen 48er Revolu-
tionärs Karl Blind, ein vergebliches Attentat auf
Bismarck unternahm und sich im Gefängnis tötete,
war die Aufregung in Mannheim eine ungeheure.
Wenn von den Verwünschungen, die über Bismarck
niedergingen, soweit ich sie anhörte* – so der 1866
in Mannheim lebende spätere Sozialdemokrat
Wilhelm Blos – *nur der tausendste Teil in Erfüllung
gegangen wäre, Bismarck hätte noch immer tausend
schreckliche Tode sterben müssen.*[83] Im gleichen
Monat marschierten bayerische Truppen durch
die Stadt. Im Juni machte die in Mannheim
stationierte Garnison mobil, und die herrschende
antipreußische Stimmung konnte von niemandem
mehr ignoriert werden. Die Mannheimer bildeten
Ausschüsse zur Unterstützung der ins Feld
gerückten badischen Truppen, bewilligten im Bürgerausschuß Kriegsanleihen und ertrugen
schließlich zähneknirschend die Besetzung und
Einquartierung preußischer Truppen nach dem

preußischen Sieg im August. Während in Baden die Stimmung allmählich zugunsten Preußens umschlug und die badische Regierung bereits den Kurswechsel zur Annäherung an Preußen vollzog, führte der Durchmarsch der befreundeten hessischen Truppen in Mannheim noch zu tumultartigen antipreußischen Aufläufen. Der Friedensvertrag vom 17. August zwischen Preußen und Baden beendete den kurzen, aber folgenreichen Krieg.

Amalie sieht den Durchzug der Hessen durch Mannheim mit den Augen einer typischen Vertreterin des damaligen süddeutschen Wirtschaftsbürgertums: *Die Hessen kehren in ihr Land zurück, täglich ziehen hier eine Masse hessisches Militär durch. Heute hat es unter dem Volk hier eine Demonstration gegen die Preußen gegeben. Als die Hessen durch die Stadt zogen, begleitete sie der Pöbel, riefen hurrah! und sangen Spottlieder gegen die Preußen. Dies kann nicht gut tun.*[84]

Wie ihr Tagebuch dokumentiert, ist sie von einer anfangs preußenfeindlichen zu einer preußenfreundlichen Haltung umgeschwungen. Wichtiger als etwaige Überlegungen zur Ausgestaltung des zukünftigen Deutschlands sind für sie jedoch der Umsatz des eigenen Handelshauses, das Wohlergehen der Familie, gefolgt von Sorge um ihre Heimatstadt Mannheim; die badischen Belange und die sittliche Reife des Menschengeschlechts stehen am Ende ihrer Themenliste. Die behütete Tochter aus gutbürgerlichem Hause, die duldsame und treusorgende Ehefrau hat sich im Laufe ihres Lebens zur handfesten Geschäftsfrau entwickelt. *Heute wurde Friedrich [ältester Sohn] nach Karlsruhe berufen, um einen Vertrag mit der Militärverwaltung einzugehen; er bekam zu liefern 120 Ctr. Gries und Gerste und 23 Ohm Branntwein. Dieses Quantum soll alle 14 Tage auf die Dauer des Feldzuges geliefert werden zu den Tagespreisen; hier an die Bahn geliefert. Wir haben alle Hände voll zu tun, um das Quantum aufzubringen,* berichtet sie nicht ohne Genugtuung am 27. Juni 1866.[85] *Heute wird schon abgeliefert,* heißt es einen Tag später, *die Waren sind gut und schön. Die Österreicher erfochten einen glorreichen Sieg in Italien bei Custoppa. Es gab viele Gefangene; man spricht von 3 000. Die Preußen nehmen einen Ort und ein Gut nach dem anderen in den sächsi-*

schen Staaten. Die Hannoveraner sind von den Letzteren eingeschlossen. Heute ist Onkel Jakob und Onkel Louis hier mit Frau Luise Strauß, um Tante Julie zu besuchen, letztere ist wieder viel wohler; es ist mir eine angenehme Empfindung, wieder Glieder meiner Familie zu sehen.[86]

Rund eine Woche später sind die Weichen für einen endgültigen Sieg Preußens bereits gestellt. *Die Preußen haben bei Königgrätz gesiegt; es fielen auf beiden Seiten sehr viele; es war eine blutige Schlacht, ganz empörend. Man zählt viele tausende, die zum Opfer gefallen, und was für ein Gewinn wird das Volk davon haben?* – so der Kommentar Amaliens[87], die trotz ihres Mitgefühls mit den Opfern den Blick für das Geschäftliche nicht verliert. *Wir hatten viel Reis auf dem Rhein, die Schiffe wurden von Preußen zurückgehalten; wir waren sehr bange, die Waren würden konfisziert. Gottlob kamen sie heute glücklich an, ebenso eine Ladung Erbsen vom Main, von denen wir gar nicht wußten wo sie steckten. Privatgut tasten die Preußen also doch nicht an.*[88] Daß sie sich dennoch jeden Mittag eine Stunde frei machen kann, *wo ich etwas Gutes lese, um auf andere Gedanken zu kommen,*[89] ist ihr wichtig. Und gegen Ende ihrer Aufzeichnungen schimmern durch das Gemenge von wirtschaftlichen, politischen und familiären Interessen noch einmal die christlich überlagerten Ideale, die ihre Jugend bestimmten: *Der Krieg hat so viele Übel im Gefolge. Es wird auch noch eine Zeit kommen, wo alles so gebildet sein wird, daß jede Sache mit der Feder und nicht mit dem Schwert ausgefochten wird. Dann erst wird die Menschheit auf ihrem Höhepunkt stehen, dann wird nicht mehr gegen das göttliche Gesetz gehandelt werden wo es heißt „Du sollst nicht töten und lass Dich nicht gelüsten Deines nächsten Guts" worüber doch dieser Eroberungskrieg begann; wenn dies eintrifft, daß alles so kommt, wie ich angedeutet, dann wird die goldene Zeit da sein, wovon so mancher Edle geträumt hat.*[90]

Amaliens letzte Eintragung in ihr Tagebuch datiert vom 16. August 1866. Den Friedensvertrag am folgenden Tag mochte sie wohl nicht mehr kommentieren.

Die wenigen Lebensjahre, die ihr noch blieben, liegen im Dunkeln.
Als sie am 18. Oktober 1869, erst 53jährig, starb,

so Florian Waldeck in seiner Beschreibung alter Mannheimer Familien, *stand ihr Haus wohl gefestigt da, zum großen Teil dank ihres rastlosen Schaffens und Wirkens.*[91]

Anmerkungen zum Kapitel

[1] AMALIE KAUFFMANN, Biographie S. 1.

[2] Die Aufzeichnungen Amalie Kauffmanns sind nicht datiert. Das Original ist nicht überliefert. Schon um 1900 wurde eine erste Transkription vorgenommen. Anhand der maschinenschriftlichen Niederschrift, erstellt von Erich Kauffmann 1972, läßt sich jedoch errechnen, daß sie nicht vor 1862 verfaßt worden sein können (vgl. Alter von Frau Ottendorf während des Heidelberger Aufenthaltes Amaliens, AMALIE KAUFFMANN, Biographie S. 6 und deren Todesalter siehe ebenda S. 8). Die Aufzeichnungen, Briefe und Bilder wurden von Erich Kauffmann dankenswerterweise zur Verfügung gestellt. Die Aufzeichnungen werden zitiert als AMALIE KAUFFMANN, Biographie, andere Dokumente als Nachlaß AMALIE KAUFFMANN.

[3] AMALIE KAUFFMANN, Biographie S. 1.

[4] Ebd. S. 2.

[5] Ebd. S. 4.

[6] M. TWELLMANN S. 5.

[7] Ebd. S. 5f.

[8] AMALIE KAUFFMANN, Biographie S. 5.

[9] Otto, Louise, Die Theilnahme der weiblichen Welt am Staatsleben, 1847, zitiert nach M. TWELLMANN S. 6f.

[10] AMALIE KAUFFMANN, Biographie S. 3f.

[11] Ebd. S. 6.

[12] W. FISCHER S. 143.

[13] AMALIE KAUFFMANN, Biographie S. 7.

[14] Ebd. S. 8.

[15] Ebd.

[16] Ebd. S. 10.

[17] Ebd. S. 8.

[18] Ebd. S. 8f.

[19] T. G. v. HIPPEL S. 71.

[20] Friedrich, G., Serena. Die Jungfrau nach ihrem Eintritte in die Welt. Für religiös gebildete Töchter, 1820, S. 113f, zitiert nach B. PANKE-KOCHINKE S. 67.

[21] Schoppe, A., Die Braut, Gattin und Mutter. Ein Festgeschenk für Deutschlands gebildete Frauen, 1839, S. 70, zitiert nach B. PANKE-KOCHINKE S. 67.

[22] Zedlers Universallexikon 1735, Artikel Frau, Nachdruck von 1961.

[23] Zedlers Universallexikon 1747, Artikel Weib, Nachdruck von 1962.

[24] Brockhaus Conversationslexikon 1830, Artikel Frauen.

[25] C. Welcker, Artikel Geschlechterverhältnisse, in: K. Rotteck, C. Welcker (Hg.), Staatslexicon oder Encyclopädie der Staatswissenschaften Bd. 6, Altona 1838, zitiert nach KARIN HAUSEN 1978, S. 168.

[26] Brockhaus Conversationslexikon 1884, Artikel Frauen.

[27] AMALIE KAUFFMANN, Biographie S. 11.

[28] Ebd. S. 12.

[29] Ebd.

[30] Nachlaß AMALIE KAUFFMANN.

[31] AMALIE KAUFFMANN, Biographie S. 13.

[32] Ebd. S. 17.

[33] Ebd.

[34] Ebd. S. 14.

[35] Ebd.

[36] RIEGER S. 159f.

[37] Ebd. S. 396.

[38] Ca. 900 Handwerksbetriebe, FRIEDMANN S. 57f.

[39] RIEGER S. 402.

[40] Ebd. S. 397.

[41] Nach W. FISCHER S. 148.

[42] STADTA MA, IHK Nr. 1, Namensverzeichnis der Mannheimer Handlungsinnungsmitglieder.

[43] STADTA MA, IHK Nr. 208, Verzeichnis der Mannheimer Handelsleute und Fabriken auf den 1. Januar 1839.

[44] Vgl. H. FRIEDMANN S. 68 und S. 66f.

[45] Vgl. Stat. Jahrbuch für das Großherzogtum Baden, 18. Jg. 1885 Karlsruhe 1887, S. 337.

[46] Kunstverein, Verein für Naturkunde, Musikverein, Verein für Deklamation.

[47] Harmonie mit 380 Mitgliedern, Casino 200 Mitglieder, Ressource 70 Mitglieder.

[48] Mannheimer Adress-Kalender 1840, STADTA MA.

[49] RIEGER S. 331.

[50] Ebd. S. 331f.

[51] AMALIE KAUFFMANN, Biographie S. 17.

[52] Ebd. S. 15.

[53] J. L. Ewald, Die Kunst, ein gutes Mädchen, eine gute Gattin, Mutter und Hausfrau zu werden, 1826, S. 85, zitiert nach B. PANKE-KOCHINKE, S. 66.

[54] AMALIE KAUFFMANN, Biographie S. 14.

[55] Ebd. S. 15.

[56] Ebd.

[57] Ebd.

58 Ebd.

59 Ebd. S. 16.

60 Ebd. S. 17.

61 Vgl. W. SCHWARZ S. 145-158.

62 Vgl. R. WIRTZ S. 153-162.

63 Vgl. F. WALTER 1952, S. 346ff.

64 Vgl. R. WIRTZ S. 165f.

65 F. WALTER Mannheim in Vergangenheit und Gegenwart Bd. 2, 1978, S. 326.

66 AMALIE KAUFFMANN, Biographie S. 22.

67 Vgl. F. WALDECK S. 64.

68 *Wenige Tage nachher beklagte die Loge die am 17. Januar erfolgte Deckung des Kaufmanns EDUARD KAUFFMANN, eines stets für sie freudig wirkenden Mitgliedes.* SCHWARZ S. 157.

69 Nachlaß AMALIE KAUFFMANN.

70 Ebd. Schwer entzifferbare Stellen wurden mit * gekennzeichnet.

71 Nachlaß AMALIE KAUFFMANN.

72 STADTA MA Ratsprotokoll Nr. 734 vom 6.6.1854, S. 172.

73 FIEDLER S. 196.

74 T. G. v. HIPPEL S. 91.

75 F. WALDECK S. 64.

76 Nachlaß AMALIE KAUFFMANN.

77 Ebd.

78 *Anläßlich der Hochzeitsfeier meiner lieben Nichte Fräulein Sophie Hoffmann und Herrn Ritzhaupt,* Nachlaß AMALIE KAUFFMANN.

79 Vgl. H. FRIEDMANN S. 70-73.

80 5855 Haushalte verzeichnet das stat. Jahrbuch für das Großherzogtum Baden, 18. Jg. 1885, S. 337.

81 Vgl. Mannheimer Adress-Kalender von 1840 bis 1870, STADTA MA.

82 Amalie Kauffmann berichtet oft schneller und mehr als die Mannheimer Presse über das Kriegsgeschehen.

83 W. BLOS S. 52.

84 AMALIE KAUFFMANN, Biographie S. 42, Eintrag vom 13.8.1866.

85 AMALIE KAUFFMANN, Biographie S. 27, Eintrag vom 27.6.18666

85 AMALIE KAUFFMANN, Biographie S. 27, Eintrag vom 28.6.1866.

87 AMALIE KAUFFMANN, Biographie S. 29, Eintrag vom 4.7.1866.

88 AMALIE KAUFFMANN, Biographie S. 32, Eintrag vom 9.7.1866.

89 AMALIE KAUFFMANN, Biographie S. 36, Eintrag vom 19.7.1866.

90 AMALIE KAUFFMANN, Biographie S. 41, Eintrag vom 7.8.1866.

91 F. WALDECK S. 64.

*D*as Vereinswesen in Deutschland erlebte in den dreißiger und vierziger Jahren des 19. Jahrhunderts eine Blütezeit. Die Mannheimer Quellen sprechen geradezu von einem *Gründungsfieber*[1], das in den vierziger Jahren seinen Höhepunkt erreichte. Die *Vereinsleidenschaft*[2] des Bürgertums war zum einen Ausdruck eines durch seine zunehmende wirtschaftliche Bedeutung gewachsenen Selbstbewußtseins; zum andern war sie Reaktion auf die repressive Politik des Bundes und der einzelnen Staatsregierungen. Ein Bundesbeschluß vom 5. Juli 1832 enthielt ein generelles Assoziationsverbot, das in Baden durch eine Bestimmung vom 26. Oktober 1833 in ein Präventivverbot für politische und staatsgefährdende Vereine abgemildert wurde. In der Praxis wurde diese Verbesserung seitens der Behörden oft genug ignoriert.[3]

Regine Komoß

AN ALLE FRAUEN UND JUNGFRAUEN MANNHEIMS

Mannheimer Frauenvereine im frühen 19. Jahrhundert

Im Rahmen dieser gesetzlichen Schranken bestand im Vereinswesen die einzige Möglichkeit, sich öffentlich zu organisieren, durch gemeinsame Lektüre und Gespräche Meinungen zu bilden und diese später öffentlich zu artikulieren. Für die politische, soziale, aber auch wirtschaftliche[4] Entwicklung der dreißiger und vierziger Jahre des 19. Jahrhunderts stellt das Vereinswesen deshalb ein besonders bedeutsames historisches Phänomen dar. Thomas Nipperdey spricht in diesem Zusammenhang von *Ersatzräumen*[5], in denen der bürgerliche Drang nach Aktivität und Mitbestimmung formuliert und zum Ausdruck gebracht wurde.

Was für Männer galt, galt in doppelter Weise für Frauen, die nicht nur als Untertanen monarchisch-reaktionärer Regierungen vom politischen Leben ausgeschlossen waren, sondern zudem einem gesellschaftlichen Kodex unterlagen, der ihnen jegliches öffentliche Agieren untersagte und ihren Wirkungskreis auf Haus und Familie reduzierte. Auch für Frauen war der Verein erste und lange einzige Möglichkeit zu außerhäuslichem Zusammentreffen, zur Meinungsbildung und -artikulation und zum Erlernen öffentlichen Handelns.

Beiträge zum Thema Frauenaktivität, sowohl kollektiv als auch von einzelnen Frauen getragen, stehen wie die meisten Untersuchungen zur historischen Frauenforschung vor dem Problem einer zunächst ungenügend erscheinenden Quellenlage. Biographische Daten oder Selbstzeugnisse von Frauen liegen nur sehr vereinzelt vor.[6] Der Schluß von einem Mangel an Quellen auf eine entsprechend sekundäre Rolle der Frauen in der Geschichte greift jedoch entschieden zu kurz. Eine solche Argumentationsstrategie hätte die wissenschaftliche Auseinandersetzung mit Themen der alten und mittleren Geschichte in den seltensten Fällen zugelassen. Hier wie dort war es nötig, die wenigen vorhandenen Quellen und Überreste besonders aufmerksam *gegen den Strich und zwischen den Zeilen*[7] zu lesen und zu betrachten; ebenso wird ein objektiver historischer Blickwinkel, der den mühsamen Gang durch die Archive und Bibliotheken nicht scheut, und der den Quellen mit Aufmerksamkeit und Interesse für den zu untersuchenden Gegenstand begegnet, wichtige Erkenntnisse für und aus der Geschichte der Frauen gewinnen. Die bisherigen Ergebnisse der historischen Frauenforschung geben diesem Ansatz recht. Gerlinde Hummel-Haasis hat dies mit ihrem Dokumentenband zur Geschichte der Frauen in der Revolution von 1848/49 exemplarisch vorgeführt.[8] Neben den Lebensläufen vieler anderer historischer Frauenfiguren hat sie Leben und Wirken der Mannheimerin Amalie Struve untersucht. Gerade am Beispiel dieser Revolutionärin zeigt sich die bis in die jüngste Zeit andauernde Ignoranz großer Teile der Geschichtsschreibung gegenüber weiblichem Leben und Handeln, sogar in Fällen, in denen eine ausreichende Quellenbasis eine historische Würdigung ermöglicht.

Amalie Düsar wurde am 2. Oktober 1824 als Tochter der Mannheimerin Elisabeth Siegrist geboren, die 1827 die Ehefrau des Schutzbürgers und Sprachlehrers Johann Friedrich Düsar wurde. 1845 heiratete Amalie Düsar den damaligen Redakteur des *Mannheimer Journals* Gustav Struve.[9] Sein konsequentes Eintreten für die republikanische Sache und die darauf folgenden behördlichen Repressalien weckten in Amalie Struve das politische Interesse. Im September 1848 nahm sie aktiv an der von Gustav Struve angeführten südbadischen Erhebung teil. In dem Versuch, während des Aufstands Frauen und Mädchen für die patriotische Bewegung zu interessieren und in Vereinen zu organisieren, dokumentierte sie eine politische und gesellschaftliche Eigenständigkeit und die Fähigkeit, dieses Interesse in direkte Aktion umzusetzen.[10] Ihre Eigenständigkeit spiegelte sich auch im Selbstverständnis als Frau und Ehefrau.

Ich hatte niemals gedacht, daß die Pflicht der Frau bloß darin bestehe, dem Gatten für seine häuslichen Bedürfnisse Sorge zu tragen und Kinder gut zu erziehen.[11] Materielle und geistige Unabhängigkeit war eine wichtige Voraussetzung für diese über das traditionelle Rollenverständnis hinausgehende Perspektive. *Ich hatte mir meine Selbständigkeit in frühern Jahren dadurch errungen, daß ich Lehrerin wurde und mir so einen Wirkungskreis schuf.*[12] Auch in der Ehe erhielt Amalie Struve ihr Wirken außerhalb von Haus und Familie aufrecht. Während des New Yorker Exils, das sie bis zu ihrem frühen Tod mit ihrem Mann geteilt hat, schrieb sie Artikel für den kurzzeitig dort erscheinenden *Deutschen Zuschauer* und hatte großen Anteil an der Entstehung der mehrbändigen *Weltgeschichte*, die unter Gustav Struves Namen erschien. Struve selbst hat die Bedeutung seiner Ehefrau für das Zustandekommen des Werkes stets hervorgehoben.[13] Umso unverständlicher ist die bis heute andauernde Weigerung einiger Autoren, Leben und Schaffen dieser Frau, ihre Bedeutung für die republikanische Bewegung und das mit ihrem Mann in allen Konsequenzen von Flucht,

Gefangenschaft und Exil geteilte Schicksal zur Kenntnis zu nehmen. Mathias Tullner beispielsweise erwähnt in seiner ausführlichen biographischen Beschreibung Gustav Struves von 1987 an keiner Stelle Person und Bedeutung Amalie Struves[14], die doch in ihren journalistischen und schriftstellerischen Beiträgen sowie in ihren *Erinnerungen aus den badischen Freiheitskämpfen* umfangreiches historisches Quellenmaterial hinterlassen hat.

Mannheim erlebte in den dreißiger und vierziger Jahren des vorigen Jahrhunderts einen einschneidenden wirtschaftlichen und sozialen Aufschwung. Nach einer anfänglichen Stagnation, bedingt durch die Verlegung der kurpfälzischen Residenz 1778, gelang es der Stadt, sich im Rahmen des neu entstandenen Großherzogtums Baden zur führenden Handels- und Verkehrsmetropole zu entwickeln. Dies blieb nicht ohne Auswirkung auf die sozialen und politischen Verhältnisse. Das Mannheimer Bürgertum füllte das durch den Abzug von Hof und Adel entstandene ökonomische und soziale Vakuum aus und drängte ab den dreißiger Jahren immer stärker auf politische und administrative Mitbestimmung. Die Opposition gegen lokale Behörden und Regierung nahm ständig zu.

Es würde zu weit führen, die Entwicklung der Stadt und ihrer Bevölkerung auf wirtschaftlicher, sozialer und politischer Ebene bis zum Ausbruch der Revolution 1848 aufzuzeigen.[15] Festzuhalten ist, daß im Zuge der Veränderungen und der daraus resultierenden wirtschaftlichen und sozialen Problematik ein oppositionelles Potential entstand, das die Stadt zum Ende der vierziger Jahre des 19. Jahrhunderts zu einem Zentrum des politischen Radikalismus machte. Vor allem das Vereinswesen als Ausdruck des Bedürfnisses nach Selbstorganisation und Auflehnung gegen politische und gesellschaftliche Bevormundung ist ein Spiegel der sozialen Bewegungen. Zweifellos profitierten diesbezügliche Aktivitäten von Frauen von einem allgemeinen Trend zu Assoziation und Organisation im Vormärz. Trotzdem haben die Vereinsgründungen von Frauen ihre eigene Geschichte und Bedeutung, die im folgenden aufgezeigt werden sollen.

Die Aktivität von Frauen in einer von Männern dominierten und reglementierten Öffentlichkeit kann nur bewertet werden, wenn zuvor die Lebens- und Handlungsspielräume dargestellt werden, innerhalb derer die Frauen sich bewegen mußten und konnten. Politische Repressalien wie Assoziationsverbot und Pressezensur im Vormärz machten es auch Männern schwer, sich öffentlich zu organisieren und zu artikulieren. Für Frauen trifft dieser Druck aber in zweifacher Hinsicht zu. Neben der allgemeinen politisch rechtlichen Einschränkung waren sie einem Idealbild von Weiblichkeit unterworfen, das sie auf Haus und Familie reduzierte. Diese Tendenz erfuhr im „bürgerlichen" 19. Jahrhundert eher eine Intensivierung. In dem Maß, wie Arbeitswelt und Privatsphäre voneinander getrennt wurden, wie der wirtschaftlich prosperierende Bürger nicht mehr auf die Mithilfe der Ehefrau angewiesen war, schränkte sich deren öffentliche Funktion immer mehr ein. Amalie Struve beschreibt anläßlich des südbadischen Aufstandes die Grenzen weiblicher Aktivität, die von vielen Frauen zunehmend als belastend und einengend empfunden wurden: *Es war mir peinlich, daß ich, statt wie ich es seit Jahren gewohnt war, mit meinem Gatten zu arbeiten, von demselben getrennt und unthätig bleiben mußte. Niemals empfand ich so tief die unwürdige Stellung, in welcher sich bis zum heutigen Tage das weibliche Geschlecht gegenüber dem männlichen befindet. Warum sollte die Frau, welche die Fähigkeit dazu besitzt, nicht arbeiten dürfen im Augenblicke der Entscheidung? Warum sollte die Gattin, welche die Gefahren des Gatten theilte, nicht auch teilnehmen an seinen Arbeiten? Fürwahr, so lange selbst im Sturm der Revolution so viele Rücksichten auf hergebrachte Vorurtheile genommen werden, wird das Joch der Tyrannei nicht gebrochen werden.*[16]

Die männliche Erwartungshaltung gegenüber Frauen war bestimmt von moralischen Vorurteilen.[17] Die ideale Frau war sittsam, ehrlich, opferwillig und zurückhaltend. Wo im Zusammenhang mit Weiblichkeit von Bildung die Rede war, ist dies zu verstehen als Formung von Charakter und Verhalten gemäß diesen Vorstellungen.

Eine kurze, anekdotisch anmutende und doch hintergründige Episode in der Mannheimer Presse des Jahres 1849 soll dies veranschaulichen. Ein „empfindsamer" Zeitgenosse beschwerte sich in einem Artikel der Mannheimer Abendzeitung über das unziemliche Verhalten einer jungen Dame, die ihn, aus Versehen zwar und mit allen anschließenden Anzeichen von Erschrecken und Reue, beim Ausspucken am Arm getroffen habe. Empörender als der Vorfall an sich schien dem Getroffenen der offensichtliche Mangel *an Anstand, Vernunft und Bildung*[18]. Der in seinem Sinne *gebildeten* Frau war jegliches Erregen öffentlichen Aufsehens oder gar Ärgernisses untersagt. Bezeichnend sind im weiteren Verlauf des mehrtägigen Skandals die Reaktionen aus der Leserschaft. Allgemein wurde die Handlungsweise des Klägers als unpassend und übersteigert gewertet, jedoch keineswegs aus Gründen der Nichtigkeit des Ereignisses; vielmehr fühlte sich die Ritterlichkeit zahlreicher männlicher Fürsprecher herausgefordert, die *Ehre einer Dame* zu verteidigen. Die Frau selbst meldete sich nirgends zu Wort.

Die unmündige Frau stand in der Gesellschaft zeitlebens unter Vormundschaft zunächst des Vaters, später des Ehemannes. *Die Ehe war die vorgegebene, anerkannte Lebensform, in der die Frau einen festen Platz in der Gesellschaft fand*[19] — jedenfalls wurde dies von den Frauen so empfunden. Daß eine alte Abhängigkeit nur durch eine neue ersetzt wurde, kompensierte das weibliche Bewußtsein durch eine vordergründige Statusveränderung in der bürgerlichen Gesellschaft, die in rechtlicher und wirtschaftlicher Hinsicht freilich meist ohne jede Konsequenz blieb.

Die Maxime der verheirateten Frau waren Häuslichkeit und Mütterlichkeit. Selbst Frauenrechtlerinnen wie die in den vierziger Jahren für die weibliche Sache streitende Louise Otto übernahmen Vorstellungen, wonach die Frau kraft ihrer natürlichen Veranlagung für soziale und karitative Aufgaben prädestiniert sei.[20] Um so weniger erstaunt es dann, daß auch fortschrittlich gesinnte Männer in den Jahren der Revolution auf dem traditionellen Frauenbild beharrten. Die Argumentation eines für die Teilnahme der Frau am politischen Leben eintretenden Mannheimer Bürgers vermengt traditionelle Typologisierungen mit neuartigen Forderungen und Überlegungen. *Der freie Staat, die demokratische Republik ist nichts Anderes als das Familienleben der menschlichen Gesellschaft. [...] Die Frauen sind als geborene Demokraten, insofern sie wirklich die Natur der Frauen, Humanität und Liebe haben.*[21] Die Frau, so folgert der Autor aus seinen Prämissen, kann in einem im Widerspruch zu den familiären Prinzipien „Freiheit, Gleichheit, Brüderlichkeit(!)" stehenden Staat ihre Funktion nicht ausüben. In einem solchen Staat hat sie nicht nur das Recht, sondern auch die Pflicht, bei einer Änderung der Verhältnisse aktiv mitzuwirken.

Das gesellschaftliche Rollenverhältnis der Geschlechter, die von der Frau erwartete Passivität hinterließ Spuren in den ersten Ansätzen weiblicher Aktivität in der Öffentlichkeit. In der männlichen Vorstellung war die Frau zur Wahrung sozialer und humanitärer Aufgaben besonders geeignet und bestimmt. *An den zarten Sinn edler Frauen*[22] wurde appelliert, wenn es etwa darum ging, die zunehmende Armutsproblematik in den Griff zu bekommen. Ein Beispiel sind die Hilfs- und Unterstützungsvereine der frühen vierziger Jahre des 19. Jahrhunderts. In Mannheim entstand 1840 durch Aufruf des damaligen Stadtdirektors Riegel die *Marienanstalt*, deren primäres Ziel in der Unterrichtung und sittlich-religiösen Erziehung von verwaisten Kindern bestand. Der Verein wurde gegründet unter der Schutzherrschaft der badischen Prinzessin Marie. Die Gründerin berief ein Komitee bestehend aus fünf adligen Frauen, die den Vereinsvorstand bildeten; ihnen standen elf sogenannte Hilfsdamen zur Seite. Die Aufgaben des Sekretärs und Kassiers, *Geschäfte, die sich mehr für männliche Kräfte eignen*[23], übernahm der Handelsmann Jakob Andriano. Im Gründungsjahr 1840 registrierte das Mitgliedsverzeichnis bereits 250 Namen. Von den 192 weiblichen Mitgliedern waren 68% (130) bürgerlicher[24] und 32% (62) adliger Herkunft. Bei den männlichen Mitgliedern machte der bürgerliche Anteil ca. 72% (42), der adlige ca. 28% (16) aus. Unter den weiblichen Mitgliedern führte das Verzeichnis 31 „Fräuleins" auf.

Besonders diesen unverheirateten Frauen hielt die öffentliche Moral die Konsequenz eines normabweichenden Verhaltens vor, die darin bestand „keinen Mann zu bekommen", die einzige Möglichkeit der Frau, eine gewisse gesellschaftliche

Anerkennung zu erlangen. Frauenuntypisches Verhalten und drohende Folge beschrieb ein Gedicht in der Mannheimer Abendzeitung mit dem verheißungsvollen Titel *Wer warten kann, bekommt auch einen Mann*[25]:

> *Das Mädchen mit dem schwarzen Häubchen,*
> *Sitzt auf dem Markt, als wie ein Täubchen.*
> *Sie schimpfet was sie schimpfen kann,*
> *Weil sie bekommet keinen Mann.*
> *Die Republik die hat die Schuld,*
> *Das sprach sie aus voll Ungeduld.*
> *Zwar ist sie in der dritten Liebe,*
> *Das thät sie nun am meist´ betrübe,*
> *Bald ist es auch mit dieser aus,*
> *Ach lieber Gott, wo geht das ´naus.*
> *Doch schaue nur den Christian an,*
> *Denn dieses ist ein frommer Mann,*
> *Der nimmt es auch nicht so genau,*
> *Und braucht nun bald auch eine Frau.*
> *Sieh´ dieses macht sich alles fein,*
> *Du aber mußt hübsch artig sein,*
> *Denn mit deinem wüsten Schrein,*
> *Bekommt auch der nun wieder Reu´n;*
> *Sonst läuft die dritte Liebe ab,*
> *Und du mußt stricke an der Kapp.*

Gerade für die unverheirateten Frauen war der Verein eine Chance, in einem gesellschaftlich tolerierten Rahmen öffentliches Handeln zu üben, ohne sich zu kompromittieren.

Die *Marienanstalt* steht stellvertretend für eine typische Organisationsform des Vormärz. Männer bestimmten das Tätigkeitsfeld, auf dem Frauen aktiv werden konnten (karitativ, sozial), Männer legten den Aktionsrahmen fest (Hilfs-, Unterstützungsverein) und hatten führenden Anteil an Organisation und Leitung. Bis zum Vorabend der Revolution behielt dieses Muster seine Gültigkeit bei, wie ein Aufruf von 1847 im Mannheimer Journal zeigt. Anläßlich der wirtschaftlichen Probleme entdeckte man die Bedeutung der Frau als Warenkonsumentin und rief zur Bildung von *Frauenvereinen zur Förderung der vaterländischen Industrie* durch den Kauf deutscher Erzeugnisse auf: *Frauen und Jungfrauen sind berufen, an dieser Seite als Stützen des Gemeinwohls helfend und fördernd einzutreten – mögen sie es nicht versäumen, dem Ruf des Vaterlandes an sie zu folgen.*[26]

Trotz der inhaltlichen und organisatorischen Bevormundung ist die Bedeutung dieser ersten Vereine mit hohem Frauenanteil keinesfalls zu unterschätzen. In der karitativen und sozialen Arbeit eröffnete sich zunächst vor allem bürgerlichen Frauen öffentliche Tätigkeitsbereiche, die immer stärker in Eigenverantwortung geführt wurden. Schon der Vergleich der *Marienanstalt* mit dem 1834 auf Anregung des Stadtdirektors Orff gegründeten, noch stark patriarchalisch strukturierten *Vereins zur Verbesserung des Dienstbotenwesens* zeigt den Trend zur Übernahme leitender Funktionen in den Vereinen durch Frauen. Unter den 20 aktiven Mitgliedern des Dienstbotenvereins waren 11 Männer und 9 Frauen; der Vorstand bestand in dieser frühen Organisation noch rein aus Männern.

Frauen sammelten in den Vereinen sukzessive wichtige Erfahrungen: den Schritt heraus aus der vertrauten Häuslichkeit in eine bislang weitgehend fremde Außenwelt, die Wahrnehmung öffentlicher Aufgaben, die Organisation und Leitung ihrer Aufgabenbereiche. Neben den Primärzwecken der Vereine war aber besonders wichtig, daß Frauen erstmals in größerem Rahmen zusammentrafen, sich austauschten, Meinungen bildeten und formulierten. Die so gewonnenen Erfahrungen und das daraus resultierende Selbstbewußtsein baute Hemmschwellen ab, die den Frauen in der politischen und sozialen Bewegung der Revolutionsjahre Aktion und Artikulation ermöglichten.

Das in der Revolution verbreitete Fahnensticken für demokratisch gesinnte Vereine und Organisationen war hinsichtlich des kommunikativen Aspekts und des Aufbrechens der engen häuslichen Schranken wichtiger als das Produkt der Aktivität.[27] Auch in Mannheim war dieser erste Ausdruck patriotischer Gesinnung und Anteilnahme am öffentlichen und politischen Leben zu Anfang 1848 sehr verbreitet. Mannheimer Frauen widmeten in öffentlichen Feierstunden ihre Fahnen dem Turnverein, der Bürgerwehr, dem Arbeiterverein und drückten auf diese Weise ihre Sympathie und ihr Interesse am politischen und sozialen Engagement der Opposition aus. Weitere zunächst noch sehr spontane Aktionen ohne feste Organisation waren Aufrufe von Frauen um Geld- oder Lebensmittelspenden, wie sie in der lokalen Presse vielfach zu finden sind.

Im Juni 1848 schließlich trat das öffentliche Wirken von Mannheimer Frauen mit der Gründung eines eigenständigen Frauenvereins in ein neues Stadium ein. In einem Aufruf *an alle Frauen und Jungfrauen Mannheims und der Umgegend* formulierten die Gründerinnen Anlaß und Zielsetzung ihres Vereins: *Immer näher rückt die entscheidende Stunde, welche die Geschichte unserer Zukunft bestimmen wird. In allen Gegenden unseres Vaterlandes erhebt sich das Volk um für die von seinen Vertretern beschlossene Reichsverfassung mit Gut und Blut einzustehen. Bürgerinnen! wir richten deshalb in dieser ernsten Stunde die dringende Aufforderung an euch dieser patriotischen Erhebung die möglichste Unterstützung zu leisten. So eilet, die Zeit drängt. Lege ein jeder nach Kräften sein Opfer auf den Altar des Vaterlandes nieder.*[28]

Seitens der Behörden wurde der Verein erst im Oktober anläßlich einer offiziellen Untersuchung *den Mißbrauch des Vereinswesens betreffend*[29] zur Kenntnis genommen. Der Berichterstatter wies u.a. auf einen *kürzlich in Mannheim gebildeten Damenverein* hin. *Bisher befaßte sich derselbe mit Petitionen für Erlassung einer allgemeinen Amnestie, sowie mit Unterstützung der Landesflüchtigen.* Das öffentliche Interesse erweckten die Mitglieder durch eine Bittschrift an den Abgeordneten von Itzstein, die der Regierung vorgelegt worden war, und *damit dürfte auch ihre Tätigkeit für längere Zeit beruhen.* Mit ihrem Bittschreiben an einen Abgeordneten griffen die Frauen formal auf ein bekanntes, in ihren Händen jedoch neues und ungewohntes Instrument öffentlicher Einmischung zurück. Auch wenn das Gesuch von einem großen Teil der Abgeordneten belächelt wurde, erzielte es zumindest den Effekt, *Aufmerksamkeit (zu) erregen.*

Freiheit, Gleichheit, „Schwesterlichkeit"
– so sahen die Männer ihre Schwestern im Kampf
um die bürgerlichen Freiheitsrechte.

Der Mannheimer Beobachter war offensichtlich nur unzureichend über die Arbeit des *Frauen- und Jungfrauenvereins* informiert, denn seit dem Sommer entwickelten die Mitglieder eine rege, in der Presse ausführlich dokumentierte Tätigkeit. Die inneren Einrichtungen des Vereins sowie der Versammlungsort waren dem Autor nach eigenem Bekunden unbekannt, obwohl die *Abendzeitung* regelmäßig die Versammlungen im *Badner Hof* und im *Schwarzen Lamm*, beides bekannte Treffpunkte der oppositionellen Bewegung, ankündigte.

Über die Mitgliedszahlen bzw. die soziale Struktur des Frauenvereins lassen sich keine genauen Angaben machen. Der Hinweis in den Untersuchungsakten vom 15. Oktober 1848[30], es handele sich meistens um *Frauen und Töchter von Mitgliedern aus dem Volksverein* ist sehr allgemein und dürfte seitens des Autors eher der gängigen Polemik entspringen, als das Resultat einer genauen Überprüfung zu sein. Eindeutig nachweisen läßt sich seine Behauptung nur in einem Fall der insgesamt sieben Unterzeichnerinnen des Gründungsaufrufs vom 23. Juni 1848[31]. Dennoch ist die Vermutung nicht ganz von der Hand zu weisen, daß vor allem in republikanisch gesinnten Familien Frauen und Töchter in der Vereinsarbeit aktiv waren. In jedem Fall handelte es sich bei den Mitgliedern des Frauenvereins, im Gegensatz zu den *monarchietreuen [...] karitativen* Vereinen des Vormärz[32], zu einem großen Teil um eine ganz neue Gruppe öffentlich aktiver Frauen, die nicht mehr nur aus adligen und großbürgerlichen Kreisen stammten.[33]

Am 17. November 1848 kündigte die Abendzeitung die Konstituierung eines neuen Frauenvereins *Concordia* an. Neben dem bestehenden Verein *für vaterländische Angelegenheiten* wollte dieser Verein vor allem *die Sache des Volkes und der Verhafteten und treuen Söhne* vertreten. Die Präsidentin des Vereins war die Witwe Theresia Canton[34]. Dieser und der *erstbestehende Frauenverein*, der sich erst jetzt zur Unterscheidung den Namen *Germania* zulegte[35], erfüllten im Grunde ähnliche Aufgaben. Es kam zwar zu keiner Zusammenarbeit, aber auch zu keinerlei Konkurrenzstreitigkeiten.

Seit Anfang des Jahres 1849 läßt sich aus den Pressemitteilungen beider Frauenvereine eine enorme Zunahme der Vereinstätigkeit ablesen. Beide bemühten sich um die in Bruchsal inhaftierten politischen Gefangenen, erbaten Spenden für die Freiheitskrieger in Schleswig-Holstein und Ungarn und warben für politische Aktionen wie die Reichsverfassungskampagne im Frühjahr 1849. Der Spendenaufruf vom 23. Mai 1849 *für den Kampf des Volkes gegen die baierische Krone* war für die Germania die letzte Aktion vor der Vereinsauflösung im August 1849.[36]

Durch Fahnenspenden unterstützte auch die Concordia die rheinpfälzische Erhebung. In eine erste direkte Auseinandersetzung mit der Staatsgewalt geriet der Verein im April 1849 wegen einer Spende roter Halsbinden für die Bruchsaler Gefangenen. Das badische Justizministerium richtete deshalb eine Verwarnung an den Verein.[37] Die Erwiderung der Mannheimer Frauen in der Abendzeitung am 20. April 1849 läßt nichts mehr von der vorsichtigen Zurückhaltung und Öffentlichkeitsscheu erkennen, die lange das weibliche Idealbild prägten. *Es tut uns sehr leid, daß der Herr Justizminister nicht den nämlichen Geschmack hat wie wir. Übrigens konnten wir nicht denken, daß man zuerst den Herrn Justizminister fragen müsse, welche Farbe die Halsbinden haben sollten, die den politischen Gefangenen zu tragen erlaubt würden.*[38]

In den hier exemplarisch vorgestellten Mannheimer Frauenvereinen – ähnliche Vereine entstanden seit März 1848 in ganz Deutschland – zeigten Frauen der männlichen Öffentlichkeit, vor allem aber sich selbst, was sie im öffentlichen Leben leisten konnten und mußten, um aus der zunehmend als Belastung empfundenen traditionellen Rolle auszubrechen und zu gesellschaftlichen und politischen Fragen Stellung zu nehmen.

In der Wahrnehmung öffentlicher Aufgaben, in der selbständigen Organisation entwickelten Frauen Selbstbewußtsein und leisteten Widerstand gegen herkömmliche Idealbilder von Weiblichkeit. Sie suchten den Kontakt zu anderen Frauen und Frauenorganisationen. Die Vorsitzende der *Concordia* wies auf die Notwendigkeit hin, mit dem Mainzer Frauenverein in ständige Verbindung zu treten[39]; ein Ausdruck dafür, daß die Frauen ihren Verein keineswegs als kurzfristige Reaktion auf aktuelle politische Fragen verstanden, sondern nach langfristigen Aktionsfeldern suchten.

Frauen orientierten sich in dieser Anfangsphase vor allem an männlichen Handlungsmustern. In der Unterstützung männlicher Politik, in den üblichen Formen von Petition und Vereinsgründung, zeigt sich die Dominanz der männlichen Lebenswelt, die von Frauen übernommen wurde. Auch in der Sprache wird diese Orientierung immer wieder deutlich, wie die angeführten Beispiele in Aufrufen und Ankündigungen der Mannheimer Frauenvereine gezeigt haben. Der Gründungsaufruf der *Germania* hat zudem einen interessanten Hintergrund. Das Dokument, das in den polizeilichen Ermittlungsakten des Innenministeriums enthalten ist, wurde anläßlich einer Hausdurchsuchung bei dem Redakteur der Mannheimer Abendzeitung Peter Grohe gefunden. Der Text war von Grohe mit handschriftlichen Anmerkungen und Änderungen versehen worden, was die Vermutung nahelegt, daß der Aufruf, wenn nicht ganz von Grohe selbst formuliert, so doch wesentlich unter seiner Mitarbeit entstanden ist.

Der anfänglich starke männliche Einfluß ist aber keineswegs als Mangel an Originalität und Selbstbewußtsein der Frauen mißzuverstehen. Unter Berücksichtigung weiblicher Bildungs- und Erfahrungsmöglichkeiten ist vielmehr zutreffend, daß sich Frauen aus Mangel an Alternativen zunächst männlicher Sprache und Aktionsmuster gleichsam als „Hilfskonstruktionen" bedient haben, *um in zeitgemäßen Formulierungen ihre Vorstellungen […] auszusprechen*[40]. Dies gilt umso mehr, als in der Folgezeit beobachtet werden kann, wie Frauen ihre eigenen sprachlichen Ausdrucksformen fanden und anwendeten.[41] Daß traditionelle Sprachwahl und emanzipatorisches Bewußtsein durchaus nebeneinander bestehen konnten, zeigt ein Widmungsgedicht Amalie Struves an die deutschen Frauen[42]. Ihre Vision einer nachrevolutionären Zeit schließt mit den Worten:

> Das Paradies der Seelenreinheit
> Der Friede der auf Freiheit ruht,
> Die brüderliche Kraft der Einheit
> Des gleichen Rechtes höchstes Gut.

Mit der an die revolutionäre Formel „Freiheit, Gleichheit, Brüderlichkeit" angelehnten Wortwahl fordert die Autorin Rechtsgleichheit für die *deutschen Frauen* in allen öffentlichen und politischen Bereichen.

Wie ernst die männliche Öffentlichkeit die Anfänge der Frauenbewegung um 1848 nahm, zeigen entsprechende Reaktionen in der Presse und seitens der Behörden. Auf den Versuch des Justizministeriums, weibliche Aktivität einzuschränken bzw. zu verbieten, wurde bereits hingewiesen. Eine gängige Reaktion war auch der Versuch, Frauenaktionen mittels verbaler Ironisierung oder Karikatur zu diskreditieren. Frauen, die gegen das traditionelle Weiblichkeitsideal verstießen, wurden als *Weibsbilder, Megären* etc. gegen die gutgesinnten *edlen Frauen und Damen* abgegrenzt.[43] Ob der Versuch erfolgreich war, das weibliche Geschlecht aufzuspalten, läßt sich für diese Anfangszeit kaum klären. Aktion und Artikulation von Unterschichtfrauen, für die solche negativen Wertungen besonders gerne gebraucht wurden, gelangten bis in die Revolutionszeit hinein nur sehr vereinzelt ins öffentliche Bewußtsein. Bei Katzenmusiken und Tumulten wurde pauschalisierend die Beteiligung von Dienstmädchen, jungen Burschen, Gewerbsgehilfen etc. hervorgehoben und als Synonym für unmündige, normabweichende Elemente der Gesellschaft gebraucht. Aber auch Frauen aus dem Bürgertum ließen sich immer seltener durch verbale und obrigkeitliche Reglementierung auf das Bild des braven, normkonformen Weibes reduzieren. Die Antworten auf Versuche von kritisierender Zurechtweisung und Bevormundung wurden zunehmend selbstbewußter und entschiedener. Auf die Ankündigung eines zweiten Frauenvereins in Mannheim reagierten *einige Männer* mit folgenden Bemerkungen: *Da wir aus diesem Ausschreiben entnehmen, daß das Weib sich täglich mehr von seiner Lebensaufgabe entfernt, und statt was bisher nicht seine Sache war, öffentlich Politik zu treiben, somit die Kindererziehung und die Haushaltsgeschäfte in Verfall gerathen müßten, wenn nicht auf irgend eine Art abgeholfen würde, so fordern wir hiermit sämmtliche Männer und Jünglinge Mannheims auf, sich unverzüglich zu einem Strumpfstrick-, Näh-, Kindererziehungs- und Haushaltsbesorgungsverein feierlichst zu constituieren, und hinfort die Leitung und Besorgung der* öffentlichen, sowohl Civil- als Militärangelegenheiten dem zarten Geschlecht zu überlassen.[44] In einem Gedicht an den morgenblättlichen Feind der Frauenvereine ließen die Mannheimerinnen an Witz und Schärfe nichts zu wünschen übrig[45]:

Du sprichst von einem Flickverein, du dummer feiger Wicht.
Du mußt recht stark verrissen sein, wir wollen flicken dich.
Wir laden dich noch freundlich ein, du kannst uns nicht genieren.
Die Scheren sind geschliffen fein um dich zu emannpieren. […]

Das juristische Vorgehen gegen Frauen nach der Niederwerfung der Erhebung von 1848/49 zeigt, wie ernst Staat und Behörden letztlich das normenwidrige Verhalten der Frauen nahmen,

Darstellung von Mathilde Franziska Anneke in der Portrait- und Costüm-Gallerie aus der Badisch-pfälzischen Revolution, Karlsruhe 1949. Frau Anneke beschwerte sich über diese Darstellung in der Kölnischen Zeitung: „Ein wuchtiger Schleppsäbel, ein Hirschfänger, Muskete und Männerkleidung sind die Requisiten, die sie aus ihrem Lügenschrein auch für mich in Bereitschaft halten, und womit sie auch mich, zu dieser gelegenen Zeit, ausgerüstet hat; während ich doch […] unbewaffnet und in meiner gewöhnlichen Frauentracht, die nur durch leinenes Beinkleid zu einem Reitanzug complettiert wurde, den Feldzug an der Seite meines Gatten mitgemacht habe.“

und wie sehr sie dadurch die alte Ordnung in Gefahr sahen. Schon im Falle Amalie Struves wies die Abendzeitung auf den Widerspruch zwischen der Vorenthaltung politischer und gesellschaftlicher Rechte einerseits und der vollen strafrechtlichen Verfolgung und Haftbarmachung von Frauen hin. So besäßen Frauen zwar keine politischen Rechte, könnten aber zu politischen Verbrechern erklärt werden.[46] In der Presse finden sich mehrere Beispiele von polizeilichen Untersuchungen und Verurteilungen von Mannheimer Frauen, die mit den revolutionären Aktionen der Jahre 1848/49 in Verbindung gebracht wurden. Die Taglöhnerin Anna Goetz wurde wegen Verbreitung hochverrätherischer Schriften im Jahr 1848 vorgeladen, mußte aber freigesprochen werden.[47] Aus dem gleichen Grund wurde die Witwe Anna Maria Schäfer im August 1849 zu 3 Monaten Arbeitshaus verurteilt.[48] Besonders konsequent ging die Justiz gegen die Vorsitzenden der *republikanischen Frauenvereine* vor. Therese Canton, Vorsitzende der *Concordia*, wurde zusätzlich zu einer Gefängnisstrafe ihre Witwenpension entzogen. Katharina Betz, Vorsitzende der *Germania*, konnte nur durch die Flucht nach Straßburg einem ähnlichen Schicksal entgehen. Die Reaktionen des Staates wurden entschiedener in dem Maße, in dem die Bedeutung weiblicher Aktivität für die gesamte politische und soziale Bewegung wuchs. Einzelaktionen von Frauen zu Anfang des Jahres 1848 wurden zunächst noch sehr viel weniger Aufmerksamkeit gewidmet wie etwa den organisierten Aktivitäten der Frauenvereine. Das letzte Mittel gegen diese Form des politischen und gesellschaftlichen Widerstandes sah der Staat in dem Verbot beider Frauenvereine im August 1849.

War der erste Ansatz von Frauenaktion und -organisation damit gescheitert?

Im Herbst 1849 brach in Mannheim die Cholera aus und griff schnell auf weite Teile der Stadt über. Vor allem die ärmeren Stadtviertel waren von der Epidemie betroffen. Mannheimer Frauen gründeten einen Hilfsverein zur Versorgung und Erziehung hinterbliebener Waisen. 1850 bestand der Verein bereits aus 287 Mitgliedern. In einem Rückblick auf die Vereinsgründung heißt es über die *wahre Mission der Frau in der menschli-*

chen Gesellschaft: Das wofür sie besonders vereigenschaftet ist [...], was eben nur sie allein vermag, zieht sie in jener ihr eigenartigen, liebevollen Weise mit richtigem Takte und klugem Verständnis in den Bereich ihrer Tätigkeit.[49] Diese ideologische Begründung bleibt weit hinter modernen Erwartungen, aber auch hinter den Vorstellungen vieler Frauen von 1848 zurück. Vielleicht ist sie gerade als Reaktion auf das vermeintliche Scheitern dieser ersten Ansätze zu verstehen. Wichtig bleibt in jedem Fall, daß sich Frauen weiterhin des Instruments „Verein" als Organisationsform auch in der Übergangzeit zwischen den hier beschriebenen ersten Ansätzen und den ab den sechziger Jahren des 19. Jahrhunderts neu einsetzenden Anläufen einer Frauenbewegung bedienten.[50]

Viele Aspekte weiblicher Aktion und Artikulation in Vormärz und Revolution mußten in dieser Darstellung außer Acht gelassen werden. So z.B. die zunehmende Präsenz von Frauen in Musik- und geselligen Vereinen, private Aktionen und Stellungnahmen einzelner Frauen und der ganze Bereich der Unterschichtfrauen, ihre Lebensformen und spezifischen Aktionsmuster. Außer Acht gelassen wurden ebenfalls die Frauen hingerichteter oder gefangener Revolutionäre. Gerlinde Hummel-Haasis hat aus einem Brief des Mannheimer Frauenvereins eines dieser bewegenden Schicksale aufgezeigt.[51] Jahre nach der Revolution erlaubte ein liberaleres Politik- und Geschichtsverständnis, die Revolutionäre von 1848 zu rehabilitieren und in Geschichtsbüchern und Denkmälern historisch zu würdigen. Den in wirtschaftlicher Notlage und mit dem Makel des Aufruhrs behafteten hinterbliebenen Frauen wird bis heute in den Beiträgen zur Geschichte der Jahre 1848/49 kaum gedacht.

Wenn am Ende dieser Darstellung eine Wertung von Aktion und Artikulation der Mannheimer Frauen in Vormärz und Revolution versucht wird, so geschieht dies unter dem Vorbehalt, daß es nach heutigem Verständnis schwierig ist, die wenigen, oft aus männlicher Perspektive und am Vorbild männlicher Sprach- und Handlungsmuster orientierten Zeugnisse weiblicher Aktivität angemessen zu würdigen. Bei Bewertung der Effektivität der von Frauen getragenen Aktionen in Verein und Öffentlichkeit muß man zunächst berücksichtigen, daß mit Ausnahme einiger weniger Monate des Jahres 1849 auch Männer in relativ engen Schranken politisch und gesellschaftlich wirksam werden konnten. Es eröffnet sich zudem die Frage, ob es berechtigt ist, den politischen und gesellschaftlichen Beitrag der Frauen in der Revolution am Grad ihrer Beteiligung an typisch männlichen Aktionsformen zu messen. Die Gleichsetzung von männlichem Politikverhalten mit politischer Aktion schlechthin ist unzulässig. Amalie Struve hatte sich bis zu ihrer Ehe *wenig mit Politik beschäftigt und auch später waren es nicht einzelne Formen und Einrichtungen, welche meine Aufmerksamkeit auf sich zogen*[52]. So waren gerade bürgerliche Frauen in den revolutionären Versammlungen, in Wirtshäusern und bei öffentlichen Auftritten zunächst noch sehr vereinzelt beteiligt. Die Zeit des Vormärz und der Revolution hat aber eine Fülle frauenspezifischer Aktionsformen hervorgebracht, deren revolutionärer Gehalt bisher eher unterschätzt worden ist. Es soll keinesfalls der Versuch unternommen werden, den weiblichen Beitrag zur Revolution überzubewerten. Es muß aber auch vermieden werden, männliche Handlungsmuster, wie bisher üblich, als repräsentativ anzusehen.

Gleich, welcher Ausdrucksformen sich Frauen 1848/49 bedienten, wie verschieden die Vorstellungen und Konzepte waren, so zeigt doch die starke Zunahme weiblicher Aktivität in der Revolution, daß die begrenzten Möglichkeiten nach Kräften genutzt wurden.

Aus heutiger Sicht ließen sich einige Äußerungen der Mannheimer Frauen, das Unterordnen ihrer Sache unter die allgemein-demokratische Bewegung und die nationalen Ansprüche des „Vaterlandes" sicher kritisieren.

Die Geschichte wiederholt sich. Erneut haben sich Frauen einreden lassen, daß die Demokratie wichtiger sei, als die Rechte der Frauen. Sie haben nicht begriffen, daß ihre Rechte ein Prüfstein für die Demokratie sind.[53] Diese Äußerung einer Journalistin unserer Tage über „Frauen in Jugoslawien" zeigt, daß dies keinesfalls ein typisches Versagen der frühen Frauenbewegung war. Für die Frühphase, in der Frauen zunächst die starren gesell-

schaftlichen Schranken aufbrechen und sich ihrer selbst bewußt werden mußten, sind solche Vorwürfe kaum berechtigt. Viel eher müßten die Verdienste dieser Frauen für die demokratisch-republikanische Bewegung im allgemeinen, sowie für die Frauenbewegung im besonderen, anerkennend gewürdigt werden. In diesem Sinne ist die wissenschaftliche Aufarbeitung und Auseinandersetzung mit weiblichem Leben und Handeln in der Zeit des Vormärz und der Revolution ein wichtiger Beitrag zum Gesamtverständnis dieser Epoche.

Anmerkungen zum Kapitel

[1] CHRONIK ZUM 100 JÄHRIGEN JUBILÄUM DER MANNHEIMER „RESSOURCE", 1929. REIßMUSEUM Sig. M 2935.

[2] T. NIPPERDEY S. 3.

[3] Auch die nicht-politischen Organisationen der vierziger Jahre, besonders die von Gustav Struve 1845 gegründeten Vereine (Badeverein, Leseverein, Turnverein), wurden von den Behörden genauestens beobachtet und häufig durch Repressionen und Strafen behindert. Vgl. dazu: F. WALTER Geschichte Mannheims, Bd. II, 1978, S. 305.

[4] Gedacht sei hier an Vereine mit primär wirtschaftlichen Motiven wie z.B. der 1842 in Mannheim gegründete Gewerbeverein.

[5] T. NIPPERDEY S. 36f.

[6] Vgl. die folgenden Ausführungen zu Amalie Struve und die Anmerk. 34 zu Therese Canton.

[7] W. AFFELDT in: U. BECHER/J. RÜSEN S. 56.

[8] Vgl. G. HUMMEL-HAASIS.

[9] STADTARCHIV MANNHEIM (STADTA MA), Familienbogen Düsar.

[10] A. STRUVE S. 73.

[11] Ebd. S. 4.

[12] Ebd.

[13] G. HUMMEL-HAASIS S. 219f (Struve über die Zeit im amerikanischen Exil und die schriftstellerische Zusammenarbeit mit seiner Frau).

[14] M. TULLNER in: H. Bleiber (Hg.).

[15] Hierzu verweise ich auf meine in Arbeit befindliche Dissertation, die sich mit der wirtschaftlichen, sozialen und politischen Entwicklung Mannheims in den vierziger Jahren des 19. Jahrhunderts bis zur Revolution von 1848/49 befaßt.

[16] A. STRUVE S. 68f.

17 M. TWELLMANN S. 13.

18 MANNHEIMER ABENDZEITUNG 5.4.1849.

19 U. BECHER in: U. BECHER/J. RÜSEN S. 224.

20 M. TWELLMANN S. 21f.

21 MANNHEIMER ABENDZEITUNG 23.8.1848.

22 MANNHEIMER MORGENBLATT 1.3.1848.

23 REIßMUSEUM MA Sig. M 4940.

24 „Bürgerlich" meint hier Ehefrauen und Töchter aus den angesehensten, in Wirtschaft und Verwaltung der Stadt führenden Mannheimer Familien.

25 MANNHEIMER ABENDZEITUNG 21.11.1848.

26 MANNHEIMER JOURNAL 10.5.1847.

27 Vgl. C. LIPP in: DIE UNGESCHRIEBENE GESCHICHTE S. 385.

28 GENERALLANDESARCHIV KARLSRUHE (GLA) 276/3408.

29 GLA 236/8201.

30 Ebd.

31 Die Kassiererin Julie Happel war die Ehefrau des Färbermeisters Heinrich Happel, der Mitglied des Volksvereins war.

32 G. HUMMEL-HAASIS S. 51.

33 Von den Ehemännern der 7 Unterzeichnerinnen des Aufrufs vom 23.6.1848 waren 1 Gastwirt, 1 Färbermeister, 1 Metzgermeister, 1 Kammachermeister.

34 Therese Hartmuth wurde 1795 in Mannheim geboren. 1813 heiratete sie den Weinheimer Bürger und Kaufmann Josef Canton. Um nach dessen Tod 1826 mit zwei Kindern zu ihrer Mutter, der Witwe des Hauptmanns Hartmuth, nach Mannheim zurückkehren zu können, mußte sie sich von den Weinheimer Behörden gute, tadellose Aufführung bescheinigen lassen. 1850, vermutlich im Zusammenhang mit der Untersuchung ihrer Teilnahme am republikanischen Frauenverein Concordia in Mannheim, beantragte sie einen Nachweis über ihr Heimatrecht in Weinheim, das Voraussetzung für das Aufenthaltsrecht in Mannheim war. 1857 stellte das Bezirksamt diese Bescheinigung aus. Therese Canton starb 1870 in Mannheim.

35 Zur Bedeutung der Germania-Symbolik als nationalem und politischem Leitbild im Vormärz und in der Revolution siehe: A. POLLIG: Germania ist es bleich und kalt [...], in: C. LIPP 1986.

36 MANNHEIMER ABENDZEITUNG 23.5.1849.

37 G. HUMMEL-HAASIS S. 86.

38 MANNHEIMER ABENDZEITUNG 20.4.1849.

39 G. HUMMEL-HAASIS S. 303.

40 U. BECHER in: U. Becher/J. Rüsen S. 231.

41 Therese Canton beendet ihren Brief an die Mainzerinnen mit schwesterlichem Gruß. Die Anrede Schwestern wird in den Briefen beider Frauenvereine üblich.

42 A. STRUVE (Widmungsgedicht An die deutschen Frauen).

43 C. LIPP wie Anmerk. 27 S. 377; F. HASSAUER in: U. BECHER/J. RÜSEN S. 261.

44 BADISCHE ZEITUNG 18.11.1848 (seit November 1848 erschien das Mannheimer Morgenblatt unter diesem neuen Namen).

45 MANNHEIMER ABENDZEITUNG 21.11.1848.

46 MANNHEIMER ABENDZEITUNG 30.1.1849.

47 MANNHEIMER MORGENBLATT 18.8.1848.

48 G. HUMMEL-HAASIS S. 198 (Ulmer Schnellbote Nr. 198, 26.8.1849).

49 REIßMUSEUM MA Sig. M 4950 (Jahresbericht des Frauenvereins Mannheim 1883/1884).

50 1865 gründete Louise Otto in Leipzig den ALLGEMEINEN DEUTSCHEN FRAUENVEREIN.

51 G. HUMMEL-HAASIS S. 291.

52 A. STRUVE S. 10.

53× DIE ZEIT Nr. 25, 24.8.1990.

*F*riederike Weise wollte schon als Kind, wie auf dem Foto von Seite 90 zu sehen ist, hoch hinaus. Zwar ist sie nie tatsächlich in die Lüfte gestiegen, aber ungewöhnliche und mutige Dinge hat sie immer getan. Jedenfalls solange ich sie kenne und das sind immerhin mehr als 20 Jahre. „Ein Leben voller Arbeit" das kennzeichnet Friederike Weises Familien- und Berufsleben. Vereinbarkeit von Familie und Beruf und Wiedereinstieg in den Beruf, das waren seinerzeit Themen, die noch wenig diskutiert wurden, aber Realität waren sie für Friederike Weise allemal. Geboren wurde Friederike Weise in Zickeritz in der Nähe von Eisleben (Sachsen-Anhalt) am 20. November 1925 als zweitälteste von insgesamt vier Kindern. Vater und Mutter arbeiteten beide in der Landwirtschaft. Bis zu ihrem Umzug nach Mannheim 1950 war es ein weiter Weg.

IM NATIONALTHEATER, DAS WAR MEINE SCHÖNSTE ZEIT

– Friederike Weise

Erster Eindruck von Mannheim

Friederike Weise lebte nach 1945 in Zwickau in Sachsen im Elternhaus ihres Mannes. Beate, ihr erstes Kind, war damals gerade drei Monate alt. Ihr Ehemann arbeitete bis 1950 in der elterlichen Buchhandlung. Nachdem sich ihres Erachtens die politische Situation *wirklich unmöglich entwickelte* und sich zudem die Geschäftslage der Buchhandlung sehr verschlechterte, *unsere Buchhandlung in Zwickau wurde, da es ein privates Geschäft war, nur noch unzureichend beliefert,* beschlossen sie von Zwickau mit ihren zwischenzeitlich zwei Kindern wegzuziehen. Über einen Buchhändler in

1933, Friederike fotografiert in der Schule von einem Wanderfotografen

Berlin konnten sie in Mannheim eine kleine Buchhandlung in M 7 anmieten, eine Wohnung gab es
allerdings nicht, so mußten sie sich im Büro der
Buchhandlung einrichten.

*Ja und die kleine Buchhandlung haben wir später
aufgegeben zugunsten der anderen kleinen
Buchhandlung am Lindenhof, weil da eine Wohnung
dabei war. Dann hatten wir endlich fließendes
Wasser und ich mußte nicht immer über die Trüm-
mer steigen, die Wäsche waschen im Hof usw.
wie ich das von M 7 gewöhnt war, dann hatten wir
wenigstens Wasser in der Wohnung und ein Klo –
das war doch das tollste! Und ein Bad hatten wir da
noch immer nicht, aber wir haben uns halt jede
Woche im großen Waschzuber nacheinander gewa-
schen. Aber das fiel einem damals gar nicht
weiter auf, weil ja alle Leute mehr oder weniger so
gewohnt haben.* Neben der schwierigen Anfangszeit nach dem Krieg fielen ihr insbesondere
die Menschen auf. *Ja, mir haben die Menschen in
Mannheim gefallen, besonders ihre Aufgeschlossen-
heit. Am Anfang dachte ich, weil die Leute hier
so laut reden, daß die sich streiten, bis ich gemerkt
habe, daß die sich ganz normal unterhalten.*

Zwischen Arbeitsleben und Familie

*Na ja, so'n richtigen Beruf hab ich ja nicht gehabt.
Ich hab mir alles mehr oder weniger angelernt,
sei's das ich die Bücherei hatte weil ich selbst gern
gelesen hab, zudem konnte ich die Leute durch
mein gutes Einfühlungsvermögen immer gut beraten.
Danach habe ich über dreieinhalb Jahre die
Kantine am 08er Platz geführt, und da mein Mann
dauernd bei dem Fußballverein zugange war,
und ich den praktisch nicht zu sehen kriegte – außer
abends oder so – kam mir das Angebot gerade
recht. Die Kantine lief dann mit der Zeit so gut, daß
ich mit der vielen Arbeit gar nicht mehr zurecht
kam. Und da hab ich dann beschlossen, dort auf-
zuhören, um meine Familienangelegenheiten
nicht allzusehr zum Brechen bringen zu lassen. Aber
das war natürlich auch nix, die sind trotzdem
auseinandergegangen.*

Nach rund 30 Jahren wurde die Ehe 1976
geschieden. Alle drei Kinder waren zu dieser Zeit
schon aus dem Haus, hatten ihre Ausbildung
beendet und konnten für ihren Lebensunterhalt
selbst aufkommen. Für Friederike Weise begann
ein neuer Lebensabschnitt. Er brachte mit 51 Jahren den Wiedereinstieg in den Beruf, denn finanziell wurde sie von ihrem Mann nicht unterstützt.
Nach der Trennung habe ich in der Jugendherberge

am Lindenhof gearbeitet und gewohnt, aber weil mir die Bezahlung dort nicht so gut erschien, half ich noch tageweise in der Drogerie Sperber in der Seckenheimer Straße aus. Und das war hervorragend dort, richtig wohlgefühlt hab ich mich dort.

Von der Buchhandlung zum Nationaltheater

Trotzdem stand ein weiterer Berufswechsel an: eine Stelle als Garderobenfrau im Rosengarten wurde ihr angeboten. Drei Tage in der Woche, mit festem Arbeitsvertrag, allerdings auf Abruf, d.h. ohne regelmäßige Arbeitszeiten. Nach einem Jahr schaffte sie durch einen zufälligen persönlichen Kontakt den Sprung zum Nationaltheater in Mannheim als „Mitarbeiterin im Abenddienst". Als ich die Stelle bekam, war ich natürlich happy. Ja, da

hab ich dann als Platzanweiserin gearbeitet, vorwiegend als Platzanweiserin, und an der Garderobe hab ich auch gearbeitet, aber das gefiel mir nicht so gut, da bekam ich nichts mit von der Vorstellung. Und so, wenn ich dann auf meinem Stühlchen saß und meine Türen bewachte, dann hörte ich schon, wer heute sang, und dann konnte ich genau sagen, heute ist er gut, und heute ist er nicht so gut. Oder vor allen Dingen die Bläser, die Hornisten, so heißt es ja richtig, wenn die besondere Solopartie im Freischütz kam, da hab ich immer genau gehört, ob sie ihre Einsätze richtig bringen, und jedesmal hat einer verkehrt geblasen. Und dann bin ich in der Pause hin und hab gefragt, wer war das wieder. Na ja, da war ich dann elf Jahre. Ja, im National-theater, das war meine schönste Zeit, die ich hatte, ehrlich.

1934, Friederike rechts im Bild

Ein Blick „hinter" die Kulissen
des Nationaltheaters

In ihrem Arbeitsalltag ist sie vielen Menschen
begegnet und hatte so manch lustiges Erlebnis.

Ja, das kann man sagen. Eines ist besonders
toll gewesen, da war ich am Einlaß eingesetzt für die
Kartenkontrolle, und da kam einer rein und sagte,
sagen se mal, ist das hier der Bahnhof? Ich möchte
auf Bahnsteig 8, mein Zug fährt gleich ab. Stell'
Dir vor, der hat gedacht, das Nationaltheater ist der
Bahnhof. Na ja, und dann das andere Mal, da war
eine Dame drin, die hatte eine Ratte dabei, das hat-
ten wir aber nicht gemerkt, die hatte sie so
schön versteckt gehabt. Und in der Pause kam ein
junges Ehepaar und sagte, wissen Sie wir müssen
uns beschweren. Hinter uns sitzt eine Frau mit einer
Ratte, und die läßt sie immer über sich laufen,
die ganze Vorstellung über rennt die um der ihren
Hals, und dann mußten wir unseren Abendchef
holen, und der hat sie dann überzeugt, daß die Ratte
nicht im Zuschauerraum sein darf. Die Frau ist
dann laut schreiend gegangen und hat sich fürchter-
lich aufgeführt, Ratten wären doch solche liebe
Tiere, und was wir nur gegen die Ratte hätten. Ja, so
Sachen hab ich erlebt.

Gibt's was Neues im Theater? Diese Frage wurde
Friederike Weise im Nationaltheater oft
gestellt, wußte doch das Publikum, aber auch die
Künstlerinnen und Künstler sehr schnell zu
schätzen, daß Friederike Weise sowohl über das
Geschehen vor, als auch hinter der Bühne
bestens informiert war. Sie konnte Auskunft darüber geben, welcher Sänger erkrankt war
und wer stattdessen die Rolle übernahm, wußte
Bescheid, welche neuen Engagements es am
Theater gab, konnte über Programmänderungen
berichten, und wer über das gerade gesehene
oder gehörte diskutieren wollte, fand in Friederike Weise eine kritische Diskussionspartnerin.
Selbst heute, nach zwei Jahren im Ruhestand, läßt
sie das Nationaltheater Mannheim nicht mehr los.

Lydia Bauer

In jeder Preislage und zu jeder Stunde war damals weibliche Ware offen ausgeboten, und es kostete einen Mann eigentlich ebensowenig Zeit und Mühe, sich eine Frau für eine Viertelstunde, eine Stunde oder Nacht zu kaufen wie ein Paket Zigaretten oder eine Zeitung.

Stefan Zweig (1881-1942): Die Welt von gestern. Erinnerungen eines Europäers (1942).

Sie war ein Alltagsphänomen in den großen Städten des Kaiserreichs, die weibliche Prostitution (und nur um diese soll es hier gehen). Es schien genügend Frauen und Mädchen zu geben, die nicht anders konnten (oder wollten), als aus finanziellen Gründen ihren Körper für sexuelle

Wolfgang Kromer

DIE „ÖFFENTLICHEN DIRNEN"

Anmerkungen zur „Ortspolizeilichen Vorschrift über die Ausübung der gewerbsmäßigen Unzucht in der Stadt Mannheim" von 1878

Zwecke einzusetzen. Und dieses nie versiegende Angebot verband sich in idealer Weise mit dem aufkommenden Vergnügungsmilieu, in dem zwar die „Gesetze" der Halbwelt („Demimonde") herrschten, wo aber auch die offizielle „Herren-Moral" jenseits der Ansprüche bürgerlicher Etikette und Konvention „Frivolität" zulassen konnte. Denn über die geachtete Institution der bürgerlichen Ehe hinaus durfte das Instrumentarium der Prostitution gewissermaßen als Ventil fungieren: Sei es, um den noch unverheirateten jungen Mann „in die Geheimnisse der Liebe" einzuführen, sei es, um den gestandenen Ehemann Möglichkeiten eines Sexualverkehrs zu bieten, den „anständige Frauen" als „ungehörig" zurückweisen würden (und sollten). Eine solche Trennung zwischen „Liebe" und „Lust" fand ihren vollkommensten Ausdruck im Reich der Perversionen.

Diese doppelte Sexualmoral entwickelte sich in einer Umbruchsituation, in der sich als Begleit- und Folgeerscheinung der Industrialisierung der Anteil der großstädtischen Bevölkerung an der Gesamtbevölkerung stetig vergrößerte. Lebten um 1800 etwa 1,5% der Bevölkerung in Städten mit mehr als 100 000 Einwohnern, so waren es 1910 bereits 21,3%. Damit verband sich ein bedeutender Rückgang der Landbevölkerung.

Zu diesen neu entstehenden Bevölkerungszentren gehörte auch Mannheim. Die ehemalige kurpfälzische Residenz, die im Jahre 1807 gerade noch etwa 18 000 Einwohner zählte, gewann nach einer ersten langsamen Erholung nach 1850 solch eine Dynamik ihres Bevölkerungswachstums, daß sie zwischen 1890 und 1900 von 79 100 auf 141 000 Bewohner zunahm. Solche Wachstumsschübe basierten vor allem auf Zuwanderungen aus ländlichen Gebieten, wobei es gerade die jüngeren und arbeitsfähigen Jahrgänge waren, die das Land verlor.

Diese neu entstandenen Strukturen lassen sich in ihrer auf Mannheim bezogenen besonderen Ausprägung hier nur skizzieren. Aber sie bereiteten den Nährboden vor, auf dem diese spezifisch großstädtische Prostitution erst gedeihen konnte. Zu nennen sind vor allem fünf Faktoren:

• Bedingt durch seine Grenzlage zeigte Mannheim unter allen deutschen Großstädten das stärkste bundesstaatliche Gemisch, d.h. die Bevölkerung war relativ heterogen zusammengesetzt, hier trafen Zuwanderer aus Baden auf Preussen ebenso wie auf Württemberger oder Hessen. Eine solche Heterogenität begünstigt im allgemeinen die Anonymität von Lebensverhältnissen.

• Der Anteil ausländischer Zuwanderer fiel zwar nicht aus dem nationalen Rahmen, allerdings traten einige Volksgruppen in ihrer relativen Stärke deutlich hervor, z.B. italienische Migranten oder Arbeiter und Arbeiterinnen polnischer Herkunft, die zumeist ledig waren. Die Heterogenität der Bevölkerung wurde dadurch weiter verstärkt.

• Ein Großteil dieser Zuwanderungen und der Aufstieg Mannheims zu einer Industriestadt, deren besondere Struktur vor allem männliche Arbeitskräfte verlangte (mit einigen Ausnahmen wie der Jute-Industrie), führte zu einem starken Männerüberschuß. Dies verstärkte die potentielle Nachfrage nach Prostitution.

• Die starke Stellung der Binnenhäfen innerhalb der ökonomischen Struktur erhöhte diesen dauernden Männerüberschuß noch weiter. Allgemein gelten Häfen (und Garnisonen) als Verstärkungsfaktoren von "Rotlicht-Bezirken".

• Mannheim zog zwar primär männliche Zuwanderer an, durch den neu gewonnenen Wohlstand, der dem Bürgertum eine großzügige Dienstbotenhaltung ermöglichte, entstand aber auch eine starke selektive Zuwanderung weiblicher Personen, vor allem aus württembergischen Gebieten.

Dieser Prozeß der Urbanisierung hob in einem zuvor nie gekannten Ausmaß traditionelle Lebensverhältnisse auf. Mit dem Wegzug vom Lande verschwand die gewohnte Einbindung in die bäuerliche Familie ebenso wie der spezifische Bezug zu einer Arbeit, die sich primär an schon immer da gewesenen Abläufen orientierte. Doch heißt dies nicht, es seien die Mädchen vom Lande „bindungslos" in die Stadt gekommen und dort der „Vereinzelung" anheimgefallen. Die Beziehung zur Familie blieb weitgehend erhalten (schon dadurch, daß sie häufig einen Teil des Lohnes beanspruchte), persönliche Kontakte zu bereits Abgewanderten aus der Heimat erleichterten die Integration. So ist denn auch den meisten dieser weiblichen Migranten die Anpassung geglückt. Die anderen verstärkten das potentielle Angebot der Prostitution in einer Großstadt, sie standen vor dem Absturz, dem „Fall".

Vor dem „Fall"

Die herrschende bürgerliche Moral kannte nur einen Maßstab: ihren eigenen. Daraus entwickelte sich jenseits aller gesellschaftlichen Unterschiede das Idealbild von Verhaltensmustern und Lebenszielen, die für jede Frau gelten sollten. Eine beliebige weibliche Biographie dieser Zeit lief von der Geburt an entlang eines schmalen Streifens von Möglichkeiten (die für eine „höhere Tochter" sicherlich größer erschienen als für das Kind eines Arbeiters) hin zu vorab definierten Zielen.

Die Ehe
Der Natur der gegebenen Verhältnisse entspre-
chend ist die Frau für ihren Teil des gemeinsamen
Wirkens an dem Aufbau und der Erhaltung des
Eheglücks auf das Haus angewiesen, in Gegen-
satz zu dem Gatten, denn „Der Mann muß
hinaus – Ins feindliche Leben …".[1]

Die Botschaft klang verheißungsvoll: Einem sittlich hochstehenden Elternhause entwachsen, strebte die junge Frau mit all ihren Tugenden der Ehe und Familie zu, um dort ihr Glück zu finden. Und war dies nicht auch die Erfüllung für den Manne, dessen *ganze Kraft* erst dann *zu vollem Segen reift, wenn er für Frau und Kinder liebend sorgt und freudig schafft?*[2]

Jede Abweichung von der bestehenden Norm hatte Sanktionen zur Folge. Allerdings waren die jeweiligen Auswirkungen verschieden. Eine „Abweichung nach oben", weg vom traditierten Frauenbild hin zur Mündigkeit, wie es für die intellektuelle oder sich zur Boheme zählende Frau typisch war, führte zwar zu einer Vielfalt von Repressionen – aber diese zeigten sich zumeist in subtiler Form. Im Gegensatz zu einer solch bewußten Entscheidung hin zum Anderssein führte eine "Abweichung nach unten" nicht nur durch das Empfinden materieller Not zu einer mehr oder weniger vom Zwang diktierten Biographie jenseits gängiger Moralvorstellungen und hin zum sozialen Abstieg – den Weg in die Prostitution mußte man darüber hinaus mit unmittelbar wirkenden Diskriminierungen bezahlen. Am Anfang dieses Weges schien das feingesponnene Netz der Überwachung noch voller Edelmut zu sein, aber mit dem Grade der Abweichung wirkte es immer rigoroser, bis es direkt zur „Polizeiver-

ordnung" und zur Androhung von Haft führte. Dann hatte der „Fall" vom vorgeschriebenen Lebenspfad sein Ende gefunden – tiefer ging es nicht mehr.

Von diesem Pfad nicht abzukommen, sollte primär durch das Elternhaus garantiert werden. Bei mangelnder Fürsorge griffen der Staat oder eine durch ihn anerkannte Institution der „Wohlfahrtspflege" vorbeugend oder strafend ein. Damit wurde das weibliche Lebensmodell gewissermaßen „amtlich", denn es galt einerseits das Ziel, die *sittlich gefährdete weibliche Jugend vor Fehltritten und Verwahrlosung zu bewahren, andererseits um sie durch erzieherische Einwirkung in ihrer Erwerbstätigkeit zu fördern oder sie für ihren eigensten Beruf als künftige Hausfrau und Mutter vorzubereiten.*[3]

Damit dies geschehe, stand eine Vielzahl von Organisationen bereit. So gab es Jungfrauen- und Arbeiterinnenvereine (vor allem konfessioneller Art) ebenso wie spezielle „Mädchenschutzvereine". Letztere firmierten zumeist unter dem Begriff „Bahnhofsmission" (seit 1897). Ihre Aufgabe war es, *den allein reisenden jungen Mädchen aller Berufsarten Schutz vor Ausbeutung und Verführung während der Reise vom Heimatort an bis zur endgültigen Auffindung einer Stellung im neuen Niederlassungsort zu gewähren.*[4] In Mannheim bestanden um 1900 bereits vier solcher Missionen. Andere Organisationen boten darüber hinaus vorübergehende Unterkunft (die sog. Mägdeherbergen) oder waren auf Dauer ausgerichtet. Diese Mädchenheime hatten sowohl ihre konfessionelle Variante (z.B. Arbeiterinnenhospize) als auch ihre privatwirtschaftlich organisierte Form.

Ungebundenheit
Es ist eine vielfach in den grösseren Städten
und Industriezentren gemachte Erfahrung, dass
die mangelhafte Unterbringung der Mädchen
in ungeeigneten Schlafstellen, das Fehlen jeder
Beaufsichtigung durch ihren Wohnungsgeber sie
rasch den Halt verlieren lässt und sie der Unsitt-
lichkeit geradezu in die Arme führt.[5]

Für Mannheim ist hier der gewaltige Block des Mädchenwohnheims der Jutespinnerei Sandhofen zu nennen, in dem vor allem ledige polnische Fabrikarbeiterinnen untergebracht waren.

All diese Heime funktionierten nach strengen Regeln, die Hausordnung galt als heilig *(Besuche von Verwandten und Freunden dürfen nur mit Erlaubnis des Hausvaters und spätestens bis 6 Uhr Abends im Erdgeschoss empfangen werden)*.
So wird die Klage verständlich, daß solche Heime *ihren Zweck nicht oder nur höchst unvollkommen erfüllen können, weil die Mädchen die Ungebundenheit der mangelhaften Quartiere der strengeren Zucht vorziehen.*[6]

Man sollte nicht übersehen, daß die Mitarbeiter und Mitarbeiterinnen all dieser Organisationen von ihrem subjektiven Empfinden her von der Richtigkeit ihres Tuns überzeugt waren. Es verhindert zu haben, daß ein Mädchen vom geraden Wege abkam, konnte als Erfolg verbucht werden und legitimierte ihre eigene Arbeit. Doch den alleinigen Maßstab bildeten stets die Kriterien der bürgerlichen Moral. Und nach diesen Kriterien lagen die „Gefährdungen" eines Frauenlebens vor allem in jener Periode, die sich zwischen die Entlassung aus der Familie und den Übergang in den Ehestand geschoben hatte. Es war dies die Zeit, in der weibliche Erwerbstätigkeit akzeptiert wurde oder - wie in den städtischen und ländlichen Unterschichten – geradezu als materielle Notwendigkeit erschien; es war dies aber auch die Zeit, in der ein Stück freies Leben realisierbar erschien. Und genau hier setzten die Überwachungsmechanismen ein. Sie sollten gewährleisten, daß der Übergang von einer Kontrollinstanz zur nächsten reibungslos funktionierte und nichts weiter blieb als ein Übergang. Die ideale Frau kannte so als ihre eigentliche Bestimmung nur das Rollenmodell der Tochter innerhalb der moralischen Instanz der Familie und jenes der Ehefrau innerhalb derselben Instanz. Ihr Bezug lag allein in der Innenwelt, im „trauten Heim". Alternativmodelle für ein auf das „Öffentliche" bezogenes Frauenleben lagen außerhalb der herrschenden Akzeptanzmuster. Dies galt erst recht, wenn damit auch das „Unaussprechliche", eine befreite weibliche Sexualität, verbunden worden wäre.

Nach dem „Fall"

Wenn alle Bemühungen, die *Mädchen im jugendlichen Alter zu stützen und wirthschaftlich zu kräftigen,* keinen Erfolg hatten, wenn diese trotzdem *der Verführung und Verwahrlosung anheimfallen*[7], begann auf einer neuen Ebene die Kontrolle einzusetzen. Hierbei sollten die einzelnen Sanktionen nach dem Grad der Abweichung wirken. Auf der niedrigsten Stufe stand das bloße Faktum einer erwarteten unehelichen Geburt. Für *zum ersten Mal gefallene, sonst ordentliche Mädchen*[8] begnügte man sich mit sog. Versorgungshäusern, geschlossene Anstalten, in denen Mutter und Kind für eine relativ kurze Zeit (maximal sechs Monate) unterkommen konnten. War schon ein gewisses Ausmaß moralischer Verirrung zu konstatieren, stand die Einweisung in „Zufluchtsstätten für gefallene Mädchen" bevor. In solchen Anstalten, zumeist auf konfessioneller Grundlage entstanden, mußte man schon mehrere Jahre „unter geistlicher Pflege und strenger Zucht" verbringen, bevor man die Freiheit wiedersah. Zu den „Pfleglingen" gehörten nicht selten entlassene weibliche Strafgefangene, auch solche, die sich der Prostitution schuldig gemacht hatten. Man begriff solche Anstalten als Stätten der Resozialisierung, wobei solche unter katholischer Leitung ihren schönsten Erfolg darin sahen, wenn die ehemalige Sünderin ihr Leben als Nonne beschloß.

Ganz unten

Die (je nach Perspektive) Betreuungs- und Überwachungsmechanismen in jenem Zeitraum, der vom Ideal der Zielvorstellungen her zwischen der Loslösung von der Familie und dem Eintritt in den Ehestand lag, beinhalteten den moralischen Zwang, stets auf dem Pfad der Tugend zu wandeln. Jedes potentielle Abweichen davon führte zum Einsatz eines Instrumentariums, das jeweils nach der von Außeninstanzen definierten Schwere der Verfehlung die moralisch Gestrauchelte zu einem sittlich der allgemeinen bürgerlichen Norm entsprechenden Leben zurückführen sollte. Wer aber einmal durch dieses Netz hindurchfiel und damit zwangsweise außerhalb der bürgerlichen Welt stand, sah sich nun einer ganz anderen Art von Kontrolle gegenüber. Das Eigenartige dabei war, daß die unmoralische Existenz einer Prostituierten innerhalb eines gewissen Rahmens akzeptiert und damit auch legalisiert wurde. Nun ging es nicht mehr um die Rückführung auf den Pfad der Tugend, sondern die neue „Tugend" bestand gewissermaßen darin, der Liederlichkeit einer Dirne zu entsprechen, aber nur dann, wenn diese bestimmten Regeln entsprach, deren Inhalt minutiös festgelegt wurde. Dahinter verbarg sich die Vorstellung, Prostitution sei jenseits gesellschaftlicher Ursachen einfach naturgegeben, ein notwendiges Übel, das durch rechtliche Regelungen steuerbar sei.

Der Ausgangspunkt dafür lag im § 361 des Reichs-strafgesetzbuches (RStGB) vom 15. Mai 1871, auf den sich auch die erste „Ortspolizeiliche Vor-schrift" in Mannheim vom 16. September 1872 bezog. Eine Neufassung dieses Reichsgesetzes folgte am 26.2.1876, die erneute Grundlage aller „Ortspolizeilichen Vorschriften", auch jener für Mannheim[9]. Die Quintessenz aller Regelungen formulierte § 361, Abs. 6:

> Mit Haft wird bestraft eine Weibsperson, welche wegen gewerbsmäßiger Unzucht einer polizeili-chen Aufsicht unterstellt ist, wenn sie den in die-ser Hinsicht zur Sicherung der Gesundheit, der öffentlichen Ordnung und des öffentlichen Anstan-des erlassenen Vorschriften zuwider handelt, oder welche, ohne einer solchen Aufsicht unter-stellt zu sein, gewerbsmäßige Unzucht betreibt.

Dieses Gesetz stellte zwar Prostitution unter Strafe, aber nur dann, wenn sie ohne Kontrolle, als heimliche Prostitution, betrieben werden sollte (ohne einer … Aufsicht unterstellt zu sein). Entscheidender sind aber die angegebenen Voraussetzungen für Straffreiheit. Diese werden auf den ersten Blick nicht deutlich, da der Gesetzestext unmittelbar auf die Haftandrohung hinweist (mit Haft wird bestraft …). Doch werden diese Sanktionen dann wieder aufgehoben, wenn eine Dirne sich quasi der öffentlichen Aufsicht unterstellte (Liste der öffentlichen Dirnen); damit verbunden war die Anerkennung der Prostitution als Gewerbe (Ausübung der gewerbs-mäßigen Unzucht).

Der Preis für eine solche Art „Freiheit" lag in der Unterwerfung unter Kontrollmechanismen, die dem Normalbürger zustehende persönliche Frei-heitsrechte weitgehend aufhoben, dafür Pflichten an ihre Stelle setzten. Dazu gehörte auch die gewissenhafte Handhabung eines Kontrollbuches (siehe Abb.). Es diente als „Einschreibungs-Schein", als Ausweis („Signalement"), als ein Nachweis für die vorgeschriebenen medizinischen Untersu-chungen („Aerztliche Zeugnisse") und als Leitfaden für alle möglichen Verhaltensvorschriften.
Kurz: Nur damit war man eine amtlich anerkannte Dirne.

Das Dirnenwesen wird geregelt

Signalement

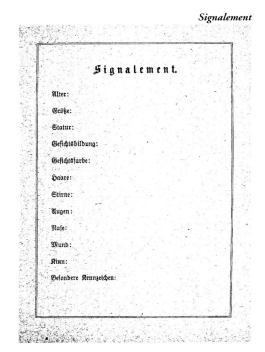

Die Mechanismen der Kontrolle

Die polizeilichen Vorschriften der Länder und
Gemeinden, die als Ausführungsbestimmungen der
entsprechenden Paragraphen des Reichsstrafgesetzbuches (vor allem der zitierte § 361,6 sowie
§ 362) erlassen wurden, sind in ihrer Bandbreite durchaus nicht identisch. Der wesentliche
Unterschied lag darin, daß entweder eine mehr
oder weniger detaillierte Reglementierung der
Prostitution (wie in Berlin) oder ihre zumeist ausschließliche Kasernierung bis hin zur Zwangsein-
weisung in Bordelle im Vordergrund standen (wie
es in Stuttgart der Fall war). Das Mannheimer Beispiel, das die Reglementierung bevorzugte,
erscheint vergleichsweise noch gemäßigt. Zwar
ist auch hier die übliche Detailbesessenheit[10]
zu analysieren [...] *alles laute Singen, Musicieren,
schallendes Gelächter oder sonstiges ruhestörendes
Benehmen in ihren Wohnungsräumen ist verboten,*
doch erreicht die Mannheimer Variante bei
weitem nicht den *akribischen Perfektionismus*
(Regina Schulte) der Berliner Polizeivorschriften[11].
Dort werden namentlich jene Straßen und
Anlagen aufgelistet, die nicht „Betreten" werden
dürfen, wobei dieser Begriff sogar das Fahrrad-
fahren einschließt. Ein Hauch von Absurdität
scheint dann auf, wenn Dirnen das nicht gerade
gesundheitsfördernde Rauchen in öffentlichen
Lokalen nicht erlaubt ist, während der Normalbürger ungehemmt dieser Lust frönen darf. Doch
sollte man dies nicht als frühe präventive (und
selektive) Gesundheitsmaßnahme mißverstehen.

Dieser gesamte Bereich der Verbote *(es ist
den in Frage stehenden Frauenspersonen verboten)*
verbindet sich mit bestimmten Verhaltensgeboten,
die nur indirekt erschließbar sind. So folgt aus
dem Verbot, *auffällige oder unanständige Kleidung
zu tragen,* das Gebot, sich unauffällig und bieder,
möglichst mausgrau, zu kleiden.

Eine besondere Form der Aufsicht schloß die
private Wohnung mit ein (§ 4). Dies betraf
ihre jeweilige Lage (die Nähe zu Kirchen, Schulen
und anderen öffentlichen Gebäuden war
ausgeschlossen) ebenso wie einen beabsichtigten
Wohnungswechsel, der von der Polizei ohne
weiteres untersagt werden konnte (das *Innehalten*
der Wohnung). Auch eine vorübergehende
Abwesenheit (z.B. eine Urlaubsreise) stand unter
Kontrolle (§ 4, Punkt 2).

Ortspolizeiliche Vorschrift § 4:
*Die unter polizeiliche Aufsicht gestellten, in die
Liste der öffentlichen Dirnen eingeschriebenen
Frauenspersonen haben:*
1. *neben den allgemein vorgeschriebenen
   Anzeigen jeden Wohnungsbezug binnen 24
   Stunden bei der Polizeibehörde persönlich
   anzumelden;*
2. *jede Entfernung von hier unter Angabe ihres
   Reiseziels und der muthmaßlichen Abwesen-
   heitsdauer, ebenso ihre Rückkehr, der Polizeibehörde persönlich anzuzeigen und sowohl
   vor Antritt des Urlaubs als auch nach Rückkehr aus demselben den Nachweis ärztlicher
   Untersuchung vorzulegen;*
3. *alle bezüglich der Wahl oder des Innehaltens
   ihrer Wohnungen ertheilten polizeilichen
   Weisungen jederzeit zu befolgen. In unmittel-
   barer Nähe von Kirchen, Schulen und anderen öffentlichen Gebäuden zu wohnen, ist den
   öffentlichen Dirnen unbedingt verboten.*

Einen besonderen Bereich bildeten die gesund-
heitlichen Überwachungen (§ 6). Üblich war
(auch im Mannheimer Fall) eine ärztliche Untersuchung pro Woche (seit 1901 zweimal wöchentlich). Nur eine solche Zwangsbehandlung bot der
Prostituierten die Gewähr, über ein entsprechen-
des ärztliches Zeugnis ihrem „Gewerbe" weiter
ungestraft nachgehen zu können. Beim Vorliegen
einer Geschlechtskrankheit folgte automatisch ein
Berufsverbot, wobei die Betroffene *durch Schutz-
leute in das städtische allgemeine Krankenhaus
gebracht und dort bis zur Heilung behandelt wurde*[12].

Ortspolizeiliche Vorschrift § 6:
*Behufs pollizeilicher Überwachung des Gesund-
heitszustandes der eingeschriebenen Dirnen
findet allwöchentlich eine ärztliche Untersuchung
statt, zu welcher sie sich um die ihnen bezeichnete Zeit in dem hierzu bestimmten Lokale
wohl gereinigt, sowie in anständiger Kleidung
und Haltung einzufinden haben.*
*Desgleichen haben sie sich – falls dies nöthig
befunden wird – außerordentlichen Untersuchungen durch den hierzu bestellten Arzt zu
unterwerfen.*
*Den jedesmaligen Befund der ärztlichen Unter-
suchung hat sich die Untersuchte von dem
betreffenden Arzte in ihrem Einschreibeschein*

eintragen zu lassen.
Den ärztlichen Anordnungen und polizeilichen
Weisungen bezüglich der Heilung ansteckender
Krankheiten hat die Untersuchte unbedingt
Folge zu leisten.

Bereits hier wird deutlich, daß dieser Gesundheitsüberwachung primär ein disziplinierendes Element zugrunde lag. Eigentlich gehörten *venerische Krankheiten* nicht zu den gemeingefährlichen Krankheiten, die der *zuständigen Polizeibehörde unverzüglich anzuzeigen* seien[13]. Dies galt auch für die Syphilis[14]. Daß die regelmäßige Kontrolle der Prostituierten aufgrund polizeilicher Verfügungen nur im Rahmen eines spezifischen Überwachungssystems durchgeführt wurde, zeigt an, daß es nicht um eine allgemeine Bekämpfung der Geschlechtskrankheiten gehen konnte. Denn einen Schutz vor solchen Krankheiten boten diese Zwangsuntersuchungen nicht, sie zeigten nur an: gesund oder krank. Die potentiellen Verbreiter dieser Krankheiten, die illegalen Prostituierten und ihre Freier, wurden durch ein solches System überhaupt nicht erfaßt. So gilt auch hier dasselbe wie bei den anderen Kontrollen: Entsprach man als Dime den aufgestellten Regeln, „funktionierte" innerhalb dieses Normenkatalogs, dann wurde ein „Gewerbe" akzeptiert, das auf einer allgemeinen moralischen Ebene als zutiefst verwerflich galt.

Die eine Welt und die andere

Familie und Heim – dies waren die Säulen, auf denen die Moral der bürgerlichen Gesellschaft ruhte. In diesem System sollte auch die Frau die ihr gemäße Rolle als Hausfrau und Mutter finden. Damit verbunden entstand eine äußerst differenzierte Struktur verfeinerter Riten der Bürgerlichkeit, von der Eßkultur bis zu festgelegten Tagesabläufen.

Weit weg schien hingegen jene andere Welt zu sein, jene im Dunkeln (im doppelten Sinne des Begriffes), in der Krankheit und Verbrechen, das Vulgäre und Perverse eine unheilvolle Verbindung eingegangen waren. In diesem Milieu gedieh die Prostitution als ständige Provokation der bürgerlichen Moral. Und doch war dieses „Reich des Lasters" nichts anderes als das Produkt einer „Herren-Moral", die zum Licht auch den Schatten brauchte. Denn hinter dem Ritual des Beschwörens der offiziellen Konformität verbarg

sich die mehr oder weniger geheime Lust, diese zu brechen. Doch durfte dieser Widerspruch nicht dazu führen, einen unkontrollierten Raum zu schaffen, in dem ganz andere Regeln gelten würden. Auch das Laster brauchte seine Ordnung: Die Prostitution hatte innerhalb eines abgeschotteten Raumes nach amtlicher Maßgabe zu funktionieren. Indem ihre Opfer zu Tätern erklärt wurden, deren potentiell unheilvoller Einfluß durch einen Kokon polizeilicher Vorschriften eingedämmt werden sollte, schuf man sich kontrollierbare Grenzen. All die moralische Verwerflichkeit blieb so hinter einem Zaun verborgen und das Tabu gewahrt. Den Abgrund, der sich hinter dieser Doppelmoral verbarg, wollte man nicht ausleuchten. Eine solche Selbsterkenntnis wollte man nicht.

Anmerkungen zum Kapitel

[1]   DIE HAUSFRAU S. 54.

[2]   Ebd. S. 52.

[3]   HANDBUCH DER SOZIALEN WOHLFAHRTS-
      PFLEGE S. 94.

[4]   Ebd. S. 95.

[5]   Ebd. S. 97.

[6]   Ebd.

[7]   Ebd. S. 118.

[8]   Vgl. HANDBUCH DER SOZIALEN WOHL-
      FAHRTSPFLEGE

[9]   Vgl. ORTSPOLIZEILICHE VORSCHRIFT S. 7.

[10] Das folgende Verbot findet sich in identischer
      Formulierung in den Vorschriften von Frankfurt am
      Main. Abgedruckt in M. KREUZER S. 38f.

[11] Abgedruckt bei R. SCHULTE, S. 176-181; siehe
      hierzu auch V. KONIECZKA, S. 22f.

[12] DIE GESUNDHEITSPFLEGE IN MANNHEIM
      S. 196f.

[13] Die Bekämpfung gemeingefährlicher Krankheiten.
      Gesetz vom 30. Juni 1900, §1.

[14] Ein eigenes „Reichsgesetz zur Bekämpfung der
      Geschlechtskrankheiten" wurde erst 1927 erlassen.

*D*er alte Teil des Mannheimer Friedhofs birgt viele historische Schätze, die auch für die Frauengeschichte noch zu heben sind. Der Tod trifft in diesem Fall eine unvoreingenommere Auswahl als die oft beschworene numinose Macht „Geschichte".

So fällt insbesondere ein Grabdenkmal ins Auge, das deutlich griechische Vorbilder entsprechender Art, zu denken ist an das Grab der Hegeso in Athen, vor Augen führt. Es handelt sich um das Grabmal der Anna Sammet aus dem Jahr 1900, wie die Inschrift ausweist.

In einer Szene zwischen zwei Frauen beherrscht die stehende Figur das Bild. Sie steht leicht vorgebeugt über der Sitzenden, ihre rechte Hand liegt beschützend auf deren Schulter. Der gesamte Gestus drückt mütterliche Behutsamkeit aus.

Rosmarie Günther

BEI EINEM SPAZIERGANG ÜBER DEN MANNHEIMER FRIEDHOF

Beide Frauen tragen die Frisuren ihrer Zeit und sind dadurch einmal als reife Frau mit Hinterkopfknoten, zum anderen als junges Mädchen mit Zopfkranz gekennzeichnet. Die Gewänder sind zwar nach antikem Vorbild gestaltet, vermeiden aber eine deutliche Abzeichnung des Körpers. Das junge Mädchen hält ein großes Buch in der Hand, das am oberen Rand von der Frau leicht abgestützt wird. Sie scheint es ihm eben gereicht zu haben. Die Füße der beiden sind nackt. Kopf und Blick des Mädchens sind nach oben der Frau zugewandt, sie scheinen im Dialog miteinander zu stehen.

Das *Großherzogliche Institut* war im Jahre 1877
wegen Verschuldung in den Besitz der Stadt übergegangen, die Anna Sammet als Leiterin gewinnen
konnte. Ihr gelang es, *infolge ihrer hervorragenden
Befähigung für dieser. Beruf* den guten Namen des
Instituts erneut zu festigen. Sie begann im Jahre
1877 mit zehn Ganzpensionärinnen, vier Halbpensionärinnen und zehn Externen und erzog im
Jahr 1893 39 Ganz- und 15 Halbpensionärinnen.[2]

Ziel des Unterrichts war es, Geist und Gemüt
harmonisch auszubilden und Verständnis für alles
Schöne und Ideale zu fördern. Dem trägt der
Stein, errichtet von nicht gerade unvermögenden
Schülerinnen, Rechnung.

Konkret wurden in der Anstalt folgende Fächer
gelehrt: fremde Sprachen, die in Wort und Schrift
beherrscht werden mußten, deutsche Sprach-
lehre, Literatur, Weltgeschichte, altklassische
Literatur, Kunstgeschichte, Geographie, Religion,
Handarbeit, Turnen und Singen. Darüberhinaus
wurden auch individuelle Neigungen der höheren
Töchter gefördert, wie das Tanzen, Zeichnen,
die Porzellanmalerei und anderes mehr. 1899
wurde fakultativ Turnunterricht und obligatorisch
Anstandsunterricht ergänzt.

**Grabstein von Anna Sammet auf dem
Hauptfriedhof mit der Innschrift: Die Lehrer
aber werden leuchten wie des Himmels Glanz**

Der Kreis der Absolventinnen kam zu einem klei-
neren Teil aus dem Ausland und dem deutschen
Reich, zum größeren aus dem Mannheimer
Großbürgertum, in dem sich der Bildungsadel der
Karl-Theodor-Zeit vereinigt hatte mit dem
Geldadel des aufstrebenden Unternehmertums.

Eine scheinbar alltägliche Szene und doch voller
Symbolcharakter, steht sie doch für das Leben
und die Arbeit der Verstorbenen, der Anna Sammet, Vorsteherin des *Großherzoglichen Instituts
für Mädchen* und deren Schülerinnen, die, so entdeckt man unter Laub und durch Moos fast
unkenntlich, aus Dankbarkeit den Stein errichteten.
Die Leiterin des Instituts war im 56. Lebensjahr
nach schwerem Leiden verstorben.[1] Ihr Gesicht
auf dem Stein trägt, wenn auch etwas verjüngt,
durchaus porträthafte Züge. (Bild). Über der
Szene steht der Bibelvers: *Die Lehrer aber werden
leuchten wie des Himmels Glanz*. Dies, wie
auch die Kleidung, weisen auf eine beabsichtigte
Allgemeingültigkeit hin.

Das damalige Großbürgertum konnte es sich
mittlerweile leisten, eine kostspielige Ausbildung
ihrer Kinder zu finanzieren, wobei die Erziehung
der jungen Mädchen deutlich ausgerichtet war auf
die Erfüllung ihrer späteren Repräsentations-
und Hausfrauenpflichten in einem großbürgerlichen
Haushalt. Der Rückgriff auf klassische Vorbilder
geschah zum Teil in Abgrenzung des Bildungsbür-
gertums zum Adel.

Diese Vorstellungen übertrug man auch auf die
Grabarchitektur, wobei meines Erachtens bei
unserem Grabrelief der Rückgriff gerade auf die
griechische Antike zugleich eine Betonung des
humanistischen Bildungsideal beinhaltete.

Folgender Bericht sei ans Ende unseres historischen Friedhofsspazierganges gesetzt:
*Am 25. August 1900 starb nach schwerem Leiden
im Heidelberger Diakonissenhaus Frl. Anna Sammet,
die verdienstvolle Vorsteherin des Instituts seit 1877,
seitdem das Institut in städtische Verwaltung
übergegangen ist. Bei Wiederbeginn des Unterrichts
am 15. September 1900 fand in dankbarer
Erinnerung an die Verstorbene eine kleine Gedächt-
nisfeier statt, an welcher die Lehrerinnen, die
Zöglinge und sämtliche Hausgenossen Teil nahmen.
Die Ausschmückung des blauen Saales erfolgte
nach Anordnung der hohen Protektorin, der Frau Großherzogin, welche hierzu eine prachtvolle Blumen-
spende sandte. Der Vorsitzende des Verwaltungsra-
tes, Geh. Kommerzienrat Eckhard, gab ein kurzes
Lebensbild der Verstorbenen und eine Darstellung
der Bedeutung ihrer 24 jährigen Berufsthätigkeit
im Großherzoglichen Institut. Bei dem großen Verluste,
der die Anstalt betroffen, sei es für alle Beteiligten
doppelte Pflicht, alles einzusetzen für die Ehre der
altehrwürdigen Erziehungsanstalt.*[3]

Offenbar gab es Schülerinnen, denen dies nicht
genügte.

Anmerkungen zum Kapitel

[1] GENERALANZEIGER MANNHEIM 27. August
     1900 S. 5.
[2] Vgl. F. WALTER, Mannheim: Vergangenheit und
     Gegenwart, Bd. 2 (S. 256) und Bd. 3, Frankfurt 1978,
     Neudruck der Ausgabe von 1907.
[3] F. WALTER, Chronik der Hauptstadt Mannheim für
     das Jahr 1900, S. 59, Mannheim 1901.

Ob Carl Benz heute als der Erfinder des ersten
Automobils gefeiert würde, wenn er 1872 nicht
Bertha Ringer geheiratet hätte? Wohl kaum, denn
nach allem, was wir heute aus dem Leben von
Carl und Bertha Benz wissen, sieht es so aus, als
ob Carl Benz ohne die Unterstützung und Auf-
munterung durch seine Frau Bertha die mannig-
faltigen Hindernisse bei der jahrelangen Arbeit an
der Entwicklung und Vermarktung des ersten
Automobils nicht gemeistert hätte. Bertha war so
fest von dem Erfolg der Arbeit ihres Mannes
überzeugt, daß es ihr stets gelang, ihn aufzurichten
und ihm Mut zu machen, wenn dieser schon
nicht mehr daran glauben mochte und nahe daran
war aufzugeben.[1]

Karin von Welck

„LEIDER WIEDER NUR EIN MÄDCHEN"
– Bertha Benz

Bertha Benz wurde am 3. Mai 1849 in Pforzheim
als Tochter des Zimmer- und Baumeisters Carl
Friedrich Ringer und seiner Frau Auguste Friederike
Kollmar geboren. In der Familienbibel kommentierte der Vater die Geburt seiner vierten Tochter
mit der Bemerkung *wir [erhielten] leider wieder nur
ein Mädchen*.[2] So bitter auch die Enttäuschung
des Vaters gewesen sein mag, Bertha scheint eine
glückliche Kindheit und Jugend verlebt zu haben.
In dem sich immer vergrößernden Geschwister-
kreis, – das Ehepaar Ringer hatte insgesamt neun
Kinder, fünf Töchter und vier Söhne – wuchs sie
behütet auf. Die Eltern sorgten für eine gute
Ausbildung und schickten die Tochter auf die
Höhere Töchterschule, die von dem aus Schopfheim stammenden Lehrer Johann Georg Pflüger

Bertha Benz in jungen Jahren

geleitet wurde. Es handelte sich um eine 1849 gegründete Lehranstalt *mit gehobenem Lehrplan,* die 1860 als öffentliche Schule anerkannt wurde.[3] Johann Georg Pflüger war ein ausgezeichneter Pädagoge, der nicht nur Unterricht erteilte, sondern auch Schulbücher verfaßte und sich hohes Ansehen erwarb.

Der progressive Pädagoge Pflüger gab in damaliger Zeit ein ungewöhnliches Beispiel dafür, auch in jungen Mädchen die Entwicklung der eigenen Persönlichkeit zu fördern. Die Früchte seiner Erziehung wurden in Bertha Ringer sichtbar. Sie entwickelte sich zu einer Frau mit Selbstvertrauen, Selbstbewußtsein und Initiativkraft, so beschrieb Kurt Griguscheit 1986 sicherlich zu recht die Bedeutung, die Johann Georg Pflüger für die Entwicklung Berthas hatte.[4]

1870 verlobte sich der junge Ingenieur Carl Benz mit Bertha Ringer. Das Brautpaar schmiedete Pläne für ein gemeinsames Leben in Wien, wo Carl bei der Firma Granichstädten ein Auskommen zu finden hoffte. Doch die Hoffnung war trügerisch: Schon vier Wochen nach seinem Dienstantritt gab Carl seine Anstellung in Wien auf, reiste nach Pforzheim zurück und beschloß, in Mannheim ein eigenes Geschäft aufzubauen. Als Partner gewann er den Mechaniker August Ritter. Die beiden kauften ein Grundstück und richteten dort die *Carl Benz und August Ritter, Mechanische Werkstätte* ein. Allein, nach wenigen Wochen stellte sich heraus, daß Carl Benz zwar ein tüchtiger Ingenieur sein mochte, aber offensichtlich kein sonderlich guter Menschenkenner und Geschäftsmann: Die zur Gründung der Werkstatt

Bertha Benz, 1888

aufgenommenen Schulden konnten nicht getilgt werden, die Verbindung zu August Ritter wurde immer problematischer, und das Scheitern der Unternehmung schien vorprogrammiert.

Jetzt griff zum ersten Male die umsichtige Braut tatkräftig ein: Sie erwirkte von ihrem Vater die Freigabe ihres Heiratsgutes in Höhe von 4.244 Gulden 53 Kreuzer und die Genehmigung, dies dem Bräutigam zur Ausbezahlung des Teilhabers zur Verfügung zu stellen. Nun konnte Karl Benz mit August Ritter ernsthaft und entschieden verhandeln. Tatsächlich gelang es ihm auch – freilich erst nach vielen und verdrießlichen Auseinandersetzungen –, diesen gegen Rückzahlung seiner Einlage zum Austritt aus

der Firma und zum Verzicht auf jedes Mitbesitzerrecht an dem Grundstücke T 6, 11 zu bestimmen.[5]

Wie künftig noch so manches Mal in ihrem Leben mit Carl Benz hatte Bertha eine wichtige Entscheidung herbeigeführt, die sich positiv für ihren Lebenspartner auswirkte. Am 20. Juni 1872 heirateten Carl und Bertha in der evangelischen Pfarrkirche in Pforzheim.

In Mannheim stellte Carl in den kommenden Monaten zunächst Erzeugnisse für den Baubedarf her und wandelte dann seinen Betrieb in eine Fabrikation für Maschinen zur Blechbearbeitung um. Doch trotz aller Anstrengungen kam die

Werkstatt nicht recht voran. Carl arbeitete unermüdlich: Am Tag wurden die mühsam akquirierten Aufträge bearbeitet, und bis spät in die Nacht tüftelte er an der Entwicklung eines Zweitaktmotors. Dennoch verschlechterte sich die wirtschaftliche Lage der jungen Familie ständig. Dabei war das Geldverdienen bald immer wichtiger, denn im April 1873 wurde der Sohn Eugen und im Oktober 1874 der Sohn Richard geboren. Im August 1877, schließlich, erfolgte die Geburt der Tochter Clara.[6] Endlich, in der Sylvesternacht 1878/79 war es geschafft: Wieder einmal ermutigt durch seine Frau, deren Optimismus nicht zu erschüttern gewesen zu sein scheint, betrat Carl Benz nach dem Abendessen noch einmal seine Werkstatt, drehte den Motor an, an dem er nun schon so lange gearbeitet hatte, und wirklich: Zum ersten Mal sprang das Gerät tatsächlich an und lief eine Stunde lang in regelmäßigem Takt, genau so, wie es sich der Erfinder erträumt hatte.

Mit der erfolgreichen Entwicklung des Zweitaktmotors hatte Carl Benz eine wichtige Hürde genommen. Doch bis zur Fertigstellung des ersten Automobils sollte noch eine geraume Zeit vergehen. Wieder und wieder scheint Bertha das Selbstvertrauen und die Zuversicht von Carl gestärkt zu haben. Am 29. Januar 1886 erhielt Carl Benz vom Kaiserlichen Patentamt die Patentschrift für seinen ersten dreirädrigen Motorwagen. Nach Fertigstellung des Prototyps begleitete Bertha ihren Mann auf vielen Probefahrten, die oft genug damit endeten, daß der Wagen nach Hause geschoben werden mußte. 1888, im *Dreikaiserjahr*, erfolgte dann die Fahrt, mit der sich Bertha für immer in die Geschichte der Automobilfahrt einschrieb. Zusammen mit ihren Kindern Eugen und Richard brach sie im Sommer zur ersten Automobilfernfahrt auf, die je unternommen wurde. Später erzählte Bertha gerne, daß ihre Söhne sie zu dieser Fahrt überredet hätten: *Den Mechanismus kannten sie so gut wie der Vater selbst, aber der litt es nicht, daß sie jemals allein führen. So nötigten sie mir denn hinter Vaters Rücken das Versprechen ab, daß ich sie mit dem Modell 3… nach Pforzheim begleiten solle. Ich tat, als wenn wir am anderen Morgen mit dem Frühzuge fahren wollten, besorgte das Hauswesen und so konnten wir an einem schönen Augusttage des Jahres 1888, gleich nach Beginn der Schulferien, frühmorgens um fünf Uhr heimlich losfahren, als der Vater noch schlief.*[7] Die Fahrt führte zur Großmutter Ringer nach Pforzheim und gestaltete sich ziemlich abenteuerlich. Der Verlauf des Unternehmens ist so oft kolportiert worden, daß es schwer ist, die genauen Fakten zu rekonstruieren. 1938, anläßlich des fünfzigsten Jubiläums der Reise, hat Bertha in Anwesenheit ihrer Söhne einem Journalisten des *Pforzheimer Anzeiger* [8] noch einmal ausführlich über ihre Erlebnisse an diesem denkwürdigen Tag erzählt. Weder Bertha noch Eugen oder Richard hatten vor der Fahrt den genauen Weg von Mannheim nach Pforzheim gekannt. Dennoch erreichten die drei, nach vielen Unterbrechungen, in denen unter anderem Berthas Hutnadel und ihr Strumpfband als Reparaturteile für das Auto in Einsatz kamen, über Heidelberg, Wiesloch und Bruchsal glücklich Pforzheim, wo das Unternehmen spät am Abend endete.

Da die erste Fernfahrt zugleich eine Schwarzfahrt war, denn der Wagen hatte eigentlich nur eine beschränkte Zulassung für die Gemarkungen Mannheim, Sandhofen, Käfertal, Feudenheim, Ilvesheim, Schriesheim, Ladenburg und Neckarau, ist berechtigter Zweifel angebracht, ob Carl Benz von dem Vorhaben seiner Frau wirklich nichts wußte. Immerhin war der Wagen erst der dritte, der überhaupt produziert worden war und stellte somit einen beträchtlichen Teil des Vermögens der Familie dar. Die noch im hohen Alter als äußerst resolut geschilderte Bertha wird daher vermutlich ihr kühnes Unternehmen vor ihrer Abfahrt mit ihrem Mann besprochen haben. Offiziell konnte Benz der Fahrt natürlich nicht zustimmen, denn es handelte sich ja eindeutig um einen Verstoß gegen das Gesetz. *Bertha mußte nach außen hin alles auf ihre Kappe nehmen. Obwohl es eine strafbare Handlung war, wagte sie die Fernfahrt und erwies sich damit auch als eine erste Fachfrau für Öffentlichkeitsarbeit und Public Relations. Sie konnte mit Sicherheit voraussetzen, daß ihre Reise Aufsehen erregen würde* [9] – so beurteilt auch Kurt Griguscheit die spektakuläre Fahrt.

Mit der Entscheidung, in Pforzheim nicht bei ihrer Mutter zu übernachten, sondern im Hotel Post, das als ehemaliger Halteplatz für Pferdepostkutschen und Gasthof für die zahlreichen Schmuckeinkäufer aus aller Welt, die nach Pforzheim kamen,

1894 präsentiert sich Carl Benz in seinem „Victoria" mit Frau und Tochter

ein beliebter Treffpunkt war, bewies Bertha ebenfalls ihren Sinn für werbewirksames Verhalten.

Auch in unseren Tagen erinnert man sich noch
gerne an die Fahrt von Bertha: So zum Beispiel
am 5. August 1988, als zum ersten Mal die Bertha-
Benz-Rallye veranstaltet wurde, die als Gemein-
schaftsunternehmung des Mercedes Benz Vetera-
nenclubs von Deutschland e.V., des Allgemeinen
Schnauferl-Clubs e.V., der Städte Mannheim und
Pforzheim und der Generalvertretung der Deutschen Bundesbahn in Mannheim/Ludwigshafen
gleichfalls eine vielbeachtete Public Relations Aktion war. Beim Mannheimer Fastnachtsumzug im
Jahr 1988 hatte der Festwagen der gemeinsamen
Verkehrsvereine Mannheim und Pforzheim übrigens das vieldeutige Motto *Frau am Steuer –
ungeheuer.* [10]

Ab 1893 produzierte Carl Benz neben dem
Grundmodell *Viktoria* verschiedene weitere Ver-
sionen seines Wagens. Im Lauf der Jahre kam

es immer wieder zu schwierigen Verhandlungen
mit wechselnden Geschäftspartnern. *Nach der
Jahrhundertwende arbeiteten in der inzwischen zur
Aktiengesellschaft mit drei Millionen Mark Kapital
gewachsenen Firma zeitweise sogar zwei Teams von
französischen und deutschen Ingenieuren in Konkurrenz gegeneinander.* [11] 1903 zog sich Benz aus
dem aktiven Geschäftsleben zurück. Die Familie
erwarb ein Haus in Ladenburg, in dem Carl 1929
verstarb, wenige Tage nachdem der Rheinische
Automobilclub zu Ostern noch eine Huldigungs-
fahrt zu seinen Ehren veranstaltet hatte.

Bertha überlebte ihren Mann um viele Jahre.
Als im Mai 1939 ihr neunzigster Geburtstag gefeiert wurde, war dies *ein festlich stolzer Tag für
Ladenburg,* [12] und die Neue Mannheimer Zeitung
berichtete in großer Aufmachung, *wie Mutter
Benz gefeiert wurde.* [13] Die Nationalsozialisten ver-
einnahmten Bertha Benz nur allzu gerne als *Vorkämpferin einer neuen Zeit und einer neuen Welt.* [14]
Folgerichtig wurden der Jubilarin vom Verfasser

Bertha Benz mit dem Ehrenbürgerbrief der Stadt Ladenburg

des Berichts über die Geburtstagsfeierlichkeiten folgende Worte in den Mund gelegt: *Ich habe heute so vielen zu danken; sagen Sie es nur allen. Wenn ich zurückdenke: Noch vor zehn Jahren konnte man nicht einen Siegeszug des Motors wie der Technik überhaupt erhoffen, wie ihn die letzten Jahre gebracht haben, seitdem der Führer unserer Technik sein Interesse zugewendet hat…*[15]

Ganz anders lesen sich dagegen die Erinnerungen an Bertha Benz aus der Feder von Elisabeth Trippmacher. Dort heißt es zum Beispiel: *Wie oft, wenn sie in ihren hohen Jahren in bitteren Fliegernächten in den Keller sollte, bedauerte sie, daß der Motor erfunden wurde, an so was hat mein Mann nie gedacht und wie können sich die Menschen so etwas antun? Gelt, wenn ich das Kriegsende nicht mehr erleben sollte, versprechen sie mir, die Frauen, die Mütter aller Nationen aufzurufen, gegen jeden weiteren Krieg!*[16]

Am 5. Mai 1944 starb Bertha Benz in Ladenburg, zwei Tage nach ihrem fünfundneunzigsten

Geburtstag, zu dem sie von der Technischen
Hochschule Karlsruhe, in Anerkennung um ihre
großen Verdienste bei der Entwicklung des
ersten Automobils, zur Ehrensenatorin ernannt
worden war.

Anmerkungen zum Kapitel

[1] Die Quellenlage zum Leben von Bertha Benz ist
schlecht. Der nachfolgende Aufsatz bezieht sich auf
das Material, das im Stadtarchiv Mannheim zum
Stichwort „Carl Benz" gesammelt wurde, sowie auf
das Buch von Paul Siebertz: Karl Benz. Ein Pionier
der Verkehrsmotorisierung. München 1943.

[2] Siebertz 1943, S. 29

[3] Kurt Griguscheit: Carl Benz, Berta Ringer, Das Auto
und Pforzheim. Pforzheim 1986.

[4] Ebd.

[5] Siebertz 1943, S. 33

[6] Das Ehepaar bekam später noch zwei weitere
Töchter: Mathilde, geb. am 2. Februar 1882 und
Elisabeth, geb. am 16. März 1890.

[7] Siebertz 1943, S. 93

[8] PFORZHEIMER ANZEIGER Nr. 35 vom 11.2.1938

[9] Griguscheit 1986

[10] DIE RHEINPFALZ vom 18.2.1988

[11] Erhard Becker: Eine Probefahrt im ersten Morgenlicht. In: STUTTGARTER ZEITUNG Sonderbeilage
vom 17.1.1986

[12] NEUE MANNHEIMER ZEITUNG Nr. 200 vom
4.5.1939

[13] Ebd.

[14] Carl Werner: Festrede zum neunzigsten Geburtstag
von Bertha Benz, 1939.

[15] NEUE MANNHEIMER ZEITUNG Nr. 200 vom
4.5.1939

[16] MANNHEIMER STADTBLATT Nr. 2, S. 4, 1949

*D*er große Bevölkerungszuwachs, den die Stadt Mannheim zwischen 1870 und 1912 erfuhr, war durch die Industrialisierung bedingt: Industrie und Verkehrsgewerbe lockten schon seit den sechziger Jahren des 19. Jahrhunderts mehr und mehr junge Leute aus den relativ armen ländlichen Gebieten des Odenwalds und des Baulands, des Kraichgaus, aber auch aus der bayrischen Pfalz; denn höhere Löhne versprachen besseren Lebensstandard, und die Stadt mit ihrer Urbanität verhieß neue Freiheiten, gerade für Frauen. Was mußte es bedeuten, der Familie und dem Dorf und deren/dessen Sozialkontrolle zu entkommen? Träumten die Frauen vielleicht vom sozialen Aufstieg in der Stadt? Würde „sie" als Dienstmädchen einen ordentlichen selbständigen Handwerker finden, der ihrer eigenen Tüchtigkeit als Hausfrau wert war? Oder wollte sie einen Beruf erlernen, Modistin oder gar Schauspielerin werden? – Sehen wir, was wir über Arbeits- und Lebensverhältnisse der ärmeren Frauen in Mannheim um 1900 aus verschiedenen Quellen erfahren können.

Anna-Maria Lindemann

DIE HÄLFTE DES HIMMELS?

Arbeiterinnen und Arbeiterfrauen in Mannheim um 1900

Ich möchte im folgenden Beitrag sowohl auf die Lebenssituation der ärmeren Frauen eingehen als auch darauf, wie sie als Objekte kommunaler und betrieblicher Sozialpolitik gesehen wurden. Der letzte Teil behandelt Frauen in der Mannheimer Arbeiterbewegung.

Frauenerwerbsarbeit in Mannheim

Der Statistik[1] zufolge arbeitete etwa die Hälfte der zuwandernden jungen Frauen um 1900 in der Stadt als Dienstbotinnen, die andere Hälfte als Gewerbegehilfinnen: Kellnerinnen, Köchinnen, Näherinnen, Verkäuferinnen. Nur einige wenige hatten erzieherische, pflegerische oder Büroberufe; 5,2% bezeichneten sich als Arbeiterinnen.[2]

Die Dienstbotinnen waren durchweg jünger als die Gewerbegehilfinnen. Es ist daher zu vermuten, daß die zuwandernden Frauen bei ihrem ersten Eintritt in die Stadt sich als Dienstbotinnen verdingten, in fortgeschrittenem Alter sich aber eher auf ein Gewerbe spezialisierten. Vermutlich mochten sie sich dann nicht mehr der halbfeudalen Abhängigkeit von der „Herrschaft" fügen.

Keineswegs bedeutete die Zuwanderung, daß die Frauen sich in Mannheim niederließen. Im Gegenteil zogen durchschnittlich 50% innerhalb eines Jahres wieder weg.[3] Neben den Zumutungen des Arbeitsplatzes mag eine Rolle gespielt haben, daß einige nur solange in die Stadt geschickt wurden, wie man sie in der Landwirtschaft daheim als Arbeitskraft entbehren konnte.

Dienstbotinnen wohnten unentgeltlich im Hause ihrer Herrschaft und wurden dort auch verköstigt, dafür hatten sie sich allzeit der Herrschaft zur Verfügung zu stellen. Der bare Lohn nahm sich bescheiden aus: die Dienstbotinnen erhielten im Vierteljahr (1900) zwischen 25 und 40 Mark (die über Dreißigjährigen zwischen 41 und 50 Mark), Köchinnen zwischen 50 und 60 Mark. (1890 sah man einen Verdienst von 5 Mark pro Woche und pro Person als Existenzminimum an.[4])

Frauenerwerbsarbeit insgesamt ist in ihrem Umfang nicht ganz leicht zu erfassen. Sicher nicht vollständig ist der Umfang von Heimarbeit, stundenweiser und „selbständiger" Erwerbsarbeit der Frauen als Büglerinnen, „Zugehfrauen",

Wäscherinnen, Näherinnen, Schneiderinnen usw. von der zeitgenössischen Statistik erfaßt worden. Eine Untersuchung der Heimarbeit in Mannheim 1904 zeigt, daß es vor allem in den Außenbezirken (Neckarau, Sandhofen) heimarbeitende Frauen gab, die z.B. für die *Knall* (Rheinische Celluloidfabrik Neckarau) Puppenkleider nähten oder Puppenköpfe bemalten. Viele Frauen arbeiteten auch mit dürftigem Einkommen als „selbständige" oder hausindustrielle Schneiderinnen.[5]

Betrachten wir die Situation der Gewerbegehilfinnen: Gingen die jungen Frauen als Verkäuferinnen in die Lehre, so erhielten sie 10 Mark monatlich (1907)[6]; der Lohn stieg bis auf 20 Mark. Zwei Drittel von ihnen wohnte bei den Eltern, von dem restlichen Drittel hatten einige Kost und Logis beim Geschäftsherrn.

Waren die Fabrikarbeiterinnen besser dran? Mannheims Industrie wies relativ wenige Frauenarbeitsplätze auf. Es dominierten die typischen Branchen der Männerarbeit: Metall, Chemie und Zellstoffproduktion. Die Frauen arbeiteten überwiegend in der Tabakbranche, in der Gummi-, Celluloid- und Asbestfabrikation, sowie in Bettfedernfabriken, Lumpensortieranstalten und Textilfabriken, in un- bzw. angelernten Berufen, unter ungesunden Arbeitsbedingungen.

Während der Durchschnittslohn für alle Arbeiter und Arbeiterinnen 1890 bei 18 bis 19 Mark pro Woche lag, verdienten 94% der Arbeiterinnen einen Wochenlohn von weniger als 12 Mark, über die Hälfte von ihnen verdiente 8 Mark und weniger. Um diese Löhne zu erzielen, arbeiteten die Frauen durchschnittlich mindestens eine Stunde länger als die Männer.[7] Oft wurde der Lohn zu Hause abgeliefert, weil jüngere Geschwister zu versorgen waren. Einige Beispiele aus der Untersuchung des Fabrikinspektors Wörishoffer über *die sociale Lage der Fabrikarbeiter in Mannheim und dessen nächster Umgebung* (1891) mögen das illustrieren:

Zigarrenarbeiterinnen in der
Willstädterischen Zigarrenfabrik um 1900

Beispiel 1: Eine Arbeiterin in der Asbestfabrik, 29 Jahre alt: verdient 8,40 Mark pro Woche, gibt für Wohnung 1,50 Mark und für Kost 3 Mark bis 3,50 Mark aus. *Ißt mittags nur einen Teller Suppe für 10 Pfennig in einem Kosthause und lebt im übrigen von Kaffee und Brod. Erzielt ihren Verdienst nur durch 14stündige Arbeitszeit. Die Bezahlung ist 10 Pfennig für die Stunde.*

Beispiel 2: Eine Arbeiterin in einer Tabakfabrik, 16 Jahre alt: verdient 7 Mark pro Woche, *wohnt in Neckarau, 4 km entfernt bei ihrer Mutter, die Witwe ist und gelegentlich Taglohnarbeiten verrichtet. Es ist noch ein älterer Bruder zu Hause, welcher z.Zt. keine Arbeit hat. Liefert den ganzen Verdienst an ihre Mutter ab. Nimmt Brod und Kaffee von zu Hause mit und erhält 1 Mark wöchentlich für ihren sonstigen Unterhalt. [...] Hiervon wird thunlichst wenig ausgegeben um einige Anschaffungen für Kleidung machen zu können.*

Beispiel 3: Eine Arbeiterin in einer Tabakfabrik, 23 Jahre alt: verdient 8,40 Mark pro Woche, *nimmt Brod und Kaffee von Hause 1 1/2 Std. entfernt mit. Verzehrt außerdem in Mannheim*

wöchentlich nur 40 Pfg. Liefert der Mutter 6 Mk. in der Woche ab, was anderweitige Erhebungen bestätigt haben. Kauft sich die Kleider von den verbleibenden 2 Mk. selbst. Die Mutter ist Witwe mit 6 Kindern, von denen vier verdienen und 25 Mk. in der Woche abliefern, wovon der Haushalt und alle sonstigen Ausgaben für die Mutter und zwei noch nicht verdienende Geschwister bestritten wird.

Beispiel 4: Eine Maschinenarbeiterin in einer Federnfabrik, 40 Jahre alt: verdient 8 Mark pro Woche, hat ein Zimmer für 8 Mark monatlich gemietet. *Bereitet sich ihr Essen selbst, lebt meist von Suppe, Kartoffeln, Kaffee und Brod. Gibt an, bei der größten Sparsamkeit gerade auszukommen. Die meisten Arbeiterinnen verdienen weniger, gerade nur das Kostgeld, so daß anzunehmen ist, daß sie für ihre übrigen Bedürfnisse durch Prostituierung aufkommen. Hat selbst einen fünfzehnjährigen außerehelichen Sohn zu sich genommen, welcher in der Lehre ist und täglich 80 Pfg. verdient.*[8]

Kein Zweifel, daß in die Beschreibungen des Fabrikinspektors moralische Vorurteile der Zeit

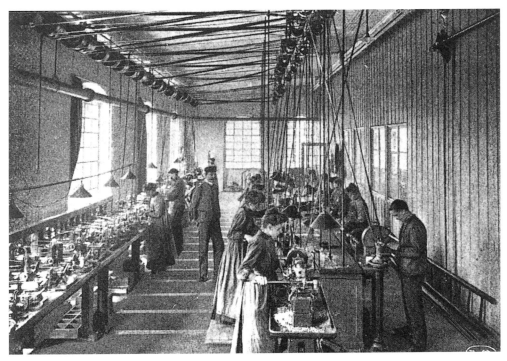

Frauen in der Metallindustrie:
Wassermesserfabrikation bei Bopp & Reuter

gegenüber ökonomisch selbständigen Proletarier-
innen einfließen, andererseits wird deutlich,
daß Frauenlöhne in der Fabrik den Frauen diese
ökonomische Selbständigkeit kaum erlaubten.
Frauenerwerbsarbeit galt als (unumgänglicher) Zu-
verdienst, um den Familienhaushalt zu finanzieren.
Daher sah man es auch als selbstverständlich
an, daß die unverheirateten Frauen in der Familie
oder bei Verwandten wohnten. Andererseits
ist zu verstehen, daß unter diesen Bedingungen
für die meisten Frauen die Erwerbsarbeit eine
notwendige Überbrückung der Zeit bis zur Eheschließung darstellte.

Hausarbeit und Fabrikarbeit zusammen mußten
eine kaum vorstellbare Belastung sein. In
der Untersuchung Wörishoffers waren 28,6%
der Frauen verheiratet, und über die Hälfte der
Arbeiterinnen waren unter 20 Jahre alt.[9] Im ersten
Jahrzehnt des neuen Jahrhunderts betrug
der Anteil verheirateter Arbeiterinnen – nach
Zählungen der Fabrikinspektion in allen ihr
unterstehenden Betrieben Mannheims – nur ein
Viertel bis ein Fünftel aller Arbeiterinnen.[10]

Damit ist natürlich nicht die gesamte Frauener-

werbsarbeit erfaßt, die noch neben dem Haushalt
und der Kindererziehung geleistet wurde. Die
Frauen arbeiteten mitunter als Heimarbeiterinnen
oder stundenweise als Büglerinnen, Waschfrauen
und dergleichen.

Die von der Fabrikinspektion im Jahr 1890 noch
festgestellten überaus langen Arbeitszeiten
(14 Stunden in der Asbestfabrik) wurden 1891
gesetzlich beschränkt: Arbeiterinnen durften
künftig nur noch bis zu elf Stunden beschäftigt
werden, Nachtarbeit war verboten, eine
Maßnahme, die von den Männern auch deshalb
begrüßt wurde, weil sie die Konkurrenz der
Frauen auf dem Arbeitsmarkt einschränkte.

Die gewerkschaftlichen Organisationen der
Männer konnten in den folgenden beiden Jahrzehnten eine beachtliche Senkung der Arbeitszeiten
durchsetzen. Die Mannheimer Metallarbeiter erreichten beinahe schon den Achtstundentag, als
die Frauen immer noch zehn und elf Stunden arbeiten mußten. Das Verhältnis von Frauenlöhnen
zu Männerlöhnen besserte sich kaum: die Frauen
verdienten rund ein Drittel von dem, was Männer
verdienten.

Ein Grund dafür war, daß die gewerkschaftlichen Organisationen „Männerbünde" waren, sie entstanden zunächst unter Handwerksgesellen und unter gelernten Arbeitern, erst nach und nach konnten sich auch ungelernte Arbeiter und Arbeiterinnen darin organisieren. Frauen wurden von ihren männlichen Kollegen als lästige Konkurrenz auf dem Arbeitsmarkt empfunden, und das Ideal des proletarischen Ehemanns lautete: *Meine Frau braucht nicht arbeiten zu gehen!*[11]

Wie haben die Arbeiterinnen ihre Situation empfunden? Der Fabrikinspektor schreibt 1891: *Die Äußerungen vieler Arbeiterinnen über die Lage ihrer Klasse im Ganzen in die Darstellung aufzunehmen, schien nicht geboten. Auch ohne drastische Darstellung der wirklichen Verhältnisse ist Niemand im Zweifel, um was es sich hier handelt. Das verdient aber erwähnt zu werden, daß die Arbeiterinnen im Allgemeinen nach ihrer bei der Vernehmung ohne eingehende Fragestellung gegebenen Schilderung einerseits das Demüthigende der ganzen Lage empfinden, anderseits dieselbe kurzweg als eine Zwangslage bezeichnen, von welcher aber häufig die eigene Person ausgenommen wird.*[12]

Diese interessante Feststellung erklärt zum Teil Organisationsschwierigkeiten der gewerkschaftlichen Zusammenschlüsse:
Wörishoffer berichtete 1891 vom Verband deutscher Schneider und Schneiderinnen in Mannheim, der Verband habe beschlossen, auch Schneiderinnen als Mitglieder aufzunehmen. Tatsächlich nämlich gebe es doppelt soviele abhängige Schneiderinnen wie Schneider im Untersuchungsgebiet (das ist etwa Mannheim in seinen heutigen Grenzen). 800 Berufsangehörige waren nicht im Verband, die 120 Verbandsmitglieder waren überwiegend ledige junge Männer. Nach dem Beschluß machten nur zwei Schneiderinnen von der Möglichkeit Gebrauch, Mitglied zu werden.[13]

Wöchnerinnenasyl
Luisenheim in C7,4
um 1904

Gewerkschaftliche Organisation der Arbeiterinnen, dringend erforderlich, um ihre Arbeitsbedingungen und ihre Entlohnung zu verbessern, stieß auf die Barriere weiblichen Rollenverständnisses – die öffentliche Sphäre der Gesellschaft war eine Domäne der Männer –, die Männer selbst wollten häufig aber auch von Frauen in ihren Organisationen nichts wissen.[14]

Jedoch ist schon 1892 von einem ersten Zusammenschluß von Arbeiterinnen (ein reiner Frauenverein also!) in Mannheim zu lesen: der *Verein sozialistischer Frauen und Mädchen*, gegründet 1892. *Vorsitzende: Fräulein Schön, U 6, 28, Parterre. – Als Zweck wurde angegeben: Der Verein schließt sich der sozialdemokratischen Partei Deutschlands an und wirkt gemeinschaftlich mit dieser für die ökonomische wie politische Freiheit des weiblichen Geschlechts. Zur Aufklärung werden geeignete Vorträge gehalten.* Die Mitgliederzahl wurde mit 235 angegeben. Die Mitgliedsbeiträge wurden für Abonnements der *Gleichheit* verwendet.[15]

Arbeiterinnen und Arbeiterfrauen als Mütter: „Zielgruppe" von Wohltätigkeit und Sozialpolitik

Die miserablen Lebensverhältnisse der Unterschichten forderten zeitgleich „bürgerliche Wohltätigkeit" und auch schon die Entwicklung moderner Sozialpolitik heraus. Vieles wissen wir über die Lebensverhältnisse der Unterschichten überhaupt nur aus den Darstellungen bürgerlicher „Wohltäterinnen und Wohltäter" sowie engagierter Fabrikinspektoren und Bezirksärzte, denen es – wie wir oben am Beispiel gesehen haben – um Besserung des Lebensstandards, aber auch immer um moralische Erziehung ging.

Einiges über die Frauen der Mannheimer Arbeiterklasse erfahren wir so im Spiegel der Bemühungen, die man aus verschiedenen Gründen um „Mutter und Kind" unternahm. Mannheim war 1900 – auf der Höhe der Zuwanderungswelle – infolge seines Altersaufbaus eine „heiratslustige" Stadt. Auch die Zahl lediger Mütter nahm nach 1900 zu.

Vor welchen Problemen standen die Mütter aus der Arbeiterklasse?

Nicht unbekannt ist die außerordentlich schlechte Wohnsituation der Arbeiterfamilien in der Zeit der Industrialisierung – Mannheim machte da keine Ausnahme. Schon seit den sechziger Jahren des 19. Jahrhunderts wurde der Mangel an Arbeiterwohnungen zum Thema in der Presse. Die Häuser Altmannheims wurden nun zwar ausgebaut und aufgestockt, auch Hinterhäuser und Seitenbauten entstanden, doch entsprachen diese Wohnungen bei weitem nicht den zeitgenössischen Ansprüchen an gesunde Wohnbauten. Es mangelte an Luft und Licht. 1890 waren durchaus noch Zweizimmerwohnungen ohne Küche selbst für besser verdienende Arbeiterfamilien üblich; erst nach der Jahrhundertwende setzte sich der Standard einer Zweizimmerwohnung mit Küche durch. In den viel zu engen Wohnungen konnte bei wachsender Kinderzahl kaum die notwendige Hygiene aufrechterhalten werden. Eine Aufstellung des Wöchnerinnenasyls über die häuslichen Verhältnisse der Wöchnerinnen – durchweg arme Frauen – von 1894 ergab, daß 124 von 200 Familien jeweils nur in einem Zimmer lebten. Durchaus selbstverständlich war es, daß mehrere Personen in einem Bett schliefen. Dies spielte bei der Verbreitung der Tuberkulose eine große Rolle.

Der schlechte Zustand der Arbeiterwohnungen hatte unter anderem zur Einrichtung des Wöchnerinnenasyls geführt. Aus privaten Spenden und mit Unterstützung der Stadt wurde das Heim im Jahr 1886 gegründet. Bedürftige Ehefrauen aus der Stadt Mannheim und Umgebung wurden aufgenommen – wohlgemerkt Ehefrauen, ledige Mütter fanden keine Aufnahme. Das erklärte Ziel war die *Erhaltung der Gesundheit und Arbeitsfähigkeit* bedürftiger Ehefrauen. Der Vorstand des Wöchnerinnenasyls formulierte: *Die obige Statistik wird vielleicht manche unserer wohlhabenden Einwohner, die sich bisher noch nicht von der unbedingten Notwendigkeit eines Wöchnerinnen-Asyls überzeugen konnten, bekehren, wenn sie sich überlegen, wie unmöglich es ist, in den engen Räumen, den mit Menschen vollgepropften Betten die zum guten Verlauf einer Geburt absolut notwendige aseptische Reinlichkeit walten zu lassen.* Und einen Professor zitierte man mit folgenden Worten: *Es gilt zu erinnern, daß, je kümmerlicher die Erwerbsverhältnisse eines Hausstands, umso be-*

Hebamme des Wöchnerinnenasyls

klagenswerter das Loos der invalid aus dem Wochenbett aufgestandenen jungen Frau ist, wie tief verbittert sie wird und wie unheimlich schnell sie altert, wenn sie sich infolge ihrer aus dem Wochenbett zurückgebliebenen krankhaften Zustände erst gleichgültig, bald roh und rücksichtslos von dem Manne behandelt sieht. Und das alles möchte ich nach dem Eindruck mancher Erfahrungen noch besonders betonen, daß die öffentliche Wohltätigkeit gerade an diesem Punkte dem wachsenden, von verbitterten Frauen besonders leidenschaftlich geschürten Klassenhaß erfolgreicher als an irgend einem andern entgegenarbeiten kann. (Hervorhebung im Original)[16]

Der Zweck des Wöchnerinnenasyls, einer Verelendung der Arbeiterfamilien und zugleich ihrer politischen Radikalisierung vorzubeugen, wird hier klar zum Ausdruck gebracht.

Ledige Mütter konnten erst 1911 eine dem Wöchnerinnenasyl vergleichbare Institution aufsuchen: das Mütterheim des *Bundes für Mutterschutz*. Der *Bund für Mutterschutz* leistete seit 1908 praktische Hilfe für ledige oder eheverlassene Mütter. Die dort arbeitenden Frauen halfen, Unterkunft vor der Entbindung zu finden, eine Arbeitsstelle nach der Entbindung, berieten bei Alimentationsklagen und sorgten für materielle Beihilfen. Die Stadt Mannheim überließ dem Bund für Mutterschutz kostenlos ein Zimmer im Rathaus: immerhin in der moralisch bigotten Welt des Kaiserreichs ein Zeichen von Größe.

Eine Aufstellung von 1908 zeigt, welche Berufe die Frauen hatten, die die Beratungsstelle des *Bundes für Mutterschutz* aufsuchten: Von 60 Frauen waren 27 Dienstmädchen, 11 Fabrikarbeiterinnen, 4 Näherinnen, 4 Buchhalterinnen, 3 Kellnerinnen, 2 Verkäuferinnen und je eine Schneiderin, Büglerin, Modistin, Lehrerin.[17]

Schlechte Wohnverhältnisse und mangelnde Ernährung gehörten zu den Bedingungen der in Mannheim bis 1906/7 andauernden hohen Säuglingssterblichkeit.

Die Ernährung mit Tiermilch war bei mangelhaften hygienischen Verhältnissen, vor der Erfindung und Verbreitung des Kühlschranks, ein hohes Gesundheitsrisiko für die Säuglinge. Von sozialmedizinischer und bald auch von politischer Seite wurde das Stillen propagiert. Einer der ersten „lautstarken" Verfechter des Stillens war der Mannheimer Kinderarzt Eugen Neter, der seit 1904 durch Ratgeber für junge Mütter berühmt wurde. Seine Schriften waren leicht eingängig, wurden aber sicherlich nur vom gebildeten Mittelschichtpublikum rezipiert.[18]

Der Frauenverein, dessen Mitglieder Damen der „besten" Familien Mannheims waren – die Vorsitzende der Abteilung Säuglingsfürsorge war Helene Röchling, die Frau des Kommerzienrats und Industriellen August Röchling –, arbeitete mit der Stadtverwaltung zusammen. Die vom Verein erstellten Flugblätter zur Belehrung über richtige Säuglingsernährung und „vernunftgemäße" Säuglingspflege wurden nicht nur allen Tageszeitungen beigelegt, sondern auch vom Standesamt jeweils bei der Geburtsanzeige ausgegeben.[19] Der Verein lancierte auch volkstümliche Artikel in der Tagespresse. Darüberhinaus gründete er eine Milchküche. *Um das Selbststillen der Mütter möglichst zu fördern, erhalten solche unbemittelten Mütter, welche ihre Kinder nach Möglichkeit gestillt haben, die Milchnahrung zu einem billigeren Preise.*

Das Selbststillen der Mütter setzte sich nur langsam und nur teilweise durch. Vermutlich waren die Mütter zu überlastet, um zu stillen und konnten so die Aufgabe, den Säugling zu füttern, an ein älteres Kind delegieren.

Waren einerseits „Stillpropaganda" und Gründung von Milchküchen Mittel im Kampf gegen die hohe Säuglingssterblichkeit, so mischten sich andererseits bevölkerungspolitische und wirtschaftspolitische Absichten mit ein: Karl Bensinger, Inhaber der *Rheinischen Gummi- und Celluloidfabrik* in Neckarau beschäftigte viele (verheiratete) Frauen. Er gründete sowohl eine Milchküche als auch später eine Krippe in der Fabrik. Lesen wir, was der Fabrikinspektor Bittmann über Bensingers Überlegungen schreibt:

Bensinger hat aus seinen Untersuchungen die Überzeugung geschöpft, daß das bis dahin etwa bestehende Gleichgewicht im Budget einer jungen Arbeiterehe durch das Erscheinen des ersten Kindes häufig eine tiefgehende Störung erfährt; kommen in kurzer Aufeinanderfolge noch mehr Kinder, dann wird die Lage trostlos; oft lebt die Mutter tagaus, tagein lediglich von Kaffee und einigen Brötchen, um ihren Kindern Milch beschaffen zu können. Hier zu helfen ist nach Bensingers Ansicht in erster Linie der Arbeitgeber berufen; die Aufmerksamkeit, die er der Wöchnerin und dem Kinde zuwendet, soll ein Band schlingen zwischen dem Arbeiter und dem Arbeitgeber. Da im Selbststillen die Gesundheit für Mutter und Kind liegt, ist der Mutter die Erfüllung dieser heiligsten Pflicht so leicht wie möglich zu machen, was durch Zuschüsse, Wöchnerinnen-

Milch-Ausgabe bei der Firma Mohr & Federhaff 1917

pflege und späterhin durch Gewährung verlängerter Arbeitspausen (Stillpausen) erreicht werden kann.

So unbestreitbar der Satz „Die Frau gehört ins Haus und nicht in die Fabrik" theoretisch auch sein mag, bei den meisten Lohnklassen der ungelernten Arbeiter muß die Frau, da der Verdienst des Mannes allein nicht ausreicht, am Erwerb teilnehmen. Um ihr dies zu ermöglichen, soll ihr vor allem auch eine rationell zusammengesetzte, sorgsam aus Kuhmilch und den nötigen Zusätzen zubereitete Säuglingsnahrung zur Verfügung gestellt werden.

Zu diesem Zweck wird die Gründung „industrieller" Milchküchen angeregt, die, an den Betrieb einzelner Fabriken angegliedert, die Bevölkerung der Umgebung, insbesondere die Arbeiterschaft, mit Säuglingsmilch zu einem Preise versehen, der nicht höher ist als der normale Milchpreis zuzüglich etwa der Kosten, die der Hausfrau für die Feuerung entstehen würden. Diese Milchküchen sollen technisch und kaufmännisch so betrieben werden, daß sie keine oder nur sehr unbedeutende Zuschüsse erfordern; durch den Anschluß an die Fabrik, die Wasser, Dampf und Betriebskraft umsonst oder gegen die geringen Selbstkosten liefert und die Verwaltung durch ihre Organe besorgen läßt, kann die sterilisierte oder pasteurisierte Milch sehr billig hergestellt werden.[20]

Die Einrichtung einer Milchküche (1907) für die Fabrikarbeiterinnen und die Frauen der „Gummi-Arbeiter", wie man sie auch nannte, ja für den gesamten Stadtteil und die Umgebung, war also, wie man sieht, durchaus im eigenen Interesse. Deutlich wird dies auch, wenn Bensinger die Vorteile einer Säuglingskrippe für die Kinder der Fabrikarbeiter und -arbeiterinnen, die er 1909 gründet, nennt:

[...] An Stelle des Erwerbsausfalles durch Eigenpflege der Mutter und Bindung derselben ans Heim zwecks Säuglingspflege tritt voller Erwerb der Ehegatten. [...] Nicht ganz uneigennützig braucht der Arbeitgeber hierbei zu denken, da seinen finanziellen Aufwendungen ein nicht zu unterschätzender Vorteil gegenübersteht, der in der Folgeerscheinung eines reicheren Angebots von Frauenhänden gipfelt, ein Punkt, der für viele Industrielle von erheblichem Wert sein dürfte.[21]

Und nicht nur der rein ökonomische Aspekt zählte für den Fabrikanten, sondern auch der erzieherische:

Ich dachte mir die Angliederung der Krippe an eine Fabrik, welche zahlreiche Frauen beschäftigt, segensreich und nötig, nur muß jene so nahe der Arbeitsstätte gelegen sein, daß die Mutter jede freie Minute im Erwerbsleben ihrem Kinde widmen kann und daß eine längere als höchstens dreistündige Trennung von Mutter und Kind nicht stattzufinden braucht. [...] Seit Gründung der Neckarauer Krippe wurde mit der denkbar größten Zähigkeit auf das Selbststillen hingearbeitet, und keine Mutter wurde im Unklaren darüber gelassen, daß ihr Kind sofort aus der Krippe entfernt werden würde, wenn die Mutter zwar selbst stillen könne, sich aber aus irgend einem Grunde ihrer Mutterpflicht entzöge. [...] Die Dankbarkeit aus Arbeiterkreisen ist deutlich erkennbar. Mit großer Freude bemerken die Eltern die Früchte der Gewöhnung zur Reinlichkeit, die sich auch wieder im Arbeiterheim bemerkbar macht. Dies ist erzieherisch insofern von großem Werte, als eben doch viele Mütter sich schämen, ihre Kinder in einem unreinlicheren Zustand zu bringen als sie dieselben abends zuvor zurückempfingen.– Die Gemeinschaft der Kinder erzeugt schon in früher Jugend den Sinn zu friedfertigem Zusammenleben, und das angelernte kleine Wort „Danke", das Erlernen der Umgangformen hat schon bei mancher Mutter und bei manchem Vater ein freundliches Lächeln und eine Rückerstattung des Dankes an unsere Oberin zur Folge gehabt.[22]

Gering sind unsere Informationen darüber, wie solche Bemühungen bei den Betroffenen ankamen. Bensinger konnte von keinem Erfolg seiner „Stillpropaganda" berichten. Die Frauen akzeptierten diesen Druck nicht. Darüberhinaus aber fehlen uns Quellen, in denen die Reaktionen der Betroffenen sichtbar würden.

Auf anderem Gebiet lassen sich eher kollektive Verhaltensweisen von Frauen nachweisen:

Geburtenbeschränkung:

In Mannheim war nach dem konjunkturbedingten Hoch der Geburtenziffer am Ende des 19. Jahrhunderts ein starker Rückgang ab 1901 zu verzeichnen.[23] Die Frauen konnten, wenn sie Geburtenkontrolle und Familienplanung durchführten, ihre Überlastung mindern und den Lebensstandard der Familie heben.[24]

Kinderbewahranstalt mit Spezialküche für Kinderernährung der Rheinischen Celluloid-Fabrik in Neckarau um 1905

Für den national denkenden und vermutlich insbesondere für den männlichen Teil der Bevölkerung aber war der Geburtenrückgang ein bedrohliches Phänomen. Man befürchtete, das deutsche Volk werde aussterben, und es werde beim nächsten Krieg nicht genügend wehrfähige Männer aufbringen können. Diese Sorge hatte interessanterweise nicht nur die nationalliberalen und konservativen Kreise ergriffen, sondern durchaus auch die Sozialdemokratie.

Aus den Protokollen des sozialdemokratischen Frauenvereins Lindenhof, die sich zufällig erhalten haben, erfahren wir, daß am 9. Januar 1913 der Genosse Braun in einer gut besuchten Versammlung einen Vortrag über das Problem des Geburtenrückganges hielt, in dem er folgendes ausführte:

Vor 5-6 Jahren hat man sich noch nicht mit diesem Thema befaßt. Niemand hat geahnt, daß auch für Deutschland solch eine Periode eintreten würde. Man war gewöhnt, daß die deutsche Frau 6-7 Kinder zur Welt brachte. In den deutschen Gewerkschaftsblättern wurde nicht viel davon geschrieben; als in den bürgerlichen Blättern. Gerade die Bürgerlichen haben die wenigsten Kinder. Der Grund liegt auf rein wirtschaftlichem Gebiete, die Schuld aber wird der Arbeiter-Frau zugeschrieben. Warten wir noch eine halbe Million, dann fehlen die Arbeitskräfte. Tät eine Krankheitsepidemie eintreten, so ständen bei einer guten Konjunktur keine Arbeitskräfte mehr zur Verfügung. Der Kapitalismus ginge zugrunde. Deshalb die große Schreierei über Geburtenrückgang. In Deutschland sind auch Mittel gegen Schwangerschaft verboten. Seit etwa 6 Jahren hält man wohl Vorträge darüber. [...] Wieviele Kinder kommen tot zur Welt. So hat Mannheim die höchste Frequenz in Kindersterblichkeit. Es fehlt die nötige Ernährung und Pflege. Auch der ungenügende Wöchnerinnenschutz trägt viel zur Kindersterblichkeit bei. Dahingehend gestellte Anträge der sozialdemokratischen Fraktion im Reichstag wurden von den bürgerlichen Parteien abgelehnt. Ferner der ungenügende Schutz der Frauen in Bleifabriken, Spinnereien und Webereien trägt ebenfalls viel dazu bei. Deshalb muß es von neuem unsere Aufgabe sein, dahingehend zu wirken, daß der Wöchnerinnenschutz besser ausgestaltet wird.[25]

Einmalig im Vereinsleben des sozialdemokratischen Frauenvereins Lindenhof war nun, daß unmittelbar im Anschluß an diese eine zweite Veranstaltung zum gleichen Thema angeboten wurde. Am 12. Februar 1913 trafen sich die Frauen noch einmal; diesmal referierte eine Genossin. Sie argumentierte, die materielle Enge hindere die Frauen daran, Kinder zu gebären, und sie wollten kein „Kanonenfutter" für den bürgerlichen Staat produzieren.[26]

Offensichtlich war ihnen der Vortrag des Genossen Braun zu defensiv gewesen[27], sie begriffen die Geburtenbeschränkung als Strategie zur Hebung ihres Lebensstandards und gleichzeitig als politisches Kampfmittel gegenüber einem militaristischen Staat.[28]

Anmerkungen zum Kapitel

[1] STATISTISCHE MONATSBERICHTE DER STADT MANNHEIM, 1898-1910.

[2] Stichprobe aus den Gesinde- und Gehilfenregistern der Stadt Mannheim 1890 - 1900.
Vgl. A.- M. LINDEMANN Indurstrialisierung, Urbanisierung und sozialer Wandel (Ms.).

[3] Gesinde- und Gehilfenregister, vgl. Anm. 2.

[4] F. WÖRISHOFFER S. 185.

[5] Vgl. K. BITTMANN 1907.

[6] F. K. KERN S. 17.

[7] F. WÖRISHOFFER S. 73.

[8] Ebd. S. 228f.

[9] Ebd. S. 72.

[10] JAHRESBERICHTE DER HANDELSKAMMER MANNHEIM 1904 - 1910.

[11] F. WÖRISHOFFER S. 74.

[12] Ebd. S. 230.

[13] Ebd. S. 370f.

[14] Vgl. Die Frau in der Gewerkschaft, aus: Die Gleichheit, 1900, H. 26, abgedruckt in:
G. LOSSEFF-TILLMANNS S. 109ff.

[15] Die Organisationen der Arbeiterinnen Deutschlands (1893), abgedruckt in: G. BRINKER-GABLER S. 408.

[16] JAHRESBERICHT DES WÖCHNERINNENASYLS für 1894, S. 2.

[17] VERWALTUNGSBERICHT DER STADT MANNHEIM für 1909, S. 210.

[18] Vgl. JAHRESHAUPTBERICHT DES BEZIRKSARZTES FÜR MANNHEIM-STADT 1904/5, S. 27.
GLA 236/15878.

[19] VERWALTUNGSBERICHT DER STADT
MANNHEIM 1905, S. 123.

[20] K. BITTMANN 1920, S. 23 f.

[21] K. BENSINGER S. 346.

[22] Ebd. S. 349.

[23] H. W. VISCHER S. 11.

[24] R. SPREE S. 80 stellte fest, daß innerhalb der Arbeiterschaft der Geburtenrückgang unterschiedlich
ausgeprägt war. Während Familien, deren Einkommen im graphischen Gewerbe verdient wurde, zu
geringerer Kinderzahl tendierten, wiesen Bau-
arbeiterfamilien nach wie vor hohe Kinderzahlen auf.

[25] Protokolle des sozialdemokratischen Frauenvereins
Mannheim-Lindenhof I, S. 71ff. (STADTA MA, Kleine Erwerbungen).

[26] Ebd. S. 74.

[27] Ebd.

[28] Tatsächlich spiegelt sich hier auf lokaler Ebene der
Streit innerhalb der SPD über den Gebärstreik als
politisches Kampfmittel. Die von der SPD zu diesem
Thema im Jahr 1913 einberufenen Versammlungen
sollen einen unerhörten Zustrom von seiten der
Frauen erfahren haben.

*I*ch warne Sie: Wer Franziska Becker kennenlernt, erliegt ihrem Charme: sie ist schön,
witzig und sehr frech. Sie sprüht vor Lebendigkeit.
Sie ist klug, und ihre Cartoons sind öfters so
scharf, daß Ihnen das Lachen im Halse stecken
bleibt (und das will sie auch!).

Franziska Becker ist *die* feministische Cartoonistin
der Bundesrepublik. Seit 17 Jahren ist sie die
unbestechliche Kritikerin der feministischen Szene,
mal bissig, mal mit liebevollem Humor. Von der
ersten Stunde an arbeitete sie für EMMA und hat
sich bis heute von EMMA nicht getrennt. Ihre
Seite in der EMMA ist eine Institution für sich, für
die sie eine große Fan-Gemeinde hat. Ihr Spott
galt (und gilt) genauso biologistischem Weib-
lichkeitsmythos wie den Zeitgeist-Wechselbädern
der alternativen und der Schickeria-Szene.
Franziska hat politische Prinzipien, denen sie treu
bleibt. Sie verfolgt die Spuren von Frauenunter-
drückung, sexistischer Herrschaft, eingefahrenem
Rollenverhalten, aber auch von Inhumanität,
Intoleranz und egoistischem „sich breit machen
und durchwursteln auf Kosten der anderen"
karikierend im Alltag. Insofern ist sie Moralistin
wie die meisten

FRANZISKA BECKER

KarikaturistInnen der Welt. Auch die lauten und
leiseren Katastrophen der sogenannten großen
Politik macht sie zur Zielscheibe ihrer Kritik: Vom
§ 218 über Aufrüstung und Umweltzerstörung bis
zur Einvernahme der DDR, Quotierungsdebatte
in der SPD, Amigo-Affäre usw. – Das wird
alles von ihr engagiert und pointiert und zugleich
auch komisch ins Licht gerückt.

Ihre wichtigsten Buch-Veröffentlichungen: *Mein feministischer Alltag Bd.1-4, Power!* (1983), *Männer* (1985), *New York, New York* (1987), *Weiber* (1990), *Feminax und Walkürax* (1992, feministische Persiflage auf Asterix und Obelix); und jetzt neu erschienen im Herbst: *Der letzte Schrei* (1993), dazwischen mit papan: Das *Hin- und Herbuch.*

Ich lernte Franziska Anfang der siebziger Jahre im Heidelberger Frauenzentrum kennen. Ein paar Jahre lang war für uns das Frauenzentrum der Ort, von dem der Aufstand sich nährte: der Aufstand gegen die gesellschaftlichen Zwänge, die uns als Frauen bedrückten und die wir auf einmal erkannten (Frauen werden über „ihren" Mann definiert, Frauen brauchen keinen Beruf, sie „arbeiten" nicht, sondern „sind" Hausfraen, erziehen Kinder; Frauen haben sich gesellschaftlichen Schönheitsnormen zu beugen usw.). Wir wehrten uns gegen die Entmündigung durch den § 218 und organisierten Abtreibungsfahrten nach Holland, genauso wie wir gegen sexistische Folter in Chile auf die Straße gingen. Die wohlbegründete Angst der Frauen vor Vergewaltigung oder Anmache, die Angst, bei Dunkelheit allein auf die Straße zu gehen, machten wir zum Politikum: Mit der Parole *Frauen erobern sich die Nacht zurück* zogen wir in der Walpurgisnacht durch die Stadt.

Die „Sprengkraft" der Frauenzentren beruhte darauf, daß wir die uns voneinander isolierende Konkurrenz überwanden, unsere Probleme als

gemeinsame erkannten und in die Öffentlichkeit brachten. Als sie diese Sprengkraft verloren, fanden wir verschiedene Wege, uns politisch zu artikulieren. Die Freundschaft mit Franziska blieb – das Beispiel einer dicken Frauenfreundschaft.

Was hat Franziska mit Mannheim zu tun? – Sie ist eine echte Mannheimerin! Hier (1949) geboren, in Wohlgelegen aufgewachsen, später auf dem Lindenhof.

Erst nach dem Abitur zog sie nach Heidelberg. Auf die Frage, was ihr Mannheim bedeutet, sagt sie: *Das ist meine Heimatstadt; wenn ich hinkomme, geht mir irgendwie das Herz auf – obwohl es eigentlich gar keine Stadt ist, wo einem das Herz aufginge; aber es ist einfach jede Ecke mit Erinnerungen besetzt – obwohl nicht mehr viel existiert von dem, was meine frühe Kindheit prägte, das haben sie ja jetzt alles versaut.* Franziska wuchs im Park des städtischen Krankenhauses auf: *Ich bin im städtischen Krankenhaus geboren, weil mein Vater da Arzt war, also direkt am Neckar. Dort bin ich im Ärztehaus, nah an der Ebertbrücke, in einer Dreizimmerwohnung aufgewachsen. Ich hatte es natürlich herrlich, weil ich mit meinem Bruder und mit den anderen Kindern zusammen in diesem riesigen Park spielen konnte, der ja jetzt völlig mit Hochhäusern zugebaut ist. Aber damals war das ein großes Parkgelände, schön angelegt. Ich erinnere mich da noch an einen kleinen Irrgarten mit beschnittenen Buchsbaumbüschen, der mir damals riesengroß vorkam. Schöne alte Bäume gab es, die den Krieg überdauert hatten, mit großen Höhlen, – und einen Weiher. Im Sommer sind wir darin mit einer Zinkbadewanne rumgefahren und Bürsten als Paddeln, das war immer ganz abenteuerlich. Im Winter fuhren wir auf dem Weiher Schlittschuh, wenn er zugefroren war – und Schlitten an der Pathologie; da gab es einen kleinen Huckel, der mir damals wie der Mont Blanc vorkam. Eigentlich gab es alles, was das Herz begehrte, jedenfalls das Herz eines Großstadtkindes, das sich sowieso nichts anderes vorstellen kann.*

Als Franziska das Laufen lernte, brachen die fünfziger Jahre an. Was sind ihre Erinnerungen an die Stadt aus dieser Zeit? *Zweimal in der Woche lief meine Mutter mit uns über die Ebert- oder die Kurpfalzbrücke zum Markt, das war ganz schön*

weit für ein Kind. Ich kann mich sehr gut erinnern, daß mein Kindheitsbild sehr von der stark zerstörten Stadt geprägt war, wobei sie mir natürlich nicht als zerstört auffiel. Ich fand das eher wild romantisch, wie einen Abenteuerspielplatz. Kinder nehmen solche Sachen ja als gegeben hin. Gerade um den Kurpfalzkreisel waren viele Häuser kaputt, und ich erinnere mich an die Breite Straße, an Rudimente von Häusern, wo der erste oder der zweite Stock stehen geblieben war. Die standen noch lange Zeit, vielleicht, bis ich 13 oder 14 Jahre alt war. Es war sehr viel kaputt.

Der Markt selbst kam mir riesig vor, er war für mich ganz toll. Er erschien mir wie die Märkte in Märchen, auf die die Leute aus den verschiedensten Gegenden zusammenkommen. Ich erinnere mich an Bäuerinnen in Trachten, mit weiten Röcken und Kopftüchern. Meine Mutter hat uns immer an den Fischbecken abgestellt. Da saß am Brunnen eine Fischfrau mit zwei Zinkwannen, in denen Fische schwammen, und wenn die Leute was kaufen wollten, wurden die Fische an Ort und Stelle geschlachtet. Das fand ich als Kind hochinteressant. Da hatte ich noch kein großes Mitleid mit der Kreatur, oder vielleicht ist einem ein Fisch auch relativ fremd. Wenn es Katzen gewesen wären, wär's schlimmer gewesen. Tiere wurden auch verkauft, Häschen in Käfigen und Hühner – es hatte schon etwas sehr dörfliches, was man heute gar nicht mehr findet, jedenfalls nicht in der Stadt.

An Hungerzeiten erinnert sich Franziska nicht, das war schon vorbei, als sie aufwuchs; aber sie erinnert sich, daß das Wohlstandsgefälle groß war. *In ihre Klasse gingen viele Arbeiterkinder, denen 's schlecht ging, da gab es ein Gefälle von der Kleidung her, und dann erinnere ich mich da auch an Aussiedlerkinder, die so ein bißchen scheel angeguckt wurden, auch ein bißchen schlecht sprachen. Die Lehrerin redete uns ins Gewissen, daß die arm seien, Vertriebene aus Schlesien. Ich weiß noch, daß wir uns ganz heroisch vorkamen, als wir mal ein Weihnachtspaket für sie packten. Ich kann mich auch noch an das Gefühl erinnern, als wir das dann vor die Tür stellten – die ganze Klasse, und schnell wegrannten, weil uns das irgendwie peinlich war, so als „Großkopfete". Da war ich vielleicht 8 Jahre alt.*

Wie hat Franziska als Kind in den fünfziger Jahren vom Nationalsozialismus erfahren? Am meisten erzählte ihr die Mutter, die aus Berlin kam. Der (aus Köln stammende) Vater war eher in sich gekehrt. Angenehm fand Franziska, daß er nicht seine Kriegserlebnisse ausbreitete und von Kameradschaft schwärmte wie andere Männer. Auf jeden Fall wurde sie zuhause viel mehr damit konfrontiert als außerhalb, erst in den letzten Oberschuljahren munkelte man heimlich, welcher Lehrer wohl ein Nazi gewesen war. Offen wurde darüber nicht geredet, und schon gar nicht darüber, wer in der Stadt den Nationalsozialismus getragen und wer ihn bekämpft hatte. Auch die Deportation der Mannheimer Juden und ihre Vernichtung wurde in der Schule totgeschwiegen.

Daß es Krieg gegeben hatte und deshalb die Ruinen mit den leeren Fenstern da standen, war etwas, was sie als Kind schon verstand. *Wobei,* sagt sie, *einem von anderen Leuten erzählt wurde: 'die gemeinen Alliierten haben unsere schönen Städte vernichtet', nie anders herum. Es gab ja auch in Mannheim große Amerikaner-Baracken. Mich wunderte als Kind immer, daß diese Besatzungsmacht – ich wußte damals natürlich nicht, was das ist – so von unserer Bevölkerung abgetrennt war, so völlig abgeschottet. Und trotzdem hatten die was*

über uns zu sagen, das war mir klar. Sie hatten uns besiegt und hatten Macht. – Es war auch faszinierend: die „Neger", wie man damals sagte, sahen ja oft toll aus mit ihren schicken Uniformen. Gerade in der Nähe von Wohlgelegen und der Kirche, wo ich zur Kommunion ging, sah man viele. Dort waren die Kasernen.

Als gewaltvoll und bedrohlich hat sie die Soldaten dennoch nicht wahrgenommen. *Das habe ich eher durch Deutsche erlebt auf der Messe. Ich weiß noch, wie ich das erste Mal auf der Messe war, die Kirmes war ja direkt nebenan auf dem neuen Meßplatz, da habe ich gemerkt, was das für eine Anmache war, eine sexualisierte, gewaltvolle und aggressive Atmosphäre. Ich war damals sechs oder sieben Jahre alt, ich hätte das noch nicht ausdrücken können.*

Später zog die Familie auf den Lindenhof in eine Gegend mit Einfamilienhäusern, in der sich Franziska nie so wohl fühlte wie in Wohlgelegen. Sie ging auf das *'Karl-Friedrich-Gymnasium', weil mein Vater Humanist war.*

Wo hielten sich damals die jungen Mannheimerinnen in ihrer Freizeit auf? Franziska, schon damals eine Rollenbrecherin, mit ganz kurzen

Franziska Becker

125

gefärbten Haaren und jungenhaft gekleidet, denkt nicht gern an die Pubertät zurück. Sie war eher eigenbrödlerisch, zeichnete viel, war daheim oder mit ihrer Busenfreundin zusammen. Freilich gingen sie mal ins Eiscafé, aber in Kneipen? *Nee, wir waren richtig biedere Kinder!*

Sie, die damals schon mit kleinen Zeichnungen und Bildgeschichten ihre Umgebung erfreute (oder ärgerte?) und für die das Bilder Malen auch eine Möglichkeit war, Realität zu verarbeiten, fühlte sich im Zeichenunterricht in der Schule so unwohl, daß sie das Fach abwählte und dafür am Musikunterricht teilnahm. *Die Zeichenlehrer haben unheimlich reglementiert, man mußte immer pfundweise Deckweißbilder malen, letztlich sahen alle Bilder völlig gleich aus, Baumstumpf im Schnee und sowas.*

Franziska lernte nach dem Abitur bei einem Onkel Grundlagen ihres Metiers. Dann aber entschied sie sich nicht gleich für die berufsmäßige Ausübung der Kunst, sondern machte einen großen Umweg: erst studierte sie Orientalistik, weil Alt-Ägypten und die Hieroglyphen sie so sehr faszinierten. Das erschien ihr dann aber doch etwas trocken; und im zweiten Schritt entschied sie sich für das ganz Praktische: sie machte eine Ausbildung als medizinisch-technische Assistentin. *Typisch weibliche Selbstbescheidung war das, sagt sie heute, nur ja keine Karriere anstreben…*

Nach abgeschlossener MTA-Ausbildung bewarb sie sich bei der Kunstakademie in Karlsruhe. Dort wurde sie sofort aufgenommen. Nun versuchte man von neuem, ihr den Spaß an der Kunst zu verderben. Aber sie rettete sich und ihre hervorragenden Fähigkeiten mitten aus dem Staatsexamen in ein freies Cartoonistinnen-Leben, als Alice Schwarzer eine Cartoonistin für EMMA suchte.

Franziskas Arbeitsalltag war und ist nicht locker. In den Bildgeschichten greift sie Themen auf, zu denen sie vorher viel beobachtet, gelesen und nachgedacht hat. Erst dann entwickelt sie eine Bildgeschichte, die immer eine besondere, überraschende Schlußpointe hat. Die Aufteilung auf eine bestimmte Anzahl von Bildern ist nicht einfach. Und jedes enthält eine Menge von Details, die sie häufig extra recherchiert, z.B. historische Kleidung, Geschirr usw. So zeichnet sie

oft viele Stunden lang hintereinander – und im Streß, wenn der Drucktermin naht.

Nun, schließlich: die Komposition der Bildgeschichten gelingt, die EMMA-LeserInnen schlagen als erstes Franziskas Seite auf – und es kommt viel positives Feedback. Dennoch erlebt sie viel zu oft Versagensängste. Dabei wurden ihre Bücher inzwischen sogar übersetzt und im Ausland gedruckt. Sie reist quer durch die Bundesrepublik, die Schweiz und Österreich und stellt sich dem begeisterten Publikum zeichnend, lachend und erzählend.

Ein Beweis dafür, wie gut sie ankommt, war die erste große Ausstellung, die sie 1985 hatte. Allein zur Eröffnung kamen 800 BesucherInnen – sicherlich auch, weil Alice Schwarzer die Eröffnungsrede hielt. Aber auch nach der Eröffnung wies der ausstellende Kunstverein Rekord-Besucherzahlen auf. Und diese Ausstellung, die Franziska in *wahnsinnig schöner* Erinnerung hat, war eben in ihrer Heimatstadt, in Mannheim! Hier gilt die Künstlerin auch etwas im eigenen Land.

Franziska wohnt seit 1985 in Köln. Aber sie freut sich, wenn sie nach Mannheim kommt. Sie findet, daß die beiden Städte Ähnlichkeiten miteinander haben: beide liegen am Rhein (sie kann sich's gar nicht anders vorstellen als am Fluß zu wohnen), die Industrielandschaft, das Hafengelände, das hat was Faszinierendes. Sie mag die soziale Durchmischung in Mannheim: *das Urbürgerliche und das Ordinäre,* die freche Gosch findet sie übrigens auch in Köln wieder.

Gerne geht sie auch heute noch in den *kruschteligen* Teil der Altstadt jenseits der Breiten Straße mit den türkischen Läden und auf den Markt, *da isses schön.*

Das Stadtbild, findet sie, ist nach dem Krieg verschandelt worden. Der Baustil (der fünfziger und sechziger Jahre) sei *gruselig* gewesen.

Vor allem ist Mannheim der Ort ihrer Kindheit: *Es hat mir einen unheimlichen Stich gegeben, als sie mein Geburtshaus abgerissen haben. Die Front gegen den Neckar fand ich immer so schön; unmöglich, daß sie das abgerissen haben!*

Anna-Maria Lindemann

*A*nna singt und trällert den ganzen Tag.[2] Dies ist die früheste und bemerkenswerte Nachricht des Vaters von Anna Reiß über seine damals bereits neunzehnjährige Tochter. Der Vater Friedrich Reiß, ein Großkaufmann und erfolgreicher Firmen- und Bankengründer dachte zu diesem Zeitpunkt offensichtlich noch nicht daran, daß Anna vielleicht sogar die Absicht haben könnte, das Singen zu ihrem Lebensinhalt und Beruf zu machen. Ein Jahr darauf macht sich der Vater allerdings bereits deutlich Sorgen über die *Sing- und Theaterwut* [3] seiner Tochter, die nun anscheinend ernsthaft daran dachte, eine Laufbahn als Sängerin einzuschlagen. Auch der Mutter, Wilhelmine Friederike Reiß, werden die Ambitionen der Tochter vermutlich nicht sonderlich gefallen haben: Ihr Vater war der Handelsmann und Bankier Johann Wilhelm Reinhardt, Schwiegersohn und Geschäftsnachfolger des gleichnamigen Oberbürgermeisters von Mannheim, und als „höhere" Tochter war sie zur Hausfrau und Mutter erzogen worden und hätte sicher ihre eigene Tochter am

Karin von Welck[1]

ANNA REISS

Opernsängerin, Mäzenin, Ehrenbürgerin von Mannheim

liebsten mit einem tüchtigen jungen Mann aus guter Familie verheiratet gesehen. Doch zum Kummer der Eltern verlor die aufblühende Anna ihr Herz tatsächlich nicht an einen ebenbürtigen Verehrer, sondern an den zu ihrer Zeit und für ihren Stand eigentlich unmöglichen Beruf einer Opernsängerin. Anna ließ sich nicht beirren und kämpfte beharrlich für ihr Ziel. Sie wurde dabei unterstützt durch ihre zwölf Jahre ältere Freundin Christine, bei der es sich vermutlich um die Sängerin Christine Kern handelte, die am Großherzoglichen Hof- und Nationaltheater in Mannheim engagiert war.

Schließlich hatten die Eltern Reiß ein Einsehen: Sie akzeptierten den Willen ihres Kindes und stimmten der Gesangsausbildung zu. Im Oktober 1859 fuhr Anna – natürlich in Begleitung des Vaters – nach Paris *zum weiteren Studium des Ge-*

sangs und der Musik.[4] Der Vater gewann dieser Entwicklung als Realist und auch als Menschenkenner eine positive Seite ab, wenn er schrieb: *Also, vorwärts mit Gott, das Mädchen muß lernen unter fremden Menschen zu sein, um das älterliche Haus (sic !) und den Werth der Eltern selbst wieder schätzen zu lernen.*[5]

Nach Abschluß ihrer Studien in Paris scheint Anna zunächst nur als Konzertsängerin aufgetreten zu sein. Nachdem sie jedoch im Mai 1862

Anna Reiss, Konzert- und Opernsängerin um 1860

dem Vater eine Reise nach Dresden abgerungen – oder gar abgetrotzt – hat, ist sie endlich am Ziel ihrer Träume: In Dresden feierte sie als *Amine* in *Die Nachtwandlerin* von Vincenzo Bellini ihr Debüt und wurde zum 1. März 1863 am Hoftheater engagiert. Die ersten Kritiken über die Bühnenauftritte von Anna fielen zunächst nicht ganz zufriedenstellend aus. Anna selbst bezeichnet sie als *scharf* und *stark*.[6] Der Vater wägt gegenüber dem Freund Carl Mathy das Pro und Kontra folgendermaßen ab: *Ich danke herzlich lieber Mathy, für die eingesandten Critiquen über Anna. Mit diesen Rezensionen bin ich ganz einverstanden; sie sprechen sehr in meinem Sinne. Anna hat etwas viel Selbstbewußtsein, und es kann ihr nicht schaden, wenn sie auf anständige aber schonende Weise auf den richtigen Standpunkt zurückgeführt wird. Man hat das Mädel zuerst verhätschelt und verwöhnt, jetzt sollte man sie auch mit einiger Nachsicht behandeln. Kosak's Critik ist boshaft und ordinair. Anna mag sich mit diesem Menschen herumbeissen und sehen wie sie fertig wird. Ich freue mich, daß Scheidtmann keinen Theil an der Sache hat, ich mag diesen Mann gut leiden.*[7]

1864 wechselte Anna Reiß für drei Jahre an das Hoftheater in Schwerin. Die Freundschaft mit dem dortigen Intendanten Gustav Heinrich Gans zu Puttlitz dauerte bis zu dessen Tode, im Jahr 1890 an. Anschließend, also 1867, wurde die nun Einunddreißigjährige am Leipziger Stadttheater verpflichtet. Dieses verließ sie nach einem Jahr, um an das Hoftheater in Weimar zu wechseln. Dort war der Intendant August Freiherr von Loën ihr Förderer und Freund. Auch ihm und seinen Familienangehörigen blieb Anna bis zum Tode eng verbunden. Anna fühlte sich in Weimar wohl, zumal sie überall Anklang fand. Bereits im Mai 1868 wurde sie zur Kammersängerin ernannt. Die entsprechende telegraphische Mitteilung, die sich heute im Besitz des Reiß-Museums der Stadt Mannheim befindet, löste bei den Eltern in Mannheim große Freude aus.

In Annas Weimarer Zeit fallen drei Gastvorstellungen in Mannheim. Sicher trieb eine gehörige Portion Neugier zahlreiche Besucher ins Hof- und Nationaltheater. Schließlich stammte die Sängerin ja aus einer der angesehensten und wohlhabendsten Familien der Stadt. Leider wissen

wir nicht, wie der Theaterkritiker des Mannheimer Journales hieß, dafür aber kennen wir seine Rezension: *Die gestern zum Vortheil der Hoftheater-Pensionsanstalt gegebene Vorstellung von Gounods „Faust und Margaretha" fand vor dicht besetztem Hause statt. Fräulein Anna Reiß, welche die Freundlichkeit hatte, in der Parthie der Margaretha mitzuwirken, sang dieselbe mit jener Sicherheit, welche die tüchtige Schule verräth, und mit dem wirksamsten dramatischen Ausdruck. Ihre Leistung, an welcher insbesondere auch das lebenvolle, ergreifende Spiel hervorzuheben ist, fand allgemeine Anerkennung. Die Künstlerin wurde fast in jeder Szene stürmisch applaudiert und zu wiederholten Malen gerufen. Einen genaueren Bericht über die Vorstellung lassen wir nachfolgen.*[8] In dem angekündigten ausführlichen Bericht heißt es: *Wir haben über die Leistungen von Frl. Reiß während ihrer Tätigkeit in Schwerin, sowie nach ihren Gastrollen in Berlin und Leipzig Referate gelesen, die theilweise einander widersprechend lauteten. Wir unsererseits halten uns in unserer Besprechung an den Wahlspruch „sine ira et studio" und wollen wahr und unverhohlen aussprechen, was wir an der geehrten Künstlerin hochschätzen, was wir an ihr bewundern und was ihre Leistung zu wünschen übrig gelassen hat. — Was wir an Frl. Reiß hochschätzen, ist eine wohltuende Sicherheit in Spiel und Gesang; ihre Stimme klang bis zu Ende der anstrengenden Rolle frisch und markig. Was wir an Frl. Reiß bewundern, ist der rießige Fleiß, den die Künstlerin hat anwenden müssen, um ihr sprödes Singmaterial zu bezwingen, daß es also geworden. Denn die Stimme von Frl. Reiß ist von Hause aus spröde; der Ton hat wohl ein gewisses Volumen, aber er dringt nicht zu Herzen, er läßt den Zuhörer kalt. Was uns zu wünschen übrig blieb ist demnach jene Innerlichkeit, die dem Künstler unentbehrlich, wenn er eines nachhaltigen Eindrucks sich erfreuen will.*[9]

So wohl sich Anna auch in Weimar fühlte, – in den Briefen an ihre Familie berichtete sie von dem sehr *angenehm* und *anregenden Kreis* ihrer Freunde und den *interessante[n] Bekanntschaften mit Dichtern und Gelehrten,*[10] die sie machte: 1870 entschloß sich Anna ihre Bühnenlaufbahn aufzugeben. Was mögen die Ursachen für diese Wende im Leben der nun vierunddreißigjährigen jungen Frau gewesen sein? Immerhin hatte Anna in ihrer Karriere als Sängerin einige bemerkenswerte

Erfolge gehabt, und dies nicht nur in Weimar, sondern auch bei Gastspielverpflichtungen, zum Beispiel in Paris und Baden-Baden. 1868 war die Mutter gestorben, und vermutlich fühlte sich die Tochter verpflichtet, nun in Mannheim für den alten Vater zu sorgen. Dies um so mehr, als der älteste der Brüder Reiß, Wilhelm, dem Anna sehr nahe stand, im Winter 1867/68 eine Forschungsreise nach Südamerika angetreten hatte. Von dort sollte er erst 1876 wieder zurückkehren. Der jüngere Bruder, Carl, war ebenfalls dabei, sich ein eigenes Leben aufzubauen, und so scheint es für Anna ganz selbstverständlich gewesen zu sein, sich des Vaters anzunehmen. Leider hat sich Anna selbst dazu nie geäußert. Neben der Sorge

für den Vater erwartete die vielseitig interessierte Anna noch eine andere, sehr reizvolle Aufgabe: 1873 übernimmt sie diese ganz, *die Geologin*, wie sie sich selbst humorvoll bezeichnet, war nun die Assistentin ihres Bruders Wilhelm. Von Südamerika aus schickte er kistenweise seine Sammlungen nach Mannheim. Dort wurden sie von Anna gewissenhaft betreut. Die Schwester erledigte zudem die notwendige Korrespondenz sorgfältig nach seinen Vorgaben. Außerdem reiste sie zum Beispiel am 18. Januar 1876 für vier Wochen nach Berlin, wo sie sich *mit Erfolg als Fräulein Geologin gerierte und in allen Schichten der Gesellschaft Berlins eine gesuchte Persönlichkeit*[11] war. Auch nachdem der Bruder aus Amerika zurückgekehrt war, verfolgte

Anna Reiss als „Gretchen"

sie mit Interesse seine wissenschaftliche Tätigkeit. 1878 wurde der jüngere Bruder Carl Witwer. Um den trauernden Bruder auf andere Gedanken zu bringen, begleitete Anna ihn von Januar bis April 1879 nach Griechenland und Ägypten. Später, 1892, unternehmen die Geschwister eine große Ostasienreise. Zahlreiche Fotoalben künden noch heute von ihren Erlebnissen.

Zu Hause in Mannheim kam Annas Liebe zur Musik zu ihrem Recht: Den frühesten Beleg für einen von ihr gegebenen musikalischen Abend enthält ein Brief des Vaters vom 9. Dezember 1879. Demnach hat seine Tochter auch nach der Aufgabe der Laufbahn als Opernsängerin ihre Kunst gepflegt, wenn auch nur im engeren Kreis. Nach dem Tod des Vaters im Jahre 1881 erbt Anna und Carl ihr Elternhaus zu gleichen Teilen. Das Haus galt in Mannheim nun mehr und mehr als Pflege- und Heimatstätte von Kultur, Wissenschaft und Geselligkeit. Die Gästebücher der Geschwister lesen sich für den Kenner wie eine Mannheimer Kultur- und Gesellschaftschronik. Zum Freundeskreis der Geschwister Reiß gehörte unter vielen anderen auch Hugo Wolf. Er wohnte im Haus Reiß, als sein Mannheimer Freundeskreis 1896 die Uraufführung seiner Oper *Der Corregidor* am Hof- und Nationaltheater ermöglichte. Zudem hatte ihm Anna, seine *hochverehrte Meisterin*,[12] anonym eine Rente ausgesetzt.

Wie lebhaft Anna Reiß am öffentlichen Theater- und Musikleben ihrer Heimatstadt Anteil nahm, zeigt ihr übervolles Sammelklebebuch. Es scheint, als ob ohne zwingenden Grund ihr auf Dauer gemieteter Logenplatz nie leer geblieben ist. Der gesellschaftliche Verkehr der Geschwister Reiß beschränkte sich nicht nur auf bereits anerkannte Künstler, sondern Anna bemühte sich insbesondere auch darum, durch ihren Einfluß jungen Talenten verständnisvoll den Weg zu ebnen. Die Förderung künstlerischer und sozialer Bestrebungen dürfte mit ein Zweck der *Cirkel* gewesen sein, für die das Reißsche Haus berühmt war. Anna interessierte sich im übrigen auch für kulturelle Organisationen, so zum Beispiel für den Freien Bund zur Einbürgerung der Bildenden Kunst, den Kunstgewerbeverein Pfalzgau und den Philharmonischen Verein. Darüber hinaus förder-

te sie immer wieder Wohltätigkeitsvereine und ähnliche Institutionen.

Trotzdem, Anna Reiß hielt sich gern zurück. Sie hatte es nicht nötig Schlagzeilen zu machen. In keinem Verein finden wir sie an führender Stelle. Ihre tatsächliche Bedeutung und ihre in Mannheim unumstrittene Rolle als *ungekrönte Großherzogin Mannheims*[13] unterstreicht für jedermann augenfällig das Gruppenbild des Vorstandes der Nationalliberalen Partei auf der Reiß-Insel. Anna Reiß sitzt, selbstbewußt und elegant, genau in der Mitte einer großen Herrenrunde. Das Vorgehen von Anna Reiß in Fragen der Emanzipation der Frau läßt sich an einem Dankschreiben des Generalleutnants Waenker von Dankenschweil nachvollziehen. Sie hatte ihn mit ihren Anliegen auf dem Empfang zum 70. Geburtstag ihres Bruders Carl angesprochen. Nun ist er in Zugzwang. Man spürt aus seinen Zeilen, wie peinlich es ihm ist, die Bitte zunächst nicht erfüllen zu können. Die Situation rettet er nun damit, zuzusichern sie – also Anna Reiß – *als erste Ehrendame in den Badischen Militärvereinsverband aufzunehmen, sobald sich eine Satzungsänderung erreichen lasse.*[14]

Auch wenn Anna Reiß ungemeine Liebenswürdigkeit bezeugt wird, in ihrem Freimut kannte sie keine Zugeständnisse. Ihre Ausdauer, ihr enormer Fleiß und ihr Durchsetzungsvermögen – ein Merkmal aller drei Geschwister – hat sie immer wieder bewiesen. Für ihre Verdienste wurde Anna Reiß mehrfach geehrt. So erhielt sie 1905 die Rote Kreuz Medaille und 1913 die Goldene Medaille für Kunst und Wissenschaft. Die Stadt Mannheim erwies ihr ihren Dank mit der Verleihung des Ehrenbürgerrechts, und auch die Gemeinde Waldsee ernannte sie zur Ehrenbürgerin. Der Text der Mannheimer Ehrenbürgerurkunde würdigt das Lebenswerk von Anna Reiß: In einer außerordentlichen Sitzung beschloß der Stadtrat der *hochsinnigen Stifterin, deren feurigem Enthusiasmus für alles Große und Schöne, deren unermüdlich lebendiger Menschenfreundlichkeit und opferfreudiger Kunstbegeisterung die neuesten Entschließungen nicht zum geringsten Teile zu danken sind, der warmherzigen echten Mannheimerin, die in treuer Anhänglichkeit an ihre Vaterstadt seit Jahrzehnten ihr Heim zu einer auserlesenen Pflegestätte künstlerischer und geselliger*

*Kultur zu machen versteht, der mutigen Lebens-
künstlerin und Lebensbezwingerin, die in bewunderns-
werter Selbstdisziplin und Elastizität sogar den
Forderungen der allmächtigen Zeit die nimmermüde
Erfüllung umfassendster freiwillig übernommener
Tagespflichten abzutrotzen weiß, Fräulein Anna Reiß,
das Ehrenbürgerrecht der Stadt Mannheim zu
verleihen*[15]. Mit der Verleihung der Ehrenbürger-
schaft reagierten die Mannheimer Stadtväter
auf das Testament der Geschwister Reiß, in dem
diese die Stadt Mannheim als Universalerbin für
ihr gesamtes Vermögen eingesetzt hatten. Allein
das Barvermögen belief sich auf 4,2 Millionen
Goldmark. Hinzu kam die bereits 1902 der Stadt
gestiftete Reiß-Insel und das elterliche Haus,
das *jeweils im Amte befindlichen Oberbürgermeister zur alleinigen Benützung und Bewohnung
unentgeltlich*[16] überlassen werden sollte. Das Barvermögen war für den Bau eines kulturhistori-
schen Museums bestimmt, das am Friedrichsplatz
entstehen sollte. Die Baupläne erarbeitete
der Architekt Bruno Schmitz noch zu Lebzeiten
der Geschwister. Darüber hinaus sollte ein
Volksheim *zur Förderung von volksbildenden und
kulturfördernden Zielen*[17] errichtet werden.
Carl und Anna Reiß wollten damit *eine Stätte
schaffen, auf der alle Schichten der Bevölkerung auf
dem Gebiete des geistigen und künstlerischen Lebens,
Literatur und Musik edle Anregung und Förderung
und Erholung finden sollten, um so nach Möglichkeit
eine Aussöhnung sozialer Unterschiede und
Gegensätze*[18] zu bewirken. Wichtig für die Stifter
waren auch die Spielfeste. Dies waren Feste,
die Carl und Anna alljährlich für mindestens tausend Schüler – abwechselnd für Jungen und
Mädchen – auf der Reiß-Insel veranstaltet hatten.
Diese Feste sollten weitergeführt werden,
denn sie waren bei der Bevölkerung auf große
Resonanz gestoßen.

Es darf wohl angenommen werden, daß in den
Nachlaßangelegenheiten der Geschwister, Anna
gleichberechtigt beteiligt war. Während Carl
als der Finanzmann sich vermutlich vor allem um
die Sicherung des Vermögens kümmerte, um
so der Stiftung ein solides Fundament zu schaffen,
wird sich Anna – als die an kulturellen Dingen
besonders Interessierte – vermutlich vor allem um
die inhaltlichen Festlegungen gekümmert haben.

Am 23. November 1915 starb Anna Reiß als
letztes Mitglied einer bedeutenden Mannheimer
Familie, die in Lebensgefühl und Lebenshaltung für
das Großbürgertum an der Wende vom
19. zum 20. Jahrhundert ein besonders prägnantes
Beispiel darstellt.

Anmerkungen zum Kapitel

[1] Der Beitrag erscheint im wesentlichen auf der
    Grundlage des von Herrn Teutsch zur Verfügung
    gestellten Manuskriptes und seiner Anmerkungen.

[2] Nachlaß Wilhelm Reiß, Sign. 25, Brief vom
    11.7.1855.
    (Hinweis: Alle hier aufgeführten Quellen und Belege
    befinden sich im Stadtarchiv Mannheim.)

[3] Ebd., Brief vom 12.11.1856.

[4] Ebd., Brief vom 30.10.1859.

[5] Ebd.

[6] Ebd., Brief vom 29.6.1863.

[7] Nachlaß Carl Mathy, Sign. 35, Brief vom 2.4.1963.

[8] MANNHEIMER JOURNAL Nr. 16 vom 16.1.1868.

[9] Ebd., Nr. 17 vom 17.1.1868.

[10] Nachlaß Wilhelm Reiß, Sign. 21, Brief vom
    [Juni 1868].

[11] Ebd., Sign. 25, Brief vom 28.1.1876

[12] Nachlaß Carl und Anna Reiß, Sign. 44, Brief vom
    21.4.1897.

[13] BADISCHE VOLKSZEITUNG Nr. 270 vom
    23.11.1965.

[14] Nachlaß Carl und Anna Reiß, Sign. 48, Brief vom
    12.3.1913.

[15] Verwaltungs- und Rechenschaftsbericht der
    Großherzoglich Badischen Hauptstadt Mannheim für
    1912, Mannheim o.J. [1913], S. 148.

[16] Urkunden und Verträge, Sign. 45.

[17] Ebd.

[18] Ebd.
    Durch die Wirtschaftskrise und den Zweiten Welt-
    krieg verzögerte sich der Bau des Reiß-Museums.
    Erst 1957 konnte mit Mitteln der Reiß-Stiftung im
    ehemaligen Zeughaus auf dem Quadrat C 5 ein
    Kulturhistorisches Museum eingerichtet werden.
    Heute gehören zum Reiß-Museum das Museum für
    Kunst-, Stadt- und Theatergeschichte, (C 5), das
    seit 1988 in einem Neubau untergebrachte Museum
    für Archäologie und Völkerkunde sowie das
    Museum für Naturkunde in B 4,10.

Im Frühjahr 1927 reist Ida Dehmel, die Witwe des Dichters Richard Dehmel, von Hamburg nach Mannheim, nicht nur, um hier, wie so oft seit Jugendtagen, ihre älteste Schwester Alice zu besuchen, die seit ihrer Heirat 1885 mit dem Verleger Julius Bensheimer in Mannheim lebte, sondern dieses Mal vor allem, um in einer flammenden Rede vor den bürgerlich ausgerichteten konfessionellen, bildungs- und sozialpolitisch aktiven Mannheimer Frauenvereinen für ihre Idee eines Zusammenschlusses von Künstlerinnen und Kunstfreundinnen aller Kunstgattungen auf der Basis wechselseitiger Hilfe zu werben.

Sigrid Schuster-Schmah

...AUS DER LIEBE ZUR KUNST UND DER VEREHRUNG FÜR DEN SCHÖPFERISCHEN MENSCHEN.

– Ida Dehmel, Gründerin
der GEDOK, ein Lebensbild

Niemand darf hierher kommen, nur um zu nehmen, alle müssen beseelt sein von dem Wunsch, auch zu geben. Niemand darf denken, Frau X. ist aus dieser Kaste, Frau Y. aus jener. Ich weiß, daß keine Stadt länger im Kastengeist gefangen war, als die Stadt der Quadrate. Die Frauenbewegung hat hier eine erste Bresche in dieses veraltete System geschlagen: sie darf stolz darauf sein [...][1]

Vermutlich stammen diese, für die damaligen Mannheimerinnen wenig schmeichelhaften Einsichten aus dem Erfahrungsschatz ihrer Schwester Alice, die seit Jahrzehnten im Mannheimer Sozialwesen – seinerzeit Armenwesen und Fürsorge genannt – tätig war und außerdem in der bürgerlichen Frauenbewegung mitarbeitete. Hier nun bemüht sich Ida Dehmel, nachdem sie sich an der Seite ihrer Schwester viele Jahre für das Frauenwahlrecht eingesetzt hatte, auch in Mannheim zu erreichen, was ihr wenige Monate zuvor in Hamburg gelungen war. Dort hatte sie durch die Gründung des *Bundes Hamburger Künstlerinnen und Kunstfreundinnen* den Grundstein für eine Gemeinschaft gelegt, die – wie sie später im Vorwort zu dem GEDOK-Buch *Die Deutsche Künstlerin* schreibt, *aus zwei gleich starken Quellen entsprungen [ist]: der Liebe zur Kunst und der Verehrung für den schöpferischen Menschen.*[2]

In ihrer Mannheimer Rede, in der Ida Dehmel auch die Verdienste der Bildhauerin Eugenie Kaufmann würdigt, welche sich schon 1912 für einen Interessenverband von Kunst und Kunstförderung eingesetzt hatte, ruft Ida Dehmel ihre Zuhörerinnen auf:

[…] und wenn Sie von hier aus den Impuls zu den anderen Frauen von Mannheim tragen, zu den 70 Vereinen, die der Stadtverband Mannheimer Frauenorganisationen umfaßt, wenn Sie auch dorthin den Glauben und das Beispiel einer wirklichen persönlichen Gemeinschaft der Frauen untereinander tragen, so werden Sie die Gefolgschaft finden, die notwendig ist, um dieses erstrebenswerte Ziel zu erreichen.[3]

Ida Dehmel setzt sich auch in anderen Städten in ähnlicher Weise für ihre Ziele ein und regt zur Gründung regionaler Gruppen der GEDOK, des *Verbandes der Gemeinschaften der Künstlerinnen und Kunstfreunde e.V.* (so der heutige Name), an. In Mannheim sind ihre Worte alsbald in die Tat umgesetzt worden; schon 1928 arbeitete hier eine GEDOK-Gruppe. Bereits 1932 werden die bei wachsender Mitgliederzahl florierenden Ortsgründungen zwischen Düsseldorf und Karlsruhe, Königsberg und Wien zu einer 7000 Mitglieder zählenden ReichsGEDOK zusammengefaßt, deren erste Vorsitzende Ida Dehmel ist.

Doch im April 1933, etwa sechs Jahre nach ihrer zündenden Mannheimer Rede, muß Ida Dehmel, von SA-Leuten umstellt, auf einer Versammlung in Hamburg ihr Amt niederlegen; die GEDOK fällt der nationalsozialistischen Gleichschaltung zum Opfer, obwohl sie ihr Prinzip der absoluten politischen und konfessionellen Neutralität immer wieder betont hatte.

Wer war diese so fantasiebegabte wie pragmatisch denkende, anregende wie einfühlsame Frau, deren Überzeugungskraft und rhetorischer Gewandtheit es gelungen war, auch in der *schönen Stadt der Arbeit, der Schiffahrt, des Handels und der Industrie*[4] ein künstlerisch interessiertes und aufnahmebereites weibliches Publikum zu finden, das, von ihren Gedanken begeistert, diese in die Praxis umsetzte und weitertrug?

Ida Dehmel, geborene Coblenz, wird am 14. Januar 1870 in Bingen in die alteingesessene Familie eines jüdischen Weingutsbesitzers und Kommerzienrats hineingeboren. Nach dem frühen Tod der Mutter vom Vater streng erzogen, wird die sechs Jahre ältere Schwester Alice ihre Vertraute. Sie erhält eine Erziehung als „höhere Tochter", besucht ein belgisches Pensionat, musiziert, fotografiert, malt und liest. Sie spürt die Abgeschlossenheit und Enge der Kleinstadt und ihrer Bewohner und versucht an das geistige Leben Anschluß zu finden, indem sie Briefe mit Dichtern wechselt, deren Werke sie bewundert. Während vieler Aufenthalte bei ihren verheirateten Schwestern in Mannheim und München lernt Ida kulturelles und gesellschaftliches Leben kennen und hat Gelegenheit, Theater und Konzerte, Ausstellungen und große Einladungen zu besuchen. Zuhause zehrt sie davon; ihr Schicksal, als bürgerliche Tochter auf einen Heiratskandidaten warten zu müssen, belastet sie sehr.

In dieser Zeit der seelischen Unausgefülltheit – Ida ist inzwischen 22 Jahre alt – fällt ihre Begegnung mit Stefan George, der auch aus Bingen stammt und eben seinen ersten Gedichtband veröffentlicht hat. Ida liest und ist begeistert: *Ich gab mich dem nie gehörten Klang ganz und gar hin; ich war Georgianerin geworden; die erste, die es gab […].*[5]

Ida Dehmel um 1895

Auf langen Spaziergängen und in zahlreichen Briefen erkennt George in Ida die suchende und
prüfende, vor allem aber literarisch aufgeschlossene
Frau, von der starke Impulse auf seine Arbeit
ausgehen. Er widmet ihr viele seiner Gedichte, vor
allem den Zyklus *Das Jahr der Seele*, der sein
bekanntestes Werk geworden ist. Ida erwidert
seine Liebe nicht; in seiner Haltung erscheint
er ihr mönchisch. Ihre geistige Freundschaft wird
nicht unterbrochen, als Ida 1895 auf Drängen
ihres Vaters, müde aller Konflikte und ohne Hoffnung auf ein selbstbestimmtes Leben, den
jüdischen Kaufmann Konsul Leopold Auerbach

heiratet. Durch den Umzug nach Berlin bietet
sich der jungen Frau der Rahmen für ein
gesellschaftliches Leben, in dem sie sich als Mäze-
natin junger Künstler zeigen kann.

Auch für Stefan George will sie sich einsetzen und
schreibt an den Redakteur der Zeitschrift *Pan*,
Richard Dehmel. Diese Zeilen der Frau Konsul
Ida Auerbach und Dehmels Bitte um ein
Zusammentreffen sollten eine leidenschaftliche
Liebesbeziehung auslösen – und die bittere
Trennungserfahrung für Stefan George, der ihre
Wahl rigoros ablehnt. Im November 1896

endet ihre vierjährige Freundschaft mit dem endgültigen Bruch; in Georges Biographie ist nie mehr von einer anderen Frau die Rede.

Ida Auerbach, die ein halbes Jahr nach ihrer Eheschließung und jetzt 26 Jahre alt, Richard Dehmel begegnet, findet in ihm endlich eine ihr geistig und vor allem emotional verwandte Seele. Dehmel gilt damals als größter lebender deutscher Lyriker; gleich nach ihm rangiert seinerzeit übrigens Stefan George, dessen literarischer Erfolg den Dehmels allerdings überdauern wird. Das große erotische Erlebnis seiner Begegnung mit Ida beeinflußt seine Werke nachhaltig. Doch auch Dehmel ist verheiratet, und zwar mit der heute noch bekannten Kinderbuchautorin Paula Dehmel. Während der sechs Jahre bis zur formellen Bindung ihrer Lebensgemeinschaft wechseln die Liebesleute eine Fülle von Briefen: Dehmels Briefe sind veröffentlicht, von Ida existiert keine Zeile; ihre Antworten auf Dehmels stürmische Bekenntnisse lassen sich allenfalls bruchstückweise aus den Sätzen ihrer Briefe erschließen, auf die Dehmel zitierend Bezug nimmt. Nach ihren beiderseitigen Ehescheidungen, die von der Berliner Gesellschaft mit riesigem Eklat aufgenommen werden, und ihrer Heirat siedeln sie sich in Hamburg an. Das Dehmel-Haus, eine Jugendstilschöpfung, wird zum Inbegriff aufgeschlossenen, schaffensfrohen, geselligen geistigen Lebens. Frau Isi richtet Wohltätigkeitsveranstaltungen aus, bittet z.B. Autoren um Manuskripte und versteigert auf diese Weise Thomas Manns *Buddenbrooks* zugunsten junger Künstler. Gerhart Hauptmanns Ehefrau Mathilde tritt als Solistin in einem Violinkonzert auf, prominente Schriftsteller werden zu Lesungen, Wissenschaftler zu Vorträgen eingeladen.

Ida Dehmel schreibt in jenen Jahren Artikel und Rezensionen für die *Neue Badische Landeszeitung* ihres Schwagers Julius Bensheimer, oft unter dem Pseudonym Coba Lenz. Angeregt und ermuntert von Alice, aber auch selbst überzeugt von der politischen Notwendigkeit, arbeitet sie in *der Nationalliberalen Partei*; ihr Name taucht als Schriftführerin und Redakteurin der Verbandszeitung auf. Sie übernimmt einen großen Teil der Korrespondenz Richard Dehmels und archiviert dessen Briefe und seine Werke.

Und sie schreibt auch selbst Lyrisches. In der Werkausgabe Richard Dehmels erscheinen zwei Gedichte von ihr; bei dem einen mit der Überschrift *Psalm zweier Sterblicher* zeichnet sie als Mitverfasserin, bei dem anderen, *Das Perlgewebe*, ist nur ihr Name als Urheberin angegeben. Es sind symbolhafte Verse mit autobiographischen Anklängen und einem ganz realen Hintergrund: nach der Gründung des *Deutschen Werkbundes* 1907, dessen Mitglied Ida Dehmel wird, hatte sie sich ein Atelier für Perlwebarbeiten eingerichtet und mit ihren kunsthandwerklichen Kreationen, die außer in Deutschland auch in England und den USA verkauft wurden, weitreichende Beziehungen, auch kommerzieller Art, aufgebaut.

Schon George gegenüber, der sie oft zum eigenen Schreiben anregte, hatte Ida Dehmel immer geäußert, daß das Schöpferische nicht ihr Teil sei. Als *Das Perlgewebe* unter Dehmels Werken gedruckt wird, gratuliert ihr auch Alfred Mombert, der Heidelberger Lyriker und lebenslange Brieffreund. Ida antwortet ihm in einem Brief vom 25. August 1913: *Das Perlweblied schrieb ich einmal ganz frühmorgens […] Aber das hat Dehmel vor dem Druck so verbessert, daß es ein widerlicher Zwitter geworden ist. Es hat jetzt einen so raffinierten Rhythmus an ein paar Stellen – nein, nie mehr: ich schüttle mich davor. Dehmel kann natürlich nichts dafür. Da bin ich 1000 mal reiner an 1000 Stellen in Dehmels eigenen Dichtungen zu spüren.*[6] Das klingt nicht wie das Eingeständnis eigenen literarischen Unvermögens, sondern eher wie Resignation, ausgelöst durch die professionelle Überlegenheit des berühmten Ehemannes. Ida Dehmel kämpft nicht um ihr Recht auf eigene kreative Arbeit. Die desolate Situation der Künstlerinnen um die Jahrhundertwende mag ein Grund für ihren Verzicht gewesen sein.

Gönnerhaft gestattete man schöpferisch befähigten Frauen zu dilettieren, ernsthafte Ausübung, womöglich der Wunsch nach Ausbildung, wurde ihnen versagt. Erwerbsarbeit für Mädchen und Frauen galt in bürgerlichen Kreisen als Schande und mußte verschleiert werden. Eine Existenzabsicherung für Frauen gar durch einen künstlerischen Beruf war vollends absurd. Zwischen diesen Positionen hatten Frauen sich einzurichten – oder ihre Begabung zu unterdrücken.

Ica Dehmel ist klug und möchte sich den Vorurteilen nicht aussetzen, doch sie reagiert auf den Zeitgeist, indem sie sich für Künstlerinnenverbände einsetzt, um den Mitgliedern dieser Solidargemeinschaft Selbstbehauptung und Selbstentfaltung zu ermöglichen und ihnen einen Resonanzboden zu schaffen. Nachdem die Frauenbewegung der politisch und sozial aktiven Geschlechtsgenossinnen u.a. durch den erfolgreichen Kampf um das Wahlrecht bereits Fortschritte vorweisen konnte, sollten auch künstlerisch tätige Frauen ihre eigenen Vorstellungen artikulieren können und sich gegen den Zynismus männlicher Vorurteile, der weiblichen Intellekt und weibliche Kreativität als Perversion und krankhafte Störung ansah, zur Wehr setzen zu können. Hier war es Ida Dehmel möglich, einen Bogen zu spannen von den persönlich als entmutigend empfundenen Eingriffen des Ehemannes in ihre künstlerische Produktivität hin zur Gründerin der GEDOK.

1917 hat Ida Dehmel ihr einziges Kind, den Sohn aus der Ehe mit Leopold Auerbach, im Krieg verloren. 1920 stirbt Richard Dehmel, krank aus dem Krieg heimgekehrt, an dem er als fünfzigjähriger Freiwilliger teilgenommen hatte. Sie verkraftet diese Schicksalsschläge vermutlich nur, weil sie ihre engagierte Arbeit fortsetzt, Dehmels literarisches Werk betreut, seinen Briefwechsel herausgibt und unermüdlich ihr Organisationstalent für die Interessen weniger privilegierter Frauen einsetzt. Doch nach ihrer zwangsweisen Amtsniederlegung 1933 ist auch Ida Dehmel auf die Fürsprache ihr nahestehender Menschen angewiesen, die sich unmittelbar oder durch politische Einflußnahme um die Witwe Richard Dehmels bemühen und sich für ihre Sicherheit verwenden. Um sich den Diffamierungen – sie bekommt Schreibverbot und darf als Nichtarierin Dehmels Nachlaß nicht mehr verwalten – und den existentiellen Ängsten wenigstens zeitweise zu entziehen, unternimmt Ida Dehmel in den Jahren zwischen 1935 und 1937 Reisen nach Amerika und Asien und führt Reisetagebücher. Zuhause in Hamburg konzentriert sie sich auf die Überarbeitung ihres unveröffentlichten Romans *Daija*, dessen Manuskript sie in ihrer Bingener Zeit begonnen hatte.

Es wird zunehmend einsamer um sie, die Emigration reißt große Lücken in ihren Freundeskreis. Sie selbst kann sich nicht zur Auswanderung entschließen, bedeutete es doch, Dehmels Erbe und sein Haus zu verlassen. Am schwersten trifft sie 1935 der Tod ihrer Schwester Alice; auch sie war in Mannheim gezwungen worden, sich aus dem politischen Leben zurückzuziehen. In ihrem persönlichen Testament hatte Alice Ida eine Summe Geldes hinterlassen, das diese nun für eine ihrer Reisen nutzt. Sie handelt damit sicher im Sinne ihrer immer hilfsbereiten und verantwortungsbewußten ältesten Schwester, die ihr in vielen Bereichen eine lebendige Richtschnur gewesen ist. In einem Kondolenzbrief an Ida Dehmel heißt es: *Nun ist mit deiner Schwester Tod die ganze Familie ausgelöscht. Sie hat kein leichtes Leben gehabt und war ein so gütiger Mensch. Wie hat sie dich geliebt, doppelt um der Sorgen willen, die du ihr gemacht hast.*[7]

Neben der inneren Isolation wird Ida Dehmel durch eine äußere bedrängt: ihr Augenlicht verschlechtert sich, so daß sie fürchten muß, blind zu werden, was für einen Menschen wie sie, der zeitlebens durch das Lesen und das Schreiben gelebt hat und für den räumliche Einengung gleichbedeutend ist mit seelischer Einkerkerung, höchste Lebensbedrohung bedeutet.

Hinzu kommt nicht zuletzt die Angst vor der drohenden Deportation. In einem ihrer letzten Briefe, der an eine langjährige Freundin gerichtet ist, schreibt Ida Dehmel am 25. Oktober 1941: *Mittwoch früh erhielten 2000 Hamburger Juden den Evakuierungsbefehl. Diese nur vorläufig. Man weiß, daß alle drankommen sollen. Grausamste Bedingungen. Mitgenommen werden muß: Läusesalbe, Insektenpulver, Staubkamm. Nach Litzmannstadt. […] Die Haushilfe meiner jüdischen Mieter ist auch dabei, daher habe ich alles aus nächster Nähe miterlebt. Eine arische Bekannte meiner Mieter kam zu Besuch. Ich schloß ihr die Haustüre auf. Eine junge Frau. Sie sagte zu mir: 'Wie gut, daß Sie noch nicht dran sind, da können sie noch bessere Reisevorbereitungen treffen'. Und da schlägt kein Blitz ein und lähmt ihr die Zunge […].*[8]

Am 29. September 1942 nimmt Ida Dehmel sich mit einer Überdosis Schlaftabletten das Leben.

In ihrer Todesanzeige ist schlicht von *Mutter Isi, Richard Dehmels Lebensgefährtin*[9] die Rede, kein Wort über das menschlich und künstlerisch erfüllte Leben, das sie geführt hat. Wahrscheinlich war es 1942 zu gefährlich, Werk und Wirkung Ida Dehmels in einem Nachruf zu würdigen; vermutlich sind viele Briefe und Dokumente aus Gründen der Sicherheit vernichtet worden, vielleicht sogar von ihr selbst, als sie durch ihre ausweglose persönliche Lage innerlich in den Tod getrieben wurde.

Ida Dehmels Vermächtnis, die von ihr konzipierte und gegründete GEDOK, hat sich, wie in anderen Städten nach dem Zweiten Weltkrieg, 1951 auch in Mannheim neu konstituiert. Bundesweite und regionale Veranstaltungen beweisen das kulturelle Niveau wie auch die organisatorische Tragfähigkeit des Verbandes, beides unumstößliche Voraussetzungen im Sinne der Gründerin. Ihr persönliches Lebensschicksal, aber auch ihr poetisches Verständnis und ihre Gabe der Inspiration, ihre Intuition und ihre Organisationskraft, ihre entgegenkommende und doch sich zurücknehmende Haltung haben Ida Dehmel zu einer ebenso faszinierenden wie ungewöhnlichen Frau unseres Jahrhunderts gemacht und zur Weggefährtin einiger bedeutender Männer dieser Zeit.

Das sich nachhaltig und erfolgreich bis in die Gegenwart fortsetzende Lebenswerk Ida Dehmels, nach ihrer Mannheimer Rede auch von den hiesigen Künstlerinnen und Kunstfreunden weitergetragen, beweist wohl, daß Mannheim schon zur damaligen Zeit eine *Stadt der Arbeit* auch auf kulturellem Gebiet war.

Anmerkungen zum Kapitel

[1] B. Geisel: Durch Vorurteile hindurchgewühlt. Ida Dehmels Mannheimer Rede und der Aufbruch der Künstlerinnen. Zit. nach: DIE RHEINPFALZ 19.12.1987.

[2] I. DEHMEL Vorw. zu: Die Deutsche Künstlerin. Leipzig 1933. Zit. nach: Ich schreibe, weil ich schreibe. S. 17.

[3] B. Geisel: Durch Vorurteile hindurchgewühlt. Zit. nach: DIE RHEINPFALZ 19.12.1987.

[4] Prospekt des Verkehrsvereins Mannheim 1929.

[5] I. Dehmel: Der junge Stefan George. Zit. nach: IDA DEHMEL Ausstellungskatalog. S. 6.

[6] A. MOMBERT S. 138.

[7] M. von Zobeltitz an Ida Dehmel. Zit. nach: IDA DEHMEL Ausstellungskatalog. S. 72.

[8] I. Dehmel an Marie Stern, ebd. S. 78.

[9] Todesanzeige, ebd. S. 79.

*D*ie Bildhauerin Grete Fleischmann ist zwar nicht
in Mannheim geboren, verbrachte aber den
größten Teil ihrer Kindheit, ihrer Jugend und auch
die Freizeit während ihrer Ausbildung in dieser
Stadt. Nach Beendigung ihrer Ausbildung in
München, Rom, Berlin und Dresden kam sie 1938
ganz zurück und kehrte nur aufgrund der Kriegsereignisse Mannheim den Rücken.

Um mehr über die Künstlerin zu erfahren, haben
wir die wenigen vorhandenen Ausstellungs-
kataloge und Zeitungsartikel gesichtet[1] und ein
Interview mit ihr geführt.[2]

Auch ihr Werk versuchten wir möglichst vollständig zu erfassen.[3]

Ulrike Gall und
Birgit S. Lippold-Stenz

… ZUR UNWEIBLICHSTEN ALLER KÜNSTE

– die Bildhauerin Grete
Fleischmann (geb. 12.10.1905)

Bis jetzt konnten 36 bildhauerische Arbeiten
mittels Fotografien dokumentiert werden: ihr Werk
umfaßt Kinder-, Jugend- und Erwachsenen-
porträtköpfe, lebensgroß, nur wenige Ganzkörper-
figuren und einen Torso, der aber aus einem
Ganzkörpergips entstanden ist.[4] Als Materialien
dienten Grete Fleischmann für ihre Werke Ton,
Gips, Diabas und Bronze. Von Grete Fleischmann
gibt es keine zeichnerischen Bildhauerskizzen;
sie bevorzugte die sofortige Umsetzung ihrer Gedanken in Ton- und Gipsskizzen.

Grete Fleischmanns Lebensweg

Am 12. Oktober 1905 wird Grete Fleischmann in Eggenstein bei Karlsruhe als zweites Kind eines Apothekers und seiner aus Pforzheim stammenden, vermögenden Frau[5] geboren.

Als sie sechs Jahre alt ist, zieht die Familie, da der Vater eine Apotheke gekauft hat, nach Mannheim. Dort besucht sie die *Liselotte-Schule*, bastelt und zeichnet viel, baut Puppenhäuser und gestaltet 13- oder 14-jährig für eine Tante in Schopfheim eine *Liegende* in Knete. In dem mit ihr geführten Interview sagte Grete Fleischmann, daß sie damals das erste Mal daran gedacht hätte, Bildhauerin zu werden, der Wille zu diesem Beruf aber erst einige Jahre später manifest war.

Mit 20 Jahren beginnen die eigentlichen Jahre ihrer künstlerischen Ausbildung im In- und Ausland. 1925 geht sie an die Kunstgewerbeschule in München zu Prof. Waderé.[6] Mit drei Kollegen aus München geht sie 1926 nach Rom. Daß es von der Familie aus zwar Vorbehalte gegen den Aufenthalt in dieser Stadt gab, sie aber letztendlich nicht daran gehindert wurde zu reisen, blieb ihr in Erinnerung. Sie nutzt den zweisemestrigen Studienaufenthalt an der Kunstakademie in Rom teils für das bildhauerische Studium, teils um sich durch Besuche in Museen weiterzubilden. 1928 besucht sie für ca. ein Jahr die *Vereinigten Staatsschulen für freie und angewandte Kunst* in Berlin und ist Schülerin bei Prof. Wilhelm Gerstel.[7] Zu Grete Fleischmanns Ausbildung gehört u.a., daß sie ein halbes Jahr in der Berliner Porzellanmanufaktur arbeitet. Nach ihrem Berlin-Aufenthalt kehrt sie, diesmal für einen etwas längeren Zeitraum, nach Mannheim zu ihren Eltern zurück.[8] Anzunehmen ist, daß sie spätestens seit 1929 ein Keller-Atelier, das ihr ein Freund ihres Vaters besorgt, in Mannheim in B 6,3 besitzt und ab diesem Zeitpunkt auch regelmäßig zu dem Kleinbildhauer Kochendörfer nach Waldkirch/Bregenz[9] fährt, um dort in Diabas[10] zu arbeiten. In Waldkirch trifft sie mit Kollegen – u.a. Schülern von Prof. Albiker in Dresden – zusammen. Auf deren Anregung hin bewirbt sie sich 1931 mit dem 1931 in Diabas ausgeführten lebensgroßen Porträtkopf *Willy Birgel*[11] bei Karl Albiker, wird angenommen und ist bis 1937 in Dresden an der Kunstakademie seine Schüle-

rin.[12] Grete Fleischmann schätzte Karl Albiker sehr, er war für sie als Mensch und Künstler ein großes Vorbild. Er war zu dieser Zeit ein sehr begehrter Lehrer, und sie betrachtete es als eine große Ehre, als Schülerin an der Akademie angenommen worden zu sein.[13] Ihr Studium dort schließt sie mit dem Ehrenzeugnis der Kunstakademie ab. In den Semesterferien im August jeden Jahres verbringt sie weiterhin ihre Zeit in Waldkirch, um Porträtarbeiten in Stein zu erstellen.

1932 ist Grete Fleischmann zum ersten Mal in einer Kollektivausstellung vertreten: mit der Künstlervereinigung PORZA im *Mannheimer Kunstverein*.[14] 1938 kehrt sie nach Mannheim zu ihren Eltern zurück. Auch während ihrer gesamten Ausbildungszeit hatte sie immer wieder gerne ihre Eltern besucht, da die Eltern *immer viel Verständnis für sie und ihre Arbeit gehabt hätten*. Ab dieser Zeit schließt sie sich auch der *Mannheimer Werkgemeinschaft*[15] an und stellt gemeinsam mit ihr aus[16]. Mit einem der Künstler der *Werkgemeinschaft*, dem Maler Hans Dochow[17], verlobt sich Grete Fleischmann schließlich auch; doch der Krieg macht den privaten Plänen einen Strich durch die Rechnung. 1940 wird er eingezogen. Als sie ihn 1942 auf Urlaub erwartet, um unter anderem den Hochzeitstermin festzusetzen, erfährt sie eine Woche vorher, daß er in Rußland gefallen ist. Grete Fleischmann bleibt ihr Leben lang ungebunden.

Während des Krieges, ca. 1940, bringt Grete Fleischmann ihre Eltern zu Verwandten nach Schopfheim/Baden. Sie selbst bleibt in Mannheim, pendelt aber über Jahre hinweg zwischen Mannheim und Schopfheim hin und her, um aus dem Elternhaus und auch zum Teil aus ihrem Atelier Möbel etc. und auch einige Plastiken in Sicherheit zu bringen. 1943 wird das Wohnhaus[18] mit der Apotheke sowie ihr Atelier durch Bomben vollständig zerstört und sie siedelt gegen Kriegsende endgültig nach Schopfheim über. Ein Atelier in Schopfheim zu finden, gestaltet sich als äußerst schwierig, und nach einigen Jahren des ständigen Umzugs von einer Räumlichkeit zur anderen gibt sie auf.[19] Finanzielle Not zwingt Grete Fleischmann auch, einem anderen Beruf nachzugehen.

Bis 1955 bestreitet sie ihren Lebensunterhalt mit Porträtaufträgen, die sie zum Teil für Mannheimer Familien und für Schopfheimer und Baseler Bürger fertigt. Ihren Lebensunterhalt kann sie damit offenbar nur sehr schlecht bestreiten.

Ab 1955 arbeitet Grete Fleischmann, die inzwischen Steno und Schreibmaschine gelernt hat, als Sekretärin für *Mannesmann Demag*, Außenstelle Schopfheim, und geht 1971 66-jährig in Pension. In diesem Zeitraum wird sie auch Mitglied des *BBK Südbaden*.[20] Seit 1955 gestaltet sie nur noch wenige bildhauerische Arbeiten und ein Ehrenmal auf dem Schopfheimer Friedhof 1959. 1983 erstellt sie ihr vorläufig letztes Porträt, das des Malers *Günter Scholz*.

In den Jahren nach dem Krieg machen sich bei Grete Fleischmann die typischen Bildhauerkrankheiten, also kaputte Hände, Handgelenke und Bandscheibenschäden, bemerkbar, erschweren die künstlerische Arbeit und machen sie sogar über einen großen Zeitraum hinweg unmöglich. Grete Fleischmann lebt auch heute noch mit ihrer älteren Schwester in Schopfheim.[21]

Künstlerische Tätigkeit vor 1933

Die früheste Arbeit von ihr, der aus Ton gefertigte Porträtkopf *Erich Steinert*, 1925 datiert, ist Grete Fleischmanns erstes Porträt überhaupt und vor ihrer Akademiezeit entstanden. Durch eine Fotografie ist auch ihre erste Akademiearbeit in Berlin bei Prof. Gerstel – ein 1928 datierter Rückenakt in Ton – dokumentiert. 1930 entsteht in Mannheim der lebensgroße Porträtgips *Willy Birgel*[22]; die Umsetzung des Gipses in Diabas dient ihr 1931 als Bewerbungsarbeit für Prof. Albiker an der Kunstakademie in Dresden.

Diese vier Arbeiten sind die einzigen den Autorinnen bekannten aus diesem Zeitraum.

Künstlerische Tätigkeit während des Nationalsozialismus

Der früheste, durch Fotografien belegte Porträtkopf dieser Zeit ist die 1935 datierte Arbeit *Vigo d'Albert*. Der weibliche Kopf ist erkennbar als Ton-Aufbauarbeit auf einem Stahl-Draht-Gerüst. Im gleichen Jahr entsteht ein weibliches Porträt in Diabas.[23] 1938 ist die männliche Aktfigur *Hand-*tuchträger als getönter Gips entstanden.[24] Ungefähr 1939 ist der Gips *Hanni* nachweisbar.[25] 1940 wird von Grete Fleischmann das Gipsporträt *Thilde Fondelli-Martens* erstellt und ein weiterer weiblicher Kopf aus Marmorzement. Aus dem gleichen Jahr stammt das Malerporträt *Ludwig Straub* in Gips, sowie ca. zeitgleich – ebenfalls in Gips – das Porträt des Mannheimer Malers *Richard Papsdorf*[26]. Durch ein Foto ist das ca. 1941 in Mannheim entstandene Gipsporträt *Gertrud Kressynin-Heddäus* dokumentiert.

Aus dem Rahmen der zahlreich entstehenden Porträtköpfe in Ton, Gips oder Diabas fällt außer dem schon erwähnten *Handtuchträger* von 1938, eine in die Zeit 1938/39 zu datierende kleinplastische Aktfigur: die *Krugträgerin*, die als Skizze in Bronze ausgeführt wird.[27] Der lebensgroß umgesetzte Gips der *Krugträgerin* aus der Vorkriegszeit erfährt aufgrund der Zerstörung des Mannheimer Ateliers 1943 eine Umwandlung: die Arbeit – Bomben sind verantwortlich für Verstümmelungen an Armen, Beinen und dem Kopf – wird „zurechtgesägt" und es entsteht ein Torso als bewußt umgestaltetes Relikt einer kriegszerstörten Figur.[28] 1941 ist die *Sitzende* als Bronzeguß entstanden.[29] 1942 erstellt sie ein Selbstporträt in getöntem Gips.

Diese 13 Arbeiten sind – hauptsächlich durch Fotografien – die einzigen von den Autorinnen belegbaren aus der NS-Zeit.

Während des Nationalsozialismus sind auch mehrere Ausstellungsbeteiligungen nachweisbar: 1938 nimmt sie mit Arbeiten an der *Weihnachtsausstellung Mannheimer Künstler* in der *Kunsthalle* in Mannheim teil, 1939 folgt die Teilnahme an *Mannheimer Künstler stellen aus im Kunstverein*, 1941 ist sie u.a. auf der *Oberrheinischen Kunstausstellung* in Baden-Baden vertreten[30], 1942 unter anderem bei der Oberrheinischen Kunstausstellung in Straßburg[31] und auch 1943 wird sie mehrfach ausgestellt.[32]

Nach eigenen Angaben ist Grete Fleischmann weder Mitglied in der *Reichskammer der bildenden Künste* noch in der Partei.

Weiblicher Torso, 1945

Sie selbst berichtet von regelmäßigen Besuchen der *entsetzlichen Großen Deutschen Kunstausstellungen* in München mit ihren Eltern, zu denen sie *Gott sei Dank nie eingeladen* wurde.

1940 wird die Gipsbildnisbüste der *Schauspielerin Keßler*[33] und 1941 eine *Sitzende* von der Kunsthalle in Mannheim erworben.[34]

Künstlerische Tätigkeit nach 1945

Grete Fleischmanns Arbeiten werden ab 1947 erstmals wieder durch regionale Ausstellungsbeteiligungen gezeigt: *Kunst im Hochschwarzwald* in Neustadt und *Badische Sezession Freiburg*. 1949 folgen zwei Ausstellungen in Darmstadt, 1951 eine in München, 1952 eine in Stuttgart und 1959 die Teilnahme an der *IVème Exposition Internationale* in Paris und eine weitere Ausstellung

in Lörrach.[35] 1983 hat Grete Fleischmann ihre erste Einzelausstellung in der Sparkasse Schopfheim; zu dieser Zeit erfolgt auch der erste Bronzeguß des *Torso*.[36]

In der Nachkriegszeit entstehen neben Porträtköpfen im Krieg gefallener Söhne, die Grete Fleischmann für zahlreiche Mannheimer Familien erstellt[37], viele Kopfstudien von Kindern und Jugendlichen[38], sowie Porträts bekannter Persönlichkeiten aus Schopfheim, dem Wohnort der Künstlerin[39] und ein Mahnmal auf dem Schopfheimer Friedhof.[40]

19 bildhauerische Arbeiten konnten von den Autorinnen – häufig nur mittels Fotografien aus der Nachkriegszeit – dokumentiert werden.

Kunsthistorische Betrachtung
– Einige Gedanken zu den bildhauerischen Arbeiten Grete Fleischmanns

Als Materialien für ihre bildhauerischen Arbeiten dienten Grete Fleischmann Ton (sie nutzte die Aufbau- und Abtragungstechnik), Gips (rohfarbig und getönt), Diabas und Bronze.

Der Schwerpunkt des künstlerischen Schaffens von Grete Fleischmann liegt eindeutig bei den Porträts. Dabei steht, wie bei allen großen Porträtisten, für sie nicht das bloße Wiedererkennen der jeweiligen Person im Vordergrund ihres Arbeitens, vielmehr geht es ihr um das Einfühlen in den anderen Menschen, das Erforschen seines Wesens, und, im weiteren dann, um das Umsetzen in eine adäquate bildnerische Form. Zu der geistigen Arbeit, die der künstlerische Schaffensprozeß immer darstellt, gesellt sich beim Porträtieren noch ein weiterer Punkt hinzu: die Auseinandersetzung mit der Persönlichkeit des Gegenüber.

Bei solch ausdrucksvollen Gesichtern verwundert es nicht, daß Grete Fleischmann sich ihre ,,Modelle" gerne selbst aussucht und nicht jeden Beliebigen porträtiert.

Ihren Frauenporträts ist trotz unterschiedlichen Materials eine glatte, aber nicht unmodellierte Oberfläche eigen; die Haartracht ist stets nur leicht akzentuiert, der Mund geschlossen, der Blick geradeaus gewandt ins Unbestimmte. Licht- und Schattenwirkung der Materaloberfläche sind wesentlicher Bestandteil zur Strukturierung des Gesichts. Ihre Bildnisse zeigen nur Köpfe mit Halsansatz ohne Schulter- oder Brustansatz. Stirn-, Wangen- und Kinnpartie gestaltet sie gleichsam eben, also wenig modelliert. Der Schwerpunkt ihres bildhauerischen Interesses gilt offensichtlich Augen und Mund als Sitz der inneren Wesenszüge eines Menschen, die sich an diesen Stellen quasi nach außen an die Oberfläche drängen. Die Porträts zeigen die betreffenden Personen nicht in einer gleichsam eingefrorenen Momentaufnahme, sondern sind vielmehr ,,Konzentrat" des inneren Wesens, das von der Künstlerin ins bildhauerische Material gebannt wird. Ein gesammelter Ausdruck durchzieht diese Gesichter: im konzentrierten Blick spiegelt sich keine sofort erkennbare Gefühlsregung, sondern die Gesamtheit des Individuums ist von ihr zu erfassen gesucht.

Beim Betrachten ihrer Porträts läßt sich eine Vorliebe für ausgefallene Gesichter feststellen: stark ausgeprägtes Kinn, breite Wangenknochen, auffallende Nasenformen (Stups-, Himmelfahrts-, Knollennasen). Offensichtlich liegt Grete Fleischmanns künstlerisches Interesse nicht in der Darstellung gängiger Schönheitsideale, sondern im Erfassen des besonders individuell Eigenen.

Ein besonders gutes Beispiel bietet auch das (einzige?) Selbstbildnis[41] Grete Fleischmanns. Die 1942 aus getöntem Gips entstandene Porträtplastik zeigt die 37-jährige mit dem für ihre Arbeiten typischen konzentrierten Gesichtsausdruck. Die Augen sind geöffnet, blicken geradeaus ins Unbestimmte, der Mund ist geschlossen. Die Haare sind zurückgekämmt und hinter den Ohren und am Hinterkopf in leichten Wellen, durch Modellierung angedeutet, zu einer zeitgenössischen Frisur eingeschlagen. Im Profil zeigt sich gut herausgearbeitet die lange gerade Nase – Vergleiche mit aktuellen Fotos von ihr, belegen die immer noch große Ähnlichkeit innerhalb der Gesichtszüge, respektive zeigen die Spuren, die 50 Jahre Leben hinterlassen haben.

Anders als bei ihren sonstigen Frauenporträts modelliert Grete Fleischmann ihre eigenen Gesichtszüge aber stärker durch und betont so z.B. die Tränensäcke unter ihren eigenen Augen und zwei Falten links und rechts des Mundes. Solche individuellen Merkmale lassen sich in dieser ,,Stärke" bei ihren anderen Frauenbildnissen nicht beobachten. Diese weisen im Gegensatz zu ihrem Selbstbildnis fast idealisierte Züge auf, was den Porträts einen überzeitlichen Charakter verleiht. Durch die ,,selbstkritische" Darstellung der eigenen Gesichtszüge wirkt ihre Bildnisbüste ernst, fast streng und dem ganzen Porträt mutet etwas Herbes, Unnahbares an.

Bei den Kinderporträts läßt sich Gleiches feststellen: auch hier der konzentrierte Gesichtsausdruck – der bei Kindern unmöglich durch lang dauernde Modellsitzungen ,,erreichbar" ist, da diese nicht solange still halten können –, somit

Gudrun, (Spiegelaufnahme) um 1947

die „Essenz" ihres künstlerischen Sehens, also Ergebnis dessen, was sie als Bildhauerin in einem Menschen für wesentlich erachtet und dann in seinem Porträt verdichtet. Gleichzeitig findet sich auch schon in diesen „unfertigen" Gesichtern die Betonung von Charakteristika, die später dann einen Erwachsenen individualisieren.

Auch bei den Männerporträts bevorzugt Grete Fleischmann prägnante Typen. Zu konstatieren ist aber eine wesentlich stärker durchmodellierte Gesichtsoberfläche; Stirn-, Wangen- und Kinnpartien weisen je nach Alter des Porträtierten größere Bewegtheit auf. Nach dem vorliegenden Dokumentationsmaterial zu schließen, hat sie wesentlich mehr ältere Männer als Frauen porträtiert: doch auch auf die Bildnisse jüngerer Männer trifft oben genanntes zu. Das einzige (mittels Fotografie) erhaltene Porträt einer älteren Frau (Heeg-Erasmus) unterscheidet sich in der Oberflächenbehandlung nicht von denjenigen jüngerer Frauen. Ihr Alter läßt sich also nicht an Falten etc. im Gesicht ablesen, sondern vielmehr ist es der Gesamtausdruck der Porträtierten, die dem Betrachter ihre Reife vor Augen führt. Knotenfrisur und Doppelkinn sind äußere Merkmale, die den Eindruck einer älteren Frau unterstreichen, aber nicht hervorrufen. Bis ins, für ihre sonstige Gestaltungsweise, Extrem, hat sie diese Oberflächenmodellierung bei dem Porträt von Adolf Glattacker (ca. 1950) entwickelt. Geradezu Rodin'sche „Buckel und Höhlen" verleihen dem Lörracher Maler genialische Züge – bestimmt nicht ungewollt.

Eine Aussage der Künstlerin, in der sie auf die unterschiedlichen Materialien, die sie für die Bildnisse verwendete, zu sprechen kam: sie unterschied zwischen Terracotta für Frauen- und Kinderporträts und Bronze, sowie getöntem

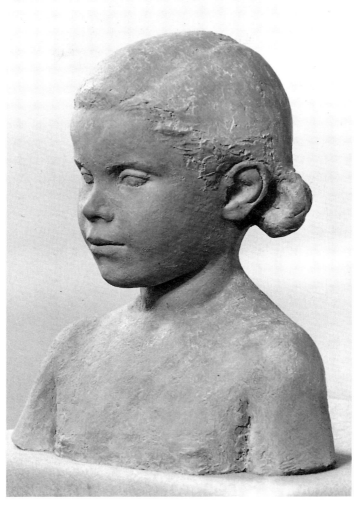

Kinderkopf, um 1950

Gips für Männerporträts[42] – die Materialqualitäten, dort weich und warm, hier hart und kalt, setzt sie in direkten Bezug zum Geschlecht der von ihr Porträtierten –, kann aufgrund des vorhandenen Fotomaterials nicht durchgängig aufrechterhalten werden. Auch ihr Selbstporträt von 1942 fertigte sie in getöntem Gips.

Insgesamt zeigt sich an den Porträts die Summe aus Modell- und Künstlerindividualität als Ausdruck der Spannung zwischen beiden. Diese Spannung besteht beim Porträtieren immer und bietet der künstlerischen Handschrift Raum zur Entfaltung; die Arbeiten Grete Fleischmanns dienen den Betrachter(inne)n als gelungene Illustration dieses Prozesses.

Die wenigen ganzfigurigen Arbeiten der Künstlerin sind, da keine Porträts, vom Ausdruck her allgemeiner und weisen keine markanten Gesichtszüge auf. Obwohl als Teil des Gesamtwerkes nicht von den Porträts zu trennen, stehen doch die Ganzfiguren in größerer Nähe zu den Arbeiten Karl Albikers, ihres langjährigen Lehrers. Nicht nur thematisch, sondern auch künstlerisch kommt bei diesen „freien" Figuren Grete Fleischmanns bildhauerische Herkunft und Intention deutlich zum Ausdruck. Karl Albikers Credo, daß plastische Kunst *materialisierte Bewegung*[43] sein müsse, zu dem Zweck, die einer Skulptur innewohnende Schwere zu überwinden, findet sich bei diesen Arbeiten anschaulich gelöst. Gleichzeitig kommt es ihr aber auch auf das Material als solches an, auf die Schwere, die faktisch vorhanden ist, und die sie durch die künstlerische Bearbeitung nicht negieren will. Ihren Figuren geht diese Gesetzmäßigkeit des Materials nie verloren. Die Verbundenheit mit der Erde, die Forderung nach dem *eindeutig stehen müssen*[44], im Wortsinn das Bodenständige, findet sich bei all diesen Werken wieder. Ihre Figuren stehen oder sitzen wirklich, sie sind eine Auseinandersetzung mit dem Organischen des Körpers und der ihm eigenen Spannung.

Konkretisiert finden sich diese Aussagen in dem *Torso*, der 1945 aus dem 1938/39 entstandenen Ganzkörpergips der *Krugträgerin* als bewußt umkonzipiert aus einem kriegszerstörten Relikt „entstand". Obwohl anfangs künstlerisch nicht als Torso geplant, zeigt gerade diese Arbeit Grete Fleischmanns zweierlei: erstens verdeutlicht sie das ihr innewohnende Gleichgewicht zwischen Spannung, Ruhe und Dynamik. Zweitens bringt der *Torso* die bildhauerischen Qualitäten der Künstlerin besonders gut zum Ausdruck, da sämtliche Bewegungen des ganzen Körpers im Rumpf voll und überzeugend angelegt waren und angelegt sein mußten. Ansonsten hätte der *Torso* nach dieser Umgestaltung für die Betrachter(innen) als eigenständiges Kunstwerk an sich keinerlei Bestand.

Die Stärke des bildhauerischen Werkes von Grete Fleischmann liegt weniger in der künstlerischen Innovation, als in der gekonnten Weiterentwicklung eines tradierten Formenkanons. Ihre qualitätvollen Menschenbildnisse haben auch für die heutigen Betrachter(innen) ihren Stellenwert und stehen im besten Sinne in einer kunsthistorischen Tradition.

Kontinuitäten und Brüche

Politische Ereignisse hinterlassen keine stilistischen Zäsuren in Grete Fleischmanns Werken; nur anhand sich wandelnder Frisuren lassen sich die Porträts verschiedenen Entstehungszeiten zuordnen (z.B. fünfziger Jahre). In Grete Fleischmanns Oeuvre findet sich durchgehend über die Jahre ihres Schaffens hinweg eine beeindruckende Kontinuität ihrer künstlerischen Intentionen. Weder die im Endeffekt menschenverachtende Menschendarstellung des Nationalsozialismus, noch die ungegenständlichen Tendenzen der

Nachkriegszeit beeinflußten Grete Fleischmanns Weg als Bildhauerin. Die von ihr bewußt gewählte Gattung des Porträts erleichterte ihr sicherlich das persönliche Beharren auf ihren Intentionen, aber selbst das eher zu mißbrauchende Gebiet der Aktfigur (z.B. *Handtuchträger*), verführte sie nicht zu einer nazistischen Gestaltung der menschlichen Figur. Nichts desto trotz hatte die Künstlerin zwischen 1933 und 1945 vierzehn Ausstellungsbeteiligungen[45] zu denen sie jeweils aufgefordert wurde.[46]

Als Frau ging Grete Fleischmann einen selbst für diese Zeit sicherlich immer noch ungewöhnlichen Weg: den der Künstlerin. Allerdings konnte sie diesen als Privilegierte in mehrfacher Hinsicht einschlagen, da sie sich einerseits der emotionalen Unterstützung ihrer Eltern sicher sein konnte, andererseits wurde die insgesamt zwölf Jahre dauernde Ausbildung voll von ihnen finanziert. Nie war die Bildhauerin auf Stipendien o.ä. angewiesen und lernte durch ihre Eltern sicherlich auch einige Familien kennen, deren einzelne Mitglieder sie zu Übungszwecken porträtieren konnte oder durch diese sogar Porträtaufträge bekam. Grete Fleischmann ist wohl immer eine starke Künstlerpersönlichkeit gewesen, die entgegen der weiblichen Rollenzuweisung durch das Dritte Reich unbeirrbar bei ihrem Entschluß blieb, Künstlerin zu werden. Nach dem Tod ihres Verlobten Hans Dochow (1942) blieb die Bildhauerin unverheiratet. Alleinstehend und nach Kriegsende finanziell verarmt, war sie gezwungen zweigleisig zu arbeiten: als Künstlerin und als Sekretärin.

Ausstellungen:
1983 Schopfheim, Sparkasse Schopfheim

Ausstellungsbeteiligungen:
1932 Mannheimer Kunstverein, Mannheim, Ausstellung der Künstlervereinigung PORZA
1938 Städtische Kunsthalle Mannheim, Mannheim, Weihnachtsausstellung Mannheimer Künstler
1939 Mannheimer Kunstverein, Mannheim, Mannheimer Künstler stellen aus
1941 Mannheim, 10. Ausstellung der Werkgemeinschaft Baden-Baden, Oberrheinische Kunstausstellung Mannheim, Sommerausstellung in der Werkgemeinschaft Städtische

Kunsthalle Mannheim, Mannheim, Neu-
erwerbungen

1942 Straßburg, Oberrheinische Kunstausstellung
Darmstadt, Darmstädter Sommerschau –
Mannheim, Weihnachtsausstellung
der Werkgemeinschaft bildender Künstler

1943 Straßburg, Oberrheinische Kunstausstellung
Mannheim, In der Werkgemeinschaft:
Kollektivausstellung Ludwig Straub Baden-
Baden, Oberrheinische Kunstausstellung
Wien, Junge Kunst im Deutschen Reich

1944 Straßburg, Oberrheinische Kunstausstellung

1947 Neustadt/Baden, Kunst im Hochschwarzwald Freiburg, Badische Sezession Freiburg

1948 Darmstadt, Sezession Darmstadt

1949 Darmstadt, Künstlervereinigung Darmstadt

1949 bis1955 Lörrach, Markgräfler Künstler

1951 Baden-Baden und München, Badische
Sezession

1952 Stuttgart, Bildende Hände

1959 Paris, IVème Exposition Internationale

Anmerkungen zum Kapitel

[1] Wir danken dem Ministerium für Arbeit, Gesund-
heit, Familie und Frauen, Baden-Württemberg für
die freundliche Untersützung.
Quellen: – In der Liste der Mannheimer Künstler als
Bildhauerin vermerkt; STADTA MA. : Arch. Zug.
31/1969 Nr. 33 – Vollmer, 1955, S. 120 – Oberrheinische Kunstausstellung, Baden-Baden 1941, darin:
Abb. Nr. 118 (Sitzende), Abb. Nr. 119 (Bildnis
Maler Ludwig Straub) – Oberrheinische Kunst 10
(1942) 204 r.Sp. – Oberrheinische Kunstausstellung,
Straßburg 1943, darin: Abb. Nr. 94 (Frauenkopf,
Gips getönt), Abb. Nr. 95 (Mädchenkopf, Marmor-
zement) – Junge Kunst im Deutschen Reich, Wien
1943, darin: Abb. Nr. 138 (Sitzende, Bronze, 1942,
30 cm hoch) – Oberrheinische Kunstausstellung,
Straßburg 1944, darin: Abb. Nr. 47 (Selbstporträt),
Abb. Nr. 48 (Maler Papsdorf), Abb. Nr. 49
(Direktor M.) – STADTA MA.: S2 1663-2, 1930-
1941 – NEUE MANNHEIMER ZEITUNG Nr. 249,
02.06.1932 – NEUE MANNHEIMER ZEITUNG
Nr. 572, 10./11.12.1938 – NEUE MANNHEIMER
ZEITUNG Nr. 66, 08./09.03.1941, S. 4 – NEUE
MANNHEIMER ZEITUNG Nr. 97, 08.04.1941, S. 6
– NEUE MANNHEIMER ZEITUNG Nr. 170,
24.06.1941, S. 4 – NEUE MANNHEIMER ZEITUNG

Nr. 250, 12.09.1941 – NEUE MANNHEIMER
ZEITUNG Nr. 110, 23.04.1942, S. 4 – NEUE
MANNHEIMER ZEITUNG 28.07.1942 – NEUE
MANNHEIMER ZEITUNG 20.11.1942 – NEUE
MANNHEIMER ZEITUNG Nr. 89, 31.03.1943,
S. 4 – NEUE MANNHEIMER ZEITUNG Nr. 154,
15.06.1943. S. 3 – NEUE MANNHEIMER ZEITUNG
Nr. 190 , 27.07.1943, S. 3.

[2] Das Interview mit Grete Fleischmann wurde von
den Autorinnen Ulrike Gall und Birgit S. Lippold am
09.05.1991 in Schopfheim/Baden geführt.

[3] Anhand von Fotografien, die die Bildhauerin zur
Verfügung stellte, konnte ein Teil ihres Oeuvres
gesichtet werden. Unklar ist die genaue Anzahl ihrer
bildhauerischen Arbeiten, da ein großer Teil dieser
durch die Ausbombung ihres Mannheimer Ateliers
im Quadrat B 6,3 1943 zerstört wurde; bei einem
anderen Teil – Porträts der Vor- und Nachkriegszeit
– ist nicht feststellbar, bei welchen Familien sie sich
in Privatbesitz befinden. Grete Fleischmann kann sich
nicht mehr daran erinnern, von welchen Personen
sie Aufträge für Porträtköpfe erhalten hat. Im Interview teilte sie mit, daß ca. zehn Mannheimer
Familien und einige Baseler von ihr Werke besitzen
müßten. Um diese Lücken zu füllen, müßte eine
größere Suchaktion getätigt werden – dies konnte
im Rahmen des Projektes nicht geleistet werden und
wäre Aufgabe z.B. einer Magisterarbeit. Auch bei
den biografischen Daten sowie den Datierungen
ihrer Arbeiten, die sie manchmal schriftlich rückseitig
auf den Fotografien gemacht hat, gibt es einige
Unstimmigkeiten, die auch in dem Interview nicht
geklärt werden konnten.

[4] Vgl. unter Kapitel „Künstlerische Tätigkeit während
des Nationalsozialismus".

[5] Die Familie der Mutter war in Pforzheim ansässig
und sehr vermögend; der Urgroßvater war der
Fabrikant Ferdinand Wagner – noch heute steht in
Pforzheim die Fabrikanlage.

[6] Der Name dieses Professors ist bei allem Schriftlichen über sie falsch angegeben: Waderer; tatsächlich
kann es sich aber nur um Heinrich Wadere/Waderé
handeln: elsäss. Bildhauer, geb. 02.07.1865 in
Colmar, gest. 27.02.1950 in München, seit 1896 Prof.,
1900-1933 ordentlicher Professor in München an
der Kunstakademie (aus: THIEME-BECKER, Bd.35,
1955).

[7] Wilhelm Gerstel, geb. 07.01.1879 in Bruchsal,
gest. 23.01.1963 in Lehen b. Freiburg/Br.
Lit.: SCHNEIDER, A., W.G., Leben und Werk,

Karlsruhe 1963, aus: Lexikon der Kunst, Bd.II,
Leipzig 1971.

[8] Warum sie so schnell Berlin wieder verläßt und
damit ihre Ausbildung bei Gerstel abbricht, ist nicht
klar – Grete Fleischmann wollte nicht darüber
reden.

[9] Laut Aussage Grete Fleischmanns gab es die Klein-
bildhauer Kochendörfer sen. und jun.; weder bei
Thieme-Becker noch bei Vollmer wird dieser Name
erwähnt. – In Waldkirch trifft sie u.a. mit folgenden
Kollegen zusammen: Kochendörfer jun., Waldherr,
Wilhelm Rietschel (Grete Fleischmann zeigte ein
Foto, auf dem sie mit oben genannten zu sehen ist).
Ich wohnte immer bei der Familie eines Polizisten -
weitere Einzelheiten wollte sie uns nicht nennen.

[10] Diabas: altvulkanisches, schwärzlich-grünes basisches
Ergußgestein; sehr hart, gut spalt- und meist auch
gut polierbar, mit fein- bis grobkörnigem Gefüge. Als
Bildhauerstein kommt er besonders in der altägypt.
Kunst vor. – Grete Fleischmann verwendete schwe-
dischen Diabas, hochpolierbar und schwärzlich.

[11] 1930 entstand der Gips *Willy Birgel,* 1931 wird er
in Diabas ausgeführt. Dieses Porträtbildnis befindet
sich in einem der Büros des *Reiß-Museums für
Archäologie und Völkerkunde* in Mannheim; in dem
Museum befindet sich bis jetzt auch noch die Theatersammlung der Stadt Mannheim. – Willy Birgel, ein
Freund des Vaters von G.F., war am Mannheimer
Nationaltheater als Schauspieler von 1924 bis 1936
tätig. Weil Willy Birgel mit der Familie befreundet
war und auch in der Nähe des elterlichen Wohnhauses wohnte, kam sie dazu, ihn porträtieren
zu dürfen; ob dies ein direkter Auftrag war, teilte sie
nicht mit.

[12] Karl Albiker, Bildhauer, geb. 16.09.1878 in
Ühlingen/Baden, gest. 26.02.1961 in Ettlingen/Baden;
studierte 1898-1899 an der Akademie Karlsruhe
bei Hermann Volz; erhielt 1899-1900 in Paris von
Rodin entscheidende Anregungen; weilte 1903-
1905 in Rom; wurde 1919 als Prof. an die Akademie
Dresden berufen. Lit.: K.A., das gesammelte Werk,
Katalog der Kunsthalle Mannheim. aus: Lexikon der
Kunst, Bd.I, Leipzig 1968.

[13] Im Interview teilte sie mit, daß Karl Albiker zu dieser
Zeit ein sehr begehrter Lehrer war. Um an die Akademie zu kommen, mußten acht Tage lang Prüfungen abgelegt werden; 10 von 100 Bewerbern wurden angenommen; die Studiengebühr selbst war
ihrer Meinung nach gering – Grete Fleischmann war
sich weiterhin der emotionalen wie finanziellen

Unterstützung von Seiten ihrer Eltern gewiß. Zur
Studiensituatioin selbst berichtet sie folgende Details:
bei Albiker, der seinen Unterricht in der *Vogelwiese,*
der Außenstelle für Bildhauer der Akademie Dresden,
abhielt, waren mehr männliche als weibliche Schüler,
zu Grete Fleischmanns Zeiten nur sie selbst und
Ilse Riekert, eine Freundin. G.F. empfand als Künstlerin weder Vor- noch Nachteile bei Albiker, es ging
nur um *Leistung und Qualität.* Zur Ausbildung gehörte auch, daß sich jede Woche alle Klassen an den
Brühl´schen Terassen einfanden, um von 17-19 Uhr
Zeichenunterricht (auch Aktzeichen) bei wöchentli-
chem Wechsel der Professoren – u.a. Otto Dix – zu
nehmen.

[14] Zu der Künstlervereinigung PORZA fehlt den
Autorinnen jegliche Information – Grete Fleischmann weiß nichts mehr über sie.

[15] Dieser „Mannheimer Werkgemeinschaft", einer
lockeren Arbeitsgemeinschaft, gehörten u.a. Walter
Eimer, Ludwig Straub, Richard Papsdorf, Hans Maria
Barchfeld, Albert Ludwig, Hans Dochow an.

[16] 10. Ausstellung der Werkgemeinschaft 1941; NEUE
MANNHEIMER ZEITUNG Nr. 66, 08./09.03.1941,
S. 4 – Sommerausstellung in der Werkgemeinschaft
1941; NEUE MANNHEIMER ZEITUNG Nr. 170,
24.06.1941 – Weihnachtsausstellung der Werkgemeinschaft bildender Künstler 1942; NEUE MANN-
HEIMER ZEITUNG 20.11.1942 – In der Werkgemeinschaft: Kollektivausstellung Ludwig Straub 1943;
NEUE MANNHEIMER ZEITUNG Nr. 154,
15.06.1943, S. 3.

[17] Hans Dochow: geb. 27.05.1912 in Charlottenburg,
gest. 09.06.1942 in Rußland; Schüler von
Walter Eimer in Mannheim. Anfänglich vorwiegend
Zeichner (Feder, Kreide, Pinsel), 1938 erste
Freskoversuche. Seit 1940 Soldat. Mehrere Arbeiten
von Hans Dochow befinden sich in der *Kunsthalle
Mannheim.* Lit.: Junge Kunst im Deutschen Reich,
Wien 1943, darin: Abb. Nr. 23 (Selbstbildnis),
aus: Vollmer Künstlerlexikon.– Der Nachlaß von
Hans Dochow befindet sich bei Grete Fleischmann
und wird in den Besitz der *Kunsthalle Mannheim*
übergehen. – Wann genau die Verlobung stattgefun-
den hat, ist nicht bekannt.

[18] Das elterliche Wohnhaus und die Apotheke des
Vaters befanden sich auf der Seckenheimerstrasse
zwischen Moll- und Karl-Ludwig-Strasse.

[19] Folgende Aussagen von Grete Fleischmann: *Nach
dem Krieg in Schopfheim ein Atelier zu finden gestaltete
sich als äußerst schwierig. Nach einer Ausstellung (?)*

erhielt ich durch die Vermittlung des französischen Besatzungsgenerals ein Atelier. Nach zwei Jahren ein anderes Atelier in der Gewerbeschule für sechs Jahre, danach bei einem Bauarbeiter (?), als der wieder Aufträge bekam, mußte ich wieder raus…– Grete Fleischmann gibt dann wohl die Suche auf und arbeitet in dem kleinen Keller ihres Wohnhauses.

[20] Wann genau sie in den *BBK Südbaden* eingetreten ist, ist unklar. Im Verzeichnisband ist sie aufgeführt unter der Adresse: Stettinerstrasse 3, 7860 Schopfheim. Die biografischen Angaben sind unvollständig, z.T. fehlerhaft, die Datierung unter der Abb. *Gudrun* ist mit 1950 falsch angegeben; sie ist 1947 entstanden.

[21] Die Schwester, Ilse Fleischmann, studierte in Dresden Gesang und Musik; sie hat noch heute einige wenige Schüler.

[22] Alle erwähnten Werke - bis auf den Willy Birgel-Kopf in Diabas, der sich im *Reiß-Museum*, Mannheim befindet – konnten von uns nur mittels Fotografien gesichtet werden. Ob die Arbeiten noch vorhanden sind oder zerstört wurden, wissen wir nicht. Wenn wir den Standort der folgenden Werke wissen sollten, ist er grundsätzlich in Anmerkungen angegeben, ansonsten ist er nicht bekannt.

[23] Im Besitz der Künstlerin; wird auch *Junge Musikerin* bezeichnet.

[24] Im Besitz der Künstlerin.

[25] Im Besitz der Künstlerin.

[26] Richard Papsdorf starb 1940.

[27] Im Besitz der Künstlerin.

[28] Der Gips des Torso befindet sich im Besitz der Künstlerin; ein Bronzeguß von 1983 (mit dem sie unzufrieden ist und der ihrer Meinung nach schlecht und billig gemacht ist) befindet sich im Foyer der Schopfheimer Stadthalle.

[29] Ein Guß der *Sitzenden* ist im Besitz der Künstlerin; am 18.12.1941 wurde von der Künstlerin auf Anordnung des Oberbürgermeisters in Mannheim für die *Kunsthalle* ein Guß der *Sitzenden* erworben und mit der Inventarnummer XS968-H versehen. Die *Kunsthalle Mannheim* hat diese Plastik in der Nachkriegszeit als Leihgabe nach Neckarsteinach ins Schloß gegeben; von dort verschwand sie irgendwann irgendwohin.

[30] Siehe genaue Ausstellungsliste am Ende des Grete Fleischmann-Kapitels.

[31] Ebd.

[32] Ebd.

[33] Bildnisbüste der Schauspielerin Keßler, Gips, 1940

Ankauf durch die Werkgemeinschaft Bildender Künstler in Mannheim auf Anordnung des Oberbürgermeisters; Standort: Depot der Kunsthalle Mannheim, Inventarnr.: S 938-H.

[34] Siehe Anm. 29.

[35] Siehe auch Anm. 30.

[36] Siehe auch Anm. 28.

[37] Siehe Anm. 3.

[38] Genaue Anzahl und Standorte ebenfalls nicht bekannt; von den Autorinnen konnten 6 verschiedene Kinder- und Jugendlichenporträts mittels Fotografien gesichtet werden.

[39] Z.B. Porträt *Bürgermeister Hierling*, ca. 1952, getönter Gips.

[40] 1959 hat Grete Fleischmann für den Schopfheimer Friedhof die Auftragsarbeit eines Mahnmals für die Toten des 2. Weltkrieges erstellt. Sie hatte genaue Vorgaben: der Erzengel Michael (der Stadtheilige Schopfheims) sollte aus einer Steinwand heraustreten, als ob er auf den „Gottesacker" tritt. Die Künstlerin tat sich schwer mit der Umsetzung dieser Vorgabe, lieferte den kleinplastischen Entwurf und ließ in Sandstein die ca. 7 m hohe Figur von Handwerkern unter ihrer Anweisung hauen. – Der Erzengel hält ein vor sich aufgesetztes Schild mit der Inschrift: *Ich hüte den Frieden auf der Toten Feld. Du wahre den Frieden in der Lebenden Welt.* – Das Mahnmal war anfänglich sehr umstritten bei der Schopfheimer Bevölkerung. Trotz der strengen monumentalen Ordnung und der traditionellen Umsetzung des Kriegerdenkmal-Gedankens, war das Mahnmal den Schopfheimer Bürgern zu modern. – Grete Fleischmann signierte diese Arbeit nicht und erhielt nur ein sehr geringes Entgelt.

[41] Selbstbildnis, 1942, Gips getönt, Schopfheim, Städt. Museum.

[42] Aussage Grete Fleischmanns im Interview am 09.05.1991 in Schopfheim.

[43] Ebd.

[44] Ebd.

[45] Siehe auch Ausstellungsliste.

[46] Vgl. unter Kapitel „Künstlerische Tätigkeit während des Nationalsozialismus"

Von der Dienstbotenfrage sind wir längst zu sprechen gewöhnt, wenn es sich im konkreten Einzelfall um Aufgaben und Neubesetzungen einer Stelle handelt; als Unterabteilung der sozialen Frage ist die Dienstbotenfrage erst in jüngster Zeit weiteren Kreisen zum Bewußtsein gekommen. Aus dem Bereich der Hausfrauengespräche, aus dem eisernen Bestand der Witzblätter ist sie herausgetreten und verlangt Gehör, wenn von der Arbeiterfrage überhaupt, wenn von den Beziehungen zwischen Arbeitgeber und Arbeitnehmer verhandelt wird.[1] Mit diesen Worten leitete der Mannheimer Statistiker Sigmund Schott 1900 seine Untersuchung über die Fluktuation der Mannheimer Dienstboten ein.

Sylvia Schraut

WENN DIE BETTELMÄDCHEN SCHON HAAR-SCHLEIFEN TRAGEN

Dienstmädchen in Mannheim nach der Jahrhundertwende

Die Dienstbotenfrage war zeitgenössisch in aller Munde. Längst ging es jedoch nicht mehr nur um die Frage, wie der Ausbildungsstand und die Sittlichkeit der Dienstmägde oder etwa ihre Lebensverhältnisse zu verbessern seien. Im Vordergrund stand vielmehr die Frage, wie der auftretende Mangel an dienstwilligen Mädchen zu erklären, und wie er vor allem zu beheben sei.

Denn die Zahl der Dienstboten war insgesamt rückläufig. Über 1,3 Millionen Dienstboten gab es 1882 im Deutschen Reich, 1907 waren es schon 60.000 weniger, obwohl die Gesamtbevölkerung gewachsen war. 1925 schließlich wurden noch rund eine Million Hausangestellte gezählt. Mit der Industrialisierung war jedoch der Bedarf an Dienstmädchen gerade in den expandierenden Großstädten gestiegen. 187.655 (2,9 % der Bevölkerung) überwiegend weibliche häusliche Dienstboten waren bei der Volkszählung 1882 im Deutschen Reich in den Städten mit über 100.000 Einwohnern gezählt worden, 1907 zählte man schon 402.362 (2,1 % der Bevölkerung). Weitaus mehr hätten eine Stellung gefunden, wenn sie gewollt hätten.[2]

Auch in Mannheim war der Bedarf an Dienstboten groß. Die Handels- und seit dem letzten Jahrhundertviertel auch Industriestadt Mannheim hatte seit den achtziger Jahren des 19. Jahrhunderts ein beträchtliches Bevölkerungswachstum erlebt. Noch 1875 lebten hier weniger als 50.000 Menschen. Um 1900 waren es bereits weit über 100.000. Zusammen mit der eingemeindeten Bevölkerung der Vororte stieg die Einwohnerzahl 1910 auf rund 206.000 an; 1925 waren es schließlich mehr als 230.000. Daß das wirtschaftliche Wachstum den Lebensverhältnissen des Mannheimer Bürgertums gut zu statten kam, läßt sich an der hohen Dienstbotenzahl ablesen. 4.450 gab es 1895 in Mannheim. Mit knapp 5 Dienstboten auf 100 Einwohner zählte Mannheim zu den „dienstbotenreichen" Städten nach den Großstädten Frankfurt, Stuttgart und Charlottenburg. Um 1900 zählte man bereits 6.300, 1925 8.143 überwiegend weibliche Dienstboten, die bei der Herrschaft wohnten und arbeiteten.[3] Aber in der Regel blieben sie dort nicht lange. Nach den Untersuchungen von Schott (1895) wechselte durchschnittlich jede zweite einmal im Jahr ihre Stellung; weniger als ein Fünftel hielt es tatsächlich länger als 1 Jahr

bei ihrer Herrschaft aus, die überdies große Schwierigkeiten hatte, überhaupt ein neues Dienstmädchen zu finden. Bis 1923 sank der Anteil der Dienstmädchen, die länger als drei Jahre im gleichen Dienst arbeiteten auf unter 10 %.[4] Vom Dienstbotenmangel war auch in Mannheim viel die Rede. In die nach Ende des ersten Weltkriegs 1918/1919 Monat für Monat rund 500 offenen Dienstbotenstellen konnte das Arbeitsamt nur wenige arbeitsuchende Frauen vermitteln.[5] Kamen nach den Angaben des Mannheimer Stellennachweises für Hausangestellte des städtischen Arbeitsamtes 1913 auf 100 offene Stellen immerhin noch 75 Stellensuchende, so verschlechterte sich das Verhältnis zwischen Angebot und Nachfrage bis 1923 auf 100 : 21.[6] *Manche Hausfrau,* – so Johannes Fettel in seiner Untersuchung der weiblichen Hausangestellten in Mannheim 1924 mit entrüstetem Unterton – *die unter normalen Verhältnissen nie den Hausschlüssel ihrem Dienstmädchen zur freien Verfügung überließ, fügte sich der Not und unterwarf sich den Bedingungen, die das Mädchen stellte, um wenigstens für kurze Zeit eine Hausgehilfin zu finden. Unter diesen unerquicklichen Zuständen gestaltete sich die Stellenvermittlung zu einem immer schwieriger werdenden Kapitel.*[7]

Es war eine bekannte Tatsache, daß sich die Verteilung der berufstätigen Frauen auf die wenigen ihnen offenstehenden Berufszweige allmählich zuungunsten der privaten Dienstleistungsberufe zu verschieben begann. Knapp 18 % der berufstätigen Frauen hatten sich 1882 ihr Brot als Dienstmagd verdient, 1925 waren es noch 11,4 %.[8] Während des Krieges hatten viele Frauen und Mädchen Arbeit im Handel und in der Industrie aufgenommen. Jetzt, nach dem Krieg, sollten sie diese Arbeitsplätze wieder räumen, und es wurden nicht wenig Versuche unternommen, die angestammten Dienstverhältnisse wieder schmackhaft zu machen. *Was soll das Kind werden?* Mit dieser Frage war ein Artikel im *Mannheimer Generalanzeiger* im Februar 1924 überschrieben. *Bis vor kurzer Zeit war es fast selbstverständlich, daß das junge Mädchen ins Büro ging. Wir haben infolgedessen eine Überschwemmung der Büros durch weibliche Kräfte, die nun auch dem Personalabbau in erster Linie zum Opfer fallen. Dieser Abbau wird weiter gehen, als er gegangen wäre, wenn nicht der Mittelstand aus wirtschaftlicher Not gezwungen wäre, seine Töchter, meist mit höherer Schulbildung, in das Büro zu schicken. Die Eltern sollten daher den eigentlichen weiblichen Berufen mehr Aufmerksamkeit schenken, als dies bisher getan worden ist. Mehr als je werden deshalb die Eltern bei der Berufswahl ihres Kindes diesmal mitzureden haben, wenn auch im allgemeinen nach dem Grundsatz gegangen werden soll, daß das Kind einen Beruf ergreifen muß, zu dem es Lust und Liebe hat. Aber die verwickelten Verhältnisse auf dem Arbeitsmarkt können nur von Eltern gebührend beachtet werden.*[9] Nach Aussagen des Mannheimer Arbeitsamtes hatte tatsächlich nur rund ein Drittel der Mädchen, die schließlich in den Dienst gingen, auch den Wunsch zu diesem Beruf geäußert. *Die Berufswünsche der schulentlassenen Mädchen gehen überwiegend auf kaufmännische Berufe und auf das Bekleidungsgewerbe. Erst wenn die Mädchen dann erfahren müssen, daß diese Berufe überfüllt seien, sodaß keine Möglichkeit besteht hier unterzukommen, sind einige von ihnen geneigt, in „Stellung" zu gehen. Zuvor versuchen sie aber fast alle, in der Industrie unterzukommen. Daß diese Mädchen bei der ersten passenden Gelegenheit den Dienstbotenberuf aufgeben und in andere Berufe abwandern, ist dann nicht verwunderlich.*[10]

Daran änderten auch Versuche, das Ansehen des „Dienens" zu verbessern, wenig. So gab es beispielsweise mindestens seit den vierziger Jahren des 19. Jahrhunderts den *Verein zur Verbesserung des Dienstbotenwesens* auch in Mannheim. Wie ähnlich ausgerichtete Vereine in anderen Großstädten des deutschen Reiches ehrte er einmal im Jahr öffentlich diejenigen Dienstboten, die es mindestens ein Jahr bei ihrer Herrschaft ausgehalten hatten, mit sogenannten *Aufmunterungspreisen*[11]. *Es war mir vergönnt,* schrieb 1924 Johannes Fettel, *dieses Jahr an der Ehrungsfeierlichkeit teilzunehmen. Ich habe dabei den Eindruck gewonnen, daß diese Feierlichkeit bei allen beteiligten Hausangestellten eine tiefe Wirkung hinterlassen hat. Gerade bei den naiven Landmädchen* – in der Tat stammten alle diese Mädchen vom Lande – *wird eine derartige öffentliche persönliche Ehrung einen viel bedeutsameren Eindruck ausüben, als ein gelegentliches Geldgeschenk es vermag [...]. Allzugroße Bedeutung kann ich allerdings der Tätigkeit dieses Vereins nicht beimessen, weil seine Ideen veraltet und von der heutigen Jugend gar nicht mehr verstanden werden. Bei einem Mädchen aus der Großstadt werden diese ideellen Bestrebungen keinen Anklang finden.*[12] Ganze 56 Dienstmädchen, die länger als ein Jahr bei ihrer Herrschaft dienten, konnte der Verein anläßlich dieser Feier prämieren.

Daß Dienstverhältnisse in zunehmendem Maße unbeliebt wurden, hatte seine Ursache nach Meinung der Zeitgenossen in einem gewichtigen Umstand: Dienstboten vermieteten nicht nur ihre Arbeitskraft, sondern sich als ganze Person. Dies wurde schon zu Beginn des 20. Jahrhunderts als *Verlust der Freiheit*[13] gewertet und fiel als Nachteil um so mehr ins Gewicht, je mehr moderne Arbeitsplätze im Zuge der Industrialisierung entstanden, die den Arbeiterinnen und Angestellten geregelte Arbeitszeit, aber auch geregelte Freizeit und ein Privatleben außerhalb des Arbeitsbereiches garantierten.

Dienstboten unterstanden traditionell einer eigenen Gesindeordnung, die ihre Handlungsräume weitaus mehr beschränkte, als dies vergleichsweise bei einer Fabrikarbeiterin der Fall war. Gesindeordnungen regelten nicht nur das Arbeitsverhältnis, sondern letztlich auch die Lebensverhältnisse – meist mehr zugunsten der Herrschaft als der Dienenden. Den Dienstgeber berechtigten zahlreiche Gründe zu sofortiger Entlassung des Dienstboten: *Schwangerschaft, Geschlechtskrankheit, Verführung der Kinder oder des Nebengesindes, Vernachlässigung der Dienstpflichten, Unfleiß, Anrichten von Vermögensschaden, beharrlicher Ungehorsam, Beleidigung und Mißhandlung der Herrschaft, Neigung zum Spiel, Trunk, Zank u.s.w., Ausbleiben über Erlaubnis, namentlich bei Nacht, Unvorsichtigkeit mit Feuer und Licht.*[14] Demgegenüber durfte das Dienstmädchen den Dienst in der Regel nicht sofort verlassen. Dies galt grundsätzlich auch im 19. Jahrhundert so, und kennzeichnete, zumindest „atmosphärisch", auch noch die liberaler gestalteten Dienstverhältnisse nach der Jahrhundertwende.

Die erste badische Gesindeordnung von 1809 galt als liberaler als die der anderen Bundesstaaten, doch auch sie billigte der Herrschaft und den Dienenden zweierlei Rechtsstatus zu. Sie maß in Konfliktfällen den Aussagen der Arbeitgeber mehr Gewicht bei als den Beteuerungen der Dienenden, und auch sie bedrohte das unerlaubte Verlassen des Dienstes und bestimmte, daß der mit obrigkeitlicher Hilfe (§ 48) zurückgebrachte Dienstbote *über seinen unerlaubten Dienstaustritt zur Verantwortung zu ziehen und mit einer angemessenen Körperstrafe zu belegen ist, welche jedoch, falls sie in Arrest besteht, erst nach Vollendung der Dienstzeit und ohne Nachteil des Dienstherrn zu vollziehen ist.*[15] Zwar durfte sich entsprechend diesem Reglement die Herrschaft keine Tätlichkeiten und Schimpfworte gegenüber den Dienstboten erlauben und mußte bei unbegründeten, nicht fristgerechten Entlassungen Schadensersatz leisten, *Ausdrücke jedoch, die zwischen andern Personen als Zeichen der Geringschätzung oder Verachtung anerkannt sind, begründen gegen die Herrschaft noch nicht die Vermutung, daß sie die Ehre der Dienstboten dadurch habe kränken wollen.*[16] Doch der industrielle Wandel in Verbindung mit den zunehmenden Wanderungsbewegungen der Bevölkerung war dazu angetan, die polizeiliche Oberaufsicht über das Gesinde auszuhöhlen. Mehr und mehr wurden Dienstverhältnis, aber auch Streitigkeiten zwischen Dienenden und Herrschaft als zivilrechtlicher Belang behandelt. Die Revision der badischen Gesindeordnung von 1868 trug dem Rechnung. Nach neuem Recht konnte bei vertragswidriger Dienstaufgabe durch die Dienstboten der Dienstherr keine zwangsweise Zurückführung des „entlaufenen" Gesindes mehr erwarten. Ihm stand lediglich eine „Entschädigung" in Höhe eines 6-Wochenlohnes zu. Darüber hinaus bestimmte das Gesetz, daß bei Krankheit der Dienstboten die Arztkosten und Verpflegung immerhin eine Woche, später sogar länger, von der Herrschaft zu übernehmen seien. Damit war zweifellos ein großer Fortschritt für die Krankenversorgung der Dienstmädchen erreicht, zumal der Gesetzgeber erst 1892 die all-

gemeine (Kranken)versicherungspflicht auch in Baden auf die Dienstboten ausweitete und damit für die grundsätzliche soziale Absicherung im Krankheitsfalle sorgte.[17] Im Gefolge des Entstehens des bürgerlichen Gesetzbuches wurde das Gesinderecht 1898 noch einmal neu geregelt. Daß neben anderen Änderungen jetzt ein Zwangsdienstbuch für Minderjährige eingeführt wurde, kann sicher als erneuter Versuch der Kontrolle der Aufenthalte der Dienstboten gewertet werden. Dabei waren die in Baden beschäftigten Dienstmädchen trotz allem noch besser gestellt, als die in vielen anderen Ländern des Deutschen Reiches. In Preußen beispielsweise hatte jeder Dienstbote ein Dienstbuch, in dem die jeweilige Herrschaft auch Zeugnisse eintrug bzw. einzutragen hatte. Welche Folgen eine mögliche Bewertung als unehrlich oder faul für die weitere Stellensuche mit sich brachte, läßt sich leicht ausmalen.

Ihre letzte Stunde schlug den Gesindeordnungen am Ende des wilhelminischen Kaiserreiches. Im November 1918 wurden sie aufgehoben. Die Rechtsverhältnisse zwischen Dienstboten und Dienstherren waren nunmehr nach dem BGB zu regeln. Da jedoch die private Dienstleistung im Haushalt nicht unter das Gewerberecht fiel, blieb die Regelung des Arbeitsvertrags individuell dem einzelnen Dienstmädchen und ihrem Arbeitgeber überlassen. *Der Hausangestellte untersteht zwar nicht der Gewerbeordnung, er ist aber ein freier Arbeiter wie jeder andere* – so Julius Rausnitz 1919 in seinem Ratgeber für die Abfassung von Dienstverträgen. *Dienstberechtigter und Hausangestellter sind gleichberechtigte Bürger desselben Staates; der Dienstberechtigte hat kein Disziplinarrecht mehr, er darf keine Schimpf- oder Scheltworte gebrauchen, alle veralteten Vorrechte, die ihm nach den Gesindeordnungen und den damit zusammenhängenden Gesetzen zustanden, sind erloschen. Trotzdem kann der sich danach ergebende Zustand kaum als befriedigend angesehen werden. Es ist eine Instanz nötig, die darauf sieht, daß die Rechte der wirtschaftlich schwächeren Hausangestellten gewahrt werden.*[18] Das Reichsarbeitsministerium der neuen Republik legte daher im Herbst 1921 den Gesetzentwurf eines Hausgehilfengesetzes vor. Er war zwar von dem Versuch getragen, das Dienstverhältnis als freies Vertrags-

verhältnis zwischen gleichberechtigten Vertrags-
partnern verstehen zu wollen, änderte aber an
den langen Arbeitszeiten und den grundsätzlichen
Arbeitsbedingungen wenig. Der Entwurf sah
noch immer eine 13stündige tägliche Arbeitszeit
vor, die durch angemessene Arbeitspausen zu
unterbrechen war. Weiter sollten die sogenannten
Hausgehilfen Anspruch auf einen freien Nachmittag pro Woche und vierzehntägig auf einen freien
Sonntagnachmittag erhalten. Und natürlich wurde
auch die häufig diskutierte Frage des Ausgangs
angesprochen: *Der Hausgehilfe darf das Haus ohne
weiteres nur an den Tagen mit verkürzter Arbeitszeit nach deren Beendigung verlassen, an sonstigen
Tagen nur mit Einverständnis des Arbeitgebers.*[19]
Der Entwurf ging den Dienstboten nicht weit
genug, den Hausfrauen allemal zu weit. Auch ein
zweiter Anlauf 1929, ein Hausgehilfengesetz zu
verabschieden, scheiterte, obwohl es sich um die
heikle Arbeitszeitfrage gedrückt hatte und statt
dessen die Ruhezeit (nächtens 9 Stunden) zu regeln anstrebte.[20] Doch *die großen Fragen der
inneren und äußeren Politik* ließen auch diesen
Gesetzentwurf in der Versenkung verschwinden[21].

Zwar begann sich mit der Aufhebung der alten
Gesindeordnung der Rechtsstatus der Dienstmägde grundsätzlich zu verbessern. Da jedoch eine
neue gesetzliche Regelung des Dienstverhältnisses
ausblieb, *wird man annehmen dürfen, daß, soweit
Lücken bestehen, trotz der formellen Aufhebung der
Gesindeordnungen die Grundsätze des bisherigen
Gesinderechts als Gewohnheitsrecht bestehen geblieben sind.*[22] Weitaus patriarchal-persönlich geprägt blieb damit das Verhältnis zwischen Dienstmädchen und Herrschaft auch weiterhin, was
eine gewerkschaftliche Organisation oder die
Durchsetzung von Tarifarbeitsverhältnissen be-
trächtlich verlangsamte. Die Empfehlung des
Gesetzgebers, wenigstens Normarbeitsverträge
zu entwickeln und zu benutzen, fand bei den
Herrschaften wenig Zustimmung.

Nicht nur, daß das Privatleben der Dienstmädchen in hohem Maße der Kontrolle unterlag,
wurde von den dienstunwilligen Mädchen
bemängelt. Auch die lange Arbeitszeit (rechtlich
24 Stunden, tatsächlich ca. 12 Stunden), selbst
wenn es sich manchmal nur um „Anwesenheits-
pflicht" (14 - 18 Stunden) bzw. um „Bereitschaft

zur Arbeit" handelte, stieß immer weniger auf
Gegenliebe.[23]

Erschwerend mögen weiterhin etwaige zweifel-
hafte Angebote der Dienstherren gewirkt
haben. Daß solche *sexuellen Gefährdungen* an der
Tagesordnung waren – insbesondere *durch die
Söhne* der Herrschaft – bestätigt Othmar Spann in
seiner Untersuchung der geschlechtlich-sittlichen
Verhältnisse im Dienstboten- und Arbeiterinnenstande 1904.[24] Wie sehr die wohl häufig vor-
kommenden, in der öffentlichen Diskussion aber
eher tabuisierten, sexuellen Übergriffe die
Dienstverhältnisse weiter unbeliebt machten, ist
letztlich nicht zu klären. Städtische Mädchen
bevorzugten jedenfalls immer häufiger die Arbeit
in der Fabrik. Viele der Dienstmädchen, die
sich in großen Städten wie Mannheim eine Stellung
suchten, kamen daher vom Land. Schott berechnete für Mannheim im Jahre 1905, daß 94,6 % der
Mannheimer Dienstmädchen von auswärts stammten. Die Hauptherkunftsregion bildete der
hintere Odenwald.[25] Nahezu ein Viertel der
Dienstboten stammte 1923 aus dem rein ländlich
strukturierten Kreis Mosbach.[26] Und der Großteil
der zuwandernden Dienstwilligen nannte kleine
Orte mit weniger als 1.000 Einwohnern als
Geburtsort.[27] Die Anziehungskraft der Metropo-
len war groß. Überdies bot die Stadt die Chance,
auch außerhalb des privaten Dienstleistungsge-
werbes Arbeit zu finden, beispielsweise in der
Fabrik. Doch wie das Handbuch der Frauenbewegung 1902 vermerkte: Den meisten Mädchen
gelangen nicht beide Sprünge – weg vom Land
und heraus aus dem Dienst – auf einmal.

Das war auch bei Fanny Hafenmayer so. Im bayrischen Mehring 1890 geboren, früh schon gezwungen, für den eigenen Unterhalt zu sorgen,
ging sie dennoch erst mit 21 Jahren zum ersten Mal
in Stellung. Sie stammte, wie die meisten Dienstmägde, aus kleinen Verhältnissen; ihre Familie
zählte zur Dorfarmut. Daß das nicht immer so gewesen war, daß von der Mutter, einer Müllers-
tochter, stolze 5000 Gulden in die Ehe ein- und
vom häufig alkoholisierten Vater durchgebracht
wurden, machte die Erfahrung der Deklassierung
nicht einfacher. Es fehlte an allem. Zur Armut
gesellte sich die Demütigung, wenn der prügelnde
Vater die Kinder vor der Schule zum Brotbetteln

zu den Bauern schickte. Und jeder im Dorf wußte, wie es um die Hafenmayers stand. Nicht nur das: wer „unten" war, sollte sich gefälligst auch entsprechend seines Standes benehmen. Mit zu den Kindheitserinnerungen, die Fanny am häufigsten erzählte, gehörte die Geschichte von der Schleife: Die gutsituierte Tante hatte das Kind anläßlich eines Besuches mit einer schönen großen Haarschleife beschenkt. Der stolze Gang in die Schule am Tag darauf entwickelte sich zum Spießrutenlaufen. *Jetzt tragen die Bettelmädchen schon Haarschleifen*, kommentierte die Lehrerin das Symbol der sozialen Unangemessenheit empört. Was half es, daß die Tante ihre Nichte Fanny tags darauf, mit einer noch größe-

ren Schleife versehen, in den Unterricht schickte – die Wunde saß tief, und diese und ähnliche heilten wohl Fannys ganzes Leben lang nicht.

In Dienstmädchenerinnerungen finden sich häufig solche Erfahrungen der sozialen Demütigung.[28] Dies mag den Sog der Großstadt miterklären, die die dörflichen, im öffentlichen Raum ausgetragenen sozialen Unterschiede anonymisieren und privatisieren half.

Wie es Fanny damit ging, wissen wir nicht. Nach der Schulentlassung mit 13 Jahren, versehen mit glänzenden Noten und den Mahnungen der Lehrerin auf einem Rosenbild, derer sie

Von der Lehrerin zum Schulabschluß geschenkte Erinnerung mit dem Hinweis auf der Rückseite: „Gedenke der Mahnungen, deine treubesorgte Lehrerin Therese Kummers"

Ich bin die Auferstehung und das Leben.

immer gedenken sollte, aber bar jeder materiellen Versorgung, trug sie vorderhand durch Saison-arbeiten im dörflichen Torfbruch zum Familienein-kommen bei. Viel Auswahl bei der Berufssuche blieb den Mädchen der Unterschicht auf dem Lande über den Gesindedienst hinaus auch nicht. Wurde, wie bei Fanny, die Mithilfe in der Familie erwartet, dann war der Gesindedienst kaum möglich. Als ihre Mutter starb, war sie 16, der jüngste Bruder 3 Jahre alt. Zusammen mit dem un-steten Vater zog sie nach Immenstadt, arbeitete in der Spinnerei, lieferte das Geld beim Vater ab, erbettelte das Essen bei den Franziskanern und versorgte die Geschwister. Ihr erster Eintritt in den Dienst mit 21 Jahren fällt zusammen mit dem „Flüggewerden" der jüngeren Schwester, die ihrerseits nun Fabrikarbeit aufnahm. Daß die Arbeitszeiten länger noch als in der Fabrik waren, der Lohn gering und der abendliche Ausgang kontrolliert wurde, blieb ihr in Erinnerung, und sie teilte die „Wanderlust" ihrer Berufsgenossinnen. In den nächsten 15 Jahren wanderte sie zwischen Augsburg, Heidenheim und Immenstadt hin und her, freilich ohne über mehrere Jahre hinweg in einer Stellung oder an einem Ort zu bleiben.

Sie folgte in der Auswahl der Orte ihren älteren Schwestern oder anderen Verwandten. Der Sprung ins unbekannte Neue fiel offenbar leichter, wenn wenigstens eine vertraute Person schon vorort die Wege ebnete. Über den emotionalen Rückhalt hinaus konnten die Verwandten einen ersten Unterschlupf bieten, denn billiger Wohn-raum war in allen größeren Städten rar und das Eingehen von Untermietverhältnissen für ledi-ge Frauen auch nach der Jahrhundertwende noch keineswegs üblich. In Mannheim zählte die Woh-nungsaufsicht 1914 lediglich ca. 500 weibliche Schlafgängerinnen, größtenteils ortsfremde Fabrik-arbeiterinnen und Ladenmädchen.[29] Dienst-mädchen wohnten ohnehin bei ihrer Herrschaft und waren damit der Wohnungssuche enthoben. Offen muß jedoch bleiben, wie gut oder schlecht sie bei den Dienstgebern untergebracht waren. Auch in Mannheim zeugt noch heute in älteren Häusern manches halbhohe Zimmer über Torein-fahrten, manche fensterlose Kammer zum Haus-gang hin von den schlechten Wohnbedingungen der Dienstmädchen, zumal das Wohnen bei der Herrschaft noch dazu die Aufgabe jeder Privat-

sphäre mit sich brachte, ein Umstand, der, wie schon berichtet, mehr und mehr von den Mädchen als Ärgernis empfunden wurde. Dies und die lange Arbeitszeit führten immer häufiger zu einem Wechsel vom Dienst in die Fabrik und bisweilen wieder zurück zum Ärger auch der Mannheimer Hausherrinnen, denen die „Konkur-rentin" Fabrik die Löhne verdarb und überdies die Bereitschaft zum Gehorsam der Mädchen zu mindern schien. Ohnehin blieben auch die Mädchen in Mannheim, die zwischen Fabrik und Dienst hin- und herpendelten, von Vorurteilen nicht verschont, denn, wie allseits bekannt, *die Fabrikarbeit besonders weckt und fördert in den jun-gen Mädchen eine Verantwortungslosigkeit, die eine ähnliche nachteilige Wirkung auf den Haushalt ausübt*[30].

Auch Fanny wechselte in ihrer beruflichen Karriere zwischen Dienst und Fabrik des öfteren hin und her. Mal arbeitete sie in großen Haushaltungen mit einer Vielzahl von Gesinde und Dienstboten, mal in einer Schuhfabrik oder in der von Verwandten geführten Pension. Richtig lang blieb sie jedoch nirgends.

Nach Mannheim kam sie schließlich 1923. Auch die Wahl Mannheims war nicht zufällig. Zwei ihrer Geschwister wohnten hier bereits mit ihren Familien. Die Wohnung der Schwester bot dann auch einen ersten Unterschlupf, doch bald schon ging sie in Dienst zu einer adeligen Bankbeamtenfamilie, und selbstverständlich wohn-te sie auch dort. Besonders gut gefallen scheint es ihr dort nicht zu haben, denn schon nach neun Monaten gab sie ihr Dienstverhältnis wieder auf und zog zurück nach Augsburg, jedoch nur für ein halbes Jahr, um danach erneut nach Mannheim zu kommen. Zum zweitenmal nach Mannheim zog sie offenbar mehr das Herz als der Stellenmarkt.

Fanny war immerhin mittlerweile 34 Jahre alt. Sie gehörte damit schon zu den älteren Dienstbo-ten. Weniger als 4 % der Mannheimer Dienst-mädchen hatte 1923 die 50 überschritten, über 60 % waren jünger als 26 Jahre alt. Der Dienstbo-tenberuf hatte, wie viele andere Frauenberufe dieser Zeit, den Charakter einer Durchgangsstufe. Ihm sollte in den Augen der Zeitgenossen und wohl auch in den Augen der Dienstmädchen die

Fanny Hafenmayer, rechts im Bild mit ihrer Schwester und ihren Nichten

Heirat folgen. Freilich viel freie Zeit und Raum für die Suche nach dem richtigen Liebsten blieb den Dienstbotinnen nicht. Die Möglichkeiten zum Sparen für die ersehnte Familiengründung waren darüber hinaus gering, so daß es mit dem Heiraten gar nicht so einfach war. Wievielen Bindungen, die die Dienstmädchen eingingen, die materielle Grundlage fehlte, zeigt die große Zahl unehelicher Mütter in dieser Berufsgruppe. Die Statistik kann nur diejenigen erfassen, die ihr Kind in Mannheim zur Welt brachten und nicht vor der Niederkunft in ihren Heimatort zurückkehrten. Trotzdem stellten sie in den Anfangsjahren der Weimarer Republik mit steigender Tendenz Jahr für Jahr rund ein Fünftel der unehelichen Mütter in Mannheim. Vier von einhundert Dienstmädchen im gebärfähigen Alter kamen nach den Berechnungen Fettels pro Jahr ledig mit einem Kind nieder[31], *aber kein Beruf ist mit Mutterpflichten so unvereinbar, als der des Dienstmädchens. Auch droht dem Dienstmädchen, das Mutter wird, die augenblickliche Entlassung[32].* Und Spann kam 1907 zum Ergebnis, *daß der uneheliche Umgang der Dienstboten weit seltener zur Legitimation und Eheschließung führt, also in höherem Maße ephemer (kurz dauernd) ist als der der industriellen Arbeiterinnen; daß die ihm entstammenden Kinder bedeutend schlechter gestellt sind als die unehelichen Kinder der industriellen Arbeiterinnen [...][33]*

Fanny hatte, bevor sie nach Augsburg zog, den Untermieter ihrer Mannheimer Schwester kennengelernt, einen Fabrikarbeiter, der wie sie aus Bayern stammte. Nach ihrer erneuten Rückkehr nach Mannheim wurde er ihr Freund. Doch ans Heiraten war vorderhand nicht zu denken. Billiger Wohnraum war im Mannheim der zwanziger Jahre Mangelware, und die herrschende Inflation trug das ihre dazu bei, das ohnehin geringe Sparguthaben der beiden weiter zu schmälern. Über 11.000 Familien lebten 1924 in Mannheim ohne eigene Wohnung.[34] Und schon ein gut möbiliertes Zimmer mit Frühstück kostete 50 Goldmark.[35] Fanny suchte sich also eine neue Stellung, was angesichts der Tatsache, *daß die Nachfrage nach geübten Alleinmädchen [...] noch bei weitem das Angebot*[36] überstieg, nicht weiter schwierig war. In fast jeder Ausgabe des *Mannheimer Generalanzeigers* warben einstellungswillige Dienstherren um das zukünftige Personal und sicherten *Höchstlohn, gute Behandlung oder sehr gute Verpflegung* zu.[37] Fanny fand ihre neue Stelle bei einer Mannheimer Verlegerfamilie, die ihr immerhin 60 Mark im Monat zahlte, ein nach zeitgenössischem Verständnis überdurchschnittlich hoher Lohn.[38] Daß es ihr hier zum ersten Mal in ihrem Leben als Dienstmagd wirklich gut ging, und sie nicht als Mensch zweiter Klasse behandelt wurde, hat sie später immer wieder hervorgehoben - eine Aussage, die im übrigen ein bezeichnendes Licht auf die übliche Umgangsart zwischen Herrschaften und Dienstmädchen werfen mag. Als sich jedoch Nachwuchs ankündigte, war es auch mit diesem Dienstverhältnis vorbei. Kurz vor ihrer Niederkunft wurde

dann auch geheiratet, und Fanny tauschte das Dienstbotenschicksal mit dem keineswegs leichteren Los einer Fabrikarbeitersehefrau, die die großen wirtschaftlichen und politischen Krisen der Zeit noch vor sich hatte. Zieht man die Unterlagen des Standesamtes bei der Heirat zu Rate, dann war aus dem Dienstmädchen mittlerweile eine „Hausangestellte" geworden. Im Demokratisierungsprozeß der Weimarer Republik verschwand zunehmend die Akzeptanz gegenüber patriarchal geprägten Arbeitsverhältnissen. Der persönliche Dienst hatte dem neutraleren Angestelltenvertrag zu weichen.

Die Zeit der Dienstmädchen war ohnehin nicht nur in Mannheim im Grunde vorbei. Abgesehen davon, daß den jungen Frauen andere Arbeitsplätze attraktiver und lukrativer erschienen als der Dienst, waren auch die Verhältnisse der Arbeitgeber längst nicht mehr so günstig wie in den Jahrzehnten zuvor. Entsprechend resümierte Lucie Marx in ihrer Untersuchung über Frauenarbeit in Mannheim 1921: *Aus diesen Tatsachen die Konsequenz zu ziehen, bedeutet, daß unter diesen Umständen eine ganze Reihe von Frauen nicht mehr fähig sein wird, sich Hausangestellte zu halten, denn abgesehen von der Barlohnsteigerung sind eine Reihe von Mittelstandsfamilien nicht mehr imstande, für die Verpflegung der Hausangestellten aufzukommen.*[39] Die innerstädtische Verteilung der Dienstbotinnen in Mannheim bestätigt diese Beobachtung.[40]

Weitaus die größte „Dienstmädchendichte" zeigten die bürgerlich geprägten innerstädtischen

Regionale Verteilung der Dienstmädchen in Mannheim 1923

	Auf ein Dienstmädchen kommen …Einwohner	Anteil der Haushalte mit Dienstmädchen in %
Unterstadt	1 : 19,7	20,2
Oberstadt	1 : 32,1	10,8
Oststadt	1 : 7,7	42,1
Schwetzinger-stadt/Lindenhof	1 : 79,1	4,9
Jungbusch/Neckarstadt	1: 171,6	2,4

Bezirke und vor allem die Oststadt, das Stadtviertel, dessen Villen noch heute von der noblen
Einwohnerschaft seit der Kaiserzeit zeugen.
Die eher kleinbürgerlich geprägten Haushalte der
Stadtrandgebiete und vor allem die Haushalte
der Neckarstadt, dem traditionellen Arbeiterviertel,
konnten sich in der Weimarer Republik kaum
noch Dienstmädchen leisten. Und so nimmt es
nicht Wunder, daß rund ein Drittel der
„Herrschaften" 1923 zu den Mannheimer Fabrikanten, Bankiers und Großkaufleuten zählten.
Weitere 40% stellten Ärzte, Apotheker, Rechts-
anwälte, höhere private und Staatsbeamte,
allesamt Angehörige gehobener Kreise.[41] *Das
Hausangestelltenproblem ist für uns ein Kulturpro-
blem geworden,* resümiere Johannes Fettel. *Ist
doch die Dienstbotenhaltung für die Herrschaft und
die Hausfrau im besonderen eine Voraussetzung
für eine kulturell gehobene Lebensführung, die bei
fortschreitender Entwicklung dieser Verhältnisse stark
beeinträchtigt werden muß.*[42]

Der Nationalsozialismus löste mit der Einführung
des Pflichtjahres das Problem noch einmal auf
seine Weise. Und auch nach dem Zweiten Weltkrieg mangelte es nicht an Versuchen, aus den
großen Bevölkerungsgruppen der geflohenen und
vertriebenen Volksdeutschen ein neues Reservoir
an Hausgehilfinnen zu eröffnen.

Die badische CDU kam beispielsweise zum
Ergebnis, daß den Flüchtlingen der Zuzug in die
Städte erleichtert werden müsse, denn: Es
sind z.B. *in den Städten Hausgehilfinnen schon seit
Jahren nicht erhältlich, während in den Flüchtlings-
lagern hierfür geeignete Mädchen sich befinden.*[43]

Auch in Mannheim versuchte man nach dem
Krieg, die Lücke, die das „verlorene" Pflichtjahr
geschlagen hatte, erneut zu füllen, doch das
Arbeitsamt Mannheim konnte 1948 nur lakonisch
berichten:

*Die Nachfrage nach Hausgehilfinnen ist unverändert
groß, während das Interesse für solche Arbeitsplätze
nur gering ist und sich nur einzelne Kräfte aus
ländlichen Kreisen melden. Beachtlicher ist schon der
Zustrom der illegalen Grenzgängerinnen, doch können die meisten von ihnen nicht eingesetzt
werden, da Krankheit oder andere Gründe dies un-*

möglich machen.[44] Die „Dienstbotenfrage"
hatte sich endgültig erledigt.

Anmerkungen zum Kapitel

[1] S. SCHOTT 1900, S. 370.

[2] Zahlen nach D. WIERLING S. 12.

[3] J. FETTEL berechnete den Anteil der Frauen an
    den Mannheimer Dienstboten 1913 auf 97,3%,
    1923 auf 99,5%. Vgl. J. FETTEL S. 15.

[4] Berechnet nach J. FETTEL S. 15 und 71.

[5] Vgl. L. MARX Tabelle 16 und 17 im Anhang.

[6] J. FETTEL S. 22.

[7] Ebd. S. 18.

[8] Zahlen nach U. FREVERT S. 291.

[9] MANNHEIMER GENERALANZEIGER 25.2.1924.

[10] J. FETTEL S. 17f.

[11] MANNHEIMER ABENDZEITUNG 17.4.1949.

[12] Ebd. S. 72.

[13] L. MARX S. 144.

[14] H. LANGE/G. BÄUMER S. 135.

[15] R. A. BERGER S. 25.

[16] Ebd. S. 26.

[17] M. C. DORER S. 11.

[18] J. RAUSNITZ S. 5.

[19] REICHSARBEITSBLATT, Jahrgang 1. Neue Folge
    Nr. 23: Entwurf eines Hausgehilfengesetzes. Zitiert
    nach J. FETTEL S. 78 f.

[20] REICHSARBEITSBLATT I (Amtl. Teil). Nr. 18
    1929: Entwurf eines Gesetzes über die Beschäftigung
    in der Hauswirtschaft (Hausgehilfengesetz).

[21] So J. FETTEL S. 75.

[22] So 1963!! das Lehrbuch des Arbeitsrechts von
    A. HUECK UND H. C. NIPPERDEY mit der Ein-
    schränkung: *[…] soweit diese Regeln ihre Grundlage
    in der Eigenart der Stellung des Hausgehilfen, ins-
    besondere in der Aufnahme in die Hausgemeinschaft
    haben, nicht dagegen, soweit sie für das Gesinde
    eine geminderte Rechtstellung begründeten.*
    A. HUECK / H. C. NIPPERDEY S. 68.

[23] Zahlen nach einer Erhebung bezüglich der Arbeits-
    verhältnisse Berliner Dienstmädchen nach der Jahr-
    hundertwende, aus: H. LANGE/G. BÄUMER S. 140.

[24] O. SPANN S. 302.

[25] Nach den Materialien, die mir freundlicher Weise
    von Anna-Maria Lindemann aus ihrer geplanten
    Dissertation zu Mannheimer Unterschichten im
    Kaiserreich zur Verfügung gestellt wurden.

[26] Berechnet nach J. FETTEL S. 46f.

[27] 1923 stammten knapp 66 % der Dienstmädchen in Mannheim aus Orten mit bis zu 5000 Einwohnern, davon 40 % aus Orten mit bis zu 1 000 Einwohnern. Berechnet nach J. FETTEL S. 48.

[28] Vgl. D. WIERLING S. 25ff.

[29] Vgl. E. ZISSELER.

[30] L. MARX S. 5.

[31] Berechnet nach J. FETTEL S. 54ff.

[32] H. LANGE/G. BÄUMER S. 147.

[33] O. SPANN S. 303.

[34] MANNHEIMER GENERALANZEIGER 1.2.1924.

[35] MANNHEIMER GENERALANZEIGER 1.3.1924.

[36] Aus dem Arbeitsamtsbericht, nach dem MANN-HEIMER GENERALANZEIGER 12.3.1924.

[37] Stellenangebote im MANNHEIMER GENERAL-ANZEIGER 28.1, 29.1 und 8.2.1924.

[38] Mindestlöhne zwischen 12 Mark für 14 bis 16 Jahre alte Mädchen „ohne Kochen" und 50 Mark für eine Wirtschafterin im Herrschaftshaushalt hatte für 1924 der *Mannheimer Hausfrauenbund* mit dem *Zentralverband der Hausangestellten* vereinbart. Vgl. J. FETTEL S. 60f.

[39] L. MARX S. 153.

[40] Berechnet nach J. FETTEL S. 35f.

[41] Berechnet nach J. FETTEL S. 31.

[42] Ebd. S. 9.

[43] GLA KARLSRUHE, 466 Zug 1981/47-1391.

[44] STADTA MANNHEIM, Bestand: Hauptregistratur, Zugang 1955/64, Fasz. Nr. 890.

*Die eigentliche Freiheit vom häuslichen Leben war
in meiner Kindheit das Spielen auf der Straße. Als ich
später im Pädagogikunterricht der Wohlfahrtsschule
in Berlin das Thema „Kind und Straße" zu behandeln
hatte, habe ich, im Gegensatz zu meinen Mit-
schülerinnen, die – wie sich das für höhere Töchter
und angehende Fürsorgerinnen geziemte – die
Gefahren der Straße und ihre schlechten Einflüsse
betonten, die Straße als die Welt der Freiheit
und Selbständigkeit des Kindes geschildert und auf
die vielen, seinen Horizont weitenden Erfahrungen
hingewiesen. Von der fortschrittlichen Dozentin
Lili Droescher, einer bekannten Pädagogin, erhielt ich
dafür eine großes Lob.*[2]

Diese Kindheitserinnerung charakterisiert den
Lebensweg einer heute fast vergessenen
Mannheimer Bürgerin, die etwa 22 Jahre ihres
Lebens in dieser Stadt verbrachte.

Susanne Zeller

HEDWIG WACHENHEIM (1891 - 1969)[1]

Lediglich in Kreisen der Arbeiterwohlfahrt
oder unter alten Sozialdemokratinnen und Sozial-
demokraten wird man wohl hier und da auf
Menschen stoßen, die mit dem Namen Hedwig
Wachenheim noch etwas anzufangen wissen.
Suchen Sozialarbeiterinnen und Sozialarbeiter in
ihrer Berufsgeschichte nach führenden Persön-
lichkeiten, taucht Hedwig Wachenheim häufig auf
neben den vielen anderen, vor allem jüdischen
Frauen, die die Geschichte der deutschen Sozial-
arbeit programmatisch geprägt haben, wie
Lina Morgenstern   (1830 – 1909),
Henriette Goldschmidt (1825 – 1929),
Jeanette Schwerin   (1852 – 1899),

Alice Salomon (1872 – 1948),
Siddy Wronsky (1883 – 1947),
Dorothea Hirschfeld (1877 – 1966),
Mathilde Wurm (1847 – 1935),
um nur einige wichtige Namen zu nennen.

Wer war Hedwig Wachenheim?

Ein paar wichtige Stationen ihres bemerkenswerten Lebenswerkes finden wir zunächst im Biographischen Handbuch der deutschsprachigen Emigration nach 1933:

Wachenheim, Hedwig, Beamtin, Sozialpolitikerin, geb. 27. Aug. 1891 Mannheim, gest. 8. Okt. 1969 Hannover; ev.; Staatsangehörigkeit: deutsch, USA. Weg: 1933 über Frankreich in die USA.

1897 – 1907	Höhere Töchterschule Mannheim,
1912 – 1914	Soziale Frauenschule Berlin (Alice Salomon),
ab 1914	SPD.
1914 – 1915	Fürsogerin in Mannheim,
1916 – 1917	Angestellte der Kommission des Nationalen Frauendienstes Berlin.
1917 –1919	angestellt bei der Berliner Milchversorgung,
1919 – 1921	Frauenreferentin bei der Reichszentrale für Heimatdienst,
1922 –1933	Abteilungsleiterin bei Reichsfilmprüfstelle, Regierungsrätin.
1919 – 1933	Mitglied Hauptausschuß der Arbeiterwohlfahrt, Chefredakteurin der Zeitschrift Arbeiterwohlfahrt,
1928 –1933	Lehrerin und zuletzt Leiterin Berliner Wohlfahrtsschule der Arbeiterwohlfahrt,
1928 – 1933	Mitglied des Landtags Preußen; Mitglied Hauptausschuß des Deutschen Vereins für öffentliche und private Fürsorge. Nach nationalsozialistischer Machtübernahme Entlassung,
Sommer 1933	kurzfristig in der Schweiz, nach Rückkehr Emigration Frankreich,
1935	in die USA,
1936 – 1941	Redaktionsassistentin, Vorstandsmitglied deutsche Sprachgruppe der Social Democratic Federation of America,
ab 1939	Mitglied der German Labor Delegation (Max Bauer),
ab 1941	Vorstandsmitglied des German-American Council for the Liberation of Germany from Nazism bzw. Association of Free Germans (Albert Grzesinski).
1941	mit Alfred Braunthal, Ernest Hamburger, Rudolf Katz, Grzesinski und anderen Mitverfasserin War Aims, Peace Terms and the World After the War. A Joint Declaration by Democratic Socialists of Several Nationalities (Rand School Press, New York): unter anderem für kontrollierte völlige Entwaffnung Deutschlands, jedoch gegen Teilung und willkürliche Gebietsabtrennung, für Schaffung eines wirksamen Völkerbunds unter aktiver Mitwirkung der USA und einer europäischen Föderation, der auch Rußland nach dem Sturz der dortigen „totalitären Herrschaft" angehören sollte.
Ab 1941	Research Assistant und Research Analyst of Office of War Information (USA),
März 1946	nach Deutschland, Leiterin Kinderwohlfahrtsabteilung bei dem Office of Military Government (for Germany) United States in Stuttgart,
1949 – 1951	stellvertretende Leiterin Wohlfahrtabteilung der US-Hochkommission Frankfurt/Main.
Nach 1955	Forschungsauftrag der University of California Berkeley auf dem Gebiet der Geschichte der deutschen Arbeiterbewegung. –

Starb während einer Besuchsreise in Deutschland.

Ihre Autobiographie *Vom Großbürgertum zur Sozialdemokratie. Memoiren einer Sozialistin (1973)* gibt uns nähere Einblicke in das Leben dieser großen Sozialpolitikerin.

Die Wachenheims gehörten zu den alt eingesessenen Mannheimer Bürgerfamilien. Die Großeltern väterlicherseits führten in der Unterstadt – dem Viertel, in dem besonders viele der Mannheimer Juden lebten – zunächst ein Textilwarengeschäft, später eine Weinhandlung.

Die Familien mütterlicherseits stammten aus Schwetzingen und Wiesbaden.

Hedwig Wachenheim wird am 27. August 1891 in Mannheim geboren und wächst in einer Sieben-Zimmer-Wohnung im L-Quadrat innerhalb einer männerlosen Familie auf. An ihren Vater kann sie sich nicht mehr erinnern, da dieser früh verstorben ist. Der Bankier Eduard Wachenheim (1855 - 1898) war Vorsitzender der *Freisinnigen Vereinigung*, ab 1893 Stadtverordneter, dann bis zu seinem Tode im Jahre 1898 Stadtrat für die *Liberale Vereinigung* in Mannheim. Die Mutter Marie Wachenheim geb. Traumann (1870 - 1934) wird von Hedwig als lieblose, exzentrische Frau geschildert, die, obwohl nicht unvermögend, ihre beiden Töchter spartanisch erzieht. Zwischen Hedwig und ihrer Mutter besteht auch zeitlebens ein distanziertes Verhältnis. Wachenheim sucht in dieser Tatsache, daß sie als Kind nicht die – für bürgerliche Töchter übliche – Verwöhnung erfahren hat, eine der Ursachen für ihre späteren großen Lebensenergien. Sie schreibt hierzu: *[…] hätte ich viel Liebe empfangen, hätte ich mich wahrscheinlich von meiner Familie nicht mit der brutalen Rücksichtslosigkeit getrennt, die zu diesem Entschluß notwendig war, und mich später nicht durchsetzen können. Auch hätte ich die anstrengende Parteiarbeit mit ihren vielen Nachtfahrten in Abteilen dritter Klasse, den langen Reden, den Diskussionen bis in die Nacht hinein und dem Trinken von Kartoffelschnaps mit den Veranstaltungsteilnehmern nach den Veranstaltungen nicht aushalten können.*[3]

Hedwig wächst somit zwar begütert auf; ihr Realitätssinn wird aber aufgrund vielfacher Berührungen mit sozialen und politischen Bedingungen des öffentlichen Lebens in Mannheim früh entwickelt.

Die Mutter – selbst nicht religiös – läßt kurz nach dem Tode ihres Ehemannes 1898 ihre beiden Töchter protestantisch taufen. Geschäftlich muß sie nun keine Rücksichten mehr nehmen. Mit der Taufe und möglicher Heirat mit Christen hofft sie – wie zahlreiche deutsche Juden damals – der sozialen Diskriminierung durch weitestgehende Assimilation entgegenwirken zu können.

Hedwig besucht von 1897 – 1907 die für bürgerliche Mädchen übliche *Höhere Töchterschule* Mannheims. Nach dem Abschluß vergingen Jahre mit den sogenannten „weiblichen" Beschäftigungen wie Handarbeiten, Kaffeevisiten, dem Besuch von Bällen, Theateraufführungen, Schlittschuhlaufen, Tennisspielen, etwas Buchhaltung etc. Durch das interessante Mannheimer Theaterleben angeregt nimmt Hedwig 1910 Schauspielunterricht. Diesen bricht sie nach einem Jahr wieder ab, da es sie nicht ausfüllt. Die Stimmbildung, die sie dort gelernt hat, hilft ihr allerdings später bei den zahlreichen Reden auf politischen Vortragsreisen.

Der nun 21jährigen jungen Frau wird zunehmend ihre mangelhafte formale Bildung bewußt. Sie leidet an der Perspektivlosigkeit und wünscht sich eine richtige Berufsausbildung. Sie hört durch Zufall von der ersten überkonfessionellen zweijährigen Sozialen Frauenschule Berlin, die 1908 von der Begründerin des sozialen Berufs in Deutschland – Alice Salomon (1872 - 1948) – errichtet worden ist. An dieser Pioniereinrichtung der beruflichen Sozialarbeit läßt sich Hedwig Wachenheim dann von 1912 - 1914 zur Fürsorgerin ausbilden. Die *Soziale Frauenschule* war damals die Gelegenheit für bürgerliche Töchter ohne Hochschulreife, eine qualifizierte systematisch angelegte Berufsausbildung zu erhalten. Hedwig genießt Fürsorgeunterricht bei Alice Salomon sowie bei anderen bedeutenden Persönlichkeiten des sozialen öffentlichen Lebens, wie bei den bekannten Pädagoginnen Lili Droescher und Margarete Treuge, bei Elly Knapp (später Heuss-Knapp), Frieda Duensing, der Leiterin der ersten *Berliner Zentrale für Jugendfürsorge*, Gertrud Bäumer, Vorsitzende des *Bundes deutscher Frauenvereine* und bei Albert Levy, Vorsitzender der *Berliner Zentrale für private Fürsorge*. Nach Beendigung der Ausbildung spürt die junge Frau, daß sie die rein praktische Fürsorgearbeit aufgrund ihrer ausgeprägten politischen Interessen aber auf Dauer nicht würde ausfüllen können. Dieser Beruf sollte allerdings doch ihren Lebensweg, wenn auch unter anderen Bedingungen, weiter bestimmen.

Der Beginn des Ersten Weltkrieges bringt entscheidende Veränderungen und die erste große persönliche Erschütterung für Hedwig Wachenheim mit sich. Unter dem politischen Einfluß und der engen Freundschaft zu Ludwig Frank – dem Mannheimer SPD-Reichtagsabgeordneten – und durch persönliche Bekanntschaften zu Eduard Bernstein, Friedrich Stampfer und Paul Löbe tritt Hedwig Wachenheim noch während ihrer Ausbildungszeit der *Sozialdemokratischen Partei* bei.

Bereits in den ersten Kriegswochen fällt Ludwig Frank in Lothringen. Wie Hedwig den Verlust des für sie so wichtigen Menschen verkraftet haben mag, wissen wir nicht. Die früheren Frauengenerationen beschrieben in Autobiographien seelisches Leid nur selten. Für Hedwig Wachenheim beginnt jedenfalls mit dem Krieg der Weg ins öffentliche Leben.

Die frisch ausgebildete Fürsorgerin geht nach dem Ausbruch des Krieges zunächst in ihre Heimatstadt Mannheim zurück und wird beim dortigen Jugendamt angestellt. Sie ist – wenn sie Außendienst hat – im sogenannten Mannheimer Spichel tätig. In diesem Viertel nahe der Spiegelfabrik lebten damals viele Polinnen und Italienerinnen, die meist Analphabetinnen waren und häufig in Sachen Kindsvormundschaften durch Fürsorgerinnen betreut wurden.

Neben dem Beruf knüpft Wachenheim Kontakte zur Mannheimer Frauenbewegung. Auf Bitten von Alice Bensheimer – Schriftführerin des *Bundes deutscher Frauenvereine* und Ehefrau des Besitzers der linksliberalen *Neuen Badischen Landeszeitung* – tritt Wachenheim dem Ausschuß der *Mannheimer Kriegsfürsorgezentrale* bei. Hier bekommt

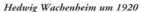

Hedwig Wachenheim um 1920

die engagierte Sozialdemokratin und Gewerk-schafterin erstmals Schwierigkeiten mit konservativen Mannheimer Frauen- und Fürsorgerinnen-kreisen. Hedwig Wachenheim ist im Gespräch, die Leitung der Berufsberatungsstelle zu übernehmen. Julie Bassermann – Ehefrau des national-liberalen Reichstagsabgeordneten – verhindert aber, daß eine Sozialdemokratin diese Position einnimmt. Mit zunehmendem Engagement für ihre Partei verliert Wachenheim wieder den Kontakt zu der Frauenbewegung Mannheims. Sie leidet unter ihrer beginnenden sozialen wie politischen Isolation in der Stadt und versucht sich beruflich erneut nach Berlin zu orientieren.

Mathilde Wurm – spätere bekannte Sozialpolitikerin und Mitglied des Reichstages – vermittelt Wachenheim eine, zwar unbezahlte, soziale Aufgabe in einer der Berliner Kommissionen der Kriegsfürsorge des 1914 gegründeten *Nationalen Frauendienstes.* Hedwig Wachenheim verläßt Mannheim 1916 mit 25 Jahren. Ihr Lebenswerk führte danach beruflich nicht wieder in diese Stadt zurück. Ihr eigentliches öffentliches Wirken beginnt nun in Berlin.

Ihr erstes Engagement als gewerkschaftlich organisierte Fürsorgerin ist ein aufrüttelnder Artikel über die äußerst schlechten Berufsbedingungen. Der Fürsorgeberuf steckte ja noch in den Kinderschuhen, seit Alice Salomon 1908 ihre erste soziale Ausbildungsstätte eingerichtet hatte. Wachenheim fordert in der Zeitschrift *Blätter für soziale Arbeit,* dem Organ des *Deutschen Verbandes der Jugendgruppen und Gruppen für soziale Hilfsarbeit,* herausgegeben von Elisabeth Altmann-Gottheiner: *Die Arbeit der sozialen Hilfsarbeiterin kommt hauptsächlich schutz- und hilfsbedürftigen Volkskreisen zugut. Ihre Arbeit hat also Anspruch auf das Interesse des ganzen Volkes, das ihr einen Teil seiner Sorgenkinder übergibt […] Nur bei regelmäßiger, nicht zu langer Arbeitszeit, angemessener Entschädigung und guter Berufsausbildung, können sie das, was von ihnen im Interesse des Volksganzen beansprucht werden muß, leisten […] Wir wollen im Interesse unserer Arbeitsleistung und in unserem Interesse uns erkämpfen, was wir noch nicht haben, wollen nicht länger dem freien Arbeitsvertrag ohne Rückhalt ausgeliefert sein! […] Wir brauchen eine Berufsorganisation, die die Interessen unseres*

Berufes vertritt! […] Die Rechtslage der sozialen Berufsarbeiterin muß geklärt werden.[4] Dieser programmatische Aufruf Wachenheims führt ungeachtet zahlreicher äußerst kontrovers verlaufender Diskussionen unter führenden sozial engagierten Frauen und Fürsorgerinnen im November 1916 zur Gründung der ersten überkonfessionellen Berufsorganisation, dem *Verband der Sozialbeamtinnen* (DVS). Hedwig Wachenheim beteiligt sich allerdings nach Gründung des DVS aufgrund seiner antigewerkschaftlichen, ausgesprochen berufsständischen Ausrichtung nicht mehr aktiv an dessen weiterer Ausgestaltung. Sie übernimmt 1916 erste Parteiämter in Berlin-Schöneberg. Endlich findet sie auch in der praktischen Fürsorgearbeit eine bezahlte Tätigkeit. Sie wird Angestellte in der neu gegründeten *Berliner Milchversorgungsbehörde,* eine äußerst schwierige Aufgabe in den Kriegszeiten mit bedrohlichem, täglichem Mangel, vor allem für Schwangere, junge Mütter und Kinder. Neben ihrer täglichen Fürorgearbeit bis zum Ende des Krieges beginnt sie in Berlin sozialpolitische Aufgaben innerhalb der SPD wahrzunehmen. Sie untersucht beispielsweise die berufliche *Lage der Groß-Berliner Sozialbeamtinnen*[5]. Sie schreibt später über ihren neuen Berliner Lebensabschnitt: *So war ich also durch meine Flucht […] (aus Mannheim, S.Z.) nach Berlin dem traurigen Einerlei der Armenpflege entronnen und stand mitten in einer Reformarbeit, die die Vorläuferin der für damalige Verhältnisse sehr fortschrittlichen Gesetzgebung und Praxis der Weimarer Republik in der Hinterbliebenenfürsorge und damit in der modernen Fürsorge überhaupt wurde.*[6]

Sie lernt über ihre Parteiarbeit Genossinnen wie Rosa Luxemburg kennen, und Klara Zetkin veröffentlicht sozialpolitische Beiträge von Hedwig Wachenheim in der *Gleichheit.* Mit den bekannten Sozialpolitikerinnen Frieda Wunderlich und Helene Simon arbeitet Wachenheim gelegentlich in Ausschüssen zusammen. Mit Mathilde Wurm ist sie eng befreundet. Wachenheim übernimmt regelmäßige Frauenarbeitskreise und lernt, öffentliche Vorträge als Rednerin der SPD zu halten. Von 1919 bis 1928 ist sie Stadtverordnete von Groß-Berlin und in den Jahren 1921 bis 1924 Parteidelegierte der SPD als Vetreter des Bezirks Groß-Berlin.

1919 schließlich führen ihre bisherigen fürsorgerischen Erfahrungen sowie ihr sozialpolitisches Engagement zur Mitarbeit am Aufbau der ersten eigenständigen Wohlfahrtsorganisation der deutschen Arbeiterbewegung.

Die SPD-Frauensekretärin und Reichstagsabgeordnete Marie Juchacz (1879 - 1956) ist die führende Persönlichkeit bei der Gründung des *Hauptausschusses für Arbeiterwohlfahrt*. Die *Arbeiterwohlfahrt* (AWO) setzt sich bewußt in Gegenposition zu allen anderen bürgerlichen Wohlfahrtsverbänden. Sie versteht sich als Organisation der Sozialdemokratie und formuliert als Ziel die Einlösung der Forderung nach Demokratisierung der Wohlfahrtsverwaltung und Durchsetzung von Interessen der sozialistischen Arbeiterschaft. Marie Juchacz bittet Hedwig Wachenheim, als Genossin aktives Mitglied des Hauptausschusses zu werden. Ein Grund für diese Aufforderung liegt auch darin, daß wenigstens eine in der Organisation erfahrene Sozialdemokratin im Hauptausschuß über eine abgeschlossene Fürsorgeausbildung verfügen soll.

Die AWO ist von diesem Zeitpunkt an nicht mehr ohne Hedwig Wachenheim zu denken. Sie arbeitet bis zur Auflösung im Jahre 1933 an führender Stelle beim Aufbau der AWO mit. 1928 wird sie auch Leiterin der ersten (und bis 1951 letzten) Ausbildungsstätte für die Fürsorgekräfte der AWO – der *Arbeiterwohlfahrtsschule* Berlin. Sie unterrichtet dort das Fach Staatsbürgerkunde und schreibt ein Fachbuch für die Ausbildung.[7]

Ab 1926 erscheint ein eigenes Organ der neuen Organisation *Die Arbeiterwohlfahrt*, deren Schriftleitung ebenfalls in die Hände von Hedwig Wachenheim gelegt wird. Sie publiziert regelmäßig Beiträge über sozialpolitische Themenbereiche. Darüberhinaus ist sie Mitglied im Hauptausschuß des *Deutschen Vereins für öffentliche und private Fürsorge*.

1928 schließlich wird ihr jahrelanges politisches Wirken durch die Wahl in den preußischen Landtag belohnt, dem sie nun bis 1933 angehört.

Neben diesen umfangreichen und zeitraubenden Tätigkeiten als Sozialpolitikerin, Leiterin und Dozentin geht Wachenheim aber auch noch ihrer eigentlichen Erwerbstätigkeit nach. In der

praktischen Fürsorgearbeit der Berliner Milchversorgungsstelle bleibt sie noch bis kurz nach Kriegsende. 1919 übernimmt sie dann für zwei Jahre eine überwiegend publizistische und organisatorische Aufgabe im Frauenreferat der Reichszentrale für Heimatdienst Berlin. Hier veröffentlicht sie wöchentlich eine Textseite mit spezifisch für Frauen wichtigen Informationen der Zentrale.

Auch als Rednerin auf Parteiversammlungen macht sie sich einen Namen.

Ab 1922 wird sie bei der Reichsfilmprüfstelle Berlin tätig und übernimmt später als Regierungsrätin eine eigene Abteilung dieser Behörde.

Mit dem Ende der Weimarer Republik spitzt sich auch das Leben Hedwig Wachenheims immer bedrohlicher zu. Unter den politisch gefährdeten Fürsorgekräften waren die Angehörigen der AWO als erste unter den Entlassenen. Namen von AWO-Mitgliedern und auch Hedwig Wachenheim als Redakteurin der AWO-Zeitschrift werden in den letzten Ausgaben nicht mehr erwähnt, um sie nicht noch mehr zu gefährden. Die AWO-Mitglieder widersetzen sich der Gleichschaltung durch die *Deutsche Arbeitsfront*, indem sie sich an der Umorganisation nicht aktiv beteiligen. Viele arbeiten noch illegal über eine Tarnorganisation weiter.

Nach der Machtergreifung durch die Nationalsozialisten verliert Hedwig Wachenheim alle öffentlichen Ämter und muß sich als bekannte sozialdemokratische Politikerin sofort in Sicherheit bringen. Sie verläßt Deutschland und emigriert mit Hilfe ihrer im Ausland lebenden Familie über die Schweiz zunächst nach Frankreich. 1935 geht sie nach Italien, von dort aus über England schließlich im August 1936 in die USA nach New York. Dort schließt sie sich sozialdemokratischen Emigrantenkreisen an. Sie arbeitet an zwei Denkschriften über eine kontrollierte Entwaffnung Deutschlands und über die Schaffung eines wirksamen Völkerbundes mit. Sie setzt sich auch für ein demokratisches Wohlfahrtswesen im Nachkriegsdeutschland ein. Sie nimmt die amerikanische Staatsbürgerschaft an.

Hedwig Wachenheim kehrt zusammen mit anderen Emigrantinnen und Emigranten 1946 nach Deutschland zurück, als Mitglied der amerikanischen Militärregierung in der Wohlfahrtsverwaltung zunächst in Stuttgart und dann bis 1951 in Frankfurt am Main. Dann geht sie noch einmal in die USA, um einen Forschungsauftrag über *Die deutsche Arbeiterbewegung 1844 bis 1914* [8] an der University of California Berkeley zu erarbeiten.

Hedwig Wachenheim stirbt am 8. Oktober 1969 im Alter von 78 Jahren während einer Besuchsreise in Hannover. Ihre Asche wird im Familiengrab auf dem jüdischen Friedhof Mannheim beigesetzt.

Das was hier nur in stichpunktartigen Lebensdaten angedeutet werden kann, war das Schicksal so vieler jüdischer und politisch gefährdeter Menschen in den Reihen der bekannten Persönlichkeiten aus der Geschichte der Sozialarbeit in Deutschland. Einer genaueren Forschung muß es vorbehalten bleiben, Hedwig Wachenheims Lebenswerk vor dem Vergessen zu bewahren.

Verzeichnis der Schriften von Hedwig Wachenheim

Der Nachlaß Hedwig Wachenheims existiert im Archiv der Sozialen Demokratie Bonn.

Wachenheim, Hedwig: Die Berufsorganisation der sozialen Hilfsarbeiterin. In: Blätter für soziale Arbeit, 8 (1916). H. 4.

Wachenheim, Hedwig: Die Lage der Großberliner Sozialbeamtinnen. In: Die Frau, 26 (1918 / 1919). H. 3. S. 82 ff, S. 116 ff.

Wachenheim, Hedwig: Kommunalisierung. In: *Die Gleichheit*, 29 (1919). H. 28. S. 221 ff.

Wachenheim, Hedwig: Der Gesetzentwurf über die Grundschule. In: Die Gleichheit, 30 (1920). H. 10. S. 73 f. H. 11. S. 82 f.

Wachenheim, Hedwig: Vorschläge zur Frauenbildungsarbeit. In: Die Gleichheit. 30 (1920). H. 32. S. 258 f. Heft 33. S. 266 f.

Wachenheim, Hedwig: Die Wohlfahrtspflegekonferenz. In: Vorwärts 20. August 1921 Abendausgabe.

Wachenheim, Hedwig (Hg.): Ludwig Frank (1874 - 1914). Ein Vorbild der deutschen Arbeiterjugend. Aufsätze, Reden und Briefe. Berlin 1924.

Wachenheim, Hedwig: Zweite Reichskonferenz des Hauptausschusses der Arbeiterwohlfahrt am 12.9.1924 in Hannover.

Wachenheim, Hedwig: Um die Republik. Ein Gespräch. In: Frauenwelt, 2 (1925). H. 7. S. 94.

Wachenheim, Hedwig: Frauen und Politik. Eine Einführung. Berlin 1926 (Reichsausschuß für sozialistische Bildungsarbeit. Kursusdisposition 17).

Wachenheim, Hedwig u.a.: Der Acht-Stunden-Tag: a) seine sozialhygienische Bedeutung, b) seine kulturelle Bedeutung, c) seine wirtschaftliche Bedeutung. Referentenmaterial. B. Chajes, H. W., Otto Schweitzer, hg. vom AfA-Bundesvorstand. Berlin o.J.

Wachenheim, Hedwig: Zur Bewahrung der Jugend vor Schmutz und Schund. In: Die Genossin, 1 (1926). H. 9. S. 270 ff.

Wachenheim, Hedwig/Cohn, Hanna (Hg.): Lehrbuch für Wohlfahrtspflege. I. A. des Hauptausschusses für Arbeiterwohlfahrt. Berlin 1927.

Wachenheim, Hedwig: Republik und Wohlfahrtspflege. Rededisposition. Hg. vom Hauptausschuß für Arbeiterwohlfahrt. Berlin 1927.

Wachenheim, Hedwig: Reichstags- und Landtagswahlen und die Wohlfahrtspflege. In: Die Arbeiterwohlfahrt, 3 (1928). H. 9. S. 257 ff.

Wachenheim, Hedwig: Lebensfremde Gesetze. In: Die Genossin, 3 (1928). H. 1. S. 5 ff.

Wachenheim, Hedwig: Vorschläge zur Schulung unserer Mitarbeiter. Winter 1928/29. In: Die Arbeiterwohlfahrt, 3 (1928). H. 18. S. 563 ff.

Wachenheim, Hedwig: Die Frau in der Verwaltung. In: Die Genossin, 4 (1929). H. 12. S. 531 ff.

Wachenheim, Hedwig: Der Film und sein Zensor. In: Frauenwelt, 6 (1929). H. 17. S. 393 f.

Wachenheim, Hedwig: Paragraph 17,7 des Unehelichengesetzesentwurfes. In: Die Genossin, 4 (1929). H. 1. S. 4 ff.

Wachenheim, Hedwig: Internationale Arbeiterwohlfahrt. In: Internationale für Wohlfahrtspflege. Berlin 1930. Desgleichen in: Freie Wohlfahrtspflege. März 1930. H. 12.

Wachenheim, Hedwig: Die Enzyklika des Papstes über die christliche Ehe. In: Die Genossin, 6 (1931). H. 5. S. 177 ff.

Wachenheim, Hedwig: Die Wohlfahrtsschule des Hauptausschusses für Arbeiterwohlfahrt. In: Jahrbuch der Arbeiterwohlfahrt 1930. Berlin 1931.

Wachenheim, Hedwig: Für Freiheit und Recht! Darum für Braun und Severing! In: Die Genossin, 8 (1932). H. 4. S. 85 ff.

Wachenheim, Hedwig: Der Feind ist Hitler. In: Das freie Wort. 1932. H. 43. S. 21.

Wachenheim, Hedwig: Die Wohlfahrtspflege im Winter 1931/1932. Berlin 1931-1932. In: Wohlfahrtspflege und Arbeiterwohlfahrt in der Krise. Berlin 1932.

Wachenheim, Hedwig (with the aid of a special group): [...] Germany in the transition period. American Labor Conference. New York 1944.

Wachenheim, Hedwig: Allowances for dependants of mobilised men in Germany. In: International Labour review. March 1944. S. 323 ff.

Wachenheim, Hedwig: New York. Institute of world affairs... Public health administration in Germany, 1919 - 1945. Principal in charge: Arnold Brecht. New York/N.Y. 1945.

Wachenheim, Hedwig: Ludwig Frank. In: Mannheimer Hefte, 1964. H. 2. S. 28 ff.

Wachenheim, Hedwig: Die deutsche Arbeiterbewegung 1844 bis 1914. Köln 1967.

Wachenheim, Hedwig: Wirtschaftskrise und Notverordnungen 1930 - 1932. Tragische Jahre. In: Lotte Lemke: 50 Jahre Arbeiterwohlfahrt. Hg. vom Bundesverband Arbeiterwohlfahrt e.V. Bonn 1969. S. 25 ff, S. 39 ff.

Wachenheim, Hedwig: Vom Großbürgertum zur Sozialdemokratie. Memoiren einer Reformistin. In: Miller, Susanne (Hg.): IWK Beiheft 1. Historische Kommission zu Berlin. Berlin 1973.

Anmerkungen zum Kapitel

1 Sozialdemokratische Politikerin, Mitglied des Preußischen Landtages, Mitbegünderin der Arbeiterwohlfahrt, Leiterin der ersten Arbeiterwohlfahrtsschule, Initiatorin in der ersten Berufsorganisation der Fürsorgerinnen; lebte von 1891 – 1912 und von 1915 – 1916 in Mannheim.
2 WACHENHEIM 1973 S. 10.
3 WACHENHEIM 1973 S. 4.
4 WACHENHEIM 1916 S. 21.
5 Vgl. WACHENHEIM 1918/19.
6 WACHENHEIM 1973 S. 60.
7 Vgl. WACHENHEIM 1927.
8 Vgl. WACHENHEIM 1967.

*D*aß ich, in Berlin geboren, Preußin und kein badisches Landeskind war, wurde mir 1932 bewußt, als mir ein Badisches Stipendium aus diesem Grund versagt wurde. Dabei hatte ich mich immer als Mannheimerin gefühlt, gelächelt, wenn die energische Oma beim Kartoffelschälen ihr Lieblingslied *Ich bin ein Preuße, kennt ihr meine Farben… sang.*

Geschichte war mein Lieblingsfach, und als ich über eine Sonderklasse der Volksschule, eine Mannheimer Einrichtung, die sogar im Ausland von sich reden machte, mit vierzehn Jahren die Aufnahme in die Elisabethschule schaffte, war ich sehr glücklich, daß meine Mutter mir diesen Herzenswunsch erfüllte.

EIN LANGER MARSCH LIEGT NOCH IMMER VOR DEN FRAUEN …

Mit Begeisterung nahm ich am Konfirmandenunterricht in der Jungbuschpfarrei bei Pfarrer Erwin Eckert teil. Seine religiös-sozialistischen Ideen faszinierten mich und öffneten mir die Augen für die Probleme meiner Mitmenschen. So sah ich auf meinem täglichen Schulweg vom Erlenhof durch die westliche Neckarstadt, junge Arbeitslose an den Ecken stehen, darunter viele Kommunisten, mit denen ich heiße Diskussionen führte. In diesem Sturm und Drang gab es manches Anecken.

Es ist verständlich, daß die Geschichte, vor allem die moderne, zu meinem Lieblingsfach wurde. Ich sehe heute die Prüfer schmunzeln, als man mir in der Geschichte im Abitur 1932 die Frage stellte: Kann eine Frau Reichspräsidentin werden?

und ich diese mit voller Überzeugung bejahte. Meine Begründung fußte auf dem Kommentar von Professor Anschütz zur Weimarer Verfassung, deren Grundsatzartikel ich heute noch auswendig kenne.

Mit der Immatrikulation an der Heidelberger Alma mater ging mein größter Wunsch in Erfüllung. Täglich mit der OEG zwischen Mannheim und Heidelberg pendelnd – die Monatskarte kostete 7,10 RM –, dann per pedes zur Uni bzw. nach Hause, für Fahrgeld mit der Straßenbahn hatte ich keinen Groschen übrig.

Eine glückliche Zeit, jene zwei Semester 1932 / 1933 täglich im Zeitungsinstitut. Wie bewunderte ich hier die hochintelligenten eleganten und selbstsicheren jüdischen Studentinnen, von denen ich auch in ihre Familien eingeladen wurde.

Warum ich als Erstsemester das Thema über die Frauenbewegung, speziell die bürgerliche, als Ferienarbeit gewählt habe? War es ein Zeichen der Hochachtung vor meiner alten Volksschullehrerin, die mir angeboten hatte, finanzielle Unterstützung selbst bei eigenen Verpflichtungen zum Studium zu gewähren, waren es Vorträge von Gertrud Bäumer, war es das Schicksal meiner Mutter, die mit 26 Jahren als Kriegerwitwe drei kleine Kinder zu ernähren hatte?

Und dann auf einmal war alles vorbei; im Zeitungsinstitut waren die geistreichen Köpfe verschwunden, ich fühlte mich alleingelassen. Die meisten Aufzeichnungen aus dieser Zeit hat meine Mutter aus Angst leider vernichtet.

Zwei Menschen gaben mir den Mut zum Überleben. Der eine war der ehemalige Pfarrer Eckert, der von einem Spuk von höchstens 14 Jahren sprach. Mir gab er den Rat, mit Zugeständnissen mein Studium fortzusetzen. So geschah es denn auch, aber berufliche Aussichten hatte eine junge Volkswirtin 1936 kaum. Und ohne meinen treuen Studienfreund zur Seite – einen „echten Widder" – hätte ich vielleicht aufgegeben.

Diese Zeiten des Suchens nach beruflicher Entfaltung fern von Mannheim bis 1939 zähle ich nicht zu meinen glücklichen. Meine geplante

Heirat und damit meine Rückkehr nach Mannheim fielen mit dem Kriegsausbruch zusammen. Diese Jahre habe ich als freie Berichterstatterin in der lokalen Presse und als Lehrkraft an der sozialen Frauenschule in Mannheim verbracht.

Bei der Evakuierung der sozialen Frauenschule nach Colmar im Elsaß nahm ich den kleinen Sohn mit, der als eines der wenigen Kinder bei dem schwersten Luftangriff 1943 als echter Mannheimer im Theresienkrankenhaus – betreut von Frau Dr. Hartwig – zur Welt kam.

Unvergessen auch die baldige Rückkehr aus dem Elsaß nach Mannheim, bei der die Schülerinnen mir als schwerbepackte Umzugshelferinnen die Heimreise erleichterten. Damit wieder der tägliche Gang in den Bunker, schließlich in ein Ausweichquartier nach Sulzbach an der Bergstraße, wo mich am Karfreitag 1945 meine Schwestern, auf dem Fahrrad aus Mannheim kommend, jubelnd begrüßten: *Wir sind befreit!* Ich gehörte auch zu den Glücklichen, die bald darauf ihren Mann, als freien Bürger aus der Gefangenschaft entlassen, in die Arme schließen konnte. *Nix wie nach Mannem* in die demolierte Wohnung. Diese Zeit des Aufbaus war nicht traurig. Die ganze Familie, viele Freunde halfen. Man tauschte, man hamsterte, man wurde erfinderisch. Da wir zunächst mit der „schreibenden Zunft" unsere Brötchen nicht verdienen konnten, sammelten wir Altpapier, um es gegen Tapeten einzutauschen, die wiederum als bemalte Lampenschirme reißenden Absatz fanden.

Mit der Währungsreform saßen wir mit unserem Kunstgewerbe allerdings auf dem Trockenen; denn plötzlich gab es die tollsten Lampenschirme in Hülle und Fülle zu kaufen.

Also spitzten wir wieder die Feder und die *Rhein-Neckar-Zeitung* fand an unseren Artikeln Gefallen. Auswärtige Zeitungen kamen hinzu und dann das große Glück, daß ein Schiffahrtsexperte meinem Mann die Redaktion seiner geplanten Zeitschrift für die Partikuliere anbot. Einige Jahre später waren wir in der Lage, Die *Rheinschiffahrt* zu kaufen, wobei ich die Verlagsarbeit übernahm.

Und jetzt geht es im Zeitraffer schnell durch die Jahre meines öffentlichen Schaffens, in denen ich Vorsitzende des Mannheimer Frauenrings, Beisitzerin im DFR, Vorsitzende des Landesverbandes Baden des DFR, zweite Vorsitzende im Landesfrauenrat von Baden-Württemberg war.

Meine berufliche und private Laufbahn hatte ich mit meinem Mann so aufgebaut, daß wir Beispiel sein konnten für eine liberale Lebenshaltung; deshalb entschied ich mich 1950, der FDP / DVP beizutreten.

In den Jahren 1967 bis 1971 und dann wieder 1975 bis 1987 vertrat ich Baden-Würtembergische Frauen im Rundfunkrat des Süddeutschen Rundfunks. Und dann wurde ich als erste Frau in der BRD 1979 in den Verwaltungsrat des Süddeutschen Rundfunks gewählt, aus dem ich 1987 ausschied.

Als Anerkennung für meine Mitarbeit in der Frauenbewegung erhielt ich 1972 das Bundesverdienstkreuz 1. Klasse.

Hier hinein fällt auch die glückliche Zeit meiner großen Auslandsreisen, über die ich immer wieder in Lichtbildvorträgen vor einer sehr unterschiedlich zusammengesetzten Zuhörerschaft berichtete.

Einen bedeutenden Abschnitt meines Lebens möchte ich jedoch hervorheben. Versetzen wir uns deshalb zurück in das Jahr 1947:

Im Keller des Mannheimer *Rosengartens* – alle größeren Versammlungsräume waren den Bomben zum Opfer gefallen – dichtes Gedränge – nur Frauen. Ein Aufruf in den Mannheimer Zeitungen hatte sie angelockt, es ging um die Gründung eines Mannheimer Frauenvereins. Ich saß da als junge Frau in einer Runde mittlerer und älterer Jahrgänge, neugierig, was sich ergeben würde, denn ich hatte als Berichterstatterin für die *Rhein-Neckar-Zeitung* einen Artikel darüber zu schreiben. Vor mir eine große Gruppe kommunistischer Frauen unter Führung von Annette Langendorf. Sie verließen noch vor Schluß die Versammlung und sich mir zuwendend, meinte Frau Langendorf: *Ich bin einmal gespannt, was*

Sie über diesen bürgerlichen Laden berichten werden. Wenn ich um mich blickte: Damen mittleren und reiferen Alters, die sich weitgehend kannten. Sie selbst oder ihre Mütter waren wohl einmal Mitglieder des Mannheimer Frauenvereins gewesen, der bis 1933 existiert hatte, dann aber durch den Vorstand aufgelöst worden war, weil nach der Machtergreifung die bedingungslose Unterstellung unter den „Führer" schriftlich verlangt wurde.

Diese Tat sollte im Bewußtsein der heutigen Frauen lebendig sein, denn dazu gehörte mehr Mut, als in einem freien demokratischen Staat zu demonstrieren. An diese Tradition wollten die Frauen im *Rosengarten* nun wieder anknüpfen. Ein wichtiges Wort hatten die Besatzungsmächte bei Vereinsgründung mitzureden. Es bedurfte vieler Vorbesprechungen, bis das Kind, der Mannheimer Frauenverein, 1947 aus der Taufe gehoben werden konnte. Erste Vorsitzende wurde Frau Dr. Emy Rebstein-Metzger, die dieses Amt aus beruflichen Gründen leider nur drei Jahre bekleiden konnte. Auf der Mitgliederversammlung im Februar 1951 wurde ich zur ersten Vorsitzenden des 1953 in *Frauen-RING* umbenannten Mannheimer Frauenvereins gewählt. Dieses Amt konnte ich 1985 in gute Hände übergeben.

Greifen wir das Jahr 1955 heraus. Im September dieses Jahres luden fünf Frauenverbände unter Führung des Frauenrings die zwei Kandidaten ein, die sich um den Oberbürgermeisterposten in Mannheim beworben hatten: Werner Jacobi und Dr. Hans Reschke. Der Saal des *Rosengartens* war überfüllt, von geplanten Störungen gewisser politischer Kreise war gemunkelt worden. Aber die Gesprächs- und Diskussionsrunde verlief gut, wir waren stolz, daß wir es geschafft hatten.

Aus der Beobachtung einer 40-jährigen Arbeit an der Basis, mit den Sorgen und Erwartungen vieler Frauen aller Altersjahrgänge vertraut, mein Resümee: Ein langer Marsch liegt noch immer vor den Frauen, bis ihnen die Hälfte des Himmels gehören wird. „Frau" muß dafür etwas tun. Dazu bedarf es selbstbewußter Frauen, die wissen, was sie wollen, erkennen, was sie können und dann nicht resignieren, sondern ihren Weg

suchen und in dem Kaleidoskop von Lebens-
entwürfen ihren eigenen finden. Und zur Ermunterung auf diesem Weg und zur Stärkung des
Selbstbewußtseins aller Frauen empfehle ich ihnen,
das Lied von Barbra Streisand zu singen: *Alle
Straßen sagen mir, geh immer noch weiter. Warum
sollte ich mich mit diesem kleinen Glück zufrieden-
geben?*

Lotte Banzhaf

*U*nmittelbar nach Ausbruch des Ersten Weltkrieges am 1. August 1914 erschien in der lokalen Presse ein Aufruf *An die Frauen Mannheims*. Dort wurden diese aufgefordert, zu beweisen, daß sie bereit und fähig seien, alles zu tun, *was dem Vaterland dient.*[1]

Initiatorinnen dieses Aufrufs waren 72 Mannheimer Frauenverbände, die sich bereits vor dem Krieg zu einem gemeinsamen Vereinsverband zusammengeschlossen hatten. Nun, bei Kriegsausbruch, sahen sie, wie große Teile der deutschen bürgerlichen und sozialdemokratischen Frauenbewegung, ihre Chance gekommen, sich als gute Staatsbürgerinnen zu beweisen und als „Belohnung" dafür endlich politische Rechte zu erlangen.[2]

Barbara Guttmann

DIE SCHULDIGKEIT DEM VATERLANDE GEGENÜBER

– Nationaler Frauendienst während des I. Weltkrieges

„Mobilmachung" der Frauenbewegung

Die Techniken der Kriegsführung hatten sich bis zum Ausbruch des Ersten Weltkrieges grundlegend geändert und erforderten erstmals nicht nur eine Mobilmachung des Heeres sondern auch eine umfassende wirtschaftliche Mobilisierung im Inneren des Landes.[3] Der Staat war auf das Ausmaß der Einbeziehung von Frauen in die

Kriegswirtschaft und die damit verknüpften Probleme nicht vorbereitet. So bestand kein institutioneller Apparat zur Organisation der Frauenarbeit. Hier sah nun die Frauenbewegung ihre Chance, indem sie ihre ausgeprägten Organisationsstrukturen in den Dienst des Staates stellte. Getreu der Maxime Kaiser Wilhelms II., der angesichts des bevorstehenden Kampfes keine Parteien, sondern nur noch Deutsche kannte, überwanden auch die bürgerliche und ein Teil der sozialdemokratischen Frauenbewegung ihre politischen Schranken und arbeiteten in einem rasch ins Leben gerufenen *Nationalen Frauendienst* zusammen.

Von der außerordentlichen Aufgabenvermehrung durch den Krieg waren gerade auch die Verwaltungsorgane der Kommunen betroffen. Sie mußten die Versorgung ihrer Bürger mit Lebensmitteln sowie die Kriegswohlfahrtspflege abwickeln. Für diese vielfältigen Anforderungen stand kein zusätzliches Personal zur Verfügung. Es mußte weitgehend mit ehrenamtlichen Kräften gearbeitet werden. Qualifiziertes haupt- und ehrenamtliches Personal für die planmäßige Organisation des „Fraueneinsatzes" konnte nur aus den Reihen der Frauenbewegung kommen. Sie wurde zum *Motor für das Erkennen und Angehen vieler Aufgaben*[4], auf die der Staat und die Kommunen nicht vorbereitet waren.

Bereits am 31. Juli 1914 hatten in Berlin führende Frauen der Bewegung den *Nationalen Frauendienst* gegründet. Sie sahen darin eine Proklamation ihrer Wehrpflicht.[5] In den folgenden Tagen und Wochen entstanden in den deutschen Städten eine beachtliche Zahl von Ortsgruppen. Ihr Arbeitsprogramm umfaßte die Erhaltung einer gleichmäßigen Lebensmittelversorgung, Fürsorge für Familien, deren *Ernährer* im Feld oder durch den Krieg arbeitslos geworden war, sowie die Arbeitsvermittlung und Auskunftserteilung für Frauen.[6]

Auch die im Mannheimer Vereinsverband zusammengeschlossenen bürgerlichen und sozialdemokratischen Frauenvereine gründeten einen *Nationalen Frauendienst* (NFD). Seine führenden Frauen übernahmen wichtige Funktionen in der Kriegstätigkeit der Mannheimer Frauenbewegung

und erreichten erstmals eine Beteiligung von Frauen an kommunalen Entscheidungsgremien. Julie Bassermann und Alice Bensheimer, beide durch ihre Arbeit im *Bund Deutscher Frauenvereine*, dem Dachverband der bürgerlichen Frauenbewegung, überregional bekannt und erfahren in Wohlfahrtsarbeit[7], gehörten ab 1916 der städtischen Kommission zur Vorprüfung von Unterstützungsgesuchen an.[8]

Vier Frauen des NFD waren in einem städtischen Arbeitsausschuß zur Kriegsfürsorge vertreten, je eine Frau hatte Stimmrecht in der städtischen Lebensmittelkommission sowie der Preisprüfungsstelle. Gemeinsam mit anderen Wohlfahrtsverbänden gründete der Mannheimer NFD eine *Zentrale für Kriegsfürsorge*, die den Status einer privaten Organisation hatte, aber eng mit der Stadtverwaltung zusammenarbeitete, und städtische Räume sowie Beamte und Beamtinnen für ihre Tätigkeit zur Verfügung gestellt bekam.[9]

Die Einbeziehung von Frauen in die Kriegsproduktion

Zu Kriegsbeginn stellte die zunächst sprunghaft angestiegene Erwerbslosigkeit ein besonderes Problem dar. Eine am 12. bis 14. Oktober 1914 in Mannheim durchgeführte Kriegsarbeitslosenzählung erfaßte 347 arbeitslose Frauen, das entsprach einem Anteil von 20,95 %. Allerdings ist dieses Ergebnis mit Vorsicht zu betrachten, wurden doch nur Personen erfaßt, die zuvor in einem Arbeitsverhältnis gestanden hatten. Nicht zur Meldung zugelassen waren Frauen, die bisher […] *dem Haushalt nachgingen und nun anläßlich des Krieges etwas verdienen wollten*[10]. Insgesamt wurden die Daten von 1656 Personen ausgewertet. Immerhin läßt sich anhand dieser Zählung ablesen, in welchen Bereichen die meisten Frauen entlassen wurden. Unter den insgesamt 272 erwerbslosen Lohnarbeiterinnen waren 54 Kellnerinnen, 19 Näherinnen, 14 Einlegerinnen und 8 Dienstmädchen. 37 Frauen kamen aus der Leder- und Gummiindustrie, 14 aus dem Maschinen- und Apparatebau, 13 aus der Papier- und 12 aus der Textilindustrie. Bei den Angestellten waren unter den insgesamt 111 Arbeitslosen 35 Frauen (31,5 %).[11] Die Studie kam schließlich zu dem Schluß, daß für die weiblichen Erwerbslosen die Situation weitaus schlechter sei, als für die männlichen.

Julie Bassermann (1881) war neben Alice Bensheimer im
Nationalen Frauendienst für die Kriegfürsorge zuständig.

Der Mannheimer NFD versuchte die schwierige Lage der erwerbslosen Frauen durch verschiedene Einrichtungen zu verbessern. Er unterhielt zunächst eine *Berufsberatungsstelle für Frauen und Mädchen.*[12] 1915 wurde ein Kriegstageheim für arbeitslose Mädchen, finanziert von der Mannheimer Zentrale für Kriegsfürsorge, eröffnet. Das Heim war täglich von 9.00 Uhr bis 18.00 Uhr geöffnet und gab drei Mahlzeiten aus. Vom 15. Januar bis 15. Juni 1915 wurde es von 350 Mädchen besucht. Täglich wurden dort im Durchschnitt zwei Stunden Unterricht erteilt, der die Gebiete Moral- und Gesundheitslehre, Wirtschaftsrechnen, Berufskunde, Geschichte, Geographie und Hauswirtschaftslehre umfaßte. Mädchen, die sich durch Fleiß und *gutes Betragen* auszeichneten, erhielten eine einfache Berufsausbildung.[13]

Durch die Einrichtung von Näh- und Strickstuben ergriffen die Frauenverbände außerdem Maßnahmen zur Arbeitsbeschaffung. Der NFD richtete eine *Nähstube für Heimarbeiterinnen* ein. Die Verwaltung dieser Stellen lag in den Händen ehrenamtlich arbeitender Frauen, die den verschiedenen Frauenvereinen oder der kommunalen Armenverwaltung angehörten.[14]

Um die Jahreswende 1914 / 15 verbesserte sich die Situation der Frauen am Arbeitsmarkt. Nach Umstellung der Wirtschaft von Friedens- auf Kriegsproduktion erfolgte eine verstärkte Einbeziehung der Frauen in die Rüstungsindustrie. Der Frauenanteil an den Pflichtversicherten der Mannheimer Allgemeinen Ortskrankenkasse stieg von 26 % im Jahr 1913 auf 47,4 % im Jahr 1917.[15] Eine besonders hohe Zunahme von Arbeiterinnen war innerhalb der metallverarbeitenden Indu-strie zu verzeichnen. Die Zahl der dort beschäftigten Arbeiterinnen erhöhte sich von 560 vor Kriegsausbruch auf 7547 im November 1918. Dies entsprach einer Zunahme um 1248 %.[16]

Frauen arbeiteten nun in nahezu allen Tätigkeitsbereichen der Metallindustrie. Neben Transportarbeiten und anderen Schwerarbeiten verrichteten sie Arbeiten an Bohr- und Drehbänken, sie machten Kerne, frästen und schnitten Gewinde. Am weitaus häufigsten waren Frauen jedoch

Rüstungsarbeiterin Paula Bauer,
geb. 1897, beschäftigt bei Benz, um 1907

bei der Herstellung von Granaten beschäftigt.[17] In den Mannheimer Strebelwerken wurden Frauen oft an den schwersten und gefährlichsten Arbeitsplätzen eingesetzt. So wurden dort am Dampfhammer hauptsächlich Frauen beschäftigt, obwohl genügend männliche Arbeitskräfte vorhanden waren. Der Metallarbeiterverband berichtete: *Die Frauen tragen die glühend gemachten Minen vom Ofen zum Hammer. Gewicht 80 Pfund [...]. Eine Folge der schweren Arbeit ist, daß von 42 Frauen fast ein Drittel wegen Krankheit fehlt.*[18]

Die Auswirkungen von Schwerarbeit, Nacht- und Überarbeit, die infolge der teilweisen Aufhebung der Arbeitsschutzbestimmungen für Frauen im August 1914 immens anstieg, waren verheerend.[19] Verstöße von Firmen gegen die noch bestehenden Schutzbestimmungen für Arbeiterinnen stiegen sprunghaft an. So beschäftigte die Mannheimer Maschinenfabrik H. Lanz z.B. eine Witwe bereits 14 Tage nach der Niederkunft, obwohl die gesetzliche Schutzfrist bei sechs Wochen lag.[20] Allerdings erfolgte diese häufig anzutreffende frühe Weiterbeschäftigung von Frauen nach einer Geburt oft auf deren eigenen Wunsch. Sie konnten mit dem gewährten Krankengeld, das nur 50 % ihres Tageslohns betrug, einfach nicht leben.[21] Die verstärkte Einbeziehung von Frauen in Rüstungsindustrie, Landwirtschaft und Verkehrs-

wesen erforderte eine Erweiterung der Fürsorgemaßnahmen, um *Arbeitsleistung, Arbeitswilligkeit und Arbeitsfähigkeit* der Frauen zu gewährleisten.[22] Zu diesem Zweck wurden 1916 bei den Kriegsamtsstellen Frauenreferate geschaffen. Damit erfolgte erstmals eine Hinzuziehung von Frauen zu militärischen Exekutivbehörden. Das *Frauenreferat der Kriegsamtsstelle des XIV. Armeekorps* in Karlsruhe wurde von Sofie Sautier aus Karlsruhe, einer führenden Frau des *Badischen Frauenvereins*, geleitet. Als Abteilungsleiterin war die bekannte Protagonistin der katholischen Frauenbewegung Badens, Clara Siebert, ebenfalls aus Karlsruhe, tätig. In Mannheim unterhielt das Kriegsamt eine Nebenstelle, dessen Frauenreferat von Elisabeth Altmann-Gottheiner, einer der führenden Frauen des *Bundes Deutscher Frauenvereine*, geleitet wurde.[23]

1917 installierten die Frauenreferate in den Städten *Fürsorgevermittlungsstellen* (FVS), die ihnen direkt unterstellt und rechenschaftspflichtig waren. Getragen wurden die FVS durch die karitativen Frauenorganisationen sowie die öffentlichen und privaten kommunalen Wohlfahrtseinrichtungen.[24] In Mannheim wurde die FVS unter Leitung des Badischen Verbandes für *Frauenbestrebungen* in den Räumen des städtischen Arbeitsamtes untergebracht.[25] Das Aufgabengebiet der FVS macht

Kriegsküche Mannheim 1916

die starke Kontrollfunktion, die diese Stellen innehatten, deutlich: Sie sollten vor allem die körperliche und geistige Leistungsfähigkeit sowie die Familienverhältnisse von Arbeiterinnen überprüfen. Eine Einleitung entsprechender Hilfsmaßnahmen für die Frauen erfolgte meist nicht.[26] Dabei wären gerade diese dringend erforderlich gewesen. Die Überbelastung der Frauen, vor allem der Arbeiterinnen mit Kindern, zunehmende Nachtarbeit und Überstunden, ungenügender Arbeitsschutz, niedrige Löhne und Kriegsunterstützung, oftmals katastrophale Wohnverhältnisse sowie Mangelernährung führten zu einer drastischen Verschlechterung des Gesundheitszustandes von Frauen und Kindern.

Die Rolle der Hausfrau in der Kriegswirtschaft

Im Lauf des Krieges verschlechterte sich die Versorgungslage drastisch. Es mangelte an fast allen lebensnotwendigen Dingen. Im November 1917 trat ein akuter Mangel an Heiz- und Beleuchtungsmaterial ein. Besonders im Bezirk Mannheim waren die Kohlevorräte aufgebraucht. Viele Arbeiterinnen und Arbeiter mußten morgens zur Arbeit gehen, ohne etwas Warmes zu sich genommen zu haben. Besonders drastisch war die Lage in Seckenheim, Wallstadt, Ladenburg, Ilvesheim, Neckarhausen und Schriesheim. Meist mußte eine größere Anzahl von Familien gemeinsam kochen und einen Wohnraum benutzen. Der Mangel an Beleuchtungsmaterial traf vor allem die Dörfer in der Rheinebene, wo weder Strom noch Gas vorhanden war. Die verbitterten Leute drohten, keine landwirtschaftlichen Produkte mehr abzuliefern, was die Versorgungslage in der Stadt Mannheim zusätzlich gefährdete.[27]

Abhilfe wurde kaum geschaffen. Vielmehr konzentrierte man sich zunächst darauf, an die Verantwortung der Frauen als Konsumentinnen zu appellieren. Die Hausfrau sollte im Krieg als *Hüterin des Herdes* den *Aushungerungsplan* der Feinde zunichte machen: *Jeder Bissen, der gespart wird, jedes haushälterische Umgehen bei der Bereitung der Speisen trägt dazu bei, die Wehrkraft unseres Vaterlandes zu stärken.*[28] Wie sehr sich diese in einem vom Frauenverein herausgegebenen *Badischen Kriegskochbüchlein* formulierten Er-

wartungen an Ideal und Realität des Bürgertums orientierten, zeigen auch die darin enthaltenen Rezepte. Hier wandte man sich mit der Forderung nach Einsparungen an Frauen, die noch über Lebensmittel verfügen konnten. Der Zwang zum „sparsamen Haushalten" war jedoch für eine große Zahl der Frauen durch ständige Preissteigerungen und Verknappung von Lebensmitteln sowieso gegeben. Oft war es nicht mehr möglich, die Familie satt zu bekommen. Die Preise für lebensnotwendige Dinge stiegen in den Kriegsjahren ins Unermeßliche. Zwar legten die örtlichen Preisprüfungsstellen die jeweils zulässigen Höchstpreise für Lebensmittel fest, doch wurden diese, trotz Kontrollen, oft überschritten.[29] Die offiziellen Lebenshaltungskosten lagen 1918 schließlich 200 % über dem Vorkriegsniveau.[30] Beliefen sich in Mannheim die durchschnittlichen Kosten für die wöchentliche Ernährung eines Ehepaares mit zwei Kindern im Juli 1914 noch auf 23,25 Mark, waren es im Juli 1917 schon 49,68 Mark.[31]

Frauen hatten für den kriegführenden Staat nicht nur als Arbeiterinnen in der Rüstungsindustrie Bedeutung gewonnen, sondern auch als Hausarbeiterinnen. Versorgungsengpässe mußten sie durch ihre hausfrauliche Kompetenz geschickt ausgleichen. Die Frauenverbände, und hier insbesondere die Hausfrauenvereine, spielten eine wichtige Rolle bei der planmäßigen Propaganda für eine *kriegsgemäße* Haushaltsführung. Zu diesem Zweck veranlaßte der Mannheimer NFD im Juni 1915 die Gründung eines Hausfrauenvereins.

Der Mannheimer Hausfrauenverein

Hausfrauenvereine waren vereinzelt bereits vor Kriegsbeginn gegründet worden. Sie wurden hauptsächlich von Frauen der Mittelschicht getragen und betätigten sich in erster Linie bei der Stellenvermittlung von „zuverlässigen" Hausangestellten. Ziel war es, der Ausbreitung sozialdemokratischen Gedankenguts, das zu Forderungen der Hausbediensteten nach besseren Arbeitsbedingungen und höherer Bezahlung führte, entgegenzutreten.[32] 1915 bildeten sie den *Deutschen Verband der Hausfrauenvereine* (DVH), der bei seiner Gründung 29 Ortsgruppen mit 14.945 Mitgliedern vereinigen konnte, ein Jahr später aber schon 68 Ortsgruppen mit 55.130 Mitgliedern

Badisches Kriegskochbüchlein

Winke für die Hausfrauen während der Kriegszeit

Mit Unterstützung der Großh. Regierung
herausgegeben vom
Badischen Frauenverein.

Bearbeitet von **Emma Wundt**, Vorsteherin der
Koch- u. Haushaltungsschule des Bad. Frauenvereins

Karlsruhe i. B.
C. F. Müllersche Hofbuchhandlung m. b. H.
1915.

„Winke" für die Hausfrau während der Kriegszeit

zählte.[33] Zweck des Verbandes war die Aufstellung einheitlicher Richtlinien der hauswirtschaftlichen Bildungsarbeit sowie die *Vertretung der volkswirtschaftlichen Interessen der Hausfrauen als Konsumenten*[34]. Vorsitzende des reichsweiten Verbandes war Martha Zietz, die 1917 Mitglied der *Vaterlandspartei* wurde. Insgesamt lag die Leitung des DHV überwiegend in den Händen politisch rechts stehender Frauen. Dennoch lehnte der Verband nicht grundsätzlich das Frauenwahlrecht ab.[35] Auch der *Mannheimer Hausfrauenverein* gehörte dem DHV an. Neben ihm existierten in Baden 1915 Hausfrauenvereine in Karlsruhe und Freiburg. 1916 kam ein weiterer in Heidelberg hinzu.[36]

Dem Vorstand des Mannheimer Vereins gehörten die führenden Frauen des *Bundes Deutscher Frauenvereine* Elisabeth Altmann-Gottheiner, Julie Bassermann und Alice Bensheimer an.[37] Diese Frauen waren politisch dem liberalen Spektrum

zuzuordnen, was eine vom rechtsgerichteten Gesamtverband abweichende politische Orientierung des *Mannheimer Hausfrauenvereins* schon andeutet. Auch in seiner praktischen Arbeit unterschied sich der Mannheimer Lokalverein von der Gesamtorganisation. Ziel dieser Ortsgruppe war die Vertretung der Hausfrauen als Hauptkonsumentinnen bei den Behörden, die Verbesserung der hauswirtschaftlichen Ausbildung von Mädchen, die Einflußnahme auf Lebensmittelpreise sowie die Aufklärung in Ernährungsfragen.[38] Die Mannheimer Hausfrauenvereins-Frauen verstanden sich eindeutig als Interessenvertretung des „Berufsstandes" Hausfrau gegenüber der staatlichen und kommunalen Verwaltung. Sie setzten die Beteiligung von 20 ihrer Mitglieder bei der kommunalen Kontrolle der Höchstpreise durch. Vorsitzende des Mannheimer Vereins war Emma Kromer.[39] Diese im kommunalen Fürsorgewesen erfahrene Frau vertrat den Hausfrauenverein in der städtischen Preisprüfungsstelle, der Lebensmittelkommission und dem Kommunalverband für Milch, Eier, Kohlen etc. Drei Frauen waren im Vorstand des Kriegsausschusses für Konsumenteninteressen vertreten.

Daneben erhielten die Hausfrauen durch den Verein praktische Hilfestellungen. Es wurden Vorträge und Kochvorführungen veranstaltet, Ausstellungen zum Thema *Die fettarme Küche* und *Weihnachtsgebäck ohne Butter und Fett* gezeigt sowie die Einführung in Baden unbekannter Lebensmittel, wie z.B. Fischklößen, propagiert. Für unbemittelte Frauen wurde Mus eingekocht, und im Frühjahr 1916 eröffnete der Verein eine Obstverkaufsstelle, die durch Spenden auch armen Frauen den Kauf von Obst ermöglichte.[40]

1917 erweiterte der Hausfrauenverein sein Tätig-keitsgebiet über die Ernährungsfrage hinaus auf andere Bereiche von Hausfrauentätigkeit. Die zunehmende Verknappung von Schuhen und Stoffen führte zu Aktivitäten im Bereich der An-fertigung und Ausbesserung von Kleidungsstücken. Es wurde in Kursen die Herstellung neuer und die Reparatur alter Schuhe vermittelt sowie eine *Schuhflick- und Kleideränderungsstube* eingerichtet. Der vereinseigenen Verkaufsstelle von Kochkisten, Obst und Gemüse wurde eine Beratungsstelle angeschlossen, die sich zur Mittelstelle zwischen Hausfrauen und dem Kommunalverband ent-wickelte.[41]

Diese Mischung aus Interessenvertretung der Hausfrauen gegenüber den Behörden und prakti-scher Anleitung und Hilfe machte wohl die Attraktivität des Vereins aus. So stellte der *Mann-heimer Hausfrauenverein* die stärkste Ortsgruppe des DHV in Baden. Er hatte 1915 510 Mitglieder, 1916 bereits 2500, und 1917 war er auf die stattliche Zahl von 7000 Frauen angewachsen.[42]

Obwohl der Mannheimer Hausfrauenverein eng mit den kommunalen Behörden zusammen-arbeitete, setzten sich seine führenden Frauen doch gegen eine staatliche Vereinnahmung ein. Das badische Innenministerium versuchte Ende 1916 eine Hausfrauenorganisation zu installieren, die durch eine zentrale Leitung die staatliche Kontrolle über die notwendig gewordene Mitarbeit von Frauen gewährleisten sollte. In den einzelnen Amts-bezirken sollten die Landeskommissäre eine Bil-dung von Hausfrauenvereinigungen vorantreiben. Diese staatlich initiierten und kontrollierten Hausfrauenvereine sollten den Zusammenschluß ländlicher und städtischer Hausfrauen fördern und durch die Einrichtung von eigenen Lieferstel-len die Versorgung mit landwirtschaftlichen Produkten in den Städten verbessern.[43] Großher-zogin Luise beauftragte zu diesem Zweck im November 1916 die Freifrau von Marschall, Witwe des früheren Botschafters in Konstantinopel, mit der Gründung und Leitung der badischen Haus-frauenvereinigungen.[44] Dies mußte unweigerlich zu Konflikten mit den schon bestehenden Hausfrauenvereinen führen. Die großen badischen Frauenverbände beschlossen im Gegenzug bei einer gemeinsamen Tagung am 15. Dezember

1916 die Bildung eines Ausschusses für land-wirtschaftliche und städtische Hausfrauenarbeit. Diesen Beschluß der Frauenbewegung hob das Innenministerium auf und setzte an dessen Stellen seine *Landwirtschaftliche Hausfrauenvereinigung.*

Julie Bassermann bat im Auftrag des *Badischen Verbands für Frauenbestrebungen* das Ministerium um Rücknahme seiner Anordnung.[45] Das Ministerium beharrte aber auf seiner Position und im folgenden entwickelte sich eine Auseinander-setzung zwischen Julie Bassermann und der Freifrau von Marschall. Julie Bassermann versuchte die Autonomie des Mannheimer Hausfrauen-vereins zu erhalten, während die Freifrau schließlich mit Hilfe des *Katholischen Frauenbundes* die Neugründung einer landwirtschaftlichen Frauen-vereinigung in Mannheim betrieb.[46] Selbst der Mannheimer Landeskommissär wandte sich gegen eine *stramme Zentralisation* und bat das Minis-terium, *den bewährten Mannheimer Hausfrauenver-ein* unter den von ihm gewünschten Bedingungen weiterarbeiten zu lassen.[47]

Die Auseinandersetzung zog sich über das Jahr 1917 hin, und am Ende meldete die staatlich gelenkte *landwirtschaftliche Hausfrauenvereinigung,* die Ortsgruppe Mannheim habe ihre Tätigkeit *infolge der Ruhr und anderer Umstände einstellen müssen.*[48] Offensichtlich konnte die neu installierte Organisation angesichts der eingeführten Tätig-keit des Hausfrauenvereins, dessen Mitgliederzahl ständig stieg, bei den Mannheimer Frauen keinen Boden gewinnen. Der Mannheimer Haus-frauenverein hatte sich erfolgreich gegen seine Vereinnahmung durch die staatliche Administrati-on zur Wehr gesetzt.

Dies ist eines der wenigen Beispiele, das zeigt, wie eine Organisation der gemäßigten bürgerlichen Frauenbewegung die Kontrolle über den „Frauen-einsatz" während des Krieges nicht ausschließlich dem Staat überließ, sondern Mitwirkungsansprüche anmeldete und auch ernsthaft versuchte, sie durchzusetzen. Dabei ging es den Frauen jedoch nicht, wie etwa in der Diskussion der neuen Frauenbewegung in den achtziger Jahren des 19. Jahrhunderts, um eine *politische und ökonomische Aufwertung* der Hausarbeit oder gar die *Umwand-lung des kriegsbedingten Sozialstaates in Demo-*

kratie.[49] Zwar hatte die Kriegswirtschaft die Bedeutung der Hausfrau im Rahmen des privaten Verbrauchs deutlich gemacht, doch sollte die Hausfrau nun zeigen, ob sie *die ihr als Konsumentin in die Hände gelegte Macht zum Wohle des Vaterlandes*[50] nutzen könne.

Dieser Gedanke spielte schon in einer Reihe von im Februar 1915 in Mannheim durchgeführten Hausfrauenversammlungen eine wichtige Rolle. Alice Bensheimer sah für Frauen nun die Chance gekommen, zu beweisen, daß sie *gewillt und befähigt* seien, mitzuhelfen. Eine Frau Gießler verwies auf die *Pflicht einer jeden deutschen Hausfrau, dem Vaterland helfend beizustehen*. Emma Kromer, die Vorsitzende des Hausfrauenvereins, forderte von den Hausfrauen Sparsamkeit als *Dienst am Vaterland*, und auch die Sozialdemokratin Hoffmann verwies die Hausfrauen auf ihre *Schuldigkeit dem Vaterlande gegenüber: Zeigt, daß deutsche Frauen ebenso tapfer sein können wie deutsche Männer.*[51]

Eine Höherbewertung der Hausarbeit wurde zwar angestrebt, doch Maßstab war die männliche Norm, an der Frauen sich erst beweisen mußten. Im Vordergrund standen die Interessen des kriegführenden Staates. In seinem Aufruf zur Reduzierung des Fleischverbrauchs bezeichnete der Mannheimer Hausfrauenverein es als eine *Ehrenpflicht jeder deutschen Hausfrau [...], sich dem Staatsbedürfnis [...] anzupassen.*[52]

Zwar gelang es den Frauen durch ihre Mitarbeit in den Preisprüfungskommissionen erstmals direkten, wenn auch begrenzten Einfluß auf die Bedingungen der Konsumtion zu nehmen, dennoch konnte auch hier die Männerdominanz keineswegs gebrochen werden.

Im April 1918 änderte der Mannheimer Hausfrauenverein seine Satzung. Verbandsziel war nun eine umfassende Beschäftigung mit haus- und volkswirtschaftlichen Fragen, die die Frau als Produzentin und als Konsumentin betrafen. Es sollte Einfluß genommen werden auf die Konsumtionsbedingungen. Neben der Weiterbildung der Hausfrau stand die gemeinsame Interessenvertretung im Vordergrund.[53] Ein Teil der Mitglieder sah die Hauptaufgabe des Hausfrauenvereins nach dem Krieg darin, die Lebensmittelversorgung selbst zu organisieren. Der Beibehaltung der verbandseigenen Sammel- und Verkaufsstellen wurde jedoch entgegengetreten und den Frauen deutlich gemacht, daß Versuche, auf diesem Gebiet selbständig vorzugehen, *von vornherein* zum Scheitern verurteilt seien.[54]

Frauenbewegung als „Dienst am Vaterland"

So war es auch der Mannheimer Frauenbewegung letztendlich nicht gelungen, durch ihre Kriegstätigkeit die Interessen von Frauen zu befördern und wirklich positive Veränderungen für Frauenleben während und nach dem Krieg zu erzielen. In den Mittelpunkt ihrer Arbeit stellten die Frauenverbände stets die Interessen des kriegführenden Staates.[55] Selbst der eher dem radikalen Spektrum der bürgerlichen Frauenbewegung zuzurechnende *Bund für Mutterschutz* stellte in Mannheim für die Zeit des Krieges seine eigenständige Tätigkeit ein. Seine Vorsitzende Elisabeth Blaustein leitete in der Abteilung *Säuglings- und Wöchnerinnenfürsorge* der Mannheimer *Zentrale für Kriegsfürsorge* die Durchführung der Reichswochenhilfe.[56] Diese *Reichswochenhilfe* wurde Ehefrauen von Kriegsteilnehmern nach einer Geburt gewährt. Voraussetzung dafür war jedoch eine staatliche Kontrolle ihres Stillverhaltens. Die „Überwachung" der Stillenden wurde durch die Frauenbewegung, in Mannheim gar durch Frauen ihres radikalen Flügels, organisiert.[57] Ansatzpunkt der im NFD organisierten Verbände war nicht die Geburtenkontrolle, sondern die karitative Arbeit für Wöchnerinnen, Säuglinge und Kleinkinder.

Die prinzipielle Anerkennung staatlicher Interessen an einer auf Wachstum gerichteten Bevölkerungspolitik durch die Mehrheit der bürgerlichen und sozialdemokratischen Frauenbewegung führte dazu, daß Selbsthilfemaßnahmen sich auf die Mütter- und Säuglingspflege konzentrierten. Selbsthilfe im Bereich der Kontrazeption wurde, zumindest offiziell, von den Verbänden der Frauenbewegung nicht mehr geleistet. Marie-Elisabeth Lüders, Leiterin der *Frauenarbeitszentrale des Reichs*, sah die Bedeutung der Fürsorge für Mutter und Kind [...] *jenseits alles persönlichen: in der Vorsorge für die Erhaltung unseres nationalen Bestandes*[58].

Mütterberatungsstelle für die Empfängerinnen von Reichswochenhilfe

Sicher soll nicht verkannt werden, welche Bedeutung konkrete Hilfestellungen durch die Kriegsfürsorge der Frauenverbände für einzelne Frauen hatten. Durch ihre einseitige Orientierung auf Staatsinteressen gelang es der Frauenbewegung jedoch nicht, die einschneidenden Veränderungen von Frauenleben positiv zu wenden.

Deutlich wurde dies auch in der wirtschaftlichen Demobilmachung. Die Frauenerwerbsarbeit war ein Kernproblem bei der Reintegration der über acht Millionen aus dem Krieg heimkehrenden Soldaten geworden. Doch kann die Zurückdrängung der Frauen aus dem Erwerbsleben nicht ausschließlich als arbeitsmarktpolitische Maßnahme begriffen werden. Vielmehr handelte es sich hierbei um die Bemühung, zu „normalen", d. h. Vorkriegs-Formen der geschlechtsspezifischen Arbeitsteilung im Erwerbs- und Familienleben zurückzukehren.

Es ging, wie in den Richtlinien des Preußischen Kriegsministerium vom 24. November 1918 festgestellt wurde, vor allem darum, [...] *die Arbeitskraft der Frau dem Wirtschaftsleben wieder in einer ihrer Eigenart entsprechenden Weise einzuordnen, sei es durch Rückführung in die Familie, [...] sei es durch Überführung in Berufe, die entweder schon vor dem Frieden Frauenberufe waren oder sich im Verlauf der wirtschaftlichen Entwicklung als für sie geeignet erwiesen haben*[59].

Bereits im für den Bezirk Mannheim zur Durchführung der Demobilmachung gebildeten Ausschuß, der sich aus Vertretern der staatlichen und kommunalen Verwaltung sowie Arbeitgebern und Arbeitnehmern der einzelnen Wirtschaftssektoren zusammensetzte, konnten die Frauenverbände keinen Einfluß mehr gewinnen. Unter den insgesamt 40 Mitgliedern des Ausschusses befand sich keine einzige Frau.[60] So konnten bis zum 1. April 1921 im Bereich des Demobilmachungsausschusses Mannheim 1.020 Arbeitsplätze für Männer *freigemacht* werden.[61] Eine große Zahl von Frauen war jedoch schon vor Inkrafttreten der Demobilmachungsverordnung vom 28. März 1919 entlassen worden. Der Mannheimer Arbeitsnachweis hatte bereits Ende Dezember 1918 die Entlassung von 7.000 Frauen gemeldet.[62]

Sicher kehrte eine große Zahl von Frauen angesichts der miserablen Arbeitsbedingungen und der unerträglichen Mehrfachbelastung der Erwerbsarbeit gerne den Rücken. Für viele bedeutete die Entlassung aber auch eine soziale Härte. Neue Arbeitsstellen waren nun wieder vorwiegend in den schlechter bezahlten „Frauenindustrien" zu finden.

Dennoch hatte der Krieg zu Verunsicherungen im Geschlechterverhältnis geführt. Immerhin hatte eine große Zahl von Frauen die Erfahrung eigenverantwortlichen Handelns, fern von der Vormundschaft eines Mannes, gemacht. Selbständigkeit, Risikobereitschaft, Mut und Erfindungsreichtum waren Erfordernisse zum Überleben. Die durch den Krieg aufgezwungene Alleinverantwortlichkeit von Frauen geriet in Widerspruch mit dem vorherrschenden Frauen(selbst)bild der Hausfrau und Mutter. Die Frauenbewegung konnte dem keine anderen positiven weiblichen Lebensentwürfe entgegensetzen und beharrte in ihrer Mehrheit auf dem traditionellen Modell der Geschlechterbeziehungen.

Anmerkungen zum Kapitel

[1] S. ALTMANN S. 45 f.

[2] Zur Haltung der bürgerlichen und sozialistischen Frauenbewegung im Ersten Weltkrieg vgl. B. GUTTMANN S. 117 ff.

[3] Vgl. W. CHEMNITZ S. 7.

[4] U. v. GERSDORFF S. 18.

[5] Vgl. M.-E. LÜDERS S. 9.

[6] Vgl. DIE KRIEGSARBEIT DES BUNDES DEUTSCHER FRAUENVEREINE S. 1-32. Vgl. A. PAPPRITZ in: E. ALTMANN-GOTTHEINER (Hg.) S. 27 f. in: E. ALTMANN-GOTTHEINER (Hg.)

[7] Julie Bassermann, geb. 1860, Tochter des Bankiers Karl Ladenburg, verheiratet mit dem Rechtsanwalt, Mannheimer Stadtrat und Reichstagsabgeordneten Ernst Bassermann, war 1898 Mitbegründerin des Vereins Frauenbildung – Frauenstudium in Mannheim und von 1914 – 1925 seine Vorsitzende, sowie 1925 – 1929 Vorsitzende des Reichsverbandes Frauenbildung-Frauenstudium. Sie gehörte dem Frauenausschuß der Deutschen Volkspartei an, die sie 1919 – 1923 im Mannheimer Bürgerausschuß vertrat. Alice Bensheimer war seit 1905 im BDF-Vorstand, Vorsitzende des jüdischen Frauenbundes Caritas in Mannheim und Vorstandsmitglied des Vereinsverbandes der Mannheimer Frauenvereine.

[8] Vgl. S. ALTMANN S. 2.

[9] Vgl. ORGANISATION DER KRIEGSFÜRSORGE S. 35 ff.

[10] E. HOFFMANN S. 5.

[11] Vgl. ebd. S. 8 f.

[12] Vgl. M.-E. LÜDERS S. 9.

[13] E. LUDWIG S. 88 f.

[14] Vgl. ebd. S. 37.

[15] Vgl. JAHRESBERICHT DES BADISCHEN GEWERBEAUFSICHTSAMTES 1914-1918. S. 67. Die versicherungspflichtigen weiblichen Krankenkassenmitglieder nahmen vom 1.7.1914 bis 1.7.1918 in Baden um 10 % zu, im Reich insgesamt um 17 %. Vgl. U. DANIEL 1985, S. 320 f.

[16] Vgl. L. MARX S. 54. Bestätigt wird die Tendenz dieses Ergebnisses durch eine Erhebung des Deutschen Metallarbeiterverbandes in 24 Mannheimer Betrieben. Vgl. DIE FRAUENARBEIT IN DER METALLINDUSTRIE S. 11.

[17] Vgl. DIE FRAUENARBEIT IN DER METALLINDUSTRIE S. 13 ff.

[18] Ebd. S. 22.

[19] Zu Auswirkungen der Kriegsproduktion auf die Situation der Arbeiterinnen siehe B. GUTTMANN S. 48-60.

[20] Vgl. DIE FRAUENARBEIT IN DER METALLINDUSTRIE S. 26.

[21] Vgl. H. LEIDIGKEIT S. 69.

[22] Vgl. STADT A, FREIBURG C3, 780/5, 5. Mai 1917, Frauenreferat des Kriegsamtes an Stadtrat Freiburg.

[23] Vgl. GLA 456/E.V. 8, Bd. 117. Elisabeth Altmann-Gottheiner (1874-1930) hatte in Zürich Nationalökonomie studiert und war mit dem Nationalökonom Paul Altmann verheiratet. Sie gab 1912-1920 die Jahrbücher des BDF heraus, leitete die Redaktion der Neuen Bahnen, Organ des Allgemeinen Deutschen Frauenvereins, war Vorsitzende des Mannheimer Kaufmännischen Vereins für weibliche Angestellte und während des Krieges Schatzmeisterin des BDF.

[24] Vgl. B. GUTTMANN S. 147 ff.

[25] Vgl. STADT A, FREIBURG C3, 780/5, 16. 11. 1917, Stadt Mannheim an Stadt Freiburg.

[26] Vgl. STADT A, FREIBURG C3, 780/5, Richtlinien Einrichtung und Aufgaben der Fürsorgevermittlungsstellen.

[27] Vgl. GLA 236/23079, November 1917, Monatsbericht Stv. GK.

[28] BADISCHER FRAUENVEREIN (Hg.) Vorwort.

[29] Vgl. BADISCHER HEIMATDIENST IM WELTKRIEG S. 9.

[30] Vgl. S. BAJOHR S. 141.

[31] Vgl. Freie Presse Nr. 261, 7. November 1917.

[32] Vgl. R. J. EVANS S. 212.

[33] Vgl. E. ALTMANN-GOTTHEINER (Hg.) BDF JB 1916, S. 33 f. BDF JB 1917.

[34] Ebd. S. 33.

[35] Vgl. R. J. EVANS S. 211 f.

[36] Vgl. E. ALTMANN-GOTTHEINER (Hg.) BDF JB

1916, BDF JB 1917.

37 Vgl. GLA 236/21465, 20. Mai 1917, Tätigkeitsbericht des Mannheimer Hausfrauenbundes. Vgl. STADTA MA ZGS S2/789.

38 Vgl. GLA 236/21465.

39 Emma Kromer (1874 – 1947), Ehefrau des Hofopernsängers am Nationaltheater Joachim Kromer, seit 1911 Mitglied des städtischen Ortsgesundheitsrats, Wohnungspflegerin, aktiv in der Fürsorge für Gefangene und geistig Kranke, im Jugendschutz und der Rechtschutzstelle für Frauen und Mädchen. 1919 wurde sie Stadtverordnete der Demokratischen Partei in Mannheim und 1921 – 1931 gehörte sie dem Reichswirtschaftsrat an. Vgl. STADTA MA S1/1773. Für wertvolle biographische Hinweise danke ich Herrn Teutsch vom Stadtarchiv Mannheim.

40 Vgl. GLA 236/21465.

41 Vgl. STADTA MA ZGS S2/789.

42 Vgl. E. ALTMANN-GOTTHEINER (Hg.) BDF Jb 1916, 1917, 1918.

43 Vgl. GLA 236/21465, 8. 11. 1919, Innenministerium an Kreisausschüsse.

44 Vgl. GLA 236/21465, 8. November 1916, Innenmin. an Stv. Gk., XIV. AK.

45 Vgl. GLA 236/21465, Julie Bassermann an Innenmin.

46 Vgl. GLA 236/21465, 27. März 1917, Freifrau v. Marschall an Innenmin.

47 Vgl. GLA 236/21465, 3. Januar 1917, Landeskommissär an Innenmin.

48 Vgl. GLA 236/21465, Tätigkeitsbericht der landwirtschaftlichen Hausfrauenvereinigung für das 2. Halbjahr 1917.

49 I. STOEHR/D. AURAND S. 50.

50 DIE DEUTSCHEN FRAUEN UND DIE KRIEGSGEMÄßE LEBENSFÜHRUNG. In: E. ALTMANN-GOTTHEINER (Hg.) BDF Jb 1916 S. 141.

51 STADTA MA ZGS S2/789, General-Anzeiger Nr. 69, 8. Februar 1915.

52 STADTA MA ZGS S2/789, General-Anzeiger Nr. 531, 3. November 1915.

53 Vgl. StadtA MA ZGS S2/789, General-Anzeiger Nr. 164, 9. April 1918.

54 Vgl. StadtA MA ZGS S2/789, General-Anzeiger Nr. 84, 19. Februar 1918.

55 Hier ist ausschließlich von der Mehrheit der Frauenbewegung die Rede. Natürlich gab es auch einzelne Frauen, die gegen den Krieg aktiv wurden. In Baden spielten sie allerdings so gut wie keine Rolle. Vgl. B. GUTTMANN S. 167 ff.

56 Vgl. S. ALTMANN S. 196, S. 205. Zum Mannheimer Bund für Mutterschutz vgl. B. GUTTMANN S. 95 f.

57 Vgl. E. ALTMANN-GOTTHEINER (Hg.) BDF Jb 1916, S. 106 f. Vgl. B. GUTTMANN S. 158-163.

58 M.-E. LÜDERS S. 41.

59 Zit. n. U. V. GERSDORFF Dok.-Nr. 103 S. 277.

60 Vgl. GLA 236/22280.

61 Vgl. GLA 236/22274, Tätigkeitsbericht Demobilmachungsausschuß Mannheim.

62 Vgl. H. SCHÄFER S. 350.

*S*ucht man in Mannheim des späten Kaiserreiches nach einer Einrichtung, die die gesellschaftspolitischen Strömungen der Zeit verkörperte, so stößt man auf einen Verein, dessen Namen diesen Tatbestand zunächst Lügen zu strafen scheint: den *Bund für Mutterschutz*. Entgegen den Erwartungen, die dieser biedere Name weckt, war der Bund für Mutterschutz die praktische Umsetzung einiger zu Beginn dieses Jahrhunderts geradezu revolutionären Forderungen, die Vertreterinnen des radikalen Flügels der deutschen Frauenbewegung, allen voran Helene Stöcker[1], erhoben hatten: die staatliche Fürsorge für ledige Schwangere und Mütter in Verbindung mit dem Kampf für die wirtschaftliche und rechtliche Unabhängigkeit der Frau vom Mann.

Sabine Heißler

STETS HABE ICH MIR EIN NAHES ZIEL GEWÄHLT, DOCH HAT EIN FERNES MICH DAZU BESEELT.*

Sexualreform,
der Bund für Mutterschutz und
der Kampf gegen den § 218
in Mannheim von 1907 bis 1933

Diese Forderungen ergaben sich aus der bedrückenden Situation, in der sich ledige Schwangere und Mütter in dieser Zeit befanden. Zwar war eine uneheliche Schwangerschaft für eine Frau noch nie einfach gewesen, in der nach bürgerlich-gesellschaftlichen Normen ausgeprägten Gesellschaft des Kaiserreichs aber waren die wirtschaftlichen und sozialen Folgen für die Frauen katastrophal. Eine fast umfassende gesellschaftliche Ächtung war ihnen sicher. Standen sie im Berufsleben, verloren sie in der überwiegenden Mehrzahl der Fälle ihren Arbeitsplatz, für Beamtinnen und Lehrerinnen folgte die Entlassung unausweichlich. Niemand trug der Tatsache Rechnung, daß eine uneheliche Schwangerschaft jede Frau treffen konnte: als Folge der überall und zu jeder Zeit auftretenden Gewalt gegen Frauen inner- und außerhalb der Familie, als Folge der besonders in den Städten weit verbreiteten Elendsprostitution und schließlich als Folge der zeitbedingten Ehehindernisse. Dazu gehörten an vorderster Stelle die Wohnungsnot und die niedrigen Löhne, die selbst bei gegenseitigem Ehewillen eine Familiengründung unmöglich machten, aber auch die Schwierigkeiten, eine Ehescheidung zu erlangen, Standesunterschiede und Standesdünkel — so drohte Offizieren, die die Mutter ihres eigenen vorehelichen Kindes heiraten wollten, die Entlassung — und schließlich eigene Lebensentwürfe von Frauen wie die bewußt gewählte Berufstätigkeit, denn eine Eheschließung beinhaltete in den meisten Fällen ein regelrechtes Berufsverbot für die Frau.

Gleichzeitig hatte eine ledige Schwangere keinerlei Anrecht auf Unterstützung. Der zumindest dem Buchstaben des Gesetzes nach bestehenden Möglichkeiten, den Kindesvater zum Unterhalt heranzuziehen, konnte dieser nur zu leicht entkommen, da die Beweispflicht der Vaterschaft bei der betroffenen Frau lag. Überdies verhinderten die Furcht vor dem Öffentlichwerden ihrer Situation sowie die zumeist sehr schlechte finanzielle Lage der Frauen es fast durchweg, daß ledige Schwangere bzw. Mütter überhaupt den Gang vor ein Gericht antraten.[2]

Insgesamt blieben den Frauen nur ganz wenige Möglichkeiten. Sie konnten sich, illegal und auch nur, wenn sie das Geld dazu aufbrachten, auf die Suche nach einer „weisen Frau" machen, um eine Abtreibung vornehmen zu lassen. Mit dem Verstoß gegen den §218 des Reichsstrafgesetzbuches riskierten sie bis zu fünf Jahren Zuchthaus. Und selbst wenn sie nicht gefaßt wurden, hatten sie mit den schweren Folgen des Eingriffs zu

rechnen. Nach Schätzungen der Zeit war bei illegalen Abtreibungen in Dreiviertel der Fälle mit Nacherkrankungen zu rechnen, in gut zehn Prozent der Fälle mit dem Tod.[3] Entschlossen sich die Frauen, mehr oder weniger gezwungen, das Kind zur Welt zu bringen, begann ein Überlebenskampf, den sie oft genug verloren. Die häufigen Kindesaussetzungen und Kindestötungen noch bis in die zwanziger Jahre sprechen da ihre eigene Sprache[4], ebenso wie die zeitgenössischen Schätzungen, die den Anteil der ledigen Mütter bei den Prostituierten in den Städten mit über 30% angeben.[5] Damit nicht genug, hatten auch die unehelichen Kinder, die jährlich immerhin einen Anteil von 10-12% an der Gesamtgeburtenzahl des Reichs ausmachten, unter den Folgen zu leiden. Im Säuglings- und Kleinkindalter wiesen sie eine deutlich höhere Sterblichkeitsrate auf als eheliche Kinder. Als Erwachsene schließlich waren sie, von Geburt an mit einem Makel behaftet, in überdurchschnittlich hoher Zahl unter den Alkoholikern und Kriminellen, männlichen wie weiblichen, zu finden.[6]

Vor dem Hintergrund dieser Not wurde im Januar 1905 in Berlin der erste *Bund für Mutterschutz* gegründet. Diese Organisation wollte auf der einen Seite praktische Hilfe für die betroffenen Frauen leisten, wie finanzielle Unterstützung, die Einrichtung von Heimen oder Kurse über Säuglingspflege. Eng verbunden mit der praktischen Hilfe war der politische Kampf mit Forderungen nach einer staatlichen Mutterschaftsversicherung, nach Arbeitsschutzbestimmungen für Schwangere und stillende Frauen und nach der rechtlichen Gleichstellung der unehelichen mit den ehelichen Kindern. Zugleich aber zielte der Bund auf die endgültige Beseitigung des Übelstandes, der dieser ganzen Misere zugrunde lag: die abhängige Stellung der Frau. Er trat für die rechtliche und ökonomische Gleichstellung der Frau in der Gesellschaft ein sowie für ihr Selbstbestimmungsrecht über ihren Körper und ihre Sexualität.[7]

Die Reaktionen von Gesellschaft und Staat auf den Mutterschutzbund waren sehr heftig. Staatliche wie kirchliche Organisationen verweigerten jegliche Unterstützung. Von evangelischer Seite wurden die Mitglieder des Vereins als *Erotikerinnen* und *Apostel des Satans* beschimpft, die Katholiken

Elisabeth Blaustein 1884 - 1942

unterstellten dem Bund, er wünsche die *salon-mäßige Ausstattung der Prostitution.* Der *Bund deutscher Frauenvereine,* die Dachorganisation der bürgerlichen Frauenbewegung, schließlich erklärte, der *Bund für Mutterschutz leiste der Unzucht Vorschub* und gebe sich einer *nuancenlosen [...] Begeisterung für das Illegitime* hin.[8]

Angesichts dieser harschen Vorwürfe ist es nicht verwunderlich, daß es bis 1910 erst elf Ortsgruppen des Bundes für Mutterschutz im ganzen Reich gab, mit insgesamt etwa 4.000 Mitgliedern.[9] Umso anerkennenswerter ist es daher, daß sich unter ihnen bereits seit dem 7. April 1907 der Mannheimer Ortsverband des Mutterschutzbundes befand.[10] Seine Gründung geht auf die private Initiative von Elisabeth Blaustein zurück.[11] Elisabeth Hitze - de Waal, so ihr Mädchenname, wurde 1884 in Mannheim geboren. Sie wurde katholisch erzogen, zuletzt, bis zum Alter von 15 Jahren, im Katholischen Institut in Baden-Baden. Früh schon entdeckte sie ihren Berufswunsch, sie wollte Lehrerin werden. Diesen Plan konnte sie, offenbar von Jugend auf energisch und willensstark, verwirklichen. Ihre Ausbildung erhielt sie

im Lehrerinnenseminar in Heidelberg.[12] Daneben nutzte sie die ersten Möglichkeiten für Frauen an der Universität Vorlesungen zu hören[13], vor allem in Geschichte und Philosophie.[14] Nach ihrer Ausbildung arbeitete sie als Lehrerin zuerst in Sandhofen[15] und schließlich an der *Hildaschule* in der Neckarstadt.[16] Und hier lernte sie dann das Problem kennen, dessen Linderung sie, trotz Ehe und Familie, ihr weiteres Leben widmete: die schlimme Situation junger schwangerer Mädchen aus Arbeiterfamilien.[17]

Nun waren diese Mädchen keineswegs Einzelfälle und uneheliche Schwangerschaften kein Sonderproblem des Arbeiterviertels Neckarstadt. Im Gegenteil war in Mannheim der Anteil der unehelich geborenen Kinder immer hoch gewesen. Bis 1911 entsprach er etwa dem Reichsdurchschnitt, danach stieg er, unbeeinflußt von den Schwankungen der Gesamtzahl der Geburten, stetig an.

Eheliche und uneheliche Geburten in Mannheim 1907-1933

Jahr	Geburten	davon un-ehelich in %
1907	6303	10,5
1908	6387	11,6
1909	6098	12,4
1910	6011	12,5
1911	5777	13,3
1912	5823	14,6
1913	6315	15,5
1914	6270	16,0
1915	4953	16,6
1916	3573	17,2
1917	3329	17,2
1918	3510	19,6
1919	4919	16,9
1920	6090	17,0
1921	5677	14,7
1922	5029	15,4
1923	4512	15,5
1924	4411	16,3
1925	4112	17,5
1926	4123	17,7
1927	4022	17,4
1928	4172	18,5
1929	4073	17,5
1930	3997	17,6
1931	3731	16,7
1932	3346	17,6
1933	3305	14,9

aus: Mannheim in Wort, Zahl und Bild
Seine Entwicklung seit 1900
bearb. von Karl Hook, Mannheim 1954

Zum betroffenen Personenkreis gehörten bis zum Ersten Weltkrieg nicht nur die Mädchen und die jungen Frauen aus den Familien der oft unter den schlechtesten sozialen Bedingungen lebenden Arbeiter und kleinen Angestellten, sondern auch Prostituierte, die in den in Mannheim in überdurchschnittlich hoher Zahl vorhandenen Bordellen kaserniert waren.[18]

Hier fand Elisabeth Blaustein, die mit ihrer Heirat wohl unter Bedauern ihren geliebten Beruf, wie zeitgenössisch üblich, hatte aufgeben müssen, ein weites Betätigungsfeld. Die Anfangsjahre des Mannheimer Bundes für Mutterschutz müssen sehr schwer gewesen sein. Daß sie zunächst auf eine fast unüberwindliche Ablehnung stieß, deutete Elisabeth Blaustein später nur noch an. Noch zum 25jährigen Jubiläum des Bundes aber wiederholte sie den Hauptvorwurf ihrer Gegner, der ihr immer besonders ungerecht erschienen war und den sie, in genauer Kenntnis der Lebensumstände der betroffenen Frauen, immer aufs Neue voll Empörung zurückgewiesen hatte: daß der Bund *dem unsittlichen Lebenswandel Vorschub leiste und den Leichtsinn der Mädchen fördere.*[19]

In den ersten Jahren fanden die Schwangeren Beratung und Hilfe in der Privatwohnung einer Freundin Elisabeth Blausteins, Elise Gutmann.[20] Eine weitere aktive Unterstützerin von Anfang an war die Mannheimer Schriftstellerin Luise Oettinger.[21] Neben der direkten Hilfeleistung bemühte sich Elisabeth Blaustein unerschrocken darum, in möglichst weiten Kreisen Mitglieder und Förderer für den Bund zu finden. Als nützlich hierbei erwies sich ihre Ehe mit Arthur Blaustein, dem Leiter der Handelshochschule und Syndikus der Handelskammer. Damit hatte Elisabeth Blaustein Zugang zu den wohlhabenden und politisch interessierten Kreisen des Mannheimer Bürgertums, und hier fand sie auch, was sie suchte. Denn gerade in dieser Umgebung existierte schon seit den neunziger Jahren des 19. Jahrhunderts ein regelrechtes Netzwerk von wohlhabenden und einflußreichen Frauen, die sich mit Hingabe und Geld den sozialen Problemen ihrer Stadt, und zwar besonders den Problemen der Frauen widmeten.[22] So fanden sich unter den Mitgliedern des Bundes bald Frauen wie Fanny Boehringer und Alice Bensheimer[23], deren 1898 gegründete *Rechtsschutzstelle für Frauen und Mädchen* auch eine Anlaufstelle für die ledigen Mütter wurde, und die sich selbst durch ihre Tätigkeit im *Bund deutscher Frauenvereine*[24], der dem Mutterschutzbund ja ablehnend gegenüber stand, nie daran hindern ließ, der Mannheimer Ortsgruppe tatkräftig zur Seite zu stehen. Zu ihnen gesellten sich Martha Stern, bis 1933 eine der bekanntesten Frauen Mannheims, Ehefrau eines Bankiers und selbst vor allem für die Einrichtung einer Erwerbslosenfürsorge sowie die Schaffung von Arbeitsplätzen für Frauen und Mädchen tätig[25], und die Politikerin Marie Bernays.

Mitglieder waren aber auch Mannheimer Persönlichkeiten wie Ludwig Frank, der zu den ersten Unterstützern des Mutterschutzbundes gehörte[26] und der gemeinsam mit Luise Oettinger 1911 auch dem *Internationalen Bund für Mutterschutz* beitrat[27], oder Max Hachenburg. Dazu kamen die Ehefrauen der Bürgermeister Kutzer und Walli und die Frauen einer großen Anzahl von Mannheimer Ärzten, besonders Kinderärzten und Gynäkologen oder diese in eigener Person. Schließlich fand sich auch ein Teil der ärztlichen Prominenz ein, wie der Leiter der Säuglingsabteilung des Krankenhauses, Professor Hess, und der Leiter der Abteilung für Haut- und Geschlechtskrankheiten, Heinrich Loeb, dessen Ruf als Facharzt weit über Mannheim hinausreichte. Diesen Kreis rundeten bis in die zwanziger Jahre schließlich Anwälte, der Direktor der AOK, der Dezernent für Öffentliche Wohlfahrt, Richard Böttger, und der Leiter des Jugendamtes, Direktor Köbele, ab.[28] Kurz vor Ausbruch des Ersten Weltkriegs konnte Elisabeth Blaustein bereits stolz auf das Ergebnis ihrer Werbetätigkeit blicken: Der Mannheimer Mutterschutzbund stand mit allen wichtigen Verbänden, von der Krankenkasse bis zu den Kirchen, in gutem Einvernehmen.[29]

Die enge Verbindung mit den etablierten Kreisen der Stadt hatte bald in mehrfacher Hinsicht ihre Auswirkungen auf die Arbeit des Bundes. Zunächst konnten rasch einige der vordringlichsten Probleme gelöst werden. Die Auskunftsstelle, die immer das Hauptarbeitsgebiet bildete, fand eine neue Unterkunft zuerst im Rathaus, dann endgültig im Jugendamt, im Gebäude des alten Krankenhauses in R 5.[30] Wie selbst die wenigen Zahlen zeigen, die überliefert sind, war die tägliche Sprechstunde sehr gefragt, nicht zuletzt deshalb, weil der Bund seine Hilfsangebote noch vor dem Krieg auf alle Schwangeren und Mütter, ledige wie verheiratete, ausdehnte.

Ehemaliges Krankenhaus R 5, u.a. Sitz der Beratungsstelle des Bundes für Mutterschutz

Beratungen beim
Bund für Mutterschutz

Jahr	Anzahl der Personen
1915	492
1918	1236 (zusätzliche 152
1927	1751 briefliche Auskünfte)
1928	1989
1929	2029
1930	2128
1931	2326
1933	bis Juni: 2000

nach: STADT A MA, ZsG: Bund für Mutterschutz und E. Blaustein, 20 J. Bfm / 25 J. Bfm

1911 konnte das erste Mütterheim in der Fabrikationsstraße mit sechs Betten eröffnet werden, das von städtischen Ärzten mitbetreut wurde.[31] Weitere Heime des Mutterschutzbundes folgten, eines in der Mönchwörth-[32] und eines in der Seckenheimerstraße, das zudem eine Krippe hatte, wo bis zu 50 Kinder berufstätiger Mütter Aufnahme fanden[33]. Im Krieg erweiterte der Bund seine Tätigkeit um die Vermittlung von Pflege und Adoptionsstellen, Verteilung von Sachmitteln, Ausstellungen über Säuglingspflege, ab 1917 Mütterkursen und Kursen zur Säuglingspflege, von denen letztere auch in den Abschlußklassen der Mannheimer Mädchenschulen abgehalten wurden. Dazu kam die Einrichtung eines Ausbildungsganges für Säuglingsschwestern in den Mutterschutzeigenen Heimen, der 1917 in Baden auch staatlich anerkannt wurde.[34]

Vor diesen umfangreichen Aktivitäten trat allerdings immer mehr der Bereich in den Hintergrund, den Helene Stöcker *Ideenpropaganda für sexuelle Reformen*[35], d.h. die Veränderung der Geschlechterbeziehungen, genannt hatte und der doch einen integralen Bestandteil der Arbeit des *Bundes für Mutterschutz* bilden sollte. Ganz vergessen wurde diese Seite in Mannheim aber nie. Die Ausbildung zur Säuglingsschwester ebenso wie die enge Zusammenarbeit mit der 1916 maßgeblich von Marie Bernays mitgegründeten *Sozialen Frauenschule* wurden von Elisabeth Blaustein immer als *bahnbrechend auf dem Gebiet der Erziehungs- und Ausbildungsfragen für junge Mädchen* betrachtet

– womit sie nicht völlig Unrecht hatte, auch wenn ihre Vorstellung von einer wesensgerechten Berufswahl für Frauen[36] in unseren Augen wenig fortschrittlich klingt.

Wichtig waren auch die regelmäßig abgehaltenen Vorträge vor öffentlichem Publikum, über die die Mannheimer Presse immer ausführlich berichtete.[37] Auf diese Weise war dafür gesorgt, daß auch Themen wie die Gleichberechtigung der Frau, die Frauenbewegung im Reich oder aber Fragen der Bewegung für Sexualreform immer wieder ins Gespräch kamen. Ein Schwerpunkt der Vorträge lag bei allen Themen, die die rechtliche Stellung der Frau betrafen. Vorträge über *Die Mutter nach der Reichsversicherungsordnung* (1911) oder zur Reform der Scheidungsgesetzgebung (1927), zum *Geltenden Familienrecht* (1930) oder zur *Gleichberechtigung der Frau in der Ehe* (1930) wurden meist von Mannheimer Anwälten gehalten[38], zuweilen aber auch von der Anwältin Emmy Rebstein-Metzger, eigentlich einer Expertin für Schiffahrtsrecht, die in Mannheim zusammen mit ihrem Mann eine Kanzlei betrieb.[39] Der Bund lud aber auch Berühmtheiten ein, so verschiedentlich die Heidelberger Juristin Camilla Jellinek, die wegen ihres vehementen Einsatzes für die Gleichberechtigung der Frau sowie die Abschaffung des §218[40] im ganzen Reich bekannt und umstritten war. Insgesamt nahmen die fortschrittlichen Themen bei den öffentlichen Vorträgen des Bundes jedoch einen geringen Raum ein. Ab der Mitte der zwanziger Jahre verkleinerte sich dieser noch mehr zugunsten von Themen von kulturellem Interesse oder politisch konservativ ausgerichtetem Inhalt wie *Kulturhygiene in Baden vom 9. bis zum 19. Jahrhundert* (1930), *Die Abkehr von der Familie* (1929) oder *Die Mutter in Gesang und Dichtung* (1929).[41] Mit dem heikelsten Thema der Zeit, der Befürwortung oder Ablehnung des §218 des Reichsstrafgesetzbuches, ging der *Bund für Mutterschutz* entsprechend vorsichtig um. Obwohl die Abschaffung des Paragraphen zu den Forderungen des nationalen wie des internationalen Mutterschutzbundes gehörte und auch Elisabeth Blaustein zuweilen, zur leichten Erschütterung der Mannheimer Presse, ihre dahingehende Überzeugung äußerte[42], behandelte der Mannheimer Bund das Thema in den insgesamt 26 Jahren seines Bestehens nur viermal.[43]

Verurteilungen und anhängige Prozesse wegen Verstoßes gegen §218 RStGB am Landgericht Mannheim 1904-1932

1. Verurteilungen 1904 -1915 am Landgericht Mannheim

Jahr	Anzahl Personen	Geschlecht		Alter weiblich		Religion weibl. u. männl.		
		w	m	unter 18 Jahre	über 18 Jahre	ev.	kath.	sonst.
1904	3	3			3	1	2	
1905								
1906	3	3		2	1			
1908	2	2			2	1	1	
1909	17	14	3	1	13	12	5	
1910								
1911	3	2	1		2	1	1	1
1912	16	12	4		12	5	9	2
1913	107	86		2	84	63	42	
1914	70	51	19	1	50	36	30	4
1915	22	19	3	1	18	9	12	1

nach: Kriminalstatistik des Deutschen Reiches, aus: GLA 234 / 5464

Das bedeutet aber nicht unbedingt, daß der Bund eigene Positionen aufgab. Er nahm nur auf eine Tendenz Rücksicht, die sich sowohl in bürgerlichen Kreisen als auch der bürgerlichen Presse Mannheims bezüglich dieses Fragenbereiches insgesamt zeigte: in der bürgerlichen Öffentlichkeit kam dieses Thema möglichst nicht vor!

Diese Haltung hatte allerdings mit der Wirklichkeit sehr wenig zu tun. Für einen großen Teil der Mannheimer Bevölkerung waren die Fragen um den §218, Verhütung, Schwangerschaft und Abtreibung von brennendem Interesse: für die Mannheimer Frauen nämlich. Wie überall sonst im Reich hatte es auch in Mannheim immer schon Abtreibungen gegeben. Seit dem Ende des 19. Jahrhunderts stieg ihre Zahl[44] infolge der wachsenden sozialen Not, in der sich besonders die Familien der Arbeiter und kleinen Angestellten befanden. Der fast durchgängig zu knappe Wohnraum gerade in den rasch wachsenden Großstädten und der meist ungenügende Lohn, von dem die Familien leben mußten, ließ die Fürsorge für Kinder zu einem enormen Problem werden. Sexuelle Aufklärung und Informationen über Verhütungsmittel fehlten ebenso wie verläßliche Unterstützung, sei sie finanzieller, medizinischer oder psychologischer Art, bei der Aufzucht von Kindern.

Zugleich aber drängte man in der Öffentlichkeit reichsweit auf mehr Nachwuchs. Das hatte seinen Grund vor allem in dem seit den neunziger Jahren des 19. Jahrhunderts immer spürbarer werdenden Geburtenrückgang, der einen großen Teil der Gesellschaft, von der bürgerlichen Mitte bis zu den Nationalisten in Regierung, Parteien und Verbänden, um die wirtschaftliche und militärische Vormacht Deutschlands fürchten ließ.[45] Ein erstes Ergebnis der öffentlichen Diskussion um eine neue Bevölkerungs- und Familienpolitik ab der Jahrhundertwende war die verschärfte Strafverfolgung wegen Verstoßes gegen den §218 RStGB. Nach ihm drohte jeder Person, die an einer Abtreibung beteiligt war, Zuchthaus bis zu fünf Jahren. Unter dem Druck der Bevölkerungspolitiker stieg die Zahl der Anklagen rasch an[46], von 1900 bis 1914 vervierfachte sie sich.[47] Eine ähnliche Entwicklung zeigte sich auch in Mannheim.

2. Anzahl der in Mannheim anhängigen Prozesse 1917-1933

Jahr	Prozesse
1917	53
1918	39
1919	62
1920	103
1921	192
1922	100
1923	80
1924	89
1925	111
1926	88
1927	62
1928	65
1929	64
1930	103
1931	104
1932	102

aus: GLA 234/5464

Widerstand gegen den §218 regte sich zuerst nur in kleinen Gruppen, bei den radikalen Frauenrechtlerinnen, Politikerinnen und Politikern und den fortschrittlichen Ärztinnen und Ärzten, besonders bei all denen, die täglich mit dem Elend der Proletarierfamilien in den Großstädten konfrontiert waren.

In Mannheim reagierte zuerst der *Bund für Mutterschutz*, der 1909, als reichsweit zum erstenmal die Abschaffung des §218 gefordert wurde, einen Vortrag zu diesem Thema abhielt.[48] Obwohl die Probleme von Geburtenregelung und Abtreibung in der Mehrheit die Frauen der Arbeiterklasse betrafen, fanden diese bei der Arbeiterpartei, der SPD, zunächst keine Unterstützung. Das lag daran, daß auch die SPD grundsätzlich dem eher bürgerlichen Ideal einer heilen Familie huldigte, in der Vater, Mutter, Kind ihre klassischen Plätze einnahmen.[49] Die wirkliche Situation gerade der Arbeiterfrau, die sich zwischen häufigen Schwangerschaften, Berufstätigkeit, Haushaltsführung und Kindererziehung erschöpfte, hatte in dieser Vorstellung wenig Platz, geschweige denn die Forderung nach dem Selbstbestimmungsrecht der Frau über sich und ihr Leben.

So wichen selbst die Frauenverbände der SPD lange einer klaren Stellungnahme zum §218 aus. Noch 1913 wurde z.B. bei einem Vortrag über *Geburtenrückgang und die proletarische Frau* beim Sozialdemokratischen Frauenverein im Lindenhof unwidersprochen die Aussage des (!) Vortragenden zu Protokoll genommen, daß man sich *Vor 5 - 6 Jahren [...] noch nicht mit diesem Thema befaßt* hätte. Die Zurückhaltung der Frauen ging so weit, daß im Protokoll an keiner Stelle der berüchtigte Paragraph oder gar das Wort „Abtreibung" zu finden sind, obwohl die ganze Diskussion eben darum ging. Man sprach von *unerlaubten Mitteln.*[50]

Daß die Partei dem Thema auswich, zeigt schließlich ihre Zeitung, die *Volksstimme.* 1914 z.B., in dem Jahr, in dem das Mannheimer Landgericht 70 Personen wegen Verstoßes gegen den §218 verurteilte, wurden die Prozesse in der Hauptsache summarisch abgehandelt. In der Rubrik *Aus dem Gerichtssaal* liest sich das so: *Wegen Vergehens nach §218 RStGB wurden Lorenz C. zu einem Jahr [...] und Elisabeth H. zu einem Monat 15 Tagen Gefängnis [...] verurteilt.*[51] Oder: *Wegen Vergehens nach §218 RStGB wurde die 19 Jahre alte Arbeiterin Anna M. in nichtöffentlicher Verhandlung zu einem Monat 15 Tagen Gefängnis verurteilt. Ihr mitangeklagter Liebhaber ging straffrei aus.*[52] Die Tragik, die hinter einer solch lapidaren Notiz steckte, war keinen Kommentar wert. Auch waren ein raffinierter Betrugsfall oder ein blutiger Raubmord allemal von größerem Interesse und nahmen in der gleichen Rubrik dementsprechend viel Platz ein.

Benutzt wurde die Frage des §218 in Kreisen der Mannheimer SPD lange Zeit nur zu einer scharfen Fronstellung gegenüber den bürgerlichen Frauen. Der ganz den Tatsachen entsprechende Ausspruch Gustav Radbruchs, des sozialdemokratischen Justizministers ab 1921: *Noch nie hat eine reiche Frau wegen §218 vorm Kadi gestanden* sowie das Schlagwort „Klassenparagraph" verführten die sozialdemokratischen Frauen in Mannheim zu zum Teil übertriebenen Vorstellungen. Das führte zu Aussprüchen wie: *Was hat die Arbeiterfrau von ihren Mutterfreuden, gegenüber der bürgerlichen Frau, während jene arbeiten ums tägliche Brot, gehn die anderen dem Vergnügen nach.*[53] Oder, schlimmer noch: *Die Frauen der Besitzenden unterbrechen* die Schwangerschaft meist aus Widerwillen, gegen die Unbequemlichkeit der Schwangerschaft, des Gebärens und der Kindererziehung. Auch fürchten diese Damen, sie könnten ihre Reize rascher einbüßen und in der Männerwelt ihr Ansehen verlieren.[54]

Diese noch Ende der zwanziger Jahre geäußerten Meinungen standen nicht nur im Gegensatz zur offiziell geführten Politik der Partei, sondern verhinderten noch dazu die nötige Solidarisierung unter den Mannheimer Frauen.

Auch entsprachen sie keineswegs der Mannheimer Wirklichkeit. Mochten auch hier in der überwiegenden Mehrzahl die Frauen des Proletariats die Leidtragenden der Bestimmungen des „Klassenparagraphen" sein, so zeigt ein sensationeller Fall aus dem Jahr 1913 doch noch eine andere Seite. Damals wurde ein Handelsvertreter verhaftet, der in Stadt und Raum Mannheim sogenannte „Ausspülapparate" angeblich zu hygienischen Zwecken für Scheidenspülungen, verkauft hatte. Die „Ausspülapparate" wurden aber in Wirklichkeit, wie die Mannheimer Staatsanwaltschaft feststellte, *vielfach von und an Frauenspersonen zur Abtreibung der Leibesfrucht verwendet.*[55] Im Mannheimer Landgerichtsbezirk waren die „Apparate" an insgesamt 174 Frauen verkauft worden. 70 von ihnen wurden noch im gleichen Jahr wegen Abtreibung angeklagt, weitere folgten – der Hauptgrund für die hohen Prozeßzahlen 1913 und 1914. Es handelte sich bei ihnen jedoch keineswegs nur um Arbeiterfrauen. Der Hauptangeklagte nämlich, der Handelsvertreter, hatte für seine Ware bis zu 100 Mark pro Stück verlangt.[56] Eine solche Summe war für eine Arbeiterin, die sich schon ein Pessar, das nur ein Fünftel kostete[57], nicht leisten konnte, unerschwinglich.

Eine wichtige Veränderung gerade für die Mannheimer Frauen brachte erst die Einrichtung

MUTTER UND KIND

Ausstellung des Vereins „Mannheimer Mutterschutz"

vom 19.–27. März 1927

in den Räumen der Harmonie, D 2, 6

täglich von 10 Uhr vorm. bis 8 Uhr abends geöffnet.

Mutter und Kinder werden ausgestellt

der *Ehe- und Sexualberatungsstelle* 1924.[58] Die Sexualberatungsstellen der Weimarer Republik, eine bis vor wenigen Jahren fast vergessene Institution, waren ein Ergebnis der deutschen Sexualreformbewegung, die um die Jahrhundertwende entstanden war. Die Aufgaben der Beratungsstellen bestanden in einer umfassenden Sexualaufklärung durch Ärztinnen und Ärzte, Information über die weit verbreiteten Geschlechtskrankheiten sowie über Verhütungsmittel.[59] In Mannheim stellte die Sexualberatungsstelle sozusagen den fortschrittlichen Arm des *Bundes für Mutterschutz* dar, der an ihrer Einrichtung maßgeblich beteiligt war. Sich selbst hatte der Bund nämlich inzwischen fast vollständig auf die praktische Hilfe für Mütter und Säuglinge zurückgezogen und ideologisch auf die Aufwertung der Rolle der Frau als Mutter konzentriert. Nichts kennzeichnet die innere Aufspaltung des ehemals ganz reformerisch eingestellten Mutterschutzbundes besser als die Tatsache, daß die Sexualberatungsstelle im gleichen Jahr eingerichtet wurde, in dem der Bund mit intensiver Propaganda die Einführung des ursprünglich US-amerikanischen Festtages „Muttertag" in Mannheim durchsetzte.[60] Die Sexualberatungsstelle erfreute sich von Anfang an größter Nachfrage, nicht zuletzt, weil sie über Verhütungsmittel informierte. Davon gab es inzwischen eine beträchtliche Anzahl, deren Wirksamkeit allerdings zumeist gering war. Erhältlich waren Cremes und Tabletten, Vorrichtungen für Spülungen, Kondome und auch, von vielen fortschrittlichen Ärztinnen und Ärzten empfohlen, Pessare sowie die erste Spirale. All dies war seit Gründung der Republik vermehrt im Handel erhältlich, oft für teures Geld, obwohl es nach dem Strafgesetzbuch weiterhin verboten war, für Empfängnisverhütungsmittel zu werben oder sie zu vertreiben. Das Verbot galt als unverzichtbare Maßnahme zur Bekämpfung des Geburtenrückgangs.[61] Die Mannheimer Staatsanwaltschaft hatte sich von jeher bemüht, die Einhaltung des entsprechenden Paragraphen in der Stadt durchzusetzen. Mit Verboten von Anzeigen in Tageszeitungen, strenger Kontrolle in Läden, wie Gummiwaren-, Bandagen-, Drogeriegeschäften, bis hin zur polizeilichen Überwachung der in den einschlägigen Anzeigen genannten Postschließfächer, griff sie zu jedem Mittel, um ihr Ziel zu erreichen. Sie führte sogar eine Geheimmittelliste mit allen verbotenen Verhütungsmitteln, die regelmäßig ergänzt wurde.[62] Es dauerte bis 1933, bis ein Gutachten des Badischen Justizministeriums endlich feststellte, daß das Aufstellen von Präservativautomaten in Herrentoiletten von lokalen und öffentlichen Bedürfnisanstalten nicht unter die Strafbestimmung […] fallen, da Präservative kein „Mittel zum unzüchtigen Gebrauch" sind[63]. Bei der Empfehlung von Verhütungsmitteln durch Ärzte allerdings konnte die Staatsanwaltschaft nicht so leicht einschreiten, und eben hier lag der Vorteil der ärztlich geleiteten und betreuten Sexualberatungsstellen.

Hilfe bot die Sexualberatungsstelle schließlich bei ungewollten Schwangerschaften. Hier konnten die Frauen ärztlich beraten und in entsprechenden Fällen auch an Ärzte weiterverwiesen werden, die dann einen medizinisch kontrollierten Schwangerschaftsabbruch vornahmen. Die Schwierigkeiten, die das Weiterbestehen des §218 den Frauen bereitete, konnte aber auch die Beratungsstelle nicht beseitigen. Immer noch blieb die Mehrheit der Frauen auf illegale Eingriffe angewiesen,

Verzeichnis der Beratungsstellen, die Verhütungsmittel abgeben oder wenigstens Ratsuchende an Ärzte zu diesem Zweck vermitteln

Ort	Name der Stelle	Adresse	Leiter	Sprechstunden	Verhütungsmittelausgabe
Magdeburg	Ambulanz der Frauenklinik	Krankenhaus Sudenburg	Dr. Seißner	täglich 11 Uhr	ja
Mannheim	Ehe- und Sexualberatungsstelle des Mannheimer Mutterschutz E.V.	Jugendamtgebäude RV, 1	Dr. V. Lion	Fr 16$^1/_2$–18$^1/_2$ jeden 1. Mo im Monat	Vermittlg. an Ärzte
Mannheim	Ehe- und Sexualberatungsstelle der Arbeiterwohlfahrt	N 4, 19/20	Dr. H. Stern	Mi 18$^1/_2$–19$^1/_2$	vorläufig nicht, ist geplant

Ort	Eröffnung Sprechstunde	Leiter	Geburtenregelungsfälle	
Mannheimer Mutterschutz R 5,1 (im Gebäude des Jugendamts)	Dezember 1924. Freitag 5$^1/_2$—6$^1/_2$ Uhr	Arzt*) u. sozialpädagogisch geschulte Helferin *) Dr. med. V. Lion	bis 1. 5. 28: Verhütungswünsche: 12; Unterbrechungswünsche: 4	4 Unterbrechungen waren indiziert

nach: K. von Soden, Die Sexualberatungsstellen der Weimarer Republik. Berlin 1988, S. 1178, 183

Aus der Praxis der Ehe - und Sexualberatungsstelle 1927.
Zusammengestellt von Prof. Dr. R. Fetscher, Dresden.

Fall Nr.	Zahl der Kinder	Zahl der Aborte	Folgen der Aborte	Durchgeführt durch	Gründe, Bemerkungen	Gründe der ungewollten Schwangerschaft	Stand des Mannes
1	4	2	—	Arzt	große Kinderzahl	Versagen der Prävention (Okklusivpessar), Frau legte selbst ein	Akademiker 50 Jahre
2	1	5	starke Blutungen seither	2 × Arzt 3 × selbst mit Ehemann	wirtschaftliche Gründe, Abneigung des Mannes gegen weitere Kinder	Mann lehnt Verhütungsmaßnahmen ab	Akademiker 35 Jahre
3	2	3	—	1 × Arzt 2 × Hebamme	wirtschaftliche Gründe	kannte nur coitus interruptus	Arbeiter 38 Jahre
4	—	2	schwere Eierstockentzdg.	Hebamme	wirtschaftliche Gründe	Leichtsinn, Alkohol	Arbeiter 28 Jahre
5	1	1	—	Arzt	Wohnungsenge (1 Zimmer)	kannte keine Verhütungsmittel	Musiker 29 Jahre
6	2	1	—	Arzt	wirtschaftliche Gründe, zu rasche Folge der Schwangerschaften	Versagen von coitus interruptus und Spülung	Akademiker 33 Jahre
7	—	1	Eierstockentzdg., Fieber	selbst	weil Schwangerschaft vor der Eheschließung eintrat	Verhütungsmittel unbekannt, außer coitus interruptus, der mißlang	Lehrer 30 Jahre
8	—	1	—	Arzt	wirtschaftliche Gründe, keine Wohnung	Spülen versagt	Beamter 32 Jahre
9	1	1	—	selbst	wirtschaftliche Gründe, keine Wohnung, Heirat vorerst nicht möglich, Mädchen würde d. Stelle verlieren	coitus interruptus	Arbeiter 26 Jahre
10	—	1	seither Dysmenorrhoe	Hebamme	Furcht vor Schwierigkeiten im Elternhaus, da voreheliche Konzeption	keine Mittel angewandt, Alkohol	Landwirt 24 Jahre
11	—	1	seither Dysmenorrhoe	Heilkundiger	wirtschaftliche Schwierigkeiten, Mädchen verdient, Heirat erst in 2 Jahren möglich	Kondom zerrissen	Student 23 Jahre
12	2	3	1 × Fieber 2 × ohne Störung	Hebamme	Wohnungsenge, Bildungsstreben	kannte nur coitus interruptus	Beamter 38 Jahre
13	—	3	Ausfluß, schmerzhafte Menstruation	selbst	keine Wohnung	Verhütungsmittel wurden abgelehnt	Akademiker 30 Jahre
14	—	1	—	Hebamme	Wohnungsenge, Arbeitslosigkeit des Mannes	kannte nur coitus interruptus	Arbeiter 26 Jahre

Zeitschrift für Sexualwissenschaft und Sexualpolitik XVI, 1 1929/30, S. 33

wie die auch in den zwanziger Jahren immer weiter steigenden Prozeßzahlen in Mannheim zeigen. Immer noch waren es die soziale Not, *das Elend der Arbeiterfrau und die Sorge für die Zukunft des Kindes,* um Elisabeth Blaustein zu zitieren[64], die die Mehrzahl der Frauen zu einer Abtreibung zwang. Über diesen Teil der Arbeit ist aus der Mannheimer Beratungsstelle außer den bloßen Zahlen nichts überliefert. Eine Aufstellung der Beratungsstelle Dresden jedoch, einer Stadt, die zwar von der Einwohnerzahl her gut dreimal

so groß war wie Mannheim, durch ihre ähnliche soziale Struktur und sozialen Probleme mit Mannheim aber recht gut vergleichbar ist, gibt einen erschütternden Einblick in die Lage der Frauen einer Großstadt Ende der zwanziger Jahre. Die Ärzte, die in Mannheim selbst aus medizinischen Gründen eine Abtreibung vornahmen, hatten es keineswegs leicht. Dies zeigt der Fall des Nervenarztes Dr. Heinrich Stern. Stern hatte 1925 einer Frau, die bei ihm in Behandlung war, eine Abtreibung indiziert. Sie war, unverheiratet, von ihrem Freund schwanger geworden und, ohnehin zu Depressionen neigend, dadurch selbstmordgefährdet. Dr. Stern, seine Patientin sowie der Arzt, der die Abtreibung durchgeführt hatte, wurden angeklagt.[65] Die Mannheimer Öffentlichkeit stand von Anfang an zu einem großen Teil auf Seiten der Angeklagten.[66] Im Oktober reagierte auch die *Mannheimer Gesellschaft der Ärzte*. Sie teilte dem Badischen Justizministerium mit, daß sie *die Unterbrechung einer Schwangerschaft durch den Arzt [...] zur Beseitigung der bestehenden oder drohenden Gefahr für Gesundheit oder Leben der Schwangeren [...] als Nothilfe nicht rechtswidrig [...]* fand, die sogenannte medizinische Indikation, die seit Beginn der zwanziger Jahre in Ärztekreisen sehr umstritten war, also anerkannte.[67] Am 16. Dezember 1925 wurden die Angeklagten freigesprochen. Der Staatsanwalt legte sofort Widerspruch gegen das Urteil ein.[68] Der Fall wurde schließlich durch eine Entscheidung des Reichsgerichts, ausgelöst durch eine andere Klage dieser Art, am 11. März 1927 entschieden. Demnach durfte bei Lebensgefahr bzw. bei Gefahr einer schweren Gesundheitsschädigung der Schwangeren ein Arzt eine Abtreibung vornehmen.[69]

Die *Mannheimer Gesellschaft der Ärzte* hatte schon vorher versucht, sich in Zukunft vor Prozessen wie dem des Dr. Stern zu schützen. Sie legte eine Entscheidung vor, nach der bei medizinischen Indikationen ein Amtsarzt hinzugezogen werden mußte.[70] Im Januar 1929 gestand das Badische Justizministerium dieses Verfahren zu. Der Mannheimer Vorschlag wurde innerhalb weniger Monate in ganz Baden eingeführt.[71] Was diese „Vorsichtsmaßnahme" allerdings für die betroffenen Frauen bedeutete, die ihren Fall immer wieder, je nach Stadt bis zu drei Ärzten, vortragen mußten, berücksichtigte niemand. Und dennoch traten die Frauen diesen Weg an. Bis 1932 wurden in Mannheim in 92 Fällen die Bezirksärzte für die Bestätigung der Indikation für eine Abtreibung in Anspruch genommen.[72]

Der Erfolg und das Ansehen der Mannheimer Sexualberatungsstelle war bald so groß, daß die Arbeiterwohlfahrt 1926 gleichfalls eine Sexualberatungsstelle eröffnete.

Seit dem Ende der zwanziger Jahre war die bürgerliche Öffentlichkeit, nicht zuletzt wegen des Prozesses gegen Dr. Stern, gegenüber dem Thema §218 aufmerksamer geworden. 1929 wurde im *Apollotheater* das Stück *§218. Frauen in Not* aufgeführt, das Erwin Piscator nach dem Buch des Berliner Arztes Carl Credé verfaßt hatte. Credé war selbst wegen Verstoßes gegen den §218 angeklagt und zu einer längeren Gefängnisstrafe verurteilt worden.[73] Im März 1930 schließlich wurde, gleichfalls durch die Piscator-Truppe im Nationaltheater das bis heute noch berühmte Stück zum Thema §218, das Drama des Stuttgarter Arztes Friedrich Wolf, *Cyankali*, gespielt.[74]

Zu einem richtiggehenden öffentlichen Protest gegen den „Schandparagraphen" kam es in Mannheim im März 1931 im Zusammenhang mit der reichsweiten Massenbewegung, *Volksbewegung gegen §218*, die vor allem von der KPD initiiert worden war.[75] Der direkte Auslöser für die *Volksbewegung* war die Festnahme zweier Stuttgarter Ärzte, Else Kienles und Friedrich Wolfs im Februar 1931, die beschuldigt wurden, *gewerbsmäßig* Abtreibungen vorgenommen zu haben. Die Verhaftungen sowie die brutale Umgangsweise der württembergischen Polizei mit den über 200 Patientinnen, deren Namen man in den Karteien der beiden Ärzte fand, riefen im ganzen Reich Proteste hervor. Von den Parteien nahm sich in der Hauptsache die KPD der Angelegenheit an, die ja schon seit dem Ende des Krieges als einzige Partei immer wieder konsequent die ersatzlose Streichung des §218 verlangt hatte. Friedrich Wolf, ein bekannter Schriftsteller und Dramatiker und selbst Mitglied der KPD, wurde infolge des großen öffentlichen Drucks schon nach wenigen Tagen aus der Haft entlassen. Else Kienle, die Leiterin einer Stuttgarter Sexualberatungsstelle, mußte sich ihre Entlassung mit einem Hungerstreik erkämpfen.[76] Die bürgerliche Öffentlichkeit Mannheims verhielt sich in diesen Wochen äußerst zurückhaltend, nicht zuletzt wegen der engen Verbindung des heiklen Themas mit der gleichfalls heiklen Politik einer umstrittenen Partei. Die Zeitungen erwähnten Verhaftung und Entlassung Friedrich Wolfs und Else Kienles nur kurz[77], ebenso die ersten Demonstrationen in Berlin, mit ihren mehr als 10.000 Teilnehmerinnen und Teilnehmern, von denen die überwiegende Mehr-

Die Entwicklung der Ehe- und Sexualberatungsstelle in den Jahren 1927-1931

Leiter: Facharzt Dr. Lion und Frau S. Kaufmann, soziale Helferin

	Gesamtzahl der Ratsuchenden	Männer / Frauen	Anzahl	Stand*)					Alter*)					Religion*)					Beratungen				
				ledig	verheiratet	geschieden	verwitwet	verlobt	unter 20	20—30	30—40	40—50	über 50	evangelisch	katholisch	altkatholisch	israelitisch	freireligiös	Eheberatung	Davon Gesundheitszeugnis	Sexualberatg.	Sonstiges	Insgesamt
1927	77	Männer	31	8	15	1	1	4	—	14	5	2	1	12	6	—	—	—	55	4	18	4	77
		Frauen	46	7	35	1	—	2	–	20	11	4	3	18	17	—	—	—					
1928	158	Männer	59	21	21	8	1	7	6	29	19	10	4	25	22	—	2	2	107	11	44	7	158
		Frauen	99	19	82	5	3	10	4	35	24	7	7	45	36	1	1	2					
1929	179	Männer	60	19	30	2	—	7	1	19	16	7	6	13	18	—	4	4	125	13	47	7	179
		Frauen	112	23	78	3	4	3	1	38	37	11	5	36	37	2	5	5					
1930	245	Männer	87	28	46	2	2	9	6	28	15	11	10	25	28	—	2	5	191	16	39	15	245
		Frauen	158	28	120	1	4	5	7	55	44	20	21	59	42	—	1	4					
1931	259	Männer	90	26	44	1	—	3	2	30	16	8	6	17	29	—	1	7	212	12	31	16	259
		Frauen	169	23	131	2	—	5	4	46	34	30	13	44	59	4	3	5					
zus.		Männer	327	102	156	14	4	30	15	120	71	38	27	92	103	—	8	11					
„		Frauen	584	100	446	12	11	25	16	194	150	72	49	202	191	7	10	16					
„	918	insgesamt	918	202	602	26	15	55	31	314	121	110	76	294	294	7	18	27	690	56	179	49	918

*) Soweit die Gesamtsumme der Zahlen nicht mit der Zahl der Ratsuchenden übereinstimmt, sind keine Angaben vorhanden, da kein Zwang zur Personalienangabe besteht.

aus: Blaustein, E: 25J. Bund für Mutterschutz

zahl Frauen waren.[78] Dennoch konnten sie es nicht unterlassen, auch auf diesem beschränkten Raum noch Kommentare abzugeben. So prangte ein Foto Else Kienles direkt nehmen dem Foto eines *geflüchteten Spions und Hochstaplers*. Für die konservative Öffentlichkeit war die Botschaft klar: Verbrecher gehören zusammen![79]

Anfang März lud die Mannheimer KPD im Rahmen der Volksbewegung die Düsseldorfer Theatergruppe *Truppe des Westens* für eine Aufführung von Friedrich Wolfs Stück *Cyankali* ein. Vorgesehener Veranstaltungsort war der Nibelungensaal im Rosengarten[80], damals der größte Veranstaltungssaal der Stadt. Am 19. März jedoch, drei Tage vor der Aufführung, verbot der Stadtrat die Veranstaltung.[81] Begründet wurde das Verbot mit dem tatsächlich bestehenden Einspruchsrecht des Intendanten des Nationaltheaters, der sein Theater bei der *gegenwärtigen schwierigen wirtschaftlichen Lage* vor finanziellen Einbußen durch allzu häufige Gastspiele schützen wollte.[82] Allerdings war das Einspruchsrecht bisher nie angewendet worden.
Die Abstimmung im Rathaus fiel knapp aus: 13 zu 10 Stimmen gegen die Aufführung von *Cyankali*, wobei Oberbürgermeister Dr. Heimerich (SPD) mit Zentrum und Nationalsozialisten für das Verbot stimmte.[83] Die Mannheimer Protestbe-

wegung ließ sich jedoch nicht mehr unterdrücken. Es kam zu Kundgebungen in der Innenstadt, in deren Verlauf das *willkürliche* Verbot der Stadtregierung und seine *lächerliche Begründung* heftig kritisiert wurden.[84] Der Grund für diese Entscheidung, erklärte der *Arbeiter-Esperanto-Bund* – nur eine Stimme von vielen –, war wohl eher, *daß die Mannheimer Stadtverwaltung befürchtet, daß das Proletariat erkennt, in welch trostloser Lage es sich befindet*.[85] Die Demonstrantinnen und Demonstranten forderten mit Nachdruck die Streichung des §218, denn *Ein Gesetz, das jährlich 800.000 deutsche Frauen zu Verbrechern macht, ist kein Gesetz mehr!*[86] Am Abend des 22. März 1931 fand im Rosengarten an Stelle der Aufführung des Stücks eine Lesung von *Cyankali* statt[87], in Anwesenheit des Autors, der auch über seine Verhaftung berichtete. Über 5.000 Mannheimerinnen und Mannheimer besuchten die Veranstaltung.[88] Ab Mitte April zeigte das Kino Gloria in der Seckenheimerstraße den Film *Cyankali – aus aktuellem Anlaß*, so die Werbung, und vom 21. bis 23. April eine Tonfilm-Wochenschau, in der ein Interview mit Else Kienle zu hören war.[89]
Im Sommer 1931 jedoch ebbte die *Volksbewegung gegen §218* ab. Staat und Parteien, außer der KPD, ja nicht einmal die bürgerliche Frauenbewegung waren bereit gewesen, die Forderungen der *Volksbewegung* zu unterstützen.[90]

Ankündigung in: Neue Mannheimer Zeitung, 16. April 1931

Mit der Machtübernahme der Nationalsozialisten fand schließlich 1933 die gesamte Sexualreformbewegung ein abruptes Ende. Die Sexualberatungsstellen wurden aufgelöst und zerstört, im Fall der *Arbeiterwohlfahrt* sogar so gründlich, daß diese 1979 ihr 50jähriges Bestehen beging[91], ohne sich zu erinnern, daß es bereits Mitte der zwanziger Jahre Einrichtungen ihrer Organisation in Mannheim gegeben hatte. Der *Bund für Mutterschutz* wurde Anfang Juli 1933 vom NS-Mutterdienst übernommen. Mitarbeiterinnen und Mitarbeiter wurden weiterbeschäftigt – vorausgesetzt allerdings, daß sie „arisch" waren.[92]

1950/51 unternahm der ehemalige Dezernent für öffentliche Wohlfahrt und Bürgermeister, Richard Böttger, einen Versuch, den *Bund für Mutterschutz* wieder aufleben zu lassen.[93] Er fand für seinen Plan jedoch keine Befürworter. Neues Interesse an dem Bund war nicht vorhanden, die alten Förderer und Unterstützer gab es nicht

mehr. Vor allem war das traditionelle Frauennetzwerk zerstört. Alice Bensheimer war 1935 gestorben, Marie Bernays, 1933 mit einer wüsten Hetzkampagne der Nazi-Presse aus der Stadt vertrieben[94], 1939. Elisabeth Blaustein starb, völlig zurückgezogen, 1942.[95] Martha Stern schließlich, langjähriges Vorstandsmitglied des Bundes, war wie Bernays 1933 aus der Öffentlichkeit verbannt worden. In den nächsten Jahren konzentrierte sie ihre Aktivitäten auf die jüdische Gemeinde, erteilte Unterricht und unterstützte ihre Mitglieder tatkräftig bei Auswanderung bzw. Flucht. 1940 wurde sie nach Gurs deportiert. Sie überlebte das Konzentrationslager, kehrte nach dem Krieg aber nicht mehr nach Mannheim zurück.[96] Ein wichtiges Stück Mannheimer Frauengeschichte fiel nun für lange Jahrzehnte der Vergessenheit anheim.

* Leitspruch von Marie Bernays

1 H. Stöcker, geb. 1869 in Elberfeld, gest. 1943 in New York. Herausragende Vertreterin der radikalen Frauenbewegung, erste deutsche Frau, die den Titel „Dr. phil." erwarb (1901), Schriftstellerin, Pazifistin und Sexualreformerin (Begründerin der „Neuen Ethik"). Vgl. Anmerk. 7.

2 Bericht über die erste Generalversammlung des *Bundes für Mutterschutz* am 12. - 14. Januar 1907 in: SEXUALREFORM. Bd. 2. H. 1. S. 1 - 3. Vgl. M. MARCUSE.

3 So die Angaben von Professor Ernst Bumm, dem berühmtesten Gynäkologen der Zeit, 1915. In: NEUE GENERATION 1. 1926. S. 15.

4 Kriminalstatistik des Deutschen Reichs, Berlin 1882 ff.

5 A. SCHREIBER S. 189ff.

6 Bericht über die erste Generalversammlung des *Bundes für Mutterschutz* (vgl. Anmerk. 2). Beiträge von Dr. Böhmert, S. 3-4, und Dr. Spann, S. 4.

7 C. WICKERT S. 64ff.

8 zitiert nach: M. JANSSEN-JURREIT S. 37f.

9 H. STÖCKER S. 40.

10 E. BLAUSTEIN 1927.

11 R. BÖTTGER S. 8.

12 „Mannheimer Köpfe" – Elisabeth Blaustein. In: NEUE MANNHEIMER ZEITUNG 4. Oktober 1930.

13 Bis in die neunziger Jahre des 19. Jahrhunderts war Frauen der Besuch von Vorlesungen an der Universität Heidelberg nur in wenigen Ausnahmefällen erlaubt worden. Erst ab dem Sommersemester 1900 stand den Frauen auch diese Universität zum Studium offen. Vgl. H. KRABUSCH S. 135ff.

14 Wie Anmerk. 12.

15 Sie erteilte Kolonisten Deutschunterricht. Vgl. Anmerk. 12.

16 Wie Anmerk. 12.

17 E. BLAUSTEIN 1932.

18 Bericht von der 5. Nationalkonferenz zur Bekämpfung des Mädchenhandels. In: SEXUALREFORM. Bd. 3, 1908, S. 7.

19 Wie Anmerk. 10.

20 NEUE MANNHEIMER ZEITUNG 25. April 1932.

21 Wie Anmerk. 17.

22 R. BÖTTGER passim.

23 Verzeichnis der Vorstands- und Ausschußmitglieder des Bundes, in: E. Blaustein 1927.

24 Sie war Schriftführerin.

25 STADTA MA Zgs. S1/1234.

26 Wie Anmerk. 23.

27 Aufruf der internationalen Vereinigung für Mutterschutz und Sexualreform 1911. In: M. JANSSEN-JURREIT S. 205f.

28 Wie Anmerk. 23.

29 Wie Anmerk. 17.

30 Wie Anmerk. 10.

31 Ebd.

32 Mitfinanziert von Stadt, Kreis und Land. (Vgl. Anmerk. 17)

33 Geleitet von Dr. Helene Selb.

34 Wie Anmerk. 10.

35 Zitiert nach M. JANSSEN-JURREIT S. 36.

36 Wie Anmerk. 17.

37 STADTA MA S2/1477-1.

38 Wie Anmerk. 17.

39 STADTA MA ZgS S1/529.

40 Von ihr stammt der Satz: *Wenn die Männer die Kinder zu gebären hätten – ein männlicher §218 wäre nie geschaffen worden!* Vgl. C. JELLINEK S. 613.

41 Wie Anmerk. 17.

42 NEUE MANNHEIMER ZEITUNG 29. November 1929.

43 1909, 1922, 1926 und 1929.

44 Die Zahl der jährlichen Abtreibungen wurde in den zwanziger Jahren reichsweit auf etwa eine Millionen geschätzt. U. LINSE S. 225.

45 U. LINSE S. 214.

46 M. JANSSEN-JURREIT S. 44f.

47 1900: 411 Verurteilungen, 1914: 1678. Die Zahlen im einzelnen vgl. Kriminalstatistik des Deutschen Reichs. Als Strafmaß setzte sich allerdings mehr und mehr die Mindeststrafe von sechs Wochen Gefängnis durch (vgl. auch Anmerk. 51 und 52), besonders, wenn die Angeklagten nicht vorbestraft waren, was in der Mehrzahl der Fälle auch zutraf (vgl. Kriminalstatistik wie Anmerk. 4) und wenn nicht nachgewiesen werden konnte, daß die Abtreibung *gewerbsmäßig* vorgenommen war (vgl. dazu die Anklagen gegen Kienle/Wolf, wegen *gewerbsmäßiger* Abtreibung). Dieser Tendenz wurde bei der Reform des §218 1926 schließlich entsprochen, als die Zuchthausstrafe zu einer Gefängnisstrafe „abgemildert" wurde. Abtreibung blieb jedoch weiterhin grundsätzlich strafbar.

48 Wie Anmerk. 10.

49 Zur Haltung der SPD vgl. U. Linse S. 256 - 271; G. KRAIKER S. 14ff. M. JANSSEN-JURREIT S. 48 - 51.

50 STADTA MA Protokolle des Sozialdemokratischen Frauenvereins, Zahlstelle Lindenhof.

51 VOLKSSTIMME 28. September 1914.

52 VOLKSSTIMME 27. Oktober 1914.

53 Protokoll vom 17. Mai 1926 des Sozialdemokratischen Frauenvereins (vgl. Anmerk. 50).

54 Protokoll vom 26. Juli 1926 des Sozialdemokratischen Frauenvereins (ebd.).

55 GLA KARLSRUHE 234/10114.

56 Ebd.

57 K. V. SODEN S. 135.

58 Eröffnet am 5. Dezember 1924. NEUE MANNHEIMER ZEITUNG 29. Dezember 1924.

59 Vgl. dazu: K. V. SODEN.

60 NEUE MANNHEIMER ZEITUNG 23. und 24. April 1932.

61 M. JANSSEN-JURREIT S. 52f.

62 Jahresberichte der Staatsanwaltschaft Mannheim 1912, 1921, 1922. GLA KARLSRUHE 234/10114.

63 Gutachten des Badischen Justizministeriums März 1933: GLA KARLSRUHE 234/10115.

64 NEUE MANNHEIMER ZEITUNG 29. November 1929.

65 GLA KARLSRUHE 234/10114.

66 Ebd.

67 Brief vom 20. Oktober 1925. GLA KARLSRUHE 234/10114.

68 GLA KARLSRUHE 234/10115.

69 G. KRAIKER S. 15.

70 GLA KARLSRUHE 234/10115.

71 Mitteilung vom 29. Januar 1929. GLA KARLSRUHE 234/10115.

72 GLA KARLSRUHE 234/10115.

73 A. GROSSMAN S. 129.

74 Am 7., 8. und 9. März 1930. THEATERSAMMLUNG MANNHEIM. Theaterzettel Band 1929/30.

75 Vgl. A. GROSSMAN passim.

76 Zu den Ereignissen vgl. die Berichte der Hauptbetroffenen: E. KIENLE und F. WOLF S. 7 - 40.

77 NEUE MANNHEIMER ZEITUNG 21. Februar 1931: Notiz über die Verhaftung Friedrich Wolfs *und einer Ärztin.* Kurzberichte über die Ereignisse in Berlin am 24. März. Über die Entlassung E. Kienles (19. März) erst am 31. März.

78 A. GROSSMAN S. 128f.

79 NEUE MANNHEIMER ZEITUNG 31. März 1931.

80 Ratssitzung vom 19. März 1931. Tagesordnungspunkt 4. STADTA MA Ratsprotokolle I, 542.

81 Ebd.

82 Beschluß vom 9. Oktober 1930: STADTA MA Ratsprotokolle I, Nr. 1684.

83 Ratssitzung am 19. März 1931. Vgl. Anmerk. 80.

84 GLA KARLSRUHE 234/10115.

85 Protestschreiben des Arbeiter-Esperanto-Bunds LEA-Unterdistrikt Unterbaden/Vorderpfalz vom 22. März 1931. GLA KARLSRUHE 234/10115.

86 GLA KARLSRUHE 234/10115. Vgl. dazu auch den Schlußsatz von Friedrich Wolfs Stück *Cyankali.*

87 Mündliche Information von Gertrud Weber, Mannheim. Der Bericht von Friedrich Wolf (vgl. Anmerk. 76) ist in diesem Punkt mißverständlich.

88 F. WOLF S. 34 und S. 388.

89 NEUE MANNHEIMER ZEITUNG 14. April, 16.-20. April, 21.-23. April 1931, jeweils Mittagsausgabe.

90 M. JANSSEN-JURREIT S. 57, S. KONTOS S. 84ff.

91 RHEIN-NECKAR-ZEITUNG 21. September 1929.

92 NEUE MANNHEIMER ZEITUNG 15. Juli 1933.

93 STADTA MA Nachlaß Richard Böttger.

94 STADTA MA ZgS S1/56.

95 R. BÖTTGER S. 8.

96 STADTA MA ZgS S1/1234.

*B*arbara Just-Dahlmann wurde am 2. März 1922 in Posen (heute Polen) geboren. 1939 begann sie nach dem Abitur in Breslau ein Studium der Kunstgeschichte und Germanistik, wechselte aber bald zum Fach Jura. Sie setzte das Studium in Freiburg im Breisgau fort und nach ihrem Referendarexamen im Jahr 1942 wurde sie Assistentin bei dem Kirchenrechtler und Rechtsphilosophen Erik Wolf. 1948 absolvierte sie ihr Assessorexamen. Im Jahr 1951 heiratete sie den Juristen Helmut Just. Das Ehepaar arbeitete in den ersten Jahren am Gericht in Freiburg, ihr Mann als Richter und sie als Staatsanwältin für Jugendstrafsachen.

Zu Beginn der fünfziger Jahre waren die Staatsanwaltschaften in Deutschland nahezu ausschließlich Männerdomänen. Wir wollten von Barbara Just-Dahlmann wissen, wie ihre Umgebung auf sie reagiert hat:

Barbara Just-Dahlmann,
Staatsanwältin:

... UND SITTLICHKEITS-DELIKTE SIND MEINE LIEBLINGSDELIKTE.

Da haben sie recht, und dazu gibt es auch eine nette Episode zu erzählen. Da war ein Kollege, ein neuer Kollege, der stellte sich vor bei der Staatsanwaltschaft und sah mich groß an und fragte: „Ja, Sie sind also eine richtige Staatsanwältin?" Darauf antwortete ich, daß ich Staatsanwältin sei, und daß ich richtig bin. Gehen Sie auch in Sitzungen, hat er

Barbara Just Dahlmann

gefragt. Ja, und um ihn zu erschrecken erwiderte ich: Ja, ich gehe auch in Sitzungen, und denken Sie, Sittlichkeitsdelikte sind meine Lieblingsdelikte. Damit habe ich den alten Herrn doch ziemlich erschreckt. Er hat dann nichts mehr gesagt.

1954 wurde das Ehepaar nach Mannheim versetzt. Mannheim, war das Liebe auf den ersten oder auf den zweiten Blick?

Das war anfangs gar keine Liebe. Ich kannte Mannheim gar nicht. Man hatte uns versetzt, meinen Mann und mich, weil man glaubte, so ein Ehepaar bei der Justiz in einer so kleinen Stadt wie Freiburg im Breisgau könnte man nicht verkraften. Es wurde befürchtet, daß man sich in die Hand arbeitet oder wenn man verkracht ist, daß jemand einen Prozeß verliert, weil die Frau mit dem Mann Streit hatte. Aus diesem Grund hat man uns nach Mannheim versetzt, weil ein Land- und Amtsgericht zu klein war, um ein ganzes Ehepaar in der Justiz zu verkraften.

Ab April 1960 arbeitete Barbara Just-Dahlmann aufgrund ihrer polnischen Sprachkenntnisse mit der Zentralen Stelle der Landesjustizverwaltung für Verfolgung nationalsozialistischer Gewaltverbrechen in Ludwigsburg zusammen. Ludwigsburg war ein Wendepunkt im Leben von Barbara Just-Dahlmann und ihrem Ehemann. Also mit Ludwigsburg wurde es Ernst mit dem Leben, vorher hatte es etwas Spielerisches. In den kommenden fünf Jahren mußte ich mich mit allen polnischen Schicksalen und den Details dieser nationalsozialistischen Grausamkeiten beschäftigen. Man konnte daran überschnappen oder seelisch kaputtgehen. Man konnte es aber auch durchstehen, dann aber änderte sich schon etwas. Dann sah man die Welt anders, die Menschen anders und man begann sich damit stark zu identifizieren. Wenn jetzt unsere Rechtsradikalen marschieren und auf ihren Glatzköpfen im Hinterkopf SS-hohl sind, dann denkt man, Ludwigsburg ist gegenwärtig, eigentlich jeden Tag. Zwar nicht so intensiv und nicht so stark, wie ich es jetzt erzähle, aber es ist da und es ist nicht mehr wegzudenken. *Es öffnet die Ohren für politische Ereignisse und stärkt dann das, was man Menschlichkeit nennt.*

Menschlichkeit und Engagement für die sozial Benachteiligten ließen sie und ihren Mann von nun an nicht mehr los. Anläßlich eines Vortrages bei der Tagung der evangelischen Akademie Loccum am 29.11.1961 übte sie scharfe Kritik an der Zusammensetzung des Polizeiapparates. Sie brachte dabei unter anderem zur Sprache, daß sich in der Polizei, besonders in den gehobenen Positionen, Beamte finden, die selber an NS-Verbrechen beteiligt gewesen oder doch mindestens teilnahmeverdächtig seien. Die unbequeme Staatsanwältin erhielt peinliche Vorladungen zur persönlichen Anhörung im Justizministerium Stuttgart. *Hätten Sie lieber Gutsle gebacken*, hielt ihr der Ministerialdirektor Müller vor. Erst im Juli 1962 wurde sie vor dem badischen Landtag rehabilitiert. In der Zwischenzeit fanden sich im Briefkasten immer wieder anonyme Briefe mit Drohungen und Beleidigungen in Hülle und Fülle. Eine Frau und ihre Familie lernten, daß der Rechtsradikalismus allgegenwärtig ist. Diese Erlebnisse schreckten sie auch in der Zukunft nicht davon ab, sich für „heiße Eisen" einzusetzen. 1968 engagierte sie sich auf dem Deutschen Juristentag für die Reform des Sexualstrafrechts. Für ihren Einsatz, in dem sie vor allem Tabuthemen (u.a. die Menschenrechte der Homophilen) in die öffentliche Diskussion brachte, erhielt sie zahlreiche Auszeichnungen. In den letzten Jahren ihrer Berufstätigkeit leitete sie das Amtsgericht Schwetzingen.

Ihr Engagement fand auch Eingang in zahlreichen Publikationen (*Tagebuch einer Staatsanwältin, Die Gehilfen-NS-Verbrechen und die Justiz nach 1945* zusammen mit ihrem Ehemann Helmut Just.). Bemerkenswert eingesetzt hat sie sich immer für den Dialog zwischen Juden und Christen, der dem Ehepaar besonders am Herzen liegt.

Zu ihrem Verhältnis zu Mannheim sagte Barbara Just-Dahlmann, *ich möchte es ausdrücken wie Kennedy: ich bin eine Mannheimerin, die aber gleichzeitig eine engagierte deutsche Demokratin ist.*

Sie erhielt zahlreiche Auszeichnungen u.a. die Theodor-Heuss-Medaille, den Moses-Mendelsohn-Preis, die Hedwig-Burgheim-Medaille, Bundesverdienstkreuz 1. Klasse, aber Ehrenbürgerin von Mannheim ist sie noch immer nicht.

Ihren Nachlaß (bisher 137 Leitz-Ordner) hat sie inzwischen dem Bundesarchiv in Koblenz übergeben.

Lydia Bauer und Tilde Bayer

1. Mannheimer Frauen in der Politik. 1918 - 1933

Die Einführung des Frauenwahlrechts und das Wahlverhalten der Mannheimer Bürgerinnen

Die Idee der Wahl ist, unter den mehreren im allgemeinen Befähigten den Geeignetsten, Tüchtigsten in die öffentliche Stellung zu berufen. Der Ausdruck „allgemeines Wahlrecht" bezeichnet aber nicht ein sogenanntes Menschenrecht, sondern stets eine politische Funktion, von welcher nicht nur Fremde, sondern auch viele Klassen der Einheimischen (Frauen, Bevormundete, Vermögens- und Ehrlose usw.) ausgeschlossen sind.[2]

Seit der Französischen Revolution begannen sich die Frauen zunehmend gegen ihre politische Rechtlosigkeit zu wehren.

Christiane Pfanz-Sponagel

AUS DEM SCHUTZE DES HAUSES HERAUS ... IN DIE ÖFFENTLICHKEIT [1]

Nachdem die – allerdings auch nur wenig entschlossen vertretenen – Stimmrechtsforderungen der proletarischen und bürgerlichen Frauenbewegungen im deutschen Kaiserreich keinen Erfolg gehabt hatten, brachte die *Novemberrevolution* die staatsbürgerliche Gleichberechtigung der Frau. Am 12. November 1918 wurde vom Rat der Volksbeauftragten das Frauenwahlrecht in Deutschland eingeführt.

Schlagartig rückte das politische Votum der Frauen in der Republik und in Mannheim in das öffentliche Interesse. Den Stimmen der Wählerinnen kam besondere Bedeutung zu, da die Frauen aufgrund der Verluste an Männern im Ersten Weltkrieg den größeren Teil der Wählerschaft ausmachten. Mit speziell an Frauen adressierte Werbekampagnen bemühten sich die Parteien in den Wahlkämpfen, das neue Wählerpotential für sich zu gewinnen. Sowohl die bürgerlichen Parteien als auch die SPD sprachen die Wählerinnen in erster Linie in ihrer Rolle als Ehefrau und

Wahlplakat, das an das Gewissen der Mütter appelliert

Mutter an. Elisabeth Altmann-Gottheiner (DDP) gab beispielsweise ihren Zuhörerinnen auf einer Frauenversammlung zu bedenken, daß sie als Frauen *Hüterinnen des Lebens seien, […] da sie zum Aufbau, nicht zum Niederreißen, zum Hegen und Pflegen, nicht zum Zerstören und Vernichten geschaffen sind. Auch mit dem Stimmzettel in der Hand, brauchen sie ihre mütterlichen Eigenschaften nicht zu verleugnen*[3].

Da die Frauen bisher von der Politik ferngehalten worden waren, und man ihnen eingeredet hatte, daß politische Betätigung mit dem weiblichen Wesen unvereinbar wäre, waren viele Bürgerinnen bei der Einführung des Frauenstimmrechts noch politisch desinteressiert und uninformiert. Aus diesem Grund appellierten die Parteien nicht nur wiederholt an die wahlberechtigten Frauen, von ihrem Stimmrecht Gebrauch zu machen, sondern

Auch die SPD appelliert an die Mütter

sie kümmerten sich auch um die politische Schulung der Wählerinnen. So veranstaltete z.B. die DDP vor den Wahlen zur verfassungsgebenden Deutschen Nationalversammlung im Januar 1919 eine Reihe von Vortrags- und Diskussionsabenden, um die Frauen mit der bestehenden Parteienlandschaft bekannt zu machen.

Trotz der Bemühungen der Parteien blieb das Interesse der Bürgerinnen an der Politik gering. Der überwiegende Teil der Nichtwähler waren Frauen.

Da eine nach Geschlechtern differenzierte Wahlstatistik – im Gegensatz zu anderen Städten – in Mannheim fehlt, ist eine quantitative Untersuchung des Wahlverhaltens der Mannheimer Bürgerinnen nicht möglich. Aber bereits in einer zeitgenössischen Studie vertrat Sigmund Schott, der Leiter des Statistischen Amtes der Stadt Mannheim, die Ansicht, daß man in Analogie zu anderen Orten auch in der Quadratestadt davon ausgehen kann, daß die Wählerinnen konservative Parteien bevorzugten. Vor allem religiös orientier-

Die Wahl vom 16. November 1930 in Mannheim

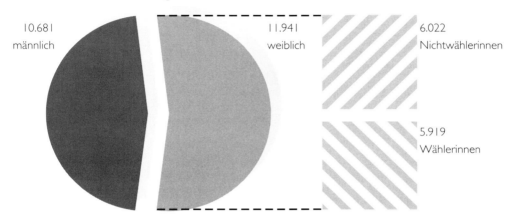

22.622 Stimmberechtigte, davon

10.681 männlich

11.941 weiblich

6.022 Nichtwählerinnen

5.919 Wählerinnen

Altersaufbau der weiblichen Nichtwähler

vom 16. November 1930 in Mannheim

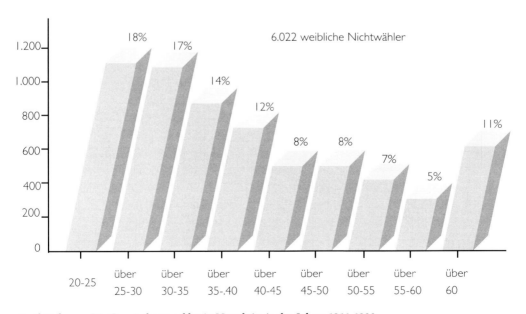

6.022 weibliche Nichtwähler

Emil Hofmann: Die Gemeinderatswahlen in Mannheim in den Jahren 1911-1930

Partei	Stadtverordnete								Stadträte							
	1919		1922		1926		1930		1919		1922		1927		1930	
	Insgesamt	darunter Frauen	Insgesamt	darunter Frauen	Insgesamt	darunter Frauen	Insgesamt	darunter Frauen	Insgesamt	darunter Frauen	Insgesamt	darunter Frauen	Insgesamt	darunter Frauen	Insgesamt	darunter Frauen
1	2	3	4	5	6	7	8	9	10	11	12	13	14	15	16	17
Sozialdemokratische Partei	36	2	33	2	28	2	25	3	9	—	10	—	9	—	7	—
Unabhängige Sozialdemokratische Partei	16	—	--	—	1	—	—	—	4	1	—	—	—	—	—	—
Kommunistische Partei . . .	—	—	9	1	13	2	14	4	—	—	2	—	3	—	4	—
Zentrumspartei . . .	16	2	14	2	14	1	14	2	4	—	4	—	4	—	4	—
Christlich-Soziale Reichspartei	—	—	—	—	1	—	—	—	—	—	—	—	—	—	—	—
Deutsche Demokratische Partei	18	2	7	1	6	—	—	—	4	—	2	—	2	—	—	—
Deutsche Staatspartei. . . .	—	—	—	—	—	—	4	1	—	—	—	—	—	—	1	—
Deutsche Volkspartei.	3	1	12	1	12	2	4	—	1	—	4	—	4	—	1	—
Wirtschaftspartei. . .	—	—	4	—	5	—	4	—	—	—	1	—	1	—	2	—
Badischer Mittelstandsbund	—	—	1	—	—	—	—	—	—	—	—	—	—	—	—	—
Deutschnationale Volkspartei.	5	1	4	1	2	1	1	—	1	—	1	—	1	—	—	—
Reichspartei für Volksrecht und Aufwertung	—	—	—	—	2	—	—	—	—	—	—	—	—	—	—	—
Mietervereinigung und Evangelisch - Soziale Partei	2	—	--	—	—	—	—	—	—	—	—	—	—	—	—	—
Evangel. Volksdienst .	—	--	—	—	—	—	4	—	—	—	—	—	—	—	1	—
Nationalsozialistische Deutsche Arbeiterpartei	—	—	—	—	—	—	14	—	—	--	—	—	—	—	4	—
Zusammen	96	8	84	8	84	8	84	10	23	1	24	—	24	—	24	—

Die Vertretung der Frauen im Bürgerausschuß 1919-1930

te politische Gruppierungen wie das Zentrum profitierten in Mannheim, in dem über 40% der Bevölkerung katholisch war, vom Frauenwahlrecht.[4]

Frauen in der Mannheimer Kommunalpolitik

1919 zogen zum ersten Mal Frauen in die Mannheimer Gemeindevertretung ein. Von den im Mai diesen Jahres gewählten 96 Stadtverordneten waren 8 weiblichen Geschlechts. Bekannte Mannheimerinnen wie Julie Bassermann, die stellvertretende Vorsitzende der DVP Mannheim, Therese Blase, die Leiterin der sozialdemokratischen Frauengruppe, Emma Kromer, die Vorsitzende des *Hausfrauenbundes* (DDP) oder die Lehrerin Maria Rigel (Zentrum), die den *Katholischen Frauenbund* führte, gehörten dem Bürgerausschuß an. Auch bei den folgenden Kommunalwahlen blieb der Frauenanteil – im Gegensatz zum Reichstag – konstant. Aber im Verhältnis zur Zahl der weiblichen Wahlberechtigten waren die Frauen in der Mannheimer Gemeindevertretung unterrepräsentiert. Der Einzug in den Stadtrat gelang nur einer einzigen Frau, der Handelslehrerin und Redakteurin Auguste Maue. Die USPD, später KPD-Abgeordnete hatte dort von 1919 - 1922 einen Sitz inne.

Drei Mannheimer Bürgerinnen, Therese Blase, Maria Rigel und die Leiterin der *Sozialen Frauenschule Mannheim*, Dr. Marie Bernays (DVP), wurden in den badischen Landtag gewählt.

Doch selbst die Frauen, die sich politisch betätigten, überschritten in der Regel nicht die Grenzen des weiblichen Rollenverständnisses. Neben dem Engagement für Frauenthemen, wie etwa Fragen der Mädchenbildung, konzentrierte sich die politische Mitarbeit der Frauen im wesentlichen auf die Sozial-, Schul- und Gesundheitspolitik. In den städtischen Ausschüssen, in denen bereits seit 1910 die Mitgliedschaft von Frauen obligatorisch war, dominierten die Männer. Während im Finanzausschuß oder in der Technischen Kommission keine weiblichen Abgeordneten vertreten waren, lag der Frauenanteil in der Armenkommission, dem Ausschuß für Jugendfürsorge, im Ortsgesundheitsrat und in der Schulkommission recht hoch.

Aufgrund ihrer „weiblich mütterlichen Natur" galt die Frau als prädestiniert für die Jugendfürsorge und die Wohlfahrtspflege. In diesen Bereichen konnte sie – wie man es nannte – „Mütterliche Politik" betreiben. Sogar Aktivistinnen der bürgerlichen Frauenbewegung, wie z.B. Marie Bernays oder Emma Kromer, waren vom „Seelisch-Anderssein" der Frau und einer natürlichen, nicht nur physisch, sondern auch psychisch bedingten Arbeitsteilung der Geschlechter überzeugt: *Die Wesensart der Frau, die von der des Mannes verschieden ist, könne (in der Politik, Anm. d. Verf.) eine wertvolle Ergänzung bedeuten, ganz besonders auf den Arbeitsgebieten, für welche die Frau sich vornehmlich eignet, Wohnungsfürsorge, Armenfürsorge, Jugendpflege usw.*[5]

Wie gering die politische Akzeptanz der Frau war, zeigt z.B. der Nachruf auf die 1925 verstorbene Stadtverordnete Barbara Haußer. Nach sechsjähriger Zugehörigkeit zum Bürgerausschuß rühmte die *Neue Mannheimer Zeitung* in einer Würdigung anläßlich ihres Todes die Kochkunst *Mutter Haußers* als herausragendste Fähigkeit der Politikerin.[6]

Das vorherrschende Rollenverständnis spiegelte sich auch im Redeverhalten der Abgeordneten wieder. Die weiblichen Abgeordneten benahmen sich in der Regel in den Parlamentssitzungen zurückhaltender und passiver. Sie ergriffen – bis auf einige wenige Ausnahmen, wie etwa die kommunistische Stadtverordnete Apollonia Schenk – seltener das Wort als die männlichen Vertreter. Falls sie sich einmal zu Wort meldeten, äußerten sie sich zu frauen- und familienpolitisch relevanten Themen. Bei einer Diskussion im Bürgerausschuß über die Erweiterung der Mannheimer Milchzentrale im Jahre 1925 erläuterte beispielsweise die Stadtverordnete Weickert den Standpunkt der DVP, da sie sich *[…] als Frau und Mutter sehr eingehend mit der Frage der Milchversorgung beschäftigt hat*[7].

Die parteipolitische Betätigung der Mannheimer Frauen

Während das restriktive *Preußische Vereinsgesetz* den Frauen bis zum Jahre 1908 die Teilnahme an politischen Versammlungen und Organisationen untersagte, erlaubte das liberale *Badische Vereinsrecht von 1900* die Parteimitgliedschaft von Frauen. Im Gegensatz zur Mannheimer Ortsgruppe der SPD, in der weibliche Mitglieder sogar in den Vorstand aufgenommen wurden, setzte sich in den bürgerlichen Parteien die parteipolitische Betätigung der Frauen erst später und zum Teil auch nur ansatzweise durch.

Die politischen Umwälzungen im November 1918 führten auch bei der weiblichen Bevölkerung Mannheims zu einem *Politisierungsschub*. Frauen schlossen sich vermehrt politischen Gruppierungen an oder beteiligten sich an der Neugründung von Parteien.

Einige engagierte Politikerinnen, wie z.B. Elisabeth Altmann-Gottheiner oder Marie Bernays, wurden auch in den erweiterten Vorstand der Ortsgruppe oder in Parteiausschüsse aufgenommen. Aber ein Aufstieg in die Spitzenpositionen der lokalen und regionalen Parteihierarchie gelang nur äußerst wenigen Frauen. Zu diesen Ausnahmen zählte neben Therese Blase, die seit 1912 im badischen Landesvorstand der SPD saß, Julie Bassermann, die stellvertretende Vorsitzende der DVP Mannheim. Aber gerade bei ihr liegt die Vermutung nahe, daß die Politikerin ihre Wahl zur Vizeparteichefin weniger ihren politischen Fähigkeiten verdankte, sondern vielmehr ihren Beziehungen. Der traditionsreiche Name Bassermann sowie die Tatsache, daß sie die Witwe des Fraktionsvorsitzenden der *Nationalliberalen Partei* im Reichstag, Ernst Bassermann, war, dürften ihrer Karriere mehr genutzt haben als ihre eigene, zweifellos vorhandene Leistung.

Zur Wahrung und Förderung von Fraueninteressen in der Partei bestanden – zum Teil seit dem Kaiserreich – in den politischen Organisationen Mannheims Frauenabteilungen. Auch die Werbung neuer weiblicher Mitglieder und die politische Schulung der Frauen gehörte zu den Aufgaben der Frauengruppen.

In der NSDAP, die sich als Männerbund verstand, blieben die Frauen von leitenden Positionen generell ausgeschlossen. Ab dem Jahr 1930 ist in Mannheim eine nationalsozialistische Frauengruppe nachweisbar, die seit 1931 von Frau A. Roth, der Ehefrau des Kreisleiters Reinhold Roth, geführt wurde.

Einige „Vorzeigefrauen", wie es Therese Blase für die SPD, Maria Rigel für das Zentrum oder Julie Bassermann für die DVP waren, können nicht darüber hinwegtäuschen, daß in der Weimarer Republik Mannheimer Frauen in den Parteien wie den Parlamenten, vor allem in Führungspositionen, unterrepräsentiert waren.

2. Überblick über die Frauenbewegungen in Mannheim 1918-1933

Als aufgeklärte Stadt bewährte sich Mannheim auch in der Frauenbewegung schrieb der Mannheimer Lokalhistoriker Friedrich Walter in seiner Stadtgeschichte.[8]

Mehr als das. Mannheim war im Wilhelminischen Kaiserreich ein Vorort der Frauenbewegung.[9] Die proletarische Frauenbewegung, die 1906 in die sozialdemokratische Partei eingegliedert wurde, dominierte die Genossinnen in Baden. Ortsgruppen des Vereins *Frauenbildung-Frauenstudium*, des *Vereins für Frauenstimmrecht*, des Mannheimer Mutterschutzbundes und des Hausfrauenbundes sowie die Mitarbeit Mannheimer Frauen im *Bund deutscher Frauenvereine* (BDF), der Dachorganisation der bürgerlichen Frauenbewegung Deutschlands, belegen, daß Mannheim – neben Berlin und Hamburg – zu den Zentren der bürgerlichen deutschen Frauenbewegung gehörte.

In der Weimarer Republik verloren die Frauenbewegungen in Mannheim, genau wie auch sonst im Reich, an Schwung. Sinkende Mitgliederzahlen und wenig innovative Arbeit der Mannheimer Frauenorganisationen waren Anzeichen dafür, daß die Frauenbewegung in den zwanziger Jahren ihre Blütezeit hinter sich hatte und in einer Krise steckte. Der Frauenbewegung fehlte es an Mobilisierungspotential. Nachdem wesentliche Forderungen wie die Zulassung zu den Hochschulen und das Frauenwahlrecht erfüllt worden waren, gaben sich viele Frauen – trotz weiterhin bestehenden Diskriminierungen in zahlreichen Bereichen, wie z.B. der schlechteren Entlohnung der weiblichen Arbeitskräfte – mit dem Erreichten zufrieden.

Der Niedergang der Frauenbewegung war auch ein Generationsproblem. Die führenden Vertreterinnen der Mannheimer Frauenbewegung, Frauen um die 50, die ihre Sozialisation im Kaiserreich erfahren hatten, fanden nur schwer Zugang zur Jugend. Sie empfanden die jungen Frauen, z.B. wegen ihrer geringen Wahlbeteiligung[10] als oberflächlich und konsumorientiert. Auf der anderen Seite entsprach das von der konservativ bürgerlichen und der reformistisch sozialdemokratischen Frauenbewegung vertretene Frauenbild, das Ideal der Hausfrau und Mutter, nicht mehr den Vorstellungen vieler junger Frauen, die Berufstätigkeit zumindest zeitweise in ihre Lebensentwürfe einzuplanen begannen. Da sie die Zeichen der Zeit nicht erkannte und an den traditionellen geschlechtsspezifischen Rollenstereotypen festhielt, verlor die Frauenbewegung ihre „Vorreiterinnenfunktion".

Die sozialdemokratische Frauenbewegung

Die Entwicklung der SPD von einer revolutionären Bewegung zu einer staatstragenden Reformpartei hatte entscheidende Auswirkungen auf die sozialdemokratische Frauenbewegung. Das in den zwanziger Jahren in der SPD vorherrschende Frauenbild unterschied sich nur graduell von dem Rollenverständnis der bürgerlichen Parteien. Auch innerhalb der Sozialdemokratie setzte sich die Auffassung einer geschlechtsspezifischen Arbeitsteilung, die der Frau den Sozialbereich zuwies, zunehmend durch. Die Sozialdemokratinnen betätigten sich in den Parlamenten sozialpolitisch oder engagierten sich in den mit Wohlfahrtspflege betrauten Unterorganisationen der Partei wie der *Arbeiterwohlfahrt* (AWO) oder der Kinderfreundebewegung. Obwohl ein Großteil der Aktivitäten der Arbeiterwohlfahrt von Frauen getragen wurde, dominierten in den Funktionärsposten des Mannheimer Ortsausschusses – im Gegensatz zum Reichsverband – die Männer. In der 1923 gegründeten Kinderfreundebewegung, die aus der 1908 entstandenen Kinderschutzkommission hervorgegangen war, war Else Heiser die herausragende Persönlichkeit.

Innerhalb der Partei bestand seit 1906 eine eigene Frauengruppe, die in Agitation und Schulung ihre Arbeitsschwerpunkte sah. Doch im Gegensatz zum Kaiserreich stand in den zwanziger Jahren die Einführung in die sozialistische Weltanschauung nur noch selten auf der Tagesordnung der Frauenabende. Gegenstand der Veranstaltungen waren – entsprechend der Festlegung der Frau auf die Fürsorgetätigkeit – in verstärktem Maße soziale Themen, wie z.B. *Mutter und Säugling in der Gesetzgebung*.

Kinderschutzkomissoion Mannheim 1913

Die bürgerliche Frauenbewegung

Das Spektrum der bürgerlichen Frauenvereinigungen Mannheims reichte von den verschiedenen weiblichen Berufsorganisationen über Frauensportvereine zu Frauenkunstverbänden und ging vom *Verein der Freundinnen junger Mädchen* bis zum *Deutschen Frauenausschuß für dauernden Frieden.* Auch auf konfessioneller Ebene organisierten sich die Mannheimerinnen.

Der Großteil der Frauen engagierte sich traditionellerweise auf dem Gebiet der Wohltätigkeit und Armenpflege. Ein Beispiel ist der *Frauenverein Mannheim*, in dem sich die Ehefrauen der Honoratioren karitativ betätigten. Nach Umorganisationen der Vereinsarbeit Anfang bis Mitte der zwanziger Jahre gliederte sich die Frauenorganisation 1925 in folgende sechs Abteilungen: Arbeitssaal, Jugendfürsorge, Krankenpflege, Säuglingsfürsorge, Damenheim nebst Schule für Haushaltung und Kochen sowie Speiseanstalten. Zur Vereinsführung gehörten neben der Vorsitzenden Ida Ladenburg aus der bekannten Mannheimer Bankiersfamilie auch Frauen wie die Mannheimer Ehrenbürgerin und Industriellengattin Julia Lanz und deren Tochter Helene Röchling, Alice Bensheimer, Ida Scipio und Berta Sickinger, allesamt Angehörige des Mannheimer Bildungs- und Besitzbürgertums.

Eine herausragende Stellung unter den Mannheimer Frauenvereinen nahm der im Ersten Weltkrieg gegründete *Hausfrauenbund* ein, der dem rechten, dem gemäßigt bis konservativen Flügel der bürgerlichen Frauenbewegung zuzurechnen war. Der Verein sah im *[…] Zusammenschluß der Hausfrauen aller Kreise zum Zwecke gemeinsamer Belehrung und Förderung, sowie zur Vertretung gemeinsamer hausfraulicher Interessen […]*[11] sein Ziel. Die Unterhaltung einer Auskunftstelle (P 6, 20), die Veranstaltung von Koch- und Backkursen, Lehrvorträgen und Informationsabenden zu Frauenfragen gehörten ebenso wie die hauswirtschaftliche Ausbildung der Jugend zu den vielfältigen Aktivitäten der Hausfrauenorganisation.

Die Haltung des *Hausfrauenbundes* in der Hausangestelltenfrage demonstriert die konservative und großbürgerliche Denkart der Mitglieder. Als nach der Aufhebung der Gesindeordnung im Jahre 1918 über einen neuen Dienstvertrag für Hausangestelllte diskutiert wurde, zeigten die Hausfrauenverbände nicht das geringste Entgegenkommen. Sie lehnten eine Festsetzung der zeitlichen Begrenzung der Arbeitsbereitschaft ab und empfanden die – durchaus angemessenen – Lohnforderungen überhöht. Ganz allgemein widersetzten sie sich einer gesetzlichen Regelung der Arbeitsverhältnisse und plädierten für freie Vereinbarungen. Die Vorstandsdamen des *Haus-*

frauenbundes appellierten an die Hausangestellten, in Anbetracht der engen persönlichen Bindung zwischen Hausfrau und Hausgehilfin Konzessionsbereitschaft zu zeigen und von der *Herrschaft* nicht zuviel zu verlangen.

Der 1907 gegründete *Mannheimer Mutterschutz*, der dem linken Flügel der Frauenbewegung nahestand, machte sich die Fürsorge für ledige Mütter und deren Kinder zur Aufgabe. Der Verein unterhielt zunächst Auskunftsstellen und Mütterheime. In den zwanziger Jahren weitete der *Mutterschutzbund* seine Tätigkeit weit über die Mütterbetreuung hinaus aus und engagierte sich mehr und mehr in allgemeiner Wohlfahrtsarbeit. Die Ausbildung von Säuglingsschwestern, die Verteilung von Weihnachtsspenden an notleidende Familien oder die sogenannte Gefährdetenfürsorge, d.h. die Einrichtung einer Arbeitstherapie für geschlechtskranke Patientinnen gehörten beispielsweise zu den neuen Wirkungsgebieten.

Im Vergleich zu anderen Mannheimer Frauenorganisationen vertrat der *Mannheimer Mutterschutz* die fortschrittlichsten Positionen, wie etwa sein Eintreten für eine Liberalisierung des §218 zeigt. Im Jahre 1924 eröffnete der Verein auch eine Ehe- und Sexualberatungsstelle, die erste Einrichtung dieser Art in Baden.

Aber im Gegensatz zur Berliner Ortsgruppe des *Bundes für Mutterschutz*, der ideologischen Zentrale der Organisation, war die Mannheimer Sektion des *Mutterschutzbundes* doch sehr konservativ. Während der Berliner Verein sein Hauptanliegen in der Propagierung der Neuen Ethik, d.h. der Durchsetzung einer freieren Sexualmoral, sah, trat der *Mannheimer Mutterschutzbund* für die Idee des praktischen Mutterschutzes ein. Vor allem gegen Ende der zwanziger Jahre erfolgte im Mannheimer Verband eine Konzentration der Vereinstätigkeit auf praktische soziale Arbeit bei gleichzeitiger Vernachlässigung der *Ideenpropaganda für sexuelle Reformen*. Ideologische Arbeit beschränkte sich schließlich darauf, die Einführung des Muttertages zur Aufwertung der Mutterschaft zu unterstützen.

Der Grund für die im Vergleich zum Berliner Verein konservative.Ausrichtung der Mannheimer Ortsgruppe dürfte in der unterschiedlichen Mitgliederstruktur liegen. In dem von Elisabeth Blaustein, der Ehefrau des Handelskammersyndikus Arthur Blaustein, geleiteten *Mannheimer Mutterschutzbund* engagierten sich nicht Kunstschaffende und Intellektuelle wie in der Berliner Ortsgruppe, sondern Damen aus dem gehobenen Bürgertum und Honoratioren, wie z.B. Oberbürgermeister Kutzer, die sich vorrangig karitativ betätigen wollten. Da sich der Mannheimer Verband immer mehr von der Linie des Hauptvereins entfernte, trat der *Mannheimer Mutterschutz* um die Jahreswende 1927/28 aus dem *Deutschen Bund für Mutterschutz* und *Sexualreform* aus.

Für radikale feministische Positionen gab es in der Mannheimer Frauenbewegung offenbar keinen Rückhalt.

Bestimmt wurde die bürgerliche Frauenbewegung Mannheims von den Vertreterinnen des gemäßigten Flügels, die politisch den liberalen Parteien nahestanden. Die führenden Aktivistinnen der Mannheimer Frauenbewegung hatten großen überregionalen Einfluß, denn sie prägten nicht nur die badische Frauenbewegung, sondern sie gehörten auch zu den Führerinnen der bürgerlichen Frauenbewegung Deutschlands. Zwei der sieben Mitglieder des engeren Vorstandes des *Bundes Deutscher Frauenvereine* stammten aus Mannheim: Elisabeth Altmann-Gottheiner hatte das Amt der Schatzmeisterin inne und Alice Bensheimer war Schriftführerin. Julie Bassermann, die auch den *Badischen Verband für Frauenbestrebungen* leitete, führte von 1925 - 1929 den Vorsitz im Hauptverein *Frauenbildung-Frauenstudium*.

Anmerkungen zum Kapitel

[1] M. Bernays, Die deutsche Frauenbewegung, Leipzig 1920, S. 55

[2] BROCKHAUS CONVERSATIONS-LEXIKON. Leipzig 1887. Artikel: Wahl.

[3] GENERAL-ANZEIGER 2.12.1918.

[4] Vgl. S. SCHOTT 1919 S. 20f.

In der neueren Forschung werden Urteile wie *nur das Zentrum hat also – dieses aber in hohem Grade – von der Wahlbeteiligung der Frauen Vorteil gehabt, [...] dagegen hat die Sozialdemokratie die Zeche bezahlen*

müssen (SCHOTT S. 20) als zu kraß und verall-
gemeinernd angesehen. Es wird darauf hingewiesen,
daß die politische Option der Frauen regional
differierte. Aufgrund des hohen Prozentsatzes
katholischer Wählerschaft in der Quadratestadt
erweist sich m. E. Schotts Annahme bezüglich
der Mannheimer Verhältnisse dennoch als zutreffend.

[5] GENERAL-ANZEIGER 8.3.1919.

[6] Vgl. NEUE MANNHEIMER ZEITUNG 21.1.1925.

[7] NEUE MANNHEIMER ZEITUNG 31.1.1925.

[8] F. WALTER 1949, S. 240

[9] Unter Frauenbewegung wird hier in Anlehnung an
F. HERVE U.A.: Kleines Weiberlexikon […] verstanden: *Bestrebungen, Initiativen, organisiertes Vorgehen
und Kampf von Frauen zur Durchsetzung ihrer politischen, wirtschaftlichen und kulturellen Rechte.*

[10] Vgl. dazu Graphik *Altersaufbau der weiblichen Nichtwähler.*

[11] GENERAL-ANZEIGER 9.4.1918.

BLITZLICHT

*F*ast beiläufig fällt dieser Satz am Ende eines Gesprächs zwischen zwei Frauen, von denen die eine erst seit 1979, die andere bereits seit ihrer Geburt im Jahre 1905 – wenn auch mit Unterbrechungen – in Mannheim lebt.

Daß diese Begegnung zustande kommt, hat sehr viel mit dem oben genannten Motto zu tun, das Frau B. für sich quasi als roten Faden in ihrem Leben sieht: Da es gerade darauf ankomme, seine Überzeugungen zu vertreten und weiterzugeben, meldete sie sich spontan auf die Presseaufrufe unserer Arbeitsgruppe im November 1990.

Frau B.:

DER GEIST IST NICHT NATIONAL. ER IST INTERNATIONAL.

Ihre Eltern hatten ihr zu einer Zeit den Besuch des Elisabeth-Gymnasiums in Mannheim ermöglicht, als dies noch keineswegs eine Selbstverständlichkeit darstellte. Sie selbst faßte schon früh den Entschluß, einmal aus eigener Kraft für ihre Existenz aufkommen zu wollen, nicht zuletzt aufgrund der Erfahrungen vieler Frauen ihrer Generation, die ihre Väter im Ersten Weltkrieg verloren hatten. 1930 schloß sie ihre Ausbildung zur Realschullehrerin erfolgreich ab – sie hatte Kenntnisse in Englisch, Französisch und Geschichte erworben – und schrieb sich zunächst als Gasthörerin an der Handelshochschule Mannheim ein. Von 1940/41 bis Kriegsende unterrichtete sie an einer Mittelschule in Hagenau/Elsaß. Ab 1945 konnte sie dank ihrer guten Sprachkenntnisse in Horb a.N. (französische Zone) am Aufbau einer Bibliothek mitarbeiten und Übersetzungstätigkeiten übernehmen. Erst 1950 durfte sie wieder, ihrem eigentlichen

Wunsch entsprechend, eine Stelle als Lehrerin in Mannheim antreten, nachdem sie mehr als einmal zugunsten anderer Bewerber (z.B. eines Familienvaters mit fünf Kindern) hatte zurücktreten müssen.

Im Jahr 1952 war Frau B. dann durch eine Freundin zum „Club berufstätiger Frauen" gestoßen und fühlte sich dort schon bald sehr wohl. Der Club habe nicht die Funktion gehabt, *sich gegenseitig Mut zu machen und den Rücken zu stärken. Das waren bereits gestandene, selbständige Frauen, die ein großes Zusammengehörigkeitsgefühl verband.*[1]

Die Bedeutung des Clubs in ihrem Leben steht im Zentrum der Erzählungen, denn für Frau B. ganz persönlich war es ein wichtiges Ereignis und für die Stadt Mannheim von großer Bedeutung, als vom 25. bis 29.Mai 1958 eine internationale Tagung im Rosengarten, eben die des „Clubs berufstätiger Frauen", stattfand. *Die Flaggen von achtzehn verschiedenen Nationen schmückten das Mannheimer Wahrzeichen, den Wasserturm, und vermittelten zum erstenmal nach dem Ende des Zweiten Weltkrieges wieder internationales Flair in der Stadt.* Zuvor waren europäische Großstädte wie Paris und London als Tagungsorte gewählt worden.

Schirm„herr" der Veranstaltung, zu der etwa 300 Teilnehmerinnen angereist waren, war der damalige Oberbürgermeister Dr. Reschke, doch war es wohl das Verdienst der zweiten Vorsitzenden des Internationalen Clubs und gleichzeitigen Präsidentin auf nationaler Ebene, Frau Dr. Graeff, daß der Kongreß in diesem Jahr von Mannheim ausgerichtet werden konnte. Diese als große Persönlichkeit bekannte Ärztin war als Angehörige ihrer Berufsgruppe eine typische Repräsentantin der dort vertretenen Mitglieder: *Es waren mehrheitlich Angehörige der intellektuellen Berufe wie Musikerinnen, Architektinnen, Lehrerinnen und Erzieherinnen, Ärztinnen, Rechtsanwältinnen und Bankangestellte, die Mitglied im Club waren. Hausfrauen waren eher in der Minderheit.*

Beim Kongreß in Mannheim stellte sich Frau B. als Hostess und Dolmetscherin im Rahmen des kulturellen Begleitprogramms zur Verfügung. Während seitens der Stadt die Busse gestellt wurden, erfolgte die Betreuung der Gäste durch die Hostessen, z.B. auf Informationsbesuchen in verschiedenen Schulen, bei einem Einkaufsbummel auf den Planken – vor allem die Hummelfiguren waren begehrte Souvenirs – und auf dem Wochenmarkt, wo die Marktfrauen zuhauf Obst verschenkten. In Schwetzingen stand die Schloßbesichtigung und ein Spargelessen auf dem Programm.

In den Arbeitssitzungen der Tagung ging es im Gegensatz dazu um ein breites Spektrum allgemeiner Weltfragen, von den Menschenrechten bis hin zu frauenspezifischen Themen. Als Ergebnis wurde eine UNO-Resolution zur Verbesserung der Situation von Frauen in „Drittländern" erarbeitet.

Inwiefern kann uns heute dieses Erlebnis und die Stationen im Leben von Frau B. berühren?

Nach wie vor, oder: mehr denn je?, ist es äußerst wichtig, aktiv ein „soziales Netzwerk" auch und gerade unter Frauen zu entwickeln und zu pflegen. Durch die zwischenmenschlichen Kontakte, den Austausch mit Angehörigen fremder Kulturen folgen gegenseitige Besuche, die zur Verständigung und besserem Verständnis beitragen können. Damals konnten Vertreterinnen aus dem „östlichen Lager" in einer Zeit des „Kalten Krieges" nicht am Kongreß in Mannheim teilnehmen. Es hat lange gedauert, bis diese Art von Schranken endlich abgebaut wurden. Die Notwendigkeit des Austauschs wird dadurch nicht vermindert. *Der Geist ist nicht national. Er ist international.*

Barbara Stabenow

Anmerkungen zum Kapitel

1   Das Amtsblatt vom 23.5.1958 zur Entwicklung weiblicher Berufstätigkeit: *Die Zahl der berufstätigen Frauen ist beachtlich und wird – laut Statistik – noch bis 1960 ihre steigende Tendenz beibehalten. Rund neun Millionen berufstätige Frauen zählt heute die Bundesrepublik, das sind ein Drittel aller Beschäftigten.*

*A*ls Ende September 1906 im Mannheimer Rosengarten im Anschluß an den nach der Quadratestadt benannten Parteitag die vierte sozialdemokratische Frauenkonferenz eröffnet wurde, saß auch eine Mannheimerin neben Clara Zetkin und Luise Zietz am Vorstandstisch: Im Auftrag der *jüngsten Frauenorganisation in Baden*[2] begrüßte Stephanie Hoffmann die Delegierten und ermunterte sie, trotz *Polizeimacht und Willkür,* von der zu diesem Zeitpunkt vor allem Rosa Luxemburg und Luise Zietz betroffen waren, *mit vereintem Mut und fester Energie zu Werke zu gehen.* Die proletarische Frauenbewegung Mannheims, 1905 gegründet, bestand zu diesem Zeitpunkt gerade ein gutes Jahr[3]. Stephanie Hoffmann war nicht nur ihre erste Vertrauensperson und Kassiererin, sondern auch die „Seele" der später ins

Beatrix Geisel

OHNE DIE MITHILFE DER FRAU KÖNNEN DIE ZIELE DER SOZIALDEMOKRATIE NIE VERWIRKLICHT WERDEN.

SPD-Frauen im Kaiserreich und in der Weimarer Republik[1]

Leben gerufenen Kinderschutzkommission. Zwar mußte sie sich bereits nach zweijähriger Arbeit *infolge Krankheit einige Zeit zurückziehen, aber sobald es ihre Gesundheit erlaubte, stellte sie ihre ganze Kraft wieder zur Verfügung und war „stets bestrebt, unsere Sache zu fördern",* wie ihr später ihre Mitstreiterin Therese Blase bescheinigte. *In Wort und Schrift verstand sie es,, prächtig, die Massen zu begeistern"*[4].

Die am 22. und 23. September tagende Konferenz mit Delegierten aus dem gesamten Reichsgebiet und Gästen aus dem In- und Ausland war das erste herausragende Ereignis in der jungen Geschichte der proletarischen Frauenbewegung Mannheims. Die Themen der Konferenz setzten zweifellos auch Impulse für die Tätigkeit der Mannheimer Genossinnen: die Arbeit der weiblichen Vertrauenspersonen, die nach dem Motto *Ihr hemmt uns, aber ihr zwingt uns nicht*[5] die staatliche Verfolgung unterlaufen sollten[6], die mangelnde Fürsorge für Schwangere und Wöchnerinnen, die Probleme der Dienstmädchen und das Frauenstimmrecht.

Die gerade erst in ihr Amt berufene erste Arbeitersekretärin Deutschlands, Helene Grünberg aus Nürnberg, referierte über die von ihr einberufenen Dienstboten-Treffen, die nicht nur in der nordbayerischen Stadt für allerhand Wirbel gesorgt hatten.[7] *In all diesen Versammlungen,* berichtete sie, *kamen empörende Mißstände zutage,* die auch die Herrschaften in Aufregung versetzten: *In den Teeabenden der Gnädigen wurde wochenlang über nichts anderes gesprochen als über die „Revolution in der Küche".* Bei den Zusammenkünften,

über die auch die örtliche Presse ausführlich berichtet hatte, waren nämlich *besonders häufig Fälle von unsittlichen Anträgen* an Dienstmädchen festgestellt worden. *Nur wenn man dem Hausherrn zu Gefallen ist,* wußte Helene Grünberg inzwischen aus den vielen Klagen, mit denen die oft verzweifelten jungen Mädchen zu ihr gekommen waren, *hat man es im Dienste gut. [...] Das Dienstmädchen aber, das schwanger geworden ist, ist rettungslos verloren. Es bekommt keinen anderen Dienst, und nichts bleibt ihr übrig, als tatsächlich auf die Straße zu gehen*[8]. Ihr Hinweis auf die so begründeten vielen Kindesmorde erregte schon seiner räumlichen Nähe wegen besonders die Mannheimerinnen unter ihren Zuhörerinnen: *In Frankenthal,* so berichtete sie, *hatte man ein Dienstmädchen im – gerechtfertigten – Verdacht des Kindermordes. Man suchte im Rhein nach der Kinderleiche und fand deren – 38!*

Aber auch in der Quadratestadt selbst war die Situation der Dienstmädchen ein heiß diskutiertes Thema. *Über Dienstbotenelend,* konstatierte Stephanie Hoffmann, *kann gar nicht genug gesprochen werden.* Was sie besonders aufbrachte,

Sozialdemokratischer Parteitag, 1906, Mannheimer Rosengarten, Redner: August Bebel.
Leider kennen wir die Frauen im Hintergrund nicht, es könnte sich um führende Sozialdemokratinnen handeln.

war die Beobachtung, daß selbst jene Frauen *die aus Dienstbotenkreisen hervorgegangen und Beamtenfrauen geworden sind,* ihre Hausangestellten *fast noch schlechter behandelten als die Bourgeois.* Eine Bemerkung, die im Saal lebhafte Zustimmung auslöste. *Selbst das Wenige,* fuhr sie fort, *was den Dienstboten zum Essen vorgesetzt wird, wird ihnen verekelt durch die Gnädige. Die Kost spottet in der Regel jeder Beschreibung; sie ist in den seltensten Fällen reichlich und anständig.* Ebenso kritisierte sie die private Stellenvermittlung, für deren Abschaffung sich Helene Grünberg zuvor vehement eingesetzt hatte. *Nirgends sei das Vermittlungsunwesen so groß wie in ihrer Heimatstadt, nirgends werden die Dienstboten so ausgebeutet wie in Mannheim.* Deshalb, so versprach sie, wollten sich die Mannheimer Genossinnen auch besonders energisch mit der Dienstbotenfrage beschäftigen und den Stellenvermittlerinnen, *jenen Seelenverkäuferinnen den Kampf ansagen*[9].

Auf Hunderttausenden von erwerbstätigen Frauen ruht heute eine dreifache Belastung, konstatierte Käthe Duncker in ihrem Referat zu Punkt 5 der Tagesordnung, *zu den alten Lasten der Hauswirtschaft und der Mutterschaft ist in der Erwerbstätigkeit noch eine dritte getreten. Aber nur wenige sind dieser schweren Bürde gewachsen. Tausende brechen physisch und psychisch darunter zusammen*[10]. Das war angesichts täglicher Arbeitszeiten von zehn bis elf Stunden unter frühkapitalistischen Bedingungen, d. h. fast ohne alle Schutzbestimmungen keineswegs eine Übertreibung. Deshalb forderte die Referentin nicht nur den Acht-Stunden-Tag, sondern auch den gesetzlichen Schutz für Schwangere und Wöchnerinnen. „*Eine Erhöhung der Unterstützungssätze auf die volle Höhe des Lohnes ist selbstverständlich geboten.*" Ebenso verlangte sie die obligatorische Ausdehnung der (Kranken-)Unterstützung auf die Frauen der (Kassen-)Mitglieder und kritisierte: *Leider ist in bezug auf diese Bestimmung in das Gesetz durch die Nachlässigkeit der Abgeordneten bei der letzten Novelle der Krankenversicherung eine Verschlechterung hineingekommen, sodaß die Kassen jetzt nicht mehr das Recht haben, den Frauen der Mitglieder Wöchnerinnenunterstützung zu gewähren. Sie dürfen nur noch Schwangerenunterstützung leisten. Diese Tatsache ist wieder ein klarer Beweis für die Notwendigkeit des Frauenstimmrechts. Wären Frauen in*

der Kommission gewesen, wäre ein solches Versehen nicht möglich gewesen. Das Protokoll vermerkt an dieser Stelle den Zuruf *Sehr wahr!*[11]

Das Frauen-Stimmrecht, das Clara Zetkin, Redakteurin der 1891 unter dem Titel *Die Arbeiterin* von Emma Ihrer gegründeten sozialistischen Frauenzeitung *Die Gleichheit* und bis zu ihrer Relegation 1916 für viele Jahre *die* Theoretikerin der proletarischen Frauenbewegung, im Haupt-Referat des Kongresses behandelte, war zweifellos das brisanteste Thema der gesamten Konferenz. Denn obwohl die Forderung nach gleichem Wahlrecht für alle Reichsangehörigen seit dem Erfurter Parteitag 1891 mehrfach erhoben und wiederholt von der Reichstagsfraktion der SPD ins Parlament eingebracht worden war, wurde sie nur sehr allmählich zu einem agitatorischen Schwerpunkt der Parteipolitik. Welchen untergeordneten Stellenwert sie noch nach der Jahrhundertwende auch bei den Frauen selbst hatte, beweist das Protokoll der vorangegangenen Frauenkonferenz in München 1902: Die Forderung nach dem Frauenstimmrecht, heißt es da, *kann jedoch nur als ausschlaggebender Punkt des jeweiligen Aktionsprogrammes […] mit in den Vordergrund gestellt werden, wenn dadurch die Erweiterung und Sicherung des politischen Rechts der Arbeiterklasse nicht gefährdet wird*[12]. Bis zu diesem Zeitpunkt hatten auch die Führerinnen der proletarischen Frauenbewegung – wie gewohnt – *frauenspezifische Forderungen zugunsten der Belange der Gesamtpartei* zurückgestellt[13].

Am Mannheimer Rednerpult forderte Clara Zetkin erstmals kompromißlos die *volle politische Gleichberechtigung der Frau* und definierte das Frauenwahlrecht *als die staatsrechtliche Mündigkeitserklärung unseres Geschlechts*[14]. In der Resolution, die im Anschluß an ihr Referat verabschiedet wurde, *sind keine Zugeständnisse an die Genossen oder an politische Zweckmäßigkeiten mehr enthalten.*[15] Die Frauen, so sagte sie, werteten die politische Gleichberechtigung ohne Unterschied der Klassen als ein Mittel, *das Recht freierer Lebensentwicklung und reicherer Betätigung in der Gesellschaft.* Allerdings vertrat Clara Zetkin auch hier ihre Politik der *reinlichen Scheidung* gegenüber der bürgerlichen Frauenbewegung: *Sobald man über das bloße Prinzip des Frauenwahlrechts hinaus zur Frage nach der Art des Wahlrecht übergeht und*

*die Forderung des allgemeinen, gleichen, geheimen
und direkten Wahlrechts erhebt* – auf Länderebene
galt nämlich noch immer das Drei-Klassen-Wahl-
recht – *verstummt das schöne Lirum Larum von der
großen Schwesternschaft*[16]. Zwar hielt sie die Forderungen der bürgerlichen Frauenrechtlerinnen auf
dem Hintergrund ihrer eigenen *Klassenlage* für
historisch durchaus berechtigt, aber sie qualifizierte
sie als einen Kampf um bloße *Damenrechte*,
denn die Solidarität mit den Männern der eigenen
Klasse war ihr stets wichtiger als die mit den
Angehörigen des eigenen Geschlechtes.

Ein Kongreß also, der das gesamte politische
Spektrum der zeitgenössischen SPD-Frauen-Poli-
tik umriß und auch die Konfliktlinien sowohl
gegenüber der bürgerlichen Frauenbewegung als
auch gegenüber den eigenen Genossen deutlich
machte. Entsprachen aber diese Themen und
Forderungen auch dem tatsächlichen Innenleben
der einzelnen Ortsvereine? Die Mannheimer SPD
hat das Glück, daß sie mit dem vollständig erhaltenen Protokollbuch der Zahlstelle Lindenhof
des Sozialdemokratischen Frauenvereins eine
einzigartige Quelle besitzt, die *einen interessanten
Einblick in die Art gibt, in der die sozialdemokratische
Frauenbewegung auf örtlicher Ebene in der Provinz
agierte*[17]. Auf 143 in Sütterlin eng beschriebenen
Seiten wird über die vermutlich auch für andere
Stadtteile repräsentative Entwicklung der Mannheimer SPD-Frauen in der Zeit vor dem Ersten
Weltkrieg und zwischen 1926 und 1928 Auskunft
gegeben. Der Zusammenschluß der Frauen auf
dem Lindenhof war nämlich *Teil einer allgemeineren
Bewegung, die zu diesem Zeitpunkt in Mannheim
stattfand und von Therese Blase und Lina Kehl mit
dem Ziel geführt wurde, eine proletarische Frauenbewegung in Baden ins Leben zu rufen*[18].

Die erste Eintragung im Lindenhofer Protokollbuch
datiert vom 27. April 1905. Sie informiert u.a.
darüber, daß *Genossin Kempf*, Ehefrau des Lindenhofer Vertrauensmannes der Partei, der auch die
Versammlung eröffnet hatte, zur Vorsitzenden
gewählt wird. Ein durchaus typischer Vorgang. Die
sozialdemokratische Frauenbewegung des Kaiserreichs rekrutierte sich nämlich keineswegs vorwiegend aus Arbeiterinnen, sondern fast ausschließlich aus Hausfrauen, die mit Arbeitern und Sozialdemokraten verheiratet waren, und nicht selten

waren die Ehefrauen führender Parteimitglieder
auch die Leiterinnen der Frauenbewegung[19]. Das
galt, wie aus dem Protokollbuch hervorgeht,
auch für den Lindenhof. Nicht nur *Genossin Kempf*,
sondern auch die übrigen führenden Frauen
der Zahlstelle, Eva Wehner, Martha Werner und
Dora Kripp waren mit Funktionären der Mannheimer SPD verheiratet, die übrigens auch zu den
häufigsten Rednern bei den Frauenversammlungen
zählten. Daß die Initiative zur Organisierung der
Frauen meist von den Männern ausging, beweist
die protokollarisch festgehaltene Bemerkung
des Mannheimer Arbeitersekretärs Richard Böttger,
*der(jenige) sei ein schlechter Genosse, der an der
Spitze steht und es nicht einmal fertig bringt, seine
Frau dem Verein zuzuführen.*[20]

Der einzige inhaltliche Punkt der Tagesordnung
der ersten Sitzung dreht sich um die Höhe
des Beitrags von 20 Pfennig, zuzüglich weiterer 20
Pfennig Abonnementskosten für monatlich zwei
Exemplare der *Gleichheit* und unterstreicht die Bedeutung, die dieses Blatt als Haupt-Agitations-
mittel innerhalb der proletarischen Frauenbewegung besaß. Es führte seine Leserinnen in sozia-
listisches Denken ein, informierte sie anhand von
biographischen Skizzen historischer Persönlichkeiten wie Louise Michel und Olympe de Gouges
über die Geschichte der französischen Revolution
und der internationalen Arbeiterinnenbewegung,
und es beschrieb die Arbeits- und Lebensbedingungen von Arbeiterinnen. *In schier endlosem Zug
läßt Die Gleichheit sie an uns vorüberziehen: die
Heimarbeiterinnen und die Fabrikarbeiterinnen, die
Landarbeiterinnen und die Dienstmädchen, die
Mütter, die mit Mann und Kindern als Hausweberin-
nen und Spielzeugmacherinnen schufteten, die
Kellnerinnen, die meist einzig für Trinkgelder arbeiteten und sich oft nur durch die Prostitution am Leben
hielten; die Verkäuferinnen, die – so wollte es
der Chef – für ihre 20 bis 40 Mark Monatslohn Flor-
strümpfe und elegante Fähnchen kaufen mußten;
die proletarischen Hausfrauen, die mit dem schmalen Lohn ihres Mannes niemals die Familie satt
bekamen*[21]. Speziell über die Lohn- und Arbeitsverhältnisse Mannheimer Fabrikarbeiterinnen
hatte *Die Gleichheit* bereits 1894 in einer Serie
berichtet[22]. Ihr Wert war also unbestritten, aber
eine Zeit, in der selbst gut verdienende Arbeiter
nicht viel mehr als 1000 Mark jährlich nach Hause

brachten[23], läßt die Befürchtung verschiedener Genossinnen verständlich erscheinen, *daß bei der Höhe des Beitrages der Zuwachs zum Verein nur gering sein könnte.* 45 Pfennig Beitrag waren angesichts des beschriebenen Lohnniveaus keine geringe Summe, und wie die weitere Entwicklung zeigen sollte, waren die Warnungen nur allzu berechtigt. Die langen Pausen zwischen einzelnen Eintragungen deuten daraufhin, daß die Organisation anscheinend mehrmals völlig zum Erliegen kam.

Möglicherweise gibt es dafür allerdings auch andere Gründe. Es kann damit zu tun haben, daß die leitenden Genossinnen krank wurden oder für mehrere Jahre ihre Aktivitäten einstellen mußten, weil sie Kinder aufzuziehen hatten. Der häufig vermerkte *schlechte Besuch* scheint aber auch darauf hinzudeuten, daß die Sozialdemokratinnen andere Vorstellungen davon hatten, wie ihre Zusammenkünfte verlaufen sollten als ihre männlichen Genossen. Wie die vergilbten Blätter des Protokollbuches verraten, wurden die Frauen nur zu häufig von ihnen „belehrt". Angesichts der folgenden Beispiele fällt es schwer, dem britischen Historiker Richard J. Evans zu widersprechen. Aufgrund der Lektüre des Lindenhofer Protokollbuches erscheint ihm die sozialdemokratische Frauenbewegung *hauptsächlich als ein Erziehungsverein, durch den die Frauen der sozialdemokratischen Aktivisten etwas von der Ideologie ihrer Männer lernen konnten, aber auch in einem gewissen Sinne politisch selbständig waren*[24], selbständig insofern, als sie durchaus eigene Interessen zu formulieren, allerdings nicht immer durchzusetzen imstande waren.

Schon in der zweiten Sitzung erfuhren sie von Arbeitersekretär Böttger die Folgen ihrer eigenen, allerdings nur auf Kapitalismus und Staat geschobenen Unterdrückung. Diese wirke *so drückend auf die Frau, daß ihr jeder Sinn für höhere Bildung, sowie für bessere Erziehung ihrer Kinder fehle,* mußten sich die Genossinnen sagen lassen.[25] Wenige Seiten später ist festgehalten, daß sie von dem Parteifunktionär Amold über Koalitionsrecht und Klassenkampf informiert wurden[26] in dem darauffolgenden Bericht heißt es, Genosse Nergel habe die gegensätzlichen Interessen von Arbeitern und Unternehmern erläutert[27], und kurz danach werden

die Frauen ermahnt, *Schulter an Schulter mit den Männern für das Frauenstimmrecht zu kämpfen: Damit auch sie in der Lage sind, [...] die Befreiung der Arbeiterschaft aus den Fesseln des Kapitalismus herbeiführen zu helfen.*[28] Von ihrer eigenen Emanzipation ist nicht die Rede. Am 8.2.1911 hielt Genosse Wehner den Frauen eine Vorlesung über *materialistische Geschichtsauffassung,* in deren Zentrum *tatsächlich das Argument stand, daß die Industrialisierung zum Klassenkampf und somit zum Aufstieg der SPD führe*[29]. Ein Indiz dafür, daß die Genossinnen andere Wünsche und Bedürfnisse hatten, liefert (nicht nur) ein in Klammern gesetztes Postskriptum zum Bericht über einen Unterhaltungsabend am 20. Dezember 1926, bei dem es *Kaffee und Kuchen, einige Vorlesungen und auch Ernstes gab. Bei Kaffee und Kuchen,* kommentiert die Protokollantin, *haben wir immer starken Besuch, und da wird doch auch politisiert, warum sind unsere Bonzen dagegen?*[30]

Es ist weniger die „große" Politik, die bei den selbständig organisierten, reinen Frauen-Versammlungen zur Sprache kommt, sondern da geht es eher um Vorkommnisse und Ereignisse, die dem Frauenalltag näher sind. So beschreibt beispielsweise die Genossin Seiffert in einer gut besuchten Versammlung am 10. Okt. 1905 die Schädlichkeit des Alkohol-, Nikotin- und Fleisch-Genusses und äußert ihr Bedauern darüber, daß es gerade in Mannheim *sehr wenig Speisehäuser gäbe, in denen vegetarische Kost verabreicht wird.*[31] In der Veranstaltung vom 23. Januar 1908 fordert die Vorsitzende, Genossin Wehner, die anwesenden Frauen auf, einen Metzger zu boykottieren, weil dieser *Streikbrecher Agentur betreibe.*[32] Am 6. April 1911 wirbt Therese Blase — wiederum vor vollen Zuhörerinnen-Reihen — für den Eintritt in einen Konsumverein und fordert die Frauen auf, sich nicht durch die vielen Rabattsparvereine betören zu lassen und zu glauben, daß sie da etwas geschenkt bekämen.[33] *Welches Interesse haben Frauen an der Gemeindepolitik?* fragt Genossin Kohl im Oktober desselben Jahres und nennt eine ganze Reihe von möglichen Tätigkeitsfeldern wie die Armenpflege, das Schulwesen und die Säuglingsfürsorge. *Die Referentin hob hervor,* heißt es auf Seite 57, *daß die Frauen nicht eher ruhen und rasten dürfen, bis ihnen ihr Recht zugestanden ist.*

Mutterglück und Kindesleid lautet das Thema, das Stephanie Hoffmann am 12. Februar 1913 behandelt. Sie geht auf den damals viel diskutierten Geburtenrückgang ein und weist auf den Widerspruch hin, *der darin liege, daß man Mütter, die in der Meinung, für die vielen Kinder nicht sorgen zu können, sich unerlaubter Mittel bedienen, schwer bestraft werden, auf der anderen Seite aber nicht soviel an Lohn zu gewähren, als sie zum Leben für sich und ihre Kinder brauchen.* Außerdem informiert sie über die Arbeit der von Sozialdemokratinnen gegründeten und getragenen Kinderschutzkommission und weist *eine Fülle von traurigen Einzelheiten* nach, die von den anwesenden Frauen oft mit Pfui-Rufen quittiert wurden. *Der Beifall bewies,* kommentiert Schriftführerin Lina Krug, *daß die Ausführungen überzeugt haben.*[34]

Als nach zwölfjähriger Pause – zwischen 1914 und 1926 finden sich keine Eintragungen – im Frühjahr des letztgenannten Jahres beschlossen wird, *die Frauenversammlungen in den einzelnen Bezirken wieder einzuführen*[35], beschäftigen sich die Lindenhofer Sozialdemokratinnen mit der vielgerühmten sozialistischen Bibel zur Frauenfrage. Martha Wehner liest aus August Bebels Standard-Werk *Die Frau und der Sozialismus* das Kapitel über *Die Frau in der Vergangenheit* vor. Besonders die Information, daß das weibliche Geschlecht in grauer Vorzeit wesentlich mehr Rechte besaß als zum Zeitpunkt ihrer Protokollführung, muß Schriftführerin Else Witt mächtig imponiert haben. „Sie" (die Frau – Anm. d. Autorin) „*konnte sogar eine bevorzugte Stelle im Rat einnehmen,"* hielt sie fest. *Aber auch Schläge konnte die Frau dem Manne verabfolgen, wenn er sie zum Beispiel beleidigte oder gar mit falscher Eifersucht quälte.*[36] Es war die Zeit, in der der politisch organisierten Arbeiterfrau ebenso wie der gewerkschaftlich aktiven Arbeiterin allmählich dämmerte, *daß die Enttäuschungen, die die Ehe oder das freie Liebesverhältnis ihnen bereitet hatten, nicht durch persönliches Schicksal allein heraufbeschworen wurden, sondern daß neben dem wirtschaftlichen Druck immer noch die ungünstige Stellung der Frau im Familienleben auf ihr persönliches Glück zerstörend einwirkt [...] Die Frau der neuen Generation,* schrieb damals *Vorwärts*-Redakteurin Judith Grünfeld in der *Frauenwelt*[37], *sieht sich nur allzu oft in ihrem Liebesleben in einem dramatischen Kampf mit dem traditionellen Herren-standpunkt des Mannes verwickelt.* Auch sie wußte, daß in den Versammlungen oft Beispiele vorgebracht wurden, die *wegen ihrer naiven Schroffheit wenig zeitgemäß* erschienen, *aber hinter diesen Äußerungen,* konstatierte sie, *steckt oft viel bitterer Ernst.*[38]

An einem Juli-Abend des gleichen Jahres beschäftigen sich die Genossinnen mit dem Zweck der in Mannheim nicht lange zuvor gegründeten Arbeiterwohlfahrt. *Unsere AWO ist verhältnismäßig noch jung, aber trotzdem schicken wir dieses Jahr erstmals 50 Kinder in Erholung nach dem Ludwig-Frank-Heim im Schwarzwald,* hält das Protokoll fest.[39] Ein schon damals besonders „heißes" und deshalb auch „lebhaft diskutiertes" Thema steht bei der folgenden Versammlung auf der Tagesordnung: Die Frau und der §218-19. Die Vorsitzende, Genossin Elser, weist vor allem auf die sozialen Aspekte des *Ausnahme-Paragraphen gegen die unbemittelten Schichten* hin und vertritt die Auffassung, es sei *besser, den Keim zu zerstören, als die Kinder in den ersten Lebensjahren zugrunde gehen zu lassen. Schließlich habe man schon vor dem Ersten Weltkrieg mit einer Sterblichkeitsziffer von 300 000 Säuglingen gerechnet.*[40]

Offensichtlich kommt es immer wieder zu Kompetenz- und Zielkonflikten mit der männlich dominierten „Mutterpartei". Auch die Mehrheit der Mannheimer Sozialdemokraten mag ihrer so lange gesetzlich legitimierten „Geschlechtsvormundschaft"[41] nicht nur im privaten, sondern auch im öffentlichen Bereich ebenso wenig entsagen wie ihre bürgerlichen Klassengegner. So werden die Frauen beispielsweise am 25. Februar 1908 entgegen dem Wunsch ihrer Vorsitzenden Werner davon abgebracht, in einem eigenen Lokal zu tagen. Der Grund: Parteisekretär Schäfer hatte erklärt, *daß wir doch keine selbständige Organisation, sondern unmittelbar an die der Männer angeschlossen*[42] sind, folglich sei aus Zweckmäßigkeits-Gründen das Lokal der Männer zu empfehlen.[43] Richard J. Evans sieht in dieser *mit großer Majorität* beschlossenen Empfehlung einen *interessanten Beleg für die Bemühungen der zentralen Parteiorganisation, die Frauenbewegung auch auf ganz lokalem Niveau unter ihrer Vormundschaft zu halten.*[44] Nicht ausschließen will er zudem die *Vermutung, daß die Parteifunktionäre es auf lokaler*

Maria Elser, 1926.

Ebene für besonders nötig hielten, die Frauenbewe-
gung ihrer Kontrolle zu unterstellen, da diese ja zum
Großteil aus ihren eigenen Ehefrauen bestand[45].

Das ist keineswegs das einzige Beispiel für den
patriarchalen Anspruch der männlichen Genossen,
die Frauen-Interessen wie selbstverständlich den
eigenen unterzuordnen. Als Therese Blase 1912
vorschlägt, bei einer „Hausagitation" eine Broschüre
von Luise Zietz zu verteilen, werden die Frauen
von dem Genossen Wehner gebremst und aufgefordert, ihre eigene Werbeaktion noch eine
Zeitlang zu verschieben, *weil augenblicklich für die*
Genossen und die Volksstimme agitiert wird.[46]
Noch 1926, bei der *erstmalig wieder eingeführten*
Versammlung ist sofort ein Genosse mit Ratschlägen,
wie wir die Frauenabende leiten sollen, zur Stelle.
Er hält es für gut, kein zu langes Referat zu halten
und einige gute Vorlesungen zur Diskussion zu bringen,
und am Schluß auch das Lied nicht zu vergessen.[47]

Kein Zweifel: die von Parteigründer August Bebel
in seinem offensichtlich nur von den Mannheimer
Sozialdemokratinnen beherzigten Buch *Die Frau*
und der Sozialismus kritisierten „ Philister "
waren auch in der Quadratestadt zuhause. Schon
früh regte sich weibliche Kritik an ihrer Selbst-
Herrlichkeit. Bereits 1905, im gleichen Jahr als in
den *Sozialistischen Monatsheften* der Revisionist
Edmund Fischer sich gegen die von *Bebel, Kautsky,*
Zetkin und den anderen vorgetragene Emanzi-
pationstheorie ausspricht[48] – die Erwerbstätigkeit
widerspricht seiner Auffassung nach der „Natur"
der Frau – und damit auch in Mannheim
Anhänger[49] fand, rügte Stephanie Hoffmann
unerschrocken den Standpunkt vieler Genossen,
daß die Frau nur ins Haus gehöre und am öffentli-
chen Leben keinen Anteil zu nehmen habe, zumal sie
doch am meisten unter der aktuellen schlechten
Wirtschaftslage leide.[50] *Auch in Mannheim waren*
Anzeichen der Tatsache festzustellen, daß zahlreiche

Genossen der Politisierung ihrer Frauen sich immer noch widersetzten[51].

Zu einem Höhepunkt der Auseinandersetzungen zwischen der Frauenorganisation und ihren männlichen Vormündern kommt es 1926. Bei der Versammlung am 22. November beklagt eine Genossin, *wie man es wieder verstanden hat, die Frauen in der Gemeinde zurückzusetzen.*[52] Ihre Kritik richtet sich gegen die Tatsache, daß von den beiden bisher im Mannheimer Gemeinderat vertretenen Sozialdemokratinnen nach der Neuwahl des Kommual-Parlaments nur noch eine, Therese Blase, diesem angehört. Das Protokoll-Buch hält fest, daß diese Erfahrung von den Frauen auf dem Lindenhof offenbar voller Erbitterung diskutiert worden ist: *Die Frauen müssen aus der letzten Wahl gelernt haben, sich ihre Posten genauso zu erkämpfen und zu erstreiten wie die Männer. Denn es ist keiner von den Männern so loyal und tritt zu Gunsten der Frau zurück, jedoch ihre Stimmen verlangen sie.*[53] Ganz im Sinne erst viel später gefaßter Quotierungsbeschlüsse wurde argumentiert, entsprechend der eigenen Mitgliederzahl müßten der SPD-Fraktion mindestens vier Stadträtinnen angehören. Der Konflikt eskaliert, als Parteisekretär Teßloff in einer Wahlkonferenz in Heidelberg behauptet, die Frauenorganisation wäre erst seit einem Jahr *was geworden.* Schriftführerin Else Witt kommentiert voller Ironie: *Weil nämlich Gen. Teßloff seit dieser Zeit hier in Mannheim Sekretär ist, somit hat er sie in die Höhe gebracht.* Aber Teßloff hat, offenbar durch *Zurufe einiger Genossinnen* herausgefordert, noch eins drauf gesetzt: *Von einem Kind, das totgeboren sei, kann man nicht mehr reden,* soll er gesagt haben. Auch Genosse Trumpfheller, kritisiert die Protokollantin, habe die Frauen-Organisation als *notwendiges Übel* betrachtet. *Man braucht die Frau, wenn sie nicht da ist, merkt sie an, während sie, wenn sie da ist, als überflüssig erscheint.*[54]

Selbstverständlich spiegelt sich in dem Lindenhofer Protokollbuch, jedenfalls bis zu einem gewissen Grad, auch die Entwicklung der gesamten Mannheimer sozialdemokratischen Frauenorganisation wider. Zumal einige Akteurinnen nicht nur im Stadtteil gewirkt, sondern wie Lina Kehl, die bis zu ihrem Umzug 1905 nach Mannheim bei den Kölner Sozialdemokratinnen aktiv war und danach

zusammen mit Therese Blase eine Reihe von Veranstaltungen organisierte, die ganze Stadt als ihr politisches Arbeitsfeld betrachtet haben. Es darf wohl ihrer Arbeit zugeschrieben werden, daß der Mannheimer Stadtrat 1906 zwei Frauen mit Sitz- und Stimmrecht in den Armenrat aufgenommen hat[55]. Auch die Mitgliederzahl stieg in diesem Jahr von 312 auf 425 an[56], aber der Zulauf hielt nicht lange an. *Trotz aller Bemühungen,* klagte Therese Blase 1910 in einem von der *Gleichheit* veröffentlichten *Tätigkeitsbericht der Mannheimer Genossinnen*[57], *war es nicht möglich, Fortschritte zu erzielen. An jedem Quartalschluß mußte man mit Bedauern vernehmen, daß die weiblichen Mitglieder einen Rückgang zu verzeichnen hatten.* Die meisten Genossinnen, teilte sie mit, *begründeten ihren Austritt aus der Organisation damit, daß der Beitrag von 30 Pfennig für sie zu hoch sei, da sie infolge der verteuerten Lebenshaltung mit jedem Pfennig rechnen müßten.* Zu Beginn der Berichtszeit hatte die Zahl der weiblichen SPD-Mitglieder 273 betragen, am Ende waren es nur noch 233. *Es wird dem [...] Vorstand allein* – Therese Blase amtierte zu diesem Zeitpunkt als erste, Martha Wehner als zweite Vorsitzende und „Genossin Gewehr" als Schriftführerin – *niemals gelingen, die Organisation auf die gewünschte Höhe zu bringen, wenn ihm nicht von seiten der Mitglieder die tatkräftigste Unterstützung zuteil wird,* konstatierte die Vorsitzende und fügte hinzu: *Auch die Genossen sollten die Frauenorganisation mehr als bisher fördern. Wir gehen ernsten Zeiten entgegen und dürfen deshalb in der Aufklärungsarbeit nicht erlahmen. Viele Frauen stehen unseren Bestrebungen noch fremd gegenüber. Sie zu gewinnen, muß in Zukunft unsere Aufgabe sein. Denn ohne die Mithilfe der Frau können die Ziele der Sozialdemokratie nie verwirklicht werden.*[58]

Trotz dieser desolaten Lage hatten sich in diesem Jahr immerhin zwölf Genossinnen bereit erklärt, als Reaktion auf das völlig unzulängliche Kinderschutzgesetz eine Kinderschutzkommission ins Leben zu rufen. Das Anfang 1904 von Kaiser Wilhelm II. erlassene Gesetz sah nämlich lediglich vor, daß man eigene Kinder in gewerblichen Betrieben nicht unter zehn Jahren, fremde erst ab einem Alter von zwölf Jahren beschäftigen sollte; die Arbeitszeit durfte nicht länger dauern als von 8 bis 20 Uhr, zwei Stunden Pause inbegriffen.

Kinderschutzkommission in den zwanziger Jahren,
Helferinnen und Helfer; die 4. von links, hinten ist Therese Blase

Das Beispiel der Frankfurter Sozialdemokratinnen regte auch ihre Mannheimer Genossinnen an, *Ferienspaziergänge für Proletarierkinder zu organisieren. Wie beginnen wir es, um Geld für den Zweck aufzubringen?* schilderten sie ihre Aktion in der *Gleichheit*[59]. Nachdem sie sich an *bessergestellte Parteigenossen gewendet* und in einer Monatsversammlung des gesamten Ortsvereins eine Tellersammlung durchgeführt hatten, *besaßen sie die ersten Mittel, um den Kindern bei jedem Spaziergang nach dem Spiel ein Glas Milch und ein Brötchen verabreichen zu können.*

Die erste, von der *Volksstimme* angekündigte Aktion drohte buchstäblich ins Wasser zu fallen. *Grau und schwer hingen die Wolken über der Stadt, als wolle der Himmel einfallen. [...] Doch Petrus selbst mußte ein Einsehen haben. Denn nachmittags brach plötzlich die Sonne durch das Gewölk, sie konnte wohl kaum heller strahlen als die vielen freudigen Kinderaugen,* als sich die Kolonnen von vier Sammelstellen aus – Innenstadt, Neckar-, Schwetzingerstadt und Lindenhof – erstmals in Bewegung setzten.[60] Gemeinsames Ziel war der Luisenpark, wo die Kinder bald mit den verschie-

densten Spielen beschäftigt waren. *Und unsere Genossinnen von der Kinderschutzkommission?* fragt Berichterstatterin Stephanie Hoffmann. *Ja, waren das noch die versorgten, ernsten Frauen, wie wir sie sonst sahen? Sie wurden wieder jung beim Spielen und Tollen mit der Jugend.* Die Frauen hatten damit gerechnet, *vielleicht 100 bis 200 Kinder hinausführen zu können, aber es waren 550 gekommen.* Als alle, wie verabredet um 17 Uhr vor der Milchzentrale eintrafen, wo nur eine große Kanne Milch und 100 Brötchen abgeliefert worden waren, *tauchte [...] wie bei der bekannten wunderbaren biblischen Speisung die Frage auf: „Was ist das für soviele?"* Sie wurde, berichtet Stephanie Hoffmann, *dank der Verständigkeit und dem keimenden Solidaritätsgefühl der Kinder gelöst, die von der Mutter Vesperbrot mitbekommen hatten. Sie traten bei der Austeilung gern zurück, um Milch und Brötchen den ärmeren Gefährten zu überlassen.* Der Vorfall zeige, schlußfolgerte die Berichterstatterin, *welch gute Gelegenheit sich bei den Spaziergängen bietet, in unserem Sinne erzieherisch zu wirken, dem Egoismus entgegenzutreten und das Solidaritätsgefühl zu entwickeln.*

Therese Blase (links) und Maria Elser (3. von links),
am Sportplatz Waldhof

Nachdem dieser erste Spaziergang also ein voller Erfolg geworden war und der Kinderschutzkommission die *Sympathie einiger Geschäftsleute und Freunde unserer Bewegung* gefunden hatte, die sich, in Mark und Pfennig umgerechnet, auf insgesamt 478,60 Mark summierte, fanden die Ausflüge in den Luisenpark jeden Montag und Donnerstag während der Ferien statt. Auch die Zahl der Kinder steigerte sich von Mal zu Mal. *Wir hatten Spaziergänge mit 850 und mit 1100 Kindern,* bemerkt Stephanie Hoffmann voller Stolz auf die Leistung der Frauen. *Es versteht sich, daß bei den Ausflügen sehr große Anforderungen an die Genossinnen gestellt wurden, sie haben ihnen freudig, ja mit Glück im Herzen genügt,* und, so verspricht der Artikel, *sie werden ihre ganze Kraft dafür einsetzen, daß im Sommer 1913 die gemeinsamen Spaziergänge an den Arbeiterkindern ein weniges von dem vielen gut machen, was der ausbeutende Kapitalismus gegen die proletarischen Kleinen und ihre Eltern sündigt. Es sind das Verbrechen, die durch die Worte Unterernährung, Raub von Luft, Sonne, Kinderglück, Mangel elterlicher Pflege beleuchtet werden.* Wie sehr die Arbeit in der Kinderschutz-Kommission dem Selbstverständnis der Mannheimer Sozialdemokratinnen entsprach, zeigt

der Schlußsatz des Berichts: *Der Kampf gegen das Kinderelend ist eine der wichtigsten Aufgaben, denen sich die Genossinnen widmen müssen, um den Sieg des Sozialismus vorzubereiten.*

Die Arbeit der Kommission beschränkte sich auch keineswegs auf das Organisieren von Ferienspaziergängen, sie sah ihre Aufgabe auch darin, *der gewerblichen Ausbeutung entgegenzutreten* und *die Kleinen auch vor Mißhandlungen und Verwahrlosungen zu schützen*[61]. Zu diesem Zweck mußte sie sich oft mit der Armen-, Schul- und Polizeibehörde sowie mit dem Vormundschaftsgericht in Verbindung setzen. *Wurden Kinder, es handelte sich namentlich um Pflegekinder, mißhandelt, so wandten wir uns an das Sekretariat der Armenverwaltung,* berichtete Stephanie Hoffmann in der Jahresversammlung der sozialdemokratischen Frauen Ende Juli 1911. *Einmal hatten wir uns mit einem Sittlichkeitsvergehen gegen ein elfjähriges Kind zu befassen.*

Von den Parteimännern wurde diese, die politischen Kreise der Männer nicht tangierende Initiative ebenfalls gutgeheißen. Dazu beizutragen, daß die Kinderarbeit abgeschafft würde, *sind in*

Lina Kehl mit Ehemann und Tochter, Mannheim Waldhof 1913

erster Linie unsere Genossinnen berufen, konstatierte Arbeitersekretär Böttger und zitierte zu diesem Zweck ein Lob des Gewerbeaufsichtsamtes. *Diese Anerkennung muß unsere Genossinnen zur weiteren eifrigen Tätigkeit auf dem dankbaren Gebiet des Kinderschutzes anfeuern. Hier liegt ein Wirkungsfeld vor, das gerade die Betätigung der proletarischen Frauen fordert und lohnt. Hier können sich wertvolle „weibliche", mütterliche Eigenschaften zum Segen der ganzen Klasse ausleben*[62].

Vermutlich lag es auch an der Werbekraft dieser sozialen Arbeit, daß die Zahl der weiblichen Mitglieder bis 1912 auf 422 angestiegen[63] war. Überdies waren zu zwei von vier öffentlichen Frauenversammlungen prominente Rednerinnen nach Mannheim gekommen. *Bei dem Vortrag der Genossin Zietz über „Die Frauen im Kampfe gegen die Lebensmittelverteuerung"* war der große Saal des Gewerkschaftshauses überfüllt. *63 Neuaufnahmen wurden in der Versammlung gemacht.* Am 19. März, dem damaligen sozialdemokratischen Frauentag, sprach Clara Zetkin ein weiteres Mal über das Frauenwahlrecht. *Trotzdem die Versammlung schon um 2 Uhr mittags beginnen mußte, war der Besuch zahlreich. Die Versammlung brachte 30 neue Mitstreiterinnen.* So stark besucht, daß er *im Herbst wiederholt werden sollte,* war ein Vortrag über *„Männersünden und Frauenleiden",* gehalten von dem sozialdemokratischen Arzt Dr. Friedmann, der aus seiner Praxis berichtete und manch *nützliche Belehrung* parat hatte.

Während sich die Arbeit und die Entwicklung der sozialdemokratischen Frauenbewegung Mannheims in der Phase vor dem Ersten Weltkrieg aufgrund des Lindenhofer Protokollbuches und der kontinuierlichen Berichterstattung der *Gleichheit* einigermaßen rekonstruieren lassen, gibt es über die schwere Zeit des Ersten Weltkriegs und die Jahre der Weimarer Republik nur spärliche, aus biographischem Material zu gewinnende Hinweise. Hedwig Wachenheim, die aus einer großbürgerlichen Mannheimer Familie stammende, aus Liebe zu dem SPD-Reichstagsabgeordneten Ludwig Frank zur Sozialdemokratie gestoßene Reformistin – hat in ihrer Autobiographie[64] zwar beschrieben, wie sie in den Jahren 1914/15 als Fürsorgerin in Mannheim Ermittlungen über die Lage der Armen anstellte und wegen ihrer Mitgliedschaft in der SPD nicht die ihr von der bürgerlichen Frauenbewegung zunächst angebotene Leitung der Berufsberatungstelle der Stadt und des Bundes Deutscher Frauenvereine (BDF) erhielt[65], aber zu den Frauen ihrer eigenen Partei hatte sie in dieser Phase ihres Lebens offenbar wenig Kontakt. Ihre *einzigen Freunde* waren vielmehr der damalige Syndikus der Mannheimer Handelskammer, Dr. Arthur Blaustein und seine Frau Elisabeth, Vorsitzende des Vereins zum Schutz lediger Mütter, *eine Frau ohne Vorurteile, dem linken Flügel der bürgerlichen Frauenbewegung angehörend.* Ob sich auch die Sozialdemokratinnen wie der Rest der *Mannheimer Partei in einem Zustand der Lethargie*[66] befanden, geht aus ihren Aufzeichnungen leider nicht hervor.

So ist z.B. nicht bekannt, wie die Mannheimer Sozialdemokratinnen auf den Führungswechsel in der SPD-Frauenbewegung 1917 reagierten. Nachdem nämlich in der *Gleichheit,* die während

des Ersten Weltkriegs zu einem Medium der kritischen Auseinandersetzung mit der Politik des Parteivorstandes und des Kampfes für den Frieden geworden war, am 16. März 1917 die Absetzung von Luise Zietz als Mitglied des Parteivorstandes als Zeichen einer „brutalen Machtpolitik" angeprangert worden war, wurde auch ihre Herausgeberin Clara Zetkin am 12. Juni des gleichen Jahres abgesetzt. Frauen einer anderen Generation übernahmen die Führung: Marie Juchacz, seit 1913 verantwortlich für die Frauenagitation im Rheinland, wurde an Stelle von Luise Zietz Leiterin des Frauenbüros und Mitglied des Parteivorstandes. Clara Bohm-Schuch übernahm Anfang 1919 die Redaktion der *Gleichheit.* Beide Frauen, die erst nach der Jahrhundertwende zur SPD gekommen waren und keine Verbindung mehr zur Entstehungsphase der SPD-Frauenbewegung hatten, hatten im Gegensatz zu den Geschaßten nie die Bewilligung der Kriegskredite öffentlich in Frage gestellt.[67] Unbekannt ist auch, wie Mannheimer Sozialdemokratinnen jene Erfahrungen verkraftet haben, die die Demobilisierung des Heeres für sie mit sich brachte. Es ist davon auszugehen, daß auch in der Quadratestadt viele Frauen, die während des Krieges notgedrungen in bisher den Männern reservierte Arbeitsbereiche „eingebrochen" waren, diese wieder hatten verlassen müssen: die heimkehrenden Soldaten beanspruchten wieder ihre alten Arbeitsplätze.

Was Christl Wickert für die gesamte Politik der Sozialdemokratinnen in der Weimarer Republik feststellt, scheint auch für die Mannheimer Genossinnen zu gelten: *Einen Freiraum für ihre politische Arbeit unabhängig von den Auseinandersetzungen mit Männern bot die Arbeiterwohlfahrt*[68]. Die von Brunhilde Jackl ermittelten Gründungsmitglieder der 1925 in Mannheim ins Leben gerufenen AWO sind jedenfalls alle weiblich: Therese Blase, Helene Adrian, Lina Kehl, Martha Breiter (geb. Wehner)[69] und Maria Kögel.

Nur in wenigen Fällen war es möglich, die persönlichen Biographien jener Mannheimer Genossinnen zu rekonstruieren, die vor der Machtübernahme der Nationalsozialisten aktiv gewesen sind. Es ist sicher kein Zufall, daß die meisten von ihnen im Bereich der Zahlstelle Lindenhof gearbeitet haben. Wo wenigstens schon einmal

Namen bekannt waren, hatten die Recherchen von Brunhilde Jackl am ehesten Erfolg. Allerdings war auch in ihrem Fall manchmal nicht mehr zu ermitteln wie im Fall von Else Witt, die nach 1918 laut Protokollbuch mindestens bis 1928 Schriftführerin des Sozialdemokratischen Frauenvereins auf dem Lindenhof gewesen ist. Außerdem war sie Mitglied der Kinderschutzkommission und hat bei der Arbeiterwohlfahrt mitgearbeitet. Eine Tätigkeit, für die sie offenbar auch ihre 1911 geborene Tochter Else begeisterte. Diese baute nach 1945 die AWO in der Schwetzingerstadt auf.

Etwas mehr war über Maria Elser, von 1912 bis 1928 Vorsitzende der Lindenhofer SPD-Frauen, zu ermitteln. Die im Alter von 26 Jahren 1908 der SPD beigetretene Hausangestellte, die 1925 als Vertreterin der AWO in den Hauptausschuß des städtischen Fürsorgeamtes berufen worden war und sich in der Fürsorge für alte Menschen, Klein- und Sozialrentner sowie Obdachlose engagierte, legte sofort nach der Machtübernahme der Nationalsozialisten ihr Amt als „Wohlfahrtspflegerin" nieder, arbeitete aber 1945 sofort wieder beim Aufbau des SPD-Ortsvereins Almenhof-Lindenhof und beim Wiederaufbau der AWO aktiv mit. Als sie 1977 im Alter von 95 Jahren starb, hatte sie nicht weniger als 73 Jahre ehrenamtlicher Arbeit in ihre Partei investiert.

Auch die Tätigkeit zweier weiterer Mannheimer Sozialdemokratinnen wurde durch das Dritte Reich jäh unterbrochen. Der Lehrerin Else Sticht wurde 1933, obwohl ihr Mann damals noch studierte und keinerlei Einkommen hatte, als verheiratete „Doppelverdienerin" sowie als SPD-Mitglied und damit als politisch oppositionelle Beamtin aufgrund des §4 des Gesetzes zur Wiederherstellung des Berufsbeamtentums[70] gekündigt. Zwar wurde die Kündigung aufgrund der rechtlich begründeten Eingaben Else Stichts vorläufig zurückgenommen, aber 1939 wurde die ebenso frauenfeindliche wie antisozialdemokratisch begründete Entlassung endgültig ausgesprochen[71]. Ähnlichem Terror war auch Else Heiser ausgesetzt, eine gebürtige Königsbergerin, die in den Jahren 1918 bis 1921 Abgeordnete der Preußischen Verfassunggebenden Landesversammlung Berlin war und zwischen 1924 und 1929 als Stadtverordnete der SPD amtiert und sich als

Vorsitzende der badischen Kinderfreunde-Bewegung einen Namen gemacht hatte. Die erste 1927 von ihr in der Neckarstadt gegründete Gruppe gab dem ganzen Land ein Beispiel. Else Heiser wurde Landesvorsitzende und leitete als „Präsidentin" 1929 am Thuner See eine „Kinderrepublik", in der sich etwa 3000 Kinder aus Baden, Hessen und Bayern fünf Wochen lang erholen konnten. Aktivitäten, denen die Nationalsozialisten ein Ende machten: Unter dem NS-Regime mußte sie ständig mit Vorladungen, Verhören und Hausdurchsuchungen rechnen. Am 18. März 1942 wurde sie nachts gegen zwei Uhr von der GESTAPO verhaftet und wegen Geldspenden für verfolgte Antifaschisten und ihre Zwecke drei Wochen lang festgehalten. Da sie von einem Genossen, Herbert Faulhaber, gedeckt wurde, konnte man ihr nichts beweisen und mußte sie schließlich wieder freilassen. Daß ihre Wohnung in der Moselstraße Treffpunkt der *Lechleitner-Gruppe* gewesen war, blieb glücklicherweise unentdeckt.

Einer Frau verdankt die Mannheimer SPD besonders viel: Als 1933 die Parteizentrale in R 3 von den neuen Machthabern besetzt wurde, wußte es Karoline („Lina") Ludwig zu verhindern, daß den nationalsozialistischen Schnüfflern Adressen und andere Unterlagen in die Hände fielen. Die damalige Partei-Sekretärin, die gewissermaßen in die Partei hineingeboren worden war – ihr Vater arbeitete schon zu einer Zeit für die Partei, als noch viel Mut dazu gehörte, sich als Sozialdemokrat zu bekennen – wurde gerade in dieser gefährlichen Situation ihrem Ruf gerecht, *der ruhende Pol und der Arbeitsmittelpunkt der Organisation*[72] zu sein. Sie versteckte alles, was nicht in die Hände der Nazis gehörte, abwechselnd an verschiedenen Orten. Obwohl nicht nur ihr Arbeitsplatz sondern auch ihre Wohnung mehrmals durchsucht wurden, niemals wurde etwas bei ihr gefunden, was eine Genossin oder einen Genossen den Nazis hätte verdächtig machen können. Als das Risiko für sie und jene Freunde, bei denen das fragliche Material aufbewahrt wurde, zu groß wurde, entschloß sie sich, es lieber zu vernichten, als irgend jemanden zu gefährden.

Karoline Ludwig selbst, die zum Zeitpunkt der NS-Nachforschungen bereits fast 20 Jahre, nämlich seit 1914, in der Zentrale der Mannheimer SPD gearbeitet hatte, wurde arbeitslos und verlor außerdem auch ihre Wohnung, die im selben Gebäude lag. Von dem Zigarrenladen, den sie zusammen mit dem damaligen Parteisekretär in der Innenstadt eröffnete, konnte sie auch nicht lange leben. Da die Kunden beobachtet und der Laden deshalb aus Angst zunehmend boykottiert wurde, mußte sie ihn schon bald wieder aufgeben. Nach bitteren Jahren fand sie 1937 bei der Oberrheinischen Eisenbahn-Gesellschaft eine neue Anstellung, bei der sie bis zu ihrer Pensionierung arbeitete. Nach dem Zusammenbruch des Dritten Reiches, als die Alliierten die Partei noch nicht wieder zugelassen hatten, fanden viele Besprechungen in ihrer Wohnung statt, die dem Wiederaufbau der Mannheimer SPD dienten. 1946 wurde sie von ihrer Partei in den Gemeinderat delegiert, dem sie bis 1972 angehören sollte. *Diese Vertreterin der Sozialdemokratischen Partei, schrieb die Allgemeine Zeitung zu ihrem 60. Geburtstag am 26. April 1955, darf nicht beurteilt werden nach den Reden, die sie nicht gehalten hat, sondern nach dem, was sie tut [...] Lina Ludwig ist.*

Für die sozialdemokratische Frauenarbeit insgesamt bedeutete der Beginn des *Dritten Reiches* den völligen Zusammenbruch aller Emanzipationsbestrebungen. Zwar konnte nach 1945 *ein Stück emanzipatorische Tradition in der SPD herübergerettet*[73] werden, als aber die Generation der Frauen, die vor 1933 politisch sozialisiert worden waren, Mitte/Ende der fünfziger Jahre aus dem politischen Leben ausschied, dauerte es fast 20 Jahre, bis die Frauenfrage über den Umweg der Studentenbewegung endlich wieder ins Bewußtsein rückte und die Forderungen ihrer weiblichen Mitglieder die SPD wieder zu einem zentralen Feld der Frauenpolitik machten.

Anmerkungen zum Kapitel

[1] Dieser Beitrag basiert u.a. auf der jahrelangen, arbeitsintensiven Personen-Dokumentation von Brunhilde Jackl, der langjährigen Vorsitzenden der Arbeitsgemeinschaft sozialdemokratischer Frauen (AsF) Vogelstang.
Sie ist jeder biographischen Spur nachgegangen und hat viele Original-Dokumente für die Historiographie der Mannheimer Sozialdemokratie gesichert.

[2] Protokoll des SPD-Parteitages zu Mannheim vom 23. bis 29. September 1906, Berlin 1906 mit einem Anhang: Bericht über die 4. Frauenkonferenz am 22. und 23. Sept. 1906, S. 398. (In Zukunft zitiert als Protokoll Frauenkonferenz Mannheim)

[3] G. BRINKER-GABLER zitiert allerdings in ihrem Sammelband mit frühen Texten zum Thema „Frauenarbeit und Beruf" eine aus dem Jahre 1893 stammende Aufstellung der „Organisationen der Arbeiterinnen Deutschlands", die folgenden Vermerk enthält: *Mannheim. 44. Verein sozialistischer Frauen und Mädchen. Gegründet 1892. Vorsitzende: Fräulein Schön, U6.28, Parterre. Zweck: Der Verein schließt sich der sozialdemokratischen Partei Deutschlands an und wirkt gemeinschaftlich mit dieser für die ökonomische wie politische Freiheit des weiblichen Geschlechts. Zur Aufklärung werden gemeinsame Vorträge gehalten. Mitgliederzahl 235. Monatlicher Beitrag: 25 Pfennig. Die Mittel werden aufgewandt für Abonnement der „Gleichheit", welche die Mitglieder gratis erhalten.* Vermutlich hat dieser Verein aber nur kurze Zeit bestanden, denn bereits 1893 setzte fast in ganz Deutschland eine in diesem Ausmaß bis dahin unbekannte Verfolgungswelle gegen die proletarische Frauenbewegung ein. Im Herbst 1894 waren fast alle sozialistischen Frauenvereine aufgelöst. Aus diesem Grund konnte wohl auch die erste Mannheimer sozialistische Frauengruppe nur eine geringe Wirksamkeit entfalten, so daß selbst Therese Blase – im Nachruf auf Stephanie Hoffmann (siehe folgende Anm.) – den Beginn der sozialdemokratischen Frauenbewegung in Mannheim auf 1905 datiert. Diesen Zeitpunkt nennt auch der britische Historiker R. J. EVANS S. 209f.

[4] DIE GLEICHHEIT Jg. 1917/18, Nr. 22, S. 174.

[5] Zit. nach: S. RICHEBÄCHER S. 191.

[6] Um den staatlichen Behörden keine Handhabe zu bieten, griff die proletarische Frauenbewegung auf eine bereits unter dem Sozialistengesetz erprobte Form der halblegalen Arbeit zurück. Sie wählten eine Vertrauensperson, da man, wie sie sagten, *eine Person weder verbieten noch auflösen könne.* Vgl. L. DORNEMANN S. 99.

[7] Im folgenden alle Zitate Protokoll Frauenkonferenz Mannheim, wenn nicht gesondert belegt.

[8] Ebd. S. 432.

[9] Ebd. S. 435f. Daß das Dienstboten-Problem dennoch auch in Mannheim noch viele Jahre aktuell bleiben sollte, belegen die Jahresberichte des 1899 vom Mannheimer Gewerkschaftskartell nach dem Vorbild

jener Nürnberger Institution, an der Helene Grünberg wirkte, ins Leben gerufenen Arbeitersekretariats, zu dessen Rat und Hilfe suchenden Klienten stets auch eine erkleckliche Anzahl von Dienstmädchen gehörte. Noch 1911 zum Beispiel sahen es die Mannheimer Arbeitersekretäre für erwiesen an, daß das Verhältnis der Dienstboten zur „Herrschaft" keineswegs friedliebender geworden ist. Bemerkenswert fanden sie vor allem, daß es weniger die sogenannten besseren Herrschaften sind, die zu Differenzen Anlaß geben, als vielmehr solche der mittleren Bevölkerungsschichten. (Vgl. Arbeitersekretariat Mannheim, Jahresbericht für 1911)

[10] Protokoll Frauenkonferenz Mannheim S. 459.

[11] Ebd. S. 463.

[12] Vgl. Protokoll der 2. SPD-Frauenkonferenz München, 1902, S. 302.

[13] S. RICHEBÄCHER S. 238.

[14] Protokoll Frauenkonferenz Mannheim S. 445.

[15] S. RICHEBÄCHER S. 239.

[16] Protokoll Frauenkonferenz Mannheim S. 446.

[17] R. J. EVANS S. 210.

[18] Ebd. S. 211.

[19] Vgl. H. NIGGEMANN S. 218f.

[20] Protokollbuch des Sozialdemokratischen Frauenvereins Mannheim, Zahlstelle Lindenhof, S. 69 (STADTA MA: Kleine Erwerbung).

[21] L. DORNEMANN S. 87.

[22] *Summa summarum, stellte sie fest, die Erwerbsverhältnisse der bei Weitem großen Mehrzahl der Arbeiterinnen jener sechs (untersuchten – Anm. d. Autorin) Fabrikbetriebe sind höchst traurige. Bei einem Verdienst von 3, ja sogar von 6 Mark (wöchentlich – Anm. d. Autorin) kann von einer menschenwürdigen Existenz nicht die Rede sein. Frauen und Mädchen, die kein höheres Einkommen haben und die nicht in einer Familie Anhalt besitzen, müssen unrettbar der Prostitution verfallen. Der Schacher mit dem Körper muß eben die Existenzmittel liefern, welche durch den Verkauf der Ware Arbeitskraft nicht gewonnen werden.* DIE GLEICHHEIT Jahrgang 1894, S. 44ff.

[23] 1900 lag das durchschnittliche jährliche Arbeitseinkommen der unselbständig Beschäftigten je nach Branchen zwischen 509 Mark (Textilindustrie) und 1402 Mark (Druckgewerbe). Diese Angaben finden sich in: G. A. RITTER / K. TENFELDE S. 476.

[24] R. J. EVANS S. 217.

[25] Protokollbuch des Sozialdemokratischen Frauenvereins Mannheim, Zahlstelle Lindenhof, S. 5 (STADTA MA: Kleine Erwerbung).

[26] Ebd. S. 17.

[27] Ebd. S. 21.

[28] Ebd. S. 26.

[29] R. J. EVANS S. 217.

[30] Protokollbuch des Sozialdemokratischen Frauenvereins Mannheim, Zahlstelle Lindenhof, S. 115 (STADTA MA: Kleine Erwerbung).

[31] Ebd. S. 16.

[32] Ebd. S. 28.

[33] Ebd. S. 50.

[34] Ebd. S. 74f.

[35] Ebd. S. 87.

[36] Ebd. S. 90f.

[37] Beilage des VORWÄRTS Nr. 6/1929, S. 249.

[38] Ebd.

[39] Protokollbuch des Sozialdemokratischen Frauenvereins Mannheim, Zahlstelle Lindenhof, S. 99f

[40] Ebd. S. 100ff.

[41] Das Familienrecht des 1900 in Kraft getretenen Bürgerlichen Gesetzbuches schrieb die fast unbeschränkte männliche Vorherrschaft fest.

[42] Die Eingliederung des Mannheimer Sozialdemokratischen Frauenvereins in die örtliche Parteiorganisation war am 1. April 1906 vollzogen worden.

[43] Protokollbuch des Sozialdemokratischen Frauenvereins Mannheim, Zahlstelle Lindenhof, S. 33

[44] R. J. EVANS S. 215.

[45] Ebd.

[46] Protokollbuch des Sozialdemokratischen Frauenvereins Mannheim, Zahlstelle Lindenhof, S. 61

[47] Ebd. S. 88.

[48] Die Frauenfrage in: SOZIALISTISCHE MONATSHEFTE, Jg. 1905, 1. Bd. S. 218ff. Kernsatz: *Die allgemeine Berufstätigkeit der Frauen, und damit ihre völlige wirtschaftliche Selbständigkeit, ihre Emanzipation vom Manne, und infolgedessen die Übernahme der gesamten Pflege und Erziehung der Kinder durch die Gesellschaft und die Auflösung der Einzelhaushalte, der Familie, ist ein Traum – und keineswegs ein schöner! – aus den Kinderjahren der sozialistischen Bewegung.*

[49] So wertete noch im Dezember 1910 der Genosse Hermann Braun die Frauenarbeit als notwendiges Übel. Nur *solange der Verdienst des Mannes noch so knapp bemessen sei, daß er kaum imstande ist, seine Familie zu ernähren, muß halt die Frau noch helfen […]* Protokollbuch des Sozialdemokratischen Frauenvereins Mannheim, Zahlstelle Lindenhof, S. 39)

[50] Ebd. S. 9.

[51] R. J. EVANS S. 215.

[52] Protokollbuch des Sozialdemokratischen Frauenver

eins Mannheim, Zahlstelle Lindenhof, S. 111

53 Ebd. S. 111f.

54 Ebd. S. 125.

55 DIE GLEICHHEIT Jg. 1906, Nr. 10, S. 64f. Allerdings handelte es sich dabei auch um eine Forderung der bürgerlichen Frauenbewegung.

56 Vgl. J. SCHADT (Hg.) STADTA MA, Bd. 4, Stuttgart 1977, S. 40ff.

57 DIE GLEICHHEIT Jg. 1910/11, Nr. 4, S. 57.

58 Ebd.

59 Ebd. Jg. 1911/12, Nr. 10, S. 153f.

60 Jahresbericht der Kinderschutzkommission Mannheims. In: DIE GLEICHHEIT Jg. 1911/12, Nr. 26, S. 410.

61 Ebd.

62 Kinderarbeit und Kinderschutz in Baden. In: DIE GLEICHHEIT Jg. 1913/14, Nr. 11, S. 166f.

63 Jahresbericht der Mannheimer Genossinnen. In: DIE GLEICHHEIT Jg. 1911/12, Nr 1, S. 10.

64 Vgl. H. WACHENHEIM.

65 Obwohl Julie Bassermann, eine nicht nur in Mannheim bekannte Feministin, ausdrücklich festgestellt hatte, Sozialdemokraten könnten nicht in den Ausschuß der Mannheimer Kriegsfürsorgezentrale berufen werden, war Hedwig Wachenheim nicht gewillt, ihre Mitgliedschaft geheimzuhalten. Diese Offenheit kostete sie die ihr von der bürgerlichen Frauenbewegung angebotene attraktive Stelle. Vgl. S 54f.

66 H. WACHENHEIM, S. 55.

67 Vgl. C. WICKERT S. 72ff.

68 Ebd. S. 226.

69 Martha Breiter ist (ebenso wie die weiter unten genannte Else Sticht) eine Tochter des Mannheimer Landtagsabgeordneten Karl Wehner und seiner Ehefrau Eva, die 1911/12 der Frauengruppe auf dem Lindenhof vorsaß. Ihre Tochter Martha heiratete 1939 nach Frankfurt, wo sie im hessischen Schuldienst tätig war und von 1951-1964 im Frankfurter Stadtparlament saß. Daneben bekleidete sie Ehrenämter bei der AWO und dem Landeswohlfahrtsverband. Sie wurde nicht nur mit dem Bundesverdienstkreuz, sondern auch mit der Römerplakette der Stadt Frankfurt in Gold ausgezeichnet. Außerdem wurde ihr der Ehrentitel einer Frankfurter Stadtältesten verliehen.

70 Vgl. E. SAID S. 105ff.

71 Ihrer Schwester Martha, ebenfalls Lehrerin, war dagegen nicht gekündigt worden, obwohl auch sie seit 1921 der SPD angehörte. Allerdings unterstand sie auch, da sie mit ihrem Mann Fritz Breiter 1939 nach Frankfurt umgezogen war, auch einer anderen Schulbehörde.

72 ALLGEMEINE ZEITUNG vom 26. April 1955.

73 C. WICKERT S. 304.

*D*ie aus Schleswig-Holstein stammende Grafikerin und Webmeisterin ist untrennbar verbunden
mit dem Aufbau der Mannheimer Webschule und
zählt zu den Persönlichkeiten, die nach dem
Zweiten Weltkrieg das kulturelle Leben der Stadt
prägten.

Am 19. September 1904 wird Elfriede Burgdorf
als viertes von sieben Kindern des praktischen Arztes Theodor und der Hausfrau Jenny in Bovenau /
Schleswig-Holstein geboren.[1] Nach einem Jahr
Dorfschule besucht sie das Lyzeum in der nahe
gelegenen Stadt Rendsburg und im Anschluß daran
ein halbes Jahr ein Internat in Hannover, in dem
eine wesentlich auf künstlerische Tätigkeit ausgerichtete Pädagogik betrieben wird. In Hannover
nimmt sie zum ersten Mal Zeichenunterricht in
einer Privatkunstschule. Nach Kiel zurückgekehrt,
geht sie 1923 vormittags auf eine Haushaltungsschule, verheimlicht ihren Eltern aber den Besuch
der Klasse für Gebrauchsgrafik an der Kieler
Kunstgewerbeschule, an dem sie nachmittags teil-
nimmt.

ELFRIEDE ENDERLIN-
BURGDORF,
GEB. BURGDORF

Nachdem sie dort bei einem Wettbewerb für
einen Wasserzeichenentwurf den ersten Preis gewonnen hat, erhält sie von den Eltern, die jetzt
von ihren „heimlichen Interessen" erfahren und
die sich – wie bei ihren anderen Kindern – eigentlich eine medizinische Tätigkeit für sie vorgestellt
hatten, die Erlaubnis, an dieser Schule eine Ausbildung zu beginnen.

Von 1924 bis 1927 studiert sie an der Kieler Kunstgewerbeschule bei Prof. Riebicke. In diese Zeit
fällt auch ihre erste autodidaktische Beschäftigung

mit der Handweberei, die sie, seitdem sie als Kind bei Hausbesuchen ihres Vaters eine spinnende Bäuerin gesehen hatte, sehr fasziniert.

Am Ende des Studiums sind Webarbeiten von ihr im Thaulow-Museum in Kiel auf einer Webereiausstellung und auf der Ausstellung der Kieler Kunstgewerbeschule zu sehen, an der auch die Webschule Sindelfingen und die Webklasse vom *Bauhaus* in Dessau beteiligt sind.

Auf Anraten ihres Professors geht sie nach Abschluß der Ausbildung 1927 nach Wien, um an der dortigen Kunstgewerbeschule bei dem renommierten Schriftpädagogen Rudolf von Larisch Schriftgestaltung und Heraldik zu studieren. 1928 unterbricht sie für einige Monate ihr Studium in Wien wegen einer Atelierarbeit bei Prof. Ehmcke aus München für die internationale Presse-Ausstellung Köln *PRESSA*[2]. 1929 kehrt sie wieder nach Kiel zurück, wird Assistentin ihres ehemaligen Lehrers Prof. Riebicke an der dortigen Kunstgewerbeschule und arbeitet außerdem als Dozentin für Schrift und Bucheinband am Kieler Werklehrerseminar.

In ihren beiden Tätigkeitsfeldern, der Weberei und der Grafik, gelangt sie zu immer größerer Bekanntheit. So werden 1931 praktische und theoretische Arbeiten von ihr in Fachzeitschriften veröffentlicht[3,] und gleichzeitig ist sie mit grafischen Arbeiten im Berliner Schriftmuseum vertreten[4,].

Als 1933 das Werklehrerseminar von den Nationalsozialisten geschlossen wird, da der damalige Direktor Sozialdemokrat war, ist sie durch den Wegfall der dortigen Kurse zunächst gezwungen ihren Lebensunterhalt, neben der Assistenz an der Kunstgewerbeschule, mit Privatunterricht in Schriftgestaltung und dem Zeichnen von Gewebeschnitten in der Anatomie der Kieler Universitätsklinik zu bestreiten, bis sie im Mai 1934 eine eigene kleine Werkstatt für Handweberei

und Gebrauchsgrafik eröffnet.[5] Noch im selben Jahr werden Webstücke von ihr auf der Kieler Kunstgewerbeschau *Frauenkultur* gezeigt.

1935 führt sie ein kurzes Intermezzo nach Berlin. Sie geht an die dortige Textilfachschule, um die Meisterprüfung abzulegen, denn nach den neuen Handwerksbestimmungen des Dritten Reiches darf sie ohne diesen Abschluß keine Ausbildungswerkstatt leiten. In Berlin nimmt sie bei den beiden Bauhausschülern Margaret Leischner und Prof. Gerhard Kadow Privatunterricht und legt 1936 vor der Handelskammer Berlin die Meisterprüfung ab. Danach kehrt sie wieder nach Kiel zurück und nimmt ihre Werkstattarbeit wieder auf.

1937 kommt sie erstmals nach Mannheim, wohin sie von dem Kunsthallendirektor Dr. Passarge, der sie von der Kieler Kunstgewerbeschule her kannte, wegen einer Ausstellung gerufen wird. Hier spricht sie der damalige Oberbürgermeister Renninger, der von ihren Arbeiten aus der Webereiausstellung in der Kunsthalle sehr angetan war, an. Sie erhält von ihm das Angebot vorort eine Handweberei aufzubauen. Sie nimmt an, zieht nach Mannheim und beginnt im Mai 1937 mit dem Aufbau der Städtischen Handweberei.

In den Erdgeschoßräumen des Fürsorgeamtes in R 5 richtet sie eine Weberei ein, in der Kleiderstoffe aus Seide und Wolle sowie Tischwäsche und Möbelbezugsstoffe hergestellt werden. Ziel dieser Handweberei ist es, Fürsorgeempfängerinnen so auszubilden, daß sie durch Heimarbeit am Webstuhl ihren Lebensunterhalt verdienen können.[6] Aus der Fürsorgemaßnahme wird jedoch nach kurzer Zeit ein reiner Werkstattbetrieb, da die Zahl der arbeitslosen und der Fürsorge bedürftigen Frauen rasch abnimmt.[7] Nun wird sogar erwogen, neben der Handweberei eine Bildteppichweberei nach dem Vorbild von Gobelinmanufakturen aufzubauen[8] – es werden aber nur wenige Gobelins in Mannheim gewebt. Die in der Handweberei angefertigten Arbeiten werden in einem kleinen Laden in den Arkaden des ehemaligen Rathauses in N 1 verkauft.

Einen großen Eindruck macht auf sie die Beschlagnahmeaktion der Nationalsozialisten in der Städtischen Kunsthalle Anfang Juli des gleichen Jahres, bei der sie zufällig Zeugin wird, als sie dort Dr. Passarge besucht. Wenn sie auch einzelne Details vergessen hat, so ist ihr doch in Erinnerung geblieben, daß mit der Beschlagnahme Leute beauftragt waren, die nicht das geringste von Kunst verstanden, wie folgende Frage eines Beamten belegt: *[…] da gibt es doch noch irgendein Bild von einem gewissen Kolloscha […]?* – gemeint war der bekannte Maler Oskar Kokoschka.[9]

Einer der ersten Aufträge der Handweberei ist nun ein *Hakenkreuzteppich*, der in der Musikhochschule hinter einer Hitlerbüste zur Aufhängung kommen soll. Frau Burgdorf löst das Problem auf ihre Weise. Sie, die mit nationalsozialistischem Gedankengut wenig im Sinn hat, entwirft aber keinen plakativen Teppich mit dem Hakenkreuzsymbol, sondern bindet das Zeichen ganz in einen ornamental sich auflösenden Zusammenhang ein, so daß beim Betrachten erst mit dem Titel des Teppichs das Symbol als solches wahrgenommen wird.

1940 heiratet sie den Architekten und Bauhausschüler Max Enderlin, einen gebürtigen Mannheimer, den sie während ihres Berlinaufenthaltes 1936 kennengelernt hatte. Im Mai 1941 übergibt Elfriede Enderlin-Burgdorf die Leitung der Handweberei an Prof. Walla Brücklmeier, einer ehemaligen Lehrerin der Textilklasse der Kieler Kunstgewerbeschule, da sie zu ihrem Mann nach Berlin geht.[10] Wie zum Abschied ist gleichzeitig in der *Mannheimer Kunsthalle* auf der Ausstellung *Deutsche Textilkunst der Gegenwart* der nach ihrem Entwurf gewebte *Fischteppich* zu sehen.

Im Januar 1942 wird ihr Sohn in Berlin geboren. Bereits ein Dreivierteljahr später wird ihr Mann zum Kriegsdienst eingezogen, worauf sie Berlin verläßt und zu ihrer Schwester nach Obersdorf fährt. Hier verbringt sie die Kriegsjahre. 1945 kehrt sie in ihr Elternhaus nach Bovenau zurück – ihr Mann ist mittlerweile als vermißt erklärt worden. Zwei Jahre nach Ende des Zweiten Weltkrieges wird sie, als Walla Brücklmeier die Leitung der Städtischen Handweberei, die während des Krieges nach Neckargemünd ausgelagert worden war, aufgibt, wieder nach Mannheim gerufen. Gerne kommt sie an ihre alte Wirkungsstätte zurück und entwickelt die Idee, aus der Handweberei eine staatlich anerkannte Fachschule zu machen. Diese

Webteppich 7,3 x 4,3 m für die Aula der Wirtschaftshochschule in Applikationstechnik, Schülerinnen bei dieser Arbeit

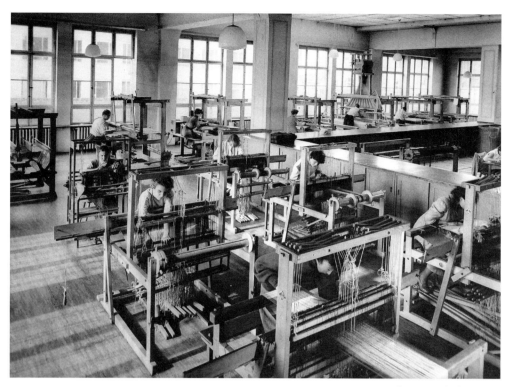

Mannheimer Webschule in A1

Aufgabe reizt sie und voll Elan geht sie an die Um-
strukturierung des Werkstattbetriebs in eine
Ausbildungswerkstatt. Die Städtische Webschule
wird 1947 zunächst behelfsmäßig in der Mädchen-
berufsschule, der heutigen Helene-Lange-Schule
untergebracht. Außer für organisatorischen
Aufgaben ist sie nun auch für die Zusammenstellung der Lehrpläne verantwortlich. Um sich ein
Bild von der Ausbildung an dieser Fachschule zu
machen, hier ein kurzer Auszug aus dem Fächer-
angebot.[11] Neben der Bindungslehre, dem
Musterzerlegen, der Rohstoff- und der Spinnerei-
lehre gibt es noch Fachrechnen, Kunstgeschichte,
Kalkulation, Technologie, Textiluntersuchung sowie
Schrift- und Freihandzeichnen.[12]

1950 ist es endlich soweit – die Städtische
Webschule, die der Kunsthalle angeschlossen ist,
erhält als einzige Webschule in Südwestdeutschland die staatliche Anerkennung.[13] Jetzt können
zwischen 15 und 20 Schülerinnen und Schüler pro
Jahr an dieser Schule nach einer dreijährigen
Lehrzeit mit dem Gesellenbrief, der späteren Meisterprüfung oder als Vorbereitung zur Ausbildung zum Textilingenieur die Ausbildung absch-
ließen.

Im gleichen Jahr zeigt die Städtische Kunsthalle eine
Ausstellung der Webschule, in der unter anderem
auch eine Arbeit von Elfriede Enderlin-Burgdorf,
betitelt *Sposalizio* (ital.: Hochzeit) gezeigt wird, in
der sie die Web- und Knüpftechnik miteinander
verbindet.[14]

Daß die Mannheimer Webschule auch über
Deutschland hinaus großes Ansehen genießt, beweist ein Besuch des berühmten französischen
Gobelinentwerfers Jean Lurcat 1960. Er, der anläßlich der Ausstellung *Französische Bildteppiche*
in Baden-Baden *als Inbegriff der Gobelin-Kunst* bezeichnet wurde[15], überläßt der Webschule
sogar einen seiner Entwürfe, der später von zwei
Schülern ausgeführt wird.

Am 1. April 1962 wird die Städtische Webschule
nach vierzehnjährigem bzw. fünfundzwanzig-
jährigem Bestehen – rechnet man die Zeit, als diese noch eine Handweberei war, ein – wegen
Unrentabilität geschlossen.[16] Auch nachfolgende
Abendkurse in Weberei an der Volkshochschule
müssen schließlich aus finanziellen Gründen
eingestellt werden.

Parallel zu der Lehrtätigkeit in der Webschule übernimmt Elfriede Enderlin-Burgdorf ehrenamtlich grafische Arbeiten für städtische Einrichtungen wie z.B. die Stadtverwaltung, die Volksbücherei, die Feuerwehr, die Musikhochschule, die Wohnberatung, die Kunsthalle und das Reiß-Museum sowie für viele andere Institutionen. Sie fertigt außer Ehrenurkunden Entwürfe für Plakate, Bronzetafeln und Keramikteller und entwirft unter anderem 1948 das stilisierte Stadtwappen und 1957 das Goldene Buch der Stadt, das sie besonders wertvoll gestaltet. Gleichzeitig ist sie verantwortlich für die grafische Gestaltung der seit 1948 erscheinenden Zweimonatszeitschrift *Mannheim Heute*, in der sie auch kurze Artikel veröffentlicht. Nach der Auflösung der Webschule arbeitet sie ausschließlich als Grafikerin für die Stadt. In dieser Funktion entwirft sie 1965 den *Ehrenring der Stadt*, gestaltet zahlreiche Ehrenbürgerurkunden, Gedenktafeln und vieles andere mehr.

Seit 1949/50 ist sie Mitglied der Künstlerinnenorganisation GEDOK Mannheim-Ludwigshafen, in der sie schon 1953 als Leiterin der Gruppe Kunsthandwerk gewählt wird. Deren Aufgabe ist es, die Künstlerinnen dieser Sparte zu betreuen. Ab dieser Zeit übernimmt sie, neben der Jurierung, auch die Ausstellungsorganisation für alle Ausstellungen der GEDOK-Ortsgruppe – bis 1986 sind es fast 100.

Im Jahr 1949 werden Webarbeiten von Elfriede Enderlin-Burgdorf auf der Werkbundausstellung *Neues Wohnen* in Köln gezeigt.[17] Eigene künstlerische Arbeiten präsentiert sie in der Ausstellung *Die Frau als Schöpferin* in der Kunsthalle Mannheim 1953 sowie auf der Mailänder *Triennale* 1954, auf der sie mit einem Preis ausgezeichnet wird, und zuletzt 1957 auf der GEDOKschau *Bildteppiche und Grafik*, ebenfalls in der Mannheimer Kunsthalle.

1958 wird sie auf der Bundestagung der GEDOK zur Bundesfachbeirätin in der Sparte Kunsthandwerk gewählt, 1960 zur zweiten Vorsitzenden der GEDOK Mannheim-Ludwigshafen. Von diesem Zeitpunkt an juriert sie nun auch überregional Ausstellungen z.B. in Berlin, München, Köln und Bonn, bleibt aber als Künstlerin bescheiden im Hintergrund, da sich ihrer Meinung nach kein Mitglied

der Jury oder Ausstellungsorganisation selbst präsentieren sollte.

1963 erhält Elfriede Enderlin-Burgdorf zum ersten Mal einen kirchlichen Auftrag: für die evangelisch-lutherische Gemeinde St. Michaelis in Hof an der Saale gestaltet sie Antependien, ein Taufbecken und Kirchenglocken.

Aber auch während ihrer Zeit als Grafikerin bei der Stadt übernimmt sie nebenher zahlreiche Aufträge. So fertigt sie z.B. für die Kapelle der Kurklinik in Höhenried/Oberbayern Altar- und Kanzelparamente.

Und wie schon in den Jahren zuvor engagiert sie sich im Rahmen der GEDOK für die Präsentation von Künstlerinnen. Die von ihr initiierte und organisierte Ausstellung *Die Frau – Entwerferin in der Industrie* im Ludwigshafener Reichert-Haus anläßlich der GEDOKtagung 1967, in der sie ein breites Spektrum an Designerinnen vorstellt, findet weit über die Grenzen der Kurpfalz große Anerkennung und wird in der überregionalen Presse besonders gelobt.

Bis zu ihrer Pensionierung 1969 arbeitet Elfriede Enderlin-Burgdorf als Grafikerin für die Stadt. Aber auch als Rentnerin legt sie ihre Hände nicht in den Schoß: Bundesfachbeirätin der GEDOK bleibt sie bis 1985. Die letzte große Ausstellung unter ihrer Ägide ist die *Tapisserie Ausstellung* im Reiß-Museum 1986. Bis 1988 – sie ist inzwischen 84 Jahre alt – hat sie die Leitung der Gruppe Kunsthandwerk in der GEDOK Mannheim-Ludwigshafen inne.

Heute übt sie keines dieser Ämter mehr aus, nimmt aber noch regen Anteil am kulturellen Leben der Stadt und ist über die neuesten Ausstellungen immer bestens informiert.

Bettina Scheeder

Anmerkungen zum Kapitel

[1] Alle biografischen Daten, sofern nicht anders angegeben, stammen von Elfriede Enderlin-Burgdorf, die der Autorin in mehreren Interviews 1990/91 Aus

kunft über ihr Leben und Werk gab.

[2] Zeugnis von Prof. F. H. Ehmcke, ausgestellt am
19.5.1928.

[3] In DIE ZEITGEMÄSSE SCHRIFT UND FORMGE-
STALTUNG, Heft 18, Abb. 10-16 und in der
Fachbeilage der Zeitschrift *Die gestaltende Hand*
Berlin 1931, S. 121-128.

[4] Brief vom Schriftmuseum Rudolf Blanckertz in Berlin
vom 30.5.1931.

[5] Bescheinigung über die Anmeldung eines stehenden
Gewerbes vom 16.5.1935.

[6] Diese Angabe stammt von Frau Elfriede Enderlin-
Burgdorf.

[7] NMZ, Nr. 10, 11./12.1.1941, S. 5.

[8] Ebd.

[9] In: MANNHEIM HEUTE 1948, Heft 2, S. 4-8.
„REINIGUNG" und „WIEDERGUTMACHUNG"
von Heinz R. Fuchs. Bei dieser Aktion wurden von
Prof. Ziegler, dem Präsidenten der *Reichskammer
der bildenden Künste,* und seinem Gefolge 86 Gemäl-
de, 8 Plastiken, 491 Aquarelle, Zeichnungen und
druckgrafische Blätter sowie 59 Mappenwerke sogenannter *deutscher Verfallskunst* beschlagnahmt, die
zum Teil in der Propagandaausstellung *Entartete Kunst*
in München gezeigt wurden.

[10] Siehe Anmerkung 1.

[11] Vgl. Werbefaltblatt der Städtischen Handwebschule,
ohne Datum.

[12] Ausgestattet ist die Lehrwerkstatt mit zwölf Flach-
webstühlen, einer Jaquardmaschine, auf der die
kompliziertesten Musterverbindungen gewebt werden könne, und sechs Hochwebstühlen, an denen
die Gobelin- und Teppichweberei erlernt werden
kann, und neun großen Webrahmen.

[13] STADTA MA S2/1164. Amtsblatt Nr. 3, 19.1.1951.

[14] Während ihres Bestehens wechselt die Städtische
Webschule häufig ihr Domizil. Von der Mädchenbe-
rufsschule zieht sie im September 1950 in den linken
Schloßflügel. Der größte in der Fachschule gewebte
Wandteppich entsteht 1954. Nach Entwürfen von
Paul Berger-Bergner wird ein 7,3 m langer und 4,3 m
breiter Webteppich in Applikationstechnik für die
Aula der Wirtschaftshochschule angefertigt. Das
Foto zeigt die Schülerinnen, wie sie auf dem Boden
liegend die einzelnen gewebten Stoffmotive auf den
Teppich nähen.
Im Juli 1955 muß die Webschule ins rechte Wach-
häuschen des Schlosses übersiedeln (siehe Anmer-
kung 1 und STADTA MA S2/1164. MM, Nr. 97,
26.4.1956. In diesem Artikel werden verschiedene

Stationen der Handweberei aufgezählt.), zieht aber
wegen der Raumnot dort im Oktober in die Räume
einer ehemaligen Sparkasse (GEDOK Archiv 5, Okt.
1955), vgl. MANNHEIMER MORGEN 26.4.1956
und StadtA MA S2/L64). Die Angaben über die
genaue Adresse schwanken. Im GEDOK-Archiv ist
von L 1 die Rede, Frau Enderlin-Burgdorf gibt
als Adresse A 1 an.), deren Panzerschränke jetzt das
Wollager bergen. 1956 wechselt sie über in den
rechten Schloßflügel (siehe Anmerkung 13) und zuletzt klappern die Webstühle im Schloßturm (Allg.
Ztg., Nr. 61, 14.3.1962. *[…] in den oberen Etagen
des östlichen Eckturmes im Schloßhof.*).

[15] Ausstellungskatalog Baden-Baden 1949, S. 17.

[16] siehe Anmerkung 13.

[17] Brief vom 22.4.1949 an die Aussteller der *Werk-
bund-Ausstellung.*

*I*n der Bundesrepublik Deutschland gesteht das Arbeitsförderungsgesetz von 1969 der Bundesanstalt für Arbeit das alleinige Recht zur Arbeitsvermittlung zu. Dieses System der öffentlichen und unentgeltlichen Arbeitsvermittlung sieht nur wenige Ausnahmen einer gewerbsmäßigen Vermittlungstätigkeit vor, wie etwa für Künstler- und Zeitarbeit-Vermittler oder auch Unternehmensberater im Personalbereich. Durch ein 1991 vom Europäischen- und Bundes-Gerichtshof gefälltes Urteil ist die Diskussion über die Zulassung der gewerbsmäßigen privaten Arbeitsvermittlung neu entbrannt, denn die Richter sahen in dem Vermittlungsmonopol, für Führungskräfte einen Verstoß gegen das Grundrecht auf freie Berufswahl.

Barbara Stabenow

HAT DIE FRAU MORALISCH DAS RECHT, DEM MANNE KONKURRENZ ZU MACHEN?

Stellenvermittlung während des Kaiserreichs und der Weimarer Republik

Bevor nun auf unterschiedliche Formen der Stellenvermittlung am Beispiel Mannheims zur Zeit des Kaiserreichs und der Weimarer Republik näher eingegangen wird, sind zunächst einige strukturelle Veränderungen des Arbeitsmarktes zu beschreiben, die im Zusammenhang mit der

Industrialisierung stehen und zur Einführung von Unterstützungssystemen auf kommunaler, Länder- und Reichsebene beigetragen haben. Ungleichheiten der Betroffenheit von Mann und Frau sind dabei zu erkennen. In weiteren Abschnitten wird nach unterschiedlichen Arbeitsmarktchancen angesichts eines überkommenen Frauenbildes im Kontrast zu Frauenrealitäten zu fragen sein.

1. Wirtschaft und Soziales

Eins aber hoffen wir, trotz aller Lücken erreicht zu haben, die Erweckung des Bewußtseins, daß die Gesamtentwickelung unseres sozialen Lebens auf die volle Teilnahme der Frau am öffentlichen Leben des Volkes zielt, daß es kein Zurück in die eng begrenzte Häuslichkeit, sondern nur noch Vorwärts Schulter an Schulter mit dem Manne giebt, zu gemeinsamer Lösung der großen Kulturaufgaben der Menschheit.[1]

Mit der Industrialisierung hatte ein wirtschaftlicher Wachstumsprozeß eingesetzt, der u.a. dadurch charakterisiert werden kann, daß das Volkseinkommen schneller wuchs als die Bevölkerung. Und das, obwohl sich diese, gemessen an vorindustriellen Zeiten, rapide vermehrte. Der höhere Anteil an Investitionen, die zur Erschließung neuer Energiequellen verwandt wurden, führte wiederum zu Steigerungen der Produktivität in allen Wirtschaftsbereichen, ganz besonders aber im gewerblichen Sektor. Immer weniger Menschen arbeiteten in der Landwirtschaft.[2]

Mit Sicherheit traten in den Jahren nach Gründung des Kaiserreiches (1871) die Begleitumstände eines fortgeschrittenen Industrialisierungsprozesses immer deutlicher ins Bewußtsein der Öffentlichkeit: Das Bevölkerungswachstum, die Landflucht und der Ausbau des Verkehrswesens ermöglichten die Ausweitung eines industriell geprägten Arbeitsmarktes. Immer mehr Menschen lebten in oft sehr beengten Verhältnissen in den Städten und arbeiteten in abhängiger Beschäftigung.[3] Seit den neunziger Jahren des 19. Jahrhunderts herrschte in Deutschland annähernd Vollbeschäftigung, so daß die möglichen Folgen der technischen und betrieblichen Rationalisierung für den Arbeitsmarkt lange Zeit nicht als so problematisch angesehen wurden.

Im Zeitraum von 1875 bis 1907 beispielsweise stieg bei insgesamt 28 Mill. Erwerbstätigen die Zahl der in Handwerk, Industrie und Bergbau beschäftigten Menschen von 5,4 Mill. auf 10,8 Mill.[4] an. Von den 5,4 Mill. waren rund 960.000 Frauen; weitere 1,4 Mill. Frauen arbeiteten in häuslichen Diensten.[5] Genauere Daten für das Deutsche Reich liefern erst die Volks- und Berufszählungen von 1882, 1895 und 1907. Die Erwerbsquote weiblicher Beschäftigter stieg von 24,6% (1895) über 29,6% (1907) auf 35,3% (1925).[6]

Was allerdings die Hausfrauenarbeit, die Arbeit der sogenannten mithelfenden Familienangehörigen in Landwirtschaft und Gewerbe oder auch die Heimarbeiter/-innen und Hausindustriellen betrifft, so wurden diese nur ungenügend erfaßt. Dementsprechend kann leicht unterschätzt werden, welch' bedeutendes Arbeitsfeld von Frauen gerade in Wohnungen und kleinen Werkstätten zu sehen ist, wo unter geringster Entlohnung die Herstellung von Massenartikeln beispielsweise für die Textil-, Tabak- und Spielwarenindustrie vonstatten ging.[7]

Zu den Umschichtungsprozessen, die die Art der Frauenarbeit um die Jahrhundertwende veränderten, gehören der rapide Rückgang der Dienstboten[8], die Zunahme des Frauenanteils in den letztgenannten Industriezweigen wie auch in der Nahrungs- und Genußmittelindustrie, der Metallverarbeitung und in den Angestelltenberufen.[9] Die Branchen, in denen Frauen Erwerbschancen hatten, wie eben der Nahrungsmittel-, Textil- und Bekleidungsindustrie, gehörten zu den sogenannten Friedensindustrien, deren Produktion mit Kriegsbeginn 1914 erheblich zurückging.[10] Hier waren also zunächst insbesondere Frauen von Arbeitslosigkeit betroffen, von denen jedoch viele spätestens in der zweiten Kriegshälfte auf Männerarbeitsplätze in der Metall-, Hütten-, elektrischen und chemischen Industrie oder auch im Baugewerbe nachrücken konnten.[11]

Nach dem Krieg zeigte sich recht schnell, daß zunächst viele Frauen, deren Männer Arbeit hatten, und später dann auch alleinstehende Frauen und Mädchen, ihren Arbeitsplatz für Männer freimachen mußten.[12] Bereits nach 1900 hatte sich in den Städten eine Zunahme des Dienstleistungssektors abgezeichnet. Die Ausweitung von Handel, Verkehr und Versicherungen, die Entwicklung zum Großbetrieb und eine umfassende Welle der Rationalisierung nach amerikanischem Muster erhöhten zudem die Nachfrage nach Angestellten überhaupt und damit auch nach weiblichen enorm.[13] Zum einen wollten und konnten Töchter „aus gutem Hause" zumindest bis zur Heirat nicht auf den Geldverdienst verzichten. Zum anderen galt die Angestelltenposition auch Töchtern von Arbeitern als erstrebenswerte Möglichkeit zum sozialen Aufstieg, so daß seit Mitte der zwanziger Jahre eine Umschichtung von der Fabrikarbeit zu Berufen des Dienstleistungsbereichs stattfand. Bei insgesamt 11,5 Mill. erwerbstätigen Frauen im Jahr 1925 gab es auf Reichsebene dreimal so viele weibliche Angestellte wie 1907; ihre Zahl stieg auf 1,4 Mill. im Jahr 1930.[14]

Was die Arbeitslosenzahlen angeht, so stiegen diese noch vor dem Ende der Weimarer Republik in bis dahin ungeahnte Höhen: im Jahr der Weltwirtschaftskrise 1929 waren es fast 2 Mill., 1930 gar 3 Mill. und 1932 bereits an die 5,6 Mill. Menschen im Deutschen Reich.[15] Genaue Aussagen zum Umfang der Arbeitslosigkeit in Mannheim zu treffen ist nicht leicht, da bis etwa zur Mitte der zwanziger Jahre nur die unterstützten Arbeitslosen aufgeführt wurden. Die nicht unterstützten Menschen ohne Arbeit waren somit zwar existent, in den Statistiken aber nicht systematisch erfaßt.[16]

Während es bei Krankheit (ab 1883), Unfall (1884), Invalidität und Altersversorgung (1889)

schon frühzeitig ein staatliches Versicherungssystem bzw. in den Gewerbeordnungen geregelte Bestimmungen, z.B. den Arbeitsschutz betreffend, gab[17], verhielt es sich bei Arbeitslosigkeit anders. Wohin konnten sich diejenigen Menschen wenden, die auf dem sich ständig verändernden Arbeitsmarkt nach Erwerbsmöglichkeiten suchten?

Erste Initiativen gingen auf die Berufsverbände zurück – vorneweg auf den *Deutschen Buchdruckerverband* im Jahr 1879 –, die auf dem Weg der Selbsthilfe durch Einführung einer Arbeitslosenunterstützung auf dieses Problem reagierten.[18] Im Zusammenhang mit Wirtschaftskrisen folgten auch andere Berufsverbände, bis im Jahr 1914 bereits 43 von 49 Zentralverbänden das Arbeitslosenkassenwesen eingeführt hatten.[19] Einzelne Arbeitgeber begannen, betriebliche Schutzvorkehrungen zu treffen und auch einige Gemeinden gaben entweder Zuschüsse an gewerkschaftliche Kassen – bekannt geworden als das Genter System – oder errichteten eigene Arbeitslosenkassen wie z.B. in Köln (1894) gegen Arbeitslosigkeit im Winter.[20] Seit 1894 hatten verschiedene Ministerien in Württemberg, Bayern und Preußen kommunale Arbeitsnachweise angeregt, so daß besonders in süd- und mitteldeutschen Städten seitdem eine *größere Anzahl von kommunalen Nachweisbureaus oder Arbeitsämtern*[21] entstanden.

Im Rahmen der Kriegswohlfahrtspflege gewährte das Reich den Gemeinden ab 1915 Zuschüsse für die Unterstützung von Arbeitnehmern, die durch Kriegsereignisse oder die Umstellung von einer Konsumgüter- auf Kriegsproduktion arbeitslos geworden waren. Es hatte sich gezeigt, daß bei hoher Arbeitslosigkeit einzelne Verbände oder Gemeinden nicht zu ausreichender Hilfe in der Lage waren. 1918 trat eine Verordnung über Erwerbslosenfürsorge in Kraft, die die Gemeinden zur Unterstützung der „unfreiwillig" arbeitslos gewordenen Menschen verpflichtete und gleichzeitig die Verteilung der Kosten auf Reich (1/2), Länder (1/3) und Gemeinden (1/6) regelte.[22]

Nachdem infolge der französischen Besetzung des Rheinlandes ein Anstieg der Arbeitslosenzahlen zu verzeichnen war, wurde 1923 ein Pflichtbeitrag der Arbeitgeber und -nehmer eingeführt. Die Arbeitsnachweise, wie die Vorläufer der Arbeitsäm-

ter genannt wurden, hatten über die Unterstüt-
zungsanträge zu entscheiden und die Berechtigung
zum Bezug der Erwerbslosenunterstützung zu
prüfen. Eine Arbeitslosenversicherung wurde erst
1927 durch das *Gesetz über Arbeitsvermittlung
und Arbeitslosenversicherung (AVAVG)* – gegliedert
in 13 Landesarbeitsämter und 360 Arbeitsämter
– als reichseinheitliche gesetzliche Zwangsversi-
cherung eingeführt.[23] Der Beitrag zur Arbeitslosenversicherung wurde im Dezember 1929 von 3%
auf 3,5%, acht Monate später auf 4,5% und
im Oktober 1930 auf 6,5% des Grundlohnes an-
gesetzt. Auch Beamte hatten seit Juni 1932
eine *Abgabe zur Arbeitslosenhilfe* zwischen 1,5 und
6,5% aufzubringen. Demgegenüber standen
mehrmalige Kürzungen bei den Leistungen.[24] Eine
besondere, geschlechtsspezifische Nuance enthielt eine Novelle zu diesem Gesetz von 1929: Sie
schloß verheiratete Frauen als angeblich nicht
auf den Erwerb angewiesene, wegen ihrer häuslichen Pflichten nicht zur Verfügung stehende
Personen von der Arbeitslosenunterstützung aus.
Ebenso waren bei einer vorangegangenen
geringfügigen Beschäftigung unter 30 Stunden in
der Woche Unterstützungsleistungen nicht vorgesehen.[25]

2. Freie Konkurrenz?

Johanna Kettler über Zusammenhänge von
Bildungs- und Arbeitsmarktchancen von Männern
und Frauen[26]

In ihren Ausführungen[27] beschreibt J. Kettler die
immer schon aktuelle Situation vieler Frauen,
auf die Erhaltung durch eigene Arbeit angewiesen[28]
zu sein. Unter Hinweis auf den damals herrschenden Frauenüberschuß stellt sie klar, daß so manche Frau, selbst wenn sie es wollte, gar nicht
in den „Versorgungshafen Ehe" gelangen könnte.
Das liege zum einen daran, daß eine Reihe
von Männern ja gar nicht heiraten wolle oder dazu
wirtschaftlich in der Lage sei; zum anderen hätten
auch durchaus nicht alle Frauen die Ehe als
vorrangiges Lebensziel vor Augen. Zudem seien
aus finanzieller Notwendigkeit heraus vielfach
auch verheiratete Frauen dazu gezwungen, gemeinsam mit „ihrem Ernährer" für die Erhaltung der
Familie sorgen zu müssen. Beide, die unversorg-
ten wie die durch die Ehe [scheinbar] versorgten

Frauen seien im Grunde auf Erwerbstätigkeit
angewiesen. Ihren Chancen auf dem Arbeitsmarkt
seien aber enge Grenzen gesetzt: *Hat die Frau
moralisch das Recht, dem Manne Konkurrenz
zu machen, und hat der Mann die Pflicht, sich diese
Konkurrenz gefallen zu lassen?*[29] Kettler stellte
ihrer Leserschaft eine entscheidende Frage, die sie
vorbehaltlos bejahte: Es sei mittlerweile ein
allmählicher Wandel *im sozialen Leben der beiden
Geschlechter eingetreten, der aus den enormen
Umwälzungen, die der Fortschritt in Industrie, Handel und Verkehr mit sich gebracht habe, resultiere*
und deshalb heute eine veränderte Sichtweise
rechtfertige. Trotz alledem, so stellt sie enttäuscht
fest, werde Frauen nach wie vor von empörten
Männern das legitime Recht verwehrt, sich selbst
zu versorgen. *Ich will arbeiten, weil niemand für
mich arbeiten will* und ich doch leben will.[30] Die
Männer verteidigten ihre Einstellung weithin
mit dem allgemein verbreiteten Vorurteil von der
angeblich angeborenen geistigen Unterlegenheit
der Frau.

Das Dilemma bestand nicht nur in der ungenü-
genden Ausbildungssituation von Mädchen
gegenüber Jungen, sondern auch im nicht garantierten Recht auf bezahlte Arbeit überhaupt –
wie es später die Nationalsozialisten zwar prokla-
mierten, nicht aber in die Praxis umsetzten –
das Ermöglichen einer eigenen Existenz also und
den daraus abzuleitenden Ansprüchen etwa
im Falle von Arbeitslosigkeit. Wie sah es damit
aus, daß […] *die Existenz des Mannes und des Weibes gleiche Bedingungen stellt, die zu erfüllen sind;
daß beider notwendige Lebensbedürfnisse in erster
Linie weder männliche noch weibliche – sondern
einfach menschliche sind.*[31]?

Obwohl dem nicht widersprochen werden kann,
sah das bürgerliche Weiblichkeitsideal auch noch
37 Jahre nach J. Kettler's Ausführungen Frauenerwerbsarbeit allenfalls als Übergangsprovisorium
vor: *Heute jedenfalls hat jedes Mädchen schon
allein aus wirtschaftlichen Gründen einen Beruf zu
ergreifen. Sie wird ihn meist ihrer Veranlagung
gemäß wählen, und doch muß sie ihn, wenn er ihr
auch noch so lieb geworden ist, fast immer aufgeben, wenn sie heiratet.*[32] „Doppelverdienertum"
wurde als „Schmutzkonkurrenz" bezeichnet, weil
es mit dem weiblichen „Haupt"beruf in Haushalt

und Familie kollidierte und zudem handfeste männliche Interessen in den etablierten Berufen berühren mußte. In der Weltwirtschaftskrise und mehr noch in der staatlich verordneten Diskriminierung der Frau am Arbeitsplatz nach 1933 sahen viele Männer in der erwerbstätigen Frau die plausible Erklärung eigener Arbeitslosigkeit. Von Seiten der Frauen war dennoch der Anspruch auf freie Verfügung über die eigene Arbeitskraft, freie Konkurrenz, freien Zugang zu aller Art von Ausbildung und Berufen angemeldet.

3. Arbeitswillig aber arbeitslos
Formen der Unterstützung und Stellenvermittlung auf unterschiedlichen Ebenen

3.1 Lücken im sozialen Netz
Beispiele unternehmerischer Unterstützung wie die des Landmaschinenherstellers Lanz betrafen lediglich einen Bruchteil des insgesamt betroffenen Personenkreises und wurden auch von den Zeitgenossen als zu punktuell angesehen.[33] 1897 war dort eine Kasse für Arbeitslose eingerichtet worden für mindestens einjährige Betriebsangehörige, die wegen geringer Auftragslage entlassen werden mußten.[34] Und Ende 1901 stellte Heinrich Lanz 50.000 Mark aus privaten Mitteln für entlassene verheiratete Arbeiter zur Verfügung.[35]

In vielen Fällen trugen Frauen unbestritten ihren Teil zum Familieneinkommen bei, was die Berufszählung von 1907 belegt, bei der *der Anteil der (in Mannheim wohnhaften) berufstätigen Frauen rund 25% der (in Mannheim ansässigen) Erwerbspersonen betrug; bis ins Jahr 1925 war dieser Anteil auf 31% emporgeschnellt*[36]. Demgegenüber fanden in Baden, zu Beginn des 20. Jahrhunderts, schätzungsweise über 10.000 in der Arbeitslosenstatistik der Arbeitsämter nicht erscheinende Frauen und Mädchen keinen Arbeitsplatz.[37]

Das Thema einer allgemeinen Arbeitslosenversicherung wurde zwar heftig diskutiert[38], im Kaiserreich aber, wie bereits erwähnt, nicht mehr eingerichtet. Stattdessen bezahlte die Stadt Mannheim ab 1913 eine Arbeitslosenunterstützung nach dem Vorbild der Stadt Gent/Belgien (dort seit 1901) als Zuschuß zur gewerkschaftlichen Unterstützung. Die Stadtkasse konnte so im Bereich der Armenfürsorge oder bei der Vergabe von Notstandsarbeiten entlastet werden. *Arbeiter, die jedoch infolge eines Streiks oder einer Aussperrung den Arbeitsplatz verloren hatten, bekamen außer der Leistung ihrer Gewerkschaft von der Stadtkasse keinen Zuschuß.*[39]

Notstandsarbeiten (Steineklopfen etc.) waren als eine Art Arbeitsbeschaffungsmaßnahme von deutschen Gemeinden erstmals im Winter 1891/92 vergeben worden, um die Armenkassen zu entlasten wie auch den Arbeitslosen wirtschaftlich und moralisch unter die Arme zu greifen. Die Berücksichtigung von Frauen war nicht vorgesehen. *In den meisten Städten genoß der verheiratete Mann Priorität bei der Einstellung, da man ihn als Ernährer betrachtete. Nicht verheiratete, stellenlose Frauen fielen automatisch der Armenpflege anheim, wobei anzumerken ist, daß ihre Einberufung nie zur Diskussion stand.*[40]

3.2 Öffentliche Stellenvermittlung
Die Einrichtung der kommunalen Arbeitsnachweise war gegen Ende des 19. Jahrhunderts erst allmählich in Gang gekommen. Neben Bayern und Württemberg gehörte Baden zu den eifrigsten Fürsprechern solcher Einrichtungen. In Mannheim nahm die *Centralanstalt für Arbeitsnachweis jeglicher Art* im Jahr 1893 ihre Tätigkeit als eingetragener Verein auf[41], dessen Träger der Gewerbe- und Industrieverein, die Handelskammer Mannheim, die Stadtgemeinde, die Kreisbehörde u.a. gemeinnützige Anstalten waren.[42] Der Bedarf dokumentiert sich darin, daß für das Jahr 1895 einer Zahl von 10.706 Gesuchen der Arbeitgeber 21.888 stellensuchende Arbeitnehmer gegenüberstanden (davon rund 17.000 Männer, 5.000 Frauen), von denen insgesamt 10.661 (8.635 Männer und 2.035 Frauen) vermittelt werden konnten.[43] Es überrascht kaum, daß bei den Männern die ungelernten Arbeiter, bei den Frauen Dienstpersonal und Fabrikarbeiterinnen den Hauptanteil ausmachten. Ein kleiner Einblick in die Praxis des mit anderen badischen Arbeitsämtern in Kontakt stehenden Mannheimer Arbeitsamtes mag dem folgenden Hinweis zu entnehmen sein: *In dem großen Bureau ist eine Tafel angebracht, welche den Stellensuchenden in anschaulicher Weise den jeweiligen Stand des Marktes dieser Anstalten bekannt giebt.*[44]

Offene Stellen

bei den badischen Arbeitsnachweisen am 6. Februar 1905.

Zusammengestellt von der Arbeitsnachweisanstalt Karlsruhe als Landeszentrale, auf Grund der Mitteilungen der Arbeitsnachweisanstalten.

Die Zahlenangaben der folgenden Tabellen sind überwiegend handschriftlich und nur teilweise lesbar; wiedergegeben werden die Berufsarten (Spaltenüberschriften der einzelnen Arbeitsnachweise: Bruchsal, Freiburg, Heidelberg, Karlsruhe, Konstanz, Lahr, Lörrach, Mannheim, Müllheim, Offenburg, Pforzheim, Schopfheim, Radolfzell).

Bei dem Arbeitsnachweis — Berufsarten (Spalte 1)

Männliches Personal:

- Anstreicher, Tüncher
- Asphalteure, Cementeure
- Bäcker
- Bauernknechte
- Beindreher
- Bierbrauer
- Blechner (Spengler, Flaschner)
- Buchbinder
- Buchdrucker
- Bürstenmacher
- Cementarbeiter
- Cigarrenmach. (Roller, Wickler)
- Ciseleure
- Drahtflechter
- Drahtschläger
- Eisenbohrer
- Eisendreher
- Eisengießer
- Eisenhobler
- Elektrotechniker
- Erdarbeiter
- Färber
- Feilenhauer
- Feinmechaniker
- Feldarbeiter
- Former
- Friseure
- Fuhrknechte
- Gärtner
- Galvaniseure
- Gerber, Rot-
- Gerber, Weiß-
- Gipser, Weißbinder
- Glaser, Blank-
- Glaser, Rahmen-
- Gold- u. Silberarbeiter
- Graveure
- Gürtler
- Gußputzer
- Hafner, Ofensetzer
- Hafner, Scheibenarb.
- Handschuhmacher
- Hausknechte
- Heizer
- Holzbildhauer
- Holzdreher
- Hutmacher
- Installateure
- Instrumentenmacher
- Kaminfeger
- Kartonnagearbeiter
- Kellner
- Kernmacher
- Kesselschmiede
- Köche
- Konditoren
- Korbmacher
- Krankenwärter
- Kübler, Holz-

Bei dem Arbeitsnachweis — Berufsarten (Spalte 2)

- Küfer, Keller-, Wein-
- Kürschner
- Kupferschmiede
- Kutscher f. Personenfuhr
- Lackierer, Blech-
- Lackierer, Wagen-
- Lithographen
- Maler (Stuben-, Schilder-)
- Maschinenarbeit. (Holz)
- Maschinisten
- Maurer
- Mechaniker
- Messerschmiede
- Metalldreher
- Metalldrucker
- Metallgießer
- Metallpolierer
- Metallpresser
- Metallschleifer
- Metzger
- Möbelbeizer
- Möbelpolierer
- Monteure
- Mühlenbauer
- Müller, Kunst-
- Mützen- u. Kappenmach.
- Parkettbodenleger
- Pflasterer
- Portefeuillearbeiter
- Posamentiere
- Riemenarbeiter
- Säger Kreis- (Holzgang-)
- Säger, Vollgatter
- Sattler
- Sattler auf Reißart.
- Sattler u. Tapezierer
- Schäftemacher
- Schieferdecker
- Schleifer (Grob-)
- Schlosser, Bau-
- Schlosser, Herd-
- Schlosser, Kassen-
- Schlosser, Maschinen-
- Schlosser, Werkzeug-
- Schmiede, Feil-
- Schmiede, Feuer-
- Schmiede, Huf- u. Wagen-
- Schmiede, Jung-
- Schmiede, Maschinen-
- Schneider auf Maß
- Schneider, Konfektion
- Schneider, Damenarbeit
- Schraubendreher
- Schriftgießer
- Schreiner, Bau-
- Schreiner, Möbel-
- Schreiner, Galanterie
- Schreiner, Modell-
- Schreiner, Stuhl-

Bei dem Arbeitsnachweis — Berufsarten (Spalte 3)

- Schuhmacher
- Schuhmacher, Tuch-
- Schuhmacher, Juchleder
- Schuhmacher, Zwick-
- Schweizer, Melker, Käser
- Seifensieder
- Seiler
- Siebmacher
- Steinbildhauer
- Steinbrecher
- Steindrucker
- Steinhauer
- Stukkateure
- Taglöhner Bau-
- Taglöhner landwirtschaftliche
- Tapezierer
- Uhrmacher
- Vergolder (Holz)
- Viehfütterer
- Wagner
- Weber Baumwoll-
- Weber Seiden-
- Ziegler
- Zimmerleute
- Zinngießer
- Schotterschläger

Weibliches Personal:

- Buffetfräulein
- Fabrikarbeiterinnen
- Kellnerinnen
- Kindermädchen
- Köchinnen für Privatplätze
- Köchinnen für Wirtschaften
- Kranken- u. Wochenpflegerin
- Küchenmädch. Wirtschaften
- Ladnerinnen
- Landwirtschaftl. Dienstmägd.
- Mädchen für alles
- Putzmacherinnen
- Zimmermädch. Privathäuser
- Zimmermädch. Wirtschaften
- Kaffeefräulein
- Haushälterin

NB. n. a. = nach auswärts; jg. = jung; Lg. = Lehrling. ä. = älter; l. = ledig; verh. = verheiratet.

Zur Beachtung!

Die Vermittlung der Arbeitsnachweisanstalten, welche sich auf männliches und weibliches Personal aller Art erstreckt, erfolgt durchaus kostenlos.

Stellenbewerber sollen sich persönlich an die Arbeitsnachweisanstalt ihres Aufenthalts oder schriftlich unter Angabe ihres Alters und ihrer bisherigen Tätigkeit an diejenige Arbeitsnachweisanstalt wenden, bei welcher die offene Stelle angemeldet ist.

Personen, denen durch die Arbeitsnachweisanstalten eine auswärtige Stelle vermittelt wird, erhalten auf den badischen, württembergischen, bayerischen und elsaß-lothringischen Staatsbahnen, sowie auf den pfälzischen Bahnen eine 50%ige Fahrpreisermäßigung, wenn die Entfernung mehr als 25 km beträgt.

Zu schriftlichen Gesuchen um Zuweisung von Arbeitskräften oder von Arbeit können Arbeitgeber und Arbeitsuchende durch die einzelnen Anstalten oder die Bürgermeisterämter ihres Aufenthaltsortes Formulare erhalten und solche durch deren Vermittlung als portopflichtige Dienstsache an jede gewünschte Arbeitsnachweisanstalt einsenden lassen.

Ganz zum Schluß wird auch weibliches Personal gesucht!

Der weibliche Beitrag zur Existenzsicherung läßt sich der nüchternen Feststellung der Anstalt in Freiburg entnehmen, das sich zur Lage des Arbeitsmarktes im Großherzogtum Baden des Jahres 1905 äußert: *[…] infolge der verminderten Arbeitsgelegenheit für Männer die Zahl der verheirateten Frauen, welche Arbeit und Verdienst suchten, vermehrt habe.*[45]

Seiner gestiegenen Bedeutung gemäß wurde dann auch im Jahr 1906 die *Centralanstalt* von einem eingetragenen Verein in eine kommunale Behörde, ein städtisches Arbeitsamt, überführt. Der *Landesverband der Anstalten für Arbeitsnachweise im Großherzogtum Baden* hatte sich 1896 gebildet[46] und trat 1899 dem Reichsverband bei. 1910 existierten im Deutschen Reich 462 öffentliche Arbeitsnachweise, jeweils 16 in Württemberg und Baden.[47] Dabei galten für die vorrangige Zuweisung in offene Stellen die folgenden Kriterien: Qualifikation, Tauglichkeit unter Bevorzugung der Ortsansässigen, Verheirateten und Familienväter.[48]

3.3 Nicht-öffentliche Stellenvermittlung

Gemäß den gesetzlichen Regelungen war zur Stellenvermittlung die behördliche Genehmigung erforderlich.[49] Die branchenspezifischen oder fachlich orientierten Arbeitsnachweise, wie etwa die Innungen der Bäcker, Metzger, Friseure, Wirte, der *Kaufmännische Verein für weibliche Angestellte*, der *Badische Frauenverein*, das *Martha-* und das *Theresienhaus*, die *Ortskrankenkasse der häuslichen Dienstboten* u.a. konnten hierbei auf eine längere Tradition als die öffentliche Hand zurücksehen.

Zunächst soll auf den von seinen Vermittlungsquoten quantitativ am erfolgreichsten geführten Industriearbeitsnachweis eingegangen werden, der dann 1914 mit dem städtischen Arbeitsamt fusionierte. Seit 1908 bestand der von den Beiträgen der Arbeitgeber getragene *Arbeitsnachweis der Industrie Mannheim-Ludwigshafen e.V.* An seinem Sitz in Mannheim waren neun, in seiner 1910 errichteten Filiale in Ludwigshafen, zwei männliche Beamte damit beschäftigt, satzungsgemäß Stellen zu vermitteln.[50] Der letzte Paragraph der Geschäftsordnung war zwar den Mitgliedern bekannt, in den öffentlich zugänglichen Informa-

tionen über die Vereinstätigkeit aber nicht zur Kenntnis gebracht worden: *Arbeiterinnen werden vom Arbeitsnachweis der Industrie in der Regel nicht vermittelt. Dem Arbeitsnachweis ist jedoch sofort von jeder Einstellung einer Arbeiterin […] sowie von jeder Entlassung […] Mitteilung zu machen.*[51] Das Verzeichnis der vom Verein vermittelten Gewerke listet 127 von Männern ausgeübte Berufe auf; dazwischen ganz unvermittelt die Eintragung *Arbeiterinnen*[52].

Um die Praxis des auch als „Unternehmer-Arbeitsnachweis" bezeichneten Vereins ging es vor der Zweiten Kammer des Badischen Landtags.[53] Der Abgeordnete Maier führte in seiner Kritik aus, daß die Schaffung *paritätisch verwalteter Arbeitsnachweisanstalten* notwendig sei, um Mißstände [seitens der Arbeitgeber] zu unterbinden. Er monierte, daß in den Akten Zusätze wie *Agitator […] freches Benehmen […] Beleidigung des Direktors […] zu hohe Lohnansprüche […] wegen Maifeier […] unberechtigt ausgetreten […] als Entlassungsgründe der nunmehr arbeitssuchenden Industriearbeiter vermerkt würden. Auf Arbeitnehmerseite war der Eindruck entstanden, daß der Arbeitsnachweis der Industrie von den Industriellen als Kampfmittel gegen die Arbeiter gedacht ist.*[54]

Als konkretes Beispiel wurde ein vom Geschäftsleiter des Vereins, Dr. Möbius, gezeichnetes Schreiben vom 25. November 1908 anläßlich des Streiks im Strebelwerk Mannheim angeführt: *An die Herren Vereinsmitglieder! Wir haben in Erfahrung gebracht, daß jedesmal bei Ausbruch eines Streiks die Frauen und Töchter der Streikenden, welche bisher die Hausarbeit besorgten, oder sonst ohne Beschäftigung waren, als Fabrikarbeiterinnen Beschäftigung suchen, um so auf diese Weise ihre Männer beim Streik zu unterstützen. Es dürfte sich daher empfehlen, die Arbeiterinnen bei der Einstellung nach dem Vor- und Zunamen des Vaters zu fragen, um diese in die letzte Rubrik unseres Formulars […] einzutragen.*[55]

Nach Meinung der Regierung wurde die Zusammenführung der gesamten Arbeitsnachweisanstalten zwar als erstrebenswert angesehen, *zur Zeit sind aber […] die Verhältnisse im Reich noch nicht so weit gediehen, daß [diese] die ausschließliche Arbeitsvermittlung ohne Schädigung berechtigter* [gemeint sind Arbeitgeber-] Interessen übernehmen könnten.[56] Der Verein verstoße nicht gegen die Gewerbeordnung und die Zusätze hätten nicht bewirkt, daß die Betroffenen keine Arbeit erhalten hätten. Der Verein habe die Arbeitslosigkeit der Arbeiter nicht vergrößert und sei daher nicht zu verbieten. Der Forderung nach strenger Kontrolle der Vermittlungtätigkeit wurde seitens des Regierung nicht widersprochen und in den gesetzlichen Bestimmungen geregelt.[57]

Andere Adressatenkreise, die hier in Auswahl genannt werden, sprachen die folgenden nicht gewerbsmäßigen Stellenvermittlungsbüros an[58]: Die *Wirte-Innung* in N 3,15 vermittelte kostenlos weibliche Angestellte als Hotel- und Wirtschaftspersonal. Die Satzung des Verbandes Badischer Anwaltsgehilfen führte gleich in §1 aus: **Weibliche Reflektanten sind von jeder Bewerbung ausgeschlossen.** [Hervorhebung im Original.] Der 1867 gegründete *Kaufmännische Verein* hatte dagegen ein Pendant, den *Kaufmännischen Verein weiblicher Angestellter* in R 1,9, dessen Geschäftsleiterin Karoline Mooß war. In dem von seinem männlichen Vorstand Dr. K. Geiler verfaßten Geschäftsbericht über das Jahr 1909/10 wird betont: *Es kann den jungen weiblichen Angestellten nicht genug empfohlen werden, daß sie mehr Sorgfalt und Zeit auf ihre Berufsausbildung [...] und wenn irgend möglich, wie die männlichen Kollegen, eine Lehrzeit von zwei Jahren durchmachen. Dagegen erscheint der kurze Besuch eines Privathandelsinstituts, der meist mit großen Kosten verbunden ist, zur Erlangung einer tüchtigen Vorbildung als ungenügend und kann eine Lehrlingsausbildung nicht ersetzen.* Was die Einführung einer geplanten *Stellenlosenversicherung* angeht, hofften sie diese auf den 1. Oktober 1910 in Kraft treten zu lassen.

Die älteste Mannheimer *Stenographie- und Handelsschule Friedrich Burckhardts Nachf.,* Inhaber: Karl Oberheiden, am Strohmarkt O 5,8 gelegen, warb in seinem Prospekt (o.J., vermutlich 1911): *Nach Beendigung des Kurses bin ich nach Möglichkeit meinen fleissigen Schülern und Schülerinnen zur Erlangung geeigneter Stellen behilflich und zwar ohne besondere Vergütung.*

Der *Evangelische Diakonissenverein Mannheim,* Geschäftsleiterin Emma Schütz, vermittelte in sei-

nen Geschäftsräumen im *Martha-Haus* in F 3,19 Hauspersonal, d.h. Köchinnen, Zimmermädchen, Kinderfräulein etc. Die *Ortskrankenkasse für häusliche Dienstboten* in O 3,11/12 vermittelte ebenso Hauspersonal wie die *Jüdische Frauen-Vereinigung & Frauenbund „Caritas"* in der *August Lamey Loge* C 4,12 unter der Geschäftsleitung von Elise Gutmann und Karoline Eppstein.

Bereits seit 1889 bestand für Hauspersonal katholischer Konfession die Stellenvermittlung des *Theresien-Vereins.*[59] Als Geschäftsleiter zeichneten der Stadtpfarrer Dr. Josef Bürck und die Schwester-Oberin Casimir verantwortlich, deren Geschäftsräume in T 5,3 lagen. In §1 ihrer Satzung gaben sie ihrer Absicht Ausdruck *[...] am leiblichen & geistigen Wohle der Mädchen zu arbeiten, welche dem dienenden Stande berufen sind und c) durch Stellenvermittlung für dienstlose Mädchen & Beherbergung solcher im Hause sorgen zu wollen.*

Ebenfalls christlich, aber auf ein breiteres Berufsspektrum ausgerichtet, verstand sich der *Verein Frauenwohl Mannheim e.V.,* der laut Satzung vom 23. Juli 1908[60] ohne Ansehen der Konfession *an der Lösung der Frauenfrage auf dem Gebiete des Erwerbs* mithelfen wollte. Frauen des geschäftsführenden Ausschusses waren unterschiedlichen Zielgruppen zugeordnet. Fräulein Maria Jattiot für die Heimarbeiterinnen, Frau Prof. Zepf für die Handwerkerinnen, Frau Eder für die Hausangestellten, Fräulein Humburger für die kaufmännischen Gehilfinnen, Fräulein Maria Rigel für die Berufsberatungsstelle und Lehrstellenvermittlung für die schulentlassene weibliche Jugend. Die erste Vorsitzende der Abt. II *Arbeitsnachweis für erwerbstätige Frauen* war Sofie Keller; das Büro befand sich im *Laurentianum,* Laurentiusstr. 19, wo heute noch ein Altersheim ist.

Nicht unerwähnt bleiben soll, daß der *Badische Frauenverein* mit Sitz in Karlsruhe und Zweigstellen in verschiedenen Städten *unter dem Protektorate Ihrer Königlichen Hoheit der Großherzogin Luise von Baden* seit 1892 ein *Vermittlungsbüreau* führte.[61] Erklärtermaßen wollten sie die Förderung der Erwerbstätigkeit der Frauen, im engeren Sinne der Töchter gebildeter Stände, betreiben. Berufszweige wie *Gesellschafterinnen, Reisebegleiterinnen, Stellvertretende Hausfrau, Stütze der Hausfrau,*

*Der Verein Frauenwohl Mannheim e.V. unterhielt sein Büro für
den Arbeitsnachweis erwerbstätiger Frauen hier im Laurentianum,
Laurentiusstrqße 19, wo sich heute ein Altersheim befindet.*

Wirthschafterinnen, Vorsteherinnen von Krankenhäusern, Sanatorien und Privatkliniken, Buchhalterinnen, Leiterinnen von Frauenarbeitsschulen, Haushaltungsschulen, Kochschulen, Kunststickerei- und Buchbindereischulen etc. Explizit ausgeschlossen waren Lehrerinnen und Erzieherinnen, für die schon eine Vermittlungsstelle des *Allgemeinen Deutschen Lehrerinnenvereins* bestand.

3.4 Arbeitslosigkeit als vorrangiges öffentliches Problem

Das breite Spektrum an Vermittlungsstellen wurde in den folgenden Jahren angesichts steigender sozialpolitischer Anforderungen an die Kommunen nicht unbedingt als Erleichterung empfunden, wie aus einem Schreiben des Städtischen Arbeitsamtes Mannheim vom 27. Dezember 1920 an die Stadtverwaltung hervorgeht.[62] Vor allem vor dem Hintergrund zusätzlicher Aufgaben, wie z.B. für die korrekte Durchführung der seit Januar 1920 gesetzlich geregelten Erwerbslosenfürsorge achten zu müssen, sei die zentralisierte Arbeitsvermittlung [das Städtische Arbeitsamt also] zu stärken, indem es tatsächlich die ausschließliche Berechtigung zur Vermittlung innehaben müsse. Bei Aufhebung des Benutzerzwanges wurde befürchtet, daß eine *wahllose Einstellung [seitens der Arbeitgeber] von weiblichen Arbeitskräften erfolgt, so daß die Unterbringung Erwerbsloser schon deshalb ganz unmöglich sein würde. Ist doch zweifellos damit zu rechnen, daß nicht allein die in den umliegenden Gemeinden ansässigen, früher in industriellen Betrieben beschäftigten Arbeiterinnen wieder zur Einstellung gelangen,* sondern daß auch Arbeitskräfte aus hauswirtschaftlichen Berufen der Industrie zudrängen, weil ihnen dort eine höhere Entlohnung winkt. Bislang hätten solche Tendenzen noch nicht überhandgenommen. *Eine weitere Schädigung der hiesigen Erwerbslosen bildet die starke Zuwanderung auswärtiger weiblicher Arbeitskräfte jeglicher Berufsarten, die seither versucht haben, unter dem Vorwand der Hausangestellten den Zuzug zu erlangen, um binnen kurzem in industrielle oder gewerbliche Betriebe überzugehen. Bei den vielfach verbreiteten Vorurteilen gegen ortsansässige Bewerberinnen [Land-Stadt-Gegensatz] wären diese stets zur Einstellung gelangt, sofern die Vermittelung nicht durch Inanspruchnahme des Arbeitsnachweises hätte erfolgen müssen.*

Auch das Städtische Arbeitsamt, das seinem öffentlichen Auftrag nach allen Bedürfnissen gerecht werden sollte, sah sich gezwungen, bei den vielfältigen, zu bewältigenden Aufgaben deutliche Prioritäten im Verteilungskampf zu setzen. Die Unterbringung der Erwerbslosen wurde als vorrangiges Ziel eingestuft und ging hauptsächlich zu Lasten der weiblichen Arbeitssuchenden.

Die zunehmende Bedeutung der öffentlichen gegenüber der nicht-öffentlichen Vermittlung, wie sie für Mannheim nachvollziehbar ist, spiegelt die Entwicklung auf nationaler Ebene wider. 1920 wurde das *Reichsamt für Arbeitsvermittlung* gegründet und zwei Jahre später die öffentliche Verantwortung gesetzlich geregelt, so daß die Stellenvermittlung endgültig in den Aufgabenbereich der Kommunen gestellt war.[63] Weiterhin sahen sich die für die Arbeitsmarktpolitik Verantwortlichen einem steigenden Arbeitskräftepotential gegenüber, das nicht nur durch das generelle Anwachsen der Bevölkerung und die erhöhte Erwerbsquote der Frauen bedingt war. In den zwanziger Jahren wurden vor allem in den Schlüsselindustrien technisch-organisatorische Veränderungen (Stichwort Rationalisierung) vorgenommen, die neben den übrigen gesamtwirtschaftlichen Problemen der Nachkriegszeit zur angespannten Situation beitrugen. Für die weiblichen Beschäftigten der Industriearbeiterschaft wurden häufig mehrere Risikofaktoren wirksam: *[…] die Mehrzahl ihrer Arbeitsplätze befand sich in strukturell gefährdeten Branchen, die wöchentliche Zeit entlohnter Arbeit war angesichts überdurchschnittlich hoher*

Kurzarbeit geringer als bei Männern, der Durchschnittslohn je Stunde betrug weniger als zwei Drittel männlicher Beschäftigter.[64]

Aber auch die Akademiker meinten, sich einer tiefen Berufskrise gegenüber zu sehen, die den bislang gewohnten Wohlstand und ihr Selbstbewußtsein gefährdete. *Schließlich machte sich in der Mitte der zwanziger Jahre auch der Eintritt der Frauen in die akademischen Berufe bemerkbar und verschärfte so die Konkurrenz vor allem der Lehrer der Mädchenoberschulen.*[65]

Als letztes Beispiel für Mannheim soll die in die Zeit nach dem I. Weltkrieg fallende Gründung einer *Hilfsstelle zur Beratung für höhere kaufmännische, technische und wissenschaftliche Berufe* in A 4,1, später am Schillerplatz C 3,21/22 genannt werden.[66] Die Gründungsmitglieder waren führende Persönlichkeiten der Verwaltung, Wissenschaft, Industrie und des Handels unter Mitwirkung von Berufsvereinen, Wirtschafts- und Wohlfahrtsverbänden. Gefördert wurde die Stelle vom Ministerium für Kultus und Unterricht. Die ehrenamtliche Beratung erfolgte durch Berufsangehörige, u.a. Frau Dr. Elisabeth Altmann-Gottheiner[67] und Frau Franziska Humburger vom Städtischen Arbeitsamt.[68]

Es sei an dieser Stelle nochmals daran erinnert, daß eine nach Branchen, Regionen und Geschlechtern gegliederte verläßliche Arbeitslosenstatistik erst seit der 1928 eingerichteten neugegründeten *Reichsanstalt für Arbeitsvermittlung und Arbeitslosenunterstützung* vorliegt. Dennoch läßt sich abschließend feststellen, daß das – durch die gesamt-gesellschaftliche Entwicklung forcierte – Problem der Arbeitslosigkeit den Mangel an Absicherung und Unterstützung sowie den Bedarf nach verbesserter Organisation der Arbeits- und Stellenvermittlung sichtbar gemacht hat. Zur Zeit des Kaiserreichs war das Spektrum der vermittelnden Stellen noch recht zersplittert. In der Weimarer Republik hatten sich die öffentlichen Arbeitsämter nach dem Willen der Gesetzgebung gegenüber anderen Institutionen als maßgebliche Stellenvermittlungsinstanzen herauskristallisiert. Trotz der postulierten Ansprüche auf Chancengleichheit ging diese Entwicklung nicht mit einer Besserstellung für Frauen einher, denn nach wie vor bildeten der Ausbildungsstand *und* das Geschlecht die wesentlichen Kategorien der Berücksichtigung. Frauen blieben gegenüber Männern auf dem Arbeitsmarkt schlechter entlohnt bei Anstellung, schlechter abgesichert im Falle des Arbeitsplatzverlustes, schlechter gestellt, was die Ausbildung für und die Vermittlung in eine Stellung angeht.

Anmerkungen zum Kapitel

[1] H. KRAEMER S. 429.

[2] Vgl. R. RÜRUP UND J. KOCKA / B. MÜTTER.

[3] Vgl. W. KROMER.

[4] Vgl. U. GERHARD S. 101.

[5] Vgl. Ebd. S. 110.

[6] Vgl. D. PETZINA u.a. (Hgg.) S. 54.

[7] Vgl. U. GERHARD S. 111; vgl. A.-M. Lindemann S. 94ff.

[8] Vgl. Beitrag von Sylvia Schraut in diesem Band.

[9] Vgl. U. GERHARD S. 190; J. Kocka.

[10] Vgl. Ebd. S. 305.

[11] Vgl. Beitrag von Barbara Guttmann in diesem Band.

[12] Vgl. U. GERHARD S. 328.

[13] Vgl. C. HESS S. 76-79.

[14] Vgl. U. GERHARD S. 364.

[15] Vgl. D. PETZINA u.a. (Hgg.), S. 119.

[16] Vgl. K. HOOK S. 94: Die Tabelle zur Arbeitslosenzahl im Stadtkreis Mannheim weist für 1925 insgesamt 15 920 Menschen aus. Eine *Aufgliederung nach dem Geschlecht* sei zwischen 1925 und 1938 nicht unternommen worden. Vgl. G. Seeber.

[17] Vgl. MEYERS ENZYKLOPÄDISCHES LEXIKON, Bd. 2, Mannheim 1973, S. 513.

[18] Vgl. R. BURKHARDT.

[19] Vgl. MEYERS ENZYKLOPÄDISCHES LEXIKON, Bd. 1, Leipzig/Wien 1902, S. 504.

[20] Vgl. MEYERS KONVERSATIONSLEXIKON S. 692; Tätigkeitsbericht der Allgemeinen Arbeitsnachweis-Anstalt, Köln 1895 (GLA 237/26 565).

[21] MEYERS KONVERSATIONSLEXIKON, Bd. 1, Leipzig/Wien 1902, S. 504. S. 693.

[22] Vgl. MEYERS ENZYKLOPÄDISCHES LEXIKON, Bd. 1, Leipzig/Wien 1902, S. 504. S. 504.

[23] Vgl. ebd. S. 505.

[24] Vgl. W. ABELSHAUSER, A. FAUST UND DIETMAR PETZINA (Hgg.) S. 329.

[25] Vgl. U. GERHARD S. 365.

[26] Johanna Kettler, geb. Reder, wurde 1851 in Harburg bei Hamburg geboren. Sie setzte sich für gleiche Bildungschancen für Frauen ein; so gründete sie z.B. 1888 den *Deutschen Frauenverein Reform.* Dieser Verein, den sie auch leitete, gründete in Karlsruhe 1893 das erste deutsche Mädchengymnasium. J. Kettler verstarb 1937 in Berlin; vgl. U. GERHARD S. 151ff.

[27] „DIE KONKURRENZ DER FRAU" 1890 und „GLEICHE BILDUNG FÜR MANN UND FRAU" 1891, zit. nach H. SCHRÖDER, S. 200-227, 228-248.

[28] „DIE KONKURRENZ DER FRAU", zit. nach H. SCHRÖDER, S. 201.

[29] Ebd. S. 205.

[30] Ebd. S. 206; Zit. S. 209.

[31] Ebd. S. 217.

[32] DITTMANN in: Die Hilfe. Zeitschrift für Politik, Literatur und Kunst, 33/1927, S. 562, zit. nach: Deutsche Sozialgeschichte 1914- 1945, S. 112.

[33] So der badische Fabrikinspektor KARL BITTMANN in seinem Vortrag: Die Versicherung gegen Arbeitslosigkeit, veröffentlicht in BADISCHE PRESSE, Nr. 576, 10.12.1908: *In Deutschland ist die Versicherung nach dem Genter System nur in Straßburg zur Anwendung gekommen, während es in München bei dem guten Willen blieb. Sonst finden wir im Deutschen Reich hauptsächlich nur die Selbsthilfe der Arbeiterorganisationen, vereinzelt auch Arbeitgeber-Unterstützungskassen wie Mohr-Altona, Lanz-Mannheim u.a.*

[34] Vgl. A.-M. LINDEMANN 1986 S. 118.

[35] Vgl. W. A. BOELCKE S. 296.

[36] K. HOOK S. 89.

[37] Vgl. W. A. BOELCKE S. 295: Nach der Stellenvermittlerstatistik von 1910 waren es 14.005.

[38] Vgl. Ausgewählte Zeitungsausschnitte zur Arbeitslosenversicherung in den Jahren 1908 bis 1914 (GLA 237/26 920).

[39] A.-M. LINDEMANN 1986 S. 120.

[40] G. SEEBER S. 64.

[41] Die Geschäftsstelle befand sich zunächst in S 1, 17, ab 1903 in M 4, 1.

[42] G. SEEBER S. 59, 42ff.

[43] Geschäftsberichte auswärtiger Arbeitsnachweisanstalten und Arbeitsämter 1895 (GLA 237/25 565).

[44] R. FREUND S. 44 (GLA 237/26 565).

[45] KARLSRUHER ZEITUNG Nr. 47, 16.2.1905.

[46] BADISCHE LANDESZEITUNG Nr. 19, Mittagsblatt, Karlsruhe, 12.1.1905.

[47] Jahresbericht des Verbandes Deutscher Arbeitsnachweise, Beilage zu Der Arbeitsmarkt, Jg. 13, Nr. 7,

Berlin 1910, Sp. 5.

48 Ebd. Sp. 32.

49 §12 des Stellenvermittlergesetzes vom 2. Juni 1910,
in Reichsgesetzblatt, Nr. 34, Jg. 1910; Verordnung
vom 13.9.1910 betreffend den Vollzug des Stellenvermittlergesetzes. In: Gesetzes- und Verordnungs-
blatt für das Großherzogtum Baden, Nr. 35,
24.9.1910 (GLA 237/29 684).

50 Die folgenden Informationen sind dem Bestand
„Nicht-gewerbsmäßig betriebene Stellennachweise
im Bezirk Mannheim 1910-13" (GLA 237/26 639)
entnommen.

51 Ebd. §15 der Geschäftsordnung für die Mitglieder
des *Arbeitsnachweis Mannheim-Ludwigshafen e.V.*

52 Ebd. Verzeichnis der vom *Arbeitsnachweis Mannheim-Ludwigshafen e.V.* vermittelten Gewerke.

53 Bericht der Petitionskommission der Zweiten Kam-
mer über die Petition des Gewerkschaftskartells
Mannheim betr. die gesetzliche Regelung der
Arbeitsvermittlung und den Erlaß eines Verbotes
gegen den Arbeitsnachweis der Industrie Mannheim,
erstattet vom Abgeordneten Maier. Beilage zum
Protokoll der 117. öffentlichen Sitzung der Zweiten
Kammer vom 13.7.1910. (GLA 237/29 684).

54 Ebd. S. 92.

55 Ebd. S. 92f.

56 Ebd. S. 96.

57 Siehe Anm. 46.

58 Die nachfolgenden Angaben sind den jeweiligen
Geschäftsberichten bzw. Statuten entnommen
(GLA 237/26 639).

59 Benannt nach Theresia Müller, geb. Leicht, die diesen Verein durch eine Stiftung ins Leben rief.

60 Der Verein wurde am 26.10.1908 beim Amtsgericht
Mannheim eingetragen. Dem Vorstand gehörten der
Stadtpfarrer Knebel und Elise Pfeiffer an. Namentli-
che Auflistung der Mitglieder, GLA 237/26 639.

61 Das Stellenvermittlungsbureau der Abt. I des Badischen Frauenvereins, GLA 237/26 583.

62 GLA 237/26 621.

63 G. SEEBER S. 51.

64 D. PETZINA S. 248. Darin werden die Handlungs-
möglichkeiten der Weimarer Regierungen im
Bereich der Wirtschafts- und Finanzpolitik angesichts
struktureller oder konjunkturell bedingter Arbeitslosigkeit angesprochen.

65 K. JARAUSCH S. 289.

66 Im MANNHEIMER GENERALANZEIGER Nr. 337
vom 25.7.1919 ist ein Hinweis auf diese Stelle im
Zusammenhang mit dem Allgemeinen Studententag

deutscher Hochschulen zu finden.

67 Siehe Beitrag von Alexa Gwinner in diesem Band.

68 GLA 237/25 712.

BLITZLICHT

1. Ich hab' fest arbeiten müssen.
(Jugend im Elternhaus)

Ich bin gebürtige Mannheimerin, und meine Mutter auch. Mein Elternhaus stand in der Friedrichsfelder Straße. Auf der einen Seite waren Bäume, und auf der anderen Häuser. Das war ja ein Gasthaus, wir haben auch Übernachtungen gehabt. (Zur Abb.: Meine Eltern, die Frau mit der Schürz' ist meine Mutter, und daneben mein Bruder Hans und hintendran mein Vater. Dabei steht der Metzger, der geschlachtet hat.). Das Haus hat mein Großvater gebaut. Ich bin eine geborene Ernst, und meine Mutter ist eine geborene Heilmann. Mein Vater hat in Frankreich in Vichy bei der Regierung gearbeitet, der war da Saalkellner. Er hat eine ganze Gruppe unter sich gehabt, wenn dann die Regierung getagt hat. Und der Bruder von meinem Vater, der Onkel Adolf, der war bei der Bahn. Wenn der hier zu tun gehabt hat, ist er immer 'rüber zu meinen Großeltern gegangen und hat da gegessen. Mein Vater hat seinen Bruder besucht, und so hat er meine Mutter kennengelernt. 1905 haben sie geheiratet.

Frau Else M.,

EINE MANNHEIMER BÄCKERSFRAU, ERZÄHLT.

Ich bin länger in die Schule gegangen, zehn Jahre, und hab' das Einjährige gemacht, und dann bin ich in die Hausfrauenschule gegangen zwei Jahre, und dann hab' ich im Fröbelseminar mein Examen gemacht. Eigentlich bin ich Kindergärtnerin. Ich war fertig mit der Schule mit… na, ich war 22 Jahre, bis ich geheiratet habe.

Geholfen hab' ich zu Hause immer. Ich hab' fest arbeiten müssen. Sonntags haben wir eine Bedienung gehabt. Mittags sind meine Freundinnen – meine wirklichen Freundinnen – in den Ebertpark zum Tanzen gegangen, und ich hab' nie mitgedurft. Ich hätt' schon mitgedurft. Mein Vater hat gesagt, *Du kannst gehen, mußt aber um vier Uhr da stehen.* Und das hat sich nicht rentiert. Bis wir gegessen haben – wir haben erst gegessen, wenn das Lokal leer war – also nie vor halb drei. Bis dann aufgeräumt war und so weiter – das hätt' mir nicht mehr gelangt.

Elternhaus von Else M.

Ich hab' an der Theke gearbeitet. Die Bons vom Essen, die hab' ich gekriegt, direkt, und das Bier und den Wein hab' ich ausgeschenkt. Da hat's ja noch kein Essen gegeben, wie heut'. So herzhafte Teller mit Aufschnitt, Leberwurst, Griebenwurst und Hausmacher Schwartenmagen. Wir haben alle Freitag' zwei Schweine geschlachtet und ein halbes Kalb.

Kennengelernt haben mein Mann und ich uns durch's Geschäft. Wir haben alles von der Bäckerei M. bezogen, und mein Mann ist meistens freitags gekommen, hat Kundschaft getrunken und hat kassiert, wenn die War' gebracht worden ist. Ich war hinten gesessen, am Privattisch und hab' Schulaufgaben gemacht. Wenn da einer gesagt hätt', *das wird dein Mann, hätt' ich gesagt, lang dir mal an den Kopf.* So haben wir uns gekannt.

Näher haben wir uns kennengelernt, da war ich mit meinen Brüdern im Nibelungensaal. Wir haben einen Tisch gehabt, und da ist eine Flasche Sekt und Gläser draufgestellt und ein bissel eingeschenkt worden. Die Buben, die waren halt fort, und ich hab' dagesessen. Ich bin zwar laufend geholt worden, aber die haben immer Du zu mir gesagt, und das hat mir nicht gepaßt. Selbst engagieren, wie meine Mutter gesagt hat, das hab' ich nicht fertiggebracht.

Ausgemacht war immer, um ganz oder halb sich zu treffen. Aber um zwölf Uhr wollt' ich gehen, und die Buben haben meinen Garderobenschein gehabt. Da bin ich runter in den Bierkeller und durchgelaufen. Und einer der Sänger, der beim Schwager von meinem Bruder gesessen war, hat gesagt, *was ist?* und hat mich geschnappt und auf den Stuhl gesetzt. Ich hab' noch nicht richtig gesessen, kam einer und hat gesagt, *Gestatten, ist hier frei?*, und ich hab' gesagt, *Bitte!*, und da war das mein Mann. Er hat sich gesetzt und hat gefragt *Möchten wir mal tanzen?*, und dann bin ich morgens um halb sieben heimgekommen.

2. Draußen in der Friedrichsfelder Straße

1936 haben wir mit der Bäckerei angefangen. Am 10. März haben wir geheiratet und am 1. April das elterliche Geschäft übernommen und damals schon 350.- DM Miete bezahlt, das war viel.

Draußen in der Friedrichsfelder Straße hab' ich allein gearbeitet. Ich hab' den Laden gemacht, für die Küche hatt' ich ein Mädchen. So fünf bis sechs Leut' haben wir immer gehabt.

Wir haben alles selbst gemacht, was wir verkauft haben, nur die Nudeln nicht. Wir haben einen wunderbaren Nudelbäcker gehabt, der war ganz spezialisiert da d'rauf. Die Nudeln sind unheimlich bestellt und verkauft worden.

In der Friedrichsfelder Straße haben wir fast nur Liefergeschäft gehabt, da war der Laden nur so Geklunker nebenbei. Die Leut' mußten ganz schön laufen von der Schwetzingerstraße bis zu uns. Wir haben viele Hotels und die Mitropa beliefert. Die ganzen Züge, die in Mannheim angehalten haben. Das mußte ganz pünktlich gehen. Wie oft ist einer mitgenommen worden bis zur nächsten Station und hat nicht aussteigen können bis Heidelberg. Und dann hat er wieder runterkommen müssen in seinen Bäckerklamotten. Oder die sind als noch runtergesprungen, und den Korb haben wir sonstwo gefunden. Unser Geschäft war, wo heute der Steg (Neckarauer Übergang) ist.

Das Geschäft haben wir ganz reell gepachtet von meinen Schwiegereltern. Durcheinander geworden sind wir erst, weil mein Schwiegervater uns das Mietbuch nicht quittiert hat. *Das braucht man doch nicht unter Verwandten.* Aber da war der Schwager, fünf Jahr' jünger als mein Mann, und der war auch Bäcker. Der hat eine Bäckerei eingerichtet gekriegt in U 1, von seinem Vater alles bezahlt. Und mein Mann hat gesagt, *wenn meinem Vater was passiert, dann glaubt der nicht, daß wir Miete bezahlt haben.* Wir haben dann eine Buchhalterin gehabt, und zu der hat mein Mann gesagt: *Sie warten drauf, bis er quittiert hat.* Da hat mein Schwiegervater oben runtergekrische', daß man's unten gehört hat.

Und mein Vater hat das – den Ärger – erfahren durch Kundschaft im Haus. In der Gegend sind nämlich Eisenbahner gewohnt, Lokführer und Heizer und was weiß ich, und die sind bei meinen Eltern verkehrt. Einer von nebenan hat scheinbar gesagt, daß da ein bissel was nit in Ordnung ist. Und da kam eines Morgens mein Vater –

Else M. mit Verkäuferinnen

das seh' ich heut noch – zur Tür vorne rein und hat ein Gesicht gemacht. Und 'rein und direkt ins Wohnzimmer und gefragt, *Wo ist der Hermann?* und ich, *A ja, in der Backstub'. Hast Du mal einen Moment Zeit? Du mußt warten, bis die Leut' 'raus sind.* Und ich hab' meinen Mann gerufen und dann weiterbedient. Zu meinem Mann hat er gesagt: *Ist das wahr, das da Durcheinander ist?* Und da hat mein Mann gesagt, *Ja. Entweder,* hat mein Vater gesagt in einem Ton, der liegt mir jetzt noch in den Ohren, *entweder du änderst das, oder ich nehm' meine Tochter wieder mit nach Hause.* Mein Vater hat dann den Makler angerufen, und innerhalb von zwei Tagen haben wir das Haus in Q 3 gehabt.

3. Die Bäckerei in der Stadt

In Q 3 waren wir von 1939 bis 1965. An meines Mannes Geburtstag haben wir dort das erste Mal geschlafen, am 21. Juli, da haben wir auch die Wohnung erst machen lassen. Am 31. Juli haben wir eröffnet.

3.1 Das Personal

In Q 3 hab' ich dann Lehrmädchen gekriegt, die sind alle bei mir geblieben. Zum Schluß waren's sogar zwei Verkäuferinnen und ein Lehrmädchen. Für die Ausbildung hab' ich so Kurse mitgemacht.

Ich war die Allererste in Mannheim, die die Mädels angezogen hat, daß es ein bißchen Gesicht gehabt hat. Manche haben die Uniformen gern angezogen, und manche gar nicht gern. Die Häubchen waren sie nicht gewöhnt. Die Kittelschürzen – im Winter dunkelblaue mit langem Arm und im Sommer heller blau mit kurzem Arm – die sind gearbeitet worden von der Firma Ammann in Q 3. Die gibt's heut' nicht mehr.

Vielleicht haben Sie Glück, daß Sie mal mit einem Mädchen von mir sprechen können. Die waren alle... Die, die nicht reingepaßt haben, sind alle nicht lang' geblieben. Die hat mein Mann nach vier bis sechs Wochen, wenn sie nicht reingepaßt haben, fortgeschickt. Die Helga hat sogar geheiratet bei mir. Das war die Kleinste gewesen, aber sehr tüchtig, sehr umsichtig.

Im Haushalt war unser Kocherle, die ist auf dem Bild drauf. Die Bäcker haben's Kocherle genannt. Und dann war ja meine Mutter da. Wie mein Vater gestorben war, hab' ich sie zu mir genommen. Meine Mutter hat gekocht – die hat gekocht bis fast zu allerletzt – und sie hat's Mädel gehabt. Die Bäcker haben fast alle bei uns geschlafen. Wir haben oben Gesellenzimmer gehabt und das Mädchenzimmer. Das Mädchen war auch im Haus. Die Zwei haben dann schon zu schaffen gehabt.

Um vier haben meine Leut' angefangen, und ich um halb sechs, oft früher.

Schlimm war's mit dem Personal. Wir haben ja keinen Ausläufer mehr gekriegt, und den Lehrbub hat man nicht schicken dürfen. Das haben wir auch nicht getan. Was macht man dann? Was meinen Sie, wie oft ich dann mit zwei Brötchen in den vierten Stock gesprungen bin, und hab' sie dort an die Tür gehängt. Wir haben vier Pfennige für ein Brötchen gekriegt, und bei acht Pfennigen haben wir aufgehört. Auch die Mädels haben dann mit ausgetragen. Es hat jeder tragen müssen. Später, wie's mit dem Personal wieder besser geworden ist, hatten wir einen Ausläufer, der war den ganzen Tag auf Trab.

Gegessen haben wir alle in der Küche. Da hab' ich eine Bank machen lassen, und ein Ausziehtisch war da. Auch in Q 3 haben wir immer mit dem Personal gegessen, da hat's nichts extra gegeben. Nur ich hab' als mein Essen runtergeschickt gekriegt in den Laden.

3.2 Arbeitsteilung

Ich hab' dann in der Mittagszeit ausgepackt und eingeräumt und Fenster gemacht. Die Bücher hab' ich gern aufgehoben auf die Nacht, wenn alles draußen war. Dann hab' ich mich hingesetzt, und dann bin ich als eingeschlafen und hab' einen Strich über alles gezogen.

Mein Mann hat gebacken und seine Bestellungen gemacht. Die Backstub, das war sein Ressort. Und das andere war meins. Ich hab' viel zu viel gemacht. Ich hab' immer zu meinen Mädle gesagt, *Ihr müßt nit alles können, sonst müßt ihr's immer machen.*

Mein Mann hat so kleine Brötchen gebacken. Ein Salzstängele, ein Mohnstängele und ein Kaiserbrötchen, und das ist mit Schleifen zugebunden worden. Hunderte, tausende von Päckchen hab' ich als machen müssen. Die ganze Nacht hab' ich geknottelt. Die ganzen Pralinen hab' ich in die Kartonnagen rein und hab' so eine große Schleife drauf gemacht.

3.3 In der Kriegszeit

Gebacken haben wir alles, was man damals so backen konnte. Kuchen ist immer kleiner geschrieben worden. Mehl hat man ja gar nicht gekriegt. Mein Mann hat alles ausgebacken. Mal sagen, wir waren spezialisiert auf Brötchen. Da können Sie fragen, wer die Bäckerei M. kennt, der weiß das heut' noch. Wenn mich als jemand auf der Straße anhält: *Ach Gott, wo gibt's denn die Brötchen von Euch. Nur M.-Brötchen wollten wir haben.*

Wir haben drei Bäcker gehabt, und die sind in einer Nacht geholt worden zu den Soldaten. Da stand mein Mann mit einem Lehrbub ganz allein. Ich bin dann nachts mit 'runter und hab' in der Backstub mitgeholfen. Die Kuchen hab' ich machen müssen. Bienenstich hat man noch machen können und Obstkuchen und Zöpfe und einfaches Zeug.

Diese feuchte, schwüle Luft, das hab' ich nicht vertragen, da bin ich als raus und hab' mich auf die Treppe gesetzt und hab' mir dann so einen Ischias geholt. Ich hab' jeden Tag eine Bienengiftspritze bekommen, und der Arzt hat gesagt, *Frau M., das hat keinen Wert, sie müssen draußen bleiben.* Ich hab' gesagt, *Sie haben gut reden. Wie denn? – Dann geb' ich Ihnen keine Spritze mehr.* Und dann hab' ich's ihm versprochen, und dann hat er mich immer verwischt.

Ich hab' ein Schreiben bekommen. Ich steh' da, den Laden voller Leut' und hab' gelesen und gesagt: *Wenn wir so backen würden, was die uns alles vorschreiben, das könnt' kein Mensch fressen.* Wörtlich so gesagt! Die hatten uns Maismehl vorgeschrieben zu verbacken. Vorgeschrieben war – mal sagen – 30% von dem. Mein Mann hat's nicht verbraucht. Das ist zum Schluß als Futter abgegangen.

Wir haben ja Laufkundschaft gehabt, und irgendjemand hat meine Bemerkung angezeigt. Der Christel ihre Mutter war noch dazugekommen. Ich bin einbestellt worden, abends um acht Uhr hab' ich noch in die Ortsgruppe gemußt, und dann haben die mir das vorgehalten. Und der Christel ihre Mutter hat dann gesagt: *Nein, nein, ich war im Laden von der Frau M.,* und hat das stur abgelehnt. Die hat mir das Leben gerettet. Ich bin dann verwarnt worden.

4. Es ging nicht mehr

Fünfundsechzig haben wir aufgegeben. Es ging
nicht mehr, wir konnten's nicht mehr verkraften.
Mein Mann so krank, das ging nicht mehr. Wir
haben dann inseriert in einer Fachzeitung,
da kamen Gott weiß wie viel', und da haben wir
einen rausgepickt, der war von Limburg an der
Lahn. Er hat in einer Brotfabrik gearbeitet, und die
Frau in Frankfurt in einem Café, da war die
schon ein bissel firm. Wir haben sie noch einge-
lernt. Mein Mann ist jeden Morgen um drei
noch 'reingefahren, und auch ich hab' auch noch
vier Wochen lang geholfen.

Rosmarie Günther

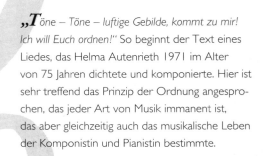

*„T*öne – Töne – luftige Gebilde, kommt zu mir!
Ich will Euch ordnen!"* So beginnt der Text eines
Liedes, das Helma Autenrieth 1971 im Alter
von 75 Jahren dichtete und komponierte. Hier ist
sehr treffend das Prinzip der Ordnung angesprochen, das jeder Art von Musik immanent ist,
das aber gleichzeitig auch das musikalische Leben
der Komponistin und Pianistin bestimmte.

Es war eine Karriere – obwohl Helma Autenrieth
dieser Ausdruck wahrscheinlich gar nicht in den
Sinn gekommen wäre –, die unter den glänzend-
sten Voraussetzungen begann und, bedingt durch
Zeitereignisse und persönliche Lebensumstände,
jäh unterbrochen wurde. Ein exemplarisches
Schicksal, das sie mit vielen schöpferisch tätigen
Frauen ihrer Generation teilte, das aber deswegen
subjektiv nicht weniger bitter empfunden wurde.
Daß in ihrem Fall sich in den letzten Lebensjahr-
zehnten doch noch Anerkennung und Erfolg über
den lokalen Wirkungsbereich hinaus einstellten,
setzt einen versöhnlichen Schlußpunkt unter diese
Biographie.

Brigitte Höft

HELMA AUTENRIETH (1896-1981)

Eine Mannheimer Komponistin

Helma Autenrieth wurde in Frankfurt/Main am
6. Dezember 1896 geboren, im Sterbejahr Clara
Schumanns, was sie stets als besonders bedeutungsvoll für ihr Leben betrachtete. *Ich sehe es als
ein gutes Zeichen an, daß ich just in diesem Jahre
geboren wurde. Von Komponistinnen hält die Welt
nicht viel, und immer wieder muß ich lesen, daß
es keine gibt. Auch mich hätte es fast nicht gegeben,*

Helma Autenrieth um 1920

ich schrieb Musik nur gelegentlich und zu meinem Vergnügen[1] schrieb sie selbst 1972.

Sie stammte aus einer Industriellenfamilie. Ihr Großvater war der Erfinder der sogenannten *photographischen Trockenplatte*, ihr Vater, Carl Moritz Schleußner, entwickelte zusammen mit Wilhelm Röntgen die Röntgenplatte, die dann in seiner Fabrik serienmäßig hergestellt wurde. Er war auch an der Entwicklung des Kinofilms maßgeblich beteiligt und finanzierte die Filmgesellschaft *Bioskop*, eine Vorgängerin der *UFA*. Letzteres erwies sich als Fehlinvestition, denn Schleußner haftete persönlich für die Verluste des mit großem Aufwand gedrehten Films *Der Student von Prag* (Drehbuch: Hanns Heinz Ewers; Hauptdarsteller: Alexander Moissi) und verlor dabei fast sein gesamtes Vermögen. Doch es gelang ihm, sich wieder zu sanieren. 1923 gründete er zusammen mit seinem Sohn Carl Adolf den *Frankfurter Rundfunk*, eine der ersten Rundfunkanstalten Deutschlands. Als angesehener Bürger Frankfurts

bekleidete er ehrenamtlich zahlreiche öffentliche und private Ämter.

In diesem Milieu wuchs Helma Autenrieth zusammen mit zwei Brüdern auf. Ihre Mutter, Jeanne Laurenze, erfüllte perfekt die vielfältigen Aufgaben, die die Leitung eines großbürgerlichen Hauses erforderte und war eine geschätzte Gastgeberin glanzvoller Gesellschaften. Bedienstete waren reichlich vorhanden; für die Erziehung der Kinder sorgten wechselnde Gouvernanten, die meist aus der französischen Schweiz kamen. Das geistige Klima des Hauses, liberal und allem Neuen aufgeschlossen, wurde vor allem durch die beherrschende Gestalt des Vaters bestimmt. *Überall verkehrte er, ein Weltmann im besten Sinne, alles brachte er an den Eßtisch, wo der Diener mit Handschuhen servierte und das Gespräch munter flatterte […] Fürs ganze Leben gab mir mein Vater Richtlinien mit, und das ohne es zu wollen. Es waren einfach seine Prognosen zu Dingen, die sich ereigneten, er schätzte sie meistens richtig ein.*[2]

Die Liebe zur Musik, die die Mutter Jeanne Laurenze von ihren Eltern übernommen hatte, konnte sie erfolgreich an Mann und Kinder weitervermitteln. Carl Moritz Schleußner nahm noch mit 40 Jahren Klavierunterricht und übte fleißig, ohne jedoch seinem hochmusikalischen Schwiegervater je das Wasser reichen zu können. Für die kleine Helma war die Musik von frühester Kindheit an ein Lebenselement. Sie erhielt Klavierstunden und bekam zu ihrer Konfirmation einen Bechstein-Flügel geschenkt. 1911 besuchte sie mit ihrem Großvater die Bayreuther Festspiele.

Seit 1909 war sie Schülerin der neueröffneten *Schillerschule* in Sachsenhausen, der *besten Schule*[3], wie der von ihr hochverehrte Direktor Klaus Bojunga sein Institut selbst nannte.

1914 begann sie ihr Musikstudium am renommierten *Hochschen Konservatorium* in Frankfurt, an dem unter anderem auch Clara Schumann unterrichtet hatte. Es war die Zeit, in der ihr Vater mit den Folgen seines finanziellen Ruins zu kämpfen hatte: *Diese Tatsache aber gab den Startschuß für mich, seine Tochter, ein ernsthaftes Studium zu beginnen*[4] – eine für die damaligen Verhältnisse durchaus nicht übliche Entscheidung einer *höheren Tochter.*

Vier Jahre studierte sie in Frankfurt Klavier, Theorie und Komposition. Ihr Lehrer – ein Glücksfall für sie – war Bernhard Sekles (1872-1934), selbst ein hochbegabter, heute leider weithin vergessener Komponist und begnadeter Pädagoge: *In allen überlieferten Künsten seines Metiers erfahren, zugleich aufgeschlossen für alle überindividuell bedeutsamen neuen Schaffensperspektiven und fähig, junge Talente in gemeinsamer „Atelier"-Arbeit und im geistvollen Lehrgespräch zum kontrollierten Gebrauch ihrer eigenen produktiven Kräfte zu erziehen, ist Sekles ein idealer Meister gewesen.*[5] Helma Schleußner hatte so prominente Kommilitonen wie Paul Hindemith, Hans Rosbaud, Ernst Fischer, Hermann Heiß u. a. Sie erzählte später gerne eine Anekdote, die bezeichnend ist für Sekles' humorvolle Art, mit seinen Schülern umzugehen: Sie brachte ihm eine eigene Komposition zur Begutachtung. Er sah sie durch und fragte dann: *Nun, und wie gefällt Ihnen Ihr Stück?* Bescheiden antwortete sie zögernd: *Ach, ich*

weiß nicht […], worauf er trocken entgegnete: *Na, wenn's Ihnen selbst nicht gefällt, wem soll's denn dann gefallen?*[6]. Zusammen mit den Werken ihrer später berühmten Mitschüler wurden auch ihre frühen Werke gespielt, z. B. ihre Variationen für zwei Klaviere, die 1918 eine erfolgreiche Uraufführung erlebten.

Schon während ihrer Studienzeit und im unmittelbaren Anschluß daran unterrichtete sie an der Vorschule des *Hochschen Konservatoriums* und unternahm Konzertreisen. Als Pianistin bildete sie sich bei Willy Renner[7] (1919-1922) und Frederic Lamond[8] (1926) privat weiter. *Meine Erfolge gingen im Getümmel des Kriegsendes und der Inflationszeit unter*[9] schrieb sie später über diese Zeit.

1923 ging sie nach Mannheim, das von da an ihr Wohnsitz bleiben sollte. Sie war als Klavierlehrerin an der Hochschule für Musik angestellt und darüber hinaus an der Wigmanschule als Lehrkraft für Harmonielehre und Improvisation tätig. Im gleichen Jahr heiratete sie den Gymnasialprofessor Walter Autenrieth (1891-1976), der am Mannheimer *Tulla-Gymnasium* die Fächer Mathematik, Physik, Chemie und Sport unterrichtete. Er war ein Mensch mit ausgeprägten musischen Neigungen, der die künstlerischen Bestrebungen seiner Frau mit Anteilnahme und Interesse begleitete und bemüht war, ihr genügend Freiraum für ihre Arbeit zu verschaffen.

In rascher Folge bekam das Ehepaar drei Kinder. Das erste, ein Junge, kam tot zur Welt, 1926 wurde die Tochter Ingrid, 1927 die Tochter Isolde geboren. Vermutlich war dies der Grund, warum Helma Autenrieth 1927 ihre Lehrtätigkeit an der *Mannheimer Musikhochschule* beendete, zumal sie mittlerweile noch andere aufwendige Projekte in Angriff genommen hatte.

Ihr pädagogisches Verantwortungsbewußtsein und ihr Engagement für die Neue Musik brachten sie auf die Idee, beides miteinander zu verbinden und bereits in der musikalischen Grunderziehung Elemente zeitgenössischer Musik zu verankern. Zu diesem Zweck trat sie 1926 an den Verlag Schott (Mainz) mit dem Vorschlag heran, eine Sammlung kurzer moderner Klavierstücke verschiedener

Schwierigkeitsgrade herauszugeben. Da geeignete Stücke, die ihren Vorstellungen entsprachen, zu jener Zeit nur in geringer Anzahl vorlagen, formulierte sie einen entsprechenden Aufruf an die Komponisten. Er sei hier im Wortlaut wiedergegeben[10]:

Einladung

zur Mitarbeit an einem Klavierband für die musikalische Jugend, bestehend aus Beiträgen unserer lebenden Meister, der im Verlag von B. Schott's Söhne, Mainz, erscheinen wird.

Die breite Masse der Musikliebhaber steht leider der neuen Musik noch immer verständnislos gegenüber. Das wird sich erst ändern, wenn es gelingt, die Jugend zu gewinnen. Unsere Kinder sollen schon Ihre Klänge und Ihren Namen kennen, Ihre Musik im Hause spielen und so mit dazu beitragen, daß die neue Musik Allgemeingut wird. Denn auch die Eltern werden dann die Ohren spitzen und von ihren Kindern lernen.

Aber noch fehlt es an einer Literatur, die auch von Spielern mit bescheidener Technik wiedergegeben werden kann. Hier soll der geplante Klavierband Abhilfe schaffen. Er zerfällt in zwei Teile:

Ein I. Teil (Unterstufe) wird Stücke für den ersten Anfang enthalten, im Umfang von 1/4 bis höchstens einer Druckseite; ein II. Teil (Mittelstufe) wird im Anschluß an den Lehrgang Vortragsstücke bringen, im Umfang von höchstens 3 Druckseiten.

Innerhalb dieser eng gesteckten Grenzen persönlich geprägte und vollwertige Stücke zu schreiben, scheint mir eine Aufgabe, die trotz oder vielleicht gerade wegen der Beschränkung ihrer Möglichkeiten nicht des Reizes entbehrt.

Auf meine Anregung hin hat sich der Verlag B. Schott's Söhne in Mainz zur Veröffentlichung bereit erklärt. Der Verlag stellt für die Druckseite ein Honorar von M. 50.– zur Verfügung. Trotz dieses leider nicht günstiger zu stellenden Angebots bitte ich Sie herzlichst um Ihre künstlerische Mitarbeit, wie sie mir bereits von einer Reihe führender Komponisten zugesichert wurde. Helfen auch Sie mit, eine dringliche Kulturaufgabe durchzuführen.

Ihre einstweilige Antwort wollen Sie mir auf der beiliegenden Postkarte zukommen lassen.

Helma Autenrieth-Schleußner, Pianistin
Lehrerin an der Hochschule für Musik
Mannheim, Rupprechtstraße 8

Der Verlag hatte, wie bereits aus dem Text hervorgeht, positiv auf die Anregung reagiert, und das Unternehmen selbst schritt zügig voran. Helma Autenrieth, die über beste Kontakte in der Musikwelt verfügte, gelang es, eine Reihe namhafter Komponisten dafür zu gewinnen, so daß die in Absprache mit dem Verlag vorgenommene Auswahl schließlich schwerfiel. In Band 1 und 2 fanden Werke folgender Komponisten Aufnahme: Henk Badings, Béla Bartók, Conrad Beck, Boris Blacher, Wolfgang Fortner, Jean Françaix, Harald Genzmer, Kurt Hessenberg, Paul Hindemith, Arthur Honegger, Philipp Jarnach, Nikolai Lopatnikoff, Wilhelm Maler, Bohuslav Martinu, Darius Milhaud, Ernst Pepping, Hermann Reutter, Hermann Schröder, Igor Strawinsky, Alexander Tansman, Ernst Toch und Nikolai Tscherepnin. Die Vorbereitungen wurden in ungewöhnlich kurzer Zeit abgeschlossen. Schon Anfang Mai 1927 erhielt Helma Autenrieth aus Mainz die ersten Belegexemplare des *Neuen Klavierbuches*.

Vorangegangen waren allerdings unerfreuliche Auseinandersetzungen mit dem Verlag, und sie sollten sich fortsetzen, wie sich anhand des erhaltenen Briefwechsels zwischen Schott und der Herausgeberin aus den Jahren 1927/28 verfolgen läßt. Helma Autenrieth, die Pioniergeist, Arbeitskraft, Zeit und eine Menge fachlicher Kompetenz in das *Neue Klavierbuch* investiert hatte, sah sich mit der Tatsache konfrontiert, daß der Verlag zwar gerne ihre Dienste in Anspruch genommen hatte, aber nur wenig Bereitschaft zeigte, ihre Leistung angemessen zu würdigen.

Zunächst ging es um die Nennung ihres Namens auf dem Titelblatt. *H. Autenrieth-Schleußner* war da zu lesen, was sie mit Recht empörte, da durch die Abkürzung ihres Vornamens ihre weibliche Identität verschleiert wurde. Die unvollständige Schreibweise ihres Namens, auf ihre Beschwerde hin als unwichtige Bagatelle abgetan, war sicherlich vom Verlag ganz bewußt gewählt worden.

Vermuten läßt sich dahinter zum einen eine erz-konservative Haltung, zum anderen haben wohl auch geschäftliche Erwägungen eine Rolle gespielt. Die Verkaufschancen des völlig neuartig konzipierten Klavieralbums waren schwer kalkulierbar, und eine Frau als Herausgeberin bedeutete in den Augen des Verlegers möglicherweise ein zusätzliches Risiko, das er vermeiden wollte – durchaus unberechtigterweise, wie sich zeigte, denn die beiden Bände erwiesen sich als *Renner*. Für die zweite Auflage, die bald in Sicht kam, verlangte Helma Autenrieth energisch den Ausdruck ihres vollen Namens auf dem Titelblatt, was ihr schließlich auch – widerstrebend – zugesichert wurde, *da Ihnen offenbar so sehr daran gelegen ist*[11]. Ein dritter Band kam als Ergänzung hinzu, an dessen Zusammenstellung Helma Autenrieth aber nur noch teilweise mitwirkte. Das *Neue Klavierbuch* befindet sich bis heute im Programm des Verlages Schott und erscheint inzwischen mit dem Vermerk *Neuausgabe von W. Drahts u. Fr. Zehm*.

Ein weiterer Streitpunkt war das Vorwort, das Helma Autenrieth für wünschenswert hielt, um ihre Intentionen zu erläutern. Es wurde aus Platzgründen abgelehnt, doch kurz vor Fertigstellung der Druckvorlage wurde ihr mitgeteilt, man habe sich nun doch zum Abdruck eines Vorwortes entschlossen, allerdings nicht des von ihr angebotenen, sondern eines neu verfaßten – was den Verlag der Notwendigkeit enthob, sie als Autorin zu nennen, obwohl der Text ausschließlich ihre eigenen Gedankengänge, wenn auch in abgeänderter Formulierung, enthielt. Sie protestierte vergeblich.

Um das Honorar zu drücken, versuchte der Verlag, die Bedeutung von Helma Autenrieths Arbeit herunterzuspielen. Um die ihr zustehenden Freiexemplare der Ausgabe, die sie ohnehin lediglich zu Werbezwecken verwenden wollte, mußte sie erst bitten. Und in der offiziellen Verlagswerbung, d. h. Anzeigen in Musikzeitschriften u. ä., wurde ihr Name grundsätzlich nicht erwähnt, was sie mehrmals erfolglos anmahnte.

Zweifellos handelt es sich hier um den Fall einer äußerst subtil, fast unmerklich betriebenen Diskriminierung. Das Problem durchzieht den ganzen Briefwechsel, ohne je beim Namen genannt zu werden. Beide Parteien vermieden tunlichst, es offen auszusprechen: der Verleger, um nicht Farbe bekennen zu müssen, Helma Autenrieth, um sich weitere Demütigungen zu ersparen. Alle ihre Einwände wurden stets sehr höflich beantwortet, aber die Briefe enthielten so viele geschickt formulierte Tatsachenverdrehungen, Beschwichtigungen, Zurücknahmen, halbherzige Entschuldigungen und vage Versprechungen, daß sich ihr kaum Gelegenheit bot, eine schärfere Tonart anzuschlagen.

1929 gelang es ihr, begünstigt durch familiäre Verbindungen, im *Frankfurter Rundfunk* Fuß zu fassen. 1930 wurde ihr Studienkollege, der Dirigent Hans Rosbaud (1893-1962) dort Abteilungsleiter und Kapellmeister, so daß die Sache der Neuen Musik in guten Händen lag. Helma Autenrieth regte eine *Stunde für Laienmusik* an, die sie bis 1933 leitete und für die sie als Autorin, Sprecherin und Interpretin tätig war.

Die Machtergreifung durch die Nationalsozialisten 1933 brachte für das Ehepaar Autenrieth einschneidende Veränderungen mit sich. Walter Autenrieth, der seit 1923 der Demokratischen Partei angehörte und überdies Mitglied einer Freimaurerloge war, machte sich verdächtig, was sich ungünstig auf seine schulische Laufbahn auswirkte. Ein pädagogisches Buch, das bereits im Manuskript fertig vorlag, konnte er nicht mehr veröffentlichen. Ansonsten arrangierte er sich mit dem Regime.

Helma Autenrieth, deren *Neues Klavierbuch* in der Hauptsache Komponisten enthielt, die nun als entartet galten, fiel ebenfalls in Ungnade. *Wir waren nichts anderes als „verfluchte Intellektuelle"* schrieb sie 1947[12] im Rückblick. Als Frau eines Beamten, die somit versorgt war, – so die offizielle Begründung –, erhielt sie Berufsverbot, was bedeutete, daß ihr jegliche musikalische Betätigung untersagt war. Kreative und in hohen Positionen berufstätige Frauen paßten, von Ausnahmeerscheinungen abgesehen, ohnehin nicht in das nationalsozialistische Weltbild. Verbittert und resigniert zog sie sich in eine Art innerer Emigration zurück, beschränkte sich auf häusliches Musizieren und machte auch keinen Versuch, das Komponieren wieder aufzunehmen. 1935 wurde ihre jüngste Tochter Siglind geboren. Während der Vorkriegs- und Kriegsjahre widmete sie sich fast ausschließlich der Familie.

Gleich zu Beginn des zweiten Weltkriegs wurde Walter Autenrieth eingezogen und nahm am Polenfeldzug teil. 1941 unabkömmlich (UK) gestellt, versah er weiter seinen Schuldienst in Mannheim, bis 1943 die Familie auseinandergerissen wurde. Wegen der verheerenden Bombenangriffe in Mannheim verlegte man viele Schulen in weniger gefährdete Gebiete. So siedelte Helma Autenrieth mit ihren Töchtern nach Überlingen um, während ihr Mann mit seiner Schule zuerst ins Elsaß und danach in den Schwarzwald geschickt wurde. In den Wirren des Kriegsendes, das Walter Autenrieth in Furtwangen erlebte, geriet er in französische Gefangenschaft. Erst 1946 fand sich die Familie in ihrem Heim in der *Feudenheimer Arndtstraße*[13] wieder zusammen, um alsbald das Haus erneut verlassen zu müssen, da es von der amerikanischen Besatzungsmacht beschlagnahmt wurde. Nach einem Intermezzo in diversen Notunterkünften gelang die endgültige Rückkehr. Selbst unter schwierigsten Umständen aber fanden Hauskonzerte statt, in denen inzwischen auch die Tochter Isolde als junge Sängerin auftrat.

Helma Autenrieth, vom musikalischen Schweigen befreit, begann sich mit ungebrochener Energie ihrem eigentlichen Metier wieder zuzuwenden und erlebte ein für sie selbst wohl unerwartetes *Comeback*. 1951 entstand die Suite für Klavier in fünf Sätzen. *Es ist meinem Schwiegersohn, Edmund Lassberg, zu danken, daß ich im Jahre 66 anfing, meine Werke selbst aufzuführen, zunächst die Suite aus dem Jahre 51. Der Erfolg war so groß, daß ich zu weiteren Kompositionen Mut faßte*[14], berichtete sie selbst darüber. Mit dem in Portugal lebenden Edmund Lassberg, dem Mann ihrer jüngsten Tochter Siglind, verband sie ein besonders enges Vertrauensverhältnis. Die Uraufführung der 1968 komponierten *Sinfonietta mit dem Trauermarsch* fand in Lissabon statt, gespielt vom Orchester des Staatlichen Rundfunks Lissabon. Die Mannheimer Erstaufführung besorgte 1971 das Kurpfälzische Kammerorchester. Als Entdecker Helma Autenrieths gilt Richard Laugs, bekannter Pianist und damaliger Direktor der Mannheimer

Musikhochschule. Er interessierte sich für die *Jubiläumsvariationen* für zwei Klaviere und die 1967 komponierte Klaviersonate. Am 22. Juni 1971 gab das Klavierduo Katja und Richard Laugs in der Hochschule für Musik in Frankfurt am Main ein Konzert, das ausschließlich Klavierwerken von Helma Autenrieth-Schleußner vorbehalten war. Gespielt wurden die Suite in fünf Sätzen (1951), die *6 Klavierstücke für Renate* (1969), die Sonate von 1967 und die *Jubiläumsvariationen* (1918/1968). In der Frankfurter *Neuen Presse* vom 24. Juni 1971 erschien eine Rezension der Musikwissenschaftlerin Marianne Reissinger. Da sie den Stil der Komponistin sehr treffend charakterisiert, sei sie hier auszugsweise zitiert: *Werke mit einem hervorragenden Klaviersatz, die nicht nur von der souveränen Beherrschung des kompositorischen Handwerks zeugen, sondern auch einen eigenen Stil, eine eigene Tonsprache haben: sie sind atonal konzipiert, aber doch funktional bezogen; formal neoklassizistisch, dem späteren Stil Hindemiths verwandt, ohne jedoch musikalisch – wie beispielsweise Strawinsky – Barockes zu übernehmen; ihr Klangbild ist gelegentlich scheinbar spätromantisch, wie beim frühen Hindemith an Reger erinnernd, hat aber niemals Schwülstiges […] [es] sind sämtlich ebenmäßige, ausgewogene Klavierstücke, von musikalischer Phantasie sprühend und nicht ohne ein Quäntlein Ironie und feinen Humor.*

1965 versuchte sich Helma Autenrieth in einem für sie ganz neuen Genre. Sie schrieb eine musikalische Komödie mit dem Titel *Gedacht – gelacht*, deren Libretto sie bereits zehn Jahre zuvor verfaßt hatte. Sie betrachtete das Werk als eine Sonderform, die sie *Klein-Oper* nannte. Die Handlung des Stoffes ist zeitbezogen; sie spielt im Nachkriegsdeutschland und dreht sich um Wohnungsnot und Flüchtlingsprobleme. In die Musik sind auch Jazzelemente einbezogen. *Die Sänger können begabte Anfänger sein, Jugendliche mit ausgebildeten Stimmen. Die Rollen sind mehr als dankbar. Ich stelle mir eine Gemeinschaftsarbeit zwischen Theater und Musikhochschule vor*[15] schrieb die Komponistin selbst dazu. Die Oper gelangte jedoch nie zur öffentlichen Aufführung.

1971 wurde der 75. Geburtstag Helma Autenrieths gefeiert. Die Mannheimer GEDOK, zu deren Gründungsmitgliedern sie gehörte, hatte ein Festkonzert im Rittersaal des Mannheimer Schlosses zu ihren Ehren arrangiert. Auf dem Programm standen die *Sinfonietta mit dem Trauermarsch,* gespielt vom *Kurpfälzischen Kammerorchester* unter Leitung von Wolfgang Hofmann, sowie die Klaviersonate, interpretiert von Richard Laugs. Die Sonate für zwei Violoncelli und Klavier, vorgetragen von Margot Gutbrod, Hans Adomeit und Richard Laugs, erlebte an jenem Abend ihre Uraufführung, ebenso die zwei Gesänge für Mezzosopran, Oboen, Englisch Horn und Streichorchester (Solistin: Ingeburg Hawranke).

Ein Jahr später brachte die Firma *Da camera,* Mannheim, eine Schallplatte mit Werken Helma Autenrieths heraus.

Keines ihrer Werke ist je in einem Musikverlag erschienen. Vermutlich schreckte sie davor zurück, ihre frühen Stücke einem Verlag anzubieten, denn die Erfahrungen mit Schott müssen ihr überdeutlich gemacht haben, wie dornig für Frauen der Weg zum Erfolg war. Während der durch das Dritte Reich auferlegten Zwangspause ihres Schaffens war an Veröffentlichungen nicht zu denken, und in späteren Jahren mochte sie sich wohl nicht mehr auf mühselige Verhandlungen einlassen. So ließ sie eine Reihe ihrer Werke auf eigene Kosten drucken und verteilte sie an Musikbibliotheken und -archive, um sicherzustellen, daß sie für die Nachwelt erhalten blieben und Interessenten zugänglich waren[16].

Helma Autenrieth wird als starke Persönlichkeit geschildert, lebhaft, gesellig, eigenwillig, originell, mit Humor begabt und immer voller Geschichten steckend, die sie effektvoll zu erzählen wußte. So erscheint sie auch in den schriftlichen Zeugnissen, die von ihrer Hand erhalten sind. In ihrem Feudenheimer Haus wurden Hauskonzerte veranstaltet und viele fröhliche Feste gefeiert. In den Nachkriegsjahren unternahm sie mit ihrem Mann abenteuerliche Motorradreisen durch Europa. Reisen gehörte überhaupt zu ihren Leidenschaften. Viele Male weilte sie in Portugal, zu Besuch bei ihrer Tochter und ihrem Schwiegersohn. In ihrem Nachlaß befinden sich Gedichte, in denen sie Reiseeindrücke von dort und anderen Orten festgehalten hat.

Helma Autenrieth starb in Mannheim am 29. November 1981, kurz vor Vollendung ihres 85. Lebensjahres, nach einem erfüllten Leben, das sie selbst folgendermaßen umriß: *Ein Frauenschicksal, das sich durch die unglückliche Geschichte dieses Jahrhunderts hindurchlebte und auf seine Weise siegte.*[17]

Werkverzeichnis

• Sechs kleine Lieder op. 1 (1917). Manuskript.

• Präludien und Fughetten für Klavier op. 2 (1918). Manuskript.

• *Jubiläumsvariationen* über ein eigenes Thema für zwei Klaviere (1918-1968) (50 Jahre in der Schublade.) Mannheim: Selbstverlag 1968.

• Suite in fünf Sätzen für Klavier (1951). Mannheim: Selbstverlag 1968.

• *Gedacht – gelacht.* „Klein-Oper" nach einem eigenen Libretto (1952-1956). Manuskript.

• Sinfonietta mit dem Trauermarsch für Streichorchester (1966). Mannheim: Selbstverlag 1968.

• Kleine Weihnachtskantate für zwei Singstimmen und zwei Flöten (1968). Manuskript.

• Klaviersonate (1967). Mannheim: Selbstverlag 1968.

• Sechs kleine Klavierstücke für Renate (1969). Mannheim: Selbstverlag 1972.

• Sonate für zwei Violoncelli und Klavier (1970), *Glocken-Sonate.* Manuskript.

• *Töne!* Musik für eine Mezzosopranstimme, zwei Oboen, Englisch Horn und Streichorchester. Text von Helma Authenrieth. (Mai 1971). Manuskript.

• *Liebe.* Sonett von William Shakespeare für Alt, zwei Oboen, Englisch Horn und Kammerorchester (1971). Manuskript.

- Sieben Stücke für Andreas (1972). Mannheim: Selbstverlag 1972.

- *Stufen.* Aus dem *Glasperlenspiel* von Hermann Hesse. Für Sopran und Klavier (April 1975). Manuskript.

Diskographie

- Helma Autenrieth: Klavierwerke und Kammermusik: Suite für Klavier; Klaviersonate 1967; Jubiläumsvariationen über ein eigenes Thema für 2 Klaviere 1918 - 1968 (50 Jahre in der Schublade); Sonate für 2 Violoncelli und Klavier 1970 (genannt Glockensonate).Katja und Richard Laugs, Klavier. Hans Adomeit und Margot Gutbrod, Violoncello. Mannheim, 1972. (Da camera magna. SM 93127.) LP.

Anmerkungen zum Kapitel

[1] Covertext der Schallplatte Helma Autenrieth: Klavierwerke und Kammermusik (Da camera magna. SM 93127.)

[2] *Helma Autenrieth [...] berichtet über ihren Vater, Carl Moritz Scheußner [...] aus Anlaß seines 100. Geburtstages.* Mannheim 1968. S. 4/7. Vervielfältigtes Typoskript, zur Verfügung gestellt von Frau Isolde Mutschler.

[3] Helma Autenrieth, ebd. S. 6.

[4] Covertext der Schallplatte Helma Autenrieth: Klavierwerke und Kammermusik (Da camera magna. SM 93127.)

[5] Karl Holl in: Musik in Geschichte und Gegenwart. Bd. 12. Kassel 1965. Sp. 481.

[6] Freundliche Mitteilung von Frau Isolde Mutschler (Mannheim), der zweitältesten Tochter von Helma Autenrieth. Ihren mündlichen und schriftlichen Auskünften verdanke ich die Kenntnis vieler Details, die in diesen Beitrag eingeflossen sind.

[7] Willy Renner (1883-1955), Pianist und Lehrer am Hochschen Konservatorium in Frankfurt a.M.

[8] Frederic Lamond (1868-1948), schottischer Pianist und Komponist, berühmter Interpret Beethovenscher Klavierwerke. Er lebte zeitweise in Deutschland.

[9] Covertext der Schallplatte Helma Autenrieth: Klavierwerke und Kammermusik (Da camera magna. SM 93127).

[10] Briefwechsel zwischen Helma Autenrieth und dem Verlag Schott, Mainz, 1926-1928. (Nachlaß Helma Autenrieth, zur Verfügung gestellt von Frau I. Mutschler).

[11] Brief des Verlages Schott an H. Autenrieth vom 15. Juni 1928 (siehe Anmerk. 10).

[12] Brief an eine Freundin in den USA vom 30. Januar 1947. Zur Verfügung gestellt von Frau I. Mutschler.

[13] 1931 war die Familie Autenrieth aus der zu klein gewordenen Wohnung in der Mannheimer Innenstadt (Rupprechtstraße, heute Ifflandstraße) in ein eigenes Haus in Feudenheim umgezogen.

[14] Covertext der Schallplatte Helma Autenrieth: Klavierwerke und Kammermusik (Da camera magna. SM 93127).

[15] Helma Autenrieth im Jahr 1965: Gedanken zu *Gedacht – gelacht.* Maschinenschriftl. Manuskript, zur Verfügung gestellt von Frau I. Mutschler.

[16] Auch die Städtische Musikbücherei Mannheim hat die Werke in ihren Bestand aufgenommen; sie sind Teil der Sondersammlung *Komponistinnen.* Anläßlich der Übergabe 1980 lernte ich die Komponistin persönlich kennen.

[17] Covertext der Schallplatte Helma Autenrieth: Klavierwerke und Kammermusik (Da camera magna. SM 93127.)

Gertrud Beinling (1898-1988)

*D*ie Künstlerin Gertrud Beinling ist zwar keine
gebürtige Mannheimerin, verbrachte aber den
größten Teil ihres Lebens in der Quadratestadt
und porträtierte in dieser Zeit viele kleine und
große Mannheimer. Mit Unterstützung der Nichte
der Künstlerin war es möglich, den in der Familie
verstreuten Nachlaß aufzunehmen.[1] Bis dato
konnten 105 Plastiken dokumentiert werden.

Gertrud Beinling arbeitete ausschließlich als
Plastikerin, d.h. sie modellierte Material in die gewünschte Form, sie bevorzugte hierbei die
aufbauende Technik. Es gibt nur einen Vermerk in
ihren Aufzeichnungen, in dem sie angibt, bei
einer monumentalen Figurengruppe mitgehauen
zu haben.[2] Sie fertigte keine Arbeitsskizzen,
sondern modellierte immer gleich in Ton, später
auch in Wachs. Gips verwandte sie nur zum
Abguß von Tonplastiken, die teilweise in Bronze
oder anderem Material gegossen wurden.

Bettina Scheeder

KÜNSTLERINNENPORTRAITS

Am 20. Februar 1898 wird Gertrud Beinling als
zweite Tochter des Optikers Willibald Beinling
und der Hausfrau Berta in Bergkirchen/Westfalen
geboren.[3] 1908 zieht die Familie nach Heidelberg.
Gertrud Beinling besucht dort zuerst die *Volks-
und Bürgerschule,* später die *Frauenarbeitsschule.*
Nach dem Umzug der Familie 1914 nach Mannheim beginnt sie eine Ausbildung an dem dortigen
Fröbelseminar, einer Fachschule für Kindergärtne-
rinnen. Schon während dieser Ausbildung fällt sie
dem Leiter des *Fröbelseminars* beim Modellieren
auf.

Gertrud Beinling als junge Frau

Nach Beendigung der Ausbildung arbeitet sie als Kindergärtnerin und eröffnet 1925 in den Räumen ihrer Privatwohnung einen Halbtagskindergarten. 1929 folgt eine vierjährige Tätigkeit als Schalterkraft in einer Bank.[4] Ob es sich dabei um eine Ganz- oder Halbtagsstelle handelte, und ob sie in dieser Zeit den Kindergarten weiterbetrieb, ist heute nicht mehr zu klären. Das Letztere ist eher anzunehmen, da sie ansonsten keiner Beschäftigung nachging, um ihren Lebensunterhalt zu finanzieren.

Auf Anraten aus dem Freundeskreis nimmt sie 1933 bei der Bildhauerin Mania Kacer, einer ehemaligen Schülerin Rodins in Paris, Privatunterricht. 1934 ist sie Gasthörerin an der Karlsruher Kunstakademie bei dem Bildhauer Prof. Otto Schließler. Weitere Stationen ihrer künstlerischen Ausbildung sind 1935 die „Korrekturen" bei Theo Siegle, einem in Ludwigshafen ansässigem Bildhauer, und 1936 der Privatunterricht bei dem Heidelberger Bildhauer Igor von Jakimov.

Seit 1935 arbeitet Gertrud Beinling als Auftragskünstlerin und ist auf regionalen Ausstellungen vertreten. Sie gestaltet überwiegend Porträts, darunter auch viele von Ensemblemitgliedern des *Mannheimer Nationaltheaters*.[5] Aufträge für Kinderporträts erhält sie größtenteils von den Eltern ihrer Kindergartenschützlinge. Während bei ihrer ersten Arbeit – ein Kinderporträt aus dem Jahr 1933[6] – die Übergänge der einzelnen Gesichtspartien noch flächig wirken, sind bei den Arbeiten, nachdem sie Privatunterricht hat, die Details genauer herausgearbeitet. Die Erwachsenen- sowie die Kinderporträts sind nicht in einer Manier modelliert; neben geglätteten Oberflächen und scharf voneinander abgegrenzten Gesichtspartien formt sie gleichzeitig Porträts mit weicherer Kontur, belebter Oberfläche und fließenden Übergängen. Insgesamt wirken die Kinderporträts weicher, was vor allem mit dem Sujet an sich zu tun hat.

1935 werden zum ersten Mal Porträts von ihr auf einer Ausstellung, der Weihnachtsschau der GEDOK Mannheim-Ludwigshafen gezeigt[7] – ab diesem Zeitpunkt ist eine Mitgliedschaft in dieser Künstlerinnenorganisation anzunehmen. 1936 ist sie auf der Ausstellung *Mannheimer Künstler* in der Städtischen Kunsthalle, ebenfalls mit Porträtarbeiten vertreten.[8] Und im selben Jahr erhält sie von der Stadt den Auftrag, zwei Kindergruppen für die Aufstellung vor dem Spielplatz auf dem Horst Wessel Platz, dem heutigen Philosophenplatz, zu entwerfen.[9] Entzogen wird ihr der Auftrag, als eine Gruppe, ein Mädchen mit Puppen und Puppenwagen, bereits überlebensgroß in Muschelkalkstein ausgeführt ist. Die zweite Grup-

Martinizug, Kleinplastik aus Bronze, 1966/67

pe, zwei Jungen mit einem Hund spielend, ist im Tonmodell vorhanden.[10] Begründet wird diese Entscheidung mit der noch ungelösten Bebauung des Platzes.[11]

Daß an eben diesem Platz 1937 ein Denkmal für die Kolonialkrieger – eine *Sterbende Antilope* des Bildhauers Roderick Jerusalem von Safft – zur Aufstellung kommt[12], erklärt Gertrud Beinling, die nach eigenen Angaben kein NSDAP-Mitglied war, mit dem goldenen Parteiabzeichen des Künstlers.[13] Wie sie zu diesem öffentlichen Auftrag kam, und ob sie für die bereits geleisteten Arbeiten eine Entschädigung erhielt, ist nicht mehr festzustellen – die Akten sind verbrannt und die noch vorhandenen Stadtratsprotokolle geben darüber keine Auskunft.

Ab 1939 ist sie überregional auf großen Gruppenausstellungen vertreten.[14] Aus einer dieser Ausstellungen, der Herbstausstellung in der Berliner Kunsthalle 1941, wird das Porträt des gefallenen Mannheimer Divisionskommandeurs General Ritter von Speck vom Oberkommando des Heeres angekauft.[15] Während ihrer wiederholten Berlinaufenthalte 1939 - 1941 porträtiert sie Privatleute und Prominente, darunter den Dirigenten Wilhelm Furtwängler, den Cellisten Ludwig Hölscher, den Geiger Prof. Georg Kulenkamff und den Staatsschauspieler Mathias Wiemann.

Nach eigenen Angaben studiert Gertrud Beinling 1940 - 1942 Bildhauerei an der Akademie der Schönen Künste in Rom bei Prof. Calori.[16] Finanziell abgesichert wird ihr Aufenthalt 1942 durch das Villa Massimo-Stipendium für ein Studienjahr an der Deutschen Akademie der Künste in Rom.[17] Über diese Zeit schreibt sie: *Bin vormittags mit dem Fahrrad in die Römische Akademie gefahren, dort Aktmodelle modelliert und ausgestellt. Nachmittags in der Villa Massimo gearbeitet und dort ausgestellt mit den Rompreisträgern [...].*[18] Überraschend ist neben den Porträtarbeiten ihre Beschäftigung mit großplastischen Akten während ihres Romaufenthalts 1942/43, die zum Teil als Bauplastiken konzipiert sind.[19] Hierbei orientiert sie sich an klassischen Vorbildern und bei den Männerakten in gewissem Sinne auch an dem italofaschistischen, athletischen Körperideal. Aus

dieser Zeit stammt auch ein Kinderakt.[20] Während des Italienaufenthalts läßt sie ihren Kindergarten durch eine Vertretung führen.

Aus Rom zurück, zieht sie 1943, nach der Ausbombung ihrer Wohnung, bei der sehr viele Arbeiten zerstört wurden, von Mannheim nach Heidelberg. Hier errichtet sie unter schwierigen Bedingungen oberhalb des Hotels Haarlass eigenhändig eine Behelfsunterkunft und betreibt auch dort einen Kindergarten. In den folgenden Jahren ist sie nach eigenen Aufzeichnungen aufgrund mehrerer schwerer Unfälle[21] kaum noch künstlerisch tätig.Nach dem Krieg ist Gertrud Beinling 1949 – anfänglich mit alten Arbeiten – wieder in regionalen Ausstellungen vertreten.[22] 1950 zieht sie nach Mannheim zurück und eröffnet in den Räumen ihrer Wohnung, die ihr gleichzeitig als Atelier dient, einen privaten Halbtagskindergarten. Auf Einladung des Bildhauers Prof. Calori, ihres früheren Lehrers, geht sie im Herbst 1953 nochmals für ein Semester nach Rom an die Akademie der schönen Künste.[23] Es folgen zahlreiche regionale Gruppenausstellungen.[24]

Seit 1958 – sie ist mittlerweile sechzig Jahre alt – nimmt sie mehrere Male an der Salzburger Sommerakademie teil. So belegt sie 1958 einen Bildhauerkurs, geleitet von dem Mailänder Bildhauer Prof. Manzú.[25] Hier modelliert sie neben dem Halbakt eines jungen Mannes lebensgroße weibliche Akte und Gewandfiguren.[26] Die glatte Oberflächenbehandlung gibt sie zugunsten einer belebteren, die Spuren des Modellierens dokumentierenden Gestaltung auf. Eine stilistische Anlehnung an ihren Lehrer Prof. Manzú ist in diesen Arbeiten offensichtlich.[27] Auch die Porträts der folgenden Jahre zeigen diese Beeinflussung.

1966 und 1967 besucht sie dort die Kurse des Bildhauers Prof. Kirchner.[28] Bei ihm lernt sie das Modellieren mit schwarzem Wachs, das ihr die Arbeit im kleinen Format eröffnet. Es entstehen zahlreiche kleinplastische Kinderdarstellungen. Sie modelliert sowohl einzelne Kinder, meist versehen mit einem Attribut des Spiels, als auch Kindergruppen in genrehaften Szenen, wie die *Sternsinger* oder *Martini* (Abb.). Weitere Kurse –

1969 bei dem Bildhauer Mascherini aus Triest, 1971 bei Prof. Bogoni, zum letzten Mal 1973 bei Prof. Bertoni folgen.[29] [30] [31]

1968 und 1969 ist sie wieder überregional, im Haus der Kunst in München, an einer Kollektivausstellung beteiligt.[32]

Auch Ausstellungsbeteiligungen im regionalen Umland, wie an der GEDOK-Ausstellung 1969[33], der BBK-Baden-Ausstellung 1972[34] und 1981 sind bekannt.

Nach einem Schlaganfall an ihrem 85. Geburtstag wird sie in einem Mannheimer Pflegeheim, dem Pauline-Maier-Haus, untergebracht. 1988 werden zum letzten Mal Plastiken von Gertrud Beinling in der *Postgalerie Mannheim* ausgestellt[35], sie stirbt im gleichen Jahr, neunzigjährig, am 7. Dezember im Pauline-Maier-Haus.

Luise, Lulu oder Lu Darmstädter-Strohner identisch mit Lu Strohner, Luise Wolf-Strohner, Lulu Wolf, Lulu Kayser bzw. Kayser-Darmstädter

*H*inter diesen verschiedenen Namen verbirgt sich eine jüdische Malerin, die gerade noch rechtzeitig der nationalsozialistischen Verfolgung entkam. Leider konnten ihr Leben und Werk bis dato nur bruchstückhaft recherchiert werden. Die jüngste Quelle stammt aus dem Jahre 1970, zu diesem Zeitpunkt lebte sie noch. Von zwölf schriftlich dokumentierten Arbeiten sind nur drei Arbeiten – alle im Besitz der *Städtischen Kunsthalle Mannheim* – erhalten.

Am 26. April 1894 wird Luise Darmstädter als zweite Tochter der angesehenen Kaufmannsfamilie Darmstädter in Mannheim geboren.[36] Über ihre Kindheit und Jugend ist nichts bekannt. Nach Aussagen von Gertrud Prinz-Stohner, der zwei-ten Ehefrau des Mannheimer Kunstmalers Karl Stohner, soll Luise Darmstädter spätestens ab 1917 bei Karl Stohner privaten Mal- und Zeichenunterricht genommen haben, bevor sie ihn heiratete.[37] Aus dieser Ehe geht 1918 ein Sohn, nach dem Vater Karl genannt, hervor.

1919 wird sie Mitglied der neugegründeten Vereinigung bildender Künstler in Mannheim[38] und im gleichen Jahr erwirbt die Städtische Kunsthalle Mannheim eine aquarellierte Federzeichnung mit dem Titel Gehendes Kind (Abb.) von ihr.[39] Auf diesem Blatt ist in schwungvollen Linien ein schreitendes Kind skizziert, wobei die Dynamik der Bewegung durch die zarte Aquarellierung in Blau und Rot unterstrichen wird.

Von 1919 bis 1924 gibt es eine Lücke in den Daten. Erst 1924 ist ihre Beteiligung an der Ausstellung Badische Aquarellisten mit drei Arbeiten belegt.[40] 1925 sind Arbeiten von ihr auf der Ausstellung der Mannheimer *Künstlergruppe* 1925 zu sehen.[41] Zu dieser Künstlergruppe gehörten neben den Malern Prof. Schindler, Oertels, Dillinger, Breithut, Wilfried Otto und ihrem Mann

Karl Stohner die Bildhauer Schließler, Gelb und Laibers. Ihre Ehe mit Karl Stohner muß spätestens im gleichen Jahr, wenn nicht schon früher geschieden worden sein, da dieser 1925 seine Schülerin Gertrud Prinz ehelichte.[42] Der gemeinsame Sohn Karl verbleibt bei seiner Mutter.

Sie selbst geht ebenfalls eine zweite Ehe ein – sie heiratet den Bankkaufmann Max Wolf.[43] Bereits 1926, anläßlich ihrer ersten Einzelausstellung im angesehenen Mannheimer *Kunsthaus Tannenbaum*[44], führt die Künstlerin den Doppelnamen Lu Wolf-Stohner.

Aufgrund dieser Ausstellung wendet sich der damalige Kunsthallendirektor Hartlaub schriftlich mit der Bitte an die Stadt, der Malerin eine Wohnung zu Atelierzwecken zur Verfügung zu stellen[45] – er muß sie für besonders förderungswürdig gehalten haben, wenn er sich in dieser

Lulu Strohner: Gehendes Kind,
Aquarellierte Federzeichnung

Weise für sie einsetzte. Dies beweist auch die Einzelausstellung *Lu Wolf-Stohner*, die 1927 in der *Städtischen Kunsthalle*, „in seinem Haus", veranstaltet wird.[46]

Ihren dritten Ehemann, den Journalisten und Kunsthistoriker Stephan Kayser, heiratet sie wahrscheinlich ein Jahr später. Denn ein Aquarell, datiert 1928, ist signiert mit *lkd*, dem Kürzel für Luise Kayser-Darmstädter.[47] [48]

1929 kauft der Badische Staat ein Bild von ihr an.[49] Im gleichen Jahr sind zwei Porträts in der *Städtischen Kunsthalle* in der Ausstellung *Badisches Kunstschaffen* von ihr zu sehen[50], und 1931 erwirbt die Stadt Mannheim durch einen Unterstützungsankauf das oben erwähnte Blatt *Herrenbildnis* aus dem Jahre 1928, auf dessen Rückseite ein Aquarell mit dem Titel *Heidelberger Bahnhof* gemalt war.[51] Es handelt sich um eine Kohlezeichnung, die mit Aquarellfarben koloriert wurde. In Halbfigur ist ein sitzender Mann wiedergegeben, der, die Arme vor dem Körper verschränkt, die Betrachterin und den Betrachter geradezu anvisiert. Dieser Eindruck wird nicht nur durch die Blickrichtung des Mannes hervorgerufen, sondern durch die Wiedergabe eines Monokels, das das linke Auge vergrößern erscheinen läßt. Nicht die detailgetreue Wiedergabe des Körpers oder des Raumes stehen im Vordergrund der Gestaltung, wichtig ist, und daher durchgestalteter als die restlichen Bildpartien, der Kopf des Porträtierten.

Zum letzten Mal werden 1932 Arbeiten von ihr auf einer Ausstellung des *Reichsverbands Bildender Künstler* im Mannheimer *Kaufhaus Hirschland* gezeigt.[52] Danach zwingt sie die NS-Zeit, sich aus der Öffentlichkeit zurückzuziehen. 1938 emigriert sie mit ihrem Sohn und dritten Ehemann über die Tschechoslowakei in die USA. Sie lassen sich in Kalifornien nieder, wo Luise Kayser-Darmstädter erneut zu malen beginnt.[53]

Wie lange sie künstlerisch tätig war, und wie lange sie lebte, geht aus den bisher gesichteten Quellen nicht hervor. Vielleicht erinnern sich einige an diese Malerin, die mit großer Wahrscheinlichkeit mehr als die hier dokumentierten Arbeiten schuf, und ermöglichen so, die Lücken in der Biografie und dem Werk dieser Mannheimer Künstlerin zu füllen.

Tilla Gramm, geb. Klein

*D*ie Malerin Tilla Gramm ist keine gebürtige Mannheimerin, lebte aber mehr als die Hälfte ihres Lebens in dieser Stadt und *galt von 1937-1943 im Rhein-Neckar Raum als die wohl populärste und bestbeschäftigste Porträtmalerin.*[54] Selbst in hohem Alter war sie noch künstlerisch tätig, so porträtierte sie 1964 – mit 82 Jahren – den Mannheimer Oberbürgermeister Reschke.[55]

Die biografischen Daten Tilla Gramms stammen hauptsächlich aus Zeitungsartikeln.[56] Bis heute sind 44 Arbeiten dokumentierbar.[57]

Am 13. Januar 1882 wird Tilla Gramm, damals noch Mathilde Klein, mit ihrer Zwillingsschwester Hilde in Kiel geboren. Als die Zwillinge gerade drei Monate alt sind, zieht die Familie nach Mannheim, da der Vater, ein Chemiker, dorthin versetzt wird. Sie besucht mit ihrer Schwester aber keine Mannheimer Schule, sondern wird auf ein bayrisches Internat geschickt. Wieder zurück nimmt sie bei einem Privatlehrer in Mannheim Mal- und Zeichenunterricht. Ihre künstlerische Neigung hatte in der mütterlichen Linie der Familie Tradition; belegt ist dies durch die Bleistiftzeichnungen ihrer Mutter und ihres Großvaters in einem Album aus ihrem Nachlaß.[58]

1898, im Alter von 17 Jahren, tritt sie in die Großherzogliche *Malerinnenschule* in Karlsruhe ein. Eingeschrieben ist sie dort bis 1903.[59] Ihr Studium setzt sie in Berlin und München fort.[60] 1905 heiratet sie den aktiven Leutnant Heinrich Gramm. Mit ihm zieht sie zuerst nach Schwäbisch-Gmünd, später nach München. Die älteste existierende Arbeit von ihr, ein Ölgemälde das die Landschaft von Heidelberg-Neckargemünd im Frühling wiedergibt, stammt aus dem Jahr 1910. Diese frühe Landschaft gleicht im Stil den deutschen Impressionisten. Ein Obstbaum in voller leuchtendrosa Blüte steht auf einer Wiese, die mit heftigen vertikalen Pinselstrichen in flimmerndem Gelb-Grün gehalten ist. Im Hintergrund, getrennt durch den im Mittelgrund diagonal verlaufenden Fluß, erhebt sich eine Hügelformation in Grau-Grün-Violett Tönung vor dem in Hellgrau modulierten Himmel.

Im Entstehungsjahr dieses Bildes, 1910, wandert sie mit ihrem Mann nach Argentinien aus. Was für Gründe das Ehepaar zur Auswanderung bewegte, ist nicht bekannt. Auch in Argentinien malt Tilla Gramm, dies belegen zwei Arbeiten; eine Kohlezeichnung eines Mannes in kurzen Hosen, datiert 1913, und ein undatiertes Ölgemälde mit einer Ansicht von Buenos Aires. Von erhöhtem Standpunkt wird der Blick auf einen Teil der Stadt freigegeben – möglicherweise ein Fensterausblick, den sie hier wiedergab. Im Bildmittelpunkt ein rotes Haus, das sich, umrahmt von grünen Bäumen, von der Silhouette der weiß-gelblich getönten Häuser abhebt. Die Komposition ist in Diagonalen angelegt, die eine bestimmt der Verlauf der Straße, die sie kreuzende Diagonale wird bestimmt von der großen, ebenfalls rötlich abgesetzten Kathedrale über die Kirchturmspitze einer kleineren Kirche, dem roten Haus im Mittelpunkt, sie läuft aus in dem Schatten, mit dem eine Wolke einen Teil des Vordergrunds verdunkelt. Verschwommen und verschlafen ruhig ist die Stadt im Morgenlicht wiedergegeben. Die Wahl des Ausschnitts mit seinen natürlichen Kompositionslinien sowie die gleißende Lichtwirkung, erreicht durch dünnen durchscheinenden Farbauftrag, zeugen von Tilla Gramms malerischer Qualität. Gesichert sind neben zwei Porträts, die in Argentinien entstanden sind, zwei Ausstellungen, an denen sie in Buenos Aires beteiligt war.[61]

Nach zwölf Jahren Aufenthalt in Argentinien kehrt Tilla Gramm, von ihrem Mann geschieden[62], 1922 allein nach Mannheim zurück und zieht wieder zu ihren Eltern. Inzwischen sind während ihres Argentienaufenthalts ihre beiden jüngeren Brüder im Ersten Weltkrieg gefallen, die Zwillingsschwester stirbt fünf Wochen nach ihrer Rückkehr.

Erneut nimmt sie den Kontakt zur Mannheimer Kunstszene auf und schließt sich 1925 einer Frauenorganisation für Künstlerinnen und Kunstfreunde an, nämlich der neugegründeten *MALUHEIDU*[63], einer Vorläuferorganisation der GEDOK[64] Mannheim-Ludwigshafen, der sie 1927 beitritt.[65] Seit 1933 ist sie hauptsächlich mit Porträts auf Gruppenausstellungen in Mannheim vertreten.[66]

Erst im Jahre 1936, wahrscheinlich während ihrer Studien in München – sie ist mittlerweile 54 Jahre alt – wendet sie sich einem anderen Sujet zu. Es entstehen mehrere Frauenakte, darunter auch zwei Selbstakte als Kohlezeichnungen. Die Farbigkeit in diesen Akten ist eher zurückhaltend. Am Beispiel eines liegenden Aktes ist deutlich ihr Ringen mit diesem Sujet nachzuvollziehen. Der Körper der Frau wirkt leicht verdreht, die Stellung der Beine, das hintere überragt das vordere Bein , ist weder perspektivisch noch anatomisch korrekt erfaßt.

1937, nach dem einjährigen Malereistudium in München, folgt ihre erste Teilnahme an einer überregionalen Gruppenausstellung, der *Großen Deutschen Kunstausstellung* in München 1937.[67] Danach ist sie neben regionalen Ausstellungen[68], nur noch einmal überregional 1942, in Straßburg[69] vertreten.[70]

Als 1943 ihre Atelierwohnung in Mannheim, die sie seit 1937 bewohnte, ausgebombt wird, evakuiert man sie in den Schwarzwald nach Grafenhausen. 17 Jahre lebt Tilla Gramm im Schwarzwald. Porträts und Landschaften bezeugen auch in dieser Zeit ihr künstlerisches Schaffen.[71]

1960 kehrt sie zum dritten Mal nach Mannheim zurück und bezieht eine Atelierwohnung in der Innenstadt. Aus dem gleichen Jahr stammt ein Doppelporträt, das sie mit einer Freundin zeigt. Sie selbst präsentiert sich mit dem Pinsel in der Hand selbstbewußt als Malerin, ihre Freundin stellt sie mit einem Notenblatt dar, da diese in ihrer Jugend eine Ausbildung als Sängerin gemacht hatte. Beide Frauen, ausdrucksvoll porträtiert, blicken die Betrachterinnen und Betrachter direkt an, beide sind mit einem Attribut versehen, aber auch bei beiden Frauen sind die Hände sehr schematisch wiedergegeben. In diesem Bild wird Tilla Gramms Schwäche, Körper – hier die Hände – wiederzugeben, nochmals deutlich. Ihre Stärke bleibt die Wiedergabe des Gesichts, wobei ihre späten Arbeiten nicht mehr an die Qualität ihrer frühen Bilder heranreichen. Typisch für ihre Malweise in den letzten Jahren ist die expressivere Farbwahl.

Nach dem Zweiten Weltkrieg konnte keine Ausstellungsbeteiligung mehr nachgewiesen werden, aber Tilla Gramm ist bis kurz vor ihrem Tod, am 11. August 1969, vor allem als Porträtistin, künstlerisch tätig gewesen.

Anmerkungen zum Kapitel

[1] Besonderer Dank gebührt Fr. Jüngt und der Familie des Neffen von Gertrud Beinling, die Einsicht in den Nachlaß, bestehend aus drei Lebensläufen, Zeitungsartikeln, Fotografien und Briefen, die Gertrud Beinling selbst unorthodox, d.h. weder chronologisch noch thematisch zusammen bzw. überklebt hat, gewährten. Verweise auf den Nachlaß werden im folgenden mit N und der fortlaufenden Nummer angegeben. Zu danken ist neben der Familie Hachgenei, die der Autorin den Hinweis auf die Künstlerin gab, auch dem Sozialministerium Baden-Württemberg, das im Rahmen eines Frauenforschungsprojekts durch seine finanzielle Unterstützung eine umfangreiche Materialsammlung ermöglichte.

[2] N 255a. Neben die Fotografie vom Park des Mannheimer Wasserturms schrieb sie: *Habe an der rechten Zentaurengruppe mitgehauen – Muschelkalkstein.*

[3] Das Geburtsdatum gab die Nichte Gertrud Beinlings bekannt, sie selbst hat es auf allen Dokumenten durchgestrichen und auch in Ausstellungskatalogen nicht angegeben. Die weiteren biografischen Angaben, sofern nicht anders vermerkt, stammen ebenfalls von der Nichte.

[4] N 522. Den Nachweis für diese Tätigkeit liefert eine Versicherungsbescheinigung aus dem Jahre 1935.

[5] Sie porträtierte unter anderem den Cellisten Ludwig Behr, den Bassisten Heinz Hölzlin und den Kammersänger Wilhelm Fenten.

[6] N 167. Fotografie des Porträts, darauf und darunter notierte G. Beinling: *Mein erstes Porträt 1933. Da hatte ich noch keinen Unterricht.*

[7] N 456. Zeitungsausschnitt der *Rheinfront,* 22.11.1935.

[8] N 51 u. 176. Zeitungsausschnitte ohne Angabe der Zeitung, das Datum und folgender Text: *Prof. Pianist Otto Voß war ausgestellt.* sind handschriftlich ein- bzw. angefügt.

[9] N 31. Schreiben vom Oberbürgermeister der Hauptstadt Mannheim, datiert 13.11.1936, in dem der Auftrag *Modellskizzen für 2 Kindergruppen*

aufzustellen erwähnt wird.

[10] Ebd. Sie vermerkte dort handschriftlich: *Die Idee war: Mädchen sollten mit Puppen und Puppenwagen in den Park am Philosophenplatz fahren. Buben sollten den Hund zurückhalten […].*

[11] Siehe Anmerkung 7. *Inzwischen hat sich die Angelegenheit insofern vollkommen verändert, als in Verbindung mit dem bei der Einführung der Reichsautobahn geplanten großen Platz auch die nähere Umgebung, insbesondere auch jener Teil des Stadtgartens vollkommen verändert wird, in dem die Plastiken zur Aufstellung kommen sollten […],* schreibt der Oberbürgermeister.

[12] STADTA MA S2/143-2 1937-54. NEUE MANNHEIMER ZEITUNG Nr. 402, 1.9.1937.

[13] N 8. Handschriftlicher Vermerk Gertrud Beinlings auf dem Brief des Oberbürgermeisters vom 15.1.1937.

[14] 1939 Haus der Deutschen Kunst, München, *Große Deutsche Kunstausstellung.* N 303.
1941 Institution unbekannt, Baden-Baden, *Oberrheinische Kunst in Baden-Baden.* NEUE MANNHEIMER ZEITUNG Nr. 219, 12.8.1941.
1941 Haus der deutschen Kunst, München, *Große Deutsche Kunstausstellung.* N 187.
1941 Berliner Kunsthalle, Berlin, *Herbstausstellung.* N 469 u. 475.

[15] N 1. Schreiben der Berliner Kunsthalle vom 1.12.1941. N 3. Foto des Porträts. Auf der Rückseite der Fotografie des Porträts ist vermerkt: *[…] nach dem Leben modelliert in acht Sitzungen […].*

[16] N 538, 540 u. 542. In allen drei Lebensläufen schrieb sie: *Zwei Jahre Schülerin der Römischen Akademie bei Prof. Calori, Aktstudium und in Marmor gearbeitet.* Belege über diese Zeit in Rom sind im Nachlaß nicht vorhanden. N 316 u. N 284. Original und Übersetzung der Bescheinigung der Academia di Belle Arti über die Immatrikulation von Gertrud Beinling im Studienjahr 1942/43. Auf Vorschlag Prof. Caloris erhält sie ein Stipendium und muß so keine Studiengebühr bezahlen. N 326. Übersetzung des Bewilligungsschreibens für ein Stipendium auf Vorschlag der Academia di Belle Arti in Rom.

[17] N 329. Bestätigung der Deutschen Akademie der Künste, daß Gertrud Beinling dort vom Sept. 1942 bis Ende Juni 1943 studiert hat.

[18] N 284. Auf der Übersetzung der Academia di Belle Arti hat sie dies handschriftlich vermerkt.

[19] N 396. Fotografie der Plastik „*Junger Römer,* Aktmodell der Villa Massimo". etc.

20 N 390. Ausstellungsfoto, aufgenommen im Heidel-
    berger Kunstverein 1958; darauf abgebildet ein Kin-
    derakt, unterschrieben mit *E.G. als Kind 1943 in
    Rom.*

21 N 539, 540/41 und 543. In den drei Lebensläufen
    variiert die Zeit, in der sie nicht mehr künstlerisch
    tätig war, nachdem sie 1944 einen Schädelbasis-
    bruch erlitt, 1945 von einem Lastzug angefahren
    wurde und im gleichen Jahr – nach Auskunft der
    Nichte – mit dem Fahrrad in einen Bombentrichter
    fuhr, zwischen 3 und 7 Jahren.

22 N 44 u. N 194. RNZ, 13.7.1949. *Künstlerisches Frau-
    enschaffen*, Ausstellung der GEDOK mit Mitgliedem
    aus Südwestdeutschland im Seitenflügel des Kurpfäl-
    zischen Museums in Heidelberg. N 184. Zeitungs-
    ausschnitt, datiert 7.12.1949. Weihnachtsausstellung
    Heidelberger Künstler im Kunstverein Heidelberg.

23 N 281. Immatrikulationsbescheinigung für das
    Studienjahr 1953/54.

24 1953 Mannheimer Schloß, Mannheim, Weihnachts-
    ausstellung des BBK Baden Bezirksgruppe Mann-
    heim. N 468.
    1956 Mannheimer Kunstverein, Mannheim, Weih-
    nachtsausstellung. N 146.
    1956 Kunstverein Heidelberg, Heidelberg, Weih-
    nachtsausstellung. N 390.
    1957 Kunstverein Heidelberg, Heidelberg, Weih-
    nachtsausstellung. N 157.

25 N 276. Bestätigung der Internationalen Sommeraka-
    demie für Bildende Kunst, Festung Hohensalzburg,
    vom 14.8.1958.

26 N 393, 397, 398 u. 265. Fotografien der Arbeiten.

27 Vgl. *Giaccomo Manzú im Historischen Museum*,
    Ausstellungskatalog, Frankfurt 1972, Katalognum-
    mern 8, 9, 11, 13, 17, 19 u. 24.

28 N 310 u. 183. Bescheinigungen über die Teilnahme
    an diesen Kursen.

29 N 539 u. 541. Diese Angabe stammt aus den
    beiden Lebensläufen.

30 Siehe Anm. 6.

31 Vgl. Anm. 6. Sie belegte einen Bildhauerkurs bei
    Prof. Bertoni aus Wien.

32 N 85-88 u. N 125. AZ, 24.6.1968; RP, 28.6.1968;
    RNZ, 3.7.1968; Mannheimer Morgen 22.6.1968;
    RP, 28.6.1968. Aus dieser Ausstellung wird von der
    Stadt Karlsruhe der Kopf *Junger Koreaner* angekauft.
    N 346 u. 348. MANNHEIMER MORGEN 6.7.1969,
    MANNHEIMER MORGEN 1.7.1969 *Mannheimer in
    München.*

33 N 92. MANNHEIMER MORGEN 23.5.1969, N 186.

    Zeitungsausschnitt, datiert Mai 1969. Im gleichen
    Jahr erwirbt die Stadt Mannheim von der Künstlerin
    die kleinformatige Gruppenplastik. N 283. Brief vom
    14.8.1969 von der Verwaltung der Städtischen
    Kunsthalle Mannheim. Die Plastik befindet sich aller-
    dings nicht im dortigen Depot.

34 1972 kauft die Stadt Mannheim das Kinderporträt
    Heike S. aus der Jahresausstellung des *BBK-Baden.*
    N 47 bzw. N 59. Die RP, 19.5.1972. Die Bronze ist
    im Besitz der Städtischen Kunsthalle Mannheim.
    N 370 Fotografie des Porträts.

35 N 302. Fotokopie der Einladungskarte.

36 Alle biografischen Angaben stammen aus GREH-
    BIEL-DARMSTÄDTER, MARIA: Briefe aus Limonest
    1940-1943. Hrsg.: Walter Schmitthenner, Heidel-
    berg 1970, S. 375, 381-83 und aus der Meldekartei
    des STADTA MA.

37 Diese Information stammt von Gertrud Prinz-Stoh-
    ner, die der Autorin am 19. März 1991 ein Interview
    gab.

38 STADTA MA, Verwaltungsjahrbuch 1919, S. 161.

39 Bestandsverzeichnis der Städtischen Kunsthalle.
    Inv.Nr. G 1282-H, alt 1.1327, erworben vom Kunst-
    verein am 21.6.1919.

40 Laut Ausstellungsakte 1924 waren folgende
    Arbeiten ausgestellt *Sächsische Schweiz, Selbstbildnis
    mit offenem Haar* und *Am Meer.* Eingereicht waren
    daneben: *Balalaikakapelle, Frauen, Maler Stohner* und
    aus dem Film *Raskolnikoff.*

41 STADTA MA S2/663-2, NEUE MANNHEIMER
    ZEITUNG Nr. 123, 14.3.1925.

42 Siehe Anm. 37.

43 Siehe Anm. 36. Wann sie ihn heiratet, ist nicht zu
    klären gewesen, da diese persönlichen Angaben
    unter den Datenschutz fallen.

44 STADTA MA Arch. Zug. 31/1969 Nr. 33.

45 Siehe Anm. 44.

46 Ausstellungsakte 1927. Die Ausstellung ging vom
    27.11.1927- 1.1.1928.

47 Bestandskartei der Städtischen Kunsthalle Mann-
    heim.

48 Siehe Anm. 36. Die Eheschließung mit Stephan
    Kayser wird in einer anderen Quelle mit 1933 ange-
    geben.

49 GEISSLER ARCHIV der Freien Akademie der bil-
    denden Künste in Mannheim. K100w Wolf, Lulu.
    Um welches Gemälde es sich handelt, ist in der
    Quelle nicht angegeben.

50 Ausstellungskatalog, Mannheim 1929. Nr. 433 *Die
    Dr. Hoffmannschen Kinder*, Öl und Nr. 433 *Porträt*

Dr. Hachenburg, Öl.

51 Auch diese Arbeit befindet sich im Depot der Städtischen Kunsthalle. Inv.Nr. G 2700-H. Auf der Rückseite: *Hauptbahnhof Heidelberg,* Aquarell, Inv.Nr.G 2700r-H, 90,5 x 57,5 cm, sign. l.o. lkd (für Lulu Kaiser-Darmstädter) 28.

52 STADTA MA S2/1441, NEUE MANNHEIMER ZEITUNG Nr. 559, 30.11.1932.

53 Siehe Anm. 36.

54 GEISSLER-ARCHIV in der Freien Akademie Mannheim, K567, RNZ, 28.2.1964.

55 Das Ölgemälde schenkt sie der Städtischen Kunsthalle, Inv.Nr. M1584-H.

56 MANNHEIMER MORGEN 13.1.1961, MANNHEIMER MORGEN 13.1.1962, MANNHEIMER MORGEN 13.1.1967, MANNHEIMER MORGEN 12.8.1969, MANNHEIMER MORGEN 8.1.1972. Der Nachlaß, bestehend aus 31 Bildern, einigen Studien, drei bemalten Möbeln und einem Album mit Fotografien, Zeitungsausschnitten und Bleistiftzeichnungen verschiedener Provenienz, befindet sich teils im Besitz der Frau, die Tilla Gramm bis zu ihrem Tode versorgte, teils im Besitz einer Mannheimer Familie, die die Künstlerin seit ihrer Rückkehr 1960 nach Mannheim unterstützte. Aus diesen Quellen konnten weitere in Privatbesitz befindliche Arbeiten ausfindig gemacht werden.

57 Über den Umfang des Gesamtwerks kann keine Aussage gemacht werden, da die Malerin, die hauptsächlich als Porträtistin arbeitete, keine Auflistung ihrer Werke hinterließ.

58 Dieses Album befindet sich in Besitz eines Mitglieds der Familie, die Tilla Gramm seit ihrer endgültigen Rückkehr nach Mannheim 1960 bis zu ihrem Tode 1969 finanziell unterstützte. In dem Album befinden sich neben Fotografien, Zeitungsausschnitten und Bleistiftzeichnungen verschiedener Provenienz, die erwähnten Zeichnungen. Die Mutter zeichnete meist Landschaften und Baumstudien in romantischer Manier, der Großvater war spezialisiert auf Veduten.

59 GENERALLANDESARCHIV KARLSRUHE (GLA) 235/40214. In dem Verzeichnis des Studienjahres 1902/03 wurde sie unter ihrem Mädchennamen Mathilde Klein geführt.

60 Bei wem sie in Karlsruhe und später in Berlin und München studierte, geht aus den Quellen nicht hervor. Weiterhin ist nicht bekannt, ob sie ihre künstlerische Ausbildung, z.B. als Zeichenlehrerin, offiziell abschloß, oder ob ihre Heirat Grund für die Beendigung des Studiums war.

61 In dem oben erwähnten Album befinden sich zwei nicht datierte Zeitungsberichte; einer über eine Ausstellung in einer Universität, ein anderer ohne Ortsangabe, mit Abbildungen von zwei Frauenporträts.

62 Wann und weshalb es zur Scheidung kam, ist nicht bekannt.

63 Dieses Kürzel steht für Mannheim, Ludwigshafen, Heidelberg und Umgebung. Ins Leben gerufen wurde diese Organisation von Felicie Hartlaub, der Frau des damaligen Direktors der Städtischen Kunsthalle Mannheim. Vgl. GEISSLER ARCHIV in der Freien Akademie Mannheim.

64 Diese Abkürzung steht für Gemeinschaft deutscher und österreichischer Künstlerinnen und Kunstfreunde. Die Ortsgruppe Mannheim-Ludwigshafen konstituierte sich 1927, in ihr ging praktisch die *MALUHEIDU* auf.

65 GEDOK MA-LU ARCHIV 7, 2. Rundschreiben 1967. Hier werden die ältesten Mitglieder aufgelistet.

66 1933 Mannheimer Kunstverein, Mannheim, Weihnachtsausstellung, siehe NEUE MANNHEIMER ZEITUNG 9./10.12.1933 und 22.12.1933
1935 Städtische Kunsthalle, Mannheim, *Mannheimer Künstler,* siehe Ausstellungskatalog 1935 Mannheimer Kunsthalle
1935 Institution unbekannt, Mannheim, Weihnachtsmesse der GEDOK, siehe NEUE MANNHEIMER ZEITUNG 27.11.1935

67 STADTA MA. Arch.Zug. 31/1969. Ein Transportkostenbeleg sichert ihre Teilnahme an dieser Ausstellung.

68 1938 in der Städtischen Kunsthalle Mannheim, 1941 und 1942 in einer Ausstellung der Werkgemeinschaft bildender Künstler, 1942 auf der Weihnachtsmesse der GEDOK.

69 NEUE MANNHEIMER ZEITUNG Nr. 110, 23.4.1942.

70 Aus der Ausstellung der *Werkgemeinschaft bildender Künstler* wird 1940/41 das Bildnis des Malers Dochow von der Stadt Mannheim angekauft, es befindet sich heute im Depot der Städtischen Kunsthalle Mannheim. *Städtische Kunsthalle Mannheim* Inv.Nr. M939 – H.

71 Interview mit Liane Wesch am 20.3.1991. Inwieweit sie ihren Lebensunterhalt mit der Malerei bestreiten konnte ist fraglich, anzunehmen ist eher, daß sie, wie ihre Freundin vermutet, *bei den Franzosen dolmetschte, da sie fließend französisch sprach.*

*E*ndlich bin ich soweit. Endlich habe auch ich das Rentenalter erreicht.

Endlich werde ich leben. Leben, nachdem ich die Ziele erreicht habe, die ich mir seit meiner Einreise in die Bundesrepublik Deutschland gesetzt hatte, Ziele, die ohne Selbstbewußtsein und eiserne Stärke hätten nicht verwirklicht werden können.

Diese Geduld habe ich wohl von meiner Mutter. Von einer Frau, die außerhalb eines Dorfes einer Provinzstadt in Südostanatolien mit ihren fünf Kindern, von denen ich die älteste bin, Hof und Gut verwaltete, während der Ehemann in Istanbul als Saisonarbeiter tätig war. So mußte ich, das älteste Kind, sowohl auf dem Feld als auch im Haushalt mithelfen. Da der Weg zur Schule weit entfernt war, konnte ich die Schule nur bis zur Mitte der zweiten Klasse besuchen. Außerdem sollten Mädchen eher eine gute Mutter und Hausfrau werden, als die Schule zu besuchen. So wurde ich mit achtzehn mit einem gleichaltrigen jungen Mann aus dem Dorf verheiratet, den ich zuvor kaum gesehen hatte, da er sich seit seinem achten Lebensjahr in Istanbul aufhielt und dort arbeitete.

LEBENSGESCHICHTE EINER MIGRANTIN

Bis er seinen Wehrdienst abgeleistet hatte, wohnte ich bei den Schwiegereltern in einem großen Haus mit zehn Personen.

Dann wanderten wir nach Istanbul aus, wo 1957 meine erste Tochter unter sehr ärmlichen Verhältnissen auf die Welt kam. Diese Stadt war mir völlig fremd und unpersönlich, so daß ich mit der Zeit mehr und mehr von meinem Ehemann abhängig wurde.

Ihm war die neue Situation, eine Familie zu ernähren, auch fremd, und er war damit überfordert. Er arbeitete als Tagelöhner, und wir waren froh, wenn er ein paar Tage nacheinander Arbeit hatte.

Zwei Jahre später kam meine zweite Tochter auf die Welt. Dieses mal hatte ich es nicht so schwer, denn ich hatte mich dieser Stadt einigermaßen angepaßt, und eine finanzielle Besserung war auch eingetreten.

Gesundheitlich ging es mir seit unserem Aufenthalt in Istanbul nicht besonders gut. Ich hatte von Zeit zu Zeit epileptische Anfälle, die ich bis vor fünfzehn Jahren noch ertragen mußte.

Mein Ehemann hatte inzwischen ein niedriges aber geregeltes Einkommen. Er hatte die ganze Verantwortung für die Familie. Mir blieben der Haushalt und zum Glück noch meine Kinder, die ich über alles liebte.

Zur Außenwelt hatte ich aber keinen Kontakt, außer zu einigen Nachbarn und Verwandten. In der Freizeit gingen wir oft ins Kino, ins Konzert und ins Theater, jedoch immer nur nach Anordnung und in Begleitung meines Ehemannes.

Alles notwendige wurde von ihm gekauft und erledigt. So wurde ich auch nach seiner Lust und Laune geschlagen und durfte nicht einmal weinen. Es war für ihn offensichtlich ein Genuß, über mich Macht zu haben.

Dann bekam ich 1965 meine dritte Tochter. Meine ersten zwei Kinder besuchten derzeit schon eine Grundschule. Zwischen den drei Geburten hatte ich drei Fehlgeburten, wobei diese, laut Aussage des Arztes, männlich gewesen sein sollen.

Wir bedauerten natürlich, daß wir keinen Jungen hatten, aber wir waren mit unseren Töchtern sehr zufrieden.

Nun waren es drei Kinder, die versorgt und modern (westlich orientiert) erzogen werden mußten. Das war mein Ziel. Ich wollte meinen Töchtern jede Schule und jedes Studium ermöglichen und aus ihnen Persönlichkeiten machen.

Mein Ehemann hat mir diese Zielvorstellung nie verderben können, obwohl er mich manchmal für wahnsinnig hielt. Ich selbst hatte doch gar nichts. Ich konnte weder alleine einkaufen noch spazierengehen, ohne die Erlaubnis von meinem Ehemann bekommen zu haben. Einen einzigen Luxus hatte ich mir geleistet, indem ich mit Hilfe einer Freundin von meinem Haushaltsgeld immer einen bestimmten Betrag auf mein Sparkonto eingezahlt hatte.

Als meine älteste Tochter auf die aufbauende Mittelschule kam, wußte ich, daß wir irgendetwas tun mußten, um die Ausgaben, die immer größer wurden, finanzieren zu können. Es fehlte uns zwar weder an Nahrung, noch an Kleidung, noch an Mobiliar, doch zukunftsorientiert fehlten die Mittel.

1968 erfuhr ich von einer Freundin, daß Arbeitskräfte für Deutschland angeworben werden, und wir hatten die verrückte Idee, uns heimlich zu bewerben. Ich ging dann zu den Untersuchungen, denn wir mußten alle kerngesund sein. Das war sehr wichtig. Wir wurden von der Haarspitze bis zur Fußsohle untersucht. Die Untersuchungen wurden von deutschen Ärzten durchgeführt. Wir Frauen standen halbnackt in einer Reihe, unsere Körpergröße, das Gewicht, die Zähne, die Fingernägel, innere Organe, Blut- und Urinwerte und vieles andere mußte den Maßstäben entsprechen. Durch eine leichte Behinderung, z.B. einen krummen Finger oder Plattfüße, wurde man zur Untauglichkeit degradiert.

Von alledem wußte mein Ehemann nichts. Ich hatte vor seiner massiven Reaktion zwar Angst, sah mich aber verpflichtet, das Angefangene zu beenden. Ich konnte nichts mehr rückgängig machen.

Am 31. Dezember 1968 kam die Nachricht, daß ich am 15. Januar die Fahrt nach Deutschland antreten müsse.

Ich war über diese Nachricht schockiert, weil ich die ganze Zeit über innerlich hoffte, daß es nicht klappen würde, und mir auch nie die Chance gab, durch diese ganzen Untersuchungen heil durchzukommen.

Meine Freundin hatte es aufgrund einer Harninfektion nicht geschafft. Ich wollte nicht nach Deutschland gehen, und war mir ganz sicher, daß mein Ehemann auch dagegen sein würde. Doch als ich an diesem Abend alles erzählte, wußte er zuerst nicht, wie er darauf reagieren sollte. Ich hatte fest damit gerechnet, geschlagen und ausgeschimpft zu werden. Aber dem war nicht so…

Er überlegte kurz und meinte dann, daß er mir vertraue, und ich solle doch nur für einige Monate fahren. Mir blieb die Sprache weg. Ich starrte ihn nur noch an. Plötzlich hatte ich solche Angst, daß mein Körper bebte. Der Gedanke, von meinen gewohnten wenigen Quadratmetern und von meinen Kindern getrennt zu werden und mich in das Fremde, Ungewisse, Unbekannte zu begeben, schien mir völlig schizophren.

In den folgenden Tagen war in mir ein innerer Krieg ausgebrochen. Mir kam es so vor, als würden alle Menschen mich verachten. Sogar meine dreijährige Tochter spürte die Trennung und wurde krank. Nur mein Ehemann sprach mir Mut zu. Zum erstenmal mußte ich selbständig sein und alle Ängste verdrängen.

Der Abschied von meinen Kindern fiel mir so schwer, daß ich die Gefühle nicht beschreiben kann. Als mein Ehemann mich in den Zug gesetzt hatte und draußen auf dem Bahnsteig zu mir hochschaute, flehte ich ihn mit meinen Blicken an. Ein Wort oder eine Geste hätte gereicht, und ich wäre aus diesem Zug hinausgesprungen.

Die Fahrt dauerte drei Tage. Ich saß in einem Frauenabteil, und alle weinten die ganze Fahrt über. Schließlich kamen wir an einem Bahnhof an – später erfuhr ich, daß ich in München angekommen war – und wurden von Arbeitsvermittlern namentlich aufgerufen.

Ich mußte diesem fremden Mann, der meinen Namen ausgerufen hatte, blindlings vertrauen, denn ich hatte keine andere Wahl.

Danach wurde ich nach Garmisch-Patenkirchen in ein Hotel gebracht und sollte dort mit der Arbeit beginnen.

Meine Arbeitgeber waren wohl nette Menschen. Sie versorgten mich mit Verpflegung und versuchten mich aufzumuntern. Da ich kein Wort verstand, artikulierten sie sich mit Händen und Füßen. Ich war aber so deprimiert, daß ich nur Heimweh spürte und mich nach meinen Kindern sehnte.

Nach meinem ersten Erholungstag wurde ich in die Arbeit eingewiesen. Ich arbeitete sechzehn Stunden am Tag, verrichtete alles in einem Hotel Erdenkliche und bekam monatlich 350.- DM.

Ich muß offen gestehen, daß ich wenigstens durch die Arbeit meinen Kummer verdrängen konnte und arbeitete wie verrückt. Denn in der mir verbleibenden Freizeit hatte ich, außer dem kleinen Zimmer und den Photos meiner Kinder, nichts. Dennoch schrieb ich mit meinen wenigen Schreibkenntnissen Briefe an meinen Ehemann und an meine Mutter.

Eine bekannte Familie aus unserem Dorf hatte von meinem Aufenthalt in diesem Ort erfahren und besuchte mich. Meine Freude hierüber war unbeschreiblich groß. Jetzt hatte ich Menschen, die mich verstanden, und ich klammerte mich an sie. Diese Familie brachte mich von der Idee ab, in die Türkei zurückzukehren. Die Idee, von der Möglichkeit Gebrauch zu machen, meinen Ehemann nachzuholen, stammte auch von ihnen. Als sie mein Vorhaben meinem Arbeitgeber offenbarten, war er darüber nicht erfreut. Mir würde es hier sehr gut gehen, meinte er, ich solle nicht an meine Familie denken. Er sah offensichtlich nicht, daß ich nach elf Monaten vierzig Pfund abgenommen und schwarze Ringe unter den Augen hatte. Ich ließ jedoch von meinem Ziel nicht ab, worauf mein Arbeitgeber immer aggressiver wurde. Er drohte mir mit der Abschiebung.

Mit Hilfe der Bekannten verließ ich diese Arbeitsstelle und fuhr wieder alleine mit dem Zug über Heilbronn nach Heidelberg.

In Heidelberg wohnten entfernte Verwandte, die mich in ihre Wohnung aufnahmen. Ich hatte sofort eine Arbeit in einer Fabrik. Durch die Hilfe der Kinder dieser Familie lernte ich selbständig einkaufen und die lebensnotwendigen Sachen erledigen.

Etwa zwei Monate später suchte ich mir eine Wohnung und bekam ein Zimmer bei einem älteren deutschen Ehepaar, die mich wie die eigene Tochter behandelten.

Die Einreiseformalitäten für meinen Ehemann nahm ich selbst in die Hand. Hiermit beauftragte ich einen Dolmetscher. Im Sommer 1970 war es soweit. Damals war ich sehr stolz auf mich, als ich meinen Ehemann vom Bahnhof abholte. Jetzt war er derjenige, der sich sehr fremd fühlte und auf meine Hilfe angewiesen war. Ich fand für ihn auch eine Arbeitsstelle, zeigte ihm die Stadt und gab ihm Taschengeld.

Zwei Wochen waren vergangen, als er versuchte mich zu schlagen, weil ich ihn nicht wie früher mit der gleichen Beständigkeit bediente. Mir stieg vor Wut das Blut ins Gehirn, packte seinen Koffer, warf ihn aus dem Fenster und zeigte ihm die Tür. Er erstarrte, schaute mich an und fing an zu weinen. Ich erklärte ihm, daß ich jetzt auch arbeite und daß er mir im Haushalt behilflich sein könne. Er schien mich verstanden zu haben und entschuldigte sich.

Ich merkte plötzlich, wie sehr ich mich verändert hatte. Damals wußte ich auch nicht, daß dies eine positive Entwicklung meiner Person war. Ich war erstaunt über mich selbst.

Nachdem ich noch in diesem Jahr eine geeignete Wohnung gemietet hatte, holte ich meine Kinder aus der Türkei.

Jetzt war ich glücklich, jetzt konnte ich aufatmen, denn die Familie war vereint. Ich kann aber nicht erklären, wie mir zumute war, als ich meine Töchter abholen wollte, und meine Jüngste mich fragte, ob ich ihre Mutter sei, und wenn, dann solle ich sie nicht mehr verlassen.

Ich meldete sie unmittelbar nach ihrer Ankunft in der Schule an, besorgte ihnen zusätzliche Deutschbücher, damit sie schnellstens die Sprache lernen konnten.

In den folgenden Jahren war ich stets erwerbstätig, machte den Haushalt, verwaltete unsere Finanzen und versorgte den Ehemann und drei Kinder. Ich nahm mir für die Hausaufgaben meiner Kinder Zeit, obwohl ich nur das Geringste verstand. So dachte ich, kann ich sie unterstützen und mein Interesse an ihrem Lernen vermitteln.

Mit der Unterstützung einer deutschen, erfahrenen und intelligenten Frau kamen meine Kinder in den Nachhilfeunterricht.

Ich selbst hatte nicht die Möglichkeit einen Beruf zu erlernen, wollte jedoch unbedingt dafür sorgen, daß meine Kinder in der Schule Erfolg hatten.

Mein Ehemann wechselte mehrere Arbeitsstellen und war auch in den häuslichen Angelegenheiten nicht sehr engagiert. Ende der siebziger Jahre erlitt er einen Herzinfarkt und kurz darauf eine Hirnembolie, worauf er zum Pflegefall wurde. Erst nach der Herzoperation erholte er sich einigermaßen und ist seither erwerbsunfähig berentet.

Zu meiner größten Freude haben meine Kinder eine selbst-erarbeitete, gesicherte Existenz. Meine jüngste studiert noch an der Universität.

Ich bin seit Anfang August diesen Jahres Rentnerin und freue mich auf die Zeit, in der ich versuchen werde, so manches Versäumte nachzuholen. Eine Rückkehr in die Türkei kommt für mich nicht in Frage, weil ich auch hier Wurzeln geschlagen habe.

Wenn ich heute zurückblicke und an die Jahre meiner Unmündigkeit, Unterdrückung und Hilflosigkeit denke, werde ich traurig und sentimental.

Doch wenn ich überlege, wieviel sich an meinem Bewußtsein entwickelt hat, wieviel ich mit eisernem Willen und Stärke erreicht habe, und diese auch meinen Töchtern vermitteln konnte, so überkommt mich eine immense Freude.

Yasemin Sarıgül

1. Frauenstudium an deutschen Universitäten

Vier von fünf Doktorarbeiten werden von Männern geschrieben. Von 20 Wissenschaftlern gelingt es nur einer Frau, die Voraussetzungen für eine Professur zu erlangen. Selbst in den eigentlichen Frauendomänen, wie den Erziehungs- und Ernährungswissenschaften, ist nur ein Drittel der Professorenstellen von Frauen besetzt.[2]

So resümiert die Verfasserin die Situation von Frauen an den deutschen Universitäten heute. Frauen sind in der Wissenschaft nach wie vor unterrepräsentiert; trotz zunehmender Studentinnenzahlen bleiben Frauen die entscheidenden Positionen versagt.

Gabi Gumbel,

Monika Kleinschnitger, Rita Müller

DASS SIE STUDIEREN, IST VÖLLIGER UNSINN! DAZU SIND SIE VIEL ZU HÜBSCH![1]

Die ersten Studentinnen an der Handelshochschule (1907-1933)

Auch wenn der Prozentsatz weiblicher Studierender an den einzelnen Fakultäten variiert, bleibt dieser immer noch weit hinter den Erwartungen zurück. 1970 waren an der Universität Mannheim erst 21% Frauen immatrikuliert, bis 1990 stieg ihr Anteil auf 36% an (Bundesdurchschnitt 39%).[3]

An der Fakultät „Mathematik und Informatik"
lag er bei 19,3%, bei den Studierenden des Faches
Betriebs- und Volkswirtschaftslehre bei 24%. Die
geistes- und erziehungswissenschaftlichen Fakultäten, die sog. „klassischen Frauenfächer", weisen
dagegen ein knappes Übergewicht der Frauen auf
(Psychologie, Pädagogik und Erziehungswissen-
schaften 56,6%, Sprache und Literatur 68,2%; Geschichte und Geographie liegt marginal über
dem Bundesdurchschnitt, nämlich bei 39,1%).

Studentinnen waren an deutschen Universitäten
lange Zeit keine Selbstverständlichkeit; erst zu
Beginn unseres Jahrhunderts wurden sie zum Stu-
dium zugelassen. Erstmals 1876 forderten der
Deutsche Frauenverein sowie der *Lette-Verein* die
Zulassung zum Studium und der radikalere
Frauenverein *Reform* die Zulassung von Frauen zu
Reifeprüfungen an Gymnasien; beides allerdings
erfolglos. Der Ausschluß der Frauen vom Wissen
bedeutete zugleich ihren Ausschluß von der
Macht. Der Kampf der Frauen für die Öffnung der
Universitäten – eine wichtige Voraussetzung auf
dem Wege zur Gleichberechtigung im akademischen Bereich – war mit vielen Hindernissen
verbunden. Die Einwände der Männer gegen die
Zulassung von Frauen zum Studium waren un-
überhörbar. Das Eingangszitat macht einen Aspekt
dieser Problematik deutlich: Viele der Zeitgenossen dachten, daß ein Studium für Frauen – wenn
überhaupt – nur dann in Frage komme, wenn sie
darauf angewiesen seien, sich selbst zu versorgen.
Oftmals wurde den Töchtern erst dann ein
Studium finanziert, wenn ihre Verheiratung in Frage
gestellt war.[4] Die Widerstände der Männer,
ihre Angst, ihre Machtpositionen im akademischen
Bereich zu verlieren, wird auch bei Heinrich von
Treitschke, einem Historiker des Wilhelminischen
Kaiserreiches, deutlich. Er urteilte:

Es ist also eine schändliche moralische Schwäche
so vieler wackerer Männer heute, daß sie angesichts
der Schreierei der Zeitungen davon reden, unsere
Universitäten der Invasion der Weiber preiszugeben
und dadurch ihren ganzen Charakter zu verfälschen.
Hier liegt eine unbegreifliche Gedankenschwäche
vor [...]. Soll wegen einer Zeitungsphrase die herrli-
che Institution unserer Universitäten korrumpiert
werden?[5]

Die größten Hürden der Frauen auf dem Weg
zum Hochschulzugang waren das ungenügende
„höhere Mädchenschulwesen"[6] und die daraus
resultierende fehlende Möglichkeit zur Erlangung
des Reifezeugnisses. Einen Ausweg aus diesem
Dilemma suchten einige Frauen auf dem Weg der
Selbsthilfe: Helene Lange wandelte 1893 mit
ministerieller Genehmigung ihre Realkurse in Gymnasialkurse um; im gleichen Jahr eröffnete Käthe
Windscheid weitere Gymnasialkurse in Leipzig.
In Karlsruhe wurde 1893 das erste deutsche
Mädchengymnasium eröffnet. Erst 1890 erfolgte
die Zulassung von Mädchen zur Reifeprüfung[7], die
Zulassung zur Immatrikulation kurze Zeit später –
in Baden bereits 1900. Frauen mußten nun
zwar nicht mehr als Gasthörerinnen jeden Profes-
sor persönlich um Erlaubnis bitten, an seinen Vor-
lesungen teilnehmen zu dürfen, eine allgemeine
Berechtigung zur Zulassung zu Prüfungen jeglicher
Art war damit allerdings nicht verbunden. Der
Zugang zur akademischen Lehrtätigkeit blieb den
Frauen weiterhin versagt, erst 1918 folgte das
Habilitationsrecht. Baden nahm mit der Öffnung
der Hochschulen für Frauen eine Vorreiterrolle
ein; in Preußen wurden Frauen erst 1908 zum
Studium zugelassen.

Die Diskussion um die Schulbildung der Mädchen
war damit lange noch nicht abgeschlossen; in
der zweiten Hälfte der zwanziger Jahre kam es
erneut zu Auseinandersetzungen zwischen
Vertretern einer gesonderten Ausbildung für
Mädchen und den Verfechtern eines einheitlichen
Abiturerwerbs.[8] In Baden wurde 1926 die
Zulassung zum Studium mit dem Abschluß der
„höheren Mädchenschule" verboten.[9]

Die eingeschränkten Möglichkeiten für (junge) Frau-
en, das Abitur an einer höheren Anstalt zu erwerben einerseits, und die Notwendigkeit, eben
dieses Abitur nachzuweisen, um zum Studium
etlicher Fächer überhaupt zugelassen zu werden
andererseits, hatten zunächst zur Folge, daß ein
nicht unerheblicher Anteil der weiblichen Studierenden sich nur an der philosophischen Fakultät
einschreiben konnte, da dort der Abschluß des
Lehrerinnenseminars anerkannt wurde. Darüber
hinaus war die einseitige Ausrichtung der Frauen
auf diese Fächer durch die mangelnde Vorbereitung
in den naturwissenschaftlichen Themen bedingt.

Waren es zunächst nur vereinzelt Frauen, die den Weg an die Universität fanden, so stieg der Anteil der Studentinnen dennoch kontinuierlich an.

Die positive Entwicklung wurde durch die nationalsozialistische Zeit stark gehemmt. Dozentinnen und Professorinnen wurden aus „weltanschaulichen Gründen" aus dem Lehrkörper „entfernt".

Abiturientinnen wurde durch einen geschlechtsspezifischen Numerus Clausus der Zugang zur Universität erheblich erschwert.

1.1. Studentinnen in Mannheim
Wie sich die Situation der Studentinnen in Mannheim gestaltete, soll im vorliegenden Essay skizziert werden. Im einzelnen wird zu fragen sein,

Tabelle 1
Studenten an den Universitäten in Baden-Württemberg seit dem Wintersemester 1907/08[10]

Winter-semester	insgesamt		Freiburg		Heidelberg		Mannheim	
	zus.	weibl.	zus.	weibl.	zus.	weibl.	zus.	weibl.
1990 / 91	148.704	53.716	22.732	9.710	27.065	12.801	12.652	4.664
1980 / 81	102.101	34.456	19.127	7.372	21.563	9.651	6.505	2.283
1970 / 71	61.509	15.773	12.371	3.997	13.018	4.450	5.031	1.068
1960 / 61	38.044	8.397	8.810	2.850	8.295	2.581	1.334	113
1950 / 51	21.146	3.327	3.955	878	4.169	1.082	631	53
1933 / 34	11.772	1.677	3.004	618	3.210	609	-	-
1932 / 33	13.213	1.923	3.211	709	3.207	634	437	68
1931 / 32	13.647	2.026	3.459	779	3.009	644	493	61
1930 / 31	13.508	1.871	3.397	754	3.079	593	546	61
1929 / 30	13.559	1.75	3.470	718	2.999	559	505	41
1928 / 29	12.414	1.403	3.168	540	2.619	477	470	25
1927 / 28	11.140	1.078	2.699	394	2.189	363	526	35
1926 / 27	10.906	963	2.477	330	2.144	356	678	29
1925 / 26	11.114	919	2.507	349	2.020	317	835	54
1924 / 25	11.225	857	2.374	300	2.002	284	766	49
1923 / 24	12.477	949	2.546	322	2.513	312	703	44
1922 / 23	13.918	1.023	2.985	368	2.530	340	769	42
1921 / 22	13.556	992	3.138	417	2.424	290	393	21
1920 / 21	13.720	1.013	3.301	413	2.706	341	420	21
1919 / 20	13.991	1.126	3.572	445	3.236	391	412	19
1918 / 19	10.836	881	2.118	130	2.944	418	325	18
1917 / 18	9.471	786	2.220	129	2.657	420	223	14
1916 / 17	8.746	628	2.234	138	2.418	344	200	12
1915 / 16	8.205	470	2.246	148	2.139	237	177	12
1914 / 15	8.047	441	2.237	151	2.028	222	184	6
1913 / 14	8.970	528	2.572	243	2.409	216	192	7
1912 / 13	8.752	462	2.627	189	2.264	219	124	5
1911 / 12	8.588	371	2.466	149	2.231	165	91	6
1910 / 11	8.383	321	2.246	108	2.008	162	72	4
1909 / 10	8.190	264	2.167	86	1.934	142	60	6
1908 / 09	7.857	198	1.966	67	1.841	109	39	4
1907 / 08	7.389	131	1.814	53	1.676	65	13	2

wie sich die Studentinnenzahlen vor Ort entwickelten, woher die Frauen kamen, welchen sozialen Schichten sie entstammten, mit welchen Abschlüssen sie ihr Studium beendet und welche berufliche Laufbahnen sie eingeschlagen haben. Dabei wäre es wünschenswert, die konkreten Schwierigkeiten, die Probleme der Unterbringung und der Finanzierung, das Verhältnis zu den männlichen Kommilitonen und zum Lehrkörper etc. herauszuarbeiten, was angesichts der mangelnden historischen Zeugnisse jedoch nicht möglich ist.

Der folgende Abschnitt beschreibt die Schwierigkeiten und faßt unseren Stand der Forschung zusammen.

Die historische Erforschung von „Frauen in Wissenschaft und Hochschule" war jahrzehntelang ein Desiderat. Seit einigen Jahren jedoch beschäftigen sich Wissenschaftlerinnen mit ihrer eigenen Geschichte, so daß jüngst zahlreiche Veröffentlichungen erschienen sind und diverse Projekte initiiert wurden. Ein Gros der Publikationen ist dem Hintergrund der Diskussion um die Zulassung der Frauen zum Studium und der Rolle der Frauenbewegung gewidmet; Lokalstudien sozialgeschichtlicher Ausprägung sind in geringerer Zahl erschienen.[11] Die meisten Arbeiten konzentrieren sich des weiteren auf Preußen, genauer auf die Entwicklung des Frauenstudiums an der Universität Berlin. Informationen zum Frauenstudium im Südwesten fehlen noch nahezu ganz.

Unsere Aufgabe war es zunächst herauszufinden, wo potentielle Quellen für die Erfassung der Mannheimer Studentinnen vorhanden sind, und welche Informationen wir ihnen entnehmen können. Dazu mußte mit den verantwortlichen Personen des Studentensekretariats und des Universitätsarchivs Kontakt aufgenommen werden.[12] In beiden Fällen war es schwierig, einen sinnvollen modus vivendi zu finden, da das Universitätsarchiv der Universität Mannheim nur ehrenamtlich betreut wird und das Studentensekretariat über Personalmangel klagt. Im Studentensekretariat lagern die Verzeichnisse der Studierenden und der Prüfungen sowie die Immatrikulationen[13]; im Universitätsarchiv sind vor allem die Prüfungsunterlagen, die Anträge auf Zulassung zur Prüfung von Interesse[14].

Insgesamt müssen wir jedoch auf viele Fragen eine Antwort schuldig bleiben, da die Unterlagen nur unvollständig vorhanden sind und wir lediglich exemplarisch Frauenschicksale herausgreifen konnten. D.h. nicht in allen Fällen stehen uns Angaben zum Studium, Semesterpläne, Anmeldungen zur Prüfung mit Lebensläufen, Prüfungsverlauf usw. im Rahmen der Anmeldung bzw. Zulassung zur Prüfung zur Verfügung; eine empirische Auswertung ist nur mit Einschränkungen möglich.

Bevor wir im folgenden an einigen Beispielen die Situation der Studentinnen in Mannheim zu skizzieren versuchen, werden die Hintergründe der Entstehung und der spezifische Charakter der Hochschule in Mannheim geschildert.

2. Studentinnen an der Mannheimer Handelshochschule

2.1. Die Handelshochschule – Entstehung und Entwicklung (von 1907-1933)

Die Vorgeschichte und Entstehung der *Mannheimer Handelshochschule* fiel in eine Zeit (1870/71-1918/19), in der die Grundlagen unseres heutigen kaufmännischen Bildungswesen geschaffen wurden. Diese Ausweitung des kaufmännischen Bildungssektors stand in enger Verbindung mit den gestiegenen Ansprüchen an die kaufmännischen Berufe, was nicht zuletzt auf einschneidende politische und wirtschaftliche Veränderungen seit 1870/71 zurückzuführen ist. Um mehr und qualitativ hochwertige Nachwuchskräfte für Wirtschaft (Führungskräfte in Industrie und Finanzwesen) und Staat (Fiskalbeamte und Lehrkräfte) ausbilden zu können, wurde als neue Institution die Handelshochschule geschaffen.[15]

Als im Wintersemester 1907/08 die *Mannheimer Handelshochschule* ihren Betrieb aufnahm, existierten vergleichbare akademische Ausbildungsstätten für Kaufleute bereits in Leipzig (1898), Köln und Frankfurt (1901) sowie Berlin (1906). Die Anfänge in Mannheim gehen auf die neunziger Jahre des vergangenen Jahrhunderts zurück. Seit 1896 gab es in den Winterhalbjahren Vorlesungszyklen über Nationalökonomie, Handelsrecht, Eisenbahnwesen, Börsenwesen, Assekuranzen und Finanzwissenschaften, die zunächst zu Handelshochschulkursen ausgebaut wurden und dann als Basis zur Realisierung der Handelshochschule dienten.[16] Am 24. Oktober 1907 nahm die Wirtschaftshochschule ihren offiziellen Lehrbetrieb auf. Das Lehrangebot umfaßte Volkswirtschafts- und Rechtslehre, Versicherungswesen, Geographie und Warenkunde, Naturwissenschaften und Technik sowie Handelstechnik. Die Sprachausbildung erstreckte sich auf Anfängerkurse für Englisch und Französisch sowie Einführungen in die englische und französische Handelskorrespondenz. Das breite thematische Angebot zeigt, daß neben der fachlichen Ausbildung im engeren Sinne die Allgemeinbildung der Studierenden gefördert werden sollte.

Das Studium an der Mannheimer Handelshochschule konnte von allen Personen *ohne Unterschied des Geschlechts,* die über eine entsprechende schulische oder berufspraktische Vorbildung verfügten, aufgenommen werden. Nach Vorbildung sowie persönlichem Bedarf unterschieden die von den Karlsruher Ministerien gebilligten Satzungen zwischen ordentlich Studierenden, Hospitanten und Hörern. Die Studierenden der Wirtschaftswissenschaften und angehende Handelslehrer schlossen ihr viersemestriges Studium mit der Kaufmännischen Diplom-Prüfung oder der Prüfung für Handelslehrer ab.[17]

Wie stellte sich hier nun die Situation der Frauen dar?

Während in einigen europäischen Ländern Frauen bereits im Laufe der zweiten Hälfte des 19. Jahrhunderts zum Studium zugelassen wurden (vgl. Rußland 1860, Schweiz 1864, England 1870, Frankreich 1983, Österreich 1897), fand die Forderung in Deutschland erst im ersten Jahrzehnt des 20. Jahrhunderts Gehör. Im Jahre 1900 gewährte Baden als erstes deutsches Bundesland den Frauen per Ministererlaß das Recht auf Immatrikulation, Preußen folgte acht Jahre später nach.[18] Diese prinzipielle Zulassungsberechtigung beseitigte indes weder die nach wie vor existierenden Studienbeschränkungen noch die vielfachen Vorurteile. Nichtsdestoweniger stieg die Zahl der Studentinnen bis 1933 langsam, aber kontinuierlich an. Für den Zeitraum von 1907 bis 1931 werden in der Literatur fünf Phasen unterschieden, die wir im folgenden kurz vorstellen wollen.[19]

1. Vorkriegszeit 1907-1914

Die allgemeinen Studierendenzahlen zeigen für diesen Zeitraum eine langsame, aber stetige Zunahme um zwei bis fünf Prozent jährlich. Während sich bei der Gründung der Mannheimer Handelshochschule der prozentuale Anteil der Frauen auf 15,38% belief (2 von 13 Vollstudierenden im WS 1907/8), reduzierte sich dieser auf 3,5% im WS 1913/14 (7 von 197).

2. Kriegsjahre 1914-1918

Der Erste Weltkrieg hinterließ auch an der Handelshochschule seine Spuren. Die Einberufung von Studenten führte allmählich zu einem Anstieg des Anteils weiblicher Studierender von 3,26 auf 6,28%, der, wie der Rektoratsbericht des Jahres 1916/17 vermerkt, in Mannheim allerdings erheblich geringer ausfiel als an anderen deutschen Handelshochschulen.

3. Inflationsjahre 1919-1923

Während die allgemeinen Studierendenzahlen durch den zusätzlichen Studienbeginn der Kriegsjahrgänge überproportional anstiegen, zeigen die Studentinnenzahlen für diesen Zeitraum eine vorübergehende Stagnation an.

4. Stabilisierungsjahre 1924-1925

In dieser Phase blieben die allgemeinen Studierendenzahlen nahezu gleich. Nach der politischen und wirtschaftlichen Konsolidierung nahmen die Studentinnenzahlen wieder kontinuierlich zu.

5. Von 1926 - Anfang 1933

Die Neugründung von Instituten und die Verleihung des Promotionsrechts kennzeichnen die Entwicklung der Handelshochschule in den zwanziger Jahren ebenso wie die Verlängerung der Studiendauer von vier auf sechs Semester seit dem Wintersemester 1924/25 sowie die damit einhergehende Zulassungsbeschränkung für das Studium. Fortan wurde das Abitur bei der Immatrikulation vorausgesetzt. Bei den allgemeinen Studierendenzahlen wurde man ab dem Wintersemester 1926, als Konsequenz der Zulassungsänderung, mit einem Rückgang von im Wintersemester 1925/26 noch 835, auf 678 im Wintersemester 1926/27 konfrontiert. Die Zahl der Frauen stieg hingegen überproportional an. Das heißt sie verdoppelte sich nahezu vom Wintersemester 1927/28 bis zum Jahr 1930/31 von 6,65% auf 11,17%. Im Wintersemester 1932/33 erreichte die Zahl der Studentinnen mit einem prozentualen Anteil von 15,56% an der Gesamtstudierendenschaft einen vorläufigen Höhepunkt.

Tabelle 2
Studierende an der Handelshochschule Mannheim und Geschlecht 1907 / 08 – 1932 / 33[20]

Winter-semester	Anzahl der Studierenden	darunter weiblich	
	insgesamt	Anzahl	%
1907/08	13	2	15,38
1908/09	39	4	10,26
1909/10	60	6	10,00
1910/11	72	4	5,55
1911/12	91	6	6,59
1912/13	124	5	4,03
1913/14	197	7	3,55
1914/15	184	6	3,26
1915/16	177	12	6,78
1916/17	200	12	6,00
1917/18	223	14	6,28
1918/19	325	18	5,54
1919/20	412	19	4,61
1920/21	420	21	5,00
1921/22	393	21	5,34
1922/23	769	42	5,46
1923/24	703	44	6,26
1924/25	766	49	6,40
1925/26	835	54	6,47
1926/27	678	29	4,28
1927/28	526	35	6,65
1928/29	470	25	5,32
1930/31	546	61	11,17
1932/33	437	68	15,56

2.2. Studentinnen vor der Weimarer Republik

Wie muß das männliche Geschlecht seine Begriffe vom Weibe korrigieren, wenn der Jüngling auf der Universität das Mädchen, das bis dahin für ihn nur eine Mitliebende war, als eine Mitdenkende, Mitstrebende, Mitarbeitende kennenlernt.

[...] Elegante Kostüme, Toilettenfirlefanz sind gewesen. Einfaches Wollkleid. Kurzer Rock, Lodenmantel. Unbewimpeltes Stroh- oder Filzhütchen. Keine Handschuhe. Keusche Menüs bis zur vegetarischen Studentenkneipe herunter.

In der Tat – schön ist ihr feuriger Wille zur Erkenntnis, zur Eigenkraft. Und bis jetzt nicht das leiseste Symptom einer Abirrung in wüste Studenterei.[21]

Mit der Öffnung der Universitäten für „das weibliche Geschlecht" wurden auch die Männer mit einer neuen Situation konfrontiert. Frauen traten als Kolleginnen auf, nicht als potentielle Heiratskandidatinnen, Liebhaberinnen (obwohl das eine das andere nicht ausschließt), Schwestern und Mütter. In der zitierten Passage klingt an, daß Frauen an den Universitäten neue Akzente setzten, daß sie sich bereits durch ihr äußeres Erscheinungsbild von dem üblichen Bild der Frau abzuheben versuchten. Doch noch war die Zahl der Studentinnen sehr gering. Wie Tabelle 2 zu entnehmen ist, waren bis zum Wintersemester 1915/16 weniger als 10 Studentinnen an der Handelshochschule Mannheim immatrikuliert, danach stieg die Zahl kontinuierlich an. Die Zunahme war stark bedingt durch den Ersten Weltkrieg; die Männer wurden zum Militär gezogen. Ähnlich wie in der Industrie bildeten die Frauen eine Art Reservearmee für die Universitäten; ein Verlust und eine Chance zugleich.

Der überwiegende Teil der Frauen an der Handelshochschule in Mannheim absolvierte in den ersten Jahren nach der Öffnung die Kaufmännische Diplomprüfung (bis 1920 13 Frauen), der Rest machte den Abschluß als Handelslehrerin[22]; in drei Fällen wurden beide Prüfungen angestrebt. Alles in allem ergibt sich ein recht übersichtlicher Kreis an Studentinnen; jedoch nur für einen Teil sind detailliertere Angaben vorhanden.

Typisch für viele Studentinnen der Anfangszeit war die Tatsache, daß sie nicht unmittelbar nach der Schule ihr Studium aufnehmen konnten, sondern zunächst praktisch tätig waren bzw. Zusatzqualifikationen erwarben oder erwerben mußten[23.] Die geringeren Möglichkeiten zum Abiturerwerb zwangen viele Kandidatinnen die fehlenden Voraussetzungen nachzuholen.[24]

Abiturklasse des humanistischen Karl-Friedrich-Gymnasiums, 1913.
Seit 1900 waren Mädchen auf dem Gymnasium zugelassen.

Ob die starke Praxisausrichtung in diesem Zeitraum nun ein Spezifikum der Handelshochschule war oder nicht, können wir nicht sagen.

Auffallend ist der Anteil der Väter, die ihren Beruf selbständig ausübten. Von sieben Vätern, von denen wir eine Berufsangabe im Rahmen der Lebensläufe für die Zulassung zur Prüfung haben, sind fünf selbständig. Leider sind wir über die Familienverhältnisse nicht informiert; wir wissen nicht, ob männliche Geschwister fehlten, wie die finanziellen Verhältnisse aussahen usw. Lediglich von einer Studentin erfahren wir, daß sie bereits vor dem Tod ihres Vaters das Geschäft führte; ein Indiz dafür, daß wohl keine männlichen Nachkommen existierten. So zum Beispiel Anna Bendhäusel. Sie wurde am 27. September 1892 in Mannheim als Tochter eines Hotelbesitzers geboren, besuchte die Höhere Mädchenschule bis zur fünften Klasse und im Anschluß daran die Oberrealschule. Nach der Schule verbrachte sie ein Jahr in England und in der französischen Schweiz, um Erfahrung zu sammeln und ihre Sprachkenntnisse zu verbessern. Seit Beginn des Krieges führte sie das väterliche Geschäft, imma-

trikulierte sich für das Wintersemester 1915/1916 an der Handelshochschule in Mannheim und legte im August 1917 ihre Kaufmännische Diplomprüfung ab.

Wie das skizzierte Beispiel zeigt, ist die Aussagekraft der Lebensläufe, die bei der Anmeldung zur Prüfung beigefügt werden mußten, beschränkt, da Hintergrundinformationen, die Nennung persönlicher Motive usw. fehlen. Wir können lediglich Aussagen über die soziale Herkunft, die regionale Mobilität, die Schulbildung und die praktischen Vorkenntnisse machen.

Die selbständigen Väter waren Händler, Hotel- und Fabrikbesitzer; ernsthafte Probleme dürften bei der Finanzierung der Studien ihrer Töchter nicht entstanden sein, selbst wenn männliche Geschwister den Vorzug hatten. So stammten beispielsweise Leonie Walter und Ludmila Haakova aus durchaus wohlhabenden Familien: Leonie war Tochter eines Rektors, Ludmilas Vater war kaiserlich-königlicher Grundbuchführer.

Es war nun durchaus nicht typisch, daß Frauen, die sich für ein Studium einschrieben, aus der näheren Umgebung kamen. Maximal die Hälfte der von uns erfaßten Studentinnen in diesem Zeitraum rekrutierte sich aus dem näheren Umkreis[25], der größere Teil kam aus Böhmen, Schlesien, Preußen und Straßburg; Baden war offenbar in seiner Hochschulpolitik im Vergleich zu Preußen nach wie vor liberaler.

Erna Lindner zum Beispiel, die Tochter eines Pianofortefabrikanten in Dresden, besuchte zunächst die Höhere Mädchenschule und danach die Handelsschule für Mädchen (Abteilung der Städtischen Gewerbeschule) in Dresden. Im Anschluß daran arbeitete sie ein halbes Jahr im Betrieb ihres Vaters, nahm in Dresden ihr Studium auf und setzte es in Mannheim fort. 1914 legte sie die Kaufmännische Diplomprüfung ab und schloß die Handelslehrerprüfung an. Weshalb sie nach Mannheim kam, erfahren wir nicht, ebensowenig was sie motivierte, beide Abschlüsse anzustreben. Vielleicht waren die Chancen für Frauen in der Wirtschaft – ihrer Qualifikation entsprechend – unterzukommen so gering, daß viele dann doch wieder die klassische Variante des Lehrerinnenberufs wählten; wir können jedoch nur spekulieren.

Wie zu erwarten, haben die Studentinnen in der Regel zunächst die Höhere Mädchenschule besucht, sich allerdings unterschiedlich weiterqualifiziert. Angesichts der vielfältigen Möglichkeiten ergibt sich ein breites Spektrum[26], die meisten jedoch besuchten die Oberrealschule oder das Lehrerinnenseminar. Ein Mädchenlyzeum haben lediglich zwei Frauen durchlaufen, die aus Böhmen bzw. Österreich stammten.

Soviel zu der regionalen und sozialen Herkunft sowie zur Schulbildung der ersten Mannheimer Studentinnen.

Wesentlich schwieriger zu beantworten sind Fragen nach den Lebensverhältnissen der Frauen vor Ort. Hierüber liegen fast keine Informationen vor. In den seltensten Fällen sind für die Frühphase Adressen vorhanden, so daß wir weder wissen, ob die aus der näheren Umgebung stammenden Frauen bei ihren Eltern wohnten oder nicht.

Auch können wir nichts darüber aussagen, in welchem Teil der Stadt die Studentinnen wohnten und inwieweit sich ihre Wohnverhältnisse von denen ihrer Kommilitonen unterschieden[27]. Fest steht, daß es in Mannheim kein Studentinnenwohnheim gab.[28] Wir erfahren auch nur wenig über den finanziellen Aufwand, über die Mieten und die Schwierigkeiten, eine Bleibe zu finden; ebensowenig haben wir Einblick in die alltäglichen Lebensverhältnisse.[29]

2.3. Die Zulassung von Absolventinnen höherer Mädchenschulen zur Prüfung

Die Diskussion um die Mädchenschulbildung und die Zulassungsvoraussetzungen zum Studium erreichte in den zwanziger Jahren ihren Höhepunkt, nachdem die Vielfalt der Schularten in der Weimarer Republik zunehmend unübersichtlicher wurde und die Zulassungsbedingungen eine Vereinheitlichung forderten.

Wir hatten im Sommer ds.Js. erfahren, dass durch Preuß. Ministerialentschließung vom 2. Juni ds. Js. die bad. Ergänzungsprüfung in Preußen nicht allgemein anerkannt worden sei, weil Baden das Abschlußzeugnis einer „höheren Mädchenschule" der Reife für Obersekunda gleichstellt.[30]

So kommentierte der Rektor der Handelshochschule die Situation im Jahre 1925.

Baden hatte bisher den Abschluß der Höheren Mädchenschule mit der Reife für Obersekunda gleichgesetzt und sah sich gezwungen, eine Anpassung an die preußischen Verhältnisse vorzunehmen.

In der Diskussion um die Zulassung von Absolventinnen der „höheren Mädchenschulen" zum Studium standen sich grundsätzlich zwei Gruppen gegenüber. E. Stulz charakterisiert diese Gruppen wie folgt: *Die eine Gruppe hielt mit der sechsklassigen Höheren Mädchenschule und der Einrichtung einer drauffolgenden Frauenschule (Mädchen-Gymnasium, Oberrealschule) die Neugestaltung für abgeschlossen. [...] Zu dieser Gruppe bekannten sich all jene, die [...] grundsätzlich jede von den Knabenschulen abweichende Regelung der Mädchenbildung ablehnen. [...]*

Die zweite Gruppe […] verlangte aber mit Rück-
sicht auf die praktischen Berufe der und die Lebens-
forderungen an die Frau ein Reifezeugnis ohne
Latein.[31]

Zum einen wurden also von Männern wie von
Frauen gleiche Qualifikationen gefordert, auf der
anderen Seite diskutierte man weiterhin entlang den „Erfordernissen" geschlechtsspezifischer
Arbeitsteilung und deren (biologistischer) Fundie-
rung in den spezifisch weiblichen Fähigkeiten.

In Mannheim war man den sogenannten „vierten
Weg" der geschlechtsspezifischen Mädchenbildung, der in Preußen bereits 1922 verboten wurde,
gegangen und nicht sehr von der Idee angetan,
das „höhere Mädchenschulwesen" umzugestalten[32].
Doch die preußische Entwicklung erzwang
auch hier ein Umdenken.

Am 11. November 1925 berief das badische
Unterrichtsministerium eine Konferenz der Direktoren der Höheren Mädchenschulen nach Karlsruhe ein.

Im Anschluß daran erfolgte ein Ausbau der
Höheren Mädchenschulen zu Mädchen-Realschu-
len bzw. Mädchen-Oberrealschulen mit entsprechenden Lehrplänen, die den *besonderen Be-*
dürfnissen[33] angepaßt waren. Im Juni 1926 sah
sich die Handelshochschule in Mannheim gezwungen, in den Prüfungsordnungen den Abschnitt
4 von § 5 *Den Inhabern der Reife für Obersekunda*
stehen gleich die Mädchen, die eine höhere Mädchen-
schule durchlaufen haben[34] der beiden Diplom-
prüfungen zu streichen. Damit mußten Frauen bei
der Immatrikulation die gleichen Bedingungen
erfüllen wie ihre männlichen Kommilitonen. Gleichzeitig wollte sich der Senat eine weitere Regelung
der Zulassungsbedingungen für die Absolventinnen
höherer Mädchenschulen in den Ausführungsbestimmungen zu den neuen Prüfungsordnungen
vorbehalten[35], konnte seine Vorstellungen jedoch
nicht durchsetzen. 5 erhielt folgenden Wortlaut:
Den Inhabern der Reife für Obersekunda stehen
gleich diejenigen Mädchen, die im Besitz des Zeug-
nisses über den erfolgreichen Besuch des obersten
Jahreskurses einer Mädchenrealschule sind,
vgl. Verordnung über die Mädchenrealschule vom
20.Februar 1926.[36]

Damit hatte sich das Lager, das eine Angleichung
der Mädchen an die Jungenbildung forderte, endgültig durchgesetzt. Als besonders „frauen-
freundliche" Tat sollte man das Eintreten für die
Gleichstellung dennoch nicht bewerten. In den
Reihen der Gegner des „vierten Weges" versam-
melten sich Männer mit demselben Ziel, aber
unterschiedlichen Interessen. Zum einen waren
es jene Männer, die Angst vor einer Bevorzugung
der Frauen hatten, zum anderen Männer, die
auf eine adäquate Ausbildung der Frau, auf eine
Gleichstellung im Bildungssystem drängten.

Die Handelshochschule Mannheim hatte sich bisher gegenüber Frauen relativ offen gezeigt.
Ihre Zulassungsbestimmungen öffneten Frauen
auch dann den Zugang zur Universität, wenn
sie aufgrund ihres Geschlechts zunächst von der
entsprechenden Schulbildung ausgeschlossen
waren. Langfristig mußte jedoch eine einheitliche
Lösung geschaffen werden, mußten Frauen
und Männer die gleiche Ausbildung erhalten.

2.4. Studentinnen
in der Zeit der Weimarer Republik

Insgesamt war nach Beendigung des Krieges
ein Anstieg der Studierendenzahlen in Deutschland zu verzeichnen, der allerdings – wie der
Rektoratsbericht des Jahres 1916/17 vermerkt –
in Mannheim erheblich geringer ausfiel als an
anderen deutschen Handelshochschulen. Bis zum
Wintersemester 1922/23 hatten sich die Studierendenzahlen verdoppelt[37], gingen aber ab der
Mitte des Jahrzehnts allmählich wieder zurück[38].
Die Entwicklung der Zahl der Studentinnen
verlief parallel. Im Wintersemester 1922/23 hatte
sich auch ihr Anteil verdoppelt und stieg bis
zum Wintersemester 1925/26 auf 54 Studentinnen
an.[39] Der absolute Frauenanteil erreichte 1932,
im Jahr vor Schließung der Handelshochschule,
seinen Höhepunkt: 68 Frauen waren immatrikuliert, zuvor war ein drastischer Rückgang zu
verzeichnen.[40]

Trotz der Zunahme weiblicher Studierender hatten die Frauen immer noch mit erheblichen
Widerständen an den Universitäten zu rechnen.
Zwei Beispiele mögen das illustrieren. Ein Aus-
schnitt aus den Dresdner Nachrichten des Jahres
1932 macht deutlich, daß die intellektuelle Lei-

stung der Studentinnen immer noch zweitrangig war.

Die arbeitseifrige „richtige" Studentin, das „Arbeitstier", glaubt häufig, über dem Studium ihre persönlichen Reize vernachlässigen zu müssen –, und wir jungen Männer sind nun mal so unmoralisch, ein hübsches Mädel (es kann dabei sogar gescheit sein!) als angenehmer zu empfinden, als ein trockenes, gelehrtes Wesen, von dem man nicht genau weiß, welcher Art von Mensch man es zuteilen soll.[41]

Wie sich die Ressentiments der Kommilitonen im Lehrbetrieb des Alltags äußerten, schilderte eine Kölner Studentin in Januar 1930: *Eine Studentin braucht nur den Mund aufzutun, ganz gleich, ob zu guter oder zu schlechter Antwort, und es wird nach deutsch-amerikanischer Sitte getrampelt, geschart oder blöd gelacht. Ist im Kolleg die Rede von den vorsintflutlichen Bestimmungen unseres Familienrechts und von vergangenen herrlichen Zeiten, als die Frau noch ganz unter ehelicher Gewalt stand, zeigen die Jünger am Geiste auf ebenso höfliche Weise begeisterte Zustimmung. Moderne Reformbestrebungen mißbilligen sie aufs schärfste. Als einmal ein Professor sagte, die Frauen könnten jetzt auch Handelsrichterinnen werden, war das ganze Kolleg so tief entrüstet, daß der Dozent erst nach zehn Minuten fortfahren konnte. Kommt eine Studentin zu spät ins Kolleg – die Herren erlauben sich das häufiger –, wird heftig gescharrt.[42]*

Abgesehen von der Gründung neuer Institute und der Verleihung des Promotionsrechtes wurde an der Handelshochschule in Mannheim die Studiendauer von vier auf sechs Semester (Wintersemester 1924/25) erhöht und ab dem Wintersemester 1926/27 das Abitur bei der Immatrikulation vorausgesetzt. Allerdings bestand noch bis 1933 die Möglichkeit, nach Bestehen einer Ergänzungsprüfung zum Studium zugelassen zu werden.[43]

Für die Auswertung der Prüfungsunterlagen der Mannheimer Studentinnen haben wir die Zeit von 1918-1933 in zwei Zeitabschnitte untergliedert. Von 1918 bis zum Wintersemester 1925/26 war eine stetige Zunahme der Studentinnen an der Handelshochschule Mannheim zu verzeichnen. Mit dem Wintersemester 1926/27 sank die Zahl der

Studentinnen von 54 auf 29, obwohl die Studiendauer verlängert wurde. Das mag u.a. zum einen auf das Inkrafttreten der neuen Prüfungsordnung 1926 zurückzuführen sein, die Absolventinnen der höheren Mädchenschule den Zugang zur Universität versperrte; zum anderen hinterließ wohl die einsetzende Wirtschaftskrise und die damit verbundene Arbeitslosigkeit ihre Spuren: Frauen traten zunächst den Rückzug an.

Die neue Studienordnung schrieb vor, daß als Studierende nur noch folgende Bewerber und Bewerberinnen aufgenommen werden konnten: *1. Abiturienten der höheren neunjährigen deutschen Lehranstalten und solcher Lehranstalten, deren oberste Klasse der Oberprima der vorgenannten Anstalten entspricht; 2. Personen, die eine der unter Ziffer 1 genannten Anstalten mit der Reife für Obersekunda durchlaufen haben, falls sie überdies eine dreijährige, den Zweck ihrer Studien an der Handels-Hochschule unmittelbar fördernden Tätigkeit nachweisen. Diejenigen, welche eine weitere theoretische Ausbildung erfahren haben, kann die darauf verwendete Zeit bis zum Ausmaße von zwei Jahren auf die kaufmännische Tätigkeit angerechnet werden; 3. Volksschullehrer, sofern sie die Bedingungen zur Immatrikulation an einer badischen Hochschule erfüllen; [...].[44]*

Für die Aufnahme zur Kaufmännischen Diplomprüfung war der Nachweis kaufmännischer Tätigkeit erforderlich, sofern die weiblichen Kandidatinnen nicht das Abitur abgelegt hatten. Ob die Frauen hier im Vergleich zu ihren männlichen Kollegen „mehr" vorweisen bzw. besser qualifiziert sein mußten oder nicht, ist eine interessante Frage, jedoch in diesem Rahmen nicht zu beantworten.

Obwohl sich bis Mitte der zwanziger Jahre der Kreis der Studentinnen in Mannheim vergrößerte, der unverzüglich nach dem Schulabschluß mit dem Studium beginnen konnte, war der Lebensweg der meisten Frauen weiterhin weniger linear, die Möglichkeiten, die Zulassung zum Studium auch nachträglich noch zu erwerben, hatten sogar noch zugenommen. In der Regel besuchten die Kandidatinnen nach dem Verlassen der Höheren Mädchenschule die Oberrealschule, eine Handels- oder Frauenschule, absolvierten eine Hospitanz an der Handelshochschule oder holten im Privatunterricht die entsprechenden Qualifikationen – vor allem Latein – nach. In der Regel waren die Studentinnen bei der Aufnahme ihres Studiums – je nach Schulausbildung, kaufmännischer Praxis, politischen und familiären Voraussetzungen – zwischen 18 und 22 Jahren alt, d.h. das Durchschnittsalter zu Beginn des Studiums war keineswegs gesunken.[45]

In der Auswahl der Firmen und Institutionen, bei denen sich Frauen um ein Praktikum bewarben, war das Bankwesen dominierend, was vielleicht mit den zunehmend positiven Berufsaussichten in einem expandierenden Gewerbe zusammenhing. Ansonsten orientierten sich die Frauen an den regionalen Industriebetrieben und Einrichtungen. Dabei gab es zwei Möglichkeiten: Entweder eine möglichst breit gestreute kaufmännische Tätigkeit in unterschiedlichen Betrieben mit kurzer Verweildauer oder dem Studium eine Lehre vorauszuschicken, d.h. bereits eine abgeschlossene Berufsausbildung vorzuweisen.

Viele Lebensläufe erhalten also durch die unterschiedlichen schulischen Qualifikationen und Ausbildungswege sowie durch den Nachweis der praktischen Tätigkeiten vor, während und nach dem Studium einen sehr individuellen Charakter. Hinzu kommt das Phänomen, daß viele Frauen (in 23 von 65 Fällen) beide Abschlüsse machten, d.h. daß über ein Drittel der Studentinnen sowohl die Kaufmännische Diplomprüfung als auch die Diplom-Handelslehrerprüfung ablegte. So z.B. Luise Fuchs aus Geradstetten. Sie besuchte die Töchterhandelsschule des Schwäbischen Frauenvereins Stuttgart und war danach als Privatsekretärin beim damaligen Chefredakteur der Union Deutsche Verlagsgesellschaft beschäftigt. Im Anschluß daran war sie als Assistentin des Berichterstatters für die Nahrungsmittelversorgung im Württembergischen Ministerium des Innern angestellt. Was sie nun dazu veranlaßte, ein Studium aufzunehmen, erfahren wir nicht. Tatsache ist, daß sie 1923 ihre Diplomprüfung absolvierte und ein Jahr später die Handelslehrerprüfung anschloß.

Im Vergleich zu den Studentinnen der Anfangszeit kam es häufiger vor, daß Frauen vor dem Besuch der Handelshochschule in Mannheim bereits ein anderes Studium aufgenommen oder den Studienort gewechselt hatten. Erna Götz beispielsweise, aus Ludwigshafen stammend, studierte nach dem Abitur in München und Heidelberg die Fächer Mathematik und Philologie. Erst danach entschloß sie sich – aus welchen Gründen auch immer – für ein Studium an der Handelshochschule in Mannheim.

Auffallend ist des weiteren die Tatsache, daß drei der Studentinnen Ordensfrauen waren. Vielleicht sahen die Frauen – wie bereits angedeutet – in dieser Wahl eine Nische, ihr eigenes Leben zu verwirklichen. Eine davon, Emilie Weber, 1888 in Pirmasens geboren, trat bereits 1906 ins Kloster ein, machte zunächst die Seminar-Schlußprüfung und das Staatliche Examen, bevor sie im Sommersemester 1924 ihr Studium in Mannheim aufnahm. Dazwischen war sie in einer Butter-, Eier- und Käsehandlung, in einer Landwirtschaftlichen Genossenschaft und als Lehrerin tätig. Auch sie machte nicht nur einen Abschluß, sondern legte sowohl die Kaufmännische Diplom- als auch die Diplom-Handelslehrer-Prüfung ab.

Wer waren nun die Studentinnen, die zwischen 1918 und 1933 an der Handelshochschule in Mannheim studierten, d.h. aus welchen sozialen Verhältnissen stammten sie? Öffnete sich die Hochschule auch für Töchter aus dem Kleinbürgertum und aus Arbeiterfamilien?

Über *Die soziale Gliederung der Studentinnen* gibt 1926 der Bund Deutscher Frauenvereine in seinem Monatsmagazin *Die Frau* Aufschluß: *Von den verschiedenen Vätergruppen dem Beruf nach ist da die stärkste die der Handel- und Gewerbetreibenden einschließlich des Bergbaus, des Bank-, Verkehrs- und Versicherungswesens. Sie stellt rund ein Viertel aller Studentinnen. Die zweitstärkste Vätergruppe ist die der mittleren Beamten des Reiches, der Länder, der Gemeinden einschließlich der Lehrer ohne akademische Bildung.*[46]

An dritter Stelle folgten die höheren Beamten einschließlich der Universitätsprofessoren, höheren Lehrer und Geistlichen. Rund ein Zehntel waren Töchter von Angehörigen der freien Berufe mit akademischer Bildung (Ärzte, Apotheker usw.).[47]

Inwieweit trifft diese allgemeine Aufgliederung der sozialen Herkunft auf die Situation in Mannheim zu? Bemerkenswert ist auch hier die starke Vertretung der aus dem kaufmännischen Elternhaus stammenden Studentinnen: Etwa ein Viertel der Väter waren Kaufleute. Neben den explizit als Kaufleute ausgewiesenen Vätern, waren zwei Studentinnen Töchter von Fabrikanten. Ob es sich dabei um Besitzer großer Fabriken handelt, ob die Kaufleute selbständig waren, läßt sich den vorgefundenen Materialien nicht entnehmen; eine Einordnung muß daher immer sehr vage bleiben. Zahlenmäßig stärker vertreten war die Gruppe der Oberschicht, die sich einerseits aus dem akademischen Beamtentum, den Justiz- und Regierungsräten, andererseits aus den Grund- und Gutsbesitzern der selbständigen Oberschicht zusammensetzte (insgesamt 19). Beachtlich war der Anteil der Lehrer: Sechs der Studentinnen waren Lehrertöchter. Tendenziell kündigt sich auch der Einzug der Studentinnen aus der Arbeiterschicht an: Unter den Vätern waren zwei Lokomotivführer, zwei Straßenmeister, ein Korbmachermeister, ein Bäckermeister und ein Landwirt. Bei anderen Berufsnennungen, wie Optiker, Oberpostsekretär, Obergeometer, Kunstmaler und Schauspieler, ist die soziale Einordnung sehr schwierig und nicht eindeutig vorzunehmen: Ein Optiker kann sowohl zur oberen Mittelschicht als auch zum Kleinbürgertum zuzuordnen sein, je nach Selbständigkeit und Größe des Unternehmens. Festzuhalten bleibt jedoch: Je gesicherter die wirtschaftlichen Verhältnisse, desto eher wurde die akademische Berufsbildung von Frauen unterstützt. Nach wie vor überwog der Anteil der aus dem kaufmännischen Bereich stammmenden Studentinnen – obwohl auch damit noch nichts über die finanziellen Verhältnisse der Familien ausgesagt ist –, die Vertreterinnen der Oberschicht machten immer noch einen bemerkenswerten Anteil aus, die Hochschule hatte sich aber faktisch auch für Studentinnen aus dem Kleinbürgertum und den Arbeiterfamilien geöffnet.[48]

Trotz der wirtschaftlich-gesicherten Verhältnisse vieler Elternhäuser studierten Töchter nach wie vor erst dann, wenn ihre männlichen Geschwister versorgt waren oder wenn männliche Nachkommen fehlten. Lilly K. Lichtenthaler beispielsweise, die Tochter eines kaiserlichen Regierungsrates, besuchte die Höhere Mädchenschule und erhielt danach Privatunterricht in Französisch, in deutscher Literatur und Geschichte. Erst nachdem ihre Geschwister ihre Studien abgeschlossen hatten und selbständig geworden waren, wurde sie auf die Bibliotheksschule geschickt. Nach Abschluß der Schule erhielt sie erneut Privatunterricht im Lateinischen und in der englischen Sprache und kam anschließend als Bibliotheksassistentin nach Mannheim an die Handelshochschule. Sie besuchte neben ihren beruflichen Verpflichtungen Veranstaltungen an der Hochschule und legte im Mai 1924 ihre Kaufmännische Diplomprüfung ab. Ihre Lateinkenntnisse waren Voraussetzung zur Zulassung zum Studium. Die Tatsache, daß Lilly K. Lichtenthaler Privatunterricht bekam, spiegelt die günstigen wirtschaftlichen Verhältnisse und die angesehene Stellung ihres Vaters wider, ihre Biographie das mühsame Ringen um Selbständigkeit.

Für Kreise aus dem mittleren und oberen Beamtentum scheint der Privatunterricht keine Seltenheit gewesen zu sein. Auch Margarete Jordan, die Tochter des Regierungs-Baumeisters, erhielt nach Absolvierung der Mädchenrealschule in Hall, des Sprachlehrerinnenseminars in München und der Tätigkeit als Hilfslehrerin Privatunterricht in Englisch und Französisch. Im folgenden übte sie diverse Tätigkeiten aus, u.a. war sie an einer Oberrealschule in Hall beschäftigt. Doch als der männliche Klassenlehrer, den sie vertrat, wieder aus dem Heeresdienst zurückkehrte, wurde sie versetzt. Nach ihrer Tätigkeit in der Landwirtschaftlichen Winterschule begann sie ihre kaufmännische Vorbildung. Sie arbeitete in einer Eisenhandlung und eignete sich weitere kaufmännische Praxis bei einem Aufenthalt in Wien an, wo sie zunächst ein Studium an der Fachschule für Welthandel aufnahm. Danach immatrikulierte sich in Mannheim und legte die Handelslehrerprüfung ab.

Die hier ausgewählten Beispiele verdeutlichen, daß der regionale Einzug der Studentinnen recht breit gestreut war, tendenziell jedoch der Anteil der Studentinnen aus der näheren Umgebung wuchs. Die Hälfte der erfaßten Studentinnen rekrutierte sich aus einem Umkreis von 60 km: aus Worms, Ludwigshafen; Heidelberg,

Mannheim, Bruchsal, Eberbach u.a. Orten. Die anderen kamen – auf Deutschland bezogen – vor allem aus Norddeutschland, auf das Ausland bezogen vor allem aus den osteuropäischen Ländern (Litauen, Ukraine, Westpreußen etc.).

Eine Rolle spielte in einigen Fällen auch der Zuzug aus politischen Gründen: Agnes Urbanczyk wurde aus dem lothringischen Schuldienst entlassen und mußte ihre Heimat verlassen, bevor sie nach Mannheim kam und sich an der Handelshochschule immatrikulierte. Die zunehmende Konzentration auf Studentinnen aus dem näheren Umkreis hängt möglicherweise auch mit dem zunehmenden Angebot an Handelshochschulen und der fortschreitenden Liberalisierung der Hochschulpolitik anderer Länder zusammen.

Wie für die Zeit davor, bleibt uns der Zugang zur Lebens- und Alltagssituation der Studentinnen verschlossen. Wieder müssen wir auf die wenigen allgemeinen Informationen zurückgreifen. Ulla Bock und Dagmar Jank gehen davon aus, daß die allgemeine Situation der Studentinnen in der Weimarer Republik schlechter war als die der männlichen Kommilitonen.[49] Der Deutsche Akademikerinnenbund stellte im Wintersemester 1927/28 bei einer Umfrage fest, daß sich 40% der Studentinnen keine Bücher kaufen konnten (bei den Studenten waren es 11,4%); 26,4% mußten mit einem Monatswechsel von 100 Mark auskommen.[50] Die Reichweite eines solchen Budgets hing allerdings von den Lebenshaltungskosten am Studienort ab. Daher mußte über die Hälfte der Berliner Studentinnen einen Nebenerwerb ausüben, es gab zu wenig Studentinnenwohnheime und die Polemik gegen studierende Frauen hielt nach wie vor an.

War bis 1926 ein Anstieg zu verzeichnen, gingen danach die Studentinnenzahlen wieder rapide zurück. Dieser Einbruch war z.T. sicher auf die zunehmenden wirtschaftlichen Schwierigkeiten zurückzuführen. In Krisensituationen, in Situationen, in denen die Ressourcen knapp werden, sind es zunächst meist Frauen, die sich aus dem beruflichen Leben zurückziehen, die auf Studium und Karriere verzichten. Und tatsächlich nehmen die Studentinnenzahlen nach 1930, als sich die wirtschaftliche Situation wieder langsam entspannte, erneut zu. Bei Anna Körber z.B., die 1899 in

Hannover als Tochter eines Telegraphenassistenten geboren wurde und Anfang der zwanziger Jahre drei Semester Naturwissenschaften studierte, machten sich die Auswirkungen der Inflation bemerkbar: Die Inflation zwang sie, das Studium aufzugeben und Sekretärin in der Firma Süddeutsche Metallwerke GmbH in Walldorf Baden zu werden. Danach schaffte sie es allerdings, wieder ein Studium an der Handelshochschule in Mannheim aufzunehmen.

Die Gruppe der Studentinnen, die wir über die Prüfungsunterlagen erfassen können, ist für den Zeitraum von 1926/27 bis 1933 recht klein; Neuimmatrikulierte fallen heraus.

Bei dem Alter der 17 erfaßten Studentinnen ist im Vergleich zu den Vorjahren eher ein Aufwärtstrend zu verzeichnen; keine der Mannheimer Studentinnen hatte vor 18 ihr Studium begonnen; in der Regel waren die Frauen knapp über 20. Obwohl sich die in den Jahren zuvor angedeutete Tendenz, daß immer mehr Mädchen gleich von Anfang an ein Gymnasium besuchten, fortsetzte, ging das Studienalter der Frauen nicht zurück. Fünf der 17 Studentinnen hatten ein Gymnasium besucht, der Rest hatte die Oberrealschule, die Höhere Handelsschule absolviert bzw. durch eine Ersatzreifeprüfung vor dem Studium die Voraussetzungen für die Zulassung zum Studium erworben.

An diesen Beispielen läßt sich die allmähliche Vereinheitlichung des Schulwesens ablesen; Ausbildung und Lebensläufe gestalteten sich – zumindest was die hier untersuchten Kriterien anbelangt – zunehmend weniger individuell.

Bei der Wahl der angestrebten Abschlüsse dominierte eindeutig der Diplom-Handelslehrerabschluß: Zwölf Frauen strebten diesen Abschluß an, wobei drei neben der Handelslehrerprüfung auch die Kaufmännische Diplomprüfung absolvierten. Hierbei wird der Unterschied zu den beabsichtigen Abschlüssen der Studentinnen der Anfangszeit deutlich; sie wählten in erster Linie die Kaufmännische Diplomprüfung. Vielleicht sahen die Frauen in der Lehrerausbildung eine realistischere Chance, eine spätere Anstellung zu finden.

Paula Ganswindt beispielsweise, die Tochter eines Lehrers aus Putzig, legte auf dem Lyzeum in Danzig die Reifeprüfung ab, besuchte danach die Handelsschule für Frauen und Mädchen und absolvierte ihre *vorgesehene vierjährige praktische Tätigkeit* bei einer Kaffee-Rösterei. Ab dem Sommersemester 1919 war sie in Mannheim immatrikuliert, legte ihre Kaufmännische Diplomprüfung ab und war anschließend bei der Zentral-Ernte-Kommission bei dem Generalgouverneur in Belgien und im Sparkassen-Aktien-Verein tätig. Im Anschluß daran entschloß sie sich erneut ein Studium aufzunehmen und machte Anfang der dreißiger Jahre ihre Handelslehrerprüfung.

Auch wenn sich in dem hier vorliegenden Untersuchungszeitraum der Arbeitertöchteranteil nicht erhöht hatte[51], so war doch eine Verschiebung in der sozialen Herkunft erkennbar. Die Töchter aus dem klassischen Oberschichtenmilieu nahmen eindeutig im Zeitraum zwischen 1926 und 1933 ab; lediglich eine Studentin war Tochter eines Bankdirektors.[52] Am stärksten vertreten ist die Gruppe der Beamten und Angestellten: Sie umfaßte u.a. einen Oberrechnungsrat, einen Bankbeamten und einen Obertelegraphensekretär (insgesamt sechs). Interessant ist dabei, daß zum ersten Mal die politische Einstellung Erwähnung fand: Der Oberstadtsekretär wurde als Mitglied der NSDAP ausgewiesen. Ansonsten treffen wir auf die typischen Gruppierungen: zwei Lehrer und zwei Kaufleute; der Rückgang der Kaufmannschaft ist allerdings deutlich zu erkennen. Aus dem sog. Arbeitermilieu stammt lediglich eine Frau, sie war die Tochter eines Lokomotivführers. Die Dominanz der Oberschicht, der höheren Beamten und der Kaufmannschaft ist zwar einer stärkeren Rekrutierung der Studentinnen aus dem Kleinbürgertum gewichen, eine Förderung des Nachwuchses aus dem Arbeitermilieu ist jedoch nicht zu verzeichnen. Ganz im Gegenteil: Im Vergleich zum Zeitraum zwischen 1918 und 1926 findet eine drastische Reduzierung des Anteils der Studentinnen aus dem Arbeitermilieu statt.[53]

3. Resümee

Schließen wir den Kreis. Die tendenzielle Zunahme des weiblichen Anteils an den Studierenden wurde zwar durch die Entwicklung im Dritten Reich unterbrochen, setzte sich aber nach dem Zweiten Weltkrieg fort. Die formelle Gleichberechtigung an den Hochschulen ist heute (mit Ausnahmen einiger verdeckter Quoten zugunsten von Männern, gegen die jedoch juristisch Klagemöglichkeit besteht, sofern sie rechtlich beweis-kräftig nachgewiesen werden können) erreicht. Studentinnen werden heute nicht mehr als Exotinnen betrachtet, die „männlichen Kommilitonen haben sich an ihren Anblick gewöhnt". Auch die soziale Herkunft ist – zumindest noch derzeit[54] – weniger ein Kriterium für den Besuch der Universität. Die alten Probleme sind weitgehend verschwunden. Doch nach wie vor läßt die Situation zu wünschen übrig: In der Tendenz wurden Formen offener Diskriminierung und Benachteiligung von subtilen abgelöst. So liegt beispielsweise zwischen dem Anteil der weiblichen Hochschulabsolventinnen und dem Frauenanteil am wissenschaftlichen Personal nach wie vor eine erhebliche Diskrepanz. Die Notwendigkeit, „Familie und Karriere" zu vereinbaren, gilt meist nur für Frauen: während Frau und Kind dem Manne gerade mal zur Zierde im Lebenslauf gereichen, sind Frauen mit der bekannten Doppelt- und Dreifachbelastung und / oder den negativen Auswirkungen für das berufliche Fortkommen konfrontiert.

Die Senatskommission zur gleichberechtigten Entfaltung von Frauen versucht durch Förderung und Unterstützung die Situation der Frauen an der Universität Mannheim zu verbessern. Sie bemüht sich vor allem um die Förderung des weiblichen wissenschaftlichen Nachwuchses und um die Aufarbeitung geschlechtsspezifischer Unterschiede an der Universität. *Denn noch heute sind Alltagswirklichkeit, Lebensbedingungen, Probleme und Interessen von Frauen in den meisten wissenschaftlichen Disziplinen unzureichend repräsentiert*, resümiert die Autorin im Bericht der Senatskommission vom 27. Mai 1992.[55]

Wir können gespannt sein, wie unser Bericht in 50 Jahren aussehen wird. Werden die jüngsten wirtschaftlichen und politischen Entwicklungen erneut einen Rückzug der Frauen von der Universität bewirken, werden Frauen wieder oder – immer noch – zugunsten ihres Mannes auf ihre berufliche Laufbahn verzichten?

Wo die Mannheimer Studentinnen arbeiten...

Anmerkungen zum Kapitel

1 Kommentar von Studenten in der Weimarer
   Republik zu Dr. Marie-Luise Steinhauer. In: FRANK-
   FURTER RUNDSCHAU 24.04.1992, S. ZB 5.

2 MANNHEIMER MORGEN 20.11.1987.

3 Bericht der Senatskommission S. 40.

4 Vgl. M. W. BLOCHMANN S. 130f.

5 Zit. nach L. MERTENS S. 24.

6 Vor und in der Weimarer Republik existierte eine
   verwirrende Vielfalt von unreglementierten Schulen,
   vor allem für Mädchen. Die Zulassung zum Studium
   in Preußen 1908 war Teil der Nominierung und
   Institutionalisierung des höheren Mädchenschulwesens. Die zehnjährige „höhere Mädchenschule"
   wurde ab 1908 als Lyzeum bezeichnet; ihr Lehrplan
   ist mit dem der Realschule von 1882 vergleichbar.
   Die Mädchen erhielten im Vergleich zu den Knaben
   weniger Mathematikstunden zugunsten des
   Deutsch- und Religionsunterrichts, d.h. der Unterricht wurde speziell für Mädchen gestaltet und
   bereitete sie auf die ihnen von der Gesellschaft zu-
   gewiesene Rolle vor.

7 Seit 1887 wandten sich Frauen – und Lehrerinnen-
   vereine mit zahlreichen Petitionen an die Kultusmini-
   sterien der deutschen Bundesstaaten, an die Länder
   parlamente und an den Reichstag. Ihr Ziel war
   eine wissenschaftliche Ausbildung der Lehrerinnen,
   die Errichtung von Mädchengymnasien und die
   Zulassung von Frauen zum Abitur und Studium. 1913
   wurde dieser „vierte Weg", d.h. der Hochschulzugang über die Lehrerinnenseminare, durch einen Erlaß zu einem regulären Weg erhoben, obwohl 1912
   die Studentinnenvereine (Weimar) eine Petition an
   den Bundesrat richteten, in der die Ablehnung eines
   von den Staaten Preußen, Baden und Sachsen
   gestellten Antrages, der die Anerkennung des Reifezeugnisses von Oberlyzeen zum Ziel hatte, durch
   den Bundesrat gefordert wurde. Vgl. L. MERTENS
   S. 66f.

8 In der Weimarer Republik gab es nach dem Lyzeum
   mehrere Weiterbildungsmöglichkeiten für Frauen,
   wobei grundsätzlich zwei Wege zu unterscheiden
   sind: einer spezifisch auf die Frau oder auf einige
   „Frauenberufe" ausgerichteten Bildung; und das
   Oberlyzeum, die gymnasiale Studienanstalt, die real-
   gymnasiale Studienanstalt oder die Deutsche Ober-
   schule zum Erwerb der Hochschulzugangsberechti-
   gung. In der Mädchenschulreform von 1923 wurden
   grundständige höhere Mädchenschulen institutionali-
   siert: das Oberlyzeum, ein neusprachlicher Typ ohne
   Latein, ein oberreales und reformrealgymnasiales
   Oberlyzeum. Desweiteren ersetzte die Akademisie-

rung der Lehrerausbildung das Oberlyzeum in der Funktion als höheres Lehrerinnenseminar. Vgl. M. KRAUL; P. LUNDGREEN.

9   Vgl. Kap. 2.3.

10 Nach DIE HOCHSCHULEN zu Beginn der neunziger Jahre S. 85.

11 Vgl. AUSWAHLBIBLIOGRAPHIE. Claudia Huerkamp von der Universität Bielefeld arbeitet an einer Habilitationsschrift zu „Frauen im Studium und akademischen Berufen 1918-1945" und Marianne Kroener an einer Dissertation zum Thema „Integrationsprobleme erster Studentinnen von 1900-1933". Daneben gibt es ein Forschungsprojekt zum Thema „Die Anfänge des Frauenstudiums" am Deutschen Museum in München. L. MERTENS versucht in seiner neuesten Publikation das Studium der Frauen in sozialhistorischer und bildungssoziologischer Dimension zu erfassen, d.h. er wertet statistische Hochschuldaten der deutschen Universitäten aus und interpretiert sie.

12 Danken möchten wir an dieser Stelle dem Rektor, Herrn Prof. Dr. Jakobs, der unser Vorhaben unterstützte, Herrn Neureuther, der uns Einblick in die Akten gewährte und Frau Wehrle für die Betreuung im Studentensekretariat.

13 Vorhanden: Verzeichnis der Studierenden der Handelshochschule Mannheim am SS 1908 bis WS 33/34; Verzeichnis der Kaufmännischen Diplomprüfung 1925-1935; Verzeichnis der Staatlichen Handelslehrer-Prüfung in Karlsruhe 1926-1929. Die Immatrikulationen, die Auskunft über die soziale Herkunft, den Wohnort usw. geben, sind nach Auskunft von Frau Wehrle nur noch vereinzelt vorhanden.

14 Folgende Bestände des Universitätsarchivs: A 2/20 „Die Vollstudierenden des WS 1907-1910"; A 3/1 „Die Vollstudierenden des WA 1910-1913"; A 3/2 „Die Vollstudierenden des WS 1912-1926"; A 4/10 bis A 4/12 Kaufmännische Diplom- und Handelslehrerprüfung 1909-1920; A 5/1 bis A 5/12 Kaufmännische Diplom- und Handelslehrerprüfung 1920-1925; A 6/1 bis A 6/12 Kaufmännische Diplom- und Handelslehrerprüfung 1925-1929; A 7/1 bis A 7/12 Kaufmännische Diplom- und Handelslehrerprüfung 1929-1933.

15 Vgl. M. HORLEBEIN S. 404-409.

16 Vgl. M. SPRINGER S. 216-221.

17 Vgl. R. MITSCH S. 7.

18 Vgl. K. BOEHLKE S. 5.

19 Vgl. Jürgen Schwarz: Studenten in der Weimarer Republik. Berlin 1971, S. 413f. Zit. nach: L. MERTENS S. 80f.

20 DIE HOCHSCHULEN zu Beginn der neunziger Jahre S. 84f. Die Prozentzahlen sind Eigenberechnungen.

21 H. DOHM: Weibliches Studententum. Aus: H. SCHRÖDER (Hrsg.): Zit. nach: HISTORISCHES LESEBUCH S. 44f. Hedwig Dohm (1833-1919) war Dramatikerin, Erzählerin und Essayistin.

22 Die Studentinnen konzentrierten sich an deutschen Universitäten in den Geisteswissenschaften und der Medizin, d.h. Frauen wandten sich in den ersten Jahren ihrer Hochschulzulassung vornehmlich Fächern zu, die auch eine realistische Perspektive der Berufsausübung boten und ihrer schulischen Prägung entsprachen. Studierten im Jahr 1908 weniger als zwei Drittel der Frauen an den philosophischen Fakultäten der deutschen Universitäten, so stieg dieser Prozentsatz bis 1914 auf über 70% aller Studentinnen an. Vgl. L. MERTENS S. 46f. Der Anteil der Studentinnen an der Volkswirtschaft stieg bis 1916 und bei Gründung der „Vereinigung der Nationalökonominnen Deutschlands" waren bereits 80 Frauen mit Doktortitel beteiligt. Vgl. ebd. S. 49 und 64.

23 Nach Aussage von Mertens waren die weiblichen Studierenden im Durchschnitt nicht nur etwas älter, sondern auch wesentlich urbaner und mobiler als ihre männlichen Kommilitonen. Vgl. ebd. S. 31.

24 Nach der Prüfungsordnung in Mannheim wurden neben AbiturientInnen Kaufleute zugelassen, die die Berechtigung zum einjährig-freiwilligen Militärdienst erworben und die Lehrzeit beendet hatten, weiter Personen, welche die für die Zulassung zur Handelslehrerprüfung in einem deutschen Bundesstaate vorgeschriebene Vorbildung nachweisen konnten. Vgl. Vorlesungs-Verzeichnis der Handelshochschule Mannheim im WS 1918/19.

25 Mannheim, Ludwigshafen, Worms und Kaiserslautern.

26 Vgl. Anm. 6 und 8.

27 In Berlin waren die Frauen zu einem Weg von über einer halben Stunde gezwungen, da die Quartiere im Universitätsviertel wegen der zahlreichen Nachtclubs im Umkreis und „wegen der Mißdeutung" (Prostitution) nicht in Frage kamen, wie es „die" Studentin 1913 formulierte. Vgl. L. MERTENS S. 78.

28 Allerdings wurde von der Studierendenschaft ein Wohnungsamt eingerichtet.

29 Auskunft über die Ausgaben das Studium betreffend, gibt uns z.B. die Gebühren-Ordnung vom

1918/19. Zu den Ausgaben zählen Aufnahmege-
bühr, Studiengeld im Semester, Beitrag zur Kranken-
und Unfallversicherung, Beitrag an den Ausschuß der
Studentenschaft im Semester, Kosten für das
Abgangszeugnis und Prüfungsgebühren.

30 Der Rektor der Handelshochschule Mannheim an
den Ministerialrat Dr. Schwoerer am 24.11.1925.

31 E. STULZ S. 41 ff.

32 Vgl. Universitätsarchiv Mannheim A 3/4, Reaktionen
des Rektors.

33 Vgl. Universitätsarchiv Mannheim A 4/10, Zeitungsartikel o. Nachweis 30.3.1926.

34 Universitätsarchiv Mannheim A 3/4, Sitzung des
Senats 25.6.1926

35 Er ergänzte: *Den Inhabern der Reife für Obersekunda
stehen gleich die Mädchen, die eine höhere Mädchenschule durchlaufen haben und aufgrund der Bestimmungen […] vom 29. März 1913, die höheren Lehranstalten für Mädchen betr. als ordentliche Schülerinnen in die Obersekunda einer Oberrealschule oder
Realschule aufgenommen worden sind.* Vgl. Universitätsarchiv Mannheim A 3/4, Der Rektor an den
Vorsitzenden des Kuratoriums der Handelshochschule 3.1.1927.

36 Universitätsarchiv Mannheim A 3/4, Der Minister
des Kultus und Unterrichts an das Rektorat
18.2.1929.

37 Benker/Störmer führen die Zunahme der Studentinnen in Berlin bis 1923/24 auf den Zustrom ausländischer Studentinnen zurück (Anteil lag bei ca. 22%),
die zu einem beträchtlichen Teil aus ehemals zum
Deutschen Reich gehörigen oder damit traditionell
eng verbundenen „Ostgebieten", aus Rußland und
aus den Balkanländern stammten.
Vgl. G. BENKER/S. STÖRMER S. 42.

38 Vgl. Tabelle 2 sowie L. MERTENS S. 81.

39 Für den allgemeinen Trend stellt Mertens fest, daß
nach der Wirtschaftskrise eine „Rückbesinnung" auf
die typischen Frauenstudienfächer einsetzte. In
der Phase der Prosperität hätten viele Frauen die
Wirtschaftswissenschaften als neues Studienfach
entdeckt, da sich u.a. im Bankgewerbe den Frauen
neue Berufe erschlossen. Die Entwicklung der Studentinnenzahlen in den Wirtschaftswissenschaften
verlief also entgegengesetzt zu der in den philologi-
schen Fächern. Vgl. L. MERTENS S. 92.

40 Mertens teilt das Frauenstudium in folgende Phasen
ein: 1. Von 1919-1925: Die absoluten Zahlen stiegen nur wenig, der prozentuale Anteil stieg von
9,2% im SS 1919 auf 11,1 s im Sommer 1925 an.

2. Von 1925-1932: Während sich zwischen 1925
und 1931 die Gesamtzahl der Studierenden noch
nicht einmal verdoppelt hatte, verdreifachte sich die
absolute derjenigen, die eine höhere Fachschule mit
anschließender ein- bis zweijähriger Berufstätigkeit
absolviert hatten. Im Sommer 1931 waren 18,7%
aller Studierenden Frauen. Vgl. L. MERTENS S 81 ff.

41 Dresdner Nachrichten 8.5.1932.
Zit. nach: G. BENKER/S. STÖRMER S. 111.

42 Frankfurter Zeitung 6.1.1930 (Abendausgabe).
Zit. nach: M. H. KATER S. 224 f.

43 Zugelassen werden konnten zu dieser Prüfung Lehrer und Lehrerinnen, die nach ihrer seminaristischen
Ausbildung mindestens zwei Jahre im Volksschul-
oder Mittelschuldienst gestanden hatten und nun
bestimmte Lehrbefähigungen für den höheren
Schuldienst erwerben wollten. Die Prüfung mußte
spätestens im vierten Studiensemester abgelegt
werden. Daneben gab es eine „Ersatzreifeprüfung",
zu der zugelassen werden konnte, wer mindestens
die Obersekundareife erworben und dann entweder eine praktische Lehre mit mindestens „gutem
Erfolg" oder eine höhere Fachschule mit ein- bis
zweijähriger Berufstätigkeit absolviert hatte.

44 Vgl. Vorlesungs-Verzeichnis der Handelshochschule
Mannheim WS 1926/27. Zuvor hieß es, daß Personen an der Handelshochschule aufgenommen werden könnten, die eine unter Ziffer 1 aufgeführte
Anstalt mit der Reife für Obersekunda, oder die
eine höhere Mädchenschule durchlaufen hätten, falls
sie überdies eine dreijährige, den Zweck ihrer Studi-
en an der Handelshochschule unmittelbar fördernde
praktische Tätigkeit nachweisen konnten. Vgl. ebd.
Zusätzlich mußte der Nachweis der Teilnahme an
Leibesübungen erbracht werden.

45 Mertens stellte fest, daß Frauen in einem höheren
Durchschnittsalter ein Studium aufnahmen als die
männlichen Studierenden, und daß deutlich weniger
Frauen als Männer (prozentual) jünger als 18 waren.
Unter den fünfundzwanzig- bis dreißigjährigen sowie
den über dreißigjährigen sei hingegen der Frauenanteil um ein Viertel höher gewesen. Allerdings räumt
er auch ein, daß das historisch bedingte, überproportional hohe Durchschnittsalter der Studentinnen
zumindest in Preußen mit der Zeit sinkt. Vgl.
L. MERTENS S. 81 und 83. In Mannheim war von
den erfaßten Frauen keine unter 18.

46 Zit. nach: Frankfurter Rundschau 25.04.1992 ZB 5.

47 Lt. Mertens geht die prozentuale Bedeutung der
höheren Beamtenschaft zurück. Wesentlich stärker

hätten die Privatangestellten – besonders jene mit Hochschulabschluß – an dem prozentualen Anstieg partizipiert. Bei der Gruppe der Handel- und Gewerbetreibenden mit akademischem Abschluß setzt nach seinen Recherchen ein bemerkenswerter Rückgang ein. Vgl. L. MERTENS S. 88.

[48] Benker konstatiert, daß studierende Frauen im Unterschied zu studierenden Männern in der Regel aus höheren Schichten stammten, vor allem aus dem beamteten und freiberuflichen Bildungsbürgertum. Vgl. G. BENKER/S. STÖRMER S. 53.

[49] Vgl. U. BOCK/D. JANK S. 10f.

[50] Vgl. G. BENKER/S. STÖRMER S. 61f.

[51] Vgl. L. MERTENS S. 88. Er behauptet, daß sich der Arbeitertöchteranteil zwischen dem WS 1928/29 und 1932/33 verdoppelt habe, betont aber zugleich, daß der Anteil der Arbeitertöchter nicht die 1,3% überschritt und verdeutlicht damit die Dimensionen.

[52] Insgesamt liegen uns von 14 Studentinnen die Angaben zum Beruf des Vaters vor.

[53] Ein lohnendes Kriterium schien uns, die Themen der wissenschaftlichen Arbeiten, der Diplomarbeiten, zu verfolgen. Doch leider wählten im gesamten Untersuchungszeitraum nur acht Studentinnen Themen, die die Situation der Frau betreffen. Diese Arbeiten beschäftigen sich u.a. mit dem Verkäuferinnenberuf, mit der Entwicklung der Frauenbetriebsarbeit in Baden oder dem Thema „Mode und Konjunktur".

[54] Auch heute ist schon zu konstatieren, daß in Familien, deren Kinder zwar nicht BAFöG-berechtigt sind, die jedoch auch nicht die akademische Ausbildung aller Kinder finanzieren können, die Töchter gegenüber den Söhnen das Nachsehen haben. Sollten jedoch beispielsweise Studiengebühren eingeführt werden, so wird sich diese Tendenz noch wesentlich verschärfen.

[55] Bericht der Senatskommission S. 55.

*M*eine Begegnung mit Mannheim im Jahre 1958 war keine Liebe auf den ersten Blick. Im Gegenteil, nicht länger als ein Jahr wollte ich in dieser Stadt leben, geblieben bin ich fast 22 Jahre. Und das ist auch schon wieder über ein Jahrzehnt her. Ich weiß noch genau, wie ich am Hauptbahnhof ausstieg und mir das breite „Pfälzisch" entgegenschlug, ein Dialekt, der für mich bis auf das fröhliche Singsang am Ende eines jeden mehrsilbigen Wortes nie zu erlernen war.

In den Kneipen, woanders sah ich anfangs als Fremdling und ohne Freunde am Ort keine Möglichkeit, die Bewohner meiner neuen Bleibe kennenzulernen, kam ich zu dem Ergebnis, daß die „Mannemer" Angeber sind. Anders konnte ich mir die Aufzählung der Superlative, von denen ich zuvor in der Massierung nie gehört hatte, kaum erklären. Letzteres mochte wohl daran liegen, daß es sich stets nur um das zweitgrößte und nicht

MEINE BEGEGNUNG
MIT MANNHEIM

um das größte aller Dinge handelte. Mannheim, die zweitgrößte Stadt in Baden-Württemberg mit dem zweitgrößten Binnenhafen Deutschlands und dem zweitgrößten Schloß Europas, aber mit der größten Regionalmesse in der Bundesrepublik, dem *Maimarkt*, dem größten Umsteigebahnhof und, wie ich viel später erfuhr, auch dem größten, zusammenhängenden Obdachlosengebiet. Die Draisine wurde in Mannheim erfunden, und im 18. Jahrhundert fand sich am Hof des Kurfürsten Karl-Theodor ein Kreis von Komponisten zusammen, denen die Gründung der Mannheimer Schule zu verdanken ist. Und Schillers *Räuber*, das weiß auch jeder Bürger dieser Stadt, wurden am 13. Januar 1782 im damaligen Nationaltheater aufgeführt.

Also ist Mannheim eine musische Stadt?

Nein, wurde mir beschieden, Mannheim ist eine Arbeiterstadt.

Und so habe ich sie kennengelernt, vor allem aber auch liebengelernt. Das „Größte" und „Zweitgrößte" bleibt für mich immer nur Aushängeschild, auf das hingewiesen werden muß, weil es wenig zum Alltag der Bewohner gehört.

Jahre habe ich gebraucht, um in der Quadratestadt heimisch zu werden, und gelungen ist es mir nur, weil ich dieser Stadt eines Tages den Kampf ansagte, ihr langsam auf die Schliche kam, Verborgenes ans Tageslicht zerrte und mich da einmischte, wo ich in den Augen einiger Stadtväter und anderer wichtiger Figuren nichts zu suchen hatte. Ich begann mich im Obdachlosengebiet umzusehen, in Heimen für Jugendliche, die kein Zuhause mehr hatten und im „Landes", der Mannheimer Vollzugsanstalt.

Ich lernte die Stadt von unten her kennen und habe mich nie wieder an einem Ort den ärmsten seiner Bewohner so verbunden gefühlt. Mir ist ebenso Abwehr, Distanz und Widerstand entgegengebracht worden wie Hilfsbereitschaft, Zuneigung und echte Freundschaft. Ich habe nirgendwo intensiver gelebt als in Mannheim unter den mir dort gestellten Aufgaben. Keine andere Stadt hat mir je wieder so viel Engagement abgefordert, und in keiner anderen Stadt habe ich so viel menschliche Nähe erfahren. So mag es verständlich sein, daß ich, werde ich nach Mannheim gefragt, nicht von dem „Größten" und „Zweitgrößten" berichte, dem Schloß, dem Binnenhafen, dem *Maimarkt,* der Mannheimer Schule, Schillers *Räuber* oder der beachtlichen Industrie, sondern ich erzähle immer nur von den unterschiedlichen Menschen dieser Stadt, die mir so vertraut waren, mich so vieles lehrten, und die mir in der Erinnerung so wichtig sind.

Leonie Ossowski

Ein Weib soll nichts gründlich lernen, als den Hausstand und allenfalls deutsche Sprache, Naturgeschichte und Geographie oberflächlich, und fremde Sprachen gar nicht.[1]

Die Lebensgeschichte der beiden Mannheimer Wissenschaftlerinnen, die hier vorgestellt werden, läuft dieser zeitgenössischen Äußerung diametral entgegen. Daß sie in einer Zeit, deren Frauenbild eher diesem Zitat entsprach, enorme Schwierigkeiten überwinden mußten und dabei auf Hilfe angewiesen waren, überrascht nicht.

Alexa Gwinner

...HUNGER IST DIE ENTSCHEIDENDE KRAFT, DIE SIE VORWÄRTSTRIEB.

— Elisabeth Altmann-Gottheiner und Käthe Bauer-Mengelberg, Professorinnen der Mannheimer Handelshochschule

Den Anfang mache ich mit Elisabeth Altmann-Gottheiner, der älteren der beiden Frauen.[2] Sie war nicht nur die Gattin von Professor S. Altmann[3], sondern selbst eine Wissenschaftlerin von Rang. Als erste weibliche Lehrbeauftragte an einer deutschen Hochschule ist sie nicht nur für Mannheim, sondern für die gesamte deutsche Universitätsgeschichte von Bedeutung.

Sie wurde am 26. März 1874 in Berlin als Tochter des Geheimen Baurates Gottheiner und seiner Frau geboren[4], zu einer Zeit als Frauen für die Akzeptanz höherer Mädchenbildung und für die Zulassung zu den Universitäten noch hart kämpfen mußten. Doch das liberale Bürgertum, dem Elisabeth entstammte, unterstützte seine Töchter mehr und mehr in ihrem Bildungsbedürfnis. Auch die 1865 von Louise Otto ins Leben gerufene bürgerliche Frauenbewegung hatte die Verbesserung weiblicher Ausbildung zu ihrem Ziel erklärt.

Es ist nicht bekannt, welche Schulen Elisabeth besucht hat, auch nicht, ob sie Geschwister hatte. Bekannt hingegen ist, daß Helene Lange im Jahre 1889 Realkurse für Frauen [...] *zum Zwecke der Vertiefung und Ergänzung der allgemeinen Bildung sowie zur Vorbildung für etwaige höhere gewerbliche oder wissenschaftliche Tätigkeit*[5] ins Leben rief. Doch es sollte noch lange dauern, bis auch in Deutschland die höhere Mädchenbildung akzeptiert wurde.

Die in der Mannheimer Frauenbewegung engagierte Alice Salomon erwähnte, daß das Verlangen der Frauen nach wissenschaftlicher Bildung in keinem anderen Lande der Welt auf so heftigen Widerstand gestoßen sei, wie in Deutschland.

Während man in Amerika, England und in der Schweiz die Fähigkeit der Frauen zum Studium auf die Probe stellte, wurde in Deutschland theoretisiert [...].[6]

Noch im Jahre 1872 konnte Professor von Bischoff in München schreiben, daß es keinen Zweck habe, den Frauen Wege zu eröffnen, die sie infolge ihrer körperlichen und geistigen Minderwertigkeit (geringeres Gehirngewicht) doch niemals würden gehen können.

Gleichzeitig konnte man auf der Versammlung der Mädchenschullehrer im Jahre 1872 vernehmen: *Es gilt dem Weibe eine der Geistesbildung des Mannes in der Allgemeinheit der Art und Interessen ebenbürtige Bildung zu ermöglichen, damit der deutsche Mann nicht durch die geistige Kurzsichtigkeit und Engherzigkeit seiner Frau an dem häuslichen Herde gelangweilt und seiner Hingabe an höhere Interessen gelähmt werde, daß ihm vielmehr das Weib mit Verständnis dieser Interessen und der Wärme des Gefühls für dieselben zur Seite stehe.*[7]

Die den Frauen zugestandene Erziehung war auf die Bedürfnisse des Mannes ausgerichtet, ohne ihre eigenen Interessen und Fähigkeiten zu berücksichtigen. Die Frauen aber wollten frei werden von einem Bildungsideal, das durch Jahrhunderte hindurch der Mann für sie geformt hatte.

Erst im Jahre 1896 bestanden die ersten sechs Abiturientinnen in Berlin ihre Prüfung, wurden jedoch nicht zur Immatrikulation an der Universität zugelassen. Lediglich der Status einer Gasthörerin wurde ihnen zugestanden. Baden war fortschrittlicher, denn es gab in Karlsruhe ein humanistisches Mädchengymnasium und schon im Jahre 1900 wurden in Heidelberg und Freiburg Frauen regulär zum Studium zugelassen.

Diese schlechten Rahmenbedingungen veranlaßten Elisabeth zunächst in London zu studieren, wo Frauen seit 1870 studieren konnten. Sie wechselte später an die Universität Berlin, wo sie vermutlich ihren Mann kennenlernte. Da ihr eine Promotion in Berlin unmöglich gemacht wurde, wechselte sie 1902 nach Zürich und promovierte dort im Jahr 1904.

In der Schweiz waren die Studienbedingungen wesentlich günstiger als in Deutschland.

[...] Hunger ist die entscheidende Kraft, die sie vorwärts trieb, so E. Wild[8] *über die Voraussetzungen des Frauenstudiums in der Schweiz, materieller Hunger nach Brot bei den Vielen – der (sie) aus ihrem Heim in die Fabriken zwang – Hunger nach Selbstbestimmung und einer neuen Freiheit [...] Aus dem Erzieherinnenstand sind dann auch die ersten Wegbereiterinnen des Frauenstudium hervorgegangen [...] Eines war ihnen allen Frauen gemeinsam, das Streben nach Freiheit durch Arbeit.*

In Zürich arbeiteten männliche und weibliche Studierende nebeneinander, in England dagegen fand teilweise eine Trennung nach Geschlechtern statt.

Was für ein Handicap das für die spätere Berufskarriere der Frau und wahrscheinlich auch für die Gleichwertigkeit ihrer Ausbildung bedeutet hätte, braucht hier nicht näher ausgeführt zu werden [...] Der Entscheid für das Hochschulstudium ist ja auch für

eine überragende Mehrzahl der Männer nicht gleich-
bedeutend mit dem Gelübde, sich der reinen
Wissenschaft zu weihen [...] Der Universität Zürich
gebührt der Ruhm, ihre Tore schon in den sech-
ziger Jahren in großzügiger Liberalität einem „Experi-
ment" geöffnet zu haben [...] Das Züricher
Experiment wurde seitens der meisten Professoren
mit einem reichen Zuschuß entgegenkommender
Menschlichkeit durchgeführt.

Man kann die Schweiz als Stammland des Frauenstudiums und auch der Frauendozentur bezeichnen, hatte sie doch bereits im Jahre 1898 die
erste venia legendi[9] in Geschichte geschaffen.[10]
Zu den berühmtesten Doktorandinnen gehörten
Ricarda Huch 1892, Rosa Luxemburg 1898, Marie
Baum 1899 und Elisabeth Altmann-Gottheiner
1904. Sie promovierte über das Thema *Studien*
über die Wuppertaler Textil-Industrie und ihre Arbei-
ter in den letzten 20 Jahren zum Dr. iur. publ. et
rer. cam.[11] Im gleichen Jahr erschien eine Rezension von A. Pappritz in der Zeitschrift *Die Frauen-*
bewegung.[12]

Wir verdanken der sozialpolitischen Tätigkeit
der Frauen bereits eine Reihe wertvoller Schriften, die
dazu beigetragen haben, die Aufmerksamkeit der
Allgemeinheit auf schwere Schäden unseres Wirt-
schaftslebens hinzulenken und das soziale Gewissen
der bürgerlichen Kreise wachzurütteln [...] Diese
Literatur hat jetzt eine wertvolle Bereicherung erfah-
ren [...] Dem wissenschaftlichen Charakter der
Arbeit entspricht die kühle Objektivität der Darstel-
lung, die naturgemäß jede bewußte Agitation
für eine Aufbesserung der Lage der Arbeiterschaft in
jenen Industriebezirken vermeidet.

Am 5. November 1906 heiratete Elisabeth Sally
(am 22.2.1927 umbenannt in Salomon Paul)
Altmann, der am 27. Juni 1878 als Sohn eines jüdischen Kaufmanns und seiner Frau in Berlin
geboren wurde.[13] Der Lebensweg dieser beiden
Menschen ist so eng miteinander verknüpft, daß
ich ihn in dieser Darstellung auch nicht trennen
möchte. Sally war ein für seine und auch für die
heutige Zeit ungewöhnlicher Mann. Ohne ihn ist
der Lebensweg von Elisabeth unvorstellbar, denn
durch ihn erfuhr sie alle erdenkliche Förderung.
Sein fortschrittliches Verhalten war für *beide* der
von mir vorgestellten Professorinnen wegweisend.

Da das Ehepaar Altmann kinderlos war, ist der
Nachlaß bedauerlicherweise verlorengegangen,
und wir können die Bedeutung der beiden
füreinander und für ihre Schüler nur an einigen
kargen Fakten nachvollziehen.

Nach dem Besuch des Dorotheenstädtischen
Realgymnasiums studierte Sally Altmann in Berlin
und Freiburg Philosophie, Geschichte, Mathematik
und Staatswissenschaften. Die letzten Studiensemester verbrachte er wieder an der Universität
Berlin und promovierte am 22. Februar 1906
an der philosophischen Fakultät über das Thema
Studien zur Lehre vom Geldwert, einem Thema,
das ihn auch während seiner Lehrtätigkeit in Heidelberg und Mannheim beschäftigte, und auf
das er seine Schülerin Käthe Bauer-Mengelberg
verwies. Bis zum Jahre 1908 arbeitete er als
wissenschaftlicher Beamter bei der Handelskammer
Frankfurt a. M. Auf Anraten von Professor
Eberhard Gothein wurde er im Wintersemester
1907/08 als nebenamtlicher Dozent an die Handelshochschule Mannheim berufen.[14]

Elisabeth hielt im Jahre 1908 als erste weibliche
Lehrbeauftragte ebenfalls Einzug in die Handelshochschule. Von diesem Jahre an entwickelte sich
das Frauenstudium rasch, auch wenn erst ab
1920 Frauen zur Habilitation zugelassen. Das erste
weibliche Ordinariat gab es im Jahre 1923;
44 Frauen habilitierten sich bis zum Jahre 1923 in
Deutschland.[15]

Sally Altmann wurde hauptamtlicher Dozent,
während sich die Stellung seiner Frau nicht änderte. Das Ehepaar zog am 17. März 1909 in die
Rennershofstraße 7,[16] wo es bis zum Tode Elisabeths das Erdgeschoß bewohnte. Anders als
heute mußten die hauptamtlichen Dozenten der
Handelshochschule in Mannheim wohnen.
Da Sally die badische Staatsangehörigkeit besaß,
konnte er sich in Heidelberg habilitieren und
im November 1910 die *venia legendi* für das Fach
Politische Ökonomie erlangen. Er lehrte in Heidelberg und Mannheim.

Die Reputation der Handelshochschule Mannheim war damals so gering, daß sich der Mannheimer Bürgermeister Paul Martin in seiner Eigen-
schaft als Kuratoriumsvorsitzender der Handels-

Außenansicht der Handelshochschule

hochschule dafür einsetzen mußte, daß wenigstens die hauptamtlichen Dozenten den Titel Professor erhielten. In dieser Situation war eine solche Titelvergabe an eine Frau undenkbar.

Zu den Vorgeschlagenen zählte Sally, und seine Ernennung erfolgte im Juni 1910. Darüber hinaus war er ab 1917 außerordentlicher, ab 1922 ordentlicher Professor an der Universität Heidelberg.[17] Das Gelehrtenehepaar spielte eine bedeutende Rolle im gesellschaftlichen und kulturellen Leben der Stadt. Elisabeth war Mitbegründerin der *Sozialen Frauenschule,* Sally erwarb sich große Verdienste während der Kriegszeit als Mitarbeiter in der *Zentrale für Kriegsfürsorge* und später in der *Mannheimer Notgemeinschaft.* Als Wissenschaftler genossen beide großes Ansehen und ihre Bildung wurde nicht nur in Fachkreisen anerkannt.

Durch Sallys seit 1920 immer wieder auftretende Krankheit wurde das Leben des Ehepaares stark

belastet. Er mußte mehrfach um Beurlaubung bitten und konnte schließlich seinen Lehrverpflichtungen in Heidelberg und Mannheim nur eingeschränkt nachkommen. Durch die Aufregungen und die starke Überarbeitung während der Kriegsjahre hatte sein Gesundheitszustand stark gelitten und er konnte – unterbrochen von zahlreichen Kur- und Klinikaufenthalten – seine Studenten teilweise nur noch privat betreuen, da selbst die Fahrt nach Heidelberg zu anstrengend für ihn wurde. Um so beachtlicher ist seine Bemühung um die wissenschaftliche Förderung der beiden ihn umgebenden Frauen.

Der Bürgermeister der Stadt und Kuratoriumsvorsitzende der Handelshochschule, Theodor Kutzer, beantragte im Juli 1922 die Ernennung zum ordentlichen Professor für Sally, die ihm am 25. Januar 1923 verliehen wurde.

Über die Honorierung der Dozentinnen und Dozenten der Handelshochschule Mannheim ließ sich nichts Generelles ermitteln. So weiß man nicht, ob weibliche Lehrkräfte ebenso wie männliche bezahlt wurden. Für seine Lehrtätigkeit in Heidelberg erhielt Sally im Jahre 1922 für eine Vorlesung von 2 Stunden pro Semester 1.400 M, im Wintersemester 1922/23 aufgrund der Inflation 10.000 M zuzüglich Fahrtkosten.[18]

Bis zum Wintersemester 1922/23 war Elisabeth Dozentin, und im Jahre 1924 wurde ihr vom damaligen Kultusminister, Prof. Dr. phil. et med. Hellpach, die Amtsbezeichnung *ordentlicher Professor* verliehen. Sie kannte ihn aus ihrer Tätigkeit bei der *Sozialen Frauenschule* und hatte ihn im Jahre 1917 gebeten, einen Vortragszyklus über Psychologie zu halten.[19]

Wie sehr sie dieser Titel freute, kann man aus ihrem Antwortschreiben an Hellpach ersehen, das sie nach ihrer Rückkehr von einer Studienreise nach England und Amerika verfaßte.

Ich muss also zunächst um Entschuldigung bitten, daß mein Dank für Ihre Ehrung, die mir als Frau doppelt wertvoll ist, so spät kommt. Seien Sie versichert [...] daß ich stets bestrebt sein werde, dem hohe Verpflichtungen auferlegten Titel Ehre zu machen.[20]

Die Begründung des Antrages durch den Rektor der Handelshochschule, Prof. Dr. M. Behrend, vom 16. Juni 1924 lautete:
Frau Dr. A.-G. hat ein Anrecht darauf, an erster Stelle zur Verleihung des Titels „Professor" vorgeschlagen zu werden, schon weil sie der Handels-Hochschule länger als die übrigen Dozenten zugehört. Frau Dr. A.-G. ist aber nach ihrer Vorbildung, ihren wissenschaftlichen Arbeiten, ihrer Bedeutung im öffentlichen Leben und ihrer Lehrtätigkeit der beantragten Auszeichnung würdig [...] Sowohl ihre wissenschaftlichen Arbeiten und ihre Dozentur, als auch ihre Tätigkeit im öffentlichen Leben zog aus ihrer Kenntnis des Auslandes und ihrer Beherrschung ausländischer Sprachen größten Nutzen [...] Die Arbeiten von Frau A.-G. tragen den Stempel wissenschaftlicher Sorgfalt [...] Wohltuend berührt ihr Eintreten für den sozialen Fortschritt und die kulturelle Hebung der Bedrängten [...] Reichhaltig ist die schriftstelleri-

sche Betätigung von Frau Dr. A.-G. für die Frauenbewegung. Auch hier zeichnen sich ihre Arbeiten vorteilhaft durch Ruhe des Urteils und Sachlichkeit der Darstellung aus [...] In dieser Beziehung ist die schriftstellerische Betätigung der Verfasserin (des Frauenjahrbuchs) ein Ausdruck für die Rolle, die sie in der Frauenbewegung spielt. Selbst ihrem ganzen Wesen nach schlicht und zurückhaltend, genießt Frau Dr. A.-G. in den Kreisen der Frauen, die der Frauenbewegung nahe stehen, größte Hochachtung und uneingeschränktes Vertrauen.[21]

Elisabeth war von Anbeginn Mitglied des von Altmann geleiteten *Volkswirtschaftlichen Seminars* der Handelshochschule, und so halte ich es für notwendig, das Seminar näher vorzustellen. Altmann schrieb in den *Akademischen Nachrichten* von 1925:

Die Seminare haben schon heute den Charakter von Instituten für Volkswirtschaft und Statistik und es ist nur eine Frage der Zeit, wann die Organisation in abschließender Form und ähnlicher Richtung vollzogen wird, wie sie im Heidelberger Institut für Sozial- und Staatswissenschaften und in Mannheim im Betriebswissenschaftlichen Institut und anderen Instituten bereits besteht. Die Seminare sind Arbeitsgemeinschaften der Studierenden höherer Semester. In den Seminaren entstehen die meisten Diplomarbeiten, die für die kaufmännische Diplomprüfung oder die Handelslehrerprüfung verlangt werden [...] Von den Seminaren vieler Universitäten unterscheidet sich das Mannheimer volkswirtschaftliche Seminar dadurch, daß es ein großes Gewicht auf den Ausbau eines Zeitungsarchivs (heutiges Wirtschaftsarchiv Anm.d.Verf.) legt [...][22]

Für Sally und seine Frau war es sehr wichtig, daß die Mitglieder des Seminars sich untereinander kennenlernten. Soweit es sein Gesundheitszustand zuließ, förderte er Geselligkeiten und Exkursionen.[23]

Die Mitgliederzahl betrug im Wintersemester 1926/27 im Hauptseminar 163 und im Proseminar 203. Die Arbeit wurde durch Besichtigungen von Fabriken und öffentlichen Unternehmen gefördert.[24] Aufgrund seiner eigenen Lebenserfahrung und der seiner Frau wurde großer Wert darauf gelegt, den Studenten die Möglichkeit zu geben, fremde Länder kennenzulernen. Ausländische Studenten wurden gefördert.[25]

Bis zum Jahre 1916 war Elisabeth die einzige Frau an der Mannheimer Hochschule, abgesehen von einer Sekretärin. Erst im Wintersemester 1916/17 finden wir eine Assistentin am *Volkswirtschaftlichen Seminar* und später Käthe Bauer-Mengelberg.

Sally war also der einzige Professor in Mannheim, der die akademische Laufbahn von Frauen förderte. Dies spricht für seine Offenheit und seine Anteilnahme am Engagement seiner Frau im sozialen Bereich, aber auch für eigenes politisches Verantwortungsgefühl.[26]

Doch nicht nur im wissenschaftlichen Bereich sondern auch im gesellschaftspolitischen Bereich und in der Frauenbewegung war Elisabeth tätig. Schon in Berlin gehörte Elisabeth dem Kreis um Helene Lange an und in Frankfurt pflegte sie eine enge Freundschaft zu Jenny Apolant.[27] Aus dem Nachruf, den Dorothee von Velsen im Oktober 1930 in der Frankfurter Zeitung geschrieben hat, erfahren wir, daß sie in Mannheim regen Anteil an der Arbeit von Organisationen, wie der Sozialen Frauenschule, hatte. Die Soziale Frauenschule war unter Julie Bassermann und Alice Bensheimer gegründet worden. Elisabeth gehörte der *GEDOK*[28] an und war nach dem Ersten Weltkrieg Vorsitzende des *Verbandes weiblicher Angestellter*. Sie unterstützte seine Entwicklung zur Gewerkschaft.

Von 1908 bis 1922 gehörte sie dem Aufsichtsrat der Gartenstadt-Genossenschaft an. Seit 1910 war sie Mitglied des Bundes Deutscher Frauenvereine, von 1919-1926 Schatzmeisterin des Bundes und von 1912-1920 Herausgeberin des Jahrbuchs. Seit 1924 wirkte sie als Herausgeberin des Nachrichtenblattes des *BdF*, der im Jahre 1894 von Helene Lange gegründet worden war. Die Grundsätze und Forderungen der Frauenbewegung waren *Gleichberechtigung in Ehe und Familie, bezahlte Hausarbeit, die Beseitigung der doppelten Moral, gleiche Ausbildungs- und Berufsmöglichkeiten für Frauen, der Ausbau des Arbeiterinnen- und Mutterschutzes, Besserstellung der unehelichen Kinder, Abschaffung diskriminierender Vorschriften des Vereins- und Versammlungsrechts, volles Stimm-*

Erster Kurs der Sozialen Frauenschule Mannheim, 1918.
In der Mitte Dr. E. Altmann- Gottheiner (15) und Dr. M. Bernays (17)

Führende Vertreterinnen der bürgerlichen Frauenbewegung, Hamburg 1919.
Von links: E. Altmann-Gottheiner, A. Bensheimer, G. Bäumer, E. Ender

recht in der kirchlichen Gemeinde und aktives und passives politisches Stimmrecht.

Ab 1913 begann die Diskussion um den §218, in der Elisabeth Stellung bezog. Die liberalen Frauen innerhalb des Bundes argumentierten nach 1920 nicht aus bevölkerungspolitischen Gründen, oder weil sie für sich selbst die ethischen Bedenken akzeptiert hätten, sondern aus verbands-politischen Motiven für die Beibehaltung der Strafbarkeit der Abtreibung[29]. So schrieb Elisabeth, daß sie grundsätzlich den § 218 ablehne, aber aus Rücksicht auf den Bund gegen eine Stellungnahme der Frauenbewegung zu dieser Frage sei. Vom Jahr 1908 an setzte die offene Politisierung der Frauenbewegung ein, die sich auch auf die Diskussion um das Frauenwahlrecht auswirkte.

Elisabeth war seit 1912 Herausgeberin der *Neuen Bahnen*[30]. Über eine Tätigkeit im *Allgemeinen*

Deutschen Frauenverein vor diesem Zeitpunkt läßt sich nichts ermitteln. Als Vorsitzende der *Kommission für Frauenarbeit* wirkte sie im Internationalen Frauenbund und in der Kommission des Internationalen *Akademikerinnenbundes* mit. In dieser Funktion nahm sie an allen großen nationalen und internationalen Kongressen teil. Ihr Leben war sehr eng mit der Geschichte der deutschen und internationalen Frauenbewegung verknüpft. In der Rennershofstraße fanden sich regelmäßig die Vertreterinnen der Mannheimer Frauenbewegung ein, unter ihnen Alice Bensheimer, Emma Ender und Gertrud Bäumer. Elisabeth trat für den Arbeiterinnenschutz, das Frauenstimmrecht und einen sinnvollen Ersatz der Männer- durch Frauenarbeit ein. Dies war aufgrund der Kriegsereignisse ein aktuelles Thema geworden. Elisabeth war angesehen und beliebt, besaß hervorragende rhetorische Fähigkeiten, die ihr wissenschaftliche und menschliche Anerkennung und Autorität verliehen.

Ihre Vorlesungen, die sie an der Handelshochschule hielt, befaßten sich überwiegend mit Themen wie die Arbeiterinnenfrage, der Arbeiterschutz, die Frauenfrage, die soziale Fürsorge, die sozialen Zustände in Deutschland, die englische Sozialpolitik und sozialpolitische Tagesfragen. Im Wintersemester 1918/19 schrieb sie im Vorlesungsverzeichnis:

Meine Vorlesungen dienen in erster Linie Zwecken der allgemeinen Bildung, indem sie wichtige Gegenwartsprobleme, wie die Arbeiter- und Arbeiterinnenfrage, die Frauenfrage und sozialpolitische Probleme überhaupt behandeln. Meine Besprechung sozialpolitischer Schriften, die fortzusetzen mir besonders wichtig erscheint, fördert gleichzeitig die literarische Kenntnis, das sozialpolitische Verständnis und die Redegewandtheit. Der speziellen Fachausbildung dient die besondere Berücksichtigung der sozialpolitischen Gesetzgebung, die von Kaufleuten und Industriellen gekannt werden muß.[31]

Das Gelehrtenehepaar, das von der Fachwelt und der breiten Öffentlichkeit sehr geschätzt wurde, verstarb sehr früh. Elisabeth wurde nach ihrem Tode im Jahre 1930 in zahlreichen Nachrufen geehrt. Sie sind noch heute einziges Zeugnis ihres Werkes und ihrer Persönlichkeit.[32]

Elisabeths Bibliographie verzeichnet zwei Monographien und zahlreiche Aufsätze in Zeitschriften und Jahrbüchern. Ihr Werk, das im historischen und politischen Zusammenhang zur Zeit zu sehen ist, befaßte sich mit den Problemen der Frauenarbeit, der Wohlfahrtspflege, dem Frauenrecht und der Sozialpolitik. Einige Gedanken daraus erscheinen uns nicht mehr zeitgemäß, d. h. die erstrebten Ziele wurden erreicht oder sind in einem anderen Zusammenhang zu sehen. Bedenkt man jedoch, daß erst in der Weimarer Zeit Frauen das Wahlrecht erhielten, so wird man sich bewußt, welche Bedeutung ihr Wirken für unsere Zeit hat.

Fast eine Generation jünger ist Käthe Bauer-Mengelberg und dennoch verlief ihr akademischer Werdegang weitaus dramatischer. Die Bemühungen, Persönliches über sie zu erfahren, waren sehr schwierig.[33]

Käthe wurde am 23. Mai 1894 als Tochter eines Justizrats in Krefeld geboren. Sie entstammte einer berühmten Familie. Ihr Bruder Rudolf (1892-1959) war wie sein Onkel Willem Musiker und stand jahrzehntelang als Direktor dem Concertgebouw-Orchester Amsterdam vor.[34]

Im Jahre 1914 machte sie in Düsseldorf Abitur und studierte bis 1918 bei Prof. Wundt und Prof. Spranger in Leipzig Philosophie und Geschichte. Sie wechselte nach Heidelberg und wurde von Prof. Lederer angeregt, Nationalökonomie (u. a. bei Prof. Altmann) zu studieren. Nach Studiensemestern in Leipzig und München kehrte sie nach Heidelberg zurück. Zu ihren Lehrern gehörte auch Prof. Gothein, und Prof. Altmann betreute ihre Dissertation. Am 28. November 1918 promovierte sie über das Thema *Die Steuerpolitik der sozialdemokratischen Partei als Ausfluß staatlicher Ideologien.* Wie E. Boedeker beschreibt, ging der wissenschaftliche Weg der Frauen häufig über die Beschäftigung mit wirtschaftlichen Fragen zu den schulpolitischen[35]:

Das Gebiet, das die Frauen in ihrer Gesamtheit in noch weit stärkerem Maße beansprucht, ist die Wirtschaft. Es liegt daher nahe, daß sie diesem Gebiet in immer stärkerem Maße auch ihr wissenschaftliches Interesse zuwenden [...] Vom Studium der Wirt-

schaftswissenschaften führt die Frau ein in sich folgerichtiger Weg zum Studium der Sozialwissenschaften […] Fragen des gesellschaftlichen Lebens eines Volkes, seiner sozialen Schichtung und ihrer Entstehung, der gesamten Sozialpolitik mit den vielerlei Einzelfragen des Lohnes, der Arbeitszeit, der Frauen- und Kinderarbeit […] sind seit Entstehung der sozialen Frauenbildung, etwa 1905, Gegenstand des Studiums gewesen.

Sie wurde ab dem Wintersemester 1919/20 Assistentin bei Prof. Altmann an der Handelshochschule Mannheim. Diese Stelle behielt sie bis 1923. Am 18.03.1921 heiratete sie den Heidelberger Rechtsanwalt Dr. Rudolf Bauer[36]. Im Wintersemester 1922/23 reichte sie ihr Habilitationsgesuch ein.[37]

Thema ihrer Habilitationsschrift war *Positive und kritische Beiträge zur Theorie der Arbeitsbewertung auf der Grundlage eines umfassenden Arbeitsbegriffs*. Die Schrift berücksichtigte die aktuelle Arbeitsmarktlage und basierte auf ethischen und sozialphilosophischen Grundlagen der Arbeitsbewertung.

Am 14. Mai 1923 hielt sie ihre Antrittsvorlesung über das Thema *Die liberalen Tendenzen in der ökonomischen Theorie des Sozialismus* und danach erhielt sie die *venia legendi* für *Politische Ökonomie*. Im gleichen Jahr wurde ihr Sohn Rainer geboren. Entgegen den Vorschriften der Handelshochschule lebte sie weiterhin mit ihrer Familie in Heidelberg, und nach einigen Verhandlungen wurde ihr eine Reisekostenentschädigung gewährt. Sie vertrat im Wintersemester 1923/24 den beurlaubten Geheimrat Dr. Gothein mit einer einstündigen Vorlesung und einer zweistündigen Übung.

Das Maß ihrer Abhängigkeit von den Instanzen der Handelshochschule wird deutlich an den Auseinandersetzungen um die Themen ihrer Vorlesungen. Im Jahre 1925 verhandelte sie mit dem damaligen Rektor Prof. Behrend über dieses Problem. Sie sollte über Verkehrspolitik lesen, hatte aber eine Vorlesung über die „Soziale Bewegung" angekündigt. Rektor und Senat der Handelshochschule wirkten einflußreich auf die Themenwahl ein. Es gab offensichtlich Konkurrenzdenken innerhalb der Professorenschaft und Käthe

hatte ein Thema gewählt, über das Prof. Behrend ebenfalls referieren wollte. Sie wurde gezwungen, Themen zu übernehmen, die nicht zu ihren Spezialgebieten gehörten. Käthe war, wie aus den wenigen erhaltenen Akten hervorgeht, eine „unbequeme" Frau. Hinzu kam, daß ihr Mann zur gleichen Zeit einen Artikel gegen „Volkswirte" veröffentlicht hatte, der sich ebenfalls nachteilig für sie auswirkte. Dennoch war sie, wie man aus den Vorlesungsverzeichnissen ersehen kann, als Privatdozentin sehr beschäftigt, hielt zwei Vorlesungen, Proseminare, Seminare und Übungen, letztere zusammen mit Sally und seinem Assistenten Eppstein.

1927 wurde ihr zweiter Sohn Stefan geboren. In der Sitzung des Senats vom 23. Mai 1930 wurde sie zur Professorin vorgeschlagen. Namens des Preußischen Staatsministeriums für Handel und Gewerbe wurde sie am 16. Juli 1930 zur Professorin am Berufspädagogischen Institut in Köln ernannt. Es handelte sich jedoch um das Berufspädagogische Institut in Frankfurt a. M. Bisher hatte sie überwiegend Sozialtheorie und Agrarpolitik gelehrt, nun lehrte sie in Frankfurt bis 1934 Politische Ökonomie, Soziologie und Sozialtheorie. Eine solche Karriere galt als Sicherung für das ganze Leben. Der Nationalsozialismus verhinderte dies jedoch. Das staatliche Berufspädagogische Institut in Frankfurt a. M. bestand aus einem Lehrangebot in technischen und wirtschaftswissenschaftlichen Fächern. Sie gehörte zum Lehrkörper, also zu den hauptamtlichen Lehrkräften, hielt Vorlesungen und veranstaltete Seminare, Übungen und Arbeitsgemeinschaften.

1931 wurde sie geschieden und lebte mit den noch kleinen Söhnen in Frankfurt a. M. Da ihre *venia legendi* nur für die Handelshochschule Mannheim galt, mußte sie wiederholt einen Antrag auf Beurlaubung stellen. Ihre Stelle war also keineswegs gesichert. Die Beurlaubungen galten jeweils nur für ein Jahr und man empfahl ihr eine Umhabilitierung an der Goethe-Universität. Nebenbei hat sie an der Volkshochschule Darmstadt über Probleme der Gemeinwirtschaft gelesen.

Im Jahre 1934 wurde die Handelshochschule aufgelöst und der Universität Heidelberg angegliedert. Damit war ihre venia legendi erloschen. Sie kämpfte um ihre Lehrbefugnis. Nach der Machtergreifung der Nationalsozialisten wurde sie entlassen, weil sie Sozialdemokratin war und mit einem Halbjuden verheiratet gewesen war. Der damalige Rektor der Handelshochschule Prof. Sommerfeld schrieb ihr:

Es ist richtig, dass die Handels-Hochschule die weitere Beurlaubung der Privatdozentin Frau Dr. Bauer-Mengelberg nur unter der Begründung abgelehnt hat, dass die Handels-Hochschule aufgelöst würde. Die Hochschule wollte dabei aber zugleich der Nachforschung entgehen, ob Frau Dr. B.-M., die von den Mitgliedern des Mannheimer Lehrkörpers als Sozialdemokratin angesehen wurde, tatsächlich zu den Marxisten zu rechnen sei. Da die Hochschule an eine Rückkehr von Frau Dr. B.-M. nicht glaubte, so schien ihr der Verzicht auf Erhebungen über die politische Stellung tragbar, umso mehr, als ja das Berufspädagogische Institut in Frankfurt a.M. von sich aus in erster Linie zu solchen Erhebungen verpflichtet war. Da an das Berufspädagogische Institut in Frankfurt fast ausnahmslos Mitglieder der Sozialdemokratischen Partei berufen wurden, so halte ich die Ausstellung einer Bescheinigung mit dem von der Antragstellerin gewünschten Inhalt erst dann für möglich, wenn die obige Vermutung sich als unzutreffend herausstellen sollte.[38]

Es wurde seitens der Handelshochschule auch nicht geprüft, wie ihre Lehrberechtigung im Sinne des Gesetzes über das Berufsbeamtentum hätte erhalten werden können. Sie wurde also in den Ruhestand versetzt und schrieb Artikel u. a. für die *Wirtschaftskurve*, ein von der *Frankfurter Zeitung* herausgegebenes Journal für nationalökonomische Fragen.

Da sie aufgrund ihrer familiären Situation gute Beziehungen hatte, gelang es ihr, ab 1936 eine Anstellung als Bibliothekarin bei der Bergischen Industrie- und Handelskammer in Wuppertal zu bekommen, die sie bis 1939 behielt. Mehrfach wurde während dieser Zeit ihre ursprünglich befristete Tätigkeit verlängert, denn ihre Anstellung galt ursprünglich nur als Übergangslösung. Sie konnte keine andere Anstellung, z. B. in der Industrie, finden. Wie ihr Sohn berichtete, erhielt sie während ihrer Anstellung in Wuppertal,

die zum 31. Juli 1939 gekündigt worden ist, häufig anonyme Briefe, die sie beschuldigten, mit Nichtariern zu wohnen (damit waren ihre Kinder gemeint) und fälschlicherweise den Professorentitel zu tragen. Sie wollte emigrieren, mußte sich jedoch um ihre kranke Mutter und ihre beiden kleinen Söhne kümmern. Sie reiste allein in die USA, um eine akademische Anstellung zu finden. Ohne diese hätte sie kein Einwanderungsvisum erhalten. Da sie ein Buch über Agrarpolitik geschrieben hatte, riet man ihr, sich auf *agricultural economics* zu spezialisieren. Am Iowa State College in Ames, Iowa, erhielt sie eine Anstellung als *graduate assistant*.[39]

Käthe erhielt $ 50 pro Monat und zusätzlich Geld von Stiftungen. Von insgesamt $100 konnte sie mit ihren Söhnen einigermaßen gut leben. Vorsitzender der nationalökonomischen Abteilung des Iowa State Colleges war der spätere Nobelpreisträger für Nationalökonomie von 1978, Th. W. Schultz. Er verhalf ihr bald zu einer festen Anstellung als *graduate assistant*. Laut Aussage ihresSohnes fühlte sie sich sehr wohl in den USA. Sie wurde eingeladen, Sommerkurse an der New York University zu halten und bewarb sich um eine Professur an der Rutgers University. Bis 1946 lehrte sie dort Soziologie. Bis 1964 war sie Professorin für Soziologie und Abteilungschefin beim Upsala College in East Orange, N. J.

Sie veröffentlichte zahlreiche Aufsätze über Sozialwissenschaft und besorgte 1964 die Herausgabe des Werks von Lorenz von Stein *Die Geschichte der sozialen Bewegung in Frankreich*, 1789-1850. Sie war auch für die Übersetzung ins Englische verantwortlich. Lorenz von Stein hatte sie schon in ihrer Habilitationsschrift zitiert. Posthum erschien 1978 ihre Übersetzung von Georg Simmels *Philosophie des Geldes* in den USA, und wir erinnern uns daran, daß sie zu diesem Thema von Sally Altmann angeregt worden ist.

Zu Beginn der fünfziger Jahre hatte sie daran gedacht, nach Deutschland zurückzukehren, denn das Heidelberger Haus hatte den Krieg überlebt. Schließlich entschied sie, ihre Lehrtätigkeit und auch ihren Freundeskreis in den USA nicht aufzugeben und besuchte Europa nur auf Besuchs-

oder Forschungsreisen. Im Jahre 1951 kam sie nach Mannheim und hielt auf Einladung von Professor Waffenschmidt an der neubegründeten Wirtschaftshochschule einen Vortrag. An die Redaktion des *Forum Academicum* schrieb sie:[40]
Dieser Abend gehört mit zu den freundlichsten Erinnerungen, die ich aus Deutschland 1951 mitgebracht habe. Mir kam die ganz unerwartete Tatsache zum Bewußtsein, daß der Einfluß der ehemaligen Handelshochschule in Mannheim noch spürbar vorhanden ist [...] Noch 30 Jahre später, wenn ich gelegentlich meine Gedanken etwas unkontrolliert in spekulative Regionen fliegen lasse, wenn ich versucht habe, den Studenten einen „soziologischen Leckerbissen" von Georg Simmel oder Max Weber zu erklären, wird mir die Atmosphäre der Seminare unter Altmanns und Gotheins Leitung in der ersten Nachkriegszeit (Anm. d. Verf. Erster Weltkrieg) wieder lebendig. Ich verdanke diesem Einfluß alles, was mein späteres berufliches Leben reich an Interesse und Gesichtspunkten gemacht hat. In dem Wirtschaftswissenschaftlichen Seminar war [...] ein Geist der „Universitas" lebendig, der vielen der dort Studierenden Elemente echter Bildung im humanistischen Sinne vermittelt hat. Nach vielen Jahren der Verwüstung ist nun die Hochschule für Wirtschaftswissenschaft neu ins Leben gerufen. Ich hatte den Eindruck bei meinem kurzen Aufenthalt in Mannheim, daß etwas von dem damals Gesäten noch lebendig ist [...] Sie können zwar das Geschehene nicht ungeschehen machen, und Sie sollten es auch nicht vergessen. Wenn die Zukunft im deutschen Bildungswesen etwas wert sein soll, müssen Sie es verarbeiten. Das scheint mir eine ungeheuer schwere Aufgabe. Vielleicht kann die noch lebendige Erinnerung an vergangene Jahrzehnte ein wenig dazu beitragen, die Aufgaben zu meistern.

Sie ging 1964 in den Ruhestand und verbrachte ihre letzten Lebensjahre in New York, wo sie im Jahre 1968 starb.

In Auswahl:

Bibliographie Elisabeth Altmann-Gottheiner

- Studien über die Wuppertaler Textilindustrie und ihre Arbeiter in den letzten 20 Jahren. Diss. Zürich 1903
- Leitfaden der praktischen Volkswirtschaftslehre zum Unterrichtsgebrauch an Seminaren und höheren Lehranstalten. Halle a.S. 1904
- Die gewerbliche Arbeiterinnenfrage. Leipzig 1905
- Das Wahlrecht der Frauen zu den beruflichen Interessenvertretungen. Berlin 1910
- Die deutschen politischen Parteien und ihre Stellung zur Frauenfrage. Berlin 1910
- Wie erlangen wir das Gemeindewahlrecht? Berlin 1910
- Sozialpolitisches aus dem modernen Rom. Berlin 1911
- Das Frauenwahlrecht in der Praxis. Halle a. S. 1912
- Die Wäschekonfektion Frankfurts a.M. und seiner Umgebung. Mit S. Altmann. Frankfurt 1913
- Beiträge zum Wiederaufbau der Arbeitsverhältnisse nach dem Kriege. Stuttgart 1916
- Die Entwicklung der Frauenarbeit in der Metallindustrie. Jena 1916
- Die Berufsaussichten der deutschen Akademikerinnen. Halle a.S. 1921
- Leitfaden durch die Sozialpolitik. Leipzig 1923
- Hg. Bund Deutscher Frauenvereine. Jahrbuch. 1914-1930
  - Einzeltitel u. a. Frauenaufgaben im künftigen Deutschland. 1918
  - Frauenberufsfrage und Bevölkerungspolitik. 1917
- Hg. Jahrbuch der Frauenbewegung 1908-1914
- Hg. Blätter für soziale Arbeit. 1. 1909-11. 1919

Bibliographie Salomon Paul Altmann

- Studien zur Lehre vom Geldwert. Berlin 1906. Diss. Berlin
- Zur deutschen Geldlehre des 19. Jahrhunderts. Leipzig 1908
- Mitarb. Die Entwicklung der deutschen Volkswirtschaftslehre im 19. Jahrhundert. T.1.2. Leipzig 1908
- Finanzwirtschaft. Leipzig 1910
- Bearb. Grundriß der Sozialökonomik. Tübingen 1914
- Hg. Mannheimer Hochschulstudien. 1914-1916
- Soziale Mobilmachung. Mannheim 1916

- Die Kriegsfürsorge in Mannheim.
  Mannheim 1916
- Gegenwartsaufgaben des wirtschaftswissen-
  schaftlichen Hoch- schul-Unterrichts.
  Leipzig 1927

Bibliographie Käthe Bauer-Mengelberg

- Die Steuerpolitik der sozialdemokratischen
  Partei als Ausfluß staatlicher Ideologien.
  Diss. Heidelberg 1918
- Die Finanzpolitik der sozialdemokratischen
  Partei in ihren Zusammenhängen mit dem
  sozialistischen Staatsgedanken. Geleitw.
  S. Altmann. Mannheim 1919
- Grundlagen eines umfassenden Arbeitsbegriffs.
  Habil.Schr. Mannheim 1922
- Agrarpolitik in Theorie, Geschichte und aktuel-
  ler Problematik. Leipzig 1931

Anmerkungen zum Kapitel

[1] E. AVERDIECK S. 18.

[2] Um mehr über Leben und Wirken der beiden Pro-
fessorinnen zu erfahren, wandte ich mich an zahlrei-
che kommunale und regionale Archive, wie z.B. das
UNIVERSITÄTSARCHIV MANNHEIM, das STADT-
ARCHIV MANNHEIM (STADTA), das HELENE-
LANGE-ARCHIV BERLIN, das GENERALLANDES-
ARCHIV KARLSRUHE (GLA).

[3] KÜRSCHNERS DEUTSCHER GELEHRTENKALEN-
DER S. 10.

[4] REICHSHANDBUCH DER DEUTSCHEN GESELL-
SCHAFT S. 20.

[5] E. BOEDEKER S. XXVIII.

[6] A. SALOMON S. 419 ff.

[7] E. BOEDEKER S. XXV.

[8] E. WILD S. 1ff.

[9] Die Erlaubnis, an einer wissenschaftlichen Hochschule zu lehren.

[10] Vgl. CH. LORENZ.

[11] Iuris publici et rerum cameralium.

[12] A. PAPPRITZ S. 34.

[13] D. MUSSGNUG S. 23.

[14] D. DRÜLL S. 2.

[15] E. BOEDEKER.

[16] Das Haus steht heute noch.

[17] GENERALLANDESARCHIV KARLSRUHE (GLA),
Nr. 235/4585;235/1726 und 1727;
Nachlaß Hellpach 263.

[18] Ebd. 235/1727.

[19] Ebd. Nachlaß Hellpach 263.

[20] Ebd. 235/1726.

[21] UNIVERSITÄTSARCHIV MANNHEIM.
Personalakte Elisabeth Altmann-Gottheiner.
Ursprünglich hatten zwei volkswirtschaftliche Seminare bestanden, eines unter Sally Altmann, eines
unter Eberhard Gothein. Nach dem Tode Gotheins
leitete Prof. Altmann zusammen mit seinem Assistenten Paul Eppstein und der Privatdozentin
Dr. Bauer-Mengelberg das Seminar.

[22] HANDELSHOCHSCHULE MANNHEIM.
Akademische Nachrichten 3 S. 22f.

[23] In den Akademischen Nachrichten von 1930
schrieb Dr. Ricken:
*Die glückliche Verbindung des aufgeschlossenen For-
schers und des verstehenden Menschen ist es, die
Altmann zur Ausübung des akademischen Lehrberufs in
einem Maße befähigt, wie es [...] selten ist [...]
Umfassende Bildung bedingt auch Vertiefung in andere
Wissensgebiete, und so wird der Lehrer der politischen
Ökonomie nicht müde, auf die notwendige Auseinandersetzung mit Fragen des Rechts, der Philosophie, der
Soziologie, der Geschichte und der Politik hizuweisen
[...] Altmanns pädagogische Begabung ist von besonderer Stärke. Seine Art zu lehren ist frei von allzu engen
methodischen Fesseln [...] Seine Schüler finden
menschliche Anteilnahme bei ihrem Professor, wiewohl
er oft mit Arbeit belastet ist in einem Maß, das selbst
robuster Gesundheit zuviel werden könnte. Sein Haus
steht ihnen offen [...]*
AKADEMISCHE NACHRICHTEN 6 S. 59.

[24] Themen der Seminare waren u. a. der Schutzzoll,
der Freihandel, sowie die Erörterung von parlamen-
tarischer Willensbildung und der jeweiligen Macht-
situation.

[25] Bemerkenswert viele Diplom- und Doktorarbeiten
hat Sally betreut – bis 1928 in Mannheim und
Heidelberg 321 Diplom-Arbeiten und 152 Disserta-
tionen. Bei Durchsicht der *Akademischen Nachrichten*
der Handelshochschule fällt auf, daß alle Aufsätze
von männlichen Berichterstattern verfaßt wurden.

[26] Zusammen mit 115 deutschen Wissenschaftlern,
darunter auch Alfred und Marianne Weber, unter
schrieb er im Jahr 1924 ein *Bekenntnis von deutschen
Geistesführern* für die Deutsche Demokratische
Partei.

[27] Jenny Apolant, geb. Rathenau, 1874 oder 1877 in

Berlin geboren, 1925 gestorben (ohne Angabe des Ortes), Jüdin, verheiratet mit dem Arzt Dr. Hugo Apolant, Vorkämpferin der Frauenbewegung.

28   Gemeinschaft Deutscher und Österreichischer Künstlerinnen und Kunstfreundinnen.

29   Vgl. B. GREVEN-ASCHOFF.

30   Die Zeitschrift existierte seit 1866 und war das Organ des im Jahr 1865 gegründeten Allgemeinen Deutschen Frauenvereins.

31   Handelshochschule Mannheim, VORLESUNGSVER-ZEICHNIS WINTERSEMESTER 1918/19 S. 24.

32   Immer wieder trat Sallys Krankheit auf. Im Sommersemester 1929 wurde Sally von seinen Lehrverpflichtungen entbunden und am 1. Oktober d. J. in den Ruhestand versetzt. 1931 ging er in die Pflegeanstalt Illmenau bei Achern und starb dort am 7. Oktober 1933. Kurz vor seinem Tode wurde er noch vom Gesetz zur Wiederherstellung des Berufsbeamtentums vom 7. April 1933 betroffen, wonach Beamte aus dem Dienst entfernt werden konnten, besonders die „nichtarischen". Über Sally schrieb 1930 Paul Eppstein in den
Akademischen Nachrichten:
Nichts war ihm verhaßter als Trägheit des Herzens und nichts stand für ihn und seine Schüler höher als Max Webers Forderung nach intellektueller Redlichkeit.(AKADEMISCHE NACHRICHTEN 6 S. 58) Würden heutige Wissenschaftler diesem Anspruch genügen, würde sich eine dezidierte Frauenförderung erübrigen.

33   Erst ein falscher Hinweis bei R. Bollmus „Handelshochschule und Nationalsozialismus", 1973, daß sie am 10. April 1933 aufgrund ihrer jüdischen Abstammung beurlaubt worden sei, war Anlaß, mich an das Landesamt für Wiedergutmachung in Stuttgart zu wenden. Von dort erhielt ich die Anschrift der dritten Ehefrau ihres geschiedenen Mannes in Buenos Aires und von dieser die Anschrift ihres Sohnes in Amerika, der mir ausführlich über seine Mutter berichtete und mich anregte, mich an die Industrie- und Handelskammer Wuppertal-Solingen und an das Stadtarchiv Krefeld zu wenden.

34   Persönliche Korrespondenz mit Stefan Bauer-Mengelberg. New York, 1990.

35   E. BOEDEKER S. XXV ff.

36   Sein jüdisch-protestantischer Urgroßvater war Richter am Obersten badischen Gericht. Als Halbjude mußte er emigrieren, und alle Akten über ihn sind aus den Archiven verschwunden.

37   Am 14. Mai 1923 schrieb der damalige Rektor Rumpf (UNIVERSITÄTSARCHIV MANNHEIM, Personalakte Käthe Bauer-Mengelberg): *Nachdem das Kuratorium gemäß § 4 der Habilitationsordnung die Berücksichtigung des Gesuchs beschlossen hatte, hat der Senat am Freitag, den 11. Mai sich gemäß § 5 daselbst von Frau Dr. B.M. mit vollem Erfolge ihre wissenschaftliche – und Lehrbefähigung nachweisen lassen. Die Lehrbefähigung hat die Antragstellerin in einer Probevorlesung über das Thema „Stand und Klasse [...]" dargetan. Da auch die Habilitationsschrift recht wertvoll ist [...] so hat der Senat gern „die wissenschaftliche Befähigung der Bewerberin anzuerkennen" vermocht.*

38   Ebd.

39   Sie meldete ihre Söhne von der Schule ab und Stefans Direktor am Humanistischen Gymnasium in Wuppertal wagte es, darauf hinzuweisen, daß die in Deutschland herrschende Politik diese Auswanderung notwendig gemacht hat.

40   DIE WIRTSCHAFTSHOCHSCHULE 1953 S. 21.

1. Einleitung

1.1. Widerstandsbegriff

Jede Untersuchung, die sich dem hier behandelten Thema widmet, muß sich der Frage stellen, wie Widerstand in den Ausführungen definiert ist. HistorikerInnen verwenden die unterschiedlichsten Begriffe und beschränken oder erweitern damit den Kreis der zu behandelnden Personen und Gruppen. Widerstand kann und darf sicherlich nicht am äußeren Erfolg gemessen werden, auch ist davon auszugehen, daß die Grenzen zwischen Teilkritik, offener Gegnerschaft und aktivem Widerstand oft fließend sind. Es ist fraglich, ob es überhaupt sinnvoll ist, zwischen den verschiedenen Formen der Opposition zu unterscheiden, denn jegliche Form – selbst partielle Verweigerung oder beiläufige Unmutsäußerungen – konnte nach 1933 lebensgefährlich werden. D.h. gleichzeitig, daß die Definitionsmacht über das, was als Widerstand gewürdigt wird, bei der GESTAPO lag und es damit zu Verzerrungen der historischen Realität kommen kann.

Andrea Schmidt

... MIT POLITIK BEFASSE ICH MICH NICHT.

Frauen im Widerstand[1]

Will man trotz der genannten Bedenken differenzieren ist m.E. ein entsprechender Beitrag R. Löwenthals[2] der geeignetste. Er unterscheidet zwischen offenem politischem Kampf – in dem vor allem die Linke und die Arbeiterbewegung zu finden sind –, der gesellschaftlichen Verweigerung und der weltanschaulichen Dissidenz. Bei der gesellschaftlichen Verweigerung trennt er zwischen institutioneller Abwehr (z.B. innerhalb der Kirchen) und individueller Aktivitäten, wie der Hilfe für vom Regime Verfolgter. Mit diesem relativ weit gefaßten Widerstandsbegriff operiert diese Arbeit. Dabei stammen nahezu sämtliche Ausführungen aus alten Gerichtsakten, so daß die Gefahr besteht, die behandelten Frauen durch die Augen der NS-Justiz zu betrachten, ihre Persönlichkeit mittels der Sprache ihrer Gegner einzuschätzen. Wenn Frauen in den Akten zitiert werden, dann handelt es sich meist um Verteidigungsstrategien, nicht um ungezwungene Selbstaussagen. Diese Form der Recherche führt dazu, daß nur diejenigen Aktivitäten näher beleuchtet werden konnten, die im NS-Staat „aktenkundig" geworden sind, somit die Arbeit nicht der Problematik entgehen konnte, die Widerstandsdefinition der Verfolger zu übernehmen. Dabei sollen nicht allein die politisch motivierten Taten im Vordergrund stehen[3], sondern auch Frauen behandelt werden, die allein aufgrund ihrer Lebensweise sich den staatlichen Anpassungsvorgaben verweigerten. Die wahren Tragödien, die sich abspielten, lassen sich dabei in vielen Details nur erahnen.

2. Die Situation in Mannheim während der NS-Zeit

Mannheim lag als Industrie- und Arbeiterstadt lange Zeit mit ihren NSDAP-Wahlergebnissen unter dem Reichsdurchschnitt. Im Juli 1932 gelang es der NSDAP zwar, die SPD als stärkste Fraktion abzulösen, aber trotzdem übertrafen die Arbeiterparteien zusammen weiterhin den Stimmanteil der NSDAP. Diese Verbundenheit der Arbeiter mit ihren alten, traditionellen Parteien wurde später noch zu einem Problem für die NS-Machthaber, da es ihnen an einer notwendigen personellen Verankerung in den verschiedenen Betrieben mangelte.

Mannheim wurde als angebliche *Stadt der Juden und Marxisten*[4] zu einem der Schwerpunkte im „nationalsozialistischen Großkampf" in Baden erklärt. Noch am 18. Februar 1933 demonstrierte die *Antifaschistische Aktion* gegen die NSDAP. Selbst nach der ersten „Schutzhaft"-Welle Anfang März blieb Mannheim ein wichtiges Zentrum illegaler Organisation – wie z.B. der Sozialistischen Arbeiterpartei Deutschlands (SAPD) – in Süd- und Südwestdeutschland.[5] Um so größer waren Druck und Verfolgungsmaßnahmen in der Quadratestadt. 1944 wurde in der Friedrichschule in Sandhofen eine Außenstelle des elsässischen Konzentrationslagers Natzweiler - Struthof eingerichtet, deren Insassen hauptsächlich Fremdarbeiter waren.[6]

In den statistischen Auswertungen des Widerstandes[7] wird die Beteiligung der Frauen am aktiven Widerstand im gesamten mit 12,1% angegeben. Während beim religiösen Widerstand die Frauen – mit 56,6% – die Männer übertreffen, ist ihr Anteil bei den poltischen Widerstandsgruppen relativ gering. Es ist sicherlich zutreffend, daß dies u.a. daran liegt, daß Frauen in politischen Organisationen vor 1933 zahlenmäßig nicht stark vertreten waren. Relativ gesehen waren sie damit aber genauso stark wie ihre männlichen Mitstreiter am Widerstand beteiligt.

3. Mannheimerinnen im Widerstand
3.1. Kommunistischer Widerstand und die Lechleiter-Gruppe

Mannheim war als größte Industriestadt Badens eine Hochburg der Kommunisten in Süddeutschland. Die Bezirksleitung Baden-Pfalz, die den Widerstand in Mannheim direkt koordinierte, hatte im Vergleich zu allen anderen Bezirksleitungen der Kommunisten im Reich die meisten Verhaftungen zu beklagen.[8]

Neben der KPD leisteten verschiedene kommunistische Massenorganisationen Widerstandsarbeit – so z.B. der *Kommunistische Jugendverband* Deutschlands, der vor allem in der Neckarstadt stark vertreten war, oder die *Rote Hilfe,* die

Gelder, Kleidung und Lebensmittel für Angehörige von Inhaftierten sammelte.

Im Mittelpunkt der *Roten Hilfe* stand Maria Mandel, die im November 1933 von der Reichsleitung der *Roten Hilfe* in Berlin beauftragt wurde, für Mannheim und Umgebung eine Bezirksleitung aufzubauen. Sie stellte *Das rote Fanal* und zahlreiche Flugblätter her, wobei sie die Artikel teils selbst schrieb oder anderen Schriften entnahm. Im August 1934 wurden einige Mitglieder der *Roten Hilfe* verhaftet. Unter ihnen waren auch Maria Mandel und ihr Mann Wilhelm. Bis auf Maria Mandel wurden alle wieder nach einigen Monaten entlassen. Sie blieb bis zur Geburt ihres Kindes im Gefängnis, wurde im Juli 1935 wieder inhaftiert und im November desselben Jahres zu drei Jahren Zuchthaus verurteilt.[9]

Die Hauptaufgabe der kommunistischen Widerstandsgruppen bestand im Herstellen und Verbreiten von Schriften sowie Kassieren von Mitgliedsbeiträgen. Besonders gut waren die illegalen Gruppen in der Neckarstadt, der unteren Innenstadt, Schwetzingerstadt, Waldhof, Neckarau sowie Rheinau strukturiert. Seit 1936/37 jedoch konnte die KPD in Mannheim als feste Organisation kaum noch in Erscheinung treten; nur noch Aktionen einzelner Kommunisten lassen sich nachweisen. Nach Kriegsbeginn, ab 1940, versuchten einige Kommunisten die *Rote Hilfe* auf Initiative von Georg Lechleiter wiederaufzubauen. Lechleiter bildete mit Jakob Faulhaber und Rudolf Langendorf, die alle direkt nach der „Machtübernahme" im Jahre 1933 verhaftet worden waren, den Kern der nach ihm benannten wichtigen regionalen Widerstandsgruppe. Die Lechleiter-Gruppe trat nach dem deutschen Überfall auf die Sowjetunion 1941 mit ihren Aktivitäten an die Öffentlichkeit. Bereits 1942 kam es zur ersten Verhaftungs- und Hinrichtungswelle, der 1943 eine zweite folgte. Insgesamt wurden 32 Personen verhaftet, drei davon verstarben in Untersuchungshaft, 19 weitere wurden hingerichtet. Mit diesem Schlag wurde die letzte kommunistische Widerstandsgruppe in Mannheim ausgelöscht.

Die folgenden Biographien beziehen sich auf Kommunistinnen, die im direkten oder indirekten Zusammenhang mit der Lechleiter-Gruppe standen und ihr Engagement teilweise mit dem Leben bezahlen mußten.

So entledigte man sich politisch Andersdenkender

Bekanntmachung

Der 57jährige **Georg Lechleiter**, der 42jährige **Jakob Faulhaber**, der 47jährige **Rudolf Langendorf**, der 43jährige **Ludwig Moldrzyk**, der 36jährige **Anton Kurz**, der 39jährige **Eugen Sigrist**, der 75jährige **Philipp Brunnemer**, der 40jährige **Max Winterhalter**, der 46jährige **Robert Schmoll**, der 40jährige **Rudolf Maus** und der 55jährige **Daniel Seizinger**, alle aus **Mannheim**, ferner die 48jährige **Käthe Seitz** geb. Brunnemer und der 39jährige **Alfred Seitz** aus Heidelberg, sowie der 42jährige **Johann Kupka** aus Ilvesheim, die der Volksgerichtshof am 15. Mai 1942 wegen Vorbereitung zum Hochverrat, Feindbegünstigung, Zersetzung der Wehrkraft und Verbreitens ausländischer Rundfunksendungen zum Tode und zum dauernden Verlust der bürgerlichen Ehrenrechte verurteilt hat, sind heute hingerichtet worden.

Berlin, den 15. September 1942.

Der Oberreichsanwalt beim Volksgerichtshof

3.1.1. Käthe Seitz geb. Brunnemer (1894 - 1942)

Am 18. September vermeldet der *Hakenkreuzbanner:*

Die Justizpressestelle beim Volksgerichtshof teilt mit: Der 57jährige Georg Lechleiter, der 42 jährige Jakob Faulhaber, der 47jährige Rudolf Langendorf, der 43jährige Ludwig Moldrzyk, der 36jährige Anton Kurz, der 39jährige Eugen Sigrist, der 75jährige Phil. Brunnemer, der 40jährige Max Winterhalter, der 46jährige Robert Schmoll, der 40jährige Rud. Maus und der 45jährige Daniel Seizinger[10], alle aus Mannheim, ferner die 48jährige Käthe Seitz geborene Brunnemer und der 39jährige Adolf Seitz aus Heidelberg sowie der 42 Jahre alte Joh. Kupka aus Ilvesheim, die der Volksgerichtshof zum Tode verurteilt hatte, sind am 15. September 1942 hingerichtet worden. Die Verurteilten haben sich für den Wiederaufbau der Kommunistischen Partei und damit hochverräterisch gegen das Deutsche Reich betätigt. Einige von ihnen haben sich außerdem der Feindbegünstigung und der Zersetzung der Wehrkraft schuldig gemacht und Auslandsrundfunksendungen verbreitet.[11] Drei Personen einer Familie waren unter den Hingerichteten: Käthe Seitz, ihr Ehemann Alfred Seitz sowie ihr Vater Philipp Brunnemer.

Der Vater von Käthe Seitz gehörte 1890 bis 1933 der SPD an und prägte seine 1894 in Ludwigshafen a. Rh. geborene Tochter in diese politische Richtung. Sie trat im Alter von 24 Jahren der SPD in Cleve bei und wurde bereits ein Jahr später, 1919, Stadtverordnete. Zu dieser Zeit war sie mit dem Gutshofbesitzer Theo Janssen verheiratet, mit dem sie seit 1917 eine gemeinsame Tochter – Hilde – hatte.

Später zog sie nach Mannheim und von dort aus nach Heidelberg, wo sie weiterhin im Kontakt mit Mannheim stand. Sie heiratete ein zweites Mal – den Krankenpfleger Alfred Seitz, der selbst keiner Partei angehörte. Ein Mannheimer Gefängnisleiter merkte in einem Brief zu dessen Person an: *Er ist vielleicht weniger begabt als seine mitverurteilte Ehefrau und in einem gewissen Grad von ihr abhängig gewesen.*[12] Es scheint, als ob das Handeln des Mannes aufgrund seiner angeblichen „Verführung" durch die Frau entschuldigt werden soll. Gleichem Schreiben ist zu entnehmen, daß Käthe Seitz noch mindestens zwei Söhne hatte, die sich während des Prozesses 1942 bei der Wehrmacht befanden.

Nach dem Überfall auf die Sowjetunion versuchte die Lechleiter - Gruppe vom September 1941 bis zum Februar 1942 mit dem Blatt *Der Vorbote, Informations- und Kampforgan gegen den Hitlerfaschismus* den Widerstand gegen den Krieg in der Quadratestadt zu mobilisieren. Jakob Faulhaber überwachte den Herstellungsprozeß. Über Philipp Brunnemer, der in seinem Keller den Abzugsapparat installiert hatte, gelang es ihm, Käthe Seitz zur Herstellung der Matrizen zu gewinnen. Ihr wurde offensichtlich viel Vertrauen geschenkt, denn da sie in Heidelberg wohnte, bedeuteten die regelmäßigen Kurierdienste zwischen den beiden Städten eine zusätzliche Gefahr der Entdeckung. Andererseits konnte die Lechleiter-Gruppe hoffen, daß Brunnemer und Seitz als zwei ehemalige SPD - Mitglieder weniger von der *GESTAPO* überwacht wurden.

Käthe Seitz erhielt eine Schreibmaschine, mit der sie die Manuskripte Lechleiters tippte. Die fertiggestellten Matrizen, die Käthe Seitz zum Korrekturlesen ihrem Mann gegeben hatte, tauschte man gegen neue Texte Lechleiters. Insgesamt konnten vier Exemplare veröffentlicht werden – in einer kleinen Auflage von ungefähr 50 Stück und mit einem Umfang von bis zu 13 Seiten.[13] In allen Ausgaben war zu lesen, daß die militärische Lage Deutschlands hoffnungslos sei und die Kriegsgegner des Nazi-Regimes siegen werden. Dabei wurde vor allem die Rolle der Sowjetunion betont, die für die Lechleiter-Gruppe Hoffnungsträger des zukünftigen, befreiten Deutschlands war. In der vierten Ausgabe steht am Ende eines Artikels: *Hitler hat den Kampf begonnen, Hitlers Sturz wird ihn beenden.*[14]

Im Februar 1942 erfuhr Käthe Seitz während des Tippens der Matrize zur geplanten fünften Ausgabe, daß Lechleiter, Faulhaber, Langendorf, Moldrzyk und Kurz verhaftet worden waren. Um sich und ihren Mann zu schützen, vernichtete sie das Schriftenmaterial und verkaufte die Schreibmaschine sofort. Trotzdem wurden die Eheleute Seitz inhaftiert.

Käthe Seitz, geb. Brunnemer mit Ehemann Alfred Seitz

Bei der Lechleiter-Gruppe sollten „abschreckende" Urteile gefällt werden. Ihre Aktivitäten galten als hochverräterisch und in der Urteilsschrift heißt es u.a.: *Sie wollten das Selbstvertrauen und die Siegeszuversicht des deutschen Volkes zerstören, da nur auf dem Boden der Mutlosigkeit und Verzagtheit die Saat aufgehen konnte, die sie mit den von ihnen hergestellten und verbreiteten Schriften ausstreuten.*[15]

Nach dem Todesurteil überwies man alle Verurteilten ans Stuttgarter Untersuchungsgefängnis. Von dort schrieb Käthe Seitz kurz vor ihrer Hinrichtung an ihre Tochter Hilde. Anschrift war das Untersuchungsgefängnis in Mannheim, denn Hilde Faster befand sich seit Anfang März in Haft. Ihr wurde vorgeworfen, gemeinsam mit ihrer Mutter, bei der sie gelebt hatte, von Kriegsbeginn bis kurz vor deren Inhaftierung die Nachrichten des Senders London abgehört und darüber mit

ihr diskutiert zu haben. Sie wurde zu zwei Jahren Zuchthaus verurteilt und in die Anstalt Hagenau im damaligen besetzten Elsaß eingeliefert.

Käthe Seitz versuchte ihrer Tochter in diesem letzten Brief Mut zuzusprechen:
Herzlieb, was habe ich getan? Es kann mich nur der Geist der Zeit verurteilen, aber ich bin tausendmal besser als alle diejenigen, die verlogen, feige, gemein sind und mit sogenannter Begeisterung ihre Schiebereien und Hamstereien zudecken. Bei mir, mein Lieb, das weißt Du, gab es nichts Erschlichenes, wir waren zufrieden mit dem, was wir auf die Karten bekamen, und trösteten uns auf die Zukunft. Und wie oft haben wir das Wenige noch geteilt? Ich habe nur soviel Härte, Egoismus, Verworfenheit und Gemeinheit erfahren und erlebt, daß ich sicher nicht mehr so mitleidig und bis zur Idiotie entsagend wäre, wenn ich noch einmal ins Leben dürfte. Mag es kommen, wie es will, mein Herzlieb, Du brauchst

Dich um Deine Mutter nicht zu schämen. Du kennst mein Bestreben, die Menschheit mit Liebe zu befreien und zu beglücken, und ich habe es mit viel Erfolg in nächster Umgebung versucht. Sind wir nicht erhaben über Menschen wie die Hamsterer, die das grenzenlose Unglück unserer Familie benutzen zu stehlen, was ihnen gefiel, sogar schon Kleider zum Urlaub mitnehmen von dem unglücklichen Bruder.[16] Pfui über solchen Abschaum der Menschheit, über solche abgrundtiefe Verworfenheit![17]

Am Tag der Hinrichtung sprach ein katholischer Geistlicher ein letztes Mal mit den drei Familienmitgliedern: *Die Eltern der Hilde Faster, Alfred und Käthe Seitz, wurden damals in Stuttgart hingerichtet, ebenso der Großvater. Ich war in jener Nacht in Stuttgart. Alle 3 waren Dissidenten und wünschten keinen geistlichen Beistand; dagegen unterhielten wir uns angeregt. Ich kannte sie alle die Monate hindurch von meinen dienstlichen Besuchen in Stuttgart. Die Mutter Käthe Seitz starb sehr schwer. Sie hing an ihrem Leben und hatte großes Heimweh nach ihrer Tochter. Ich war einige Stunden mit ihr zusammen und unterhielt mich religiös mit ihr. Ich glaube, daß ich damals an den Zuchthauspfarrer nach Hagenau berichtet habe zur Weiterleitung an Hilde Faster. Der Vater und Großvater waren ruhig und gelassen und ertrugen ihr Los männlich.[18]*

Am 15. September brachte man überall in Mannheim Plakate mit der Hinrichtungsnachricht an. Um zu verhindern, daß sie abgerissen werden könnten, ließ man die entsprechenden Litfaßsäulen von Beamten tagelang überwachen. Die beabsichtigte abschreckende Wirkung trat jedoch nicht ein. Die Weltöffentlichkeit erfuhr von der Hinrichtung und die Londoner BBC legte in den deutschsprachigen Sendungen für die Opfer Gedenkminuten ein. Die Toten wurden – vor allem für den kommunistischen Widerstand – zu einem Hoffnungsschimmer für die Zukunft eines Deutschlands ohne Hitler und NSDAP.

Die Nazis begnügten sich nicht mit der Ermordung, sie wollten jede Erinnerung an diesen Widerstand tilgen. Als Leichen angeblich unbekannter Verbrecher wurden die Toten an die Heidelberger Anatomie weitergeleitet. Einer der Ärzte – Dr. Altmann – erkannte jedoch beim Sezieren seinen ehemaligen Schulkameraden Jakob Faulhaber.

Nach 1945 gelang es weitere Opfer zu identifizieren; elf von ihnen wurden auf dem Heidelberger Bergfriedhof mit sechzehn anderen Widerstandskämpfern beigesetzt.[19]

3.1.2. Anette Langendorf geb. Glanzmann (1894 - 1969)[20]

Als Tochter eines sozialdemokratischen Gewerkschaftsfunktionärs 1894 in Leipzig geboren, absolvierte Anette Langendorf nach der Handelsschule in Lörrach eine Ausbildung als Kontoristin. Bei der AOK lernte sie ihren späteren Mann, den technischen Kaufmann Rudolf Langendorf kennen, der zu dieser Zeit Grenzkommandant im Arbeiter- und Soldatenrat war. Beide gehörten zu den Mitbegründern der KPD. 1921 zogen sie nach Mannheim-Friedrichsfeld. Rudolf Langendorf war als Buchhalter bei Siemens-Schuckert beschäftigt, während sich seine Frau Anette um die beiden Söhne kümmerte. Ab 1923 arbeitete sie in der Redaktion einer Arbeiterzeitung. Seit der Landtagswahl vom 27. Oktober 1928 gehörte Annette Langendorf zu den fünf Abgeordneten der KPD des badischen Landtags.[21] 1930 wurde sie Mitglied der KPD-Bezirksleitung Baden und Frauenleiterin der Partei und vertrat zwei Jahre später die KPD im Mannheimer Bürgerausschuß.

Nach der NS-Machtergreifung und der darauf folgenden Verhaftungswelle von KommunistInnen, versteckte sich Anette Langendorf für kurze Zeit in Mannheim und flüchtete dann in die Schweiz. Ostern 1933 wurde sie beim Überschreiten der Grenze bei Basel im Wartesaal von Schopfheim verhaftet. Bis Herbst 1934 befand sie sich in Bruchsal in „Schutzhaft". Währenddessen war ihr Mann von 1933 bis Anfang 1935 in den Konzentrationslagern Heuberg, Ankenbuck und Kielsau.

Nach ihrer Freilassung arbeitete sie vorübergehend als Verkäuferin, da sie für den Lebensunterhalt der Familie sorgen mußte. Trotz ihrer Verhaftungen betätigten sich Anette und Rudolf Langendorf, nachdem sie freigelassen worden waren, weiterhin politisch. So fanden – obwohl dies sehr gefährlich war – zwischen den Jahren 1936 bis 1940 bei der Familie Langendorf regelmäßig Treffen der sogenannten Lechleiter-Gruppe statt. *Im Sommer waren diese Besuche (meist am Wochenende) mit*

Anette Langendorf, geb. Becker (1883-1943)

dem Abholen von Obst und Gemüse aus unserem Garten verbunden. *Die Besuche dauerten immer ganze Nachmittage und wurden zur Diskussion sowohl politischer als auch theoretischer Fragen des Marxismus benutzt. Sonst wurden diese Besuche auch als Unterstützung bei der Gartenarbeit eingerichtet. Sie trugen nach außen immer einen familiären Charakter, was noch dadurch dokumentiert wurde, daß die Genossen kaum allein kamen. Sie kamen mit Frau und mit Kindern.*[22]

Diese Treffen führten zu einer weiteren Festnahme des Ehepaares Langendorf im Jahre 1942. Während man Anette Langendorf bald wieder freiließ, wurde ihr Mann jedoch am 16. Mai 1942 zum Tode verurteilt. Vor der Urteilsverkündi-

gung[23] drohte der Gerichtspräsident Engert, daß wenn eine der Frauen der Angeklagten die Verlesung des Urteils *durch Weinen, Schluchzen oder dergleichen störe, so würde sie auf der Stelle in ein Lager überführt.* [24]

Der Ortgruppenleiter der NSDAP von Mannheim-Friedrichsfeld behauptete später, Rudolf Langendorf hätte im Gerichtssaal um Verzeihung für seine Taten gebeten. Anette Langendorf protestierte in einem Brief gegen diese Diffamierung ihres Mannes. Die Reaktion ließ nicht lange auf sich warten: Drei Tage nach Vollstreckung des Todesurteils wurde sie wieder für fünf Wochen inhaftiert.

Die letzten acht Monate des Krieges war sie wegen angeblicher Denunziation im Frauen-KZ Ravensbrück, das dafür bekannt war, Frauen als Zwangsarbeiterinnen an Betriebe zu verleihen, was oft einer Vernichtung von Menschen durch Arbeit gleichkam.[25]

Nach ihrer Befreiung engagierte sie sich zuerst als Mitbegründerin der VVN in Berlin. Bereits im Oktober 1945 kehrte sie nach Mannheim zurück und übernahm bald wieder die Funktion als Frauenleiterin der KPD-Bezirksleitung in Baden und später der Kreisleitung Mannheim. Von 1946 bis 1950 war sie Landtagsabgeordnete und vertrat später die KPD im Stadtrat Mannheim. Auch nach dem Verbot der KPD – im Jahre 1956 – gehörte sie einige Jahre noch dem Stadtrat an und wurde aufgrund ihrer Persönlichkeit auch von politischen Gegnern geachtet. 1968 trat sie der DKP bei. Ein Jahr später verstarb sie in ihrer langen Wirkungsstätte Mannheim.

Ihr Sohn Kurt Langendorf schreibt in einem Brief über sie: *Meine Mutter hat die politische Arbeit immer als soziale Hilfe für die Armen verstanden. Bei uns sprachen ständig Arbeitslose, Rentner oder andere vor allem arme Menschen vor, für welche sich meine Mutter einsetzte, bei den Behörden für sie vorsprach oder Gesuche für diese formulierte und schrieb. […] Das begründete vor allem ihre Popularität. Als Landtagsabgeordnete reiste sie durchs Land um Versammlungen und Sprechstunden durchzuführen, sie war die wenigste Zeit zu Hause. Dabei nahm sie die größten Strapazen auf sich. In entlegene Orte, die mit der Bahn nicht erreichbar waren, wurde sie bei Wind und Wetter mit dem Motorrad oder mit dem Fahrrad abgeholt – und das sollte etwas heißen, wenn man weiß, ein wie miserabler Radfahrer sie war.*[26]

3.1.3. Mathilde Jatzek geb. Hartmann (1907 - 1975)

Die Arbeiterin Mathilde Hartmann wurde 1907 in Lampertheim geboren. Sie war mit Richard Jatzek verheiratet und hatte seit 1930 einen Sohn namens Horst. 1933 zogen sie nach Sandhofen. Nach der Machtergreifung wurde das Ehepaar Jatzek in „Schutzhaft" genommen. Man beschuldigte sie, zu einer kommunistischen Veranstaltung eingeladen zu haben. Dabei stützte man sich auf

Aussagen des Ehepaares B., deren Sohn Adam am 5. August Anzeige erstattet hatte. So berichtete Frau B.: *Es ist richtig, daß vor etwa drei Wochen […] abends etwa um 6 Uhr die Frau Jatzek in meine Wohnung gekommen ist. Sie tat sehr geheimnisvoll und sagte zu mir, mein Sohn solle zu ihrem Mann in den Wald kommen zu einer Versammlung. […] Ich möchte noch bemerken, daß mein Sohn Adam früher beim Reichsbanner war. Frau Jatzek sagte noch zu mir, sie brauche ehrliche junge Leute, die früher gute Kämpfer waren und ledige Leute hätten ja nichts zu riskieren.*[27] Der Sohn der Familie B. fuhr später kurz zur *Jutekolonie*[28], um mitzuteilen, daß er nicht mitkommen wolle.

Nach ihrer Festnahme leugnete das Ehepaar Jatzek anfangs alle Anschuldigungen. Mathilde Jatzek gab zwar an, mit der KPD zu sympathisieren, doch habe sie weder eine Funktion innegehabt, noch sei sie je Mitglied dieser Partei gewesen. In den ersten Verhören bestritt sie sogar die Frage, in der Wohnung der Familie B. gewesen zu sein. *Ich kann mich an nichts entsinnen, da ich vergeßlich bin. Mit Politik befasse ich mich nicht. Wenn ich zu Hause meinen leeren Geldbeutel betrachte, habe ich genug.*[29]

Mit der Zeit brach aufgrund der Verhörmethoden der *GESTAPO* das Gerüst des Schweigens zusammen. Richard Jatzek gab zu, gegenüber seiner Frau Interesse an einer Aussprache mit anderen Gleichgesinnten über einen Vorfall mit der SA bekundet zu haben. Diese hatte nämlich im Juni 1933 in Sandhofen mehrere ehemalige Anhänger der KPD und SPD zum Entfernen von Wahlparolen beider Arbeiterparteien vom Zaun des ehemaligen Freien Turnvereins Jahn gezwungen. Unter diesen Anhängern befand sich auch das frühere KPD-Mitglied Adam B., so daß Jatzeks annahmen, in ihm einen Verbündeten für Gespräche zu haben. Während der Vernehmung verstrickte sich Mathilde Jatzek in Widersprüche, da sie einerseits die versuchte Kontaktaufnahme mit Adam B. gestand, andererseits aber abstritt, daß ihr Besuch mit der Einladung zu einer Versammlung zusammenhing. So erklärte sie, *sie sei von sich aus in die Wohnung des jungen B. gegangen, weil sie gewußt habe, daß dieser zum Abwaschen der Wahlparolen herangezogen worden sei. […] Sie habe aber den B. jung nicht zu einer Versammlung* in den Wald bestellt, sei vielmehr wegen Abwaschens der Wahlparolen zu ihm gekommen.[30]

Am 23. September 1933 wurde neben ihrem Mann auch Mathilde Jatzek vom Landgericht Mannheim freigesprochen, da kein Beweis erbracht worden sei, *daß die Ehefrau Jatzek allein oder auf Anregung ihres Mannes für die Ziele der verbotenen marxistischen Parteien tätig sein wollte*[31].

Nach der ersten Verhaftungswelle im Frühjahr 1934 versuchte das Ehepaar Jatzek in Sandhofen eine neue Ortsgruppe aufzubauen, die auch Verbindungen zum dortigen Arbeitslager unterhielt. Mathilde Jatzek transportierte mit ihrem Fahrrad die Broschüre *Roter Kampfmai 1934* und andere Flugblätter. Sie warf die Schriften über Fabrik- und Gärtenzäune, gefolgt von Leo Skrobanski[32], der sie vor möglichen Beobachtern warnen sollte. Nebenbei verteilte sie die kommunistische Frauenzeitschrift *Der Weg der Frau*.

Im Sommer 1934 wurde sie ein zweites Mal verhaftet. Die Beweise für eine Unterstützung der KPD lagen dieses Mal durch das Einsammeln von Mitgliedsbeiträgen und Verbreitung von Propagandamaterial der NS-Justiz vor. Die angebliche Unglaubwürdigkeit von Mathilde Jatzek versuchte die NS-Justiz mit ständigen Hinweisen auf ihr „verwerfliches" Intimleben zu belegen.

Die Angeklagte Jatzek bestreitet [...] alles mit der Ausnahme, daß Bergmann ihr 50 Pfg. gegeben habe. Dazu sagt sie, Bergmann sei ihr diesen Betrag schuldig gewesen, weil sie ihm früher mit Geld ausgeholfen habe. Sie erklärt sowohl für diesen Punkt, wie für die anderen, die sie betreffen, Bergmann lüge, weil sie ihn abgewiesen habe, als er sich ihr geschlechtlich habe nähern wollen.[33] *Er behauptet, sie habe ihn nicht abgewiesen, er habe sie mit ihrem Einverständnis geküßt, geschlechtlich verkehrt habe er aber nicht mit ihr. [...] Die Behauptung Frau Jatzeks, sie habe ihn abgewiesen, als er sich ihr nähern wollte, findet in der Person Frau Jatzek nach ihrem ganzen Auftreten und ihrer Gefügigkeit gegenüber Skrobanski nirgends eine Stütze. [...] Skrobanski, der selbst zugibt, daß er in geschlechtlichen Beziehungen zu Frau Jatzek stand, ist bestrebt, sich und diese zu entlasten.*[34] *Er [Skrobanski] hatte, wie er zugibt, ein Liebesverhältnis mit Frau Jatzek. Ob dieses die Folge ihres politischen Zusammenarbeitens war, oder ob das Zusammensein, das das Liebesverhältnis mit sich brachte, die Gemeinsamkeit ihrer politischen Tätigkeit bewirkte, steht nicht fest. Nach der Art und dem Maß dessen, was Skrobanski gegenüber erwiesen ist, und nach dem persönlichen Eindruck, den Frau Jatzek und Skrobanski in der Hauptverhandlung machen, ist anzunehmen, daß in den politischen Angelegenheiten Frau Jatzek die ihn Führende, er der ihr Folgende war.*[35] Ähnlich wie beim Ehepaar Alfred und Käthe Seitz wird Mathilde Jatzek als die eigentliche Quelle des Widerstandes betrachtet.

Man verurteilte Mathilde Jatzek wegen ihres Engagements für den organisatorischen Zusammenhalt der KPD – unter Anrechnung von fünf Monaten Untersuchungshaft – zu einer Haftstrafe von einem Jahr und zehn Monaten. Leo Skrobanski erhielt eine Strafe von einem Jahr und drei Monaten. Vom 21. Dezember 1934 bis zum 18. Mai 1936 war Mathilde Jatzek in der Vollzugsanstalt Bruchsal. Danach lebte sie wieder in Sandhofen bei ihrer Familie. Ihr Mann Richard Jatzek, als Mitglied der Lechleiter - Gruppe politisch aktiv, wurde 1942 hingerichtet.

3.1.4. Henriette Wagner geb. Becker (1883 - 1943)

Die bisher genannten Kommunistinnen waren alle direkt oder indirekt – über ihre Männer – mit der Lechleiter-Gruppe verbunden. Daher soll - wenn auch nahezu keine Information zu finden war – dieser Kreis mit einem weiteren weiblichen Todesopfer dieser Widerstandsgruppe geschlossen werden.

Nach Hinrichtung von Käthe Seitz und den dreizehn Männern begann am 21. Oktober 1942 der zweite Prozeß im Zusammenhang mit der Lechleiter-Gruppe vor dem Ersten Strafsenat des Oberlandesgerichts in Stuttgart.[36] Angeklagt waren neben Henriette Wagner noch elf Männer. Henriette Wagner, vor 1933 viele Jahre Stadtverordnete der KPD in Mannheim, wurde wegen Verteilung des *Vorboten*, den sie bei sich deponierte, zum Tode verurteilt und am 24. Februar 1943 hingerichtet. Ihr letzter Wunsch, ihren an der Front stehenden Sohn noch einmal sehen zu können, wurde abgelehnt.

Henriette Wagner, geb. Becker (1894-1942)

3.2. Zeuginnen Jehovas

Die Zeugen Jehovas sind in Baden seit 1903 regi-
striert. Bis 1933 gab es ca. sechzig Zeugen und
Zeuginnen Jehovas in Mannheim, die regelmäßig
im Heckelschen Konservatorium in L 4,4 zusam-
menkamen. Nach dem Verbot der Vereinigung,
die in Baden am 15. Mai 1933 erfolgte, löste der
„Ortsdiener" Karl Kullmann die Versammlung
Mitte Mai offiziell auf. Man traf sich aber weiterhin
in kleinen Zirkeln von drei bis fünf Personen.
Bis Herbst 1934 hoffte man auf eine Duldung
durch den NS-Staat. Als diese aber nicht abzuse-
hen war, gab die Magdeburger Zentrale die Wei-
sung, die Öffentlichkeitsarbeit wiederaufzunehmen.
Während eines Kongresses der Internationalen
Bibelforschervereinigung im September 1934 in
Basel wurde beschlossen, mittels einer illegalen
Organisation die Propagandaarbeit zu intensivieren.
Der neue Ortsdiener Karl Hermann Haas
baute daraufhin ein neues Verteilernetz für die

verbotenen Schriften auf, das bis Herbst 1936 aus
sechs, 1937 jedoch nur noch aus zwei Personen
bestand, da 1936 gegen die ZeugInnen Jehovas
die meisten Gerichtsverfahren liefen. Bereits 1935
gab es die ersten Urteile wegen Missionstätigkeit
an der Haustür gegen Anna Koch, die zu drei
Monaten, und gegen Johann Portscheller, der zu
einem Jahr verurteilt wurde.

Die Einlieferung in ein Konzentrationslager
nach der Haftverbüßung ist für 14 ZeugInnen aus
Mannheim belegt.[37] Die NS-Justiz wußte, daß
diese Menschen durch nichts von ihrem Glauben
abgebracht werden konnten und hofften wahrscheinlich, daß wenigstens die Bedingungen in
den Konzentrationslagern sie zermürben könnten.
Doch selbst an diesen menschenunwürdigen
Orten versuchten einige von ihnen neue Mitglieder für die ZeugInnen Jehovas zu gewinnen.

3.2.1. Margarethe Franke geb. Voigt (1874-1942)

Margarethe Franke war bereits 1918 Mitglied der *Vereinigung Ernster Bibelforscher*, trat aber erst 1920 aus der evangelischen Kirche aus. Damals war sie noch in Ludwigshafen wohnhaft, zog später nach Jarmen/Pommern und kehrte 1934 nach Mannheim zurück. Angeklagt wurde sie u.a. wegen Bezug des *Wachtturms* und der Zusammenkünfte mit den ebenfalls als Zeuginnen Jehovas bekannten Frauen Barbara Rössler und Margarethe Hübschmann, mit denen sie Bibelstellen erörtert habe. Mit Margarete Hübschmann, bei der bis zum Herbst 1936 die Taufen der Zeugen Jehovas stattfanden, und vier anderen Mannheimer Zeugen hatte sie an einer Tagung Internationaler Bibelforschervereinigung vom 4. bis zum 7. September 1936 in Luzern teilgenommen, auf der eine Resolution gegen die Verfolgung der Bibelforscher im NS-Staat verabschiedet wurde. Margarethe Franke hatte Hübschmann für diese Reise das Fahrtgeld ausgehändigt, dessen man sie ebenfalls anklagte. Margarethe Franke stritt den wahren Grund der Reise ab und behauptete, daß sie einige Tage mit Hübschmann nach Basel zu Besuch der Familie Biberacher gefahren sei.[38]

Margarethe Franke kam am 7. Oktober ins Bezirksgefängnis Mannheim. Sie war zu diesem Zeitpunkt verheiratet und hatte einen Sohn von 19 Jahren. Das Gericht in Mannheim erkundigte sich umgehend bei ihrem früheren Wohnort Jarmen, ob sie dort aufgefallen sei. Der zuständige Stadtinspektor Kuczynski gab an, daß sie eine äußerst fanatische Werberin der Bibelforscher gewesen sei. *Im April 1933 fällt auf, daß Obermüller Franke sich ein Auto zugelegt hat, mit dem Frau Franke des sonntags im Lande umherfuhr, begleitet von einigen Anhängern der Bibelforscher, die Broschüren vertrieben.*[39] 1933 durchsuchte man zweimal ihre Wohnung. Dabei wurden im Mai 150 Broschüren und im Juni 16 gebundene Bücher beschlagnahmt. Anfang Oktober war Margarethe Franke wieder mit dem Auto unterwegs. Die Aufmerksamkeit auf sich gezogen hätte das Ehepaar Franke außerdem dadurch, daß es sich weigerte, die zur Organisation des örtlichen Luftschutzes nötigen Hauslisten anzufertigen.

Dem zuständigen Blockwart des Luftschutzes sagte Frau Franke zur Begründung, daß sie einen anderen Glauben wie die jetzige Regierung hätte; sie hätte einen anderen Gott und in dessen Reich griffen sich die Menschen nicht mit Bomben an.[40] Ihre demonstrative Ablehnung des NS-Staats ging noch weiter – sie hatten keinen Flaggenschmuck an der Hausfront und beteiligten sich meist nicht an Wahlen und Abstimmungen. Daraus folgerte der Stadtinspektor aus Jarmen: *Verständlich wird es dann sein, wenn wir Frankes als verkappte Kommunisten ansehen.*[41]

Man verhörte auch ihren Ehemann Willi Philipp Franke. Da er sich wahrscheinlich vor eigener Inhaftierung schützen wollte, bestritt er jegliche Beteiligung an den Unternehmungen seiner Frau.

Ich habe mit der Bibelforscherei nichts zu tun, was schon daraus hervorgeht, daß ich noch jedermann sagte, auch hier im Hause, daß ich die Ansicht meiner Frau nicht billige. [...] Ich stelle mich auf den Standpunkt, daß die Bibelforscher verboten sind und damit finde ich mich ab. [...] Ich habe bis jetzt immer gewählt, lese die Neue Mannheimer Zeitung und den Hakenkreuzbanner, gehöre seit drei Jahren der Deutschen Arbeitsfront an und führe mich im Dritten Reich so, wie es sich gehört.[42] Die Aussage erscheint fragwürdig, denn bereits 1924 ist er aus der Kirche ausgetreten. Ein Schritt, dem auch ihr gemeinsamer Sohn nach Schulbeendigung 1932 folgte.

Am 8. Januar 1937 wurde Margarethe Franke zu acht Monaten Gefängnis – in Anrechnung der drei Monate Untersuchungshaft – verurteilt. *Nach dem persönlichen Eindruck ist die Angeklagte eine nervöse, gefühlsmäßigen Einwirkungen stark unterlegene Frau.*[43] Sie wurde an die Frauenanstalt Bruchsal überwiesen. Später brachte man sie ins Frauenkonzentrationslager Ravensbrück, wo sie am 14. Juni 1942 starb. Ihr Sohn wandte sich wenig später mit einem Schreiben an das Sondergericht Mannheim: *Meine Mutter Margarethe Franke geb. Voigt verstarb [...] im Konzentrationslager Ravensbrück. Bei ihrer Hinterlassenschaft fehlte der Ehering 585 Gold W.F. 1916 eingraviert. Im Konzentrationslager gab man mir den Bescheid, mich an die 1. Stelle der Inhaftierung zu wenden.*[44] Da Wertsachen in den Konzentrationslagern meist einbehalten und verwertet wurden, war eine Reaktion auf dieses Schreiben oder ein Auffinden des Ringes nicht zu erwarten.

3.2.2. Wilhelmina Esch geb. Rieker (1894-?)

1931 trat Wilhelmina Esch aus der evangelischen Kirche aus, zwei Jahre später wurde sie durch Taufe bei Schwester Hübschmann zum Mitglied der Zeugen Jehovas. 1936 – zum Zeitpunkt des Verfahrens – war sie verheiratet und hatte einen Sohn von 15 Jahren. Man beschuldigte sie, in ihrer Wohnung sich wiederholt mit dem Ortsleiter aus Lorsch, Degen, getroffen und mit ihm im Sinne der Ernsten Bibelforscher über das Wort Gottes gesprochen zu haben. Außerdem legte man ihr die Bezahlung einer „Guten Hoffnungsspende"[45] zur Last.

Während der Untersuchungshaft von zwei Monaten schrieb Esch wiederholt an den Staatsanwalt und an den Richter, daß sie sich keiner Schuld bewußt sei. Sie versuchte mit Bibelzitaten u.a. die NS-Justizvertreter von ihrem Glauben zu überzeugen.

Besonders bemerken möchte ich, daß ich bei meiner Taufe […] einen Bund mit dem wahren Gott Jehova geschlossen habe und nicht mit einer menschlichen Organisation und somit könnte mich kein Glaubensbruder oder gar Schwester belehren. […] Alle meine Weisheit, Erkenntnis und Verstand hat mir mein Schöpfer gegeben und nicht ein Mensch. […] Bruder Degen aus Lorsch besuchte mich nicht als Ortsgruppenleiter oder Belehrer, sondern als Freund in christlicher Liebe und ich wußte nicht einmal, daß wir etwas Strafbares besprochen hätten. Hatte immer wenig Zeit, wenn Degen kam, er kam immer unverhofft. […] Daß Bruder Degen Ortsgruppenleiter war, habe ich erst gestern abend beim Herrn Richter erfahren, davon war mir nichts bekannt.[46]

Und in einem anderen Brief:
Was ich getan habe, tat ich aus Liebe zu meinem Schöpfer und meinen Mitmenschen dem Gebot unseres Herrn Jesus gemäß. […] weil ich nun aus Dankbarkeit meinen Gott und Vater preise, sitze ich hier in der Gefängniszelle. Urteilen Sie bitte selbst Herr Richter, ob das vor Gott recht ist, daß man so mit seinem Volk umgeht. Die Zeugen Jehovas sind wirklich Gottes Volk. […] möchte ich Herrn Richter herzlich bitten, mir eine Bibel zu gestatten, da ich dieselbe zu meiner geistigen und körperlichen Ermunterung sehr benötige und daß mir die Stunden, die ich zu Unrecht in meiner Zelle sitze, nicht gar zu lange werden.[47]

Sie verkannte ihre Situation, glaubte sogar ihre Gegner bekehren zu können und sah nicht, daß gerade ihr Beharren ihre Lage nur verschlechterte. Einige Tage nach dem oben zitierten Schreiben schickte sie einen acht Seiten langen Brief, nach dessen Erhalt der Adressat sich entnervt an das Gefängnis wandte:
Ich ersuche in Zukunft derartige Schriftsätze nicht mehr hierher weiterzuleiten und der Beschuldigten auch kein Briefpapier zu solchen Zwecken zur Verfügung zu stellen.[48]

Ihre Familie schien sie in ihren Idealen zu unterstützen, zumindestens zu akzeptieren. Ihr Mann[49] wurde nach 16 Jahren Tätigkeit als Elektroingenieur aus der Firma BBC entlassen, da er aufgrund seines Glaubens keinerlei Politik betreiben wollte. Ein Standpunkt, der in der NS-Zeit unweigerlich zu Schwierigkeiten führen mußte, da jede Facette des Lebens von politischen Organisationen und Veranstaltungen bestimmt werden sollte.

Ihren Sohn bat Wilhelmina Esch um Verständnis. *Brauchst Dich nicht zu schämen, daß Deine Mama im Gefängnis ist, mußt auch nicht traurig sein; denn Du kennst mich ja und weißt, daß ich nichts Unrechtes getan habe, denn ich leide ja nur um der Wahrheit willen. Heute erfüllen sich die Worte aus der Oper vom Evangelienmann, welche ich in Deinem Alter so gesungen habe vor unseren Augen. „Selig sind die an Verfolgung leiden um Gerechtigkeit willen, denn ihnen ist das Himmelreich".*[50]

Sie bat den Staatsanwalt, aus der Untersuchungshaft entlassen zu werden, denn *einem Mann ist das Einteilen und Haushalten nicht so gegeben wie einer Frau*[51]. Dieses Ersuchen wurde jedoch abgelehnt, da nach Ansicht des Staatsanwalts *Verdunklungsgefahr* bestünde; *auch ist bei der gerichtsbekannten Einstellung der Zeugen Jehovas zu befürchten, daß die Beschwerdeführerin die Freiheit zur Begehung weiterer gleichartiger strafbarer Handlungen mißbrauchen werde.*[52]

Am 11. Dezember verurteilte man sie zu vier Monaten Haft – von denen sie wegen der zweimonatigen Untersuchungshaft nur nochmals zwei verbüßten mußte – und überstellte sie dem Frauengefängnis Bruchsal, wo sie am 11. Februar 1937 entlassen wurde.

3.2.3. Amalie Wüst geb. Haas (1899-?)

Bevor Amalie Wüst den Zeugen Jehovas beitrat, gehörte sie bis 1925 der katholische Kirche an. Bis zum Verbot der Zeugen Jehovas besuchte sie deren Versammlungen und war missionarisch tätig. Zum Zeitpunkt ihre Anklage – 1936 – hatte sie einen Sohn von 16 Jahren und bezog als Kriegswitwe und Mitglied der NSKOV eine Kriegshinterbliebenen-Rente. Sie wurde beschuldigt, vom Sommer 1935 bis zum Juli 1936 illegale Druckschriften – den *Wachtturm* – erhalten und außerdem ihre Wohnung dem Landesleiter der illegalen Bibelforscher Franke, dem Ortsleiter Degen und ihrem Bruder Karl Haas zur Verfügung gestellt zu haben. Bei den illegalen Treffen sei über biblische Dinge gesprochen und organisatorische Fragen geklärt worden. Während dieser Gespräche – so der vernommene Zeuge Franke – hätte sich Wüst in der Küche aufgehalten.

Amalie Wüst bestritt, die illegalen Druckschriften über Glaubensgenossen erhalten oder gar Geld dafür bezahlt zu haben. Sie hätte die Schriften jedesmal in ihrem Briefkasten vorgefunden, ohne zu wissen, von wem sie stammten. Ebenso hätte sie 1934 ohne Bestellung einen Bibeltextkalender aus der Tschechoslowakei bekommen. Die *Wachtturm* - Ausgaben hätte sie zwar gelesen, aber danach sofort verbrannt. Keine der Schriften sei von ihr weitergereicht worden.

Daß sie sich mit der Zurverfügungstellung ihrer Wohnung strafbar machen könnte, wußte sie angeblich nicht – ebensowenig, daß ihr Bruder Ortsgruppenleiter der illegalen Bibelforscher in Mannheim war.

Nach den vorliegenden Fakten wurde Amalie Wüst – abzüglich der zwei Monate Untersuchungshaft – am 11. Dezember 1936 zu fünf Monaten Haft verurteilt. Man überwies sie am selben Tag an das Frauengefängnis Bruchsal, wo sie am 11. März 1937 entlassen wurde.

Das Urteil hatte noch ein finanzielles Nachspiel. Am 17. März 1938 fragte die NSKOV die Staatsanwaltschaft Mannheim, ob es zu einer Verurteilung gekommen sei, da sie in diesem Fall ausgeschlossen werden müßte.[53] Die Antwort ist zwar nicht erhalten, doch kann man ohne weiteres davon ausgehen, daß ihre Bezüge nach Auskunft der Staatsanwaltschaft gestrichen wurden.

3.3. Widerstand ohne organisatorische Bindung

Neben den angeführten Zeuginnen Jehovas, Kommunistinnen und anderen in Gruppen und Organisationen handelnden Frauen, gab es auch solche, die als Einzelpersonen Widerstand gegen den Staat ausübten. Man rechnet rund 250 MannheimerInnen zur Kategorie „Volksopposition".[54]

3.3.1. Antonie Marie Merk (1902-08?)[55]

In Hagenau geboren besuchte Antonie Marie Merk die höhere Mädchenschule in Straßburg. Zu Beginn des Zweiten Weltkrieges wurde sie nach Mittelfrankreich evakuiert, kehrte jedoch im Oktober 1940 ins Elsaß zurück, wo sie bis 1941 im Auftrag der deutschen Behörden in Bischweiler unterrichtete. Zu einer Umschulung kam sie nach Mannheim und lehrte dort seit Ende April 1941 an der Volksschule Rheinau. Dort bekam sie Kontakt zu anderen, ebenfalls nach Mannheim versetzten, elsässischen Lehrern und Lehrerinnen.

Am 27. Januar 1943 kam sie ins Bezirksgefängnis Mannheim. Mit ihr inhaftierte man ihre Schwester Marianne Merk[56], sowie die beiden Schwestern Elisabeth La Fontaine geb. Spraul[57] und Martha Kärcher[58]. Man beschuldigte sie, aufgrund ihrer *franzosenfreundlichen und separatistischen Einstellung mit der Vereinigung des Elsaß mit dem Großdeutschen Reich nicht einverstanden*[59] gewesen zu sein. Außerdem hatten sie Umgang mit einer größeren Anzahl Kriegsgefangener und hörten ausländische Nachrichten ab.

Über Elisabeth La Fontaine kam Antonie M. Merk in Kontakt zu Fernand Barrois. *Sie unterhielt sich zunächst nur mit ihm. Später gab sie ihm einmal Zigaretten und 2.- RM Bargeld [...] und einmal ein Fläschchen Schnaps. Außerdem schmuggelte sie vier oder fünf von ihm an seine Frau geschriebene Briefe* durch Soldaten oder Arbeiter nach Frankreich.[60] Im Geschäft des Ehepaares Kärcher lernte sie den dort beschäftigten Jan Dinte kennen, dem sie Zigaretten, eine Strickweste und ein Paar Socken schenkte. Zu Weihnachten 1942 schickte sie ihm ein Paket mit Zigaretten und Gebäck in ein Lager ins Sudetenland.

Eigentlicher Anklagepunkt waren ihre *hetzerischen Briefe an Freunde und Verwandte, in denen sie eine wüste Hetze gegen das Reich betrieb*. Nach ihren Angaben tat sie das, weil die Franzosen „kein bißchen Patriotismus in sich hätten" und weil sie diesen zeigen wollte, daß sie und die anderen Elsässer mehr „Begeisterung" hätten. Die Deutschen bezeichnete sie in ihren Briefen mit dem unter deutschfeindlichen Elsässern gebräuchlichen Schimpfwort „Kartoffelkäfer".[61] Diese Briefe ließ sie durch den Franzosen Chavanne weiterleiten. Trotzdem konnte die GESTAPO einige abfangen und besaß dadurch unerschütterliches Beweismaterial ihrer Feindschaft gegenüber dem NS-Regime:

Ah, wie wir sie hassen! Ihr könnt Euch danach vorstellen mit welcher Begeisterung wir ihre Nachkommenschaft erziehen. Sie haben uns alles weggenommen, sie schikanieren uns, wo sie nur können, aber man hält aus und wir haben die feste Hoffnung, daß sie auch wieder abhauen. Dann wird es aber schlimmer wie 1918![62] Die NS-Behörden befürchteten, daß Antonie M. Merk ihre Einflußmöglichkeiten als Lehrerin ausnützen könnte und so mußte sie immer wieder Berichte über ihre Unterrichtsstunden abgeben.

Hoffentlich treten sie bald den Rückmarsch an, ohne je wiederzukommen. […] Glaubt ja nicht alles, was man Euch Schönes erzählt – wir kennen diese Rasse.[63] Fortlaufend versuchte sie Kriegsgefangene zu unterstützen, während gleichzeitig die Gefahr der Entdeckung stetig wuchs.

Wir suchen unsere unglücklichen Freunde immer noch auf. Es ist zwar sehr gefährlich, aber was wagt man schließlich nicht, um ihnen eine Freude zu machen. […] Seit drei Wochen müssen wir in der Partei Dienst tun. Man hat uns mit dem Konzentrationslager gedroht, falls wir ablehnten! Wo ist da die Freiheit?[64]

Obwohl Antonie M. Merk vor dem Sondergericht behauptete, zum Großdeutschen Reich positiv zu stehen – eine Schutzbehauptung angesichts der zu erwartenden Strafe – wurde sie am 25. Oktober 1943 zum Tode verurteilt.[65] Ihre Kontakte zu den französischen Kriegsgefangenen und insbesondere ihre Briefe reichten aus, um sie zu einer nicht mehr akzeptablen Gefahr für das NS-Regime werden zu lassen.

Da ist endlich der Fall jenes Franzosen, der bei Frau Kärcher vorgesprochen hat, und mit dem dann für A. Merk ein Stelldichein verabredet wurde, das sie auch wahrgenommen hat! […] Einem dieser Franzosen hat sie sogar eine Hose geschenkt!

Diese Würdelosigkeit ist aber nicht das schlimmste, was Antonie Merk getan hat. Das tollste ist, daß sie nach Frankreich Briefe geschrieben hat, die von Verleumdungen gegen das deutsche Volk und gegen das Deutsche Reich, von Haß gegen Deutschland und das Deutschtum, also gegen ihr eigenes Blut, nur so strotzen. Sie hat auch alles zugegeben. So z.B. schreibt sie in diesen Briefen, Deutschland meine es mit der Zusammenarbeit mit Frankreich nicht aufrichtig, denn im Elsaß vernichte sie alles, was an Frankreich erinnere. […]

Ist schon alles andere schlimm genug: dieser abgrundtiefe Haß und diese Verleumdung Deutschlands aus dem Munde einer Deutschen kann dem Volksgerichtshof keine andere Beurteilung nahelegen als die: Antonie Merk ist durch und durch, also vollkommen, d.h. für immer ehrlos.[66]

Die anderen elsässischen Lehrer und Lehrerinnen erhielten Haftstrafen zwischen zehn Jahren und einem Jahr – nur einer wurde mangels Beweisen freigesprochen.[67]

4. Frauen im Widerstand gegen das NS-Regime – Versuch eines Resümees

Untersuchungen zur Frau im NS-Staat setzen sich meist mit dem Bild des weiblichen Opfers innerhalb patriarchaler, faschistischer Strukturen auseinander, dagegen bereitet die Vorstellung der im Schreckensregime aktiven Frauen immer noch Schwierigkeiten[68], außer es handelt sich um Täterinnen im positiven Sinn, also um Widerständlerinnen[69].

In Publikationen zum Widerstand finden Frauen nur zu einem geringen Prozentsatz Erwähnung, dies liegt daran, daß einerseits viele von ihnen – ihrer gesellschaftlichen Rolle entsprechend – eher still mitgearbeitet haben bzw. alltägliche Reproduktionsleistungen für andere, ihnen nahe stehende Männer – ob nun Ehemänner, Freunde oder Väter – ausführten.[70] Andererseits hätte eine Frau, die aktiv Widerstand geleistet hat, nicht in das Frauenbild der Nachkriegszeit gepaßt, so daß dieses Kapitel der Geschichte kurzerhand unterschlagen wurde.

Spezifische Frauenwiderstandsgruppen während des Nazi-Terrors scheint es nicht gegeben zu haben, mit Ausnahme des 1934 gegründeten Internationalen Frauenkomitees gegen Krieg und Faschismus, in dem sich auch deutsche Antifaschistinnen, die in Frankreich und anderen Ländern im Exil befanden, engagierten. Diese Organisation, für die sich nicht nachweisen läßt, daß Mannheimerinnen eingebunden waren, verabschiedete Friedensresolutionen und trat für die Freilassung inhaftierter Widerstandskämpferinnen ein.[71]

Die Frage, ob es eine spezifisch weibliche Form des Widerstandes gibt, muß sicherlich bejaht werden. Viele Frauen waren für die Infrastruktur des Widerstands zuständig, indem sie die Männer mit mühevoller Kleinarbeit unterstützten, ihnen den Rücken freihielten, Entscheidungen mittrugen, schwiegen und eine reibungslose Versorgung garantierten. Wenn der Ehemann inhaftiert wurde, mußten Frauen notgedrungen arbeiten, um die wirtschaftliche Versorgung der Familie zu sichern. Ihr Tätigkeitsfeld in den Widerstandsgruppen ähnelte dem, was sie bereits vor 1933 machten, nur daß sie jetzt durch – wenn auch oft nur indirektes – Eingebundensein in die Opposition selbst zu den Verfolgten zählen konnten. Frauen in Führungspositionen waren selten und der bewaffnete Widerstand beschränkte sich bei Frauen vorrangig auf die besetzten Länder.

Viele Frauen schwiegen aus „weiblicher Bescheidenheit"[72] nach 1945, hielten ihre Leistungen für unwichtig – obwohl das Verteilen von Essen an Kriegsgefangene oder die Bereitstellung der Wohnung als Versteck oder Treffpunkt für sie zur lebensbedrohlichen Situation werden konnten.

Einige gaben an, daß sie nicht politisch motiviert gewesen seien, sondern aus unmittelbar, persönlicher Betroffenheit, aus Mitleid u.ä. gehandelt hätten. Solche Äußerungen führten und führen dazu, daß der weibliche Widerstand immer noch als nebensächlich behandelt wird und allenfalls eine Sondernische in entsprechenden Untersuchungen erhält, ohne zu bedenken, daß dadurch ein sehr verzerrtes, weil unvollständiges Bild von deutscher Opposition während der NS-Zeit entworfen wird.

Der Widerstand der Mannheimerinnen erscheint – wenn man die äußerst schlechte Quellenlage berücksichtigt – genauso vielseitig motiviert gewesen zu sein wie der des männlichen Bevölkerungsteils. Trotzdem sind wenige von ihnen bekannt, werden als Ehepartnerinnen oder Töchter am Rande, in einer Fußnote erwähnt oder bleiben völlig unbekannt, obwohl sie für ihre Überzeugungen und für ihr Eintreten gegen den Terrorstaat Leben und Freiheit aufs Spiel setzten. Diesen Frauen sollen die vorangegangenen Seiten gewidmet sein.

Anmerkungen zum Kapitel

Ausgangspunkt aller hier angeführten Biographien ist die umfassende Dokumentation E. MATTHIAS/ H. WEBER. Ergänzt wurden die darin befindlichen Hinweise durch die seit 1969 im Stadtarchiv gesammelten Widerstands-Dokumente, die der Publikation von MATTHIAS/WEBER entsprechend mit dem Vermerk „Sta" abgekürzt werden. Weitere Recherchen erwiesen sich als schwierig. Angaben waren oft lückenhaft oder sogar widersprüchlich, betroffene Personen oder deren Nachkommen in die ehemalige DDR abgewandert, andere Papiere waren vernichtet oder verschwanden spurlos, wie verschiedene persönliche Berichte, die sich ursprünglich am Lehrstuhl für Politische Wissenschaft und Zeitgeschichte der Universität Mannheim befanden, nach dessen Auskunft dem Stadtarchiv überlassen wurden, dort aber nie ankamen. Manche Lücken konnten auch deswegen nicht geschlossen werden, weil diese mit den Meldekarten hätten abgeglichen werden müssen, was jedoch aufgrund des Datenschutzes nicht möglich war.

2   R. LÖWENTHAL in: K. D. BRACHER u.a. S. 618ff.

3 Zu erwähnen ist in diesem Zusammenhang, daß es eine Diskrepanz zwischen dem Informationsgehalt zum Widerstand der Kommunistinnen und der Zeuginnen Jehovas gibt. In den Akten der letzteren fanden sich wesentlich mehr persönliche Querverweise (z.B. in Form erhaltener Briefe) als bei den Frauen des (partei)politischen Widerstands, weswegen die einzelnen Abhandlungen in der Ausführlichkeit differieren, ohne damit eine inhaltliche Schwerpunktsetzung implizieren zu wollen.

4 HAKENKREUZBANNER 6. und 11. Januar 1933. Der HAKENKREUZBANNER erschien seit 1931 und erschien neben der NEUEN MANNHEIMER ZEITUNG in Mannheim während der NS-Zeit als Tageszeitung.

5 Vgl. dazu J. FOITZIK.

6 Die Außenstelle – die heutige Gustav-Wiederkehr-Schule – bestand von September 1944 bis März 1945. Die über Tausend polnischen Zwangsarbeiter wurden bei Mercedes-Benz für die Rüstungsproduktion eingesetzt. Im Januar brachte man das Lager nach Beschädigung der Friedrichschule durch Bombenangriffe in der sogenannten Alten Schule unter. Seit dem 12.11.1990 existiert an der Gustav-Wiederkehr-Schule eine Gedenkstätte. Anläßlich der Eröffnung erschien auch eine Publikation: K. DAGENBACH/P. KOPPENHÖFER.

7 MATTHIAS/WEBER, S. 511ff.

8 Ebd. S. 264f.

9 Ebd. S. 312f. Angaben zu ihrem weiteren Schicksal waren leider nicht ausfindig zu machen.

10 Weil sie Seizinger in ihrem Haus Unterschlupf gewährte, wurde die Verkäuferin Maria Günther (geb. 1900) ebenfalls inhaftiert. Ihr Verfahren wurde jedoch abgetrennt, da keine Gruppenzugehörigkeit nachzuweisen war. Sie erhielt eine Strafe von sechs Monaten.

11 HAKENKREUZBANNER Nr. 258, 18. September 1942.

12 Brief des Gefängnisleiters von Mannheim und Heidelberg an den Volksgerichtshof Berlin vom 16. Mai 1942, in: M. OPPENHEIMER S. 218.

13 OPPENHEIMER (s.o.) schreibt von vier Auflagen mit jeweils mehreren 100 Exemplaren, was m.E. wenig realistisch ist.

14 Ebd. S. 211.

15 Ebd. S. 97.

16 Es läßt sich zwar nicht durch andere Angaben bestätigen, aber m.E. läßt sich aus diesem Verweis erschließen, daß einer von Käthe Seitz Söhnen gefallen ist.

17 Siehe M. OPPENHEIMER S. 141f.

18 Zit. nach: MATTHIAS/WEBER S. 344, Anm. 374.

19 Siehe M. OPPENHEIMER S. 117. Dem Text war nicht zu entnehmen, ob bei den identifizierten und auf dem Bergfriedhof beigesetzten Leichen sich auch Käthe Seitz befand.

20 Detailliertere Informationen waren einem Brief ihres Sohnes Kurt Langendorf vom 11. Juni 1991 zu entnehmen.

21 Dem badischen Landtag gehörte auch Georg Lechleiter an.

22 Bericht von Kurt Langendorf, ohne Datum, Kopie am Lehrstuhl für Politische Wissenschaft und Zeitgeschichte II der Universität Mannheim; zit. nach: MATTHIAS/WEBER S. 328.

23 Die Verhandlung fand vor dem 2. Senat des Volksgerichtshofs, einem Sondergerichtshof, im Mannheimer Schloß statt. Sondergerichte waren schon seit 1933 eingerichtet und in erster Linie für politische Strafverfolgung verantwortlich.

24 M. OPPENHEIMER S. 95.

25 Allein im Frauen-KZ Ravensbrück kamen durch Zwangsarbeit zwischen Frühjahr 1939 und Ende April 1945 92.000 Frauen ums Leben. Siehe: A. KUHN/V. ROTHE S. 52.

26 Vgl. Anm. 20.

27 Aussage von Luise B., vgl. Sta 128, S. 3f.

28 Bei der sogenannten *Jutekolonie* handelt es sich um nahe am Ortskern von Sandhofen um 1900 entstandene Wohnblöcke der Juteindustrie, der Papyrus-AG und der Zellstoff-Fabrik Waldhof, in denen vor allem Ausländer lebten. Angaben nach: W. KROMER/ST. STEPIEN S. 301.

29 Aussage Mathilde Jatzek, vgl. Sta 128, S 4.

30 Ebd. S. 63.

31 Ebd. S. 64.

32 Der 1895 geborene Arbeiter Leo Skrobanski gehörte der KPD an. Nähere Informationen waren bei MATTHIAS/WEBER nicht angeführt.

33 Anklageschrift des Oberlandesgerichts Karlsruhe vom 18.12.1934, Sta 579, S. 15.

34 Ebd. S. 16.

35 Ebd. S. 32.

36 Die Prozeßakten sind während des Krieges verbrannt.

37 Vgl. MATTHIAS/WEBER S. 430f.

38 Margarethe Hübschmann selbst war haftunfähig. Sie wurde am 7. Oktober ins Krankenhaus eingeliefert und verstarb dort am 18. November im Alter von

62 Jahren.

39 Schreiben vom 2. November 1936, Sta 270, S. 76f.

40 Ebd. S. 77f.

41 Ebd. S. 78.

42 Ebd. S. 100.

43 Ebd. S. 153.

44 Ebd. S. 188.

45 Diese „Gute-Hoffnungs-Gelder" waren Spenden, die einerseits zur Finanzierung der Organisation dienten, gleichzeitig aber auch für die Unterstützung bedürftigter ZeugInnen verwendet wurden.

46 Sta 293, S. 22f. Brief von Wilhelmina Esch an den Staatsanwalt vom 9. Oktober 1936.

47 Ebd. S. 35f. Brief von Wilhelmina Esch an den Richter vom 14. Oktober 1936.

48 Ebd. S. 49. Brief des Gerichtes an das Untersuchungsgefängnis vom 23. Oktober 1936.

49 Peter Esch (1896-?) war von 1938 bis 1945 im Konzentrationslager.

50 Sta 293, S. 32. Schreiben vom 9. Oktober 1936.

51 Ebd. S. 36. Schreiben an das Sondergericht Mannheim vom 19. Oktober 1936.

52 Ebd. S. 25.

53 Enthalten – wie die anderen Informationen – in Sta 265.

54 So jedenfalls im entsprechenden Kapitel bei MATTHIAS/WEBER S. 437ff. Der Begriff der „Volksopposition" ist dabei m.E. irreführend.

55 Im Anhang bei MATTHIAS/WEBER ist eine Antonie Marie Merk mit Geburtsjahr 1908 angegeben, während die Akte Sta 511 – der sämtliche Informationen entnommen wurden – das Jahr 1902 angibt.

56 Geboren 1914, ebenfalls Lehrerin. Obwohl sie Mitglied des NS-Lehrerbundes und der NS-Frauenschaft war, wurde sie zu zwei Jahren Haft verurteilt.

57 Geb. 1898, Zahnarzthelferin. Sie war mit dem gebürtigen Straßburger Julius La Fontaine verheiratet, der wegen seiner Opposition zu zehn Jahren Haft verurteilt wurde, während Elisabeth La Fontaine eine Strafe von zwei Jahren erhielt.

58 Geb. 1903 und zu einem Jahr verurteilt.

59 Sta 511, S. 6.

60 Ebd.

61 Ebd. S. 12.

62 Ebd. Brief an ihren Vetter P. Zemb in Neuilly vom 4.11.42.

63 Ebd. Brief an P. Zemb, Neuilly vom 18.11.42.

64 Ebd. Brief an Fr. Zemb, Puteaut vom 20.10.42.

65 Ob dieses Urteil je vollstreckt wurde, ließ sich nicht rekonstruieren. In keinen Angaben zu ihrer Person fand sich ein Sterbedatum.

66 Sta 511, Urteilsschrift 19-27.

67 Vgl. MATTHIAS/WEBER S. 461.

68 Vgl. A. EBBINGHAUS (Hg.).

69 Zwei der neueren Publikationen sind: I. Strobl und G. Szepansky.
Eine kritische Analyse des wiederholten Versuches, der einseitigen - d.h. positiven - Darstellung der Frau als Opfer und Widerständige des (angeblich) rein patriarchalen NS-Systems bietet L. GRAVENHORST / C. TATSCHMURAT.

70 Daß Frauen aber nicht immer solidarisch handelten, zeigt der Fall eines SAP-Mitglieds in Mannheim, der als Deckadresse fungierte. Er bekam Streitigkeiten mit seiner Frau, die daraufhin 1934 die Gruppe platzen ließ und Verhaftungen – auch die ihres Mannes – in Kauf nahm (vgl. Sta 1080).

71 Vgl. J. KAISER S. 20.

72 Darauf verweist auch I. STROBL.

*E*va ist eine jener Frauen, deren Beitrag zum Widerstand gegen den Nationalsozialismus bisher in keinem Buch gewürdigt wurde. Sie hat keine heroische Tat vollbracht. Wahrscheinlich wurde sie bis heute nicht mal über ihren Widerstand befragt, denn sie ist aufgeregt wie ein junges Mädchen vor dem ersten Rendezvous, als ich zum Interview komme. Die Leistungen ihres Mannes August Fend wurden in Büchern beschrieben; sie sind einen Nachruf wert. Er hatte vor 1933 in Mannheim und nach 1945 in Ludwigshafen als Stadtverordneter der KPD gewirkt, er hat einen Namen. Eva und August kenne ich seit etwa 20 Jahren: aus der Friedensbewegung, der Antifa, den Aktionen gegen Tarif- und Gebührenerhöhung, von Konferenzen und Demos. Ich merke, Eva wollen die Worte über die Lippen sprudeln, aber August bremst. Er hat schon mal – ohne böse Absicht – die Eckdaten von Evas Lebenslauf notiert. Damit nichts vergessen wird in der Hitze des Interviews. Er ist versiert: Herkunft, Ausbildung, Arbeitsstellen, Kennenlernen ihres späteren Mannes… Klar, nun muß ich als Interviewerin eingreifen, den Perspektivenwechsel herbeiführen. Evas Gatten wegschicken? Das würde die Gesprächssituation ruinieren. Denn mir wird augenblicklich klar,

TYPISCH EVA.

auch wenn ich diese Haltung von meinem emanzipierten modernen Standpunkt aus nicht teilen kann: Evas Leben ist nicht ohne die Hintergrundfolie des Lebenslaufes ihres politisch engagierten Mannes zu verstehen. Eine jener zahllosen Frauen, deren Mut, Tapferkeit, moralische Größe und Treue den Widerstandskämpfern Rückhalt und Kraft gaben, Haft, Folter, Verhöre und KZ oder auch die Front durchzustehen – Gustav kam 1943 als 999er[1] an die Front nach Korfu. Trotzdem mußten diese Frauen ihren Alltag gemeistert haben, mit weiblichen Verweigerungsformen im Umgang mit der GESTAPO,

Eva Fend, 1929, als Hausgehilfin

bei Hausdurchsuchungen und Verhören, im unbe-
irrten mutigen Umgang mit Zeitgenossen, niemals konform mit der nationalsozialistischen Ideologie. Dennoch wurden sie nie Gegenstand der
Beschreibung. Ihre subtilen Widerstandsformen
gilt es nun herauszuarbeiten.

Eva, die seit 1928 in der Metzgerei Ehinger in der
Waldhofstr. 116 als Köchin und Hausgehilfin
gegen freie Kost und Logis und mit einem stolzen
monatlichem Gehalt von 50 DM beschäftigt
war, lernte ihren „Fende Guschtl", der Straßenbahn-
schaffner und als Roter stadtbekannt war, 1929
kennen, erzählt sie. Eins ihrer Hobbys sei Schwim-
men gewesen, und so habe sie mit ihrem August
und Linken aus dem kommunistischen Jugendverband viel Zeit im Arbeiterschwimmsportverein

Die Möwen[2], auf dem Maulbeerinseldamm
verbracht. Mit strahlenden Augen werden mir die
wohlbehüteten, makellosen Fotos vom Möwen-
Ball 1929 im *Apollotheater* in E 6[3] gezeigt, wo es
zum ersten Mal so richtig gefunkt habe. Wegen
Augusts politischer Tätigkeit und Haftzeit mußte
die Eheschließung sieben Jahre hinausgeschoben
werden. Mit dem Tag der faschistischen Machtergreifung am 30. Januar 1933 habe er als KPD-
Funktionär sofort in den Untergrund abtauchen
müssen. *August fand damals Unterschlupf bei
einem Straßenbahnerkollegen, dort konnten wir uns
ab und zu treffen,* sagt sie verschmitzt. Einmal
wurde sie, bei Ehingers wohnend, von der GESTA-
PO verhört. Sie sollte Augusts Versteck preisge-
ben. Aber sie habe es eben nicht gekannt.

Erster Maskenball – Möwe – 1930 – Eva, Gustl, Otto

Ich frage sie: *Wie hast du den Machtantritt der Nazis erlebt, in der roten Neckarstadt? – Die Hand zum Hitlergruß erhob fast niemand, da war ich nicht die einzige,* erinnert sich Eva, *und wenn schon, dann wäre man schräg angeguckt worden. Ehingers hängten auch keine Nazifahne raus. Ausreden fielen ihnen immer ein. Ab und zu wurde mal ein NSDAP-Plakat im Schaufenster angebracht, aber wirklich selten,* gibt sie kleinlaut zu. *Wurdest Du nicht aufgefordert, an BDM-Treffen teilzunehmen?* Die Entrüstung steht ihr im Gesicht: *Denen sagte ich, ich habe keine Zeit, stehe unter Streß. Das sieht man doch, was hier in der Metzgerei los ist! Und über den Frauenarbeitsdienst wurde öffentlich geschimpft, da bin ich niemals hin und alle mir bekannten Frauen auch nicht.*

Im Oktober 1933, im Zuge der ersten großen Verhaftungswelle in Baden sei auch August Fend wegen Hochverrates angeklagt worden. Grund war seine Teilnahme an einem illegalen Treffen, das aufflog. Die Strafe büßte er in verschiedenen Badischen Strafanstalten bis Juni 1936 ab. *Während all der Jahre gab es immer wieder gute Menschen,* sagt Eva. Als August in der Strafanstalt in Freiburg inhaftiert war, überbrachte einer der dortigen Gefängniswärter, Herr Bechtold, der aus Mannheim und schon früher Kunde in der Metzgerei Ehinger war, Briefe von August an seine Eva. *Gefährlich war das auf jeden Fall. Hätte man ihn erwischt, er*

wäre standrechtlich erschossen worden, zumindest verhaftet und gefoltert. Kunden der Metzgerei hätten ihr damals schon öfter mal geraten, sich von Gustav zu trennen. Sie sei ein so sauber Mädel, das habe sie doch gar nicht nötig, die GESTAPO-Verhöre und Durchsuchungen. *Das kam für mich überhaupt nicht in Frage,* sagt sie bestimmt und mit größter Selbstverständlichkeit. Gustl, der eifrig weitere Informationen einflechten möchte, nickt zufrieden. War ihr Verhalten denn so selbstverständlich? War es nicht die ebenso heldenhafte, „andere" Seite der Widerstandsbewegung, die bisher in Beschreibungen ausgespart wurde? War es nicht jener bedingungslose emotionale Rückhalt bei Frau und Familie, das Wissen, verstanden und akzeptiert zu werden, das den Widerstandskämpfern erlaubte, über sich und ihre Angst hinauszuwachsen? Als ich diesen Gedanken andeute, wird August nachdenklich, tiefsinnig.

Die Heirat, das Wort Hochzeit vermeide sie lieber, wurde erst 1936 nach der Haftentlassung möglich. Im Juli 1936 kam August aus der Haft, am 28. November 1936 wurde geheiratet. *Die GESTAPO verlangte, daß wir uns ein Quartier am Stadtrand suchen müßten, weil sie so August besser überwachen konnten. Gleichzeitig wurden aber Hausbesitzer von der GESTAPO unter Druck gesetzt, keine Wohnung an Politische zu vermieten. Es war sehr schwer, eine Wohnung zu finden. Ohne Tips von Mitmenschen hätte es nicht geklappt.* Endlich hörten sie von einem Vermieter in Altrip. Der Hausbesitzer, Ingenieur Beyler, war ein Deutschnationaler, Gegner der Hitlerpartei. Er habe sich gegen die GESTAPO durchgesetzt. Das sei sein Haus. Er vermiete, an wen er wolle, habe er denen geantwortet. *Dazu gehörte damals viel Mut,* gesteht Eva anerkennend. Das Haus in der Moltkestraße 7 war Evas durchgehender Aufenthaltsort von Jahresanfang 1937 bis 1948, der ihres Sohnes Rudi, der 1939 geboren wurde, und der von August Fend bis 1942. Nachdem sie in Altrip wohnten, sei keine illegale politische Arbeit ihres Mannes mehr möglich gewesen. Ihre Wohnung wurde ständig observiert. Nichtsdestotrotz durchsuchte die GESTAPO mehrfach die Wohnung, durchwühlte in ihrer Abwesenheit Schränke und entwendete Geld. *In den ersten Jahren wurden wir von den Dorfbewohnern geschnitten. Wir fühlten uns sehr isoliert. Ab und zu kam mal ein Jugendfreund aus Mannheim zu Besuch, aber das war für jeden riskant.* Rudi wurde morgens um acht Uhr in den Kindergarten gebracht und Eva verdingte sich zur Feldarbeit. Am Nachmittag nahm sie ihr Kind mit in den Schrebergarten, da wurde Gemüse angebaut. Als Rudi älter wurde, prägte sie dem Kind ein: *Dein Vater ist nicht der Meinung wie Hitler.* Die bohrenden Fragen der Kinder, warum sein Vater von der GESTAPO überwacht wurde, mußte der Sohn beantworten.

Hungerleiden mußten sie nicht. Es wurden Naturalien getauscht. Ab und zu kam auch mal ein Fleisch- oder Wurstpaket der Metzgerei Ehinger. August verdiente Geld. Er war nach der Haftentlassung dienstverpflichtet worden und erhielt den regulären Lohn. Er wurde auch am Arbeitsplatz überwacht. Als qualifizierter Handwerker, Modellschreiner, fand er zwar schnell Arbeit, wenn aber der Betrieb zum Rüstungsbetrieb deklariert wurde, wurde ihm wegen Gefahr der Sabotage gekündigt. *Das schlimmste war die Isolation,* gesteht Eva. Auch die Altripper gaben ihr immer wieder den Rat, sich von August scheiden zu lassen. Der Gedanke muß für sie immer tabu gewesen sein, ich sehe es ihr an. Sie, die zwar aus dem Arbeiterbezirk Berghausen bei Karlsruhe stammte, deren Vater Steinbrucharbeiter war und die als jüngstes von sieben Kindern mit 14 Jahren ohne Ausbildung das Elternhaus verlassen mußte, weil das

Geld nicht reichte, um die Familie zu ernähren, und die gegen Kost und Wohnung fortan für ihren Lebensunterhalt selbst aufkommen mußte, vom Leben nicht begünstigt wurde, selbst keiner politischen Partei angehörte, ertrug klaglos die soziale Verachtung der Mitmenschen und hielt zu ihrem Mann. *Trotzdem gab es auch damals Hilfe,* sagt sie. *Als 1938 der Rhein für den Altripper Fährbetrieb wegen Treibeises unpassierbar und die Fahrten eingestellt wurden, fand ich für August auf dem rechtsrheinischen Ufer bei früheren SPD-Bekannten, bei Familie Käthe Grosinsky in Mannheim-Rheinauhafen, Stengelhofstrasse, ein vorübergehendes Quartier. Augusts Arbeitsstelle, das Stahlwerk, lag rechtsrheinisch. Frau Grosinsky, die Tante eines SPD-Landtagsabgeordneten, lebt heute noch. 1938 ging ein großes Risiko ein, wer einem Politischen ungemeldet Quartier bot.* Hätte August aber im Betrieb gefehlt, was anhand der Stechkarte leicht zu kontrollieren war, wäre sofort die Polizeiwache informiert werden müssen. Auf den Rhein und die nicht verkehrende Fähre hätte die GESTAPO dann keine Rücksicht genommen.

Ich frage Eva, ob das NS-Frauenbild „Kinder-Küche-Kriegsdienst" denn akzeptiert worden sei. *Nur in der Wochenschau, aber sonst nicht. Weder in der Neckarstadt, noch in Altrip,* antwortet sie brüskiert, als müsse sie die Ehre der Frauen retten. 1939, im Jahr des Kriegsbeginns, besserten sich die Kontakte zu den Altripper Einwohnern. Unter Anleitung des Familienvaters wurden in Heimproduktion bei Fends Leiterwägen, Billardspiele, Wackeldackel oder Kindertische und -stühle produziert. Gegen Bezahlung. Zu den Kunden gehörte der evangelische Pfarrer. Voll Hochachtung bemerkt August: *Er hat die Beziehung zu einem Kommunisten auf sich genommen, das hieß etwas.* Es kam zu ersten politischen Kontakten mit SPD-Leuten. Man konnte den Frust ablassen, das tat gut. *In der Nähstunde „Aus alt mach neu" – ein Frauenprogramm der Nazis –, kam es nach 1939 schon mal zu politischen Gesprächen. Den Krieg hat keine gewollt und es wurde heftig geschimpft,* sagt Eva. Ich habe plötzlich das Gefühl, daß sie etwas verschweigt. Welches Gewicht nämlich ihre Meinung im Nähkreis unter den anderen Frauen hatte, daß man auf sie, die schon immer gegen Hitler war, nun hörte. Ist es nicht typisch Eva, daß sie über diesen persönlichen Beitrag zum Widerstand schweigt, nicht damit prahlen will, was für sie selbstverständlich war. Öffentliche Anerkennung fanden eben nur die spektakulären Taten. Also verliert sie kein Wort darüber.

1942 wird August zum Bataillon 999 eingezogen. Zuerst kommt er auf den Heuberg zur militärischen Ausbildung, dann geht es weiter nach Korfu. Dort ist er Mitglied einer Widerstandsgruppe; als sich die Chance ergibt, läuft er zu den griechischen Partisanen über. Zweimal besucht Eva mit ihrem Sohn den Mann auf dem Heuberg. Fast jeder Schritt ist illegal, und dennoch kehrt sie unbeschadet nach Altrip zurück. Als die GESTAPO ihre Wohnung wieder mal durchwühlt und sogar das Kind aus dem Schlaf zerrt, sagt Eva empört: *Ja, macht man denn sowas! Was sind Sie für Menschen!* Es war das letzte Mal, daß die Wohnung durchsucht wurde, berichtet sie bedeutungsvoll, als ob sie sagen wollte: *Deren Gewissen habe ich damals offenbar getroffen.* Schließlich erinnert sie sich an einen brisanten Vorfall. Mit der erwachsenen Tochter des Hausbesitzers habe sie immer den englischen Widerstandssender gehört. Eines Tages, als ihr Sohn Rudi mit anderen Kindern spielte, ahmte er den englischen Widerstandssender nach. Er spielte „Radioles". Eine Nachbarin, die das Kinderspiel verfolgt hatte, machte Eva darauf aufmerksam. *Ebensogut hätte sie zur GESTAPO gehen können, um uns anzuzeigen, aber sie tat es nicht.* Ich überlege: Warum? War es das Verdienst von Frauen, daß sie trotz politischer Verfolgung und Ächtung allein durch ihre beharrliche Verweigerungshaltung Atmosphäre schufen und allmählich akzeptiert wurden. Ich frage: *Und was hast Du daraufhin Deinem Sohn gesagt?* Da bekomme ich die rätselhafte Antwort: *Gar nichts. Hätte ich das Kind verunsichern sollen? Und sonst prägte ich ihm immer ein, wenn man Dich ausfragt, dann sagst Du besser gar nichts, denn lügen soll man nicht.* August kam erst 1948 aus englischer Gefangenschaft zurück. Nach 1945 ertrug Eva das Schicksal der Gattin eines nie rehabilitierten Widerstandskämpfers. Ihren subjektiven Beitrag, der ebenso zur Überwindung des faschistischen Terrorsystems führte, wie der heroische (meist männliche) Widerstand hat sie sich vermutlich nie bewußt gemacht. Aber ich bin sicher, sie würde sich immer wieder so verhalten.

Interview mit Eva in Anwesenheit von August Fend in Mannheim-Vogelstang am 23. August 1992

Ursula E. E. Köhler

Anmerkungen zum Kapitel

[1] Die Bewährungseinheit 999 wurde per Erlaß 1940 gebildet. In sie wurden Wehrunwürdige, Kriminelle und politisch Verfolgte rekrutiert. Die Einheiten wurden ausschließlich an der Front als „Kugelempfänger", quasi als menschliche Schutzschilde der nachrückenden ordentlichen Armee eingesetzt.

[2] Durch Abspaltung 1930 ging daraus der spätere Schwimmverein am Stollenwörth hervor.

[3] Beliebtester Veranstaltungsort der Linken; z. B. wurde hier die Aufführung von Eisensteins „Panzerkreuzer Potemkin" zum kollektiven Erlebnis einer Protestversammlung.

DIE AUTORINNEN

Stephanie Andres-Hummel,
geb. 1968, Studentin, alte, mittlere und neuere Geschichte, Universität Mannheim.

Lotte Banzhaf,
geb. in Berlin, Studium der Volkswirtschaft, freie Mitarbeiterin der Rhein-Neckar-Zeitung, Verlagsarbeit im Verlag „Die Rheinschiffahrt", langjährige Vorsitzende des Mannheimer Frauenrings.

Lydia Bauer,
geb. 1955, Dipl. Verwaltungswirtin FH, Mitarbeiterin und Stellvertreterin der Frauenbeauftragten der Stadt Mannheim.

Tilde Bayer,
geb. 1961, Geschichtsstudium an der Universität Mannheim, arbeitet über Themen der Frauen(geschichte) und Stadtgeschichte sowie Geschichte der Juden in Deutschland.

Antje Böttger,
geb. 1953, Studium an der Kunstschule Rödel in Mannheim, Barcelona (Anatomie), von Beruf Bildende Künstlerin, ausgeübter Beruf: Kunst am Bau, Cartoonistin.

Ulrike Brummert,
geb. 1952, Studium der Romanistik, Germanistik, Politologie, Pädagogik an den Universitäten von Münster/Westf., Löwen (B.) und Toulouse (F.), Dozententätigkeiten an der FU Berlin (1982-1987), den Universitäten von Limoges (1978-1982), Louvain-la Neuve (1977) und seit 1989 als wissenschaftliche Assistentin am Seminar für Neuere Geschichte der Universität Mannheim.

Ulrike Gall,
geb. 1959, Studium der Kunstgeschichte, Archäologie, Pädagogik in Heidelberg und München. Zur Zeit ist ihre Dissertation in Kunstgeschichte über das Thema „Weibliche Allegorien im Industriezeitalter" in Arbeit.

Beatrix Geisel,
geb. 1943, Studium der Politologie und Literaturwissenschaften an der Universität Frankfurt, freie Journalistin seit 1983, Redakteurin beim Mannheimer Morgen (1965-1979), Ressortleiterin Kultur für die „Welt der Arbeit" (1980-1982).

Rosmarie Günther,
geb. 1942, studierte Geschichte, Germanistik, Politische Wissenschaft in Heidelberg und Mannheim, Akademische Oberrätin am Seminar für Alte Geschichte. Promotion.

Gabi Gumbel,
geb. 1961, Studentin an der Universität Mannheim, Studienrichtung Geschichte und Germanistik.

Barbara Guttmann,
geb. 1958, Studium: Neuere Geschichte, Literaturwissenschaft, Mediäristik an der Universität Karlsruhe, Promotion 1988, seit 1989 Stadthistorikerin in Waghäusel.

Alexa Gwinner,
geb. 1943, Dipl.-Bibliothekarin an der Universität Mannheim/Bibliothek für Sprach- und Literaturwissenschaft, Examen: Heidelberg.

Sabine Heißler,
geb. 1958, studierte Geschichte, Ethnologie, Anglistik in Heidelberg und Mannheim. Historikerin an der Universität Mannheim.

Christel Hess,
geb. 1955, Studium der Anglistik/Geschichte an der Universität Mannheim, Konservatorin am Landesmuseum für Technik und Arbeit in Mannheim.

Brigitte Höft,
geb. 1938, studierte Bibliothekswesen mit Schwerpunkt Musik an der Fachhochschule für Bibliothekswesen Stuttgart, seit 1971 Dipl.-Bibliothekarin, Leiterin der Städt. Musikbücherei in Mannheim.

Monika Kleinschnitger,

geb. 1966, studiert Geschichte, Germanistik und Anglistik an der Universität Mannheim.

Ursula E. E. Köhler,

geb. 1947, Studium der Soziologie, Germanistik, Linguistik, Psychologie, Philosophie an der Universität Mannheim, M.A., Promotion, Buchhändlerin, Rechtsanwaltssekretärin, New York 1970, Buchhandelsfiliale-Leiterin in Mannheim 1974-1983, Wissenschaftliche Bibliotheksangestellte, UB-Mannheim 1986-1988, Wissenschaftliche Angestellte im Frauenbüro der Universität Mannheim 1991-1993, Lehrtätigkeit: Literatursoziologie, Literarische Moderne, Feministische Theorie.

Regine Komoß,

geb. 1962, studierte Geschichte, Germanistik, Philosophie (M.A.) an den Universitäten Heidelberg und Mannheim.

Wolfgang Kromer,

geb. 1948, Studium der Soziologie/Wirtschafts- und Sozialgeschichte/Zeitgeschehen in Nürnberg und Mannheim, Dipl.Soziologe, Dr.phil., seit 1985 tätig als Konservator am Landesmuseum für Technik und Arbeit in Mannheim.

Anna-Maria Lindemann,

studierte Geschichte, Politik, Germanistik, 1. und 2. Staatsexamen, Historikerin. Ausgeübter Beruf: Gewerkschaftssekretärin der Gewerkschaft HBV.

Birgit Sibyll L. M. Lippold-Stenz,

geb. 1955, studierte Kunstgeschichte, Germanistik, Geschichte, Pädagogik an der Universität Heidelberg, seit 1977 Kunsthistorikerin u.a. im Heidelberger Kunstverein, Mannheimer Kunstverein, Wilhelm-Hack-Museum Ludwigshafen/Rhein, freie Mitarbeiterin bei Kunst- und Kulturprojekten und in der Museumspädagogik.

Rita Müller,

geb. 1965, Staatsexamen Germanistik/Geschichte an der Universität Mannheim, Mitarbeiterin am Seminar für Neuere Geschichte.

Leonie Ossowski,

geb. 1925 in Niederschlesien, freie Schriftstellerin in Berlin, schrieb Theaterstücke in Berlin für Jugendliche sowie Filmdrehbücher, Romane und Erzählungen, erhielt 1982 für ihr Gesamtwerk den Schillerpreis der Stadt Mannheim.

Christiane Pfanz-Sponagel,

geb. 1964, studierte Geschichte, Germanistik (M.A.) in Mannheim. Seit 1992 Doktorandin an der Universität Mannheim.

Yasemin Sarigül,

geb. 1959, Berufsausbildung als Sozialberaterin, seit 1982 bei der Arbeiterwohlfahrt in Mannheim als Sozialberaterin tätig.

Bettina Scheeder,

geb. 1959, studierte Kunstgeschichte, klass. Archäologie und Ur- und Frühgeschichte in Heidelberg, (M.A.), freiberufliche Museumspädagogin am Wilhelm-Hack-Museum Ludwigshafen/Rhein sowie Mitarbeit an einem Forschungsprojekt des Sozialministeriums Baden-Württemberg.

Andrea Schmidt,

geb. 1965, Studium: Europäische Kunstgeschichte, Germanistik in Heidelberg (M.A.), seit 1989 VHS-Dozentin und Museumspädagogin in Mannheim und Heidelberg.

Sylvia Schraut,

geb. 1954, Studium der Germanistik, Polit. Wissenschaft und Geschichte an der Universität Mannheim, Promotion in Geschichte 1988, in der wissenschaftlichen Forschung im Fachbereich Geschichte an der Universität Mannheim, Habilitationsarbeit zur württemb.-badischen Nachkriegsgeschichte gerade abgeschlossen.

Sigrid Schuster-Schmah,

geb. 1933, Dipl.-Bibliothekarin, Studium an der Fachhochschule Köln 1954-1957. Berufstätig in öffentl. Bibliotheken in Hamm und Heidelberg; nach Familienpause bis 1993 Aufbau und Leitung der Schul- und Stadtteilbibliothek in Mannheim-Feudenheim, als freie Mitarbeiterin verantwortlich für zahlreiche Rundfunkbeiträge, schreibt und publiziert seit 1974 für Kinder, Jugendliche und Erwachsene.

Barbara Stabenow,

geb. 1958, Studierte Anglistik und Geschichte an der Universität Mannheim, Lehramt am Gymnasium, nach zweijährigem Volontariat nunmehr seit April 1990 wissenschaftliche Angestellte im Landesmuseum für Technik und Arbeit in Mannheim.

Karin von Welck,

geb. 1947, Studium der Ethnologie, Germanistik, Politischen Wissenschaften an den Universitäten Hamburg und Köln, seit 1990 leitende Direktorin des Reiß-Museums der Stadt Mannheim.

Susanne Zeller,

geb. 1951, Studium der Sozialarbeit an der Fachhochschule Erfurt/FB Sozialwesen. Krankenschwester, Sozialpädagogin (grad.), Dipl.-Päd., zur Zeit Professorin für Sozialarbeit (Berufsgeschichte, Theorien v. Sozialpädagogik, Sozialarbeit, Sozialethik).

Die Grafik-Designerin

Alexandra Hackmayer,

geb. 1968, Grafik-Design Studium an der Fachhochschule für Gestaltung in Mannheim, Diplom, als freie Mitarbeiterin tätig bei der Design-Gruppe Fanz und Neumayer.

Die Herausgeberin

Ilse Thomas,

geb. 1949, Diplom Volkswirtin, seit 1987 Frauenbeauftragte der Stadt Mannheim, vor dem Studium Bürokauffrau, ab 1975 Referentin in der Erwachsenenbildung.

LITERATURVERZEICHNIS

ABELSHAUSER, WERNER/FAUST, ANSELM/
PETZINA, DIETMAR (HG.): Deutsche Sozialgeschichte
1914-1945, München 1985

AFFELDT, W.: Lebensformen für Frauen im Mittelalter.
In: BECHER, URSULA A. J./RÜSEN, JÖRN: Weiblichkeit in geschichtlicher Perspektive. Fallstudien
und Reflexionen zu Grundproblemen der historischen Frauenforschung, Frankfurt 1988

ALTH, MINNA VON: Frauen am Theater.
Freche Buhlerinnen?, Freiburg 1979

ALTMANN, SALLY: Die Kriegsfürsorge in Mannheim,
Mannheim 1916

ALTMANN-GOTTHEINER, ELISABETH (HG.):
Jahrbücher des Bundes Deutscher Frauenvereine,
Berlin/Leipzig (zitiert als BDF JB)

ALTMANN-GOTTHEINER, ELISABETH (HG.):
Kriegsjahrbuch des Bundes Deutscher Frauenvereine,
Leipzig 1914

ALTMANN-GOTTHEINER, ELISABETH (HG.):
Kriegsjahrbuch des Bundes Deutscher Frauenvereine,
Leipzig 1915

ALTMANN-GOTTHEINER, ELISABETH (HG):
Heimatdienst im ersten Kriegsjahr, Leipzig 1916

ALTMANN-GOTTHEINER, ELISABETH (HG):
Frauenberufsfrage und Bevölkerungspolitik,
Leipzig 1917

ALTMANN-GOTTHEINER, ELISABETH (HG):
Frauenaufgaben im künftigen Deutschland,
Leipzig 1918

AMARANTHES: Nutzbares, galantes und curioses
Frauenzimmer-Lexicon, Leipzig 1715

AVERDIECK, ELISE: Lebenserinnerungen,
Hamburg 1908

BAB, JULIUS: Richard Dehmel, Leipzig 1926

BADISCHER FRAUENVEREIN (HG.): Badisches Kriegskochbüchlein, Karlsruhe 1915

BADISCHER HEIMATDIENST IM WELTKRIEG,
Karlsruhe 1916

BAJOHR, STEFAN: Die Hälfte der Fabrik. Geschichte
der Frauenarbeit 1914-1945. 2. verb. Aufl.,
Marburg 1984

BAYER, TILDE: Die Juden in Mannheim während der
Regierungszeit des Kurfürsten Karl Ludwig 1660-
1680, masch. Magisterarbeit, Universität Mannheim
1988

BECHER, URSULA A. J. RÜSEN, JÖRN (HG.):
Weiblichkeit in geschichtlicher Perspektive.
Fallstudien und Reflexionen zu Grundproblemen der
historischen Frauenforschung, Frankfurt 1988

BECHER, URSULA A. J.: Weibliches Selbstverständnis in
Selbstzeugnissen des 18. Jahrhunderts. In: BECHER,
URSULA A. J. RÜSEN, JÖRN (HG.): Weiblichkeit in
geschichtlicher Perspektive. Fallstudien und Reflexionen zu Grundproblemen der historischen Frauenforschung, Frankfurt 1988

BENKER, GITTA STÖRMER, SENTA:
Grenzüberschreitungen. Studentinnen in der Wei-
marer Republik, Pfaffenweiler 1991 (= Frauen in
Geschichte und Gesellschaft, hg. v. Annette Kuhn u.
Valentine Rothe. Bd. 21)

BENSINGER, KARL: Die Kinderkrippe der rheinischen
Gummi- und Celluloidfabrik in Mannheim-Neckarau.
In: Zeitschrift für Säuglingsschutz II/1910

BERGER, RICHARD AUGUST: Die rechtliche Lage der
Dienstboten Badens in sozialökonomischer Beleuch-
tung, Diss., Gladbach 1915

BERICHT DER SENATSKOMMISSION zur gleichberechtigten Entfaltung von Frauen in Studium, Forschung und Lehre in der Senatssitzung v. 27.05.1992.
In: Frauenzeitung 2, 1992, S. 36-57

BIERBAUM, ANGELIKA: Komponistinnen von A-Z.
Südwestfunk Baden-Baden. Eine Sendereihe in 52
Folgen. Manuskript, Baden-Baden 1989

BIOGRAPHISCHES HANDBUCH DER DEUTSCH-
SPRACHIGEN EMIGRATION NACH 1933, Bd. 1,
München 1980.

BITTMANN, KARL : Hausindustrie und Heimarbeit im
Großherzogtum Baden zu Anfang des XX. Jahrhunderts, Karlsruhe 1907

BITTMANN, KARL: Karitative und industrielle Säuglings-
milchküchen (1909), in: ders., Ausgewählte kleinere
Schriften, Jena 1920, S. 22-25

BLAUSTEIN, ELISABETH: 25 Jahre Bund für Mutterschutz in Mannheim, Mannheim 1932

BLAUSTEIN, ELISABETH: Zwanzig Jahre Mannheimer
Mutterschutz, Mannheim 1927

BLOCHMANN, MARIA W.: *Laß doch gelüsten nach
der Männer Weisheit und Bildung.* Frauenbildung als
Emanzipationsgelüste 1800-1918, Pfaffenweiler 1990
(= Frauen in Geschichte und Gesellschaft. Hg. v.

Annette Kuhn u. Valentine Rothe, Bd. 11)

BLOS, WILHELM: Mannheimer Erinnerungen an 1866.
In: Alles für das Volk, Alles durch das Volk. Dokumente zur demokratischen Bewegung in Mannheim
1848-1948, ausgewählt und bearbeitet von Jörg
Schadt, Stuttgart 1977, S. 49 - 57

BLUM, ROBERT/HERLOSSSOHN, KARL/
MARGGRAFF, HERMANN: Allgemeines Theaterlexikon
oder Encyklopädie alles Wissenswerthen für Bühnenkünstler, Dilettanten und Theaterfreunde, Leipzig
1840

BOCK, ULLA, JANK/DAGMAR: Studierende, lehrende
und forschende Frauen in Berlin: 1908-1945
Friedrich-Wilhelm-Universität zu Berlin. 1948-1990
Freie Universität Berlin, Berlin 1990

BOEDECKER, ELISABETH: 25 Jahre Frauenstudium in
Deutschland. Doktorabeiten von Frauen 1908-1933,
Hannover 1939

BOEDECKER, ELISABETH: 25 Jahre Frauenstudium in
Deutschland, Hannover 1939

BOEHLKE, KIRSTIN: Frauenstudium an der Christian-
Albrechts-Universität Kiel vor dem Hintergrund des
Frauenstudiums in Deutschland. Eine Skizze,
Kiel 1985

BOEHM, LAETITIA: Von den Anfängen des akademischen Frauenstudiums in Deutschland. Zugleich ein
Kapitel aus der Geschichte der Ludwig-Maximilians-
Universität München. In: Historisches Jahrbuch
77/1958, S. 298-327

BOELCKE, WILLI A.: Sozialgeschichte Baden-Württembergs 1800-1989. Politik, Gesellschaft, Wirtschaft,
Stuttgart 1989 (Schriften zur politischen Landeskun-
de Baden-Württembergs, Bd. 16)

BOGERTS, HILDEGARD: Bildung und berufliches
Selbstverständnis lehrender Frauen in der Zeit von
1885-1920, 2. Aufl, Bern 1978

BÖTTGER, RICHARD: Mannheimer Frauen. In:
Mannheimer Hefte 3, 1954, S. 6-11

BRAUN, GÜNTER: Widerstand und Verfolgung in
Mannheim 1933 - 1945, hg. vom Sozialdemokrati-
schen Bildungsverein Mannheim e.V.,
Mannheim 1983

BRAYER, MENACHEM M.: The Jewish Woman in
Rabbinic Literature. Bd. 2. Hoboken,
New Jersey 1986

BRINKER-GABLER, GISELA: Frauenarbeit und Beruf,
Frankfurt 1979

BURKHARDT, RICHARD: Ein Kampf ums Menschenrecht. Hundert Jahre Tarifpolitik der Industriege-
werkschaft Druck und Papier und ihrer Vorgänger-

organisationen seit dem Jahre 1873, hg. vom Haupt-
vorstand der IG Druck und Papier, Stuttgart 1974

CARLEBACH, JULIUS: Family Structure and the Position
of Jewish Women. In: Revolution and Evolution.
1848 in German-Jewish history, Tübingen 1981,
S. 157-187

CHEMNITZ, WALTER: Frauenarbeit im Kriege (Volkswirtschaftliche Studien. H. 15), Berlin 1926

COSTAS, ILSE: Der Beginn des Frauenstudiums an der
Universität Göttingen. Die Wissenschaft, das Wesen
der Frau und erste Schritte zur Öffnung männerdo-
minierter Karrieren. In: DUWE, K. (HG.): Göttingen
ohne Gänseliesel. Texte und Bilder zur Stadtgeschichte, Gudesberg-Gelichen 1988, S. 185-193

DAGENBACH, KLAUS/KOPPENHÖFER, PETER: Eine
Schule als KZ. Bearbeitet und hg. vom Stadtarchiv
Mannheim, Oktober 1990

DANIEL, UTE: Arbeiterfrauen in der Kriegsgesellschaft.
Beruf, Familie und Politik im Ersten Weltkrieg (Kriti-
sche Studien zur Geschichtswissenschaft 84). Diss.,
Bielefeld, Göttingen 1989

DANIEL, UTE: Fiktionen, Friktionen und Fakten –
Frauenlohnarbeit im Ersten Weltkrieg. In: MAI,
GÜNTHER: Arbeiterschaft in Deutschland 1914-
1918. Studien zu Arbeitskampf und Arbeitsmarkt im
Ersten Weltkrieg, Düsseldorf 1985, S. 277-323

DEHMEL, IDA: Ausstellungskatalog, Hamburg 1970

DEHMEL, RICHARD: Gesammelte Werke. Bd. 1-3,
Berlin 1919

DEHMEL, RICHARD: Ausgewählte Briefe. Bd. 1-2,
Berlin 1922

DENKWÜRDIGKEITEN DER GLÜCKEL VON
HAMELN. Frankfurt a.M. 1987 (ND der Ausgabe v.
1923)

DEVRIENT, EDUARD: Geschichte der deutschen
Schauspielkunst in 2 Bdn., Berlin 1905

DIE FRAUENARBEIT IN DER METALLINDUSTRIE
WÄHREND DES KRIEGES. Dargestellt nach Erhebun-
gen im August - September 1916 vom Vorstand des
Deutschen Metallarbeiterverbandes, Stuttgart 1917

DIE GESUNDHEITSPFLEGE IN MANNHEIM. Festgabe
der Stadt Mannheim zur 30. Jahres-Versammlung
des deutschen Vereins für öffentliche Gesundheitspflege. Im Auftrage des Stadtrates redigiert durch
Dr. Stephani, Stadtschularzt, Mannheim 1905

DIE HANDELSHOCHSCHULE MANNHEIM IN DEN
JAHREN 1923-1925. Bericht erstattet v. Rektor Prof.
Dr. Behrend

DIE HAUSFRAU in ihrem Schalten und Walten. Unter
Mitwirkung hervorragender Fachleute bearbeitet von

Professor Dr. Moeller. Ulm o.J.

DIE HOCHSCHULEN zu Beginn der neunziger Jahre.
Statistik von Baden Württemberg. Bd. 441. Hg. v.
Statistischen Landesamt Baden-Württemberg,
Stuttgart 1991

DIE KRIEGSARBEIT DES BUNDES DEUTSCHER
FRAUENVEREINE. In: ALTMANN-GOTTHEINER,
ELISABETH (HG.): Heimatdienst im ersten Kriegsjahr (Jahrbuch des Bundes Deutscher Frauenvereine
1916), Berlin/Leipzig 1916, S. 1-32

DIE UNGESCHRIEBENE GESCHICHTE. Historische
Frauenforschung. Dokumentation des 5. Historike-
rinnentreffens in Wien, 16. - 19. April 1984. Wiener
Historikerinnen (Hg.) (Frauenforschung Bd. 3),
Wien 1984

DORER, MARIA CAECILIA: Die sozialpolitischen Pro-
bleme der Hausangestellten. Freie wissenschaftliche
Arbeit für das Diplom-Handelslehrer-Examen.
Masch. Handelshochschule Mannheim (o.J.)

DORNEMANN, LUISE: Clara Zetkin. Leben und
Wirken, Berlin 1985

DRITTE DENKSCHRIFT DER GROSSHERZOGLICH
BADISCHEN STAATSREGIERUNG ÜBER IHRE WIRT-
SCHAFTLICHEN MASSNAHMEN WÄHREND DES
KRIEGES, Karlsruhe 1917

DRÜLL, DAGMAR: Heidelberger Gelehrtenlexikon
1803-1932, Berlin 1983

DUDEN, BARBARA/EBERT, HANS: Die Anfänge des
Frauenstudiums an der Technischen Hochschule
Berlin. In: RÜRUP, REINHARD (HG.): Wissenschaft
und Gesellschaft. Beiträge zur Geschichte der Tech-
nischen Universität Berlin 1879-1979, Bd. 1,
Berlin/Heidelberg 1979, S. 403-423

DÜLMEN, ANDREA VON (HG.): Ein historisches
Lesebuch, München 1988

DÜLMEN, ANDREA VON: Frauenleben im 18. Jahrhundert, München 1992

DÜRINGER, PHILIPP-JAKOB: Handschriftliche Akten,
Theatersammlung des Reiß - Museums der Stadt
Mannheim

DÜRINGER, PHILIPP-JAKOB/BARTHELS, HEINRICH:
Theater-Lexikon. Theoretisch-practisches Handbuch
für Vorstände, Mitglieder und Freunde des Theaters,
Leipzig 1841

EBBINGHAUS, ANGELIKA (HG.): Opfer und Täterinnen. Frauenbiographien des Nationalsozialismus,
Nördlingen 1987

EVANS, RICHARD J.: Sozialdemokratie und Frauenemanzipation im deutschen Kaiserreich, Berlin/Bonn
1979

EVANS, RICHARD J.: The Feminist Movement in
Germany 1844 - 1933, London 1976

FAMBACH, OTTO: Das Repetitorium des Hof-und
Nationaltheaters in Mannheim 1804-1832,
Bonn 1980 (= Mitteilungen zur Theatergeschichte
der Goethezeit, Bd.1)

FETTEL, JOHANNES: Die weiblichen Hausangestellten
in Mannheim. Freie wissenschaftliche Arbeit., masch.,
Mannheim 1924

FIEDLER: Aus dem Leben der Frau Juliane Amalie
Kauffmann, geb. Baunach (1816-1869) in Mannheim.
In: KAUFFMANN, OTTO E., Görlitz 1906,
S. 192 - 197

FISCHER, FRITZ: Deutschland und der Ausbruch des
Weltkrieges. In Erwartung des Blitzsieges. In:
WOLFGANG SCHIEDER (HG.): Erster Weltkrieg.
Ursachen, Entstehung und Kriegsziele, Köln/Berlin
1969, S. 29-70

FISCHER, WOLFRAM: Staat und Gesellschaft Badens
im Vormärz. In: CONZE, WERNER (Hg.): Staat und
Gesellschaft im deutschen Vormärz, Stuttgart 1962,
S. 143 - 172

FOITZIK, JAN: Zwischen den Fronten. Zur Politik,
Organisation und Funktion linker politischer Klein-
organisationen im Widerstand 1933 bis 1939/40
unter besonderer Berücksichtigung des Exils,
Bonn 1986

FONTANESI: Kurze Vorstellung der Industrie in denen
drey Haupt-Städten und sämtlichen Ober-Aemtern
der Churfürstlichen Pfalz rucksichtlich auf die Manu-
facturen, Gewerbschaften und die Handlung, Frankenthal 1775

FREUND, RICHARD: Der Allgemeine Arbeitsnachweis
in Deutschland im Jahre 1896, Berlin 1897

FREVERT, UTE: Frauen-Geschichte. Zwischen
Bürgerlicher Verbesserung und Neuer Weiblichkeit,
Frankfurt 1986

FRIEDMANN, HELMUT: Alt-Mannheim im Wandel
seiner Physionomie, Struktur und Funktionen (1606-
1965), Mannheim 1968

GATTERER, CHRISTIAN WILHELM (HG.): Technologisches Magazin, 1. Bd., Heidelberg 1790,

GAWLICZEK, O. HERBERT U.A.: Chronik der Ärzte
Mannheims, Mannheim (o.J.)

GEMMINGEN, OTTO-HEINRICH FREIHERR VON:
Mannheimer Dramaturgie, Mannheim 1780

GEORGE, STEFAN/COBLENZ, IDA: Briefwechsel,
Stuttgart 1983

GEORGE, STEFAN: Das Jahr der Seele, Stuttgart 1987

GERHARD, UTE: Unerhört. Die Geschichte der deutschen Frauenbewegung, Hamburg 1990

GERSDORFF, URSULA VON: Frauen im Kriegsdienst 1914 - 1945 (Beiträge zur Militär- und Kriegsge- schichte, Bd. 11), Stuttgart 1969

GÖRLER, INGEBORG (HG.): So sahen sie Mannheim, Stuttgart 1974

GRAVENHORST, LERKE/TATSCHMURAT, CARMEN (HG.): Töchter Fragen. NS-Frauengeschichte, Freiburg 1990

GREHBIEL-DARMSTÄDTER, MARIA: Briefe aus Limonest 1940-1943. In: SCHMITTHENNER, WALTER(Hg.), Heidelberg 1970, S. 375, 381-83

GREVEN-ASCHOFF, BARBARA: Die bürgerliche Frauenbewegung in Deutschland 1894-1933, Göttin- gen 1981

GROSSMAN, ATINA: Abortion and Economic Crisis: The 1931 Campaign Against Paragraph 218 in Germany. In: New German Critique 14. 1978, S. 119-137

GRUNWALD, MAX: Samuel Oppenheimer und sein Kreis. Ein Kapitel aus der Finanzgeschichte Öster- reichs, Wien/Leipzig 1913

GUTTMANN, BARBARA: Weibliche Heimarmee. Frauen in Deutschland 1914-1918, Weinheim 1989 (Diss. Karlsruhe)

HANDBUCH DER SOZIALEN WOHLFAHRTS- PFLEGE IN DEUTSCHLAND. Auf Grund des Materials der Zentralstelle für Arbeiterwohlfahrtseinrichtungen bearbeitet von H. Albrecht, Berlin 1902

HANDBUCH DES PREUSSISCHEN LANDTAGES, Berlin 1928

HASSAUER, F.: Gleichberechtigung und Guillotine. In: BECHER, URSULA A. J./ RÜSEN, JÖRN (Hg.): Weiblichkeit in geschichtlicher Perspektive. Fallstudien und Reflexionen zu Grundproblemen der histori- schen Frauenforschung, Frankfurt 1988

HAUSEN, KARIN (HG.): Frauen suchen ihre Geschich- te. Historische Studien zum 19. und 20. Jahrhundert, München 1982

HAUSEN, KARIN: Die Polarisierung der Geschlechts- charaktere. In: ROSENBAUM, HEIDI: Seminar: Fami- lie und Gesellschaftsstruktur, Frankfurt 1978, S. 161- 191

HENZE, EBERHARD: Mannheim in Briefen, Mannheim 1987

HERVE, FLORENCE/STEINMANN, ELLY/WURMS, RENATE (HG.): Kleines Weiberlexikon. Von Abenteu- rerin bis Zyklus, Dortmund 1985

HERVE, FLORENCE: Studentinnen in der BRD. Eine soziologische Untersuchung, Köln 1973

HESS, CHRISTEL: Vom Kontor zum Mikrochip. Rationa- lisierung im Büro: Eine Arbeitswelt im Umbruch. In: LANDESMUSEUM FÜR TECHNIK UND ARBEIT IN MANNHEIM (HG.): Stationen des Industriezeital- ters im deutschen Südwesten - Ein Museumsrund- gang, Stuttgart 1990 (Technik und Arbeit; Nr. 3)

HIPPEL, THEODOR GOTTLIEB VON: Über die Ehe. Herausgegeben und mit einer üblen Nachrede in Kommentaren versehen von Günter de Bruyn, Berlin 1982

HOCHSTRASSER, OLIVIA: Hof, Stadt, Dörfle - Karlsru- her Frauen in der vorbürgerlichen Gesellschaft (1715-1806). In: ASCHE, SUSANNE U.A. (HG.), Karlsruher Frauen 1715-1945. Eine Stadtgeschichte, Karlsruhe 1992, S. 19-101

HOFFMANN, EMIL: Die Mannheimer Kriegsarbeits- losenzählung vom 12./14. Oktober 1914. In: Statisti- sches Amt Mannheim (Hg.): Beiträge zur Statistik der Stadt Mannheim. 3. Sondernr., Mannheim 1915

HÖFT, BRIGITTE/GREUELSBERG, ULRIKE: Komponistinnen. Schriften/Noten/Tonträger. Ein Führer durch die Sondersammlung der Stadtbüche- rei Mannheim. Zusammenstellung u. Redaktion: Bri- gitte Höft u. Ulrike Greuelsberg, Mannheim 1989

HOLTHUIS, RENATE: Zur Entwicklungsgeschichte der AWO ab 1919. In: Theorie und Praxis der sozialen Arbeit. 40/1989, H. 9

HOLZWART, HANNA: Das Studium an der Mann- heimer Handelshochschule. Eine statistische Unter- suchung. Phil.Diss., Heidelberg (Masch.schriftl.) 1921

HOOK, KARL: Mannheim in Wort, Zahl und Bild. Entwicklung seit 1900, Mannheim 1954

HORLEBEIN, MANFRED: Kaufmännische Berufsbildung. in: Handbuch der deutschen Bildungsgeschichte. Bd. IV. 1870-1918, München 1991, S. 404-409

HÖVEL, ERNST: Der Kampf der Geistlichkeit gegen das Theater in Deutschland im 17. Jahrhundert, Münster 1912

HUECK, ALFRED/NIPPERDEY, HANS CARL: Lehrbuch des Arbeitsrechts. 7. neubearbeitete Auflage, 1. Bd., Berlin 1963

HUMMEL-HAASIS, GERLINDE: Schwestern zerreißt eure Ketten. Zeugnisse zur Geschichte der Frauen in der Revolution von 1848/49, München 1982

ICH SCHREIBE, WEIL ICH SCHREIBE. Ida Dehmel Vorwort zu: DIE DEUTSCHE KÜNSTLERIN, Leipzig 1933

JANSSEN-JURREIT, MARIELUISE (HG.): Frauen und Sexualmoral, Frankfurt 1986

JARAUSCH, KONRAD: Die Not der geistigen Arbeiter.

Akademiker in der Berufskrise 1918-1933. In: ABELSHAUSER, WERNER (HG.): Die Weimarer Republik als Wohlfahrtsstaat, Stuttgart 1987 (Vierteljahresschrift für Sozial- und Wirtschaftsgeschichte, Nr. 81)

JELLINEK, CAMILLA: Die Strafrechtsreform und die §218 und §219 StGB. In: Monatsschrift für Kriminalpsychologie und Strafrechtsreform, 5 (1909), H. 10, S. 602-619

JUCHACZ, MARIE/HEYMANN J.: Die Arbeiterwohlfahrt, Berlin 1924

KAISER, JOSEF: *Lösch nie die Spuren*. Frauen leisten Widerstand 1933-1945, Neustadt a.d.W. 1988

KAPLAN, MARION: The Making of the Jewish Middle Class. Women, Family and Identity in Imperial Germany, New York/Oxford 1991

KATER, MICHAEL H.: Krisis des Frauenstudiums in der Weimarer Republik. In: Vierteljahreszeitschrift für Sozial- und Wirtschaftsgeschichte 59, 1972, S. 207-255

KAUFMANN, URI: Berthold Rosenthal. In: BADISCHE BIOGRAPHIEN. Neue Folge. Bd. III, Stuttgart 1990, S. 225-227

KAUFFMANN, OTTO E.: Stammbaum der Familie Kauffmann, Görlitz 1906

KERN, FRIEDRICH KARL: Zur sozialen Lage der Verkäuferinnen in Mannheim, Mannheim 1910

KIENLE, ELSE: Frauen. Aus dem Tagebuch einer Ärztin, Berlin 1932, Nachdruck Stuttgart, 2. Aufl. 1989

KIRCHGÄSSNER, BERNHARD: Die Universität Mannheim. Handelshochschule Mannheim 1907-1933. In: Die Stadt- und Landkreise Heidelberg und Mannheim Bd. 3., Mannheim 1970, S. 357-378

KISTLER, FRANZ: Die wirtschaftlichen und sozialen Verhältnisse in Baden 1849 - 1870, Freiburg 1954

KISTNER, ADOLF: Die Pflege der Naturwissenschaften in Mannheim zur Zeit Karl Theodors, Mannheim 1930

KOCKA, JÜRGEN/MÜTTER, BERND: Wirtschaft und Gesellschaft im Zeitalter der Industrialisierung, Quellen- und Arbeitsbuch für die Sekundarstufe II, München 1980

KOCKA, JÜRGEN: Die Angestellten in der deutschen Geschichte 1850-1980, Göttingen 1981

KOFFKA, WILHELM: Iffland und Dalberg. Geschichte der classischen Theaterzeit Mannheims, Leipzig 1865

KONIECZKA, VERA: Prostitution im 19. Jahrhundert. Frankfurt/Tübingen 1980 (= Wissenschaft und Zärtlichkeit: Studienreihe Beihefte zur Zeitschrift, Bd. 2)

KONTOS, SYLVIA: Die Partei kämpft wie ein Mann. Frauenpolitik der KPD in der Weimarer Republik, Basel/Frankfurt 1979

KORD, SUSANNE: Ein Blick hinter die Kulissen. Deutschsprachige Dramatikerinnen im 18.und 19. Jahrhundert, Stuttgart 1992 (= Ergebnisse der Frauenforschung, Bd. 28)

KRABUSCH, HANS: Die Vorgeschichte des Frauenstudiums an der Universität Heidelberg. In: Ruperto Carola 19, 1956, S. 135-139

KRAEMER, HANS: Das 19. Jahrhundert in Wort und Bild. Politische und Kultur-Geschichte (1871-1899), Bd. 3, Berlin/Leipzig/Stuttgart/Wien (o.J.)

KRAIKER, GERHARD: Paragraph 218. Zwei Schritte vorwärts, einen Schritt zurück, Frankfurt 1983

KRAUL, MARGRET/LUNDGREEN, PETER: Bildungschancen und soziale Mobilität in der städtischen Gesellschaft, Göttingen 1988

KREBS, ROLAND: L'idée de "Théâtre National" dans L'allemagne des Lumières, Wiesbaden 1985

KREUZER, MARGOT D.: Prostitution. Eine sozialgeschichtliche Untersuchung in Frankfurt a.M. - von der Syphilis bis AIDS, Stuttgart 1988/89

KROMER, WOLFGANG/STEPIEN, STANISLAW: Polen in Mannheim. In: Badische Heimat, 2 (1982), S. 299-315

KROMER, WOLFGANG: *Ich wollt auch einmal in die Stadt.* Zuwanderungen nach Mannheim vor dem Zweiten Weltkrieg, illustriert an Wanderungsbiographien aus dem badischen Odenwald, Heidelberg 1986 (Sonderveröffentlichungen des Stadtarchivs Mannheim, Nr. 10)

KRÜNITZ, JOHANN GEORG: Oekonomisch-technologische Encyklopedie oder allgemeines System der Stats-, Stadt-, Haus- und Land-Wirthschaft, und der Kunstgeschichte, 14. Bd., Berlin 1786, 2. Aufl.

KUHN, ANNETTE/ROTHE, VALENTINE: Frauen im deutschen Faschismus. Bd. 2, Düsseldorf 1987

LANGE, HELENE/BÄUMER, GERTRUD (HG.): Handbuch der Frauenbewegung. Teil IV. Die deutsche Frau im Beruf, Berlin 1902

LEIDIGKEIT, HANS: Die Fabrikarbeit verheirateter Frauen, Diss., Greifswald 1919

LINDEMANN, ANNA-MARIA: Industrialisierung, Urbanisierung und sozialer Wandel - Mannheim im zweiten Kaiserreich, (Ms.)

LINDEMANN, ANNA-MARIA: Mannheim im Kaiserreich, Mannheim 1986 (Sonderveröffentlichung des Stadtarchivs Mannheim, Nr. 15)

LINSE, ULRICH: Arbeiterschaft und Geburtenentwicklung im Deutschen Kaiserreich. In: Archiv für Soziageschichte. Bd. 12, 1972, S. 205-271

LIPP, CAROLA (HG.): Schimpfende Weiber und patriotische Jungfrauen, Bühl-Moos 1968

LIPP, CAROLA: Frauen und Revolution. In: DIE UNGE-
SCHRIEBENE GESCHICHTE. Historische Frauenforschung. Dokumentation des 5. Historikerinnentref-
fens in Wien, 16. - 19. April 1984. Wiener Historikerinnen (Hg.) (Frauenforschung Bd. 3), Wien 1984

LORENZ, CHARLOTTE: Die gewerbliche Frauenarbeit
während des Krieges. In: Der Krieg und die Arbeits-
verhältnisse (Veröffentlichungen der Carnegie-
Stiftung für internationalen Frieden. Wirtschafts- und
Sozialgeschichte des Weltkrieges. Deutsche Serie),
Stuttgart 1928, S. 307 - 391

LORENZ, CHARLOTTE: Entwicklung und Lage der
weiblichen Lehrkräfte an den wissenschaftlichen
Hochschulen Deutschlands, Berlin 1953

LOSSEFF-TILLMANNS, GISELA: Frau und Gewerkschaft, Frankfurt a. M. 1982

LOSTER-SCHNEIDER, GUDRUN: Mannheim in Reise-
beschreibungen des 18. Jahrhunderts, Mannheim
1987

LÖWENSTEIN, LEOPOLD: Geschichte der Juden in
der Kurpfalz, Frankfurt a.M. 1895

LÖWENTHAL, RICHARD: Widerstand im totalen
Staat. In: BRACHER, KARL DIETRICH U.A. (HG.):
Nationalsozialistische Diktatur 1933 - 1945, Bonn
1986 (Schriftenreihe der Bundeszentrale für politische Bildung Bd. 192), S. 618ff

LUDWIG, EMMY: Die Unterstützungsabteilung des
Badischen Landesvereins vom Roten Kreuz und die
Badische Kriegsarbeitshilfe in Karlsruhe und ihre
Organisation der weiblichen Heeresnäharbeit in den
Kriegsjahren 1914 - 1917, Karlsruhe 1918

LÜDERS, MARIE-ELISABETH: Die Entwicklung der
gewerblichen Frauenarbeit im Kriege. In: Schmollers
Jahrbuch für Gesetzgebung, Verwaltung und Volkswirtschaft im Deutschen Reich, 44. Jg., Leipzig 1920

MAI, FRANZ ANTON: 5. Brief über die Heilkunde. In:
Rheinische Beiträge zur Gelehrsamkeit, Mannheim
1780, 1. Bd.

MARCUSE, MAX: Uneheliche Mütter. Großstadt-Doku-
mente. 5. Aufl, Berlin 1906

MARTERSTEIG, MAX: Die Protokolle des Mannheimer
Nationaltheaters unter Dalberg aus den Jahren
1781-1789, Mannheim 1890

MARX, LUCIE: Die wirtschaftliche und soziale Lage der
berufstätigen Frau bei Kriegsende in Mannheim,
Diss., Heidelberg 1921

MATTHIAS, ERICH / WEBER, HERMANN (HG.):

Widerstand gegen den Nationalsozialismus in Mannheim, Mannheim 1984

MAURER-SCHMOOCK, SYBILLE: Deutsches Theater
im 18. Jahrhundert, Tübingen 1982

MERK, HEIDRUN: Von ehrbaren Frauenzimmern,
honetten Weibspersonen und liebreizenden
Mägden. Weibliche Lebenszusammenhänge in
Frankfurt 1760-1830. In: SCHMIDT-LINSENHOFF,
VIKTORIA (HG.): Sklavin oder Bürgerin? Französische Revolution und neue Weiblichkeit, Frankfurt
1989, S. 275-291

MERTENS, LOTHAR: Vernachlässigte Töchter der
Alma Mater, Berlin 1991 (Sozialwissenschaftliche
Schriften H. 20)

MITSCH, RALF: Von der Gründung der Handelshochschule 1907 bis zur Universität 1967. In: 85 Jahre
Handelshochschule - 25 Jahre Universität Mannheim.
Begleitheft zur Ausstellung, Universität Mannheim
1992, S. 1-21

MOMBERT, ALFRED: Briefe an Richard und Ida
Dehmel, Wiesbaden 1956

MÜLLER, ERICH H. (HG.): Deutsches Musiker-Lexikon,
Dresden 1929

MUSSGNUG, DOROTHEE: Die vertriebenen Heidelberger Dozenten, Heidelberg 1980

N.N.: Bemerkungen eines Reisenden durch Deutschland, Frankreich, England und Holland in Briefen an
seine Freunde, Altenburg 1775

NAUCK, ERNST THEODOR: Das Frauenstudium an
der Universität, Freiburg i.Br. 1953

NIGGEMANN, HEINZ : Emanzipation zwischen Sozialismus und Feminismus. Die sozialdemokratische
Frauenbewegung im Kaiserreich, Wuppertal 1981

NIPPERDEY, THOMAS: Verein als soziale Struktur in
Deutschland im späten 18. und frühen 19. Jahrhun-
dert. In: BOOCKMANN, HARTMUT U.A. (HG.):
Geschichtswissenschaft und Vereinswesen im 19.
Jahrhundert. Veröffentlichungen des Max-Planck-
Instituts für Geschichte, Göttingen 1972

NOWACKI, BERND: Der Bund für Mutterschutz
(1905-1933), Husum 1983

OBERNDORFF, LAMBERT GRAF VON: Zur Charakte-
ristik des Freiherrn Wolfgang Heribert von Dalberg.
In: Mannheimer Geschichtsblätter, 28. Jg., 1927

OLIVIER, ANTJE/WEINGARTZ-PERSCHEL, KARIN:
Komponistinnen von A-Z, Düsseldorf 1988

OPPENHEIMER, MAX: Der Fall Vorbote, Frankfurt a. M.
1969

ORGANISATION DER KRIEGSFÜRSORGE UND MIT-
ARBEIT DER FRAUEN. In: ALTMANN-GOTTHEINER,

ELISABETH (HG.): Heimatdienst im ersten Kriegsjahr (Jahrbuch des Bundes Deutscher Frauenvereine
1916), Berlin/Leipzig 1916, S. 35ff

ORTSPOLIZEILICHE VORSCHRIFT über die Ausübung
der gewerbsmäßigen Unzucht in der Stadt Mannheim, Mannheim (Druck von Schatt und Raisberger)
1878

PANKE-KOCHINKE, BIRGIT: Dienen leme beizeiten
das Weib, Pfaffenweiler 1990

PAPPRITZ, ANNA: Nationaler Frauendienst. In:
ALTMANN-GOTTHEINER, ELISABETH (HG.):
Kriegsjahrbuch des Bundes Deutscher Frauenverei-
ne, Berlin/Leipzig 1915, S. 27

PAPPRITZ, ANNA: Rezension der Dissertation von
Elisabeth Altmann-Gottheiner. In: Die Frauenbewegung, Berlin 1904

PETZINA, DIETMAR U.A (HG.): Sozialgeschichtliches
Arbeitsbuch Bd. III, München 1978

PETZINA, DIETMAR: Arbeitslosigkeit in der Weimarer
Republik. In: ABELSHAUSER, WERNER (Hg.):
Die Weimarer Republik als Wohlfahrtsstaat, Stuttgart 1987 (Vierteljahresschrift für Sozial- und Wirtschaftsgeschichte, Nr. 81)

PICHLER, ANTON: Chronik des Großherzoglichen
Hof- und National-Theaters in Mannheim, Mannheim 1879

PIES, EIKE: Prinzipale, Ratingen-Düsseldorf 1973

POLLIG, ANDREA: *Germania ist es, bleich und kalt, …*
Allegorische Frauengestalten in der politischen Karikatur des Eulenspiegel 1848-1850. In:
LIPP, CAROLA (HG.): Schimpfende Weiber und
patriotische Jungfrauen, Bühl-Moos 1968

PRIVILEGIEN DER SPITZEN-FABRIK des Herrn Com-
mercienraths Johann Meuerer zu Mannheim. In:
Technologisches Magazin, Jg. 1790, S. 413

RAUSNITZ, JULIUS: Das neue Recht der Hausangestellten, Berlin 1919

REDEN-ESBECK, FRIEDRICH-JOHANN FREIHERR
VON: Caroline Neuber und ihre Zeitgenossen,
Leipzig 1881

REITER, HANS/MÖLLERS, BERNHARD (HG.):
Verhütung und Bekämpfung übertragbarer Krankheiten im Großdeutschen Reich. Hg. unter Mitarbeit
von Wilhelm Hallbauer, Leipzig 1944 (= Sammlung
Deutscher Gesundheitstexte, III. Bd.)

RICHEBÄCHER, SABINE: Uns fehlt nur eine Kleinigkeit.
Deutsche proletarische Frauenbewegung 1890-
1914, Frankfurt 1982

RIEGER: Historisch-topographisch statistische Beschreibung von Mannheim, Mannheim 1824

RITTER, GERHARD A./TENFELDE, KLAUS: Arbeiter
im Deutschen Kaiserreich 1871-1914, Bonn 1992

ROEDER, PH. L.: Höchst prächtige Erleuchtung und
andere Merkwürdigkeiten Mannheims. Aus einem
alten Reisebericht von Ph. L .Roeder, 1789, Mannheim 1984

ROSENTHAL, BERTHOLD: Der Mannheimer Rabbiner
Isaac Brilin (1671-1678). In: Israelitisches Gemeinde-
blatt. Nr. 8, 1932, S. 6-10

ROSENTHAL, BERTHOLD: Heimatgeschichte der
badischen Juden seit ihrem geschichtlichen Auftreten
bis zur Gegenwart, Magstadt bei Stuttgart 1981
(ND der Ausgabe v. 1927)

ROTH, CECIL: Sephardim. In: Enciclopaedia Judaica, Bd.
14, Jerusalem 1914, Sp. 1164-1177

RUPP, ELKE: Der Beginn des Frauenstudiums an der
Universität Tübingen, Tübingen 1978

RÜRUP, REINHARD: Deutschland im 19. Jahrhundert
1815-1871, Göttingen 1984 (Deutsche Geschichte,
Bd. 8)

SAID, ERIKA: Zur Situation der Lehrerinnen in der Zeit
des Nationalsozialismus. In: Frauengruppe Faschis-
musforschung (Hg.): Mutterkreuz und Arbeitsbuch.
Zur Geschichte der Frauen in der Weimarer
Republik und im Nationalsozialismus, Frankfurt 1981

SALM, FRITZ: Im Schatten des Henkers, Frankfurt 1973

SALOMON, ALICE: Hochschule und Frauenbewegung.
In: Das akademische Deutschland, Bd. 3, Berlin 1930

SCHADT, JÖRG, (HG.): Wie wir den Weg zum Sozialismus fanden, Stuttgart 1981

SCHÄFER, HERMANN: Regionale Wirtschaftspolitik in
der Kriegswirtschaft. Staat, Industrie und Verbände
während des Ersten Weltkrieges in Baden, Stuttgart
1983

SCHARFENSTEIN, HELENE: Aus dem Tagebuch einer
deutschen Schauspielerin, Stuttgart 1912

SCHMITT, PETER: Studien zur Sozialgeschichte des
Schauspielerstandes im deutschsprachigen Raum
1700 - 1900, Tübingen 1990

SCHNEE, HEINRICH: Die Hoffinanz und der moderne
Staat, Bd. 4., Berlin 1953

SCHNEIDER, ERICH (HG.): *Triumph die Freiheitsfahne
weht …*, Landau 1988

SCHOTT, SIGMUND: Der Dienstbotenwechsel in der
Stadt Mannheim. In: Jahrbuch für Nationalökonomie
und Statistik 74, 1900, S. 370-381

SCHOTT, SIGMUND: Statistische Bemerkungen zum
Ergebnis der Nationalwahlen in Mannheim, Mannheim 1919

SCHREIBER, ADELE: Zur Frage der unehelichen Mütter

und Kinder. In: PAPPRITZ, ANNA (HG.): Einführung in das Studium der Prostitutionsfrage, Leipzig 1919, S. 185-204

SCHRÖDER, HANNELORE (HG.): Die Frau ist frei geboren. Texte zur Frauenemanzipation, Bd. 2: 1870-1918, München 1981

SCHULTE, REGINA: Sperrbezirke. Tugendhaftigkeit und Prostitution in der bürgerlichen Welt, Frankfurt a.M. 1979

SCHWANBECK, GISELA: Sozialprobleme der Schauspielerin im Ablauf dreier Jahrhunderte, Berlin 1957

SCHWARZ, WILHELM: Geschichte der gerechten und vollkommenen St. Johannis-Loge Karl zur Eintracht in Mannheim, Festschrift zur Feier der 50jährigen Wiedererstehung dieser Loge, Mannheim 1896

SCHWEDES, HERMANN: Musikanten und Comödianten – eines ist Pack wie das andere, Bonn 1993 (= ORPHEUS – Schriftenreihe zu Grundfragen der Musik, Bd. 65)

SECHZIG JAHRE IM DIENST DER SOZIALARBEIT. Sozialpädagogisches Institut Berlin. Walter-May-Festschrift zum 60. Jahrestag der Gründung der Wohlfahrtsschule des Hauptausschusses für Arbeiterwohlfahrt von C. W. Müller, Berlin 1988

SEEBER, GÜNTHER: Kommunale Sozialpolitik in Mannheim 1888-1914, (Südwestdeutsche Schriften, 8), Mannheim 1989

SEIDEL, ANNELIESE: Frauenarbeit im Ersten Weltkrieg als Problem der staatlichen Sozialpolitik. Dargestellt am Beispiel Bayern, Frankfurt a.M. 1979

SEIDLER, EDUARD: Lebensplan und Gesundheitsführung. Franz Anton Mai und die medizinische Aufklärung in Mannheim, Mannheim 1975

SEXUALREFORM. Beiblatt zu Geschlecht und Gesellschaft, Bd. 2., H. I, S. I-3

SEXUALREFORM. Beiblatt zu Geschlecht und Gesellschaft, Bd. 3., 1908

SODEN, KRISTINE VON: Die Sexualberatungsstellen der Weimarer Republik, Berlin 1988

SODEN, KRISTINE VON: Frauen in der Wissenschaft. in: SODEN, KRISTINE VON/SCHMIDT, MARUTA: Neue Frauen. Die Zwanziger Jahre, Berlin 1988, S. 124-130 (Elefanten Press)

SODEN, KRISTINE VON/ZIPFEL, GABY (HG.): 70 Jahre Frauenstudium. Frauen in der Wissenschaft, Köln 1979

SOMMERFELD, KURT: Die Bühneneinrichtungen des Mannheimer Nationaltheaters 1778-1803, Berlin 1927

SPANN, OTHMAR: Die geschlechtlich-sittlichen Verhältnisse im Dienstboten und Arbeiterinnenstande. In: Zeitschrift für Sozialwissenschaften, Bd. 7, 1904, S. 287-303

SPREE, REINHARD: Soziale Ungleichheit vor Krankheit und Tod, Göttingen 1981

SPRINGER, MAX: Die Entwicklung und Tätigkeit der Mannheimer Handels-Hochschule. In: Badische Heimat, Karlsruhe 1927, S. 216-221

STAHL, ERNST-LEOPOLD: Das Mannheimer Nationaltheater. Ein Jahrhundert deutsche Theaterkultur im Reich, Mannheim 1929

STÖCKER, HELENE: Zehn Jahre Mutterschutz, Berlin 1915

STOEHR, IRENE/AURAND, DETEL: Opfer oder Täter? Frauen im I. Weltkrieg. In: Courage 7 (1982), H. II, S. 43-50

STROBL, INGRID: *Sag nie, du gehst den letzten Weg*. Frauen im bewaffneten Widerstand gegen Faschismus und deutsche Besatzung, Frankfurt a.M. 1989

STRUVE, AMALIE: Erinnerungen aus den badischen Freiheitskämpfen. Den deutschen Frauen gewidmet, Hamburg 1850

STUBENRAUCH, HERBERT/HERRMANN, WILHELM/DRESE, CLAUS-HELMUT: 175 Jahre Nationaltheater Mannheim, Mannheim 1954

STULZ, ELISABETH: Die Umgestaltung des höheren Mädchenschulwesens in Baden, Südwestdeutsche Schulblätter 1926, Nr. 2, S. 41ff

SZEPANSKY, GERDA: Frauen leisten Widerstand: 1933-1945. Lebensgeschichten nach Interviews und Dokumenten, Frankfurt a.M. 1983

TREITEL, RICHARD: Bühnenprobleme der Jahrhundertwende im Spiegel des Rechts, Berlin 1990

TULLNER, MATHIAS: Gustav von Struve. Streiter für die Republik. In: BLEIBER, HELMUT (HG.): Männer der Revolution von 1848, Bd. 2., Berlin (Ost) 1987

TWELLMANN, MARGIT: Die deutsche Frauenbewegung. Ihre Anfänge und erste Entwicklung 1843-1889, Kronberg 1976

VISCHER, HANS WOLFGANG: Geburten- und Sterblichkeitsverhältnisse der Stadt Mannheim unter besonderer Berücksichtigung der Zeit seit der Jahrhundertwende. Phil. Diss., Heidelberg 1913

WACHENHEIM, HEDWIG: Vom Großbürgertum zur Sozialdemokratie. Memoiren einer Reformistin. In: MILLER, SUSANNE (HG.): IWK Beiheft I. Historische Kommission zu Berlin, Berlin 1973

WACHENHEIM, HEDWIG: Die Berufsorganisation der sozialen Hilfsarbeiterin. In: Blätter für soziale Arbeit, 8/1916, H. 4

WACHENHEIM, HEDWIG: Die deutsche Arbeiterbewegung 1844 bis 1914, Köln 1967

WACHENHEIM, HEDWIG: Die Lage der Groß-
Berliner Sozialbeamtinnen. In: Die Frau 26, H. 3.,
1918/1919, S. 82ff, S. 116ff

WACHENHEIM, HEDWIG: Lehrbuch für Wohlfahrtspflege. (Hg.) von Hanna Cohn und Hedwig
Wachenheim i.A. des Hauptausschusses für Arbeiterwohlfahrt, Berlin 1927

WALDECK, FLORIAN: Alte Mannheimer Familien.
Teil 1, Mannheim 1920, S. 58 - 66

WALLENSTEIN, HENRIETTE: An das unparteiische
Publikum, Mannheim 1784

WALTER, FRIEDRICH (BEARB.): Chronik der Hauptstadt Mannheim für das Jahr 1900, Mannheim 1901

WALTER, FRIEDRICH: Archiv und Bibliothek des
Grossh. Hof- und Nationaltheaters in Mannheim
1779-1839, 2 Bde., Leipzig 1899

WALTER, FRIEDRICH: Aufgabe und Vermächtnis einer
deutschen Stadt, Frankfurt 1952

WALTER, FRIEDRICH: Geschichte Mannheims (3 Bde.).
Bd. II: Geschichte Mannheims vom Übergang an
Baden (1802) bis zur Gründung des Reiches,
Frankfurt a.M. 1978 (unveränderter ND der Ausga-
be von 1907)

WALTER, FRIEDRICH: Mannheim in Vergangenheit
und Gegenwart. Bd. 2, Frankfurt 1978, unveränderter Neudruck der Ausgabe von 1907

WALTER, FRIEDRICH: Schicksal einer deutschen Stadt,
Geschichte Mannheims 1907 - 1945, Band I 1907 -
1924, Frankfurt 1949

WATZINGER, KARL OTTO: Geschichte der
Mannheimer Juden 1650-1945. 2., verb. Aufl., Mannheim 1987

WATZINGER, KARL OTTO: Geschichte der Mannheimer Juden, Stuttgart 1984

WICKERT, CHRISTEL: Unsere Erwählten. Sozialdemokratische Frauen im Deutschen Reichstag und im
Preußischen Landtag 1919 - 1933, Bd. 2, Göttingen
1986

WICKERT, CHRISTEL: Helene Stöcker (1869 - 1943).
Frauenrechtlerin, Sexualreformerin und Pazifistin.
Eine Biographie, Bonn 1991

WIERLING, DOROTHEE: Mädchen für alles,
Bonn 1987

WILD, ELLE: Einleitung in: Das Frauenstudium an den
Schweizer Hochschulen, Leipzig 1928

WIRTSCHAFTSHOCHSCHULE MANNHEIM.
Festschrift zur Einweihung ihres Gebäudes im Mannheimer Schloß, Mannheim 1955

WIRTZ, RAINER: Widersetzlichkeiten, Excesse, Crawal-
le, Tumulte und Skandale, Frankfurt 1981

WOLF, FRIEDRICH: Sturm gegen den §218. Unser
Stuttgarter Prozeß, Berlin 1931

WOLF, FRIEDRICH: Ausgewählte Werke in Einzelaus-
gaben. B. 14, Berlin (DDR) 1960

WÖRISHOFFER, FRIEDRICH: Die sociale Lage der
Fabrikarbeiter in Mannheim und dessen nächster
Umgebung, Karlsruhe 1891

WUNDER, HEIDE: *Er ist die Sonn', sie ist der Mond.*
Frauen in der Frühen Neuzeit, München 1992

WURST, KARIN A.: Frauen und Drama im 18. Jahrhundert, Köln/Wien 1991

ZELLER, SUSANNE: Die Ausbildungsstätte der
Arbeiterwohlfahrt in Berlin zwischen 1928 und
1933. In: Theorie und Praxis der sozialen Arbeit.
41/1990, H. 8

ZELLER, SUSANNE: Volksmütter. Frauen im Wohlfahrtswesen der zwanziger Jahre, Düsseldorf 1987

ZELLER, SUSANNE: Bilder und Dokumente aus der
Geschichte der Sozialarbeit als Beruf, Pfaffenweiler
1994

ZISSELER, ELISABETH: Das Schlafstellenwesen weiblicher Personen in Mannheim, Diss., Berlin 1915

ZOBEL, M.: Aschkenasim. In: Enciclopaedia Judaica.
Bd. 3, Berlin 1929, Sp. 493-498

ZUM 25JÄHRIGEN BESTEHEN der Handelshochschule
Mannheim 1907-1932, Mannheim 1932

Gedruckte und ungedruckte Quellen und Periodika:

Gewerkschaftliche Frauenzeitung (GFZ).
Berlin, 2. Jg. 1917.
Reichsarbeitsblatt (RABl.),
Berlin 1916
Statistisches Jahrbuch für das Land Baden (SJbB).
(Hg. v. Badischen Statistischen Landesamt, Karlsruhe,
42. Jg., 1925)
Verhandlungen der Zweiten Kammer der Stände-
Versammlung des Großherzogtums Baden. 1915/16
- 1917/18. (Zit. als Zweite Kammer)
(Archiv Landesmuseum für Technik und Arbeit in
Mannheim, AVZ-Nr. 91/146) Mannheimer Frag-
und Anzeigblatt
Mannheimer Geschichtsblätter (Mannh.Gesch.Bl.)
Jahresberichte der Handelskammer Mannheim
(1904-1910)
Jahresberichte des Wöchnerinnenasyls der Stadt

Mannheim Jahreshauptbericht des Bezirksarztes für
Mannheim-Stadt 1904/5 (Generallandesarchiv
Karlsruhe, 236/15878)

Statistische Monatsberichte der Stadt
Mannheim 1898 - 1910

Verwaltungsberichte der Stadt Mannheim
für 1905, 1908, 1909

Protokolle des sozialdemokratischen Frauenvereins
Mannheim-Lindenhof I, S. 71 ff. (StadtA MA, Kleine
Erwerbungen)

Abkürzungen

BDF	Bund Deutscher Frauenvereine
BDF Jb	Jahrbuch des Bundes
	Deutscher Frauenvereine
DHV	Deutscher Verband der Hausfrauenvereine
FVS	Fürsorgevermittlungsstelle
GLA	Generallandesarchiv Karlsruhe
NSKOV	Nationalsozialistische Kriegsopferversorgung
ND	Nachdruck
RABL	Reichsarbeitsblatt
STADT A	Stadtarchiv
SJbB	Statistisches Jahrbuch für das Land Baden-
VVN	Vereinigung der Verfolgten des
	Naziregimes.

BILDNACHWEIS

Stadtarchiv

SEITE: 24, 51, 107, 112, 113, 114, 116, 128, 130, 175, 176, 177, 187, 189, 193, 198, 205, 206, 207, 208, 211, 217, 222, 224, 225, 226, 285, 304, 305, 314, 318.

Privatbesitz

SEITE: 43, 69, 72, 90, 91, 101, 102, 104, 105, 108, 123, 125, 135, 142, 144, 145, 155, 157, 202, 234, 235, 246, 251, 253, 257, 265, 266, 293, 316, 321, 330, 331.

Reiß-Museum

SEITE: 56, 59, 82, 85.

Andere

SEITE 25:
Thesauruspicturarum Markus zum Lamm (1544-1606), Hessische Landes- und Hochschulbibliothek Darmstadt, Hs. 1971, Band 23, S. 122.

SEITE 30:
Richard von Dülmen, Frauen vor Gericht, Frankfurt 1991, S. 90, Fischer Taschenbuch Verlag.

SEITE 33:
Diderot/d'Alambert, Encyclopédie, New York/Paris 1969, S. 15.

SEITE 34:
Diderot/d'Alambert, Encyclopédie, New York/Paris 1969, S. 33.

SEITE 35:
Diderot/d'Alambert, Encyclopédie, New York/Paris 1969, S. 140.

SEITE 52:
Museum für Hamburgische Geschichte Hamburg.

SEITE 97:
Archiv Landesmuseum für Technik und Arbeit in Mannheim, AVZ-Nr. 91/146.

SEITE 119:
Nachlaß der Firma Schildkröt Kunststoffwerke AG beim Verein Geschichte Alt Neckarau.

SEITE 164:
Archiv der Friedrich-Ebert-Stiftung Bonn.

SEITE 179:
Badische Landesbibliothek Karlsruhe.

SEITE 182:
Badisches Landesarchiv Karlsruhe.

SEITE 243:
General-Landesarchiv Karlsruhe Sig.Nr. 237/26566.

SEITE 269:
Inv.Nr. 1292, Kunsthalle Mannheim.

SEITE 302:
Die Universität Mannheim in Vergangenheit und Gegenwart, S. 14.

DANKSAGUNG

Wir bedanken uns recht herzlich bei folgenden Personen, Institutionen und Firmen für die finanzielle Unterstützung bei der Herausgabe des Buches:

- Asea Brown Boverie AG (ABB)
- Boehringer Mannheim GmbH
- Mannheimer Versorgungs- und Verkehrsgesellschaft mbH (MVV)
- ÖVA Versicherungen Mannheim
- Soroptimist Club Mannheim
- Sparkasse Mannheim
- Herrn Heinrich Vetter
- Volksbank Mannheim eG

BILDBÄNDE ZUR MANNHEIMER STADTGESCHICHTE

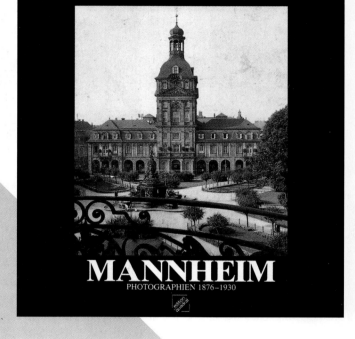

**Mannheim
Photographien 1876-1930**
156 Seiten mit
65 doppelseitigen Abbildungen
Leinen, gebunden
mit Schutzumschlag
Großformat 30 × 31 cm
ISBN 3-923003-58-7
DM 88,--

EDITION QUADRAT

INGEBORG RIEGL / MICHAEL CAROLI
Mannheim – ehemals, gestern und heute
Das Bild der Stadt
im Wandel der letzten 100 Jahre
3. überarbeitete
und ergänzte Auflage 1992/93
160 Seiten mit ca. 300 Abbildungen
gebunden mit Schutzumschlag
Großformat 22 × 29 cm
ISBN 3-923003-42-0
DM 48,--

ANNA-MARIA LINDEMANN
Mannheim im Kaiserreich
220 Seiten mit ca. 500 Abbildungen
Leinen, gebunden mit Schutzumschlag
Großformat 21,5 x 30 cm
ISBN 3-923003-40-4
DM 68,--

Mannheim im Zweiten Weltkrieg
1939 - 1945
196 Seiten mit über 300 Abbildungen
Großformat 21,5 x 30 cm
gebunden mit Schutzumschlag
ISBN 3- 923003-55-2
DM 68,--

VOLKER KELLER
Bilder vom jüdischen Leben in Mannheim
172 Seiten mit ca. 450 Abbildungen
Leinen, gebunden mit Schutzumschlag
Großformat 21,5 x 30 cm
ISBN 3-923003-43-9
DM 68,--

EDITION QUADRAT